余杭年鉴

YUHANG YEARBOOK

中共杭州市余杭区委党史研究室
（杭州市余杭区人民政府地方志办公室） 编

2020

方志出版社
Publishing House of Local Records

图书在版编目（CIP）数据

余杭年鉴. 2020 / 中共杭州市余杭区委党史研究室（杭州市余杭区人民政府地方志办公室）编. — 北京：方志出版社，2020.9
ISBN 978-7-5144-4466-7

Ⅰ. ①余… Ⅱ. ①中… Ⅲ. ①余杭区—2020—年鉴 Ⅳ. ①Z525.54

中国版本图书馆 CIP 数据核字（2020）第 208297 号

余杭年鉴（2020）

编　　者：中共杭州市余杭区委党史研究室
（杭州市余杭区人民政府地方志办公室）
责任编辑：刘方圆

出 版 者：方 志 出 版 社
地址　北京市朝阳区潘家园东里 9 号（国家方志馆 4 层）
邮编　100021
网址　http: //www. fzph. org
发　　行：方志出版社图书经销中心
电话（010）67110500
经　　销：各地新华书店
印　　刷：杭州余杭人民印刷有限公司

开　　本：889 × 1194　　1/16
印　　张：31
插　　页：32
字　　数：962 千字
版　　次：2020 年 9 月第 1 版　　2020 年 9 月第 1 次印刷
印　　数：0001 ~ 2000 册

ISBN　978 – 7 – 5144 – 4466 – 7　　定价：268.00 元

余杭年鉴 2020

YUHANG YEARBOOK 2020

余杭区委党史工作委员会
余杭区地方志编纂委员会领导小组

顾　　问　张振丰

组　　长　陈如根

副 组 长　李忠誉　王　姝　朱红丹　王艳勤

办公室主任　张剑峰

《余杭年鉴（2020）》

主　　编　张剑峰

执　　行
副 主 编　张　嫣

副 主 编　蒋旭东　范文良　吴莹岗　郭贤松
　　　　　陶贤德　张　迎

编　　辑　范雅君　刘雪萍　陈建益　陈素琴
　　　　　李景苏　吕晓英　罗灵洁　俞帅帅

编辑说明

Editor's Note

一、《余杭年鉴》以马克思列宁主义、毛泽东思想、邓小平理论、“三个代表”重要思想、科学发展观、习近平新时代中国特色社会主义思想为指导，坚持辩证唯物主义和历史唯物主义的立场、观点和方法，记载余杭区经济、政治、文化、社会、生态建设等方面情况。

二、《余杭年鉴（2020）》是连续编纂的第 30 本年鉴。本年鉴正文采用类目、分目、条目三级结构层次。全书设类目 43 个、分目 223 个，收入条目 1540 条。条目为主要信息载体和基本撰稿形式。根据条目内容穿插相关照片、表格。内容全面、资料翔实，为各级领导决策和区内外人士了解余杭提供可靠的参考资料。

三、本年鉴所采用的文字原稿和数据，均由区级机关各部门，各镇、街道和有关单位提供，文后署名，并经供稿单位负责人审核。凡涉及余杭国民经济和社会发展全局性数据，以余杭区统计局提供的统计公报为准。资料一般为 2019 年情况，个别特殊事项适当上溯或下延。

四、本年鉴主体内容中，单位名称一般采用规范简称。个别新组建单位暂无规范简称的，首次出现括号中标注简称。

五、本年鉴采用双重检索系统。书前有总目和详细目录，书后有索引。索引采用分析索引法。

六、本年鉴的编纂出版工作得到全区各有关单位的大力支持，广大年鉴撰稿人的辛勤付出，借此表示衷心感谢。本书疏漏或不足之处，敬请广大读者批评指正。

余杭概览 2019

Overview of Yuhang in 2019

- 全区总面积**1228**平方千米
- 全区户籍人口**116.18**万人
- 全区实现地区生产总值**2824.02**亿元，人均**24.99**万元
- 全区实现财政总收入**726.47**亿元，其中地方一般公共预算收入**391.45**亿元
- 全区固定资产投资同比增长**7.4%**
- 全区社会消费品零售总额同比增长**9.4%**
- 全区实现进出口总额**478.56**亿元
- 全区实现到账外资**10.52**亿美元
- 全区城镇常住居民人均可支配收入**68159**元
- 全区农村常住居民人均可支配收入**41347**元

S205
芽山
半山
何家边
中百大
石竹园
彩户口
百
G235
镇东
百丈镇
百丈
来猪塘
吴家埭
丈
仙岩
泗溪
新安里
王位山
王位山
姚子坪
溪口
高村
岩山
牛角尖顶
古城
鸬鸟山
龙头山
青山
荷叶尖
安
吉
县
德
对河口水库
S301
德清西站
G104
鸬鸟镇
高家堂
游家
溪
干山坞
骑马岗
前庄
童家门口
麦园里
王位山
马头山
山川
仙佰坑
秀山
老虎山
虎山
黄湖镇
清波
许家口
佛陀山
唐家畈
白鹤山
卸车上村
雅城
茅草坦
赐壁
蒋家头
西坞
黄其岭
奇鹤
董家埭
烂田坞
车坑坞
天龙山
S14
G235
桐子山
彭公
山沟沟
太平山
官庙
四岭水库
后村
天平山
陈和村
马家口
黄坞顶
四岭
塘埠
北山口
张家墩
太公堂
王家堂
莱田坞
任
村
溪
南山
牛头山
石濑
王家村
窑北
湖州市
杭州市
窑头山
佃房
双溪
杭
蓬崇
长
银子岗
杨梅坞
新窑
豹子岭
径山
上钱家
北
小古城
里窑
峰高顶
杨家山
帽子顶
潘板桥
瓶窑
龙门顶
径山
径山镇
求是
桥北
苕
G104
瓶窑镇
西安寺
南山
高
龙潭
平山
溪
塘角廊
崇化
尖刀石
漕桥
倪家头
百步村
前溪
速
张堰
金家埠
中村
瓦窑湾
荷塘下
西山
麻车头
徐家村
溪
旗子山
仇山
茅山
临
平山农场
长乐
杨坞村
邵母桥
连具塘
沈家村
王家桥
苕
蔡家头
下陡门
高虹镇
中
绿景
朱杨畈
永安
G235
吴山前
大尖顶
杨树畈
娘娘山
仙宅
洪桐
若溪
周家头
鲍家村
新和村
义桥
戴家村
溪塔
三里铺
朱庙
安
竹园
南渠
永乐
上湖
宝塔
金星
中南
溪
凤联
南湖
余杭街道
仓前
南湖
华坞
宋家山
上文山
（杭
徽
段）
青山湖街道
苕
青山水库
速
石鸽
孟福河
万景
中桥
S205
南
临安区
高
青南
瑞
中泰街道
桃源
沈家店
新泰
S102
G56
杭
岑岭
闲
白云
联荣
区
S102
望公山
雄山
孙家坞
小山桥
沈家坞
车口畈
泰峰
双联
紫荆
枫岭
狮家山
S206
闲林水库
长坞
方
桦树
仙洞山
富阳区
云栖
锦南街道
富
阳

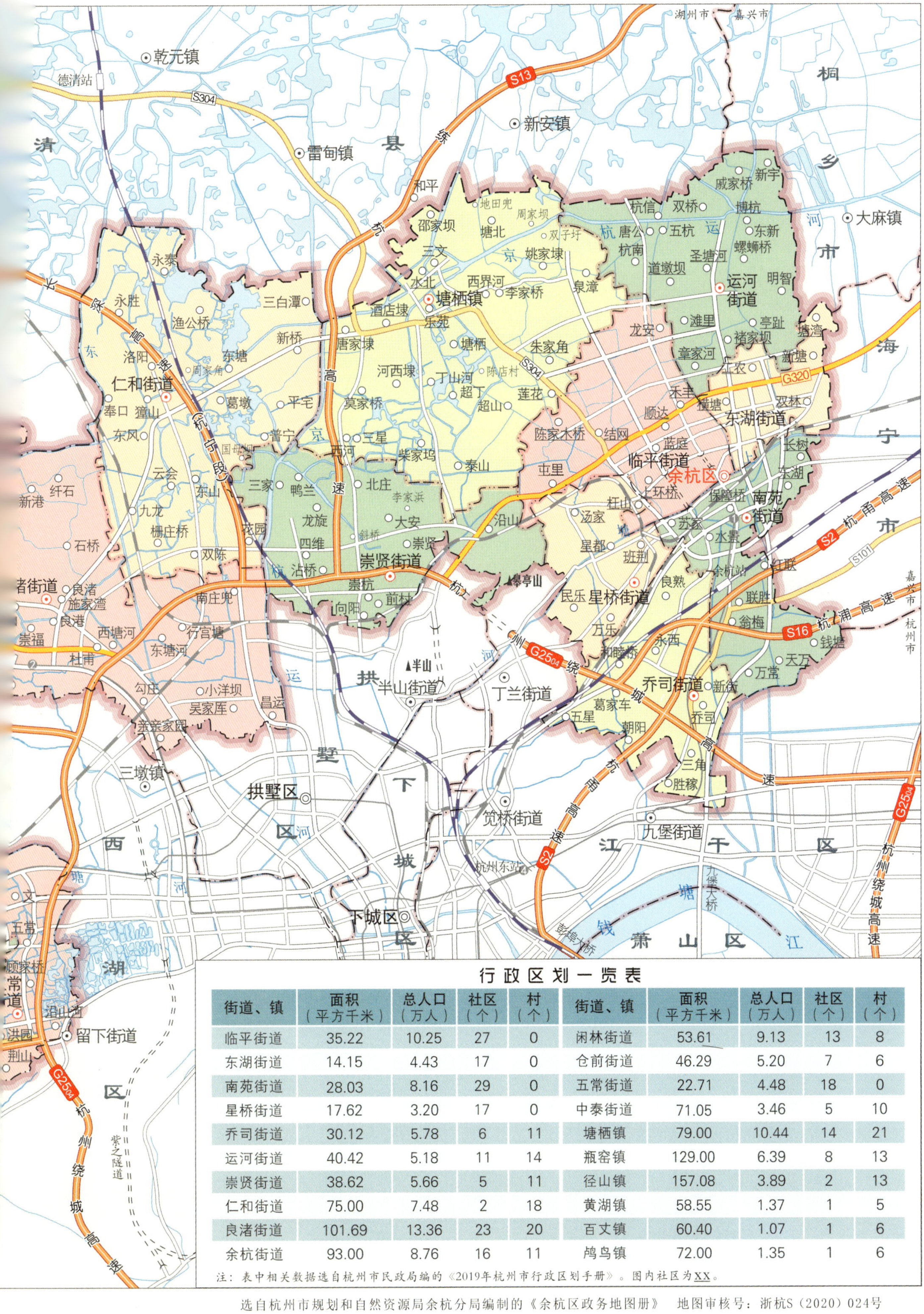

行政区划一览表

街道、镇	面积（平方千米）	总人口（万人）	社区（个）	村（个）	街道、镇	面积（平方千米）	总人口（万人）	社区（个）	村（个）
临平街道	35.22	10.25	27	0	闲林街道	53.61	9.13	13	8
东湖街道	14.15	4.43	17	0	仓前街道	46.29	5.20	7	6
南苑街道	28.03	8.16	29	0	五常街道	22.71	4.48	18	0
星桥街道	17.62	3.20	17	0	中泰街道	71.05	3.46	5	10
乔司街道	30.12	5.78	6	11	塘栖镇	79.00	10.44	14	21
运河街道	40.42	5.18	11	14	瓶窑镇	129.00	6.39	8	13
崇贤街道	38.62	5.66	5	11	径山镇	157.08	3.89	2	13
仁和街道	75.00	7.48	2	18	黄湖镇	58.55	1.37	1	5
良渚街道	101.69	13.36	23	20	百丈镇	60.40	1.07	1	6
余杭街道	93.00	8.76	16	11	鸬鸟镇	72.00	1.35	1	6

注：表中相关数据选自杭州市民政局编的《2019年杭州市行政区划手册》。图内社区为XX。

选自杭州市规划和自然资源局余杭分局编制的《余杭区政务地图册》　地图审核号：浙杭S（2020）024号

余杭城区地图

余杭城区地图
余杭经济技术开发区
东湖高新产业园
兴旺工业城
华鼎工业园
能源与环境产业基地
中央森林公园（市民广场）（规划）
玉架山考古遗址公园（在建）
世纪公园
入口区公园
青年公园
海宁市
运河街道
临平街道
余杭北站（规划）
公交总站
万明智创谷

余杭城区地图
图例
区政府
开发区管委会
街道办事处
设区市界
河流、池塘
在建
地铁线
铁路客运专线及车站
铁路
高速公路
高架路
街区
机关、企事业单位
学校、医院
酒店、大厦
购物中心、超市
博物馆、寺庙
剧院、图书馆
汽车站
加油站
绿地、公园
山峰
杭州市规划和自然资源局余杭分局
杭州市勘测设计研究院
编制
基础资料由杭州市规划和自然资源局提供
地图审核号：浙杭S（2020）022号
界线仅供参考 不作划界依据
版权所有 翻录必究
余杭区
人民广场
时代广场
南苑街道
临平新城管委会
星桥街道
工业互联网小镇
艺尚小镇
体育公园
东湖公园
东湖
水景公园
S2杭甬高速
沪昆铁路
东湖高架路
星桥高架路
临平站
临平汽车南站
余杭站
海宁市
运河二通道

■ 临平鸟瞰图（王杭涛 摄）

庆祝中华人民共和国成立 70 周年

■ 2019 年 9 月 30 日，余杭"环良渚遗址党建联盟"400 余名党员干部共擎巨幅国旗，庆祝中华人民共和国成立 70 周年（施振东 摄）

“不忘初心、牢记使命”主题教育

■ 2019 年 9 月 16—17 日，区委理论学习中心组举行“初心”主题学习会。图为区委理论学习中心组成员在鸭兰村支部旧址陈列馆广场党旗前重温入党誓词（王珏 摄）

1
2 3

1 2019年9月11日，余杭区“不忘初心、牢记使命”主题教育工作会议举行（王珏 摄）
2 2019年11月11日，中共余杭历史馆举行开馆仪式。图为区四套班子领导参观历史馆（王珏 摄）
3 2019年11月11日，“身边榜样 前行力量”余杭区先进事迹报告会举行（王珏 摄）

抗击疫情 复工复产

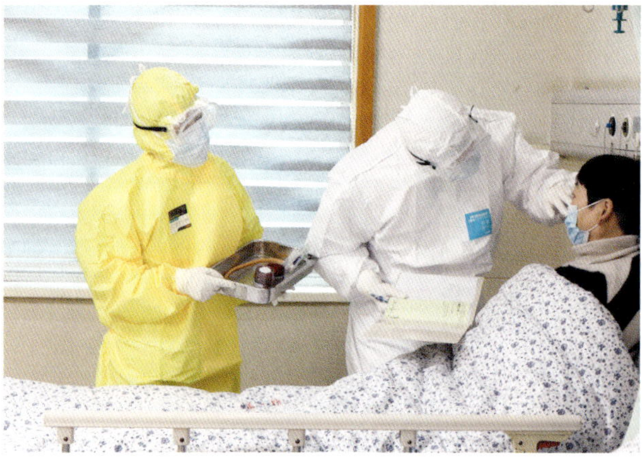

1 2020 年 3 月 1 日，余杭区第二人民医院呼吸内科副主任医师高建峰，病区护士长、副主任护师董峻峰在新冠病毒隔离病房工作 （闻金明 摄）

2 2020 年 2 月 20 日，G235 国道百丈检测点工作人员、志愿者站好最后一班岗（汤荣华 摄）

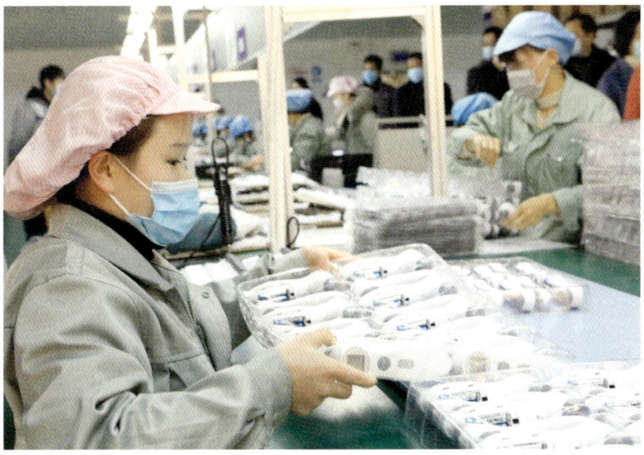

3 余杭企业助力疫情防控（闻金明 摄）

4 杭州老板电器股份有限公司生产车间进行全面消杀（周铭 摄）

5 沪杭甬高速临平出入口疫情检查站（沈潮 摄）

1	2	3	4
5			

■ 2019 年 4 月 3 日，中国信息通信研究院人工智能（杭州）研究中心揭牌仪式举行（未来科技城 供稿）

1

2

■1 2019 年 1 月 20 日，5G 全覆盖的产研一体化创新园——中国（杭州）5G 创新园开园（周铭 摄）

■2 2019 年 9 月 29 日，5G 融合示范特色小镇在未来科技城发布。图为市民体验 5G 应用（陈玲悦 摄）

1
2

1 2019 年 10 月 15 日，中国民航局向杭州迅蚁网络科技有限公司子公司杭州送吧物流科技有限公司颁发特定类无人机试运行批准函和无人机物流配送经营许可（未来科技城 供稿）

2 2019 年 11 月 10 日，2019 中国杭州国际人才交流与项目合作大会余杭分会场暨“国际人才月”启动仪式在未来科技城举行（区委宣传部 供稿）

■ 2019 年 11 月 19 日，杭州市首届海内外农创客大赛决赛暨颁奖仪式在余杭区举行。图为大赛前十一强团队和评委、嘉宾合影（区农业农村局 供稿）

■ 2019 年 8 月，余杭区三年小城镇环境整治工作完成，28 个小城镇通过省级验收，15 个被评为省级样板。图为仓前街道（区住建局 供稿）

1

2

1 鸬鸟镇山沟沟村（区农业农村局 供稿）

2 百丈镇泗溪村（区农业农村局 供稿）

1

2 3

1 背街小巷整治（区小城镇办 供稿）

2 临平榨油厂遗址口袋公园（临平街道 供稿）

3 闲林街道民俗文化展陈馆（周铭 摄）

1	2
3	4
	5

1 塘栖镇圆满路（区小城镇办 供稿）

2 乔司街道（区小城镇办 供稿）

3 径山双溪集镇（区小城镇办 供稿）

4 余杭街道（余杭街道 供稿）

5 闲林街道（闲林街道 供稿）

■ 2019 年 7 月 16—17 日，建设平安浙江 15 周年余杭论坛举行，论坛上发布杭州城市大脑 · 余杭平台（区委政法委 供稿）

1

2

■1 余杭区基层社会治理综合信息指挥中心（区委政法委 供稿）

■2 工作人员正在查看余杭区基层社会治理综合信息指挥中心屏幕显示信息（区委政法委 供稿）

1
2

1 南苑街道高地社区“板凳评议团”议事协商（南苑街道 供稿）

2 塘栖镇河西埭村村规民约主题公园（塘栖镇 供稿）

1

2

1 塘栖镇“两约”建设主题日活动（塘栖镇 供稿）

2 宣讲志愿者在草帽议事亭下向村民宣讲（塘栖镇 供稿）

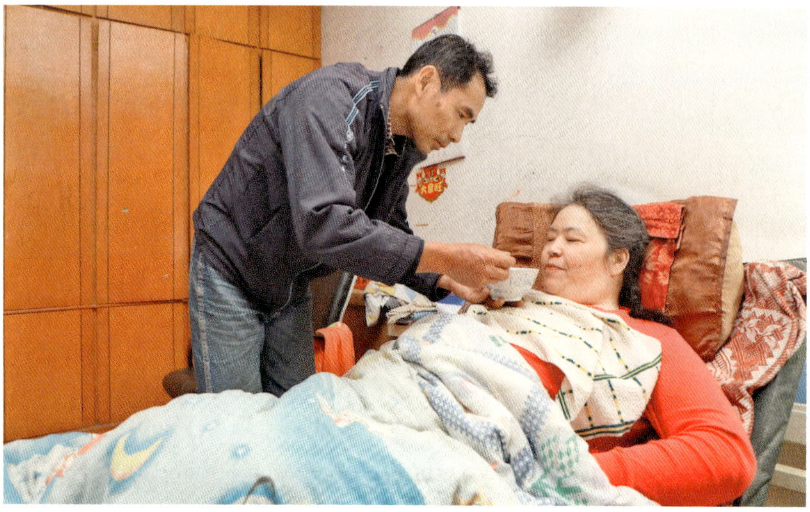

1 2019 年 9 月 20 日，2019 年余杭区公民道德宣传月系列活动之——“余”您话文明举行［区委宣传部（文明办）供稿］

2 2019 年余杭区十佳“最美家庭”之陈洪方家庭［区委宣传部（文明办）供稿］

文化活动

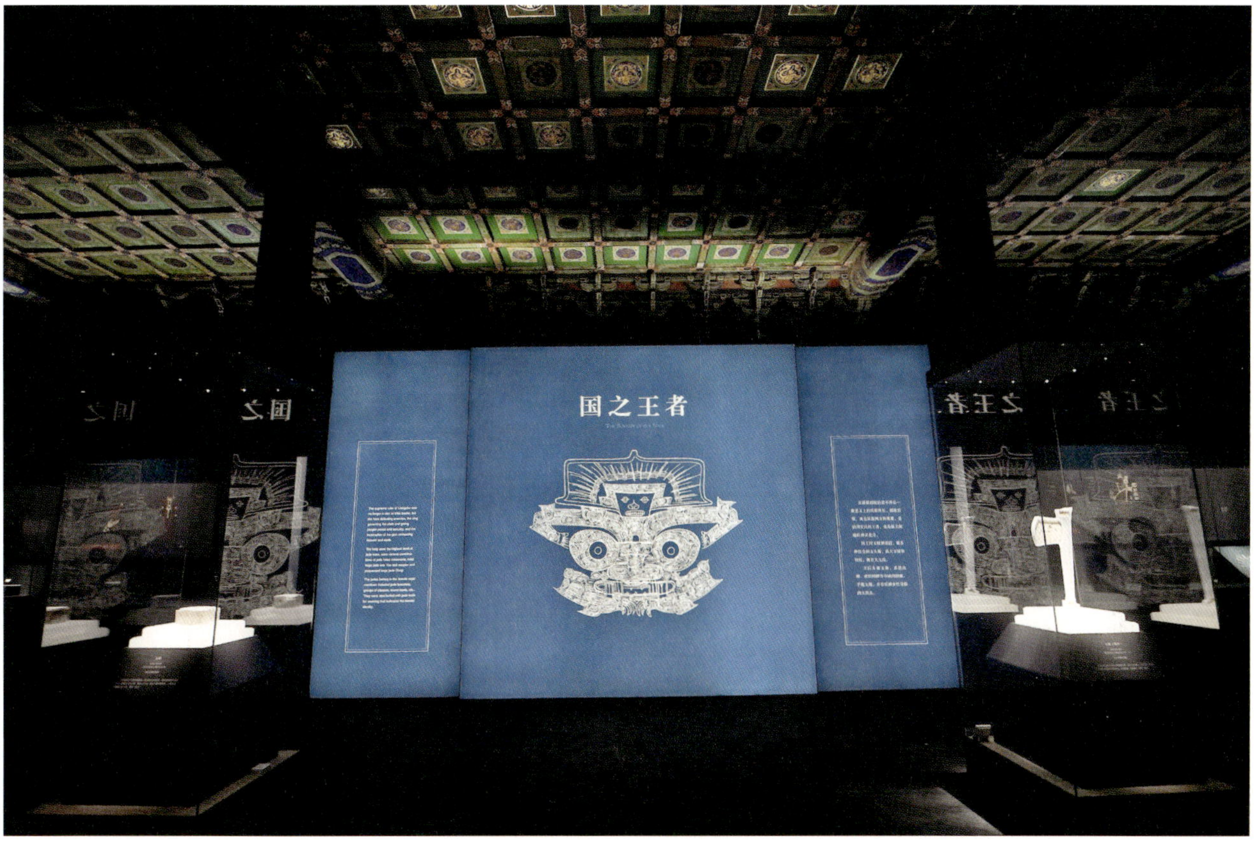

3

4

3 2019 年 7 月 16 日至 10 月 20 日，“良渚与古代中国——玉器显示的五千年文明”展在故宫博物院武英殿举行（周铭 摄）

4 2019 年 11 月 23 日，瓶窑老街开街（朱关城 摄）

垃圾分类

1 运河街道易腐垃圾处置站（区城管局 供稿）

2 2019 年 8 月 22 日，区文明办邀请 30 余名小朋友和家长，参观浙江虎哥环境有限公司，了解垃圾分拣流程及大件垃圾处理方式 [区委宣传部（文明办） 供稿]

3 垃圾分类宣传（区城管局 供稿）

4 余杭经济技术开发区金帝海珀小区智能垃圾箱（徐晓莉 摄）

5 中泰街道垃圾分类宣传 （中泰街道 供稿）

1	2
3	4
5	

总　　目

Main Contents

目　　录
CONTENTS

特　载

特　辑

大事纪要

余杭总述

·文化建设·

·社会建设·

·生态文明建设·

中共杭州市余杭区委员会

·重要会议·

·重要决策和活动·

·组织工作·

·宣传思想工作·

政协杭州市余杭区委员会

纪检监察

民主党派

社会团体

数字化建设

农业·水利

工 业

·综 述·

·装备制造业·

·数字经济产业·

·时尚产业（家纺服装产业）·

·绿色能源产业·

·生物医药产业·

建筑业·房地产业

·建筑业·

·房地产业·

商贸流通

旅游业

财政·税务

金　融

经济管理与监督

·良渚古城遗址申遗·

·良渚遗址保护与研究·

·遗址公园建设与运营·

·良渚文化宣传与推广·

体　育

卫　生

·疾病预防控制·

·妇幼保健·

·基层卫生·

·医疗服务·

·人才队伍与医学科研·

·爱国卫生运动·

新闻传媒

·广播和电视·

镇·街道

全区组织机构及负责人名录

人物·先进集体

文件辑录

统计资料与分析

附　录

索　引

特　载

Specials

全力打造杭州接轨大上海融入长三角桥头堡
坚定不移推进高质量可持续快发展

——在中共杭州市余杭区委十四届八次全体（扩大）会议上的报告

张振丰

2019 年 8 月 3 日

这次会议的主要任务是：高举习近平新时代中国特色社会主义思想伟大旗帜，认真学习贯彻习近平总书记关于推动长三角一体化发展的重要指示精神，全面落实全省推进长三角一体化发展大会和中共杭州市委十二届七次全会精神，回顾总结上半年主要工作，研究部署下半年及今后一个时期重点任务，动员全区上下抢抓长三角一体化发展国家战略机遇，加快推进“三个全域”建设，全力打造杭州接轨大上海融入长三角桥头堡，坚定不移推进余杭高质量可持续快发展。

下面，我代表区委常委会向全会作报告。

一、总结回顾上半年工作，大事多、喜事多，实现高质量可持续快发展的信心进一步坚定

今年以来，区委常委会坚持以习近平新时代中国特色社会主义思想为指导，认真贯彻落实党中央和省、市委决策部署，围绕“干好一三五、争当排头兵”，不提新口号、赋予新内涵，一张蓝图绘到底，抓大事、办实事、干成事。重点抓了三个方面的工作：

（一）完成两大“国字号”任务。我们以高度的政治责任感和强烈的历史使命感，圆满实现了“良渚申遗一举成功、遗址公园精彩亮相”既定目标，服务保障了一届超乎预期成功的全国“双创”活动周，打响了余杭“中华文明圣地、创新活力之区”的城市品牌，向世人展示了全面真实的古代中国和现代中国，以实际行动践行了“四个意识”“四个自信”和“两个维护”。

（二）启动“三个全域”建设。我们强化顶层设计，坚持谋定而动，围绕中共杭州市余杭区委十四届六次全会“全面推进‘三个全域’建设，奋力开创余杭高质量可持续快发展新局面”决策部署，出台实施意见、建立领导小组、制定行动计划，搭好工作推进的“四梁八柱”。春节以后，一周一会，围绕“三个全域”建设开展动员，做到工作早部署、目标早知道、责任早明确。坚持定则快干、干则必成，既强化战略部署，又重视战役实施，聚焦“新五场硬仗”重点攻坚，各项工作全面破题起势，取得良好开局。

（三）开展“三大比拼”活动。我们紧扣“干好一三五”总要求，开展项目推进、双招双引、“三服务”“三大比拼”活动，重点难点工作一季度一比拼，镇（街道）、村（社区）书记上擂台晒实绩。五大平台勇挑重担、蓬勃发展，各个镇（街道）奋发有为、守土有责，区级部门主动作为、高效服务，全区上下在发展主战场和工作第一线比学赶超，形成了“处处见阵地、人人在战斗”的生动局面，干事创业氛围进一步浓厚。

在全区上下的共同努力下，上半年，实现地区生产总值1170亿元，增长9%，财政总收入500.8亿元，增长25.2%，地方财政收入271.1亿元，增长31.7%，经济社会继续保持较快发展，整体工作呈现良好态势。具体可以概括为“五个有”：一是创新动能，支撑有力。加快“2+X”重大创新载体建设，之江实验室园区一期正式开工，阿里达摩院、浙大超重力实验装置等项目有序推进，中法航空大学、浙大基础医学创新研究院等项目签约落户，信通院人工智能（杭州）研究中心等43个项目入驻5G创新园。不断壮大数字经济，实现核心产业增加值660亿元，增长15.4%，占全市比重达到37.6%。全面实施大孵化器战略，新增孵化载体23个、物理空间94万平方米，新增高校毕业生1.38万名，累计引进海外高层次人才3588名。坚持开展季度“双集中”活动，集中签约优必选华东总部、富士康工业互联网华东运营总部、字节跳动杭州研发中心、OPPO全球移动终端研发总部等47个重大项目，集中开工阿里巴巴集团全球总部、网易严选等32个重点项目。落实“凤凰计划”，新增上市企业2家。二是改革攻坚，积极有为。按照中央和省、市委统一部署，扎实推进机构改革工作。杭州钱江经济开发区正式挂牌运作，良渚新城、良渚街道完成体制机制调整。深化“最多跑一次”改革，实现常态化企业开办1日办结、一般企业投资项目开工前审批“最多60天”、不动产登记业务再次提速，推进政府数字化转型，77项证照实现电子化替代，机关内部“最多跑一次”改革经验做法在全省专题会议上作典型发言。加大营商环境改革力度，制定出台“全域创新66条”，落实各类税收减免318.4亿元，助力兴源环境等上市企业纾困解难。加快全省全面创新改革试验区建设，扎实推进知识产权服务便利化等重点改革任务。三是城乡建管，提升有效。实施“城靓村美”行动，高标准规划建设区级平台重点开发区域，加快推进老城区有机更新，小城镇环境综合整治圆满收官；全面开展美丽乡村“1510”示范创建工作，村集体经营性总收入达到4.3亿元，增长12.8%，我区作为全省唯一区（县、市）成功入选2019年国家现代农业产业园创建名单。落地应用“城市大脑·余杭平台”，城市管理精细化、规范化、智慧化水平有效提升。攻坚重大交通基础设施建设硬仗，地铁5号线首通段试运营，“八口八线”美丽公路、“四好农村路”建设有序推进。深化“五水共治”“五气共治”“五废共治”，打好污染防治攻坚战。打造全国生活垃圾分类处置示范区，上半年全区生活垃圾进场量44.34万吨，同比减量4.15%，垃圾垃圾分类“虎哥模式”获省委改革办《领跑者》刊登推广。四是社会事业，群众有感。切实落实就业、养老、社会救助、优抚安置等政策，扎实推进年度民生实事工程。攻坚重大民生项目建设硬仗，开工回迁安置房244万平方米，建成学校项目14个。全面启动医共体建设，完成5个医共体组建、20家分院挂牌。统筹文化事业、文化产业和旅游业发展，启用区融媒体中心，建设全国文旅融合样板区，为群众提供更多更好的文化信息服务和文旅产品。深化平安余杭建设，有效处置网贷金融等社会矛盾风险，持续推进扫黑除恶专项斗争，落实领导包案化解信访积案工作，率先建立区、镇（街道）、村（社区）三级社会治理综合服务中心（信访矛盾联合调处中心），全市现场推进会在我区召开。携手扶贫协作和对口帮扶地区加快发展，共同努力打好脱贫攻坚战。五是管党治党，守土有责。压实全面从严治党“两个责任”，扎实做好省委巡视反馈意见整改和巡视回访检查配合工作。坚持以政治建设为统领，加强对意识形态、统一战线工作的领导。积极开展“三服务”活动，整合“周三夜访夜学”“民情直通车”“亲清直通车”等既有载体，实现全区村（社区）、规上企业走访服务全覆盖。推动党建引领基层民主协商议事制度扩面提质，不断夯实基层基础。落实新时代好干部标准，实施干部链式培养“宇航先锋”计划，切实抓好干部培养选用工作，着力打造高素质专业化干部队伍。深化“清廉余杭”建设，加强政治巡察，组织开展全区警示教育活动，重点整治形式主义、官僚主义突出问题，切实为基层减负。

回顾上半年工作，取得的成绩得益于以习近平同志为核心的党中央的坚强领导和亲切关怀，得益于省、市委的正确领导和充分信任，得益于历届区四套班子打下的工作基础，得益于全区人民和党员干部的团结拼搏。在此，我代表区委常委会向全区广大党员、干部群众和关心支持余杭发展的各界人士表示衷心的感谢！

二、准确把握历史新方位，定方向、明路径，落实国家战略全力推进高质量可持续快发展

落实长三角一体化发展国家战略，必须认清历史方位，切实扛起使命担当。当前，我国正处于决胜全面建成小康社会、冲刺第一个“一百年”奋斗目标的关键时期，面对逆全球化思潮和贸易保护主义抬头、科技和人才竞争白热化、全球经济下行压力加大等外部挑战以及国内经济新旧动能加快转换、经济发展由高速增长向高质量发展转变的现实状况，以习近平同志为核心的党中央把握国情世情，坚定战略自信，坚持新发展理念，谋划实施区域协调发展战略，大力推进京津冀协同发展、粤港澳大湾区建设、长三角一体化发展等国家重大区域战略，全力打造参与全球合作与竞争的“国家队”。围绕国家关于长三角区域“一极三区一高地”战略定位，省委省政府提出了“打造长三角创新发展增长极、世界级城市群金南翼、幸福美丽大花园、改革开放引领区”的愿景目标，市委市政府明确了“打造长三角南翼强劲增长极”的目标定位。就余杭而言，作为“中华文明圣地、创新活力之区”，我们正处在奋力开创高质量可持续快发展新局面的历史新方位，这与长三角一体化发展国家战略的实施形成了历史性交汇。对此，我们要自觉将贯彻中央和省、市委决策部署与余杭高质量可持续快发展奋斗目标相结合，主动把推进“三个全域”建设同落实长三角一体化发展国家战略相对接，以争当新时代发展排头兵的姿态，在长三角区域打造“一极三区一高地”进程中多作贡献、展现担当、发展自己。

落实长三角一体化发展国家战略，必须扬优势补短板，积极应对机遇挑战。长三角地区是我国经济发展最活跃、开放程度最高、创新能力最强的区域之一，最有条件率先实现现代化、最有条件实现区域一体化。面对千载难逢的历史机遇，我们要充分发挥自身作为杭州主城区接轨长三角重要门户的地理区位优势、拥有实证中华5000多年文明史圣地的历史人文优势、山水林田湖生态系统完备的自然环境优势、数字经济和人才总量领跑全省的创新发展优势，切实搭上国家和省、市推进长三角高质量一体化发展这趟快车，借势借力集聚更多要素、实现更大提升。当前，对于长三角各地区来说，大家同处新的起跑线，必须看得准、动作快、下手狠，否则就会错失良机、贻误发展。从余杭自身发展态势来看，必须要有紧迫感、危机感，我们既要面对大上海的“虹吸效应”，又要应对周边城市的“洼地效应”，更要着力解决自身存在的反差和短板，即“高质量可持续快发展的要求，与产业多点支撑不够的反差；数字经济发展基础良好，与数字经济制造业偏弱的反差；征地拆迁、公建配套资金投入量大，与土地资源配置方式粗放的反差；招商引资重视程度、投入精力，与招引成果、项目质量不成正比的反差；人民群众对美好生活的向往，与公共服务供给、治理能力水平有待提升的反差；激烈的竞争态势、繁重的发展任务，与少数干部‘小进则满、自我陶醉’、目标追求使命感不强的反差”。机遇并非唯我独有，只有抢得先机、乘势而上才能获取更多红利；挑战并非不可转化，只要敢于直面、迎难而上就能将压力转化为发展动力。我们必须抢抓难得机遇、应对困难挑战，努力把短板转化为长板，把优势转化为胜势，加快余杭高质量可持续快发展。

落实长三角一体化发展国家战略，必须明确自身定位，精心规划方向路径。围绕习近平总书记重要指示精神和党中央决策部署，以及省市工作要求，结合区情实际，我们研究制定了提交本次全委会审议的区委《关于全力打造杭州接轨大上海融入长三角桥头堡　坚定不移推进高质量可持续快发展的决定》，提出了“1+5+5”的总体思路，包括：一个总体定位，即全力打造杭州接轨大上海融入长三角桥头堡；五个目标定位，即打造长三角数字经济协同创新中心、长三角未来城市发展新标杆、长三角大良渚文化圈核心地、长三角国际化高端人才特区、长三角幸福美丽大花园精品板块；五大工作体系，即共建一体化城乡融合体系、一体化协同创新体系、一体化绿色发展体系、一体化对外开放体系、一体化公共服务体系。

余杭东中西三面向内无缝连接主城区，向外接壤嘉兴、湖州，依托高铁高速路网直通沪苏皖，是杭州融入长三角一体化发展的天然桥头堡。在落实国家战略过程中，我们要提升站位、定高标杆，争做全市推进长三角高质量一体化发展的“领头雁”，放大区位优势，打造地理空间桥头堡的升级版：一

是要建设“创新创业”桥头堡。依托“2+X”重大创新载体、阿里巴巴集团等科研重器和世界级互联网企业集聚，海外高层次人才总量全省第一，以及同时拥有国家级、省级开发区承载新制造业发展等优势，进一步打响余杭“创新创业热地”品牌。二是要建设“文化文明”桥头堡。发挥5000多年良渚文化、2000多年运河文化、1000多年径山禅茶文化，特别是良渚文化与运河文化两大世界级文化遗产在余杭交汇交融的独特人文优势，让生生不息的优秀传统文化融入现代文明的创造，打造历史与现实交相辉映世界名城的重要窗口。三是要建设“幸福美丽”桥头堡。坚持以人民为中心发展思想，坚定不移推进生态文明建设，彰显余杭“四山一水五分田”自然生态魅力，全域打造自然生态与人文环境的结合体、现代都市与田园乡村的融合体，强化民生保障夯实社会和谐基础，突出依法治理打造一流善治之区，建设宜居宜业的幸福美丽之区。

在打造杭州接轨大上海融入长三角桥头堡的过程中，要注重路径的把握，主要有三个方面：一要立足都市圈，坚定融入主城发展，建设高能级大都市新区。长三角的一体化首先是都市圈的同城化。余杭要接轨大上海融入长三角，第一位的是要进一步融入杭州主城发展，依靠杭州这个大平台来提升余杭在杭州都市圈、长三角区域内的地位和影响力。实践证明，杭州全市发展得越快，余杭借势的平台就越大；我们对杭州全市服务得越好，余杭面临的机遇就越多。我们要坚定不移沿着融入主城发展的路子走下去，并且要在坚持中发展、在实践中提升，加快构建融城发展新格局。要顺应城镇化进入较高阶段后，都市圈成为拉动经济增长、促进区域协调发展、参与国际竞争合作的重要平台的发展规律，在思想认识上实现从“融入主城区”向“就是主城区”提升，在发展模式上从“都市经济”向“都市圈经济”转型，围绕“东部崛起、中部兴盛、城西腾飞、西部富美”，加快形成五大平台以及镇（街道）之间资源优化配置、要素自由流动、产业合作互促、城市功能互补的协同发展机制，加快集聚跨国公司总部及区域性总部、集聚头部企业总部及区域性总部、集聚国内国际一流大学及研究院所、集聚一流企业研发机构、集聚重大高端制造业、集聚国内国际最顶端人才及人才团队，不断增强余杭全域综合竞争力，建设杭州市域内高能级都市新区。在此基础上，更好参与共建杭嘉一体化发展先行区、杭湖一体化发展先行区，加快余杭海宁合作开发区块等建设，打造长三角跨市域同城化发展示范区。二要接轨大上海，主动承接辐射带动，打造高质量示范区样板。全面参与长三角“全国高质量发展样板区”建设，重点聚焦上海这个长三角一体化的龙头，抢抓上海有序疏解非大都市核心功能的机遇，积极承接国际化大都市的辐射效应，借梯登高、借船出海、借力发展。主动开展科创对接，依托共建G60科创大走廊，探索建立未来科技城+张江高科技园区“双创”紧密合作机制，促进创新要素和人才资源双向流动，实现研发成果两地共享、产业化项目两地共推；深入推进上交所余杭上市企业培育基地建设，精准对接上海科创板，服务科技企业发展壮大。大力推进产业对接，依托国家级余杭经济技术开发区、省级钱江经济开发区等制造业平台优势，共同探索“上海科研溢出+余杭智造落地”产业转化模式。积极实施开放对接，主动承接中国国际进口博览会的溢出效应，学习借鉴上海自贸试验区建设经验，高起点谋划浙江自贸试验区杭州片区（联动创新区）余杭板块规划建设。率先开展沪杭“双城效应”试验区建设，依托高速、高铁、地铁交汇形成的交通枢纽优势，进一步放大临平副城的沪杭“双城效应”和价值“洼地效应”，加大副城整体营销和推介力度，主动对接上海创意、金融、信息、物流、会展等高端服务业平台经济资源，谋划建设一批公共技术服务平台，大力招引长三角企业设立“研发+销售”总部，打造“一基地两片区”的长三角企业创新研发总部基地，提升临平副城首位度。三要紧扣一体化，彰显余杭自身特色，推动全方位融入长三角。牢固树立“一盘棋”思想，跳出余杭谋划余杭，立足长三角开展布局，聚焦科技创新、公共服务、生态环保、社会治理等领域，推动一体化工作走深走实，进一步彰显余杭全域创新、全域美丽、全域治理“三个全域”建设的特色魅力，提升对高端资源要素的吸引力。参与区域创新体系共建，结合实施大孵化器战略，打造长三角科技转移转化承载平台。融入公共服务一体化进程，深化跨区域医共体建设，共建共享长三角优质教育资源，积极参与长三角民生“一证（卡）通”项目。坚持生态共保环境共治，积极参与太湖流域防洪体系建设，协同推进苕溪流域、运河流域生态保护和综合治理，探索跨行政区域环境执法联动、风险应急联动、预警预报联动等机制，携手打好蓝天保卫战。合作探索跨区域社会治理联动机制，深入推进“治理学浦东”，深化与上海长宁区合作，不断扩大长三角范围内“跨区域网络市场协同监管”工作覆盖面。

三、切实找准工作突破口，抓当前、出实招，聚焦推进高质量一体化发展关键领域集中攻坚

落实长三角一体化发展国家战略，打造杭州接轨大上海融入长三角桥头堡，不仅决心要大、思路要明，关键要做到推进有实招、工作出实效。要强化工作统筹，结合“三个全域”建设，着眼长远、着手当前抓推进，聚焦六个方面重点突破，示范引领区域高质量一体化发展。

（一）建设高能级创新平台载体，持续打造全国数字经济先行区。抢抓杭州创建综合性国家产业创新中心机遇，对接G60科创大走廊、杭合创新带等科创廊带创新资源，深挖浙大、阿里两座“金矿”，主动参与浙江G60国家科学中心谋划，深入推进全国数字经济先行区、“双创”示范城引领区建设，加快实现余杭由偏重“商业模式创新”向“基础创新、应用创新和产业创新”全链式综合创新升级，由“杭州主城创新资源要素溢出承接地”向“长三角区域创新策源地”转变。一方面要坚持数字产业化，加强创新策源能力建设。加快推进之江实验室、阿里达摩院、浙大超重力实验装置等科研重器建设，争取更多国家级重大科技基础设施落地。全力推进梦想小镇、中国（杭州）人工智能小镇、中国（杭州）5G创新园、信通院人工智能（杭州）研究中心建设，依托中移动杭州研发中心、中电信创新园、vivo全球AI总部等数字经济头部企业研发中心集群集聚效应，参与长三角5G产业等创新型经济合作，争创国家新一代人工智能创新发展试验区核心区。另一方面要坚持产业数字化，加快数字经济赋能制造产业发展。以与工信部共建服务型制造研究院和促进两业深度融合重大创新平台为契机，打造服务型制造业国家级创新载体，支持企业运用“互联网＋制造”新模式，建设一批“数字工厂”，促进数字经济和实体经济深度融合，着力打造“新制造”模式策源地和输出地。加快产业互联网小镇建设，充分发挥联通创新研究院、中国（浙江）建筑数字化产业园、阿里supET工业互联网创新中心、富士康工业互联网华东运营总部等创新引擎作用，打造产业数字化高地。支持艺尚小镇、梦栖小镇大力发展“数字经济＋时尚设计”“数字经济＋文化创意”产业，打造以科技创新为优势的时尚和文创产业发展策源地。深化与浙大电气工程学院合作，打造国际一流的先进电气技术研究平台。

（二）加强工业经济主平台建设，强势推进新制造业计划。工业制造发展水平是一个区域综合实力的重要标志，对于区域经济高质量发展至关重要。坚持本地企业做大做强与面向区外招大引强“两手抓”，依托长三角一体化大平台，强化区域优势产业协作，充分发挥余杭经济技术开发区、钱江经济开发区制造业高质量发展主阵地的作用，聚焦高端装备制造、生物经济、新材料、新能源等重点产业领域，大力引进培育国家高新技术企业，加快形成若干世界级制造业集群。着力培育新的产业增长点，以机器人、集成电路（芯片）等重大项目为突破口，积极招引下一代半导体材料和集成电路项目落地；依托健康谷、浙大基础医学创新研究院、贝达梦工厂、国际生命健康小镇树兰和华润两大国际医疗中心等项目，加速生物经济、科技医疗产业集聚和成果转化；深入推进省级生物医药高新产业园、中（国）以（色列）产业合作园建设，争取沪杭生物医药合作园区落户。深入实施镇（街道）工业园区提升改造，推动园区“腾笼换鸟”和企业转型升级，承接“双创”成果产业化项目。全面落实“全域创新66条”，优化完善制造业激励政策实施细则，为引企留企强企提供强有力的政策支撑。坚持保总量、促增量、提质量，确保每年出让的工业用地占年度出让土地的比例不少于40%，强化亩产论英雄导向，确保工业用地规模和效益稳步提升。进一步发挥好“三服务”“亲清直通车”“亲企办”等工作载体作用，加大服务企业力度，助推实体经济高质量发展。

（三）深入实施“人才强区”战略，建设长三角国际化高端“人才特区”。进一步优化人才政策体系，着力为海内外人才打造国际一流创新创业生态系统。深入实施“名校名院名所”工程，吸引更多国际一流、长三角“双一流”高校落户余杭，加快推进“2+X”重大创新载体、“院士之家”、中法航空大学、中国美院良渚校区等项目建设，强化创新平台载体和高等院校对人才的吸附效应。重点聚焦北京、上海、深圳以及加拿大多伦多、美国波士顿等国内外城市，布局海内外“人才飞地”，大力招引海内外高端人才。加快推进国际社区、国际学校、国际医院建设，提高人才服务国际化水平。在未来科技城试点协同打造长三角南翼“人才特

区”，参与构建统一的人才一体化评价和互认体系，以及长三角人才柔性流动机制；深化“一站式”人才服务，创新国际人才引进培育政策体系，积极参与外国高端人才服务“一证（卡）通”试点。高水平建设浙江人才大厦，打造辐射全省的科技孵化器、人才高地和公共服务平台，服务“人才强省”建设。

（四）加快全域美丽大花园建设，打造长三角未来城市发展新标杆。坚持高起点规划、高标准建设、高水平管理，进一步增强余杭在长三角城市群和杭州都市圈的辐射带动力、环境吸引力、国际影响力，不断提升城市综合能级。坚持城市国际化和城乡一体化良性互动，借鉴上海等地城市规划设计理念，优化全域空间布局与生态功能规划，抓实抓细专业规划、城市设计，切实提升城市的规划建设品质。深入实施“靓丽城市”行动，加快杭州未来科技文化中心、南湖科学中心、城西高铁枢纽中心、梦想小镇“法国村”规划建设，打造未来城市样板地；积极参与杭州大城北开发，聚焦良渚新城CBD区块，对接大城北核心区块规划标准和建设品位，着力打造高品质国际化杭州城北副中心；加快建设余杭经济技术开发区中心城区、临平新城核心区，提升临平副城承载力、竞争力、吸引力。积极参与轨道上的长三角建设，高标准规划建设高铁西站，打造杭州城西融入长三角交通枢纽门户，积极配合湖杭、杭温等铁路项目和杭海、杭德城际线项目建设，加快推进运河二通道、绕城西复线等项目建设，提升交通基础设施互联互通水平。高水平建设“城市大脑·余杭平台”，为打造“长三角区域大脑”提供余杭样本，共同提升城市公共服务、公共管理、公共安全水平。扎实推进瓶窑、径山、仓前、塘栖省级美丽城镇创建工作，充分发挥城镇在推进城乡一体化进程中连城接村、承上启下的作用。深入实施乡村振兴战略，推动农村三次产业融合发展，提升城乡基础设施联通和公共服务一体化水平，深化“千村示范、万村整治”工程，加快美丽乡村精品村创建全覆盖，完善“三治融合”乡村治理体系，着力打造全国城乡融合发展样板区。

（五）放大良渚成功申遗后续效应，助力全国文旅融合样板区建设。高起点建设世界文化遗产集聚地，持续深化良渚古城遗址、大运河等世界文化遗产保护，推动历史文化遗产串珠成链。打造长三角大良渚文化圈核心地，推动长江中下游太湖流域等地区良渚文化资源的交流互促，共同守护实证中华5000多年文明史的圣地。坚持保护第一，做好良渚古城遗址公园周边区域规划建设文章，高品质打造良渚文化艺术走廊，明确发展定位、产业布局，结合美丽乡村建设，引导发展文化旅游、文化创意、民宿经济等产业，实现文化遗产保护与经济社会发展和谐统一。高标准推进大运河文化带（余杭段）建设，学习借鉴运河沿线城市成功经验，联动开发大运河文化旅游精品线路。大力推进大径山旅游开发，加快“禅茶第一村”等项目建设，深化径山禅茶文化研究，推动与安吉茶文化、宜兴紫砂文化融合发展，共建杭宁生态经济带。全面梳理整合旅游资源，加快旅游基础设施建设，加大游线优化、宣传推广、品牌塑造等工作力度，努力打造长三角旅游休闲目的地和国际知名文化旅游胜地。

（六）深化“最多跑一次”改革，打造国际一流营商环境。坚持以全面深化改革为引领，聚焦关键领域开展一体化发展体制机制创新探索，努力在行政区域治理向跨区域机制性治理转型方面实现突破。对标上海营商环境，接轨国际标准体系，进一步融入长三角统一开放大市场。深化“最多跑一次”改革，加快“移动办事之区”建设，推进政务服务“一网通办”，共同实现长三角区域市场主体事项跨区域“全网办”“一窗办”“限时办”。依托阿里巴巴eWTP秘书处落户余杭的优势，积极参与沪杭跨境电商综试区合作建设，支持余杭企业联合长三角企业抱团开拓“一带一路”“数字丝绸之路”市场，提升线上线下对外开放水平。借鉴上海全面创新改革成果，深化我区省级全面创新改革试验区建设。聚焦食品安全、产品质量、文化旅游等重点领域，联合制定统一的管理和服务标准，参与长三角“放心消费”一体化创建，共同建设“信用长三角”。

四、结合好主题教育活动，守初心、担使命，凝聚起落实长三角一体化发展的强大合力

习近平总书记在浙江工作期间，就把长三角一体化发展作为“八八战略”的重要内容。党的十八大以来，习近平总书记亲自关心、亲自谋划、亲自部署长三角一体化发展国家战略，作出了一系列重要指示。不忘初心，方得始终。我们要秉持这种精神，结合“不忘初心、牢记使命”主题教育，深刻学习领会总书记关于长三角一体化发展的重要指示精神，统一思想，迅速行动，确保各项工作取得实

实在在的成效。

（一）坚定信念、坚守初心，强化思想保障。近年来，我区经济社会持续保持良好发展态势，各项工作均走在省市前列，为打造杭州接轨大上海融入长三角桥头堡奠定了坚实基础。我们必须从实现“两个一百年”奋斗目标的高度，结合好即将开展的第二批主题教育活动，深刻领会中央布局落子的重大意义，真正做到不忘初心、牢记使命。要坚决贯彻中央和省、市委的决策部署，抢抓机遇、加快发展，千方百计干好余杭自己的事情，努力在落实长三角一体化发展国家战略的新征程中，争创一流、走在前列，用实际行动增强“四个意识”、坚定“四个自信”、做到“两个维护”。

（二）扛起担当、善作善成，强化组织保障。按照“一流状态、头雁姿态”的标准，激发干部队伍的积极性、主动性和创造性。破除“人岗固化”“编制束缚”“论资排辈”“本领恐慌”“苦乐不均”“后顾之忧”，建立常态化轮岗交流机制、干部聘任机制、干部梯队成长机制、专业能力提升机制、更加科学的奖优罚劣机制、容错免责机制、减负解困机制，充分激发全区干部干事创业的激情。持续开展项目推进、双招双引、“三服务”“三大比拼”，切实加强“三不”问题整治，重奖“好和快”、通报“庸和慢”、惩治“差和懒”，努力营造比学赶超、争先创优的良好氛围。拓宽与上海等长三角地区干部交流渠道，着力提升落实国家战略、抢抓机遇、改革创新、群众工作、驾驭风险等综合能力。各级党组织要在打造杭州接轨大上海融入长三角桥头堡进程中，发挥战斗堡垒作用，善作善成、敢于担当。深入推进“清廉余杭”建设，构建“亲”“清”政商关系，凝聚全社会共同推进长三角高质量一体化发展的强大合力。

（三）全面谋划、全域参与，强化机制保障。建立余杭区推进长三角一体化发展领导小组，统筹指导全区推进长三角一体化发展工作。平台要发挥主阵地作用，镇（街道）也要主动谋划思路举措，比如可以利用“绿水青山”、美丽乡村资源，为长三角区域科技公司、创新人才打造第二办公场所和旅游休闲地。研究制定实施我区接轨大上海融入长三角一体化发展行动计划，谋划推出一批具有战略性、全局性、标志性的平台和工程，坚持项目化推进、清单化管理、责任制落实。建立重点领域和重大政策方面的沟通协调机制，密切与长三角区域合作办等各个层面的对接，强化与长三角相关城市的沟通联系。探索建立与长三角其他区（县、市）的人大、政协工作协作机制，形成全面动员、全域参与、共同推进的良好格局。同时，抓紧梳理我区落实长三角一体化发展战略各项重点工作，结合年初确定的各项任务，全力以赴抓好落实，确保各项工作全面红、全年红。

（四）加强宣传、营造氛围，强化舆论保障。充分运用新媒体、融媒体加大宣传力度，营造良好氛围。有效发挥基层党组织的组织动员优势，结合“三服务”“周三夜访夜学”等活动载体，引导广大基层群众和企业主动关注长三角一体化发展国家战略，及时传递长三角各地发展动态，畅通意见建议反馈渠道，鼓励社会各界建言献策，充分调动市场主体特别是龙头企业深度参与长三角一体化的积极性，激励广大干部群众和企业在长三角一体化发展的历史大舞台上勇担当、善作为。

同志们，蓝图绘就，正该扬帆破浪；重任在肩，更须策马加鞭。让我们更加紧密地团结在以习近平同志为核心的党中央周围，高举习近平新时代中国特色社会主义思想伟大旗帜，紧紧抓住长三角一体化发展国家战略机遇，不忘初心、牢记使命，不驰于空想、不骛于虚声，坚定不移推进高质量可持续快发展，以余杭实践书写无愧于时代的华彩篇章，以实干实绩向新中国70华诞献礼！

高水平推进区域治理现代化
加快实现高质量可持续快发展

——在中共杭州市余杭区委十四届九次全体（扩大）会议上的报告

张振丰

2019年12月31日

这次会议的主要任务是：坚持以习近平新时代中国特色社会主义思想为指导，认真学习贯彻党的十九届四中全会和中央经济工作会议，以及省、市委全会精神，回顾总结今年以来主要工作，研究部署明年及今后一个时期重点任务，动员全区上下牢固树立“大治理”理念，全面深化“三个全域”建设，高水平推进区域治理现代化，加快实现高质量可持续快发展。

下面，我代表区委常委会向全会作报告。

一、今年以来，区委常委会坚持在继承中创新，全面推进“三个全域”建设，各项工作开启新局面

2019年，在党中央和省、市委的坚强领导下，我们坚持以“五大余杭”为引领，锚定“干好一三五、争当排头兵”，既注重“把方向、抓大事、谋全局”，又坚持“‘弹钢琴’、抓重点、破难题”，特别是以高度的政治责任感和强烈的历史使命感，圆满完成良渚古城遗址申遗、全国“双创”活动周服务保障两大“国字号”任务，为新中国70华诞献上厚礼。习近平总书记在第二届进博会中国馆“美丽中国”单元展上，亲自为各国领导人介绍“中华第一城”良渚古城遗址；李克强总理亲临梦想小镇全国“双创”活动周主会场主场馆开幕式并发表重要讲话；汪洋主席实地调研未来科技城海创园、梦想小镇和径山小古城村。中央领导同志的亲切关怀，进一步增强了全区上下开创高质量可持续快发展新局面的决心和信心。我们聚焦聚力“三个全域”，全面开展“三大比拼”，持续攻坚“五场硬仗”，经济社会发展各项工作有力有序有效推进。预计全年地区生产总值增长8%左右，其中第三产业增加值增长9%左右；完成财政总收入726.47亿元、地方财政收入391.45亿元，分别增长16.45%、16.37%；预计城镇和农村居民人均可支配收入分别达到68100元、41200元，分别增长8.4%、9.5%。主要经济指标总量和增速位居省、市前列。

（一）高质量开展主题教育，全面从严治党向纵深发展。按照中央和省、市委统一部署，以“头雁”标准、排头兵姿态，开展第二批“不忘初心、牢记使命”主题教育。我们注重规定动作与自选动作贯通融合。区委常委会成员带头认真学习党史、新中国史，带头深学细悟“两书一章”等学习书目，带头开好集中学习研讨会、对照党章党规找差距专题会、专题民主生活会和组织生活会，示范带动全区4448个党组织、7万多名党员积极参与主题教育；通过举办“辉煌70年·余杭”大型主题成就展、“身边榜样·前行力量”先进事迹报告会等活动，广大党员真切感悟“初心”“使命”，不断汲取前行力量。我们注重主题教育与“三服务”活动有机结合。区领导领衔“十个如何”解放思想大讨论课题，结合走乡入村深化“三服务”活动开展调研；各级党员干部依托“周三夜访夜学”“亲清直通车”“民情直通车”“亲橙办”“亲企办”“亲禾办”等载体，走访服务企业和群众，帮助解决问题5457个；扎实推进“9+1”专项整治，力戒形式主义、官僚主义，切实为基层减负。我们注重以主题教育促进党建提升。持续开展“清北”“海外”招聘，组织实施干部综合比选跨岗交流，着力优化干部队伍结构；安排村（社区）书记在主题教育轮训中进行集中军训，切实加强村（社区）领头人队伍建设；成立区融媒体中心，健全网络综合治理体系，守好建强思想和意识形态工作阵地；不断

打响余杭统战“同心荟”品牌，聚焦新阶层人士画好同心圆；开展全区警示教育活动，推进监察工作向下延伸，不断深化“清廉余杭”建设；同时，全力支持人大、政府、政协、监委和司法机关依法履职，重视加强党对武装、双拥工作以及工青妇等群团组织工作的领导，切实发挥好党总揽全局、协调各方的作用。

（二）重规矩强化政治定力，中央和省市委决策部署有效落地。切实贯彻习近平总书记指示批示精神，持续做好“后申遗时代”良渚文化保护研究传承利用工作，加快实施大运河文化带（余杭段）建设三年行动计划。贯彻落实长三角一体化发展国家战略，年中召开区委全会动员部署，办好杭州余杭（上海）产业合作恳谈会，建设梦想小镇沪杭创新中心、合杭梦想小镇、长三角（上海）企业创新研发总部基地等平台，打造杭州接轨大上海融入长三角桥头堡。落实乡村振兴战略，加快打造新时代经济发达地区乡村振兴“余杭样板”。坚决打好防范化解重大风险、精准脱贫、污染防治三大攻坚战，妥善处置P2P网贷金融和部分上市企业股权质押风险，着力化解乔司商城等历史遗留问题；统筹做好东西部扶贫协作和对口支援、省内山海协作、市内区县（市）协作以及区内困难家庭帮扶救助工作；全力打好蓝天、碧水、净土（清废）保卫战，空气质量保持稳定，13个区控以上断面Ⅲ类及以上水质占比69.2%，生活垃圾进场量下降7.71%，生活垃圾分类“虎哥模式”获省委改革办《领跑者》刊登推广。稳步推进机构改革，扎实做好中央扫黑除恶督导组下沉督导迎检，以及省委巡视反馈意见整改和回访检查配合工作。积极参与“六大行动”“十大攻坚工程”大比武，努力为全市发展大局贡献力量。

（三）“双引擎”驱动全域创新，经济发展新动能不断壮大。发挥五大产业平台主阵地作用，打造数字经济和制造业高质量发展“双引擎”。深化“全国数字经济先行区”建设，预计数字经济核心产业增加值达1590亿元，增长18%；攻坚重大创新载体建设硬仗，之江实验室园区一期地下工程全面完成，阿里达摩院项目加快推进，超重力大科学装置开工建设，中法航空大学（暂名）、浙江理工大学余杭校区（时尚学院）顺利奠基，工信部服务型制造研究院、浙大基础医学创新研究院落户余杭经济技术开发区，信通院人工智能研究中心等56个项目入驻5G创新园，阿里云supET工业互联网平台等10家运营商和院所落户工业互联网小镇；字节跳动、OPPO、富士康工业互联网、中软国际等数字经济头部企业在我区设立研发中心或区域总部。召开实施“新制造业计划”千人大会，成功引进康纳直升机、信达生物制药、优必选华东总部、中创为量子通信等重大制造业项目60个、总投资超380亿元。大力发展创新型农业，入选国家现代农业产业园创建名单，首届杭州海内外农创客大赛在我区举办。启动建设全国“双创”示范城引领区，深化“最多跑一次”改革，打造一流营商环境，出台“全域创新66条”，新增减税降费70亿元，新增上市企业3家；实施“大孵化器”战略，新增物理空间184.3万平方米；建设“人才特区”，启用浙江人才大厦先导区块，建立首个诺贝尔奖工作站，开展“人才创业险”试点，人才“全生命周期”创业便利化改革获省委改革办《领跑者》刊登，全年新增本科及以上高校毕业生3.37万人，人才总量突破35万人。

（四）抓专项推进全域美丽，综合环境竞争力持续提升。启动实施临平片区“靓城行动”，文化艺术长廊全面竣工，余杭经济技术开发区完成中心区城市设计方案，临平新城沪杭高速入城口迎宾公园等城市门户项目精彩亮相；未来科技城完成南湖科学中心控制性详规编制和未来科技文化中心总体方案设计，积极配合城西高铁枢纽中心规划建设，高铁枢纽站房项目正式开工；良渚新城抢抓大城北开发机遇，加快推进华润城北副中心CBD等项目建设。小城镇环境综合整治圆满收官，省级样板数量全市第一。深化“千万工程”，启动实施“美丽乡村提升1510行动”。全力攻坚重大交通基础设施建设硬仗，加快推进东西向快速路建设，世纪大道快速路建成通车，迎宾大道北延隧道南北贯通，地铁5号线开通运行；高品质建设“八口八线”美丽公路和“四好农村路”，打造了一批连城接乡、串珠成链的经济动脉、文化走廊和生态纽带。统筹抓好环境治理和生态修复，深入开展“污水零直排区”“美丽河湖”和“无违建”创建，临平净水厂正式投用，处置各类违法建筑515.2万平方米。放大“全域美丽”建设成效，以良渚古城遗址成功申遗为契机，系统梳理、积极整合区内文化和旅游资源，打造全国文旅融合样板区。

（五）系统化开展全域治理，基层治理现代化起步探索。围绕“全域治理现代化”，年初召开动员大会进行系统部署。在全市率先建立区级社会治理综合服务中心（社会矛盾纠纷调处化解中心），整合“城市大脑·余杭平台”十大应用模块，推进社会治理领域“最多跑一地”；健全完善党建引领基层民主协商机制，实现全区村（社区）民主协商议事会建设全覆盖，径山小古城村“众人的事情由众人商量”、南苑高地社区“板凳评议团”等做法获央视和《人民日报》点赞。深化平安法治建设，深入开展扫黑除恶专项斗争，安全生产实现各类事故发生数、死亡人数“双下降”，全区法治建设满意度测评得分93.22。落实教育医疗、养老服务、就业保障、回迁安置等为民惠民举措，扎实办好民生实事和“关键小事”。深化精神文明创建，统筹抓好文化事业和文化产业发展，多部文艺作品获省、市精神文明建设“五个一工程”等奖项，进一步浓厚向上向善的社会氛围。

回顾过去的一年，面对复杂形势和各种挑战，我们将大事办成、喜事办好、难事办妥、实事办实，成绩的取得难能可贵、鼓舞人心。过去的一年，最让我们自豪的是，余杭打响了“中华文明圣地、创新活力之区”城市品牌。良渚古城遗址成功列入“世界遗产名录”，成为全人类共同宝贵财富，中华5000多年文明史得到国际社会广泛认可；未来科技城梦想小镇圆满举办全国“双创”活动周主会场主场馆活动，汇聚海内外创业创新动能，“余杭，梦想中创业的地方”被更多人熟知。1228平方公里的余杭大地正全力以赴打造成为历史与现实交相辉映世界名城的重要窗口，努力向世界展现真实、立体、全面的古代中国和现代中国。过去的一年，最让我们欣喜的是，“三个全域”建设开启了余杭高质量可持续快发展的新局面。经过一年实践，“三个全域”建设成果丰硕。我们全力打造“全域创新策源地”，新增国家高新技术企业数、省级企业研究院和省级研发中心数以及年度科技进步变化情况综合评价、产业数字化发展评价均位列全省第一；我们加快建设“全域美丽大花园”，获评“全省小城镇环境综合整治工作优秀区”“全省新时代美丽乡村示范县”，绿色发展指数跃居全省首位；我们大力推进“全域治理现代化”，全省全市县级社会矛盾纠纷调处化解中心建设现场会在我区召开，入选“2019年浙江省县域社会治理十佳区县”。过去的一年，最让我们振奋的是，全区各级干部队伍形成了上下同欲的浓厚干事创业氛围。区四套班子领导坚持以上率下，在重大活动保障、信访包案化解、抗台防汛救灾等大事难事急事面前亲上一线、靠前指挥。各级各部门强化争先意识，聚焦“三大比拼”，争当先进、争创一流，锤炼出了攻坚良渚古城遗址申遗的“申遗精神”、服务保障“双创”活动周的“86天精神”。我们的党员干部履职担当尽责，涌现出了全省担当好干部、全市担当作为好干部、区级铁军先锋等一批优秀代表，示范带动全区上下团结一心、真抓实干、奋力拼搏。借此机会，我代表区委常委会，向全区各级党组织、广大党员干部和老领导老同志，向一直以来关心支持余杭发展的社会各界人士，表示衷心的感谢和崇高的敬意！

在总结成绩的同时，我们也要清醒地认识到，我们的工作还存在许多不足，余杭的发展还面临一系列不平衡不充分的问题。比如，产业发展不平衡，起支撑作用的支柱产业单一；城市品质与建设世界名城都市新区的目标相比，差距仍然比较明显；社会服务管理压力大、城乡深度融合难度大、优质公共服务缺口大等问题仍然突出；高素质专业化干部队伍建设成效还有待提升，全面从严治党仍需长抓不懈，等等。对于这些问题，我们必须切实增强忧患意识，抓住主要矛盾，下大力气加以解决。

二、深入学习贯彻党的十九届四中全会精神，加快推进区域治理现代化，以高水平治理推进高质量发展

党的十九届四中全会对“坚持和完善中国特色社会主义制度、推进国家治理体系和治理能力现代化”进行了全面部署。省、市委先后召开全会进行学习贯彻。郡县治，天下安。作为区县一级，我们要以强烈的政治意识、使命意识，深入学习贯彻中央和省、市委全会精神，切实扛起省委赋予余杭“展现更大格局、更大担当、更大贡献”和市委要求我们“当好综合型领头羊、排头兵”的使命担当，立足区情实际，高水平推进区域治理现代化，为高质量可持续快发展提供强有力保障。

（一）高水平推进区域治理现代化，必须牢固树立“大治理”理念，深入推进“三个全域”建设，做到战略上坚定不移。余杭正处在从县域治理向城市治理转型的关键期，城市化进程快速推进，人口规模和市场主体不断增加，新经济新业态新模式大量涌现，人民对美好生活需要日益增长。在这样的背景下，区域环境基础设施的承载力、优质公共服务产品的供给力、支撑经济快速增长的可持续力、对于新老矛盾风险的防化能力，都面临新的挑战、新的考验。客观地说，我们的治理能力和治理水平，与上级的要求、群众的期待、发展的形势都

还有不相适应的地方。为此，中共杭州市余杭区委十四届六次全会致力于打基础利长远，提出“围绕全域创新策源地、全域美丽大花园、全域治理现代化‘三个全域’建设，实施平台提升、产业高地、创新生态、城靓村美、文旅融合、环境提质、社会共治、福祉共享、文明共创‘九大行动’，强化党建引领、改革动力、要素支撑‘三大保障’”，这充分体现了系统治理、依法治理、综合治理、源头治理的“大治理”理念，完全符合“五位一体”总体布局和“四个全面”战略布局，高度契合党的十九届四中全会精神。我们必须保持战略定力，通过“全域创新”加快经济高质量发展，不断夯实满足人民日益增长美好生活需要的物质基础，以民富增民乐促民安；通过“全域美丽”推进城乡高品质建设，全域打造自然与人文、都市与田园、历史与现代的结合体，以环境惠民生促共享；通过“全域治理”实现社会持续稳定，建设人人有责、人人尽责、人人享有的社会治理共同体，以共建强共治促和谐。

（二）高水平推进区域治理现代化，必须深刻把握余杭区情特点，全面实施“区域五治”，实现战术上重点突破。区域治理是一个巨系统，我们要以党的十九届四中全会及其《决定》作为高水平推进区域治理现代化的根本遵循，全面贯彻、长期坚持；同时，围绕省委十四届六次全会提出的“省域治理现代化十招”、市委十二届八次全会提出的“善治六策”，根据自身所处的历史方位和发展基础，着力固根基、扬优势、补短板、强弱项，聚焦关键领域，实施集中攻坚。一要强化统筹治区。坚持全区一盘棋，着眼区域协调、城乡融合、平台联动、产业互动，强化规划统筹、项目统筹、要素统筹和公共资源统筹，完善平台和属地镇（街道）协同发展机制，加快实现“东部崛起、中部兴盛、城西腾飞、西部富美”，打造靓丽城市、美丽城镇与美丽乡村相得益彰的“城乡融合发展样板区”，不断提升城市综合能级。二要强化数字治区。全力推进数字产业化、产业数字化、城市数字化“三化融合”，以“全国数字经济先行区”建设带动打造“全国数字治理先行区”，继续强力推进“城市大脑·余杭平台”建设，以科技之治打造数字化城区。加快政府数字化转型，深化机关内部“最多跑一次”改革，着力打造“移动办事之区”，建设全方位、全要素、全链条、立体式的政府数字化服务体系。三要强化人文治区。大力弘扬红色革命文化、历史传统文化和时代先进文化。用好中共余杭历史馆、“五九”批示纪念馆等红色资源，守护传承红色基因。加强良渚文化、运河文化和径山禅茶文化等保护利用、活态传承，充分彰显“中华文明圣地”人文魅力。持续开展“最美”系列先进典型评选，不断挖掘新时代好家风，着力培育和践行社会主义核心价值观。四要强化共商治区。丰富“有事好商量，众人的事情由众人商量”实践形式，深化完善党建引领基层民主协商机制，畅通民意诉求表达渠道，落实为民办实事长效机制，推动大事商量着定、实事商量着办、难事商量着解，最大限度凝聚共识、凝聚人心、凝聚智慧、凝聚力量，形成共商共建共治共享的基层治理格局。五要强化源头治区。坚持法治与德治相结合，打造一流善治之区。推进良法之治，营造公正、高效、法治化、可预期的社会环境；重视发挥道德教化作用，浓厚崇德向善社会氛围。坚持把矛盾纠纷多元化解作为基层治理的重点内容，调动各方力量参与警源、诉源、访源“三源治理”，抓源头抓前端，实现突击变长效、被动变主动、治标变治本。

（三）高水平推进区域治理现代化，必须具备相匹配的治理能力，切实强化“五种本领”，确保落实上高质高效。无论是贯彻执行好中央和省、市委的决策部署，还是抓好我区“区域五治”的落实落地，都要求各级各部门和广大党员干部切实提升本领。一要提升精准施策狠抓落实的本领。强化战略思维、创新思维、辩证思维、法治思维、底线思维，确保将上级决策部署与余杭实际相结合，谋实事、出实招、求实效，坚持精准施策，勇于攻坚克难，持续开展项目推进、双招双引、“三服务”、“三大比拼”活动，把雷厉风行和久久为功有机结合起来，以钉钉子精神做实做细做好各项工作。二要提升区域统筹协调发展的本领。围绕提升区域统筹和城乡融合发展水平，切实增强战略谋划、空间管控、要素配置的能力，坚定融入主城发展，积极落实“多规融合”，统筹山水林田湖草整体保护和系统修复，积极拓宽绿水青山向金山银山转化通道，加快建设高能级大都市新区。三要提升深化改革引领创新的本领。深入贯彻新发展理念，切实增强发展新经济、招引新产业、谋划新政策、应用新技术等方面的能力，坚持全面深化改革，善于运用互联网技术和信息化手段开展工作，把党领导经济工作的制度优势转化为治理效能，不断壮大区域科技动力、创新活力、经济实力和综合竞争力。四要提升创造人民美好生活的本领。落实以人民为中心的发展思想，切实增强促进改革发展成果更多、更公平惠及全区人民的能力，始终以保障人民根本权益为出发点和落脚点，多谋民生之利、多解民生之忧，在发展中补齐民生短板，不断提升人民群众获得感幸福感满意度。五要提升矛盾纠纷调处化解的本领。完善党委领导、政府负责、民主协商、社会协同、公众参与、法治保障、科技支撑的社会治理体系，强化安全发展理念，切实增强正确处理新形势下人民内部矛盾的能力，不断提升驾驭风险的本领，努力建设更高水平的平安余杭，确保人民安居乐业、社会安定有序。

三、聚焦高水平全面建成小康社会战略目标，“干好一三五、争当排头兵”，确保“十三五”规划圆满收官

2020年是全面建成小康社会、实现第一个百年奋斗目标的决胜之年，也是收官“十三五”、谋划“十四五”的承上启下之年。做好2020年工作的指导思想是：高举习近平新时代中国特色社会主义思想伟大旗帜，全面贯彻落实党的十九届四中全会和中央经济工作会议以及省、市委全会精神，牢固树立“大治理”理念，锚定“干好一三五、争当排头兵”，以高水平治理推进高质量发展，加快实现“东部崛起、中部兴盛、城西腾飞、西部富美”，全力打造杭州接轨大上海融入长三角桥头堡，进一步打响“中华文明圣地、创新活力之区”城市品牌。建议2020年全区经济社会发展的主要目标为：地区生产总值增长7.5%～8%；财政总收入及地方财政收入均增长12%以上；研究与试验发展经费支出相当于生产总值比例达到4.14%；城镇登记失业率控制在3.5%以内；城镇和农村居民人均可支配收入分别增长8%、8.5%；完成省、市下达平安建设和节能减排任务。重点抓好以下几方面工作。

*（一）聚焦现代产业体系建设硬仗，坚定不移走“人才引领创新驱动”发展之路。*坚持“发展是第一要务、人才是第一资源、创新是第一动力”，围绕平台空间、项目建设、创新生态等要素保障，着力夯实经济高质量发展的产业基础。一是要加快建设高能级产业平台体系。以未来科技城、余杭经济技术开发区两大国家级平台为龙头，形成与临平新城、良渚新城、钱江经济开发区创新联动、产业互动、优势互补、错位发展的协同发展格局；推动现有特色小镇产业再聚焦、功能再完善，支持梦想小镇沪杭创新中心、合杭梦想小镇发展，打造特色小镇2.0版，力争梦栖小镇通过省级验收命名，加快中国（杭州）航空航天科技小镇等谋划建设；持续实施“大孵化器”战略，确保新增物理空间185万平方米。深入开展国土空间规划研究，主动对接上级部门，积极争取拓展五大产业平台发展空间。支持平台和重点镇（街道）合理增加产业用地比例，严守全区48平方公里工业用地规模底线。持续推进“亩均论英雄”改革和“低散乱”企业整治，确保盘活低效工业用地1000亩以上。完善区级产业平台、国有公司与属地镇（街道）产业协同发展机制，支持对镇（街道）传统工业园进行提升改造，高标准建设一批承接创新型产业项目的专业园区和小微园区。二是要持续打造高质量产业发展引擎。全力实施数字经济“一号工程”和“新制造业计划”，争创国家新一代人工智能创新发展试验区核心区。大力发展实体经济，提升制造业水平。抢抓新一轮科技和产业革命机遇，聚焦5G应用、人工智能、区块链、生物医药、芯片设计和制造、航空设备等新兴产业，积极招引行业龙头企业、细分领域头部企业。坚持开展季度集中签约活动，探索建设“飞地”招商平台，聚焦北上广深，持续做好驻点招商、小分队招商、敲门招商、基金招商等工作。深入实施“双百计划”“凤凰计划”“鲲鹏计划”“雏鹰计划”，重视科技型中小微企业引培，支持孵化项目区内产业化落地，鼓励优质企业股改上市，深化国有企业改革，加快培育一批大企强企、单打冠军、隐形巨人。加快产业项目建设，做好对已签约项目的全程跟踪、审批代办等服务，支持重大产业项目申报“152”工程和省、市重点项目。全力推进阿里全球总部、菜鸟网络总部及智慧产业园、vivo全球AI总部、OPPO全球移动终端研发总部等数字经济领域重大项目，不断增强数字经济发展后劲，确保实现数字经济核心产业增加值1800亿元，增长15%以上。加快数字经济赋能制造业发展，依托中国工业互联网研究院浙江分院、国家工业互联网大数据浙江分中心、工信部服务型制造研究院、阿里云supET工业互联网平台等项目，支持企业运用智能化协同技术建设一批黑灯工厂、数字工厂、未来工厂。以创建国家现代农业产业园为抓手，加快实现农业生产的规模化、数字化和现代化。三是要着力构建国际化创业创新生态。全力推进三大科研重器建设，确保之江实验室园区一期工程按时竣工，开工建设阿里达摩院，配合做好超重力大科学装置项目推进；加快建设中法航空大学（暂名）、中国美院良渚校区、浙江理工大学

余杭校区（时尚学院）等院校，确保北航杭州创新研究院（余杭）开学招生；持续深化与浙江大学、阿里巴巴集团战略合作，积极发挥中国服装科创研究院、浙大高端装备研究院、浙大电气技术研究院等科研院所作用，构建名校名院名企合作联盟，打造政产学研用共同体。推进“人才特区”建设试点，加快浙江人才大厦、国际人才服务综合体等项目建设，推动人才住房“实物+货币”并行的双轨制保障，推广“人才创业险”服务，系统布局国内外“人才飞地”，不断汇聚更多海内外高层次、领军型人才和团队。

（二）聚焦城市发展能级提升硬仗，努力实现区域综合环境竞争力持续增强。加快发展理念、发展定位从“融入主城区”向“就是主城区”转变，着力打造城市发展的“高地”、要素流入的“洼地”。一是要提升城市辐射带动力。主动服务杭州大都市圈建设、积极接轨大上海融入长三角发展，持续推进临平片区“靓城行动”，加快打造“乔司国际数字商贸城、临平新城核心区、余杭经济技术开发区中心区”产城融合发展轴，高标准推进沿轴布局的中国（杭州）建筑数字化产业园、长三角（上海）企业创新研发总部基地、地铁9号线车辆段综合体等重大项目，着力提升临平首位度。充分放大良渚新城绕城以内区块的区位优势、良渚文化和运河文化交汇交融的人文优势，全面融入大城北开发，加快推进华润万象城、国际生命健康小镇等城市和产业地标项目，着力打造产城人文融合发展的都市新中心。围绕未来科技城“一城三中心”布局，高标准规划建设“未来科技文化中心、CBD核心区块、城西高铁枢纽中心”南北向城市发展轴，启动实施文一西路（余杭段）提升改造和南湖综保工程，打造连接杭州主城与南湖科学中心的东西向创新发展轴。组织开展交通建设大会战，积极构建内联外畅、综合立体的现代综合交通运输体系，加快城市快速路、地铁轨道交通成网，配合城西高铁枢纽和铁路项目、绕城西复线（余杭段）、运河二通道（余杭段）等项目推进，打造杭州重要门户枢纽，进一步提升交通区位优势。二是要提升生态环境承载力。环境容量是城市发展的“吃水线”。积极争创国家生态文明建设示范区，统筹“靓城行动”扩面、“美丽城镇”创建、“美丽乡村”建设、未来社区试点等工作，推动人居环境整体提升。坚决打好污染防治攻坚战，加大污水、污泥处置厂等环境基础设施建设力度，落实“河（湖）长制”推进“污水零直排区”“美丽河湖”创建，力争再夺“大禹鼎”；全力攻坚蓝天保卫战，加大对工业废气、扬尘废气、生活废气的环境执法和治理力度；深入推进生活垃圾源头减量，加快垃圾末端处置设施建设，持续保持生活垃圾进场量负增长。深化“无违建”创建，确保处置违法建筑300万平方米以上。三是要提升区域文化影响力。深化良渚文化“后申遗时代”研究、推广和宣传工作，加快推动以良博院二期等项目为重点的良渚文化艺术走廊建设，打造具有国际影响力的文化地标和文旅融合发展高地，努力把这张世界级的“文化金名片”擦得更亮。对标中央建设大运河国家文化公园要求，坚持“共抓大保护、不搞大开发”原则，正确处理保护与开发的关系，科学把握一般与重点的时序，突出境内大运河世界文化遗产点段等重要节点、上塘河等重点支流，因地制宜、分类施策抓好大运河文化带（余杭段）建设。全力推进径山寺复建、禅茶文化交流中心等项目建设，持续提升大径山及其文化的知名度。以良渚文化、运河文化、径山禅茶文化“三大文化”为龙头，串联起超山金石和梅花文化、西溪洪氏文化以及区内其他非物质文化遗产和旅游资源，打造文化走廊和精品游线，加大宣传推介力度，不断增强余杭文化对外传播力和影响力。

（三）聚焦重大风险防范化解硬仗，不断创新社会治理模式夯实平安和谐基础。牢固树立忧患意识和底线思维，加强和创新治理模式，切实提高社会治理社会化、法治化、智能化、专业化水平。一是要持续打好防范化解重大风险攻坚战。强化风险防控意识，落实重大决策风险评估机制，建立健全社会风险预测预警预防体系，切实推动风险防范关口前移。着力完善涉稳问题滚动排查工作机制，全面落实镇（街道）基层社会稳定主体责任，认真开展对非法金融、征地拆迁、非住宅类经营性用地项目等重点领域涉稳风险的排查、梳理和处置，做到抓小抓早抓苗头，进一步维护社会面和谐稳定。切实落实领导干部下访接访制度和重大不稳定因素包案化解制度，积极推进重大历史遗留问题化解工作。二是要着力推动基层社会治理能力大提升。落实“一扇门进出，事情全办清；一揽子调处，全链条解决；一体化联动，全方位延伸；一把手主抓，全要素保障”“四个一”要求，围绕“区级中心再完善、三级指挥再协同、‘三源治理’再融合、‘城市大脑’再升级、应急指挥再集成”，进一步打造多元治理、系统集成的三级社会治理综合服务中心（社会矛盾纠纷调处化解中心）。积极将数字化变革性力量深度融入社会治理，不断丰富“城市大脑·余杭平台”应用场景，提升治理智慧化水平。切实发挥群团组织、自治组织、社会组织和平台企业等在社会治理中的积极作用，着力打造社会治理共同体。强化“党建＋治理”，加快补齐城市基层党建短板，建立健全党建统领下物业企业、居委会、业委会、小区居民多方协调联动机制，提升城市社区治理能力。三是要积极开创平安法治建设新局面。加快构建立体化信息化社会治安防控体系，坚持“标本兼治、综合治理”，推动扫黑除恶专项斗争取得压倒性胜利。严格落实安全生产属地责任和企业主体责任，全面开展道路交通、建筑施工、消防安全、食药安全等专项整治行动，强化危化品全生命周期安全管理，牢牢守住安全生产红线。完善防汛防台、防灾减灾等应急指挥体系和联动工作机制，加强部门间协调配合和信息共享，有效应对自然灾害。持续深化法治建设，深入开展普法学法工作，推进公共法律服务中心建设提质增效扩面。

（四）聚焦重大民生项目建设硬仗，切实提升人民群众的幸福感获得感满意度。要像抓经济建设一样抓民生保障、像落实发展指标一样落实民生任务，突出抓好民生项目建设，确保高水平全面建成小康社会。一是要实施好一批重大民生项目，切实把实事办实。科学谋划新一轮年度民生实事。大力推进安置房项目建设和回迁安置提速，开工建设安置房100万平方米，竣工120万平方米。结合区域人口发展状况，完善教育规划布局，新建学校项目22个、续建65个、确保竣工21个。深化公立医院改革和医共体建设，加快良渚医院、区第五人民医院等5个项目建设，确保浙医一院余杭院区建成投用，完成25家社区卫生服务站新改扩建任务。加快构建居家养老“15分钟服务圈”，新增5家镇（街道）级居家养老服务中心、25家示范型居家养老服务照料中心，打造一批医养结合的养老服务综合体，提升养老服务品质；在明年35万平方米老旧小区综合改造提升任务推进过程中，要充分考虑老年人的需求，大力推进既有住宅电梯加装工作。深入实施文化体育惠民工程，全力推进亚运场馆、余杭博物馆等改扩建项目，加大农村文化礼堂和社区文化家园建设力度，确保实现行政村农村文化礼堂建设全覆盖。二是要完善好民生诉求发现机制，通过民主促民生。坚持以人民为中心的发展思想，继续用好“周三夜访夜学”“民情直通车”“亲清直通车”等载体，探索“二服务”与网格工作相结合的长效机制，优化网格设置，整合资源力量，健全考核办法，加快形成“网格化、组团式、全科型、常态化”服务模式，做到线上线下联动，及时回应群众诉求。切实发挥党代表工作室、人大代表联络站、政协委员工作室的桥梁纽带作用，通过“两代表一委员”面对面联系服务群众，一线收集民意、解决问题。完善民生实事项目票决制、街道居民议事会议制度，用好政协“请你来协商”等平台载体，问情于民、问需于民、问计于民、问绩于民，“干不干”让百姓定，“干什么”让百姓选，“怎么干”让百姓提，“干得好与坏”让百姓评，构建起听群众呼声、为群众服务、受群众监督、由群众评价的工作闭环，不断提升公共服务产品的有效供给、精准供给。三是要构建好社会保障兜底政策，守牢民生的底线。在不断优化就业、社保等公共福利政策，更好地造福百姓、惠及群众的同时，更加重视完善面向困难群体的社会救助帮扶政策。高度重视失独老人、困难残疾人、因病致贫、因病返贫等弱势群体，整合部门力量健全完善“大救助”长效机制，合力做好医疗救助、就业帮扶、教育帮扶等工作；积极引导社会力量参与救助帮扶，满足困难群众多元化需求。此外，要提高政治站位，全力做好东西部扶贫协作和对口支援工作，携手台江、天柱、咸丰等地决战精准脱贫攻坚战，确保三县与全国同步全面建成小康社会。

（五）聚焦打造一流营商环境硬仗，坚持以“最多跑一次”改革牵引各项改革深化。牢固树立“营商环境就是生产力”的理念，扭住“最多跑一次”改革“牛鼻子”，牵引营商环境迈向国际一流水平。一是要持续深化“最多跑一次”改革。主动对标世界银行营商环境考评指标体系，努力在打造国际一流营商环境上走在全市前列。重点是要深化“最多跑一次”改革，聚焦个人和企业全生命周期“一件事”全流程“最多跑一次”，进一步减事项、减次数、减材料、减时间，加快实现“跑一次是底线、一次不用跑是常态、跑多次是例外”。持续深化“多证合一、证照联办、一网通办”商事登记制度改革，推行“标准地＋承诺制”投资审批制度改革，巩固常态化企业开办全流程“一日办结”试点成果，实现一般企业投资项目全过程审批“最多80天”。落实“最多跑一次、服务送上门”理念，探索设立企业人才服务中心，建立助企服务网格员队伍，全面落实“营商环境60条”“全域创新66条”和减税降费等政策，进一步提高政策兑现效率。二是要加快推进社会信用体系建设。营商环境评价的核心和基础是社会信用体系建设。要加快构建覆盖企业、自然人、社会组织、事业单位和政府机构五类主体的公共信用评价体系，确保2020年实现事项、人员、查询“三个全覆盖”。全面推动诚信政府建设，深化余杭区信用平台数据与省、市平台的共享应用，确保区域范围内所有行政事项全部纳入信用平台查询。建立健全联合激励惩戒机制，多领域开展守信联合激励，常态化开展失信黑名单发布曝光工作，让失信企业、失信法人、“老赖”等“一处失信，处处受限”。以五大平台为重点建设“1+N”知识产权服务平台体系，切实保护创新成果及合法权益。加大民营企业司法服务保障力度，重拳打击侵害民营企业财产、商业秘密等犯罪，为企业公平公正竞争保驾护航。三是要不断提升对外开放合作水平。一个地方对外开放合作程度越高，与国际接轨越紧密，往往营商环境就越好。要全面落实准入前国民待遇加负面清单管理制度，让外资同等享受涉企项目政策和“最多跑一次”改革便利。深化与国际友好城市的经济、科技、文化、教育等全方位交流合作，高质量推进梦想小镇法国村、艺尚小镇意大利时尚中心等项目。积极配合做好第19届亚运会筹备工作，争取更多国际会议、论坛、赛事等落户余杭，进一步提升国际影响力。对标上海自贸区，高起点建设浙江自贸试验区杭州联动创新区余杭片区，依托阿里巴巴eWTP秘书处落户余杭优势，支持企业开拓“一带一路”“数字丝绸之路”市场。加快国际学校、国际医院、国际社区建设，探索建立符合国际规则和国际惯例的公共服务体系。

（六）全面加强党的领导和党的建设，为实现高水平治理高质量发展提供坚强政治保证。按照新时代党的建设总要求，以永远在路上的执着，推动全面从严治党向纵深发展，持续提升把方向、谋大局、强治理、促发展的能力。一是要毫不动摇把党的政治建设摆在首位。落实保障“两个维护”的制度机制，严守政治纪律和政治规矩，严肃重大事项请示报告等制度，自觉将思想和行动统一到中央和省、市、区委各项决策部署上来。建立健全不忘初心、牢记使命的长效机制，完善理论学习中心组、“周三夜学”等制度，确保学习贯彻习近平新时代中国特色社会主义思想往深里走、往心里走、往实里走。推动意识形态工作责任落实落细，充分发挥“余杭好声音”宣讲团、融媒体等载体作用，唱响主旋律、凝聚正能量。坚持党对一切工作的领导，巩固和发展党委领导下人大政协齐上一线、统战群团同舟共济的生动局面。二是要全方位加强各领域基层党组织建设。聚焦新一轮“整乡推进、整区提升”，做深做实街道“大工委”、社区“大党委”，开展村（社区）党组织“党建双强”争创活动，强化城市社区业委会、物业企业党组织覆盖和作用发挥，开展机关党组织“三比三强三提升”活动，推进“两新”组织和新兴领域党组织分类提升。结合村社党组织换届选举“准备年”工作，抓好村（社区）书记后备干部队伍建设，积极稳妥推进村党组织书记、村委会主任“一肩挑”工作，选优配强党组织书记，形成强大的“头雁效应”。三是要建设一支高素质专业化的干部队伍。落实好干部标准，推动干部队伍梯队建构、链式培养、动态管理，真正把好干部选出来、用到位，切实让想干事的有机会、敢干事的有舞台、会干事的有作为、干成事的有地位。坚持内育外引，拓宽专业干部人才来源，完善“清北＋海外＋比选”多层次引才机制，常态化推进跨部门、跨镇（街道）、跨行业干部交流，切实加强教育培训和实战历练，提升干部队伍专业能力和综合素质。强化实干实绩导向和基层一线导向，在推进“靓城行动”“三大比拼”“五场硬仗”等过程中磨砺干部、挑选良将，使基层一线、硬仗前线成为干部成长的沃土。四是要将党风廉政建设工作不断引向深入。严格落实“两个责任”，推进纪律、监察、巡察、派驻监督有效衔接、同向发力，持续深化“清廉余杭”建设。高标准落实中央八项规定及实施细则精神，持续发力纠治“四风”，重拳整治“三不”行为，深入推进基层减负，促进各级党员干部聚精会神抓落实。坚持高压惩腐、以案促改、涵养正气相结合，构建“不敢腐、不能腐、不想腐”一体推进机制，大力整治征地拆迁、“三资管理”、工程项目、招投标等重点领域腐败问题，严厉惩处群众身边的“微腐败”行为，让人民群众切实感受变化、看到成效。

同志们，让我们高举习近平新时代中国特色社会主义思想伟大旗帜，强化定力、敢作敢为、善作善成，以“领头羊、排头兵”的姿态，全面深化“三个全域”建设，奋力攻坚“五场硬仗”，高水平推进区域治理现代化，加快实现高质量可持续快发展！

政府工作报告

——在杭州市余杭区第十五届人民代表大会第四次会议上

陈如根

2020年1月18日

现在，我代表区人民政府，向大会作政府工作报告，请予审议，并请区政协委员和其他列席人员提出意见。

2019年工作回顾

2019年是新中国成立70周年，是良渚古城遗址成功申遗、为实证中华五千多年文明史书写余杭担当的一年；是全国“双创”周主会场活动在我区成功举办、“双创”动力汇聚澎湃的一年。一年来，面对复杂多变的外部环境，区政府以习近平新时代中国特色社会主义思想为指引，认真贯彻落实上级党委政府和区委各项决策部署，全面推进“三个全域”建设，全力攻坚“五场硬仗”，较好地完成了区十五届人大三次会议确定的各项目标任务。预计生产总值增长8%以上；完成财政总收入726.47亿元、地方财政收入391.45亿元，分别增长16.5%、16.4%；城乡居民人均可支配收入分别增长8.5%、9.7%。

（一）经济质效在转型升级中持续提升。坚持贯彻新发展理念，稳中求进、进中求好，推动经济持续健康发展。全力稳企业。设立亲橙办、亲企办、亲禾办，扎实开展“服务企业”活动，累计走访企业3.14万家次，解决问题2600余个。推进13项营商环境便利化行动，出台“全域创新66条”，新增减税降费70亿元。创新政府产业基金、政策性担保、还贷周转应急资金运作模式，缓解企业融资难融资贵问题。积极应对中美经贸摩擦，推广应用“订单+清单”预警预判监测系统，预计外贸出口增长5%。加快调结构。深化全国数字经济先行区建设，预计数字经济核心产业增加值居全市首位，增长18%。启动实施“新制造业计划”，预计实现规上工业增加值450亿元，高新技术产业、生物医药产业增加值分别增长7%、24%。预计服务业增加值增长9%，蝉联服务业发展综合评价全省第一。提升发展现代农业，预计增加值增长2.5%以上，粮食生产实现六连增，余杭现代农业产业园成功入选国家级创建名单，获评全国数字农业农村发展水平评价先进区。持续扩需求。大抓招商引资和项目推进，坚持开展“双集中”活动，集中开工重大项目95个，“152”工程开工率达83.33%，预计固定资产投资增长7%以上；集中签约项目170个，实际利用外资超10亿美元，成功招引字节跳动、优必选等重大项目。预计社会消费品零售总额增长9.2%。奋力促开放。制定实施接轨大上海融入长三角一体化发展行动计划，启用浙江人才大厦先导区块，建成梦想小镇沪杭创新中心，与合肥包河区共建合杭梦想小镇。阿里巴巴eWTP秘书处正式挂牌。鼓励企业“走出去”，完成中方境外投资额2.3亿美元。

（二）发展动能在新旧转换中持续增强。坚持把创新作为引领发展的第一动力，系统集成、久久为功，着力打造全域创新策源地。创新载体加快建设。之江实验室园区一期工程建设加快推进，超重力大科学装置开工建设，阿里达摩院一期完成供地，北航中法航空大学顺利奠基，北航杭州创新研究院（余杭）揭牌成立。浙大基础医学创新研究院、智能网联驾驶测试和评价工信部重点实验室等创新平台相继落户。实施大孵化器战略，新增创新创业物理空间184.3万平方米。创新活力日益显现。预计研究与试验发展经费支出相当于生产总值比例为4%，新产品产值率达49.3%，年度科技进步统计监测变化情况综合评价居全省首位。3家企业获国家科技进步二等奖，创历年新高。新增国家高新技术企业444家，列全省第一。上市企业总量达25家。新增工信部单项冠军2家，隐形冠军总数全省居首。新设内资企业数增长37.2%。集聚海外高层次人才4900余名，其中国家级海外高层次人才149名，新增本科及以上高校毕业生3.37万名。传统动能持续提升。构建工业互联网产业生态，引进supET工业互联网创新中心、中国工业互联网研究院浙江分院（分中心），搭建行业级平台7个。实施工厂物联网项目89个、“机器换人”项目105个，4家企业入选省级数字车间、智能工厂项目，产业数字化发展评价列全省第一。关停落后产能和污染隐患企业（生产线）113家（条），完成“低散乱”块状行业淘汰整治。实施工业园区提升改造项目58个，盘活低效工业用地1029亩。平台建设提档升级。余杭经济技术开发区招商引资实现历史性突破，成功引进康纳直升机、信达生物等一批重大实体产业项目，规上企业数字化转型基本实现全覆盖。未来科技城累计孵化培育营收超5000万元企业139家，梦想小镇入选第一轮全国特色小镇典型经验推广名单，阿里全球总部、菜鸟网络等重大项目开工建设。临平新城迎宾路产城融合轴全线亮相，央企区域创新中心初步形成，长三角数字经济产业园、艺尚小镇瑞丽轻奢街区开工建设，工业互联网小镇正式启用。良渚新城成功招引金证引擎等29个优质总部项目，国际生命科技小镇先导区块入驻项目25个，梦栖小镇入选省级双创示范基地。钱江经济开发区正式挂牌，浙大电气装备创新中心、中创为量子通信等22个项目成功落户。

（三）城乡品质在内外兼修中持续优化。坚持尊重城市发展规律，城乡联动、统筹推进，加快建设全域美丽大花园。城市建设提速增靓。完成国土空间发展大纲编制。配合推进城西高铁枢纽中心、湖杭铁路、绕城西复线、运河二通道等省市重点项目。加快轨道交通建设，16号线建成试运行，5号线首通段开通运营。世纪大道快速路建成通车，东西向快速路、望梅路互通等工程扎实推进。启动实施临平片区靓城行动，全面推进“6化行动18类工程”。小城镇环境综合整治圆满收官，获评省级优秀，首批6个美丽城镇试点启动建设。老旧小区综合改造提升试点顺利开展。建成5G基站2546个。乡村振兴深入推进。启动美丽乡村“1510”行动，完成121个精品村、6个精品区块建设，培育AAA级景区村庄10个，获评省新时代美丽乡村示范区。承办市首届海内外农创客大赛，完成首批农村职业经理人试点招聘，农村实用人才资源总量与增量均列全市第一。深入挖掘传统农耕文化，大力发展乡村新型业态，实现农家乐休闲旅游业直接经营收入11.7亿元，全面消除年经营性收入50万元以下相对薄弱村。基本完成美丽公路“八口八线”建设，建成“四好农村路”352千米。新增省级全域土地综合整治和生态修复试点项目4个。城市治理不断加强。深化垃圾治理，生活垃圾分类覆盖面达100%，日均回收利用量增长104.7%，年进场量下降7.71%。攻坚“无违建”创建，处置违法建筑515万平方米，清理整治“大棚房”问题点位102个。消纳渣土1020万立方米。大力整治车辆乱停、出店经营等城市治理顽疾，积极打造城市管理精品样板区块。文旅融合成效初显。编制文旅融合发展规划，扎实推进全域旅游示范区创建，接待国内外游客数、旅游收入分别增长18.8%、20.8%。良渚古城遗址公园精彩亮相，成为文化旅游热门首选地。启动大运河文化带（余杭段）节点项目建设，拆除码头14家。加快大径山旅游开发，协调推进径山寺复建工程，建成径山禅茶第一村。生态环境持续向好。绿色发展指数跃居全省首位，获评国家级节水型社会建设达标区。深化“五水共治”，开工建设治水项目834个、完工720个，创建“污水零直排”镇（街道）7个、生活小区128个，建成省市级“美丽河湖”5条，重点控制断面水质达到V类及以上，顺利通过国家城市黑臭水体专项督查。临平净水厂正式运行，余杭、良渚污水处理厂四期及径山污水处理厂等项目稳步推进。强化大气污染防治，开展扬尘治理专项行动，淘汰国III柴油车2888辆、上道路运输拖拉机2040辆。

（四）社会事业在共建共享中持续进步。坚持以人民为中心的发展思想，守住底线、全力补短，积极探索全域治理现代化。民生保障不断加强。一般公共预算民生支出增长17%，年度十大民生实事顺利完成。巩固社保市区一体化成果，推进参保扩面提质。城镇新增就业4.3万人，登记失业率为1.7%。新增居家养老服务中心12家、示范型照料中心30家，10.4%的老年人享受政府购买居家养老服务。加大困难家庭兜底保障力度，累计发放各类救助金1.52亿元。创建无障碍社区25个。在全省率先完成退役军人三级服务保障体系建设。开工安置房805万平方米，竣工124万平方米，回迁安置3204户。开工建设农贸市场9家。公共服务更加优质。亚运场馆、余杭博物馆等项目加快推进，章太炎故居纪念馆完成改扩建，“相约”“美丽洲”等文化惠民活动蓬勃开展。教育品质持续提升，高考一段率达39.2%，优质学前教育覆盖率达95.2%。学校项目建成投用25个、开工建设35个，完成公办小学、幼儿园空调和新风系统加装。实施中小学“区管校聘”教师管理制度改革，引进名优教师100名、省特级教师7名。深化健康余杭建设，组建5个医共体，建成2个院士工作站和11个区域诊疗中心，上线健康余杭门户。通过国家慢性病综合防控示范区考核评估。区三院整体迁建项目竣工，新改扩建社区卫生服务站32家。社会治理卓有成效。落地应用杭州城市大脑·余杭平台，安监、防欠薪等模块运行取得积极成效。推动矛盾纠纷调处化解“最多跑一地”，建立三级社会治理综合服务中心（矛盾纠纷调处化解中心），省市现场会在余杭召开。落实区领导包案化解和约访接访制度，积极防范化解网络借贷、实体市场等重点领域风险。持续开展扫黑除恶专项斗争。推进安全生产发展示范城市创建，安全生产事故数、死亡人数分别下降17%、33.8%。成功创建省网络市场监管与服务示范区。社会共治逐渐形成，实现村（社区）民主协商议事会建设全覆盖。

（五）*发展环境在改革转型中持续改善*。坚持以“最多跑一次”改革为牵引，全面发力、多点突破，加快政府职能转变、政务模式转型。“最多跑一次”改革不断深化。实现企业开办一日办结、一般企业投资项目开工前审批“最多60天”，新批工业用地100%“标准地”出让，“一件事”联动办理、一次办结覆盖81个事项。机关内部“最多跑一次”改革覆盖事项367项，办事提速51.6%。健全政务服务体系，实现“一窗受理”平台、镇（街道）全覆盖、综合办事自助服务机村（社区）全覆盖。重点领域改革统筹推进。建成全国首个地方政府互联网产权交易中心。全省首试“人才创业险”。小城市试点培育成效明显，瓶窑获得省级考核优秀。深化“三农”改革，出台农村承包土地经营权抵押贷款管理办法，组建政策性农业保险“小共保体”。全面完成政府机构改革。推进区属国企改革，成立区环境集团。政府自身建设不断加强。纵深推进政府系统全面从严治党，扎实开展“不忘初心、牢记使命”主题教育。坚持在区委的正确领导下，重大事项向区人大及其常委会报告、向区政协通报，办理人大代表建议和政协提案共590件。深化“三服务”“三大比拼”等活动，开展“两高一低”专项整治，精简文山会海，严格督查考核，加强审计监督，深化廉政建设，着力营造务实高效廉洁的政务环境。

一年来，我们坚持政府、企业、社会协同发力，全力协助台江、天柱、咸丰三县攻坚精准脱贫，扎实推进对口帮扶、山海协作、区市协作。坚持各项事业全面协调发展，国防教育、人民防空、双拥等工作不断加强，统计、公积金、邮政、气象、地方志、外事、港澳台侨事务、红十字、关心下一代等事业健康发展。

各位代表，过去一年的成绩来之不易，这是上级党委政府和区委正确领导、科学决策的结果，是全区广大干部群众团结一心、共同奋斗的结果。在此，我谨代表区人民政府，向全体人大代表和政协委员，向各民主党派、工商联、人民团体，向解放军、武警驻余杭部队和驻余杭各直属单位，向所有关心支持余杭发展的各界人士，向全区人民，表示衷心的感谢并致以崇高的敬意！

在肯定成绩的同时，我们也清醒地看到，我区经济社会发展中还存在不少困难和问题，主要是：创新发展支撑力还不够，创新转化绩效还需提升；传统产业转型升级任务依然艰巨，产业总体竞争力还不够强；城市能级有待提升，交通、环保等基础设施承载力与城市化快速推进还不相匹配；公共服务优质化均衡化水平还不够高，教育、医疗、养老等事业离群众美好生活需求还有较大差距；社会治理面临诸多新情况、新问题，部分领域风险隐患不容忽视，等等。同时，政府自身建设有待加强，现代化治理水平仍需提升。对此，我们一定高度重视，采取有力措施，切实加以克服和改进。

2020年主要工作

2020年是全面建成小康社会、实现第一个百年奋斗目标的决胜之年，也是收官“十三五”、谋划“十四五”的承上启下之年。当前，余杭正处在从县域治理向城市治理转型的关键期。我们要根据所处历史方位和发展基础，全面实施“区域五治”，建立健全市场有效、政府有为、企业有利、百姓受益的体制机制，把制度优势转化为治理效能，把治理效能转化为发展胜势，确保高水平全面建成小康社会，开启现代化建设新征程。

2020年政府工作总的指导思想是：高举习近平新时代中国特色社会主义思想伟大旗帜，全面贯彻落实党的十九届四中全会和中央、省委经济工作会议以及省市区委全会精神，牢固树立“大治理”理念，锚定“干好一三五，争当排头兵”，以高水平治理推进高质量发展，全面深化“三个全域”建设，奋力攻坚“五场硬仗”，加快实现“东部崛起、中部兴盛、城西腾飞、西部富美”，全力打造杭州接轨大上海融入长三角桥头堡，进一步打响“中华文明圣地、创新活力之区”城市品牌。

建议2020年全区经济社会发展主要预期目标为：地区生产总值增长7.5%；财政总收入及地方财政收入均增长12%以上；研究与试验发展经费支出相当于生产总值比例达到4.14%；城镇登记失业率控制在3.5%以内；城乡居民人均可支配收入分别增长8%和8.5%；完成省市下达平安建设和节能减排任务。

围绕上述目标，着力抓好以下七方面工作：

一、坚持“双擎驱动”，着力构筑现代产业新高地

以供给侧结构性改革为主线，加快新兴产业培育和传统产业转型升级，形成数字经济和制造业“双引擎”，为高质量发展夯实产业支撑。

大力发展数字经济“一号工程”。深挖浙大、阿里两座“金矿”，巩固提升电子商务、大数据、云计算等优势产业，积极引培5G应用、区块链、虚拟现实、下一代半导体等新兴产业，争创国家新一代人工智能创新发展试验区核心区，确保数字经济核心产业增加值增长15%以上。大力提升创业孵化、研发设计、科技金融等生产性服务业，推动现代服务业与先进制造业深度融合，确保服务业增加值增长8.5%。全力推进阿里全球总部、vivo全球AI总部、OPPO全球移动终端研发总部等数字经济领域重大项目，提升发展5G创新园、区块链产业园等载体，增强数字经济发展后劲。巩固工业互联网先发优势，充分发挥阿里supET、工业富联等工业互联网平台作用，实施工业互联网试点项目300个。

全面实施“新制造业计划”。大力培育高端装备、生物经济、节能环保、新材料等战略性新兴产业，力争规上工业增加值增长5%，完成工业投入120亿元。加快智能制造，推动规上企业数字化改造全覆盖，实施“机器换人”项目100个，建设无人（黑灯）工厂（车间）3个以上。加快产业创新服务综合体建设，推动家纺服装等传统产业向价值链高端攀升。聚焦产业链布局创新链，精准扶持生物经济发展，高水平建设省生物医药高新园区、国际生命科技小镇和未来科技城生命健康科创园区。积极培育“浙江制造”品字标，新增国家、行业、省级地方和团体标准制修订12个。深化“亩均论英雄”改革，加快淘汰落后产能和污染隐患企业，提升改造仓前高桥、开发区印染区块等工业园区，盘活存量低效工业用地1000亩以上，建设小微企业园7个。加强工业用地保障，严守全区48平方公里工业用地规模底线。

加快升级市场主体。推进高新技术企业倍增计划，新增国家高新技术企业260家、省科技型企业200家，创建省级企业研究院、企业研发中心30家，确保符合产业导向的规上企业研发机构设置率达到50%，发明专利授权量增长10%。落实“凤凰计划”，力争新增上市企业3家以上，科创板上市取得实质性突破。深入实施“雄鹰计划”“雏鹰计划”“双百计划”，加快培育一批具有国际竞争力的大企业、专精特新“小巨人”企业和单项冠军、隐形冠军。落实新产品和制造精品推广计划，支持企业开拓市场。深化国有企业改革，推动试点企业加快向市场化、实体化转型。

持续释放需求潜力。以具有乘数效应的投资项目为重点，加强项目招引和落地推进，着力引导民间资本投向高端制造业领域，确保固定资产投资增长8%、投资结构持续优化。认真落实稳外贸各项举措，着力培育外贸新增长点，确保外贸出口占全市份额保持稳定。推动消费提质升级，大力支持传统零售企业数字化转型，积极探索新零售商业模式，鼓励发展夜间经济，确保社会消费品零售总额增长8%。加快发展楼宇、总部经济，力争税收超亿元楼宇达到8幢，开展首批星级楼宇评定授牌。

二、坚持创新引领，着力壮大经济发展新动能

以产业平台高质量发展为支撑，加快高端资源汇聚和创新生态建设，打通创新孵化与产业转化链条，坚定不移建设环境更优、效益更高的创新活力之区。

提升平台能级。落实统筹治区理念，加大空

间、产业、项目、资源统筹力度，进一步形成平台、镇（街道）互动融合、合作共赢的良好局面。余杭经济技术开发区要持续做强高端装备制造、生物医药等主导产业，扎实推进浙大高端装备研究院、基础医学创新研究院等平台建设，力争培育产值超百亿企业1家、50亿企业3家，规上工业增加值增长10%。未来科技城要围绕“一城三中心”布局，高标准规划建设未来科技文化中心、城西高铁枢纽中心、南湖科学中心，大力提升梦想小镇、人工智能小镇发展质效，加快落地与周边镇（街道）的产业协同发展机制。临平新城要做强数字时尚、工业互联网、跨境电商等主导产业，高标准推进九乔国际数字商贸城开发，加快打造长三角数字科创园、高层次人才创新城等十大创新产业园区，新增重大创新型项目30个。良渚新城要全面融入杭州大城北开发建设，加快打造国际商务区核心区，引进国内外具有较强核心竞争力的大型数字文化企业不少于5家，力争梦栖小镇通过省级特色小镇验收命名。钱江经济开发区要在省级开发区排名中进位前移，加快浙大电气装备创新中心、智能制造加速器等项目建设，拓展产业空间800亩，规上工业增加值增长10%。

建强创新载体。抢抓杭州创建综合性国家产业创新中心机遇，加快重大创新载体和科研重器建设，确保北航中法航空大学、阿里达摩院一期开工建设，之江实验室园区一期工程竣工投用，扎实推进中国美院良渚校区、浙江理工大学余杭校区（时尚学院）等项目建设。加快布局重量级研发机构和产业创新中心，支持阿里巴巴争创国家先进系统芯片产业创新中心和数据智能创新技术中心，推动中国工业互联网研究院浙江分院（分中心）、工信部服务型制造研究院等平台实质性运作。深入实施大孵化器战略，确保新增孵化载体40个、物理空间185万平方米，着力打造一批产业集聚度高、产业优势明显的专业园区。实施特色小镇“六高”提升行动，加快培育航空航天科技小镇。

汇聚创新资源。坚持人才第一资源理念，优化升级人才政策体系，加强人才专项住房建设统筹，推广“人才创业险”，探索举荐人制度等人才评价方式，加大“高精尖缺”人才招引力度，新增海外高层次人才500名、高技能人才2300名。深入实施“名校名院名所”工程，加强国际国内顶尖科研院所与区内优势产业对接合作。完善杭州知识产权公共服务运营平台，构建快速授权、确权、维权的保护机制，推进知识产权质押融资。加强技术转移、检验检测等公共技术平台建设，提升创新服务能力。

拓展开放合作。对接长三角一体化国家战略，探索建设长三角南翼“人才特区”，启动建设浙江人才大厦，加快打造长三角企业创新研发总部基地。对接“一带一路”建设，支持eWTP秘书处实体化运作，提升发展跨境电商等外贸新业态，鼓励企业开展跨国经营、并购重组、建立境外研发机构和生产基地。坚持招商引资“一把手”工程地位不动摇，紧盯先进地区、重点产业、龙头企业，开展“飞地”招商、驻点招商、基金招商、产业链招商，力争全年实际利用外资11亿美元，积极谋划一批省市县长项目工程。认真做好东西部扶贫协作、对口合作、对口帮扶、山海协作、区市协作。

优化营商环境。主动对标世界银行营商环境考评指标体系，实施营商环境便利化行动，落实新一轮减税降本举措，完善产业政策体系，千方百计为企业发展减负赋能。实施融资畅通工程，支持浙江人才小额贷款公司运作，搭建一站式综合金融服务平台，推动投贷联动模式运作。深化“最多跑一次”改革，加快全面实现个人和企业全生命周期“一件事”全流程“最多跑一次”，推进一般企业投资项目全过程审批“最多80天”改革。加快“移动办事之区”建设，持续推进政务服务“一网通办”。规范事中事后执法监管，实施环保服务高质量发展工程，推进环境信用差别化管理。加快社会信用体系建设，加强信用信息应用，开展失信联合惩戒。充分发挥亲橙办、亲企办、亲禾办等服务主体作用，畅通“亲清直通车”，把精准服务、解决问题落到实处。

三、坚持品质建城，着力实现城市能级新提升

以城市国际化现代化为方向，推动靓城行动全域覆盖，加快城市形态革新、功能完善、品质提升，全力建设高能级大都市新区。

加快城市改造更新。强化规划引领，加快国土空间规划编制，深化临平老城区等重点区域控规编制。加强重点区块城市设计，打造高品质城市空间。高标准规划建设临平新城城市地标、未来科技城绿汀路城市综合体、良渚新城华润万象城等重大项目，启动实施南湖综保工程，提升发展迎宾路、荷禹路等轴线。加快临平老城区、开发区老城区有机更新，推进余杭直街和星桥、闲林、獐山等老集镇旧城改造。完成塘栖、瓶窑等6个省级美丽城镇

创建，落实小城镇环境风貌长效管理机制。全面推进老旧小区综合改造提升，推动老旧小区功能完善、空间挖潜和服务升级。聚焦“人本化、生态化、数字化”，积极推进未来社区建设试点。探索乔司等地全域土地综合整治，释放城市发展空间。坚持用“绣花”功夫管理城市，在停车管理、街面巡逻等领域加强智慧应用，努力实现“科技让城市更美好”。

加快完善功能配套。扎实推进亚运场馆、余杭博物馆等改扩建项目，加快建设镇（街道）文体大楼、社区多功能运动场、休闲公园等项目。完善供排水设施，开工建设临平自来水厂，加快启动临平北、仁和污水厂以及仁和污泥处置厂等项目，完成余杭、良渚污水处理厂四期建设。全力保障白鹤滩特高压直流工程等重大电网工程建设，开工建设民丰、勾庄等5个输变电项目。实施公交场站项目4个，新建、扩容公共自行车点位40个。加快通信基础设施建设，实现重点区域5G网络连片覆盖。

加快畅通交通路网。落实交通强国战略，打好交通基础设施建设大会战。全力保障湖杭铁路、绕城西复线、运河二通道等重大项目推进。配合做好地铁3、4、9、10号线、机场快线以及杭海、杭德等城际线建设，确保5号线后通段、16号线全线开通运营，主动对接全市新一轮轨道交通线网规划修编和四期建设规划编制。积极谋划星都大道、藕花洲大街综合整治等项目，启动实施东西向快速通道地面段工程、崇贤至东湖路连接线二期，开工建设望梅快速路北延、东湖快速路北延、莫干山快速路，加快推进沪杭高速抬升、文一西路改造提升、星光街整治改造等工程建设，确保望梅路互通、迎宾大道北延隧道建成通车。不断完善重点平台主次干路、支小路网，积极打通跨区域断头路。

四、坚持美丽发展，着力打造生态宜居新典范

以“两山”理论为指引，加强环境突出问题综合治理，拓展绿水青山向金山银山转化通道，加快建设城乡融合、文旅融合的大美余杭。

提升环境质量。坚决打好污染防治攻坚战，不断健全生态保护和修复机制，争创国家生态文明建设示范区。深化“五水共治”，创建“污水零直排”镇（街道）10个，建设“污水零直排”工业园区9个，提升改造农村污水分散式处理终端100个，创建“美丽河湖”3条，确保市控以上断面水质稳中向好、预警河道全面消除。打好蓝天保卫战，强化餐饮油烟、工业挥发性有机物治理，力争实现建设工程扬尘“全面清零”。加强土壤污染防治，推进污染地块修复。强化固废治理，工业固体废弃物综合利用率达到99%以上。深入推进垃圾治理，加快垃圾末端处置设施建设，力争实现生活垃圾进场总量下降3%。深化“无违建”创建，处置违法建筑300万平方米。

加快乡村振兴。力争建成国家级现代农业产业园，打响“禹上田园”品牌，农业增加值增长2%。深化美丽乡村“1510”行动，形成村点出彩、沿线精美、多业融合的美丽乡村示范带。加快补齐农村基础设施短板，持续推进“四好农村路”建设。出台村级公共服务设施长效管理政策，落实“十不十宜”规定。把整治村庄与经营村庄结合起来，激活农村经济新业态，支持田园综合体、民宿集聚村落等项目建设，面向全国招聘农村职业经理人3名，实现农产品网络销售额12亿元以上。落实村集体经济发展“一镇街一方案”，完善村级留用地政策，确保村均年经营性收入增长8%以上，全面消除年经营性收入70万元以下相对薄弱村。精准施策推进低收入农户创业就业，确保年收入增长10%以上。

推进文化兴盛。以打造良渚古城遗址文旅融合IP群为引领，做好“三大文化”串联文章，实施文旅“1010”工程，争创省级文旅融合改革试点区。以建设良渚国家文化公园为目标，持续放大良渚古城遗址申遗成功效应，不断加强遗产保护管理、预警监测，有序推动良渚遗址保护总体规划修编，组织实施遗址公园陈列展示、基础配套提升，建成开放老虎岭遗址公园、瑶山遗址公园，加快建设以良博院二期等项目为重点的良渚文化艺术走廊，着力打造最具影响力的文化地标。对标中央建设大运河国家文化公园要求，完善大运河文化带（余杭段）建设三年行动计划，完成干线码头征迁4家、整改提升5家，启动建设良渚、塘栖、崇贤、运河等地景观工程6个。统筹大径山区域开发建设，加快径山禅茶文化中心、黄湖六善酒店、鸬鸟温泉、百丈竹文创中心等项目建设，培育AAA级景区、景区镇各1个。加强文化遗产保护传承，启动实施玉架山遗址公园项目，推进区非遗综合展示馆建设。挖掘历史文化资源，创作更多彰显余杭特色的文艺精品。

五、坚持共建共治，着力打造社会治理新格局

以区域治理现代化为目标，完善基层社会治理、公共安全防控、城市文明建设体制机制，营造安定有序、和合共美的社会生态。

强化基层治理。加强社区建设，打造居民驿站等综合性社区服务中心，探索在工业功能区建设公共服务站，创新推进社区微治理，积极争创全国城乡社区治理和服务创新实验区。加强住宅小区物业综合管理，推动管理职责下沉、权力下放，推进业委会工作标准化建设，积极创建“美好家园”住宅示范小区。加大枢纽型、支持型社会组织和社区社会组织培育力度，推动社会组织更好参与社会治理。强化共商治区，推广“众人的事情由众人商量”等乡村善治品牌，健全自治、法治、德治相结合的乡村治理体系。强化数字治区，做实“城市大脑”，拓展应用模块，探索构建城市运行监测预警、监督管理、决策支持系统。

深化平安建设。积极推进国家安全发展示范城市创建，聚焦消防、建筑施工、道路交通等重点领域，持续滚动开展隐患排查整治，确保安全生产形势总体稳定。完善社会治安立体防控体系，决胜扫黑除恶专项斗争。聚焦网络订餐、农村聚餐、校园食品等重点领域和农副产品物流中心等重点区域，加强食品安全监管，营造放心安全的消费环境。健全小流域山洪灾害防御体系，加快圩区防洪排涝、山塘除险加固工程建设。完善应急管理体系，整合应急管理资源，提升应急救援统筹协调能力。

促进社会和谐。强化源头治区，将“最多跑一次”改革理念、方法、作风运用到社会治理领域，加强三级社会治理综合服务中心（矛盾纠纷调处化解中心）建设，推进警源、诉源、访源“三源治理”。完善网络交易、欠薪等领域“互联网+”一站式纠纷化解平台，推进专业性行业性调委会建设，加强信访积案化解和初信初访办理。打好重大风险防范化解硬仗，尽快消除网络借贷风险，加强非住宅类经营性用地项目风险防控，落实地方政府隐性债务化解计划。强化人文治区，深化“余杭好家风”“美丽余杭人”等先进选树活动，推广市民文明积分，深入开展普法学法活动，不断提升城市文明程度。进一步做好统计、公积金、邮政、气象、地方志、外事、港澳台侨事务、国防教育、人民防空等工作。

六、坚持以人为本，着力增进美好生活新福祉

以满足群众对美好生活的向往为落脚点，不断加大民生投入，持续改善民生事业，切实增强群众获得感、幸福感。

加快发展教育事业。全面推进“美好教育”，统筹提升城乡办学水平，构建以普惠性资源为主体的学前教育公共服务体系，争创全国义务教育优质均衡区。落实学校项目建设三年行动计划，开工建设良熟九年一贯制学校、风荷路中学等26个学校项目，建成启用新塘栖中学、新城东中学等21所学校。深化教育人才引培，引进区外名优教师100名。构建现代职业教育体系，谋划职业学校建设，推动职教创新和产教融合。抓好“阳光体育”、5G智慧校园建设、AI课程全覆盖等教育民生热点，提高群众对教育的满意度。

深化健康余杭建设。实施“15+X”健康余杭行动，居民健康素养水平稳定在35%以上。深化医共体改革，加大优质医疗资源引进和下沉力度，提升医疗救治能力。开工建设区五院改扩建项目，加快推进良渚医院整体迁建、华润国际医疗中心等项目建设，确保浙医一院余杭院区建成投用，社区卫生服务站全部达到省级规范化标准。强化医疗卫生队伍建设，持续推进“名医名护名科”培育行动。加强健身场地建设，引进重量级品牌体育赛事，推广全民健身活动。

完善社会保障体系。把稳就业摆在更加突出的位置，开展职业技能提升行动，精准帮扶各类群体就业，城镇新增就业1.95万人。巩固养老保险参保率，提高参保质量。完善医保付费方式，强化医保基金监管。加强低保、低边和特困家庭动态管理，确保困难群众得到精准救助。健全高龄、失能老年人政策保障体系，加强居家养老服务护理队伍建设，试点建设智慧养老服务社区，积极打造养老服务综合体，力争实现为老助餐服务镇（街道）全覆盖。加强婴幼儿照护服务工作。完成退役军人服务站标准化建设。推进残疾人事业健康发展，争创全国残疾预防综合试验区。加快安置房建设，推进回迁安置提速。加强动态监测，全面消除新发现的城乡危旧房。

办好政府民生实事。各位代表，区政府始终坚持全心全意为人民服务的宗旨，在前期广泛征集、仔细遴选、充分论证的基础上，确定了12项民生实事候选项目，现提交大会，请予审议。1.住房保障项目。开工建设安置房100万平方米，单体竣工安置房120万平方米。2.老旧小区住房改善项目。完成老旧小区综合改造提升35万平方米，同步推进智慧安防小区建设；推进既有住宅加装电梯，完成加装35台。3.教育惠民项目。完成公办初中、高中空调和新风系统加装；将5G技术应用于“互联网+教育”，建设示范学校10所以上。4.养老服

务项目。新增5家镇（街道）级居家养老服务中心、25家示范型居家养老服务照料中心；新增20家老年人集中配（送）餐中心。5.健康惠民项目。新改扩建社区卫生服务站25家；在学校、景区、文化体育中心等公共场所配备AED机（自动体外除颤器）200台；组织开展应急救护培训600场以上，受训人数不少于4万人。6.就业促进项目。提升改造临平、余杭、塘栖就业服务中心，建成瓶窑、良渚、仁和就业服务中心；开展高质量就业城区建设，全年就业培训2万人次以上，SYB（创办你的企业）创业培训300人以上，举办招聘会40场以上。7.农贸市场项目。开工建设农贸市场6家；创建放心农贸市场4家。8.食品安全项目。创建名特优食品作坊2家；建设农村家宴放心厨房20家，创建示范型放心外卖店50家。9.文化惠民项目。新增农村文化礼堂20个；开展文艺惠民演出200场。10.交通改善项目。建立全区智慧停车管理平台，多渠道发布停车引导信息；新增公共停车泊位3000个以上；改造单点信号灯、老旧智能交通设备559个（套），实现信号灯远程智能控制全覆盖；新增、优化公交线路不少于15条。11.高层住宅二次供水改造及西部农村饮用水保障项目。实施已建高层住宅二次供水改造工程，完成改造5000户；实施西部五镇农村饮用水保障工程，新增受益人口1.02万人。12.农村道路提升改造项目。按照“四好农村路”建设要求，完成乡村道提升改造350千米。

七、坚持务实担当，着力展现政府治理新水平

面对改革发展稳定的艰巨任务，区政府将以自我革新的勇气加强自身建设，增强政府公信力和执行力，推动政府治理效能与经济社会发展相适应。

*从严从深，做到政治过硬。*始终把政治建设摆在首位，落实全面从严治党主体责任，增强“四个意识”、坚定“四个自信”、做到“两个维护”，构建“不忘初心、牢记使命”长效机制，把党的领导贯彻到政府系统履职全过程。深化清廉余杭建设，深入贯彻中央八项规定及其实施细则精神，加强重点领域、关键环节廉政风险防控，整治形式主义、官僚主义突出问题，着力营造风清气正的政治生态。

*依法依规，做到科学行政。*自觉接受区人大及其常委会依法监督和区政协民主监督，广泛接受巡察、司法、审计、舆论和社会监督，不断加强政务公开，严格落实重大行政决策法定程序，确保权力始终在法治轨道上运行。试点开展基层综合行政执法体制改革，推动执法力量下沉、执法权限下放。加强政府投资项目工程变更、招投标、估概算审核等重点环节管理，规范政府购买服务，提升财政资金使用绩效。

*践学践行，做到担当有为。*大兴求学求知之风，不断掌握新知识、开拓新视野，加强现代化专业化能力建设。大兴调查研究之风，针对全局问题和关键问题，多从规律上把握、从制度上解决。以“最多跑一次”改革为牵引，以政府数字化转型为抓手，推进职能重塑、流程再造、业务协同、效能提升。高标准编制“十四五”规划，绘好未来发展蓝图。攻坚“五场硬仗”，做到重任面前不懈怠、矛盾面前不回避。

*求真求实，做到高效服务。*完成事业单位改革，提升事业单位公益服务能力。完善块抓条保工作机制，深入开展“三服务”活动，真心实意为基层和群众解难题、办实事。坚持政府过紧日子，大幅压减办展办会，一般性项目支出压减10%，日常公用经费支出压减5%，切实把财政资金用在刀刃上。优化绩效考核和督查督办，以“钉钉子”精神将重点工作抓紧盯牢、落细落实。

各位代表，实干成就梦想，奋斗赢得未来。让我们在习近平新时代中国特色社会主义思想的指引下，在区委的正确领导下，团结和依靠全区人民，锐意进取、真抓实干，只争朝夕、不负韶华，全面推进“三个全域”建设，全力攻坚“五场硬仗”，高水平推进区域治理现代化，为实现高质量可持续快发展作出新的更大的贡献！

名词解释

亲橙办、亲企办、亲禾办：亲橙办，即服务保障阿里巴巴领导小组办公室；亲企办，即服务保障重点企业工作专班；亲禾办，即服务西部乡村振兴工作专班。

全域创新66条：《关于加快全域创新策源地建设推动经济高质量可持续快发展的若干政策意见》（余政发〔2019〕17号）的简称，涵盖6个方面66条政策意见。

新制造业计划：推进新时代制造业高质量发展计划，主要目标是通过5年（2020—2025年）努力，实现全区制造业在规模质效、项目投资、创新能力、企业梯队培育等方面取得明显成效，将余杭区打造成为全市“双引擎”发展引领区、全省制造业高质量发展赋能区、全国智能制造标杆区。

“双集中”活动：集中开工、集中签约活动。集中开工，即每季度集中组织一批重大产业、基础设施、民生项目在一个季度内完成实质性开工建设；集中签约，即每季度为新引进重大产业项目开展的集中签约活动。

“152”工程：省市县书记、县长工程，省市区三级主要领导和分管领导每人每年牵头谋划招引1个总投资100亿元、50亿元、20亿元的重大产业项目。

6化行动18类工程：根据“靓城行动——推动东部崛起”方案，开展“美化、序化、洁化、亮化、功能化、显文化”六大行动，实施道路综合整治提升、老旧小区及背街小巷改造提升、老城有机更新等18类工程。

美丽乡村“1510”行动：重点建设“一核五线十点”，即推进大径山美丽乡村核心样板区建设，打造大运河文化带、西部访茶寻幽线、塘栖水乡风韵线、中泰慢谷风光线、良渚文化风情线等5条精品游线，培育10个美丽乡村精品示范村。

人才创业险：余杭区联合人保财险浙江分公司、太保财险浙江分公司推出的创业险产品，主要包括“科研保”“创客保”“科创E保”等3款产品，重点为海内外高层次人才及所在科技企业或项目研发以及研发团队生活经济补助提供保险保障。

小共保体：由安信农业保险股份有限公司杭州市余杭支公司、中国人民财产保险股份有限公司余杭支公司和中国太平洋财产保险股份有限公司余杭支公司联合组成的余杭区政策性农业保险共保机构。

两高一低：行政案件发案量高、行政案件败诉（纠错）率高、行政负责人出庭应诉率低。

三大比拼：双招双引、项目推进、“三服务”三大比拼活动。

五场硬仗：区委十四届九次全会提出的现代产业体系建设、城市发展能级提升、重大风险防范化解、重大民生项目建设、打造一流营商环境五场硬仗。

凤凰计划：省政府提出的关于推进浙江省企业上市和并购重组的行动计划。

雄鹰计划：以汽车制造、数字经济、高端装备、医药化工、时尚消费等六大领域为重点，分年度在全省遴选100家左右企业，重点支持其成长为全球行业标杆。

雏鹰计划：在全市范围内扶持一批技术水平领先、竞争能力强、成长性好的科技型企业群体，实现高新技术产业高质量发展。

双百计划：在全区行业龙头（标杆）、示范企业和高新技术企业中分别遴选100家大企业大集团、100家成长型优势企业，分别给予一定奖励，以支持余杭区优质企业创新发展、做大做强。

特色小镇“六高”提升行动：特色小镇梯队建设“高升”、产业培育“高端”、科技驱动“高能”、功能提升“高品”、服务优化“高标”、市场运作“高效”行动。

十不十宜：美丽乡村建设10个负面清单和10个正面导向。

文旅“1010”工程：10个文旅大项目、10个酒店项目。

“15+X”健康余杭行动：健康中国行动15项和省市区健康行动X项。

延伸阅读▶▶

社会共治　福祉共享　文明共创
解码全域治理现代化的“余杭样本”

这里是“实证中华五千年文明史的圣地”——良渚文化的发祥地，这里也是互联网科技巨头——阿里巴巴集团全球总部落户之处……“运河文化”和“径山禅茶文化”在这里根深叶茂，梦想小镇、梦栖小镇、人工智能小镇等特色小镇从这里拔地而起……“古老”文化与“新兴”产业，在余杭这片神奇的土地上交相辉映，散发出耀眼的光芒，也让生活在此的百姓幸福满溢。

以“五大余杭”为引领，余杭区全面推进“全域创新策源地、全域美丽大花园、全域治理现代化”建设，坚持以人民为中心的发展思想，把服务群众、造福群众作为社会治理的出发点和落脚点，不断完善党委领导、政府负责、社会协同、公众参与、法治保障的社会治理体制，深化文明创建，浓厚崇德向善社会氛围，强化民生保障，夯实社会文明和谐根基，形成城市农村全域覆盖、线上线下有机融合、为民惠民多元共治的新时代社会治理“余杭样本”。

崭新的故事在古老的土地上延续……更舒适的环境、更安心的生活、更丰富的文化、更和谐的社区……人们对幸福家园的憧憬逐渐变得现实。

全域覆盖　构建基层治理指挥链

位于杭州东郊的乔司街道是典型的城乡接合部地区，也是有名的服装艺术品产业聚集地。接轨杭州主城与临平、下沙两大副城，区位优势突出。大大小小的服装加工企业在这里落户，随之而来的物流公司、产业工人也在此集聚。

“美丽产业”的发展和兴起带动了乔司的地方经济增长，然而，也让曾经的乔司不那么“美丽”。街道下辖15个村和社区，户籍人口仅5万多人，外来流动人口却近30万，环境脏乱差、产业低散乱，社会治理面临严峻挑战。

2004年初，全国首家乡镇综治中心在当时的乔司镇成立，实现了综治办、信访办、司法所、调解会、巡防办、警务室、流动人口管理办等部门的集合办公。借助综治中心这一平台，乔司紧握住“大平安”的理念，将综治组织不断延伸，建立了镇、村、村民小组、重点规模企业、规模以下企业的五级综治管理体系，当年就摘掉了省重点整治单位的帽子。

立足于“综治中心”的有效经验，乔司加快了服务于民的脚步，继续拓展“两网合一”，做深做实平安创建。2011年，乔司街道将综治中心与多个服务中心整合，转型为街道社会服务管理中心，将党组民情联系网与网格化长效监管网有机融合，实行“两网合一，一网多格；一格多员，全员参与；同格同责，同奖同罚”的举措，实现了“3+X”单一管理型向多元服务型的转变。

乔司的探索和践行，为余杭区破解社会治理难题、创新基层社会治理等诸多方面带来了借鉴和启发。

围绕乔司全国首家镇街综治中心的优势，余杭建立起区级、镇（街道）、村（社区）三级社会治理综合服务中心，推动部门协同发力、上下联动，打造“一横一纵三联”的三级联动治理架构，形成金字塔形矛盾多元化解模式，助推矛盾纠纷化解“最多跑一次”“最多跑一地”。

原本分散的社会治理部门从聚合到融合，实现群众各类来访、诉求和咨询的一站式受理、交办、反馈，构建信访矛盾纠纷处置共同体。党代表、人大代表、政协委员、调解员、公证员、司法鉴定人、法律工作者、心理咨询师、社会组织工作人员等专业人员和服务资源纷纷入驻综合服务中心。道德评判团、法治评判团、老娘舅工作室、老干部工作室等平安治理类社会组织在这里得到培育和孵化，更多的社会组织在重点人员帮扶、法律服务、心理健康、纠纷调处等社会治理领域开展特色服务，形成社会力量多元参与的新格局。

“众人的事情由众人商量。”余杭区还将基层民主协商作为推动中心工作、化解基层难题、夯实基层基础的一项重要法宝。通过多渠道收集议题，广纳贤扩大参与，前中后环环相扣，全过程监督问效，解决好“议什么”“谁来议”“怎么议”“议的效力”的问题。

在余杭不断探索构建民主协商机制的路途上，村民的主人翁意识得到激发，参与农村建设的积极性和创造性逐渐提升。大家心往一块想、智往一起聚、力往一处使，对美好生活的向往正在一步步实现。

数据支撑　编织社会治理智慧网

连续几年未发生公安刑事案件，包裹放家门口不怕被偷，自行车不上锁也不担心被盗……依靠现代科技的智慧应用，余杭区良渚街道的昌运里小区，让“夜不闭户”成为现实。

位于运河旁的昌运里二期小区，是良渚街道谢村的拆迁安置房，小区1500多套住房中，有1000余套对外出租。由于人口复杂，素质参差不齐，给小区消防、治安带来难题。去年8月，该小区开展智慧安防小区建设，在小区内设置210个监控摄像机，启动“人、车进出小区刷脸刷牌”“电瓶车集中充电”“视频和高空抛物监测仪随时监督不文明行为”等7个方面智慧治理。

在智能安防的助力下，目前昌运里小区已实现流动人口登记率、准确率始终保持在100%；报警数同比下降55%，其中火灾和入室侵财型案件“零”发生；排除各类安全隐患312处、事故苗头7件次；为走失儿童、老人提供实时查找服务，高空坠落案件倒查17件，大大提升了居民对小区的安全感和满意度。据了解，类似昌运里的智慧安防小区，余杭已建成了18个，今年将在全区全域逐步推广，并延伸到医院、学校、集镇等治理末端，最终实现“全域智安”。

从“麻烦小区”到“文明小区”，小区面貌的大转变，离不开一张紧密坚固的社会治理智慧网——杭州城市大脑·余杭平台。

借着“杭州城市大脑”加快建设的东风，余杭区与阿里巴巴集团等高科技企业合作研发了国内首个社会治理智慧平台，在社会治理现代化的道路上按下了从“治安”到“智安”的快捷键。

据了解，该平台以余杭区自主研发的区基层治理综合信息系统为主干，打通了全区公安、法院、消防、人社、城管、电信等22个部门单位的25套信息系统，归集300余万条人口数据、120余万条房屋地址数据、25万余条企业数据，纳入6000余个机构约3.6万名网格员、人民调解员、行政工作人员、社会组织成员、行业专家等，成为全区社会治理的智能“中枢”。

运行一年多来，该平台形成了平安建设、维稳处置、纠纷化解、决策辅助四个领域的N项智能应用，动态监测和全链态势分析全区社会治理状况。据统计，今年1—6月，全区火灾数、安全生产事故数、欠薪案件案发率均比去年同期下降三分之一。

变事后“救火”为超前预防、变应对迟钝为及时快速、变管理控制为多元协同，在社会治理的三大难题面前，余杭以实践为笔，以创新为墨，用智慧作答，构建起“用数据说话、用数据管理、用数据决策、用数据创新”的智慧治理新模式，为百姓撑起一片平安共建共治共享的蓝天。

文明引路　描绘社会共治同心圆

“咱们小区的羽毛球场挺受居民欢迎的，就是晚上光线太暗，建议安装一个照明和防护设施。”“现在养狗的人越来越多了，建议设置一个文明养狗宣传的窗口，培养大家规范养犬的意识。”“小区里能不能增设一个置物柜，方便大家临时存放快递包裹之类的物件。”许多居民都有一些小小的愿望，可能只是一盏灯、一个角落，或是一次关心、一点照顾……

如今，带着这些身边的“小事、急事、难事”，临城社区的居民也能像人大代表、政协委员一样提案建言，让“微心愿”变成生活里的“小确幸”。

今年3月，余杭区首创的“民生微实事社区居民提案日”活动在南苑街道临城社区开展试点。以居民需求为导向，以普惠大众为原则，以每季度固定“居民提案日”为载体，重点落实群众呼声高、反映强烈、重点关注的“微实事”，触发群众参与热情。

该社区通过成立社区协商议事委员会，由社区“两委”成员担任议事小组组长，充分发挥“两代表一委员”、党员、居民代表、老干部等各类群体的桥梁纽带作用，选定议事员28名，构建起社区自治“微平台”；通过发掘一批杰出乡贤、文体达人、公益热心人等小区能人，引导居民利用职业、特长和人脉等优势，开展邻里互助，组建社会团体；通过征集、审议、表决、实施、评估等环节，确保民生“微实事”安全、高效运行。

余杭区积极探索由群众、社会组织、业委会等不同主体参与，以公共服务为牵引，以项目为依托的社区居民自治新模式，实现了民生项目由“政府配菜”到“百姓点菜”、从“自上而下”到“自下而上”、变“为民作主”到“由民作主”的巨大转变。为夯实共建共治共享社会治理格局，打下了坚实的群众基础。

民力无穷，民力无限。只有部门推动、社会参与，才能打出漂亮的协同“组合拳”，发挥1+1>2的效用。在余杭众多的农村、社区等社会治理的最末梢，从曾经的邻里纠纷寻常事，到今天的文明新风吹大地，民风和社风的向善，少不了无数家庭“细胞”的贡献。

家风正则民风淳，民风淳则社稷安。近年来，余杭在全区开展“弘扬余杭好家风，共创全域新发展”主题活动，以“时代新人展家风”“最美家庭树家风”“科学家教育家风”“清正廉洁护家风”等4个系列为重点，进一步深化家庭文明建设，树立家庭文明新风尚。

围绕精神文明建设、平安建设、廉洁教育、健康生活、垃圾分类等主题，余杭区广泛开展评选“最美家庭”评选活动，累计评选区级“最美家庭”170余户，参与人数达10万余人次。其中，赵宝强家庭被评为“全国最美家庭”，郎丽英家庭被评为“全国五好文明家庭”。

文化润人心，家训传文明。通过“最美家庭”评选、“好家风”示范点、“邻居节”活动等载体，余杭家风家训工作逐渐融入文明城市、文明单位、文明村创建中来。“户户炼家风、处处展家训、人人爱家乡”的良好氛围日益浓烈。

（《浙江日报》2019年9月3日　刘乐　林丽娇　朱吉吉）

特　辑

Special Reports

·良渚遗址发现、研究、保护与申遗大事记·

1936 年

就职于浙江省立西湖博物馆的施昕更在良渚开展田野调查时搜集到不同种类的石器，包括石戈、石镰、石镞、石凿等，并在良渚、瓶窑附近的横圩里、棋盘坟、荀山、钟家村、金家□、后湖、宋村等地发现 12 处遗址。通过挖掘，对这一地区史前文化地层有了更多了解。

1937 年

施昕更在《江苏研究》发表《杭县第二区远古文化遗址试掘简录》，对在良渚考古发掘中发现的石器、陶器等做了详细的分类描述，并将在发掘的遗存与其他文化发现加以比较，认为良渚的远古文化遗址具有重大的意义，它将浙江的历史上溯到新石器时代末期。

1959 年

中国社会科学院考古研究所所长夏鼐在长江流域规划办公室文物考古队队长会议上发表题为“长江流域考古问题”的讲话，正式提出“良渚文化”这一名称，以之命名环太湖流域的同类遗存。因良渚为这类遗存的率先发现之地，良渚遗址作为“良渚文化”命名地，成为中国新石器时期重要的考古遗址。

1982 年

中国考古学会专家一致认为，长江下游苏南浙北一带距今 7000 年至 4000 年之间的原始文化，存在着马家浜文化—崧泽文化—良渚文化这样序列。这些文化遗址中出土的陶器、工具以及栽培水稻等遗物，证明长江流域与黄河流域一样是中国文化的发源地。

1985 年

浙江省文物考古研究所对荀山等地的遗址点进行考古发掘，累计发现良渚文化遗址 30 余处，对遗址的分布情况有了基本了解。

余杭县良渚文化学会成立，从事良渚文化宣传、保护、研究及开发利用工作。

1986 年

浙江省文物考古学者在反山发现良渚文化时期的墓葬群。该墓葬群有 11 座墓葬，大致按照南北两排分布。墓葬中发掘出 1200 余件随葬品，除陶、石、象牙、嵌玉漆器等，还出土种类繁多的玉器，其中包括玉雕的神人兽面像等。表明良渚文化的制玉工艺达到了相当高的水平。反山良渚遗址的发现后被学界认为是20世纪80年代中国考古学界最为重要的考古发现之一。

1987年

浙江省文物考古研究所考古队在安溪乡下溪湾村的瑶山山顶发现一处良渚文化时期的祭坛遗址，是全国范围内首次发现的唯一与墓葬复合的祭坛，是良渚文化考古研究获得的一次突破性进展，对于研究良渚文化时期社会性质在中国以及整个远东地区原始社会发展进程中的作用具有十分重要的意义。

1994年

余杭县良渚文化遗址群被国家文物局批准列入向联合国教科文组织推荐“世界遗产名录”的预备清单。4月28日，中共中央政治局常委、国务院副总理朱□基视察良渚文化博物馆。

1995年

浙江省政府在良渚镇召开良渚文化遗址群保护现场会，研究落实《良渚遗址群保护规划》，划定保护范围、重点保护区和建设控制地带。规划规定，30余万平方米的莫角山遗址是重点保护区。区域内严禁进行任何建设工程，严禁修建构筑物以及取土、挖沙等行为。在5处保护范围内，不得进行其他建设工程。现有影响遗址保护和环境景观的违章建筑，限期迁移和拆除。在33.8平方千米建设控制地带，不得建设危及文物安全的设施。

1998年

浙江省文物考古研究所在安溪石前圩挖掘良渚文化时期墓葬2座，出土玉坠、玉管、鼎、豆等。其中，玉管制作精湛，为同期墓葬中罕见，是研究良渚文化时期玉器制作工艺的宝贵资料。

1999年

1月31日，中共中央政治局委员、国务委员李铁映视察良渚文化博物馆，题词：“良渚文化是中华文明的重要起源之一，要精心保护，科学挖掘，深入研究。”

2001年

浙江省文物局确定良渚文化遗址保护区总面积为33.8平方千米，其中，长安公路以西、华兴路以东、良渚港以北、东苕溪以南的区域为绝对保护区，限制城建发展。良渚国家遗址公园建设项目通过论证。

浙江省政府批准设立杭州良渚管理区，建立杭州良渚遗址管理区管理委员会（浙江省杭州良渚遗址管理局），负责对良渚遗址实施保护管理。管辖范围涉及良渚、瓶窑两镇，总面积242平方千米，其中，遗址保护区面积33.8平方千米，负责管理区范围内的文物保护、城乡规划、经济发展、社会管理及协调与监督等工作。

2003年

浙江省委书记、省人大常委会主任习近平视察良渚文化博物馆，参观良渚遗址出土文物，指出：“良渚遗址实证中华五千年文明史，是不可多得的宝贵财富，我们必须把它保护好。只有实施有效保护，才能促进开发，要让良渚文化成为我省创建文化大省的一张‘金名片’。”

2004年

习近平到良渚遗址调研，指出：“良渚文化作为长江下游史前时期最为重要的考古学文化，在中国文明进程中具有极其重要的地位和作用。保护好良渚遗址，对于继承和弘扬文化传统、建设文化大省具有十分重要的意义。这些年来，良渚遗址管委会在遗址保护、宣传等方面做了大量工作，应给予充分肯定。希望你们再接再厉，扎扎实实地做好各项工作，把良渚文化这张我省创建文化大省的‘金名片’打造好。”

星桥三亩里良渚文化遗址考古发掘，出土大小器物70余件。该遗址范围约1万平方米，发掘范围1500平方米，整个遗址为一个居住遗址，考古发现证明良渚文化时期村落布局和居住环境具有独立性和单元性。

卞家山遗址出土彩色漆器、子母口大陶罐等，在良渚文化遗址中均为首次发现。

2007 年

浙江文物考古研究所宣布，考古勘探表显示莫角山四周存在良渚文化时期完整的古城墙遗址。良渚古城东西长 1500 米 ~ 1700 米，南北长 1800 米 ~ 1900 米，总面积 290 万平方米。这是长江下游地区首次发现的良渚文化时期城址，也是迄今发现的新石器时代最大的城址。这一发现，改变了对良渚文化的原有认识，说明良渚文化时期已经进入成熟的史前文明阶段。

2009 年

浙江省文物考古研究所和余杭博物馆联合在茅山良渚文化遗址进行正式发掘，揭露出聚落布局和结构清晰完整的良渚文化中晚期坡地型遗址的聚落形态，在这里发现的良渚文化时期的独木舟，是国内考古学界发掘出土最长、最完整的史前独木舟，距今约 4900 年，为研究良渚文化时期先民的生产与生活状况提供了珍贵的实物资料。

是年至次年，浙江省文物考古研究所对良渚古城遗址周边 8.6 平方千米遗址密集分布范围展开钻探，发现掩埋于地下的大量文化层以及遗址原生环境的河网水系。

2010 年

在茅山遗址中发现的良渚文化时期大面积水稻田遗址，揭露出明确的道路系统、灌溉系统和完整的田块结构，是长江下游地区史前稻作农业考古中首次发现的新类型，也是当时国内发现保存最好、结构最为完整的新石器时代稻田遗址。

在临平玉架山发现良渚文化时期完整的环壕聚落遗址。考古专家认为，发现突破了长江下游新石器时代完整环壕聚落的现有认识，为进一步研究良渚文化小型完整聚落提供个案资料。

2011 年

中共杭州市余杭区委十二届十二次全体（扩大）会议审议通过《关于深入实施“文化名区”战略的决定》，指出保护利用好良渚文化遗址，实现“申遗”目标，是余杭区“文化名区”建设工作的重中之重，将良渚大遗址保护工程列为“十大文化工程”之首，决定全力推进良渚遗址保护。

2014 年

由良渚遗址管理委员会等单位发起的“中国世界文化遗产预备名单遗产地联盟”在良渚举行成立大会，通过《中国世界文化遗产预备名单遗产地联盟章程》，达成并发布《保护文化遗产良渚共识》，在遗产保护上确立共同的理念和方法。承诺坚持依法保护，努力实现保护与发展的良性循环；坚持积极保护，在有效保护与合理利用之间找到一个最佳平衡点；坚持科学保护，运用科技手段保护文化遗产；坚持整体保护，努力创造具有中国特色的文化遗产保护典范。

2016 年

著名考古学家宿白、谢辰生、黄景略、张忠培向中共中央总书记、国家主席习近平写信，提出《关于良渚遗址申报世界文化遗产、标示中华五千年文明的建议》。

习近平就良渚古城遗址申遗作出重要批示：“文物遗存的保护是考古学研究的前提，考古学研究是文化遗产合理利用的学术基础。要加强古代遗址的有效保护，有重点地进行系统考古发掘，不断加深对中华文明悠久历史和宝贵价值的认识。申报世界文化遗产工作要统筹安排，申报项目要有利于突出中华文明历史文化价值，有利于体现中华民族精神追求，有利于向世人展示全面真实的古代中国和现代中国。”

2017

2017 年 5 月 11 日，中共中央政治局委员、国务院副总理刘延东专题调研良渚遗址申遗工作，肯定良渚遗址保护、申遗等工作。她指出，良渚遗址是中华文化的瑰宝，是实证中华五千多年文明史的圣地。强调要站在总书记提出的“体现中华文明的历史文化价值，体现中华民族的精神追求，向世人展示全面真实的古代中国和现代中国”战略高度，把保护工作和申遗工作做好，真正实现总书记要求的“展示一个全面真实的古代中国和现代中国”。

2018 年

中国联合国教科文组织全国委员会秘书处致函联合国教科文组织，正式推荐良渚古城遗址作为2019年世界文化遗产申报项目。良渚遗址管委会工作人员向联合国教科文组织世界遗产中心递交《良渚古城遗址申报世界文化遗产提名文件》，并得到登记确认。

联合国教科文组织副总干事格塔丘·恩吉达到访良渚博物院，考察良渚古城老虎岭、莫角山遗址，对良渚遗址保护措施表示肯定。国际古迹遗址理事会专家莉玛·胡贾对良渚古城遗址进行现场考察并给予积极评价。

2019 年

国际古迹遗址理事会公布良渚古城遗址申遗的专业评估结果，推荐将良渚古城遗址列入“世界遗产名录”。

7月6日，良渚古城遗址在第43届联合国教科文组织世界遗产委员会会议上被获准列入“世界遗产名录”。世界遗产委员会认为，良渚古城遗址代表了中国五千多年前伟大史前稻作文明的成就，是杰出的城市文明代表。遗址真实展现了新石器时代长江下游稻作文明发展程度，揭示了良渚古城遗址作为新石器早期区域城市文明的全景，符合世界遗产真实性和完整性要求。

7月7日，良渚古城遗址公园开放，开始试运营。公园面积14.3平方千米，包括良渚古城遗址范围内的城址区、瑶山遗址和外围水利系统遗址。其中，良渚古城遗址公园城址区是公园核心部分，由宫殿区、内城、外城组成。宫殿区居于城址中央，面积约39公顷；内城由城墙围合而成，分布有墓地、居址台地、古河道等遗址；外城位于内城外围，包括居址作坊和墓葬遗迹。

（董建波）

延伸阅读▶▶

实证中华五千年文明史的圣地
良渚古城遗址申遗成功！

巴库当地时间7月6日，联合国教科文组织世界遗产委员会第43届大会主席、阿塞拜疆文化部部长阿布法斯·加拉耶夫手中的木槌重重落下，标志着中国申报的“良渚古城遗址”正式列入“世界遗产名录”。至此，我国的世界遗产总数达到55处。

良渚古城遗址位于杭州市余杭区瓶窑镇和良渚街道境内，由4个片区构成的遗产区面积1433.66公顷：包括瑶山遗址，面积66.56公顷；谷口高坝区，面积136.41公顷；平原低坝山前长堤区，面积349.24公顷；古城区遗址，面积881.45公顷。

联合国教科文组织世界遗产委员会认为，良渚古城遗址（公元前3300—2300年）是中国长江下游环太湖地区一个区域性早期国家的权力与信仰中心所在。它以规模宏大的城址、功能复杂的外围水利系统、分等级墓地（含祭坛）等一系列相关遗址，以及具有信仰与制度象征的系列玉器等出土物，揭示了距今5000多年前中国新石器时代晚期，在长江下游环太湖地区曾经存在过一个以稻作农业为经济支撑的、出现明显社会分化和具有统一信仰的区域性早期国家，展现出长江流域对中华文明起源阶段“多元一体”特征所作出的杰出贡献。真实完整保存至今的良渚古城遗址，可实证中国长江流域史前社会稻作农业发展的高度成就，可填补“世界遗产名录”中东亚地区新石器时代城市考古遗址的空缺，为中国5000多年文明史提供了独特见证。

文化和旅游部党组成员，国家文物局党组书记、局长刘玉珠代表缔约国发言说：良渚古城遗址是中国20世纪的重大考古发现，其成功列入“世界遗产名录”，是一件令全体中国人民喜悦和振奋的事！中国加入《世界遗产公约》以来，世界遗产从无到有，类型不断丰富，成为中国向世界展现其悠久历史和多元文化的生动窗口，在推动各国各地区不同文明间的交流互鉴方面发挥了不可替代的作用。未来，中国将一如既往地做好世界遗产的保护管理工作，进一步加强与相关国际组织的深度合作，在世界文化遗产领域承担更多责任，与各国人民一道，共同守护好人类共同的文化家园。

省委常委、杭州市委书记周江勇在现场说，良渚古城遗址是人类早期城市文明的杰出范例，是实证中华五千年文明史的圣地，不仅是中华民族的文化瑰宝，也是全人类共同的文化遗产。申遗成功意味着崇高荣誉，更代表着重大责任。我们将严格遵守《世界遗产公约》，以世界的眼光、科学的精神，把这一厚重的文化遗产保护好、传承好、利用好。

（《浙江日报》2019年7月7日　刘慧）

·2019年全国大众创业万众创新活动周主会场主场馆活动·

【概况】　2019年6月13—19日，2019年全国大众创业万众创新活动周（下称"'双创'活动周"）举行。活动周以"汇聚双创活力、澎湃发展动力"为主题，以杭州市为主办城市，各省（区、市）设立分会场。在梦想小镇开展启动仪式、主题展示等30余场重点活动。

中共中央政治局常委、国务院总理李克强出席启动仪式，参观主题展示，考察梦想小镇并发表重要讲话，肯定杭州"双创"活力。25名副部级以上领导，100名创业创新者代表，国家双创示范基地和省、市、区（县、市）约600名嘉宾参加启动仪式。约22万人次参与梦想小镇主会场核心区的各项重点活动、主题展示和调研参观。

梦想小镇主场馆设有"创新创业创造环境不断优化""市场主体活力竞相迸发""科技创新能力显著提升""创业带动就业成效明显""新动能加速壮大""钱江潮"六大展区，展示创业创新项目170多个。参展企业覆盖全国30个省、自治区和直辖市，其中，硬科技创新类项目超过70%，包括曙光X86高性能微处理器、阿里达摩院量子计算机、视联网、城市大脑等项目。主场馆还举办"天天新物种""小镇创客厅""筑梦服务站""潮头立""创新创业影像展"等主题活动。

未来科技城学术交流中心外景　　　　（未来科技城　供稿）

活动周期间，余杭"双创"工作被中央及省、市媒体报道近700篇。余杭区将每年的6月13日设为"余杭双创日"。

【主场馆建设】　2019年"双创"活动周主场馆设在未来科技城学术交流中心。2019年2月2日，学术交流中心项目建设启动，余杭区用时86天（含设计深化和手续办理），比原计划提前1天完成项目并交付使用。施工期间，面临春节假期缺工、缺料、缺机械及低温雨雪天气占到总工期的65%等困难，通过协调施工建设和材料生产单位、科学组织多工种同时施工，区级部门集中入驻开展手续办理等手段，完成项目建设任务。主场馆建设得到中共中央政治局常委、国务院总理李克强，国家发展改革委领导的肯定。

项目总用地面积6.46公顷，其中建筑占地面积3.08公顷，总建筑面积26950平方米，以"天圆地方"为建筑理念，采用古建筑特别是余杭古建筑建设风格和现代建筑材料，彰显传统精神和"双创"活动周的创新精神。建筑主要为两个体块：会议中心和会展中心，采用一个大屋顶将其统一，两者中间以宽13米的通廊连接。建筑屋顶总体呈方形，东南角设置一个圆洞，圆洞下方有一个圆形水池。大门门厅整体立面借鉴余杭古建筑的门头墙，将石材与铜结合，入口立面采用中式的门窗理念，把图案蚀刻在铜板上，与建筑外立面相辅相成，会场大门采用刻有良渚文化图案的铜门。顶面采用传统建筑的斜屋顶，用现代材料铝板体现历史与现代的交流。

建筑内部，会议中心总面积6000平方米，主要包括1个1760平方米可容纳1200人的会议厅、2个贵宾室、2个接待室、小型会议室、记者台、卫生间和相应管理和设备用房。会展中心总面积1.2万平方米，主要包括面积为6800平方米可容纳500人的展示厅、新闻发布厅、新闻配套办公室、卫生间和管理和设备用房。

【“双创”活动周期间余杭招商引智工作】 2019年“双创”活动周筹办期间，余杭区成立区商务局为组长单位的“招商引智”专项工作组，入驻未来科技城办公。确立“嘉宾（项目）—接待专员—综合联络员—组长—招商引智专项工作组—杭州会务组”的信息交流机制。制订“双创”活动周小分队招商方案，组织全区五大产业平台（余杭经济技术开发区、未来科技城、临平新城、良渚新城、钱江经济开发区）资深招商专员及“菁航计划”专业化人才，组成专业化招商队伍，在“双创”活动周各项活动及参展活动中开展招商工作。建立招商信息流转机制，征集对接专员在接待过程中表达出投资意向的嘉宾名单，建立重点项目信息库。根据项目所属产业及客商意向，将项目推荐至区五大产业平台，选派熟悉产业政策的招商专员对接，做好项目落地推进协调工作。活动周期间，全区对接项目超过300个。

【余杭元素亮相“双创”活动周主题展示】 2019“双创”活动周期间，包括阿里巴巴、之江实验室、艺尚小镇等在内的8个余杭项目入选主题展，展示高科技领域里的“余杭元素”，展现余杭在创业创新方面的实力和成果。在“创新创业创造环境不断优化”展区，阿里巴巴展示了蚂蚁森林、实时翻译、阿里达摩院上下变频及混频系统等内容；之江实验室展示了超高灵敏极弱磁测量装置、“达尔文”2代类脑计算芯片、量子计算机原型机等项目。在“创业带动就业成效明显”板块，艺尚小镇展示了余杭创新创业新蓝海。在“市场主体活力竞相迸发”展区，贝达药业股份有限公司展示了靶向抗癌药——盐酸埃克替尼（凯美纳）。杭州思看科技有限公司、杭州实在智能科技有限公司、杭州非白三维科技有限公司、杭州旅步科技有限公司等余杭企事业单位也在主题展示中展示了研发项目。

【“天天新物种”主题活动】 2019年6月，全国“双创”活动周举办期间，在未来科技城学术交流中心“如鱼得水”广场举行“天天新物种”主题活动，发布来自13家公司的14件科技创新成果，主要涉及人工智能、无人驾驶、航空航天、生物基因、虚拟现实等领域。

【“潮头立”创新创业影像展】 2019年6月，全国“双创”活动周举办期间，“潮头立”创新创业影像展在梦想小镇举行。展览分梦想小镇入口展示区、梦想小镇互联网小镇展示区、核心展示区三部分，展示杭州和全国的创新创业影像共约500张图片和若干短视频。

【未来科技城举行“双创”活动周主题灯光秀】 2019“双创”活动周期间，未来科技城在文一西路上部分重点建筑、中央商务区及多个住宅区共313栋建筑单体上设置亮灯，13栋楼体上播放灯光秀表演。主题灯光秀分创始、创汇、创见为3个篇章，总时长约8分钟，每晚7点到10点30分循环播放。

【2019科技创新创业高峰论坛】 2019年6月13日，以“科技引领，双创升级”为主题的2019科技创新创业高峰论坛在未来科技城国际会议中心举行。科技部副部长徐南平，浙江省副省长高兴夫等领导参加论坛。论坛由科技部指导和支持，科技部火炬中心、浙江省科技厅、杭州市政府联合主办，全国各地孵化载体工作者、投资人、企业家、创业者共800余人参加，探讨新形势下全球创新创业的新趋势、新机遇以及科技创新推动“双创”升级发展的新思路、新举措，展示科技创新创业服务的典型模式和成果。其间，举行“人工智能与创新创业”“高质量创新创业服务”两场圆桌论坛。会场外场同时举办“双创特色载体微展”，展示一批孵化载体和科技创新产品。

【2019年全国“双创”活动周中国科学院创客之夜（杭州）活动】 2019年6月13日，2019年全国“双创”活动周中国科学院创客之夜（杭州）活动在未来科技城举行。这是“创客之夜”举办6年来首次在“双创”活动周时举行。活动汇聚来自中科院全国各院所及浙江本地的双创项目。首次设置圆桌论坛环节，围绕科技创新与产业发展进行交流。来自全国各地的创客项目以“快闪”形式进行展示。

【长三角一体化创新创业合作推进会】 2019年6月13日，2019年全国“双创”活动周期间，长三角一体化创新创业合作推进会在余杭区举行。长三角三省一市政府部门、双创示范基地代表和相关专家开展交流，共同研讨长三角一体化创新创业合作思路和路径，为通过创新创业促进长三角一体化发展献计献策。

【万物智联产业高峰论坛】 2019年6月14日，由中国电信股份有限公司浙江分公司、浙江省物联网产业协会、浙江省互联网产业联合会主办的“5G·创未来”——2019国家双创周万物智联产业高峰论坛在梦想小镇举行。行业领袖、学界专家与政府相关领导等嘉宾围绕“5G·创未来”及应用发表专题演讲，内容涵盖数字经济、工业互联网、5G应用场景等方面，展示5G网络建设及布局思路、物联网通信、能源、交通、政务、医疗等行业的优势应用或领先技术成果。论坛现场，“5G+工业互联网”实验室启动。

【弘扬优秀企业家精神论坛】 2019年6月14日，由国家发展改革委指导，中国企业联合会、杭州市人民政府主办的弘扬优秀企业家精神论坛在未来科技城学术交流中心举行。论坛以“弘扬优秀企业家精神，推动企业高质量发展”为主题。国家发展改革委相关负责人、各地发展改革委代表、企业联合会、企业家代表以及专家学者约450人参加。杭州娃哈哈集团有限公司董事长兼总经理宗庆后等7名企业家代表和浙江大学管理学院院长魏江围绕“弘扬优秀企业家精神，以企业家精神促进大众创业万众创新，推动企业高质量发展”等话题开展主题演讲。

【“企业创新大家谈”活动】 2019年6月14日，“双创”活动周重点活动之一的“企业创新大家谈”在梦想小镇举行。活动由中国科协主办，中国科协企业创新服务中心、浙江省科协、杭州市科协承办，余杭区科协等单位协办，来自全国学会，杭州相关院士工作站，企业科协、学会，科技创新型企业代表约200人参加。活动以“新理念　新技术　新模式”以主题，就创新热点、难点话题，开展主旨报告、高峰对话等活动。贝达药业股份有限公司董事长丁列明在活动中作题为《加强自主创新　提升中国民营企业核心竞争力》的主旨报告。

【贝达药业项目入选2019“创世技”颠覆性创新榜TOP10】 2019年6月14日，第二届“创世技”颠覆性创新榜发布会暨青年创新创业联盟成立仪式在梦想小镇举行。会上公布2019“创世技”颠覆性创新榜TOP10和40家最具颠覆性潜力榜企业项目。其中，余杭企业贝达药业股份有限公司的“小分子靶向抗癌新药盐酸埃克替尼（凯美纳）”项目入选2019“创世技”颠覆性创新榜；余杭企业浙江诺尔康神经电子科技股份有限公司的诺尔康人工视网膜系统项目、杭州暖芯迦电子科技有限公司的超高密度神经刺激器芯片及其生物传感器平台项目入选2019最具颠覆性创新潜力榜。

会上，城市创新创业服务联盟、创青春—中关村U30、科技双创联盟、清华大学校友三创大赛组委会、北京大学创业训练营、深圳湾创新孵化投资联盟、上海蚂蚁创客小镇、成都科技企业孵化器协会、杭州市创业投资协会等9家单位联合发起成立青年创新创业联盟并发布《余杭宣言》。

【“人工智能+”产业论坛】 2019年6月15日，在未来科技城举行。原中国工程院常务副院长、科技部新一代人工智能战略咨询委员会组长、中国工程院院士潘云鹤，市委常委、区委书记张振丰，省发展改革委副主任陶国胜，国家农业信息化工程技术研究中心主任、中国工程院院士赵春江，蚂蚁金融服务集团首席AI科学家、阿里达摩院金融智能负责人漆远等参加。论坛邀请人工智能领域的前沿专家、权威学者、行业领导企业、浙大系校友企业

2019“创世技”颠覆性创新榜发布会　　（未来科技城　供稿）

及行业投资专家，围绕“人工智能与数字经济”主题的前沿科学、技术走势、行业热点、产业经济等话题，进行交流。

【2019 阿里巴巴全球诸神之战创客大赛启动仪式】 2019 年 6 月 15 日，“双创”活动周核心活动之一的 2019 阿里巴巴全球诸神之战创客大赛启动仪式在余杭区举行。仪式上，成立诸神之战创投联盟。

阿里巴巴诸神之战赛旨在发掘全球最具创新力和发展潜力的优秀创业团队和科创项目，培育良好的产业生态，覆盖全球 10 多个国家近百个城市，被誉为创投领域的“奥运会”。2019 诸神之战重点围绕“新零售”及“AIoT”两个热点创新领域，以“一”个数据平台、“两”个实验产业、“一百”个行业新应用为目标，联动政府、阿里巴巴集团及社会各界创新力量，打造深度产业区块，促进海内外创新力量交流。

【中国青年创业大讲堂】 2019 年 6 月 16 日，“双创”活动周重点活动之一的中国青年创业大讲堂·动漫创新创业专场在梦想小镇开讲。中国青年创业导师张彬、陈蕾蕾围绕“青创未来·国漫崛起”开展专题讲座。张彬以“动漫的自媒体流量变现”为题，从当前网络与市场环境出发，通过剖析网络媒体对创新创业的助推作用，分析当前网络市场不同自媒体媒介的优缺点，分享如何更好地实现自媒体流量变现。陈蕾蕾以“创业大赛参赛技巧”为题，讲授如何利用创业赛事等方式展示项目、获得融资等。

2019 年 6 月 17 日，中国青年动漫创新创业发展论坛举行

（未来科技城 供稿）

【中国青年动漫创新创业发展论坛】 2019 年 6 月 17 日，“双创”活动周团中央主办活动——中国青年动漫创新创业发展论坛在未来科技城国际会议中心举行。历届“创青春”中国青年动漫创新创业大赛项目代表、动漫爱好者、青年动漫从业者 200 余人参加论坛。论坛分主旨分享和圆桌论坛两个阶段。主旨分享阶段，中国美术学院影视与动画艺术学院动画系主任韩晖，早鸟投资、赞基金创始合伙人谢坤泽分别以“国漫之源——中国文化元素”“新媒体下的动漫 IP 投资”为主题，阐述和剖析动画的中国味和投资人角度看动漫行业的发展。圆桌论坛阶段，嘉宾就动漫行业的发展和国漫创业的要素参与进行相关数据分析并提出各自观点。

【“双创”活动周主办城市杭州活动闭幕式】 2019 年 6 月 19 日，2019 年“双创”活动周主办城市杭州活动闭幕式暨“我们都是追梦人”创客毅行活动在未来科技城学术交流中心举行。近千名创客代表参与毅行活动，从未来科技城学术交流中心出发，沿途经过杭州师范大学（仓前校区）、浙江海外高层人才创新园、阿里巴巴集团、未来科技城国际会议中心等地。

（史志办、未来科技城）

2019年“双创”活动周在梦想小镇举办的重点活动一览表

表1

序号	时间	活动名称	主要内容 / 主题	主办单位	地点
1	6月13日	启动仪式	—	2019全国“双创”活动周组委会	未来科技城学术交流中心
2	6月13日	科技创新创业高峰论坛	探讨新形势下全球创新创业的新理念、新技术、新经验	科技部、浙江省科技厅、杭州市人民政府	未来科技城国际会议中心
3	6月13日	长三角一体化创新创业合作推进会	推动区域创新创业协同发展，打造长三角现代化经济体系	国家发展改革委、浙江省人民政府、上海市人民政府、江苏省人民政府、安徽省人民政府	未来科技城学术交流中心
4	6月13日	国家专业化众创空间经验交流会	以建设专业化众创空间，打造“双创”升级版为主题，解读专业化众创空间相关政策、内涵特征、发展模式及发展成效等	科技部	海创园会议中心
5	6月13日	创响中国·2019中国科学院创客之夜	以圆桌论坛、优秀双创项目路演等形式，开放展示中国科学院优秀科技创新与产业应用成果	中国科学院科技促进发展局、浙江省科技厅、杭州市人民政府、浙江省青年联合会	未来科技城学术交流中心
6	6月14日	企业创新大家谈	全国知名创新创业代表分享创业故事、对当下的创业环境、创业前景分享见解和观点	中国科协	梦想小镇互联网村19号良仓
7	6月14日	“5G·创未来”——2019国家双创周万物智联产业高峰论坛	探讨5G与物联网技术赋能产业升级前景，举办浙江数字化小微企业园联盟成立仪式，宣布筹建浙江省数字化设计与制造创新中心联盟，举办5G+制造实验室启动仪式	中国电信有限公司浙江分公司、浙江省物联网产业协会、浙江省互联网产业联合会	梦想小镇互联网村21号良仓
8	6月14日	弘扬优秀企业家精神论坛	以企业家精神促进双创主题演讲、研讨	国家发展改革委、中国企业联合会、杭州市人民政府	未来科技城学术交流中心
9	6月14日	2019“创世技”颠覆性创新榜评选发布活动	发布颠覆性创新榜TOP10和最具颠覆性创新潜力榜	中国科协	梦想小镇互联网村19号良仓
10	6月14日	风向标——中国创新创业先锋论坛	围绕“中国创新创业相关政策和发展趋势”，专题研讨	中国科协	梦想小镇互联网村26号良仓
11	6月14日	打造国际创新共同体——国际人才创业主题交流会	邀请在杭创业外国代表交流分享创业经验	杭州市外办	梦想小镇互联网村21号良仓
12	6月14—18日	新时代创业者说	以创新创业演讲共享平台为载体，采取“线下演讲，线上推广”相结合方式宣讲创新创业创造	中国科协	梦想小镇互联网村26号良仓
13	6月15日	2019年阿里巴巴诸神之战全球创客大赛启动仪式	邀请政府代表、阿里巴巴集团高管出席，阿里云专家、业内人士现场分享，相关投资机构参与	阿里巴巴集团	未来科技城学术交流中心
14	6月15日	“人工智能+”产业论坛	围绕人工智能前沿科学、技术走势、行业热点、产业经济等话题展开讨论	浙江大学	未来科技城国际会议中心

续表 1

序号	时间	活动名称	主要内容 / 主题	主办单位	地点
15	6 月 15 日	双创赋能新制造研讨会暨三创联盟发布会	制造业双创政策解读、趋势分析、专题发布、启动工业 APP 大赛等，行业应用方案研讨	工业和信息化部、万向集团	未来科技城学术交流中心
16	6 月 16 日	中国青年创业大讲堂·动漫创新创业专场	中国青年创业导师授课“动漫的自媒体流量变现”“创业大赛参赛技巧”	共青团中央	梦想小镇互联网村 21 号良仓
17	6 月 17 日	第二届“创青春”中国青年动漫创新创业大赛复赛 / 动漫创新创业成果展	青年动漫创新创业项目展示、行业专家、投资人巡展评分，动漫行业创新创业优秀项目展示	共青团中央	梦想小镇互联网村 19 号、21 号良仓
18	6 月 17 日	中国青年动漫创新创业发展论坛	动漫行业发展现状及发展趋势；国漫发展历程及复兴；双创如何为动漫行业发展赋能	共青团中央	未来科技城国际会议中心
19	6 月 19 日	闭幕式	—	2019 全国“双创”活动周组委会	未来科技城学术交流中心

（史志办）

编辑：张嫣

延伸阅读▶▶

把创新因子全方位植入发展中
余杭打造全域创新策源地

众人拾柴火焰高。在日渐“互联网 +”的杭州拥抱数字经济、发展智慧城市进程中，余杭争当创业创新的“先行者”：2015 年至 2018 年，余杭科技创新总指数从 100 增长至 183.5，年均增速达到 22.43%。其中，创新环境指数年均增速 31.18%，创新资源指数年均增速 11.23%，创新成果指数年均增速 32.09%，创新绩效指数年均增速 11.91%。

数据之下，是余杭创业创新编织成的“全域创新策源地”。

“双创”成果率先“秀”

截至 6 月 3 日，杭州市智能网联汽车开放测试道路公示结束。这是杭州首批智能网联汽车开放测试道路，5 条测试道路全在未来科技城。也就是说，余杭将率先实现“无人车”上路。

未来科技城管委会主任赵喜凯说：“未来科技城很乐意做这些先行先试的事情。”事实上在余杭，通过“政府引导 + 市场化运作”模式，“双创”与实体经济、生活场景紧密结合，成为推动区域新经济发展的新动能。

“我们正与中国移动谋划 5G 的深度合作，打造无人驾驶示范运营线路。”刚进驻中国（杭州）5G 创新园的杭州锣卜科技有限公司，最近正在研发一款无人驾驶的车子。“这是一辆在 5G 条件下，低速无人观光类车子，未来会装上贩卖机、便利店和快递柜子等。”锣卜科技创始人陶新武介绍，“以后要是点外卖、取快递，用手机预约一下，车子会开到你面前，扫一扫二维码就能取货。”

目前，这款车子正在测试阶段。“余杭的中国人工智能小镇将是第一个示范园区。”陶新武透露，预计到9月份，小镇里的小伙伴们就能体验到这样的便利了。

而余杭本土生发的企业行列里，虎哥环境在“收破烂”里搞创新。

从2015年11月“虎哥回收”上线，到如今形成了垃圾分类从前端投放到中端归集和运输、再到终端处置的全链条，虎哥环境定位于“互联网+生活垃圾”干湿分类模式，对每一次的垃圾回收进行数据记录与分析。眼下，这些数据纳入到余杭区数据城管平台，成为余杭建设“智慧城市”的一份力量。

创新改变生活，创业改变社会。余杭方面表示：“余杭是各种‘黑科技’的第一块‘试验田’，为他们提供应用场景，帮助他们不断改进和完善产品，批量生产推向市场，更快地实现产业化。”

“双创”环境精准“扶”

统计数据显示，余杭区2016年、2017年、2018年在扶持“双创”方面兑现的财政资金分别为13.57亿元、16.95亿元和26.98亿元。而2019年，这个资金数字还会继续上升。

释放政策红利，余杭在机制创新、载体建设、人才流动、环境营造等方面相继出台了多项针对性强、覆盖全区的扶持政策：对众创空间创建单位提供的公共配套服务设施，按面积给予每平方米100元的补助，年度最高补助不超过100万元，补助期限为3年；以发放创新券形式，对企业在省、市、区指定创新载体开展检验检测、技术服务的费用给予补助，单个企业年补助最高10万元，补助比例是企业实际支出费用的20%……

在融资担保支持、政策性基金支持上，截至今年4月，余杭区政府产业引导基金累计出资项目130个，总认缴金额逾29.70亿元；设立子基金22个，总规模233.03亿元，撬动社会资本203.33亿元，放大效应达7.85倍；政策性融资担保公司在保50户，在保余额逾1.5亿元。

此外，余杭还在双创人才引培上拔得头筹，成为杭州在全国人才净流入排名第一中的“主力”。

目前，余杭拥有国家重点支持领域高新技术企业752家，引进培育省市领军型创业创新团队14家，省级企业研究院、省级研发中心、市级研发中心等研发机构新增数，连续两年位列省、市第一位，累计引培海外高层次人才3500余名，国家级海外高层次人才143名，省级海外高层次人才199名。

（《杭州日报》2019年6月13日　费云江 白赟）

大事纪要

Chronicle of Major Events

2019 年余杭区十件大事

一、余杭区机构改革全面实施，党政机关、镇（街道）机构改革完成

2019 年 1 月 12 日，余杭区机构改革动员大会召开，标志余杭区机构改革正式全面实施。是日，中共杭州市余杭区委十四届七次全体会议举行，传达省委、省政府批复同意的《杭州市余杭区机构改革方案》主要精神，研究部署余杭区机构改革组织实施工作。年内，余杭区党政机关、镇（街道）机构改革完成。

余杭区机构改革后，设置党政机关 37 个、市级垂直管理的机构 1 个（市生态环境局余杭分局），其中，党委机构 11 个、政府机构 26 个。区委职能部门和区政府工作部门在机构设置和职能配置上，与中央、省、市基本对应。为适应余杭经济社会发展需要，在机构限额内因地制宜设置部分机构，优化调整一些领域的机构职能。

二、国内首个 5G 全覆盖、提供完整 5G 产研条件的创新园——中国（杭州）5G 创新园在未来科技城启动

2019 年 1 月 20 日，5G 创新应用高峰论坛暨中国（杭州）5G 创新园启动仪式在未来科技城举行。

中国（杭州）5G 创新园是国内首个 5G 全覆盖、提供完整 5G 产研条件的创新园，位于未来科技城核心区块，一期建筑面积 10 万平方米。开园仪式上，余杭区人民政府与中国移动通信集团浙江有限公司签订加快推进数字经济发展战略合作协议，中国移动通信集团浙江有限公司将优先在未来科技城建设 5G 网络基础环境，促进未来科技城 5G 业务和应用发展。未来科技城管委会与中国信息通信研究院、中国软件评测中心、浙江省 5G 产业联盟等 10 家机构、企业签订 9 个 5G 产业项目协议，包括加快推进数字经济发展战略合作、人工智能（杭州）研究中心、智能网联车测试平台等，其中，中国信息通信研究院为园区建设提供顶层设计，浙江省 5G 产业联盟为入园企业提供 5G 发展的专业指导。

三、余杭区启动生活垃圾分类工作三年行动计划

2019 年 3 月 13 日，余杭区举行垃圾分类推进会，宣布启动全域推进生活垃圾分类工作三年行动计划。同日，《余杭区全域推进生活垃圾分类工作三年行动计划（2019—2021 年）》和《2019 年度余杭区全域推进生活垃圾分类实施方案》印发。

全年，推进“全国生活垃圾分类处置示范区”建设，构建“责任、治理、利用”三大体系，培育“余杭垃圾分类样板”，开展生活垃圾分类小区 769 个（235 个小区定时定点投放）、规上企业 1047 家、机关事业单位 123 家、学校 361 家、医院 31 家，全区垃圾分类覆盖率为 100%。推进虎哥回收扩面，建立服务站点 178 个，覆盖小区 547 个、覆盖户数 31 万户。建设易腐垃圾处置点 55 个，可回收物和易腐湿垃圾资源化回收利用量分别达到 260 吨 / 天和 680 吨 / 天。创建市级垃圾分类示范小区 38 个。截至年底，全区生活垃圾回收利用量为 940 吨 / 天，较年初增长 114%；全区进场垃圾总量 85.27 万吨，同比

减少 7.71%，历年来首次实现负增长，并连续 11 个月保持负增长，提前、超额完成杭州下达的 1%以内的控量目标。余杭区垃圾分类工作得到省、市、区各级领导肯定，省委改革办《领跑者》第 28 期刊发经验做法。

四、余杭区被浙江省委、省政府表彰为 2018 年度“平安区”，并被授予省平安建设的最高荣誉——“平安金鼎”

2019 年 3 月 29 日，在全省建设平安浙江工作会议上，余杭区被浙江省委、省政府表彰为 2018 年度“平安区”，并被授予省平安建设的最高荣誉——“平安金鼎”。

2004 年，时任浙江省委书记的习近平作出建设“平安浙江”的战略部署。此后，浙江省委、省政府每年开展平安市、县（市、区）创建命名工作，对平安市、县（市、区）予以通报表扬并授牌。连续 12 次获得省“平安区”称号后，余杭区获得“平安金鼎”。

2019 年，余杭推进三级社会矛盾纠纷调处化解中心建设，推行矛盾纠纷化解“一窗受理、一揽子调处、一条龙服务”，努力实现矛盾纠纷化解“最多跑一地”。

五、第五届全国“双创”活动周——2019 年全国大众创业万众创新活动周主会场主场馆活动在梦想小镇举行

2019 年 6 月 13—19 日，第五届全国“双创”活动周——2019 年全国大众创业万众创新活动周主会场活动在梦想小镇举行。中共中央政治局常委、国务院总理李克强出席主会场活动，并发表重要讲话。

活动围绕“汇聚双创活力、澎湃发展动力”的主题，推出中国互联网 + 大学生创新创业大赛优秀项目成果展、科技创新创业高峰论坛等 15 项国家部委活动以及 2019 阿里巴巴诸神之战全球创客大赛、中国制造业双创高峰论坛、杭州（国际）未来生活节等一批重点活动。

未来科技城学术交流中心作为全国“双创”活动周主场馆，举办“双创”活动周启动仪式和主题展示等活动。梦想小镇创业大街的金色长廊举办人工智能展，展示余杭科技创新企业带来的高科技产品。

六、良渚古城遗址被列入“世界遗产名录”

2019 年 7 月 6 日，中国良渚古城遗址在阿塞拜疆巴库举行的第 43 届联合国教科文组织世界遗产委员会会议（世界遗产大会）上被列入“世界遗产名录”。

世界遗产委员会认为，良渚古城遗址代表了中国五千多年前伟大史前稻作文明的成就，是杰出的城市文明代表。遗址真实展现了新石器时代长江下游稻作文明发展程度，揭示了良渚古城遗址作为新石器早期区域城市文明的全景，符合世界遗产真实性和完整性要求。

良渚古城遗址填补了“世界遗产名录”东亚地区新石器时代城市考古遗址的空缺，为实证中华五千年文明史提供了例证。

七、中共杭州市余杭区委十四届八次全体（扩大）会议举行，提出余杭区落实长三角一体化发展国家战略“1+5+5”的总体思路

2019 年 8 月 3 日，中共杭州市余杭区委十四届八次全体（扩大）会议举行，审议通过《关于全力打造杭州接轨大上海融入长三角桥头堡，坚定不移推进高质量可持续快发展的决定》，动员全区上下抢抓长三角一体化发展国家战略机遇，加快推进“三个全域”建设，全力打造杭州接轨大上海融入长三角桥头堡，坚定不移推进余杭高质量可持续快发展。

全会提出余杭区落实长三角一体化发展国家战略“1+5+5”的总体思路，包括：一个总体定位，即全力打造杭州接轨大上海融入长三角桥头堡；五个目标定位，即打造长三角数字经济协同创新中心、长三角未来城市发展新标杆、长三角大良渚文化圈核心地、长三角国际化高端人才特区、长三角幸福美丽大花园精品板块；五大工作体系，即共建一体化城乡融合体系、一体化协同创新体系、一体化绿色发展体系、一体化对外开放体系、一体化公共服务体系。

八、余杭区开展“不忘初心、牢记使命”主题教育活动

2019 年 9 月，余杭区开展第二批“不忘初心、牢记使命”主题教育。主题教育期间，全区把握“守初心、担使命，找差距、抓落实”总要求，结合余杭实际，统筹推进学、研、查、改 4 项重点措施，完成各项工作任务。全区市管以上干部包干全

区358个村（社区），帮助解决问题429个。

主题教育期间，中共中央政治局常委、全国政协主席汪洋调研未来科技城（海创园）、梦想小镇和径山小古城村。

九、余杭区开展“靓城行动”，推动全区东部崛起

2019年9月27日，余杭召开“靓城行动——推动东部崛起”动员大会，部署临平片区“靓城行动”具体实施方案。“1618”工作内容体系①为该次行动整体行动方案，即围绕一个总目标，按照“六化”行动要求，开展18类具体工程。该次行动范围包含临平片区的临平新城、余杭经济技术开发区两大平台和塘栖镇、运河街道、东湖街道、临平街道、星桥街道、南苑街道、乔司街道、崇贤街道等8个镇（街道）。行动主要聚焦城镇现状建成区以及平台核心建设区域。

①1618工作内容体系：“1”即一个总目标，指围绕“三个全域”建设以及“打造杭州接轨大上海融入长三角桥头堡”要求，以“靓城行动”为突破口，努力实现“城市提能级、发展拓空间、环境更靓丽、民生得改善”，全面助力“东部崛起”。“6”即“六化”，指美化、序化、洁化、亮化、功能化、显文化。“18”即18类具体工程，指征迁拆违工程、老旧小区及背街小巷改造提升工程、老城有机更新工程、道路综合整治提升工程、城市绿道及公园建设工程、大运河文化带建设工程、上塘河文化带建设工程、农贸市场及社会停车场等配套设施完善工程、土地盘活收储、美丽城镇及美丽乡村建设工程、多杆合一及标识标牌整治工程、杆线“上改下”工程、工地标准化工程、垃圾分类工程、“五水共治”工程、城市亮灯再提升工程、城市敞亮工程、智慧城市建设工程。

十、余杭区位列2019年全国百强区榜单第七位

2019年12月6日，由中国社会科学院财经战略研究院主办，华夏时报协办的“中国社会科学院财经战略研究院成果发布会:《中国县域经济发展报告（2019）》暨全国百强县（区）报告”在北京举行。会议正式对外发布由中国社会科学院财经战略研究院县域经济课题组完成的《中国县域经济发展报告（2019）》。余杭进入2019年全国百强区榜单，位列榜单第七位。

2019年，全区上下围绕“高质量、可持续、快发展”总要求，推进“三个全域”建设、攻坚“新五场硬仗”，开展“三大比拼”活动，克服严峻复杂的外部环境影响，经济运行总体平稳，主要经济指标处在合理区间，继续保持高质量发展态势。全年地区生产总值完成2824.02亿元，同比增长8.6%。财政总收入完成726.47亿元，同比增长16.5%，其中地方财政收入完成391.45亿元，同比增长16.4%。

2019年余杭区大事记

1月

1日 杭州临平净水厂“水美公园”开园。

2日 余杭区举行2018年财政收入通报会。

8日 未来科技城与北京字节跳动科技有限公司签订合作协议。字节跳动将在未来科技城落地杭州研发中心、中小客户直营中心和创作空间。

是日 2018年度国家科学技术奖励大会在北京举行。余杭企业杭州晟视科技有限公司魏润杰和高琪参与的项目“仿复眼成像的单相机三维流场测速关键技术及装备”获得国家技术发明二等奖。

10日 余杭区司法局被司法部授予集体一等功。该局成为2015年以来全省司法行政系统唯一获此荣誉的单位。

11日 中国美术学院良渚校区开工。

是日 余杭区举行集体经济集中消薄项目签约仪式，标志全区村级集体经济薄弱村集中“消薄”行动开始。

12日 余杭区机构改革动员大会召开，标志余杭区机构改革全面实施。

是日 中共杭州市余杭区委十四届七次全体会议举行，传达省委、省政府批复同意的《杭州市余杭区机构改革方案》主要精神，研究部署余杭区机构改革组织实施工作。

15日 “最美浙江人·浙江骄傲”年度人物颁奖典礼举行，贝达药业股份有限公司董事长兼首席执行官丁列明被组委会授予2018年度“最美浙江人·浙江骄傲”称号。

17日 余杭区15个小城镇通过2018年度全省小城镇环境综合整治工作考核验收，其中五常街道、中泰街道、瓶窑镇、径山镇、黄湖镇、五杭集镇、沾桥集镇、连具塘集镇被评为2018年度小城镇环境综合整治省级样板。余杭区被评为2018年度全省小城镇环境综合整治工作优秀县（市、区）。

是日 区委改革办（区委政研室、区最多跑一次改革办公室）、区应急管理局、区数据资源管理局、区文化和广电旅游体育局（下称“区文广旅体局”）、市医疗保障局余杭分局、区退役军人事务局、市规划和自然资源局余杭分局、市生态环境局余杭分局、区农业农村局、区卫生健康局等10个新组建和重新组建部门挂牌成立。

是日 余杭区径山茶获得农业农村部农产品地理标志认证。

是日 中国民主建国会余杭区基层委员会和民建浙江大学基层委员会在浙江大学紫金港校区签约结成友好单位，共同纪念成立30周年。

19日 余杭—柯城山海协作升级版工作座谈会议暨未来科技城柯城科创园开园活动举行，交流推进2019年余杭柯城山海协作升级版工作。

是日 中瑞创新产业合作论坛暨中瑞创新产业中心揭牌活动在未来科技城举行。

20日 5G创新应用高峰论坛暨中国（杭州）5G创新园启动仪式在未来科技城举行。

22日 余杭区最后一台工业燃煤（煤制品）锅（窑）炉——余杭印染有限公司厂区内一台20吨/小时燃煤锅炉关停。至此，余杭工业企业不再使用燃煤，能源结构由燃煤为主转向天然气等清洁能源。

23日 由区委宣传部、区文明办主办，区文广旅体局、区总工会、区文联、余杭晨报社承办，上海浦东发展银行有限公司杭州余杭支行冠名的2019余杭区首届“我们的春晚”上演。

24日 望梅高架路南段开通试运行。

25日 拱康路延伸段二期（崇杭街—疏港公路段）通车。

26日 余杭区市场监管局（区知识产权局）挂牌成立。

28—30日 政协第十一届杭州市余杭区委员会第三次会议在临平举行。

29日 杭州市余杭区第十五届人民代表大会第三次会议在余杭大剧院举行。2月1日，大会闭幕。

31日 钱江海关驻余杭办事处挂牌成立。

是日 康桥路至上塘路节点提升工程高架段开通。

2月

3日 余杭区大径山乡村休闲旅游示范园被国家发展改革委等七部委命名为全国首批国家级农村产业融合发展示范园。

12日 中共杭州市余杭区纪委十四届四次全体（扩大）会议举行，回顾总结2018年全区纪检监察工作，部署2019年任务。

是日 余杭区医共体建设动员大会举行，全面启动医共体建设。

13日 省政协副主席吴晶一行到余杭区卫生进修学校开展新春下基层调研活动，考察余杭区护理事业。

14日 余杭区“全域美丽”建设推进工作动员大会举行，对推进“全域美丽大花园”建设进行全面部署。

14—16日 区委书记张振丰率余杭区代表团赴深圳、东莞开展招商考察，推介余杭发展优势、营商环境，对接企业，谋求合作共赢。

20日 余杭法院刑事审判庭在全国法院推进刑事案件认罪认罚从宽制度工作部署会上被最高人民法院授予“人民法院刑事案件认罪认罚从宽制度试点工作先进集体”称号。

25日 中国联合国教科文组织全国委员会秘书处秘书长级别秦昌威一行专题调研良渚遗址保护利用和申遗工作。

28日 区委书记张振丰、区长陈如根率余杭党政代表团赴滨江、萧山学习考察。

是日 由中国残疾人联合会、国家体育总局主办，中国残疾人体育运动管理中心、国家盲人门球训练基地承办的全国第十届残疾人运动会暨第七届特殊奥林匹克运动会旱地冰壶比赛在塘栖开赛。3月4日比赛结束。

3月

2日 余杭区举行“全域创新”建设暨工信经济高质量发展推进大会，部署“全域创新”建设工作任务。

4日 余杭区被省发展改革委评为“2018年度全省扩大有效投资优秀单位”，是全市唯一获此称号的区（县、市）。

5日 区委书记张振丰带队赴上海与国药控股股份有限公司进行招商洽谈。

11日 副省长彭佳学到余杭专题调研垃圾分类、“五水共治”工作。

12日 余杭区被评为2018年浙江省美丽乡村示范县。

是日 主题为“植树造林 科技向善”的省互联网公益慈善基地“云上公益大脑”上线仪式暨312“植数节”活动在梦想小镇举行，这是全国首个上线的公益数据大脑。

13日 余杭区举行垃圾分类推进会，宣布启动全域推进生活垃圾分类工作三年行动计划。同日印发《余杭区全域推进生活垃圾分类工作三年行动计划（2019—2021年）》和《2019年度余杭区全域推进生活垃圾分类实施方案》，提出要建立健全分类投放、分类收集、分类运输、分类处理体系，提升区内生活垃圾无害化、减量化、资源化利用水平，实现生活垃圾治理“一年见成效、两年大变样、三年创示范”的目标。

15日 2019年世界残疾人排球联合会运动发展会议在亚洲残奥委员会运动中心（塘栖中国盲人门球训练基地）举行。

21日 由浙江省残疾人联合会主办，浙江省残疾人体育训练指导中心、中国盲人门球训练基地承办的浙江省第一届残疾人旱地冰壶锦标赛在塘栖中国盲人门球训练基地开赛。

24—26日 贵州省台江县党政代表团到余杭区开展东西部扶贫协作及产业项目对接工作。

25日 余杭区“三个全域”党员先锋队成立暨党群服务中心启用仪式举行。

27日 省政协副主席、党组副书记孙景淼率调研组到余杭区专题调研社会治理工作。

是日 区第十五届人大常委会第二十次会议表决通过《关于促进“全域治理现代化”建设的决定》。

是日 余杭区打造全国文旅融合发展样板区启动大会举行。

27—30日 第三届中国残疾人冰雪运动季基层残疾人旱地冰壶比赛全国总决赛在塘栖镇举行。

29日 余杭区在浙江省建设平安浙江工作会议上被省委、省政府表彰为2018年度“平安区”，获得浙江省平安建设的最高荣誉——“平安金鼎”。

4月

1日 余杭区第五人民医院南苑分院揭牌仪式举行，标志余杭区5家医共体牵头医院、20家医共体成员单位全部揭牌。

3日 中国人工智能产业发展联盟2019年第一次全体会议在未来科技城人工智能小镇举行。会上，中国信息通信研究院人工智能（杭州）研究中心成立。

3—4日 英国伯明翰市市长伊冯娜·莫斯基托率伯明翰市政府代表团访问余杭区。

4日 余杭区委召开审计委员会第一次会议，研究部署区审计工作。

是日 杭州市余杭区不动产登记服务中心被评为2018年度浙江省“最多跑一次”改革先进集体。

6—11日 由杭州佳平影业有限公司发行、余杭影视企业浙江佳禾影视传媒有限公司制作的电视剧《在远方》参加第56届法国春季戛纳电视节“中国电视剧推介会”。

9日 全国人大常委会委员、财经委主任委员徐绍史一行到余杭区调研。

是日 余杭区人民政府与德清县人民政府在临平签订《杭州至德清城际铁路项目投资及运维协议》。

是日 根据杭州市《美丽城镇建设试点工作方案》，瓶窑镇、径山镇、仓前街道、塘栖镇入选第一批魅力城镇示范创建试点乡镇。

10日 首届“梦想小镇法国村”开放日活动在未来科技城举行。

16日 中国科协党组书记、中国科学院院士怀进鹏一行到未来科技城考察。

是日 区委全面深化改革委员会第一次会议举行，研究谋划2019年全区全面深化改革思路，布置全年工作任务。

是日 余杭区在2019浙江数字经济发展高峰论坛上入选首批2019浙江数字经济优秀案例。

17日 余杭区—咸丰县东西部扶贫协作联席会议举行，对接进一步做好扶贫协作、携手打赢精准脱贫攻坚战。

18日 余杭长乐森林体验国家重点建设基地入选国家林业和草原局森林旅游管理办公室公布的森林体验和国家重点建设基地名单。

18—19日 区委书记张振丰率余杭区党政代表

团赴贵州省台江县对接落实东西部扶贫协作工作。

19日 第七届浙江旅游总评榜颁奖典礼举行。余杭区径山村被评为“2018浙江旅游总评榜之年度人气旅游景区”，杭州梦想小镇景区“创业粮仓”（杭州梦想小镇旅游文化发展有限公司）、杭州艺尚小镇浓缩国际时尚（艺尚小镇）获2018浙江旅游总评榜之年度“旅游+”创新奖，菩提谷（杭州）被评为“2018浙江旅游总评榜之年度十佳文化主题民宿”。

是日 中日天然产物药物化学联合实验室启动仪式在未来科技城举行。

20日 区委书记张振丰率余杭区党政代表团赴贵州省天柱县对接落实东西部扶贫协作工作。

是日 余杭区入选农业农村部2018年度全国县域数字农业农村发展水平评价先进县名单。余杭区的“农村经营服务数值化创新项目”入选2018年度全国县域数字农业农村发展水平评价创新项目名单。余杭成为杭州市唯一同时获得“先进县”和“创新项目”两项荣誉的县（市、区）。

23日 省政协副主席陈铁雄带队到余杭区调研“优化营商环境，促进民营经济高质量发展”和支持民营企业政策落实情况。

25日 余杭区红十字会召开第五届理事会第八次（扩大）会议，改选部分理事、常务理事和副会长，表彰通报先进。

25—26日 区委书记张振丰率余杭区代表团赴深圳考察项目、上门招商，加强与优质企业沟通对接。

26日 浙江（杭州）知识产权诉调中心在未来科技城揭牌成立。

是日 浙江运达风电股份有限公司在深圳证券交易所创业板挂牌上市，成为余杭区首家国有上市企业。

是日 余杭首个装配式变电站运行。

27—30日 余杭区中泰竹笛制作技艺、风筝制作技艺、殿堂壁画、杭缎织造技艺、越窑青瓷烧制技艺和手推绣等六大非遗项目受邀参加在义乌举办的第14届中国（义乌）文化产品交易博览会以及第11届中国国际旅游商品博览会展会。殿堂壁画省级非遗代表性传承人、省级工艺美术大师、首届“杭州工匠”张炜及其弟子张驰创作的系列作品《中国梦·远古的歌谣》获文交会工艺美术金奖。越窑青瓷烧制技艺传承人、首届“余杭工匠”罗洪文创作的《一八棱瓶》也获得金奖。杭缎作品《唐纹“宝花绕字”》和大型风筝作品《中华龙》获银奖。

30日 市委、市政府召开全市综合考评总结部署大会。余杭区2018年度综合考评成绩居全市区（县、市）首位。

是日 余杭区文学艺术界联合会第八次代表大会举行，选举产生文联第八届委员会。

是月 全国政协调研组于广洲一行到余杭区专题调研“大力发展智能智造，推动互联网、大数据、人工智能和制造业深度融合”课题。

5月

7日 省纪委书记、省监委主任任振鹤一行调研余杭区廉政文化建设工作。

10日 余杭区“三大比拼”“双迁清零”“新五场硬仗”工作推进会举行。

14日 省委书记车俊到余杭区调研大众创业、万众创新工作和生活垃圾分类处理情况。

15日 区委、区政府在未来科技城（海创园）举办“余您携手 杭向未来”2019年余杭区科技人才月启动仪式暨中瑞科技合作交流会。

是日 省级开发区——杭州钱江经济开发区挂牌。

是日 望梅高架路（藕花洲大街至星光街段南向北方向）及秋石高架路小林互通（南向西、西向北、东向南）3个方向匝道试运行。

16—17日 区委书记张振丰率余杭区代表团赴北京开展招商考察，加强与优质企业对接，洽谈项目合作。

17日 工业和信息化部电子第五研究所（中国服务型制造联盟）与余杭区人民政府、余杭经济技术开发区签订共同推进服务型制造创新发展合作协议。全国首个服务型制造研究院落户余杭经济技术开发区。

18日 在“国际博物馆日”活动中，良渚博物院基本陈列“良渚遗址是实证中华五千年文明史的圣地”展览在“第16届（2018年度）全国博物馆十大陈列展览精品奖推介”活动中获得“全国博物馆十大陈列展览精品奖”。

是日 余杭大剧院开业，以“CNN全球十大交响乐团——捷克爱乐乐团音乐会”作为首演，庆祝中捷建交70周年。

21日 市委书记周江勇专题调研良渚古城遗址保护和申遗工作。

23日 省委组织部部长黄建发到余杭区专题调研人才工作。

24日 常务副省长冯飞检查第五届全国“双创”活动周筹备工作。

28日 浙江“5G加速度”活动暨中国（杭州）5G创新园重大项目进驻仪式在未来科技城（海创园）举行。中国（杭州）5G创新园体验中心向公众开放。

29日 市委书记周江勇督查“双创”活动周、“六五活动”（2019年世界环境日全球主场活动和中国环境与发展国际合作委员会2019年会）筹备工作。

31日 民革余杭区基层委员会成立。

6月

4日 市委书记周江勇检查“双创”活动周筹备工作。

5日 余杭区举行首次危险化学品企业“安全生产公众开放日”活动。

6日 中国时尚行业“双创”大会在临平新城艺尚小镇举行。

是日 “跨界合作·融合创新”高峰论坛在临平新城产业互联网小镇举行，探讨不同产业间的跨界合作，数字经济与实体经济融合创新等问题。

是日 全球首条纺丝级单层氧化石墨烯生产线在位于良渚梦栖小镇创新中心的杭州高烯科技有限公司试车成功。

11日 区委组织部、区农业农村局举行校地合作党建联盟签约，浙江农林大学余杭区研究生联合培养基地揭牌仪式。全市首个区级乡村人才协会成立。

是日 荷兰韦尔特市市长友斯·海曼斯率政府代表团到余杭区开展经贸交流，洽谈余杭企业在当地设置海外仓项目等相关事宜。

12日 余杭区人民政府与新希望集团有限公司签订战略合作框架协议。

13日 科技部部长王志刚一行到余杭区调研，考察中国（杭州)5G创新园，了解5G产业发展情况。

是日 以“科技引领，双创升级”为主题的2019科技创新创业高峰论坛在未来科技城举行。

13—19日 第五届全国“双创”活动周——2019年全国大众创业万众创新活动周主会场主场馆活动在梦想小镇举行。中共中央政治局常委、国务院总理李克强出席活动并发表重要讲话。

15日 2019年全国“双创”活动周“人工智能+”产业论坛在未来科技城举行。

是日 作为全国“双创”活动周的核心活动之一——2019阿里巴巴全球诸神之战创客大赛启动仪式在未来科技城举行。11月20日，总决赛举行。

16日 2019年全国“双创”活动周重点活动——中国青年创业大讲堂·动漫创新创业专场在梦想小镇开讲。

17日 全国政协委员肖钢调研余杭企业同盾科技有限公司。

18日 浙江银保监局余杭监管组授牌成立。

19日 2019年全国“双创”活动周主办城市杭州活动闭幕式暨“我们都是追梦人”创客毅行活动在未来科技城举行。

是日 杭州钱江经济开发区智能制造创新创业产业园开园仪式暨智能制造产业发展论坛举行。

20日 余杭区现代农业产业园入选2019年国家现代农业产业园创建名单。

21日 区委、区政府在未来科技城召开余杭区打造全国“双创”示范城引领区动员大会，决定将每年6月13日设立为“余杭双创日”。

23日 余杭车手王翔和队友杨涛获得FIA国际汽联越野世界杯意大利站两驱组冠军。

24日 2019中意时尚峰会暨中国服装杭州峰会在艺尚小镇举行。

是日 杭州地铁5号线首通段（良睦路站—善贤站）试运营。

25日 由杭州市农业农村局、余杭区人民政府、共青团杭州市委共同举办的面向海内外农创客的创新创业赛事——杭州市首届海内外农创客大赛举行。

是日 全国首个地方政府“互联网产权交易中心”——余杭区互联网产权交易中心启用并试运行。启用仪式上，余杭区人民政府同阿里巴巴集团签署“公共资产处置余杭模式”战略合作备忘录。7月9日，完成首场拍卖。

26日 2019年区委全面依法治区委员会第一次会议举行。会议明确将杭州市余杭区法制建设领导小组改为中共杭州市余杭区委全面依法治区委员会。

27日 余杭区社会治理综合服务中心（信访矛盾联合调处中心）揭牌。

28日 余杭区融媒体中心启用。省委宣传部副部长琚朝晖，区委副书记、区长陈如根共同为融媒体中心揭牌。

是月 《余杭区美丽乡村提升1510示范创建行动实施方案（2019—2021年）》（简称“1510”行动）实施。

7月

1日 余杭区出台《关于高水平推进绿色生态畜牧业发展的实施意见》(简称“兴牧十条”)。

是日 余杭公安分局出入境管理大队出入境便民服务平台启用。

是日 何思敬纪念馆在塘栖开馆。

1—3日 区委书记张振丰率余杭区代表团赴英国伦敦考察，对接高端资源要素和高层次人才，开展招商引资。

4日 省委政法委书记王昌荣调研余杭区和乔司街道两级社会治理综合服务中心建设工作。

是日 省委秘书长陈金彪到余杭区专题调研机关内部“最多跑一次”改革推进情况。

4—8日 区委书记张振丰率余杭区代表团在阿塞拜疆参加第43届联合国教科文组织世界遗产委员会会议（世界遗产大会），访问相关机构，以良渚古城遗址申遗为媒介，进行文化交流，在“一带一路”倡议下扩大国际合作。

6日 中国良渚古城遗址在阿塞拜疆巴库举行的第43届联合国教科文组织世界遗产委员会会议（世界遗产大会）上被列入“世界遗产名录”。

7日 良渚古城遗址公园有限开园。

9日 以余杭籍队员为主的中国盲人门球女队在2019年IBSA美国盲人门球国际资格赛中取得冠军，获得2020年东京残奥会参赛资格。

12日 浙江民建企业未来科技城创新中心在中国（杭州）人工智能小镇揭牌。

是日 《余杭乡镇企业志》首发仪式举行。

16日 2019院士专家余杭行暨中英智慧城市研讨会举行，中国工程院院士、原常务副院长潘云鹤，英国皇家工程院院士大卫·汤姆林森、基思·豪威尔斯，中国工程院院士钟山、周立伟、陈鲸、吴志强以及浙江省智能制造专家委员会主任毛光烈等30余名中英技术专家齐聚余杭，探讨智慧城市建设前沿理论。

是日 “良渚与古代中国——玉器显示的五千年文明”展在故宫博物院武英殿开幕。这是良渚玉器首次在故宫展出。

17日 建设平安浙江15周年余杭论坛举行。论坛上，杭州城市大脑·余杭平台发布。

是日 2019院士专家余杭行活动走进中国（杭州）人工智能小镇，余杭区智慧城市建设院士专家座谈会和“余杭院士之家”揭牌仪式在小镇举行。

18日 省委“不忘初心、牢记使命”主题教育第一巡回指导组到余杭区调研。

是日 余杭区机关内部“最多跑一次”改革部署推进会举行。

是日 余杭区中小微企业金融服务平台在未来科技城启动。

20日 深圳余杭商会（余杭区总商会深圳分会）在深圳市南山区成立。

23—24日 区长陈如根带队赴衢州市柯城区考察山海协作工作。

25日 《关于加快全域创新策源地建设 推动经济高质量可持续快发展的若干政策意见》实施。围绕加快全域创新策源地建设，推动经济高质量、可持续、快发展，提出66条政策意见，涵盖实施大孵化器战略、增强科技创新能力、构建现代产业体系、培育壮大市场主体、全面扩大对外开放、打造国际人才高地等六大方面。

是日 余杭区“不忘初心、牢记使命”主题教育专项整治工作推进会举行，就9个方面的专项整治进行部署。

26日 省政协副主席、民建省委会主委陈小平一行到余杭区调研小微企业园区建设工作。

27日 “一带一路”沿线国家严重真菌病防控国际会议在区中医院举行。

8月

1日 省军区司令员冯文平一行到余杭区开展征兵体检“首检日”巡查活动。

2日 塘栖镇、余杭街道、闲林街道、良渚街道、乔司街道、径山双溪集镇等6个小城镇通过2019年度全省小城镇环境综合整治工作考核，其中塘栖镇、余杭街道、闲林街道、良渚街道、径山双溪集镇等5个小城镇被评为2019年度小城镇环境综合整治省级样板。

3日 中共杭州市余杭区委十四届八次全体（扩大）会议举行，审议通过《关于全力打造杭州接轨大上海融入长三角桥头堡 坚定不移推进高质量可持续快发展的决定》。

8日 区总工会十二届五次全体（扩大）会议举行。讨论通过选举办法并替补选举产生第十二届委员、常委、副主席人选。

是日 全省首座10千伏移动式储能电站项目在余杭并网上线。该储能电站总功率为2000千瓦，总存储容量4000千瓦时。

10日 当日起，装有ETC的浙A牌照小客车（7座以下）可免费在杭徽高速杭州西（留下）至九峰收费站之间路段、杭长高速紫金港至百丈收费站之间路段往返通行。

14日 2019中国（杭州）工业互联网大会在临平新城举行。

是日 全省各级人大常委会主任参观良渚博物院、人工智能小镇、阿里巴巴集团总部等地，重点考察余杭区文化传承保护、特色小镇、创新创业等方面的经验做法。

17日 由故宫博物院、良渚博物院联合主办的“君子比德于玉——故宫博物院藏清代宫廷玉器精品展”在良渚博物院开展。展览持续到10月31日。

19日 “健康余杭智慧云”平台启用。

22日 区委网络安全和信息化委员会召开第一次全体会议，研究部署余杭区网络安全和信息化工作。

是日 余杭知识产权保护联盟成立，这是浙江省首个县区域知识产权保护联盟。

23日 余杭区获得杭州市2018年度粮食安全市县长责任制考核第一名。

24日 区委书记张振丰带队赴临安区岛石镇开展结对慰问。

24—26日 以“布未来·创视界”为主题的2019杭州国际布艺时尚峰会暨杭州国际布艺时尚（秋季）展览会在余杭区举行。

25日 由浙江省文化和旅游厅、浙江日报报业集团（下称“浙报集团”）主办，浙报集团旅游全媒体中心和余杭区文广旅体局承办的“诗心自在”2019“诗画浙江”全国诗人作家重走诗路启动仪式暨百度诗路导航地图上线仪式在塘栖镇举行。

是日 余杭企业浙江晟喜华视文化传媒有限公司的《红鲨突击》《好雨知时节》，浙江佳禾影视传媒有限公司的《在远方》和浙江永乐影视制作有限公司的《时代交响曲》等4部作品入围由国家广播电视总局举办的“我爱你中国——优秀电视剧百日展播名单”。

27日 余杭区人民政府与浙江大学医学院附属第二医院、杭州第一人民医院的第二轮合作签约仪式举行。

30日 浙江省人才企业上市服务联盟成立大会在未来科技城举行。

9月

2—3日 区委书记张振丰率余杭党政代表团赴湖北省恩施州咸丰县，考察咸丰余杭现代农业园、咸丰余杭电商产业园和东西部协作共享生态牧场项目等扶贫协作项目。余杭区与咸丰县举行扶贫协作党政联席会议、帮扶资金捐赠仪式。

4—6日 第31届全国副省级城市法治论坛暨2019杭州国际友城论坛在余杭区举行。

5日 2019中国时尚大会全球峰会在艺尚小镇举行。

6日 余杭区被评为2018年度浙江省小城镇环境综合整治工作优秀县（市、区）。

是日 余杭区人民政府与浙江省卫生健康委员会举行签约仪式，共同签署《中国（浙江）卫生健康科技研发与转化平台建设战略合作协议》，共建中国（浙江）卫生健康科技研发与转化平台。

是日 余杭公安瓶窑综合服务中心启用，这是全省首家县（市、区）级公安机关“全业务”办理综合服务场所。

8日 浙江马云公益基金会、杭州市余杭区慈善总会、杭州未来科技城建设有限公司、杭州未来科技城（海创园）管委会等四方签订捐赠协议，浙江马云公益基金会向余杭区慈善总会捐赠1亿元用于西溪湿地的生态环境研究及保护。

9日 余杭区与南非共和国东开普省萨拉·巴特曼区在南非签订建立友好交流城市关系备忘录。浙江省省长袁家军、余杭区区长陈如根、东开普省省长玛布雅尼等参加签约仪式。

是日 余杭区创建为省级网络市场监督与服务示范区。

10日 杭州2022年第19届亚运会倒计时三周年暨开闭幕式创意文案、主题口号征集启动仪式在良渚古城遗址公园举行。

11日 余杭区“不忘初心、牢记使命”主题教育工作会议举行。

是日 由工业和信息化部、浙江省人民政府指导，国家工业信息安全发展研究中心、浙江省经济和信息化厅、杭州市人民政府、中关村信息技术和实体经济融合发展联盟等单位承办，余杭区人民政府、浙江省图灵互联网研究院协办的主题为“点亮智慧之光”的2019首届中国工业互联网大赛启动。12月3日，在余杭区举行闭幕式。

17日 杭州西站枢纽暨湖杭铁路工程开工活动在仓前街道举行。省委书记车俊宣布开工，省长袁家军讲话。

是日 省委书记车俊到良渚古城遗址调研。

是日 市委书记周江勇考察余杭区企业杭州申昊科技股份有限公司。

是日 梦栖小镇入选省发改委公布的第三批省级双创示范基地名单，成为余杭区第一家区域类省级双创示范基地。

19日 余杭区被全国绿化委员会评为“全国绿化模范县（市、区、旗）”。

23日 常态化企业开办专窗在余杭区一主四副中心（区行政服务中心、塘栖分中心、良渚分中心、瓶窑分中心、未来科技城分中心）设立。至此，区内企业在专窗可通过手机“掌上办理”，一天内完成企业设立登记、公章刻制、税种认定、发票申领等企业开办全套流程事项，并享受公章刻制政府买单服务。

24—29日 2019年中国残疾人羽毛球国际公开赛在位于塘栖的中国盲人门球训练基地举行，来自中国、德国、印度等24个国家和地区的代表队160余名运动员参赛。

25日 当日起，展现中华人民共和国成立70周年来余杭发展变迁和成就的“辉煌70年·余杭”大型主题成就展在余杭大剧院展出。

26日 余杭区梦想小镇、梦栖小镇在浙江省重大项目暨特色小镇建设现场推进会上入选2018年度省级特色小镇“亩均效益”领跑者名单，梦栖小镇还被评为2018年省级优秀创建小镇。

27日 余杭区召开“靓城行动——推动东部崛起”动员大会，部署“1618”整体行动方案，围绕一个总体目标，按照“六化”行动要求，开展18项工程，推进余杭东部崛起，在融入长三角道路上展现“窗口”之美，扛起“门户”担当。

28日 留石高架路余杭段全线建成通车。

29日 未来科技城举办“5G公众开放日”。活动中，发布全国首个5G融合示范特色小镇——梦想小镇。

是日 由区委宣传部、区文联联合主办的“大美余杭·盛世华诞——庆祝中华人民共和国成立70周年”余杭区美术书法摄影作品展，在余杭区文化艺术交流中心举行。

是日 余杭区千岛湖配供水工程通水，开始向闲林街道部分地区提供自来水。

30日 “歌颂献祖国——余杭区庆祝新中国成立70周年大型交响音乐演唱会”举行。

10月

1—4日 由区委宣传部、区文广旅体局主办的“幸福余杭·礼赞祖国”首届中国·余杭国乐节举行。

8日 余杭区召开全面实施“新制造业计划”推进大会，提出将余杭区打造成为杭州“双引擎”发展引领区、全省制造业高质量发展赋能区、全国智能制造标杆区。

12日 民盟杭州市余杭区基层委员会举行换届大会，选举产生第二届基层委员会主委、副主委人选。民盟杭州市委会主委宦金元出席会议。

15日 余杭区企业杭州迅蚁网络科技有限公

首届中国·余杭国乐节开幕式 （区文广旅体局 供稿）

司子公司——杭州送吧物流科技有限公司获得中国民航局颁发的特定类无人机试运行批准函和无人机物流配送经营许可。

16日 良渚古城外围水利系统的鲤鱼山—老虎岭水坝遗址入选第八批全国重点文物保护单位。加上之前被列入全国重点文物保护单位的塘山遗址，良渚古城外围水利系统全部成为国家重点文物保护单位。

17日 以“跨界协同创‘芯’ 数字赋能经济”为主题的2019中国国际嵌入式大会暨首届中国长三角数字经济大会在未来科技城举行。会上，长三角数字经济产业联盟成立。

18日 首届国家考古遗址公园文化艺术周暨国家考古遗址公园十周年庆典、第九届国家考古遗址公园联盟联席会、首届良渚文化艺术周在良渚举行。

19日 杭州西奥电梯有限公司举行“中国智造 筑梦冬奥”八达岭长城站超级扶梯发运仪式，标志由其自主设计制造的国内轨道交通领域提升高度扶梯发往北京八达岭长城站，项目进入安装工程阶段。12月30日，京张高铁运营，超级扶梯群组随八达岭长城站的开通投入使用。

24—25日 余杭区五大领域（交通运输、市场监管、农业综合、生态环境、文化市场）综合行政执法队成立并举行挂牌仪式。

27日 浙江省北京大学校友会会址落户临平新城。

28日 余杭区人民政府与国网浙江省电力有限公司杭州供电公司签订《加快建设“城市能源互联网”助推余杭区“三个全域”建设合作协议》，共同推进余杭区坚强智能电网和泛在电力物联网建设。

30日 杭州首座“光储充”一体化电动汽车充电站——位于仓前街道科技大道30号的“光储充一体化”大功率智能充电站通过验收，投入使用。

31日 良渚遗址管理委员会与中国移动杭州分公司发布“双5”计划（运用当代中国最先进的5G技术，保护、展示古代中国的五千年文明圣地），良渚古城遗址公园成为全球首个5G全覆盖的国家遗址公园。

11月

2日 2019人工智能开发者大会在未来科技城举行。大会上，“天枢人工智能开源开放平台”发布。

4日 余杭区（上海）产业合作恳谈会在上海国际会议中心举行。围绕“中华文明圣地 创新活力之区”主题，向上海企业家及各界人士代表推介展示余杭，展现余杭创新创业环境。

6—9日 在第六届中国院前急救领航者信息化研讨会上，杭州市急救中心余杭分中心获ACE（国际绩优中心认证）证书，成为全国第二家、浙江省第一家获得该认证的县（市、区）级急救中心。

7—8日 由区社科联、区文广旅体局、区史志办主办的纪念陈元赟赴日传播中华文化400周年暨余杭历史传奇人物陈元赟学术思想研讨会举行。

9日 由区消防救援大队与瓶窑镇共同建设的余杭区首家消防安全教育学校——瓶窑镇消防安全教育学校开放。

10日 2019中国杭州国际人才交流与项目合作大会余杭分会场暨“国际人才月”启动仪式在未来科技城举行。启动仪式上，余杭发布“人才e家”“人才e卡通”“人才创业险”等人才服务创新举措，其中“人才创业险”是省内率先设立的人才创业保障险种。

11日 中国共产党余杭历史馆举行开馆仪式，对外开放。

是日 “身边榜样 前行力量”余杭区先进事迹报告会在余杭大剧院举行。

是日 余杭区与广东欧珀移动通信有限公司就OPPO全球移动终端研发总部项目签约。

12日 余杭区被水利部评为第二批国家级节水型社会建设达标县（区）。

13日 “治理创新看浙江——首届长三角融媒技能大赛”在良渚博物院启动。

14日 第五届世界浙商大会“引领未来·科技创新项目发布会”在未来科技城举行。10个余杭项目入选浙商科技创新项目，2家余杭企业实验室入选培育建设浙商企业省级重点实验室名单，余杭区人民政府与浙商总会签订战略合作框架协议。

是日 浙江省发改委公布2018年全省服务业发展综合评价结果，余杭区获得全省同类地区第一名。

15—17日 第三届世界生命科技大会在梦栖小镇举行。会上，“余杭院士之家”启用。

16日 良渚国际生命科技小镇先导区开园，树兰国际生命科技加速器（院士双创基地）成为首批入驻园区的项目。

18日 超重力离心模拟与实验装置国家重大科技基础设施（CHIEF）项目在未来科技城开工建设。

19日 副省长彭佳学一行到余杭区走访农创企业，调研现代农业发展情况。

是日 “智汇农创客 领杭新时代”杭州首届海内外农创客大赛决赛暨颁奖仪式在余杭区举行，包括一等奖获奖项目“AIOT在水产养殖产业升级中的应用”在内的4个获奖项目签约落户余杭。

是日 区慈善总会报送的云上公益服务中心的“村淘文化角”项目在全省民政会议暨第六届浙江慈善大会上获得“浙江慈善奖”。

20日 省长袁家军到之江实验室和浙江人才大厦，调研科技创新和人才新政等工作。

23日 余杭区在由小康杂志社和杭州市运河集团共同主办的2019中国（国际）休闲发展论坛上获得“2019年度最具诗意小城”称号。

是日 经过全面整治提升的瓶窑老街开街。

24日 由浙江大学、浙江省检察院、阿里巴巴集团、蚂蚁金服集团主办，国家检察官学院浙江分院、余杭区检察院、杭州良渚新城管理委员会承办的2019互联网法律大会·检察论坛在梦栖小镇举行。

26日 浙江省县级社会矛盾纠纷调处化解中心建设现场推进会在余杭区召开，省委书记车俊等领导出席。

30日 余杭人才之家塘栖驿站揭牌仪式暨2019省海高会能源、资源与环境分会年会在塘栖镇举行。

是日 章太炎故居纪念馆改扩建后复开放暨章太炎研究中心揭牌仪式在章太炎故居纪念馆举行。

12月

1日 以“数字赋能 产业兴旺”为主题的2019中国乡村振兴暨首届“一带一路”农业农村发展论坛在余杭区召开。

是日 工业设计知识产权公共服务平台（简称“CIDIPP”）启动仪式、CIDIPP工业设计知识产权运营与保护专家研讨会在梦栖小镇举行。

2日 中国作协副主席、国务院参事、第二届鲁迅文学奖获得者张抗抗带领10名全国知名作家到良渚采风。

3日 浙江省“1+N”工业互联网平台体系建设发展推进会在余杭区举行。

4日 “余您携手 杭向未来”2019中国科技成果创新创业大赛决赛在余杭经济技术开发区举行。

6日 余杭入选中国社会科学院财经战略研究院县域经济课题组评选的《中国县域经济发展报告（2019）》2019年全国百强区榜单，位列全国百强区榜单第七位。

是日 以“医创引领，健康未来”为主题的中国（浙江）卫生健康研发与转化平台落地展示暨国际交流会在余杭区举行。

9日 省统计局发布2018年浙江省生态文明建设年度评价结果公报，其中余杭区绿色发展指数得分83.52分，在2018年县（市、区）生态文明建设年度评价结果排序中位列全省89个县（市、区）第一。

是日 余杭区—天柱县东西部扶贫协作联席会议在余杭区举行，对接进一步做好扶贫协作、携手打赢精准脱贫攻坚战事宜。

10日 包括塘栖中国盲人门球训练基地队员在内的中国盲人门球男队在2019年IBSA亚太区盲人门球锦标赛决赛中战胜伊朗队夺冠，获得2020年东京残奥会盲人门球项目参赛资格。

16日 阿里巴巴集团摘得余政工出〔2019〕36号地块，标志阿里巴巴达摩院项目落地南湖科学中心。

是日 由杭州良渚遗址管理区管理委员会主办，“第四届世界考古论坛”组委会和中国考古学会支持的“第四届世界考古论坛良渚行”活动在良渚举行。考古学者科林·伦福儒作题为“世界史前史中的良渚”学术报告。

17日 丁山湖、北苕溪（径山段）、北沙港、余杭塘河创建为省级“美丽河湖”，余杭区创建条数位全省县（市、区）第一位。

是日 临平街道以全省第一名的成绩通过浙江省文化强镇专家评审会答辩会。

18日 五九批示纪念馆开馆。

是日 区工商联被中华全国工商业联合会评为2018—2019年度全国“五好”县级工商联。

19日 余杭区入选省经信厅、省财政厅联合公布的浙江省制造业高质量发展示范县（市、区）创建名单。创建实施期为2020—2022年。

20日 2019金麦奖颁奖盛典暨中国（余杭）数字经济峰会在艺尚小镇举行。

21—22日 “同人民在一起 与传统共命运”

韩美林艺术大篷车到余杭，著名艺术家韩美林及来自文学界、美术界、新闻界等数十名文化名人参观良渚博物院、良渚古城遗址公园。

24日 上海市杭州商会会长喻渭蛟等160多名在沪杭商代表参加在沪杭商余杭投资推介会。区委书记张振丰等领导参加。

25日 世界电子贸易平台（eWTP）秘书处在西溪湿地·洪园艺术集合村开工挂牌，eWTP秘书处启动实体化运作。

是日 余杭区径山村、山沟沟村入选国家林业和草原局公布的第一批“国家森林乡村”名单。

26日 余杭区与合肥市包河区签订合杭梦想小镇合作共建协议，将以合肥市滨湖卓越生态城为依托，合作共建合杭梦想小镇。

27日 2019产业数字化峰会在余杭区举行。会上发布2019年浙江省产业数字化转型二十强地区，余杭区位列全省第一。

28日 中法航空大学项目奠基仪式在余杭区举行。市委书记周江勇、副省长成岳冲、北京航空航天大学党委书记曹淑敏、校长徐惠彬等参加奠基活动。

是日 区委书记张振丰带队赴临安区调研“区市协作”工作。

是日 余杭区文化馆新馆开馆。

是日 区第五人民医院在国家卫生健康委医政医管局和健康报社联合举办的“2019年度改善医疗服务典型经验交流推广会”上获得“2019年度改善医疗服务群众满意的医疗机构”称号。

29日 区委、区政府与浙江理工大学合作共建的浙江理工大学余杭校区（时尚学院）在余杭经济技术开发区奠基。

是日 区红十字会会员管理中心、博爱之家志愿服务中心成立。

30日 杭州城市大脑2019年度总结发布会在余杭区举行，余杭平台应用场景发布。

31日 中共杭州市余杭区委十四届九次全体（扩大）会议召开。会上作出“高水平推进区域治理现代化”的工作部署。

是日 余杭区半山村入选国家林业和草原局公布的第二批国家森林乡村名单。

（史志办）

编辑：范雅君

余杭总述

A General Introduction of Yuhang

·自然地理·

【地理位置】 余杭，位于杭嘉湖平原南段，西倚天目山，南濒钱塘江，中贯通东苕溪和大运河，是杭州通往沪、苏、皖的门户。区域面积 1228 平方千米。余杭区地理坐标为北纬 30°09′～30°34′、东经 119°40′～120°23′，东西长约 63 千米，南北宽约 30 千米。从东、北、西三面成弧形拱卫杭州中心城区，东面与海宁市接壤，东北与桐乡市交界，北面与德清县毗连，西北与安吉县相交，西面与临安区为邻，西南与富阳区相接。

【地形地貌】 余杭区跨越钱塘江和浙北杭嘉湖平原两个地层分区，宏观构造特征大体可分为西部山地丘陵区和东部平原区，地势由西北向东南倾斜。境内地貌分为山地、丘陵、平原、滩涂 4 种类型。区境西北与西南部属天目山东麓和千里岗山脉之余脉。海拔 1000 米以上山峰有窑头山（1095 米）、红桃山（1026 米）。因苕溪而成的河谷平原分布在苕溪谷口至东苕溪一带。东北部为水网平原，主要分布在京杭大运河流域，平畴一片，塘漾棋布，是闻名的杭嘉湖水乡平原。东南部为滩涂，地势略高亢平坦、土层深厚。

【自然资源】 余杭区境内有多种地貌类型分布，加之亚热带季风性气候调节，为各种植物生长和动物繁衍提供良好的自然环境。森林覆盖率为 38.68%。自然植被有常绿阔叶林、常绿落叶阔叶混交林、针阔叶混交林、针叶林、竹林、灌草 6 个类型。境内有野生动植物 2462 种，其中植物 1146 种。野生植物中属国家一级保护的有水杉、南方红豆杉，野生动物中属国家一级保护的有黑麂等。境内河流纵横、湖荡密布，河流流量丰富、水位季节变化大。

【气候特征】 余杭区地处北亚热带南缘季风气候区。冬夏长春秋短，温暖湿润，四季分明，光照充足，雨量充沛。因境内地形不同，小气候差异明显，春、冬、夏季风交替，冷暖空气活动频繁，春雨连绵，风向多变，天气变化较大。气候特征为气温适中，适宜双、三熟制。雨热同季，有利于叶茎类作物和瓜果生产。地处中亚热带向北亚热带过渡区，适宜栽培种植南北多种作物，具有发展粮食生产和多种经济作物的气候优势。

2019 年，余杭区天气气候总体为气温明显偏高，降水量较常年略偏多。全区年平均气温在 15℃（径山镇径山寺）～18.1℃（崇贤街道向阳村）之间，其中临平城区为 17.8℃，较常年（16.7℃）明显偏高。全区年降水量在 1370.4 毫米（运河街道杭南村）～2054.6 毫米（百丈镇仙岩村）之间，其中临平城区为 1492.7 毫米，较常年（1392 毫米）偏多 7.2%，雨日 145 天。临平城区日降水量≥50 毫米的暴雨日数 4 天，日降水量≥100 毫米的大暴雨天气 1 天。

2019 年，余杭的主要天气气候事件为：年初罕见持续阴雨寡照天气、梅汛期 5 轮强降雨过程、台风“利奇马”直接影响余杭区、9 月 6 日西部山区短时暴雨到特大暴雨。

年初罕见持续阴雨寡照。2018 年 12 月以来余杭区出现历史罕见的持续阴雨寡照天气，降水量、降水日数异常偏多，日照时数异常偏少，对余杭区越冬蔬菜生长、病虫害防治等农业生产活动造成一定影响。据统计，2018年12月1日至2019年3月12日临平城区降水量513.5毫米，较常年偏多95%，为有气象记录以来同期最多；降水日数64天（占比63%）；日照时数175.3小时，较常年偏少54%。

梅汛期5轮强降雨过程。2019年余杭区于6月17日入梅（常年6月13日），7月17日出梅（常年平均7月7日），梅汛期30天，全区面雨量434毫米，其中最大鸬鸟镇山沟沟499毫米，最小中泰街道白云村344毫米，余杭国家气象站梅汛期梅雨量463毫米，较常年平均偏多66.9%。其间，全区共出现5轮强降雨天气过程，其中7月12日中午到13日夜里，全区普遍出现大暴雨天气，7月13日下午4点30分，北湖分洪闸开闸泄洪（上一次为2013年台风“菲特”影响时），在7月中旬遭遇“暴力梅”泄洪，极为罕见。

台风“利奇马”直接影响余杭区。2019年第9号超强台风“利奇马”8月10日1时45分在台州市温岭城南镇登陆，登陆后一路北上，于10日18—19时以强热带风暴级别穿过余杭区，进入湖州市德清县。受其影响，全区面雨量169.5毫米，37个站点降水超过150毫米，10个站点降水超过200毫米，最大百丈镇仙岩村286.2毫米；32个站点出现8级及以上大风，最大径山镇径山寺11级（30.2米/秒）。

9月6日西部山区短时暴雨到特大暴雨。9月5日23时至6日06时，受高空槽前西南气流和台风“玲玲”外围环流影响，西部山区出现短时暴雨到特大暴雨，全区有9个站点雨量超过50毫米，6个站点雨量超过100毫米，最大百丈镇仙岩村174.0毫米。受暴雨影响，百丈、鸬鸟、黄湖、径山等镇出现道路损毁、房屋倒塌等明显灾害。

［注：根据余杭国家气象站和全区57个区域气象自动站数据；历史同期数据为杭州国家气象站。（余杭国家气象站2014年开始运行。）］

（毛宇）

2019年气象要素实况表（余杭国家气象站）
表2

气候特征	气象要素	实况
气温（℃）	年平均气温	18.8℃
	极端最高气温 出现日期	38.8℃ 7月30日
	极端最低气温 出现日期	-0.4℃ 1月27日
	≥35℃高温天数	23天
	≤0℃冰冻天数	1天
降水	年降水量	1492.6毫米
	雨日	145天
	雪日	6天
	暴雨日数	4天
	日最大降水量 出现日期	120.6毫米 8月10日
梅雨	入梅日	6月17日
	出梅日	7月17日
	梅雨期	30天
	梅雨量	463.0毫米

·历史文化·

【建置沿革】 余杭之名，春秋时已见诸史籍，属吴、越领地，战国中期属楚；南宋时期，余杭作为京畿之地，成为全国经济文化最发达的地区。余杭是文化古邑，是中华文明的曙光——良渚文化的发祥地。拥有五千年“良渚文化”，两千年“运河文化”和一千年“径山禅茶文化”，是北宋科学家沈括和近代民主革命先驱章太炎的故里，留下了唐代“茶圣”陆羽、北宋文学家苏东坡、近代金石书画大师吴昌硕等名家的踪迹。特别是2007年“中华第一城”——良渚古城的发现，将杭州建城史前推了三千年。2019年，良渚古城遗址在第43届联合国教科文组织世界遗产委员会会议上获准列入“世界遗产名录”，是中华五千年文明的实证。

秦王政二十五年（前222年），在今境内置钱唐（含杭州城区）、余杭两县，属会稽郡。

西汉时，余杭、钱唐两县仍属会稽郡，钱唐为会稽郡西部都尉治。平帝元始四年（4年），改钱唐县为泉亭县。新莽始建国元年（9年），改余杭县为进睦县。东汉建武元年（25年），复名余杭、钱唐。

三国时，余杭、钱唐均入吴国版图，属吴郡，隶扬州，钱唐县为吴郡都尉治。

隋开皇九年（589年），废钱唐郡，改置杭州，州治初设余杭，次年移钱唐。大业三年（607年），又改杭州为余杭郡，钱唐、余杭仍为所属。

唐武德四年（621年）复余杭郡为杭州，为避国号讳，改钱唐为钱塘。五代后梁龙德二年（922年），划钱塘、盐官两县地各半及富春县之两乡地置钱江县，与钱塘县同城设治。

北宋太平兴国四年（979年），改钱江县为仁和县。南宋建炎三年（1129年），升杭州为临安府，属两浙西路。绍兴八年（1138年），正式定都临安。钱塘、仁和升赤，余杭升畿。

元至元十五年（1278年），改临安府为杭州路，钱塘、仁和、余杭属之。至正二十六年（1366年），朱元璋攻下杭州，改杭州路为杭州府。明清延之。

民国元年（1912年）2月，废杭州府，以原钱塘、仁和县地并置杭县，与余杭县同属钱塘道。1927年，废道制，实行省、县两级制，划杭县之城区、西湖、会堡、湖墅、皋塘、江干6个区建立杭州市。

1949年5月，两县解放，余杭、杭县建制未变。

1958年4月，杭县被撤销，属杭州市郊区，1960年1月，建立钱塘联社（县级）。余杭县亦于1958年10月撤销，并入临安县。1961年3月，从临安县析出原余杭县境与钱塘联社合并，4月，钱塘联社撤销，恢复县建制，定名余杭县，县治设在临平镇。1994年4月，撤销余杭县，设立余杭市。2001年3月，撤销余杭市，设立杭州市余杭区。

【名胜古迹】 余杭是美丽之洲，山水如画，钟灵毓秀，自然人文景观极为丰富。有国家AAAAA级景区西溪湿地·洪园、江南三大探梅胜地之一的超山、佛教圣地径山、日本茶道之源径山禅寺、“中国生物圈保护区”山沟沟风景名胜区、双溪竹海漂流、东明山森林公园、全国重点文物保护单位章太炎故居、于谦手植牡丹的普宁寺、大运河上唯一七孔石拱桥广济桥、良渚博物院、江南水乡博物馆、余杭方志馆、杨乃武与小白菜奇案展示馆等风景名胜和人文景观。

【历代名人】 余杭文化积淀深厚，是“中华文明的曙光”良渚文化的发祥地，近代民主革命家、思想家和国学大师章太炎的故乡。自古以来，名士辈出。有英勇善战、屡建战功，被孙权封为偏将军的三国名将凌统；有才智出众、笔端超绝、气概非凡、以七言诗见长的唐代文学家罗邺；有在天文、数学、历法、地理、物理、生物、医学乃至文学、音乐、美术等方面有很深造诣，写成科学巨著《梦溪笔谈》的宋代杰出政治家和科学家沈括；有精通数学，与秦九韶、李治、朱世杰同为“宋元四大数学家”的南宋数学家杨辉；有被奉为柔道鼻祖、被日本学术界誉为“介绍中国文化之功劳者”明末清初的陈元赟；有担任《四库全书》总纂，曾任两广总督、兵部尚书、四川总督、吏部尚书等要职的清代大学士孙士毅；有近代民主革命家、思想家和国学大师章太炎；有教育家马叙伦；有经济学家、著名爱国人士、中国民主建国会负责人孙晓村；当代还有法学家何思敬，数学家孙光远、孙钟秀父子，生物学家蔡堡，社会学家陈达，建筑学家董石麟，画家柳村，方志学家魏桥等。

余杭还产生一些著名家族，如洪氏家族，自南宋洪皓始由江西鄱阳迁居杭州开始，历经宋、明、清三代，几百年来人才辈出，有“宋朝父子公侯三宰相，明纪祖孙太保五尚书”之说。著名的《长生殿》就是洪氏家族洪升所著。晚年归隐于西溪湿地（五常街道）的明尚书洪钟，在当地修建洪园，作为休憩吟咏之所，以诗书礼家，传承优秀家族文化，为官清廉而传世。

（史志办）

·区划及人口·

【行政区划】 余杭区辖乔司、运河、崇贤、仁和、良渚、闲林、余杭、仓前、中泰、临平、东湖、南苑、星桥、五常14个街道，塘栖、径山、瓶窑、黄湖、鸬鸟、百丈6个镇，区政府驻临平街道。截至2019年底，全区有建制村176个，社区193个。

【人口】 截至2019年底，全区户籍人口116.18万人，比上年末增加6.32万人。年末总户数33.71万户，比上年末增加2.19万户。全年出生人口13122人，人口出生率11.61‰，人口自然增长率7.66‰，户籍出生婴儿性别比为108.3。

【交通区位】 余杭区交通便利，穿境而过的杭州地铁1号、2号线、5号线，2条高铁（沪杭高铁、杭宁高铁），2条铁路（沪杭铁路、宣杭铁路），2条国道（320国道、104国道），7条高速公路（沪杭高速、杭宁高速、杭徽高速、绕城高速、杭浦高速、申嘉沪杭高速、杭长高速)，2条主要河流（东苕溪、京杭大运河）和5条省道（01、02、04、09、15省道），将余杭和长江三角洲各大城市联系起来。

（沈宇鹏）

·经济建设·

【数字经济建设】　2019年，全区243家数字经济核心产业单位实现主营业务收入4949亿元，同比增长21.5%。

依托未来科技城，余杭加快数字科技创新突破及产业化，发展人工智能、物联网、新一代信息技术等数字经济新兴产业及前沿产业创业创新，打造数字产业化创新核心引领区。依托余杭经济技术开发区和钱江经济开发区，全面推进制造业数字化技术改造，发展新能源智能网联汽车、智能特种装备、工业机器人等智能化新产品新装备，打造制造业数字化转型标杆区。依托临平新城和良渚新城，培育发展工业互联网、智能设计、跨境电商、数字文创等融合新业态，打造数字化融合新动能培育高地。

北京字节跳动科技有限公司、广东欧珀移动通信有限公司（OPPO）、富士康工业互联网股份有限公司、中软国际科技服务有限公司等数字经济头部企业在余杭区设立研发中心或区域总部。加快推动supET国家级工业互联网平台建设，与各类服务商共同建设注塑、服装等7个行业平台，服务中小企业数字化改造。加快推动中国（杭州）工业互联网小镇建设，召开中国（杭州）工业互联网大会、首届中国工业互联网大赛等，营造工业互联网发展的氛围。

【营商环境优化】　2019年，余杭区全面落实“10+N”优化营商环境便利化行动方案，实施常态化企业开办全流程“一件事”一日办结，新开办企业公章刻制费用由政府买单。启用投资项目在线审批监管3.0平台，一般企业投资项目开工前审批“最多60天”和新增工业用地“标准地”出让率均实现100%。在全省首创政保合作“人才创业险”，打造“人才e家”智慧平台，实现人才创业服务“一卡通办”。初步清理取消涉及企业和群众办事证明材料2484项，削减比例为80%。

【全国首个地方政府互联网产权交易中心启用】
2019年6月25日，全国首个地方政府主导的互联网产权交易中心——余杭区互联网产权交易中心启用并试运行，标志余杭区公共资产处置“线上化、透明化、全民化”转型向前推进。启动仪式上，余杭区人民政府与阿里巴巴集团签署“公共资产处置余杭模式”战略合作备忘录。

通过登录阿里拍卖余杭产权交易专栏，竞买人可实现一键浏览、一键在线交保、一键参拍，部分小件实物类标的可通过远程支付尾款，在线等待包裹到家。7月9日，中心完成首场拍卖。

【“全域创新66条”】　2019年7月25日，余杭区施行《关于加快全域创新策源地建设　推动经济高质量可持续快发展的若干政策意见》，围绕加快全域创新策源地建设，推动经济高质量、可持续、快发展，提出66条政策意见（简称“全域创新66条”），涵盖实施大孵化器战略、增强科技创新能力、构建现代产业体系、培育壮大市场主体、全面扩大对外开放、打造国际人才高地等六大方面。

“全域创新66条”总体考虑是在现行“6+3”产业政策体系的基础上，整合“N10”以及各类后续新增出台的产业扶持政策，重新梳理政策框架，出台一个“政策总纲”。对“政策总纲”中无法穷尽的申请条件、兑现程序、操作办法等内容，由各政策执行主体根据“政策总纲”制定相应配套实施细则，形成“1+X”的政策框架。围绕全域创新的各个环节、领域、要素构建新一轮产业扶持政策体系，在余杭产业经济政策体系中具有统摄性的地位。“最多跑一次”改革的理念贯穿于政策制定全过程。

【“新制造业计划”】　2019年10月8日，余杭区举行实施“新制造业计划”推进大会，会上宣布全面实施“新制造业计划”，发布《余杭区关于全面推进“新制造业计划”、争做新时代制造业发展排头兵的行动方案（2020—2025年）（征求意见稿）》[以下简称“《行动方案(征求意见稿)》”]。《行动方案(征求意见稿)》中提出，产业发展导向上将培育壮大新兴产业、谋划发展未来产业、改造提升传统产业和全面淘汰落后产能。在谋划发展未来产业方面，将发展人工智能、5G应用、智能网联汽车、生命科学、量子技术等领域，形成一批应用场景解决方案，扶持开展试点示范，将余杭打造成为全国人工智能产业集聚引领区。

（周莹莹、范雅君）

·政治建设·

【“不忘初心、牢记使命”主题教育】 2019年，余杭区以“头雁”标准、排头兵姿态高质量开展“不忘初心、牢记使命”主题教育。聚焦学习贯彻习近平新时代中国特色社会主义思想这一主线，分层分类开展专题培训班，通过开展“红心铸魂”活动，举办庆祝中华人民共和国成立70周年系列活动，建成开放中共余杭历史馆、五九批示纪念馆。打造“亲清直通车”“民情直通车”两车平台，组建“亲清服务员”“亲清直通员”“亲清速递员”三大专员，成立“亲橙办”“亲企办”“亲禾办”三大专班，全区有8295名党员干部服务农（居）民14.16万户、企业3.14万家，收集问题6928个，办结6879个。深入开展解放思想大讨论，区领导形成41个调研报告，全区8万余人参与，形成“微建议”6452条，发布成果报道108篇，促进调研成果向实践转化。推进九大专项整治，自加压力开展编外用工（人员）管理不规范问题整治，破解擅自使用编外人员、招聘流程不规范、违规发放工资福利等问题。

【机构改革】 2019年，余杭区根据《杭州市余杭区机构改革方案》，撤销政府工作部门8个，新设和新组建的政府工作部门6个，市级部门派出机构2个。改革后，全区设置37个党政机构和1个市级垂直管理的机构（市生态环境局余杭分局）。37个党政机构中党委机构11个、政府机构26个。各部门“三定”规定草案，经协调小组办公室审核并报协调小组审定后，于3月底前全部按程序印发。按照“先立后破、不立不破”原则和“编随事转、人随编转”的要求，完成423名涉改人员的转隶工作，其中，行政编制人员83名、参公编制人员79名、事业编制人员255名、行政工勤人员6名。

【“最多跑一次”改革】 2019年，余杭区推进行政服务中心标准化、政务服务“四级联动”平台建设，实现4个分中心进驻事项统一、服务标准统一，在全市范围内率先实现办事服务综合自助机村（社区）全覆盖。完成办事大厅不动产登记、商事登记和投资项目审批等板块的“综合受理、一窗通办”改革，以“一窗受理”平台为依托，全面推进“出生、收养、上学报名、婚姻、身后事”等公民个人全生命周期多部门联办“一件事”改革。打造全市首个不动产登记“一件事”综合业务平台，实现不动产登记交易（网签）、税收、登记全流程网上办。

（孔海东、徐文蔚、周莹莹）

·文化建设·

【“最美余杭人”系列先进典型选树活动】 2019年，余杭区开展“美丽余杭人”“身边好人”“优秀退役军人”“最美退役军人”“最美办事员（代办员）”“最美办事窗口”等最美选树工作，发动镇（街道、平台）、村（社区）、企事业单位在新老余杭人中开展典型选树。全年评选出区级“美丽余杭人”120人，其中高文虎、丁列明、苏晓松、陶小毛、张春雷、杨永根、卢俊辉等7人被评为“杭州好人”，杨永根、卢俊辉被评为“浙江好人”；陶长夫被评为杭州市第十四届道德模范，靳毅获杭州市第十五届道德模范（平民英雄）称号，孙海波获第七届“最美杭州人”称号，成文娟获第七届“最美杭州人提名奖”。评选孙志良等10人为“优秀退役军人”，厉柏海等20人为“最美退役军人”；区不动产登记中心窗口被评为杭州市第二届“最美办事窗口”，区行政服务中心代办中心吴绮霞被评为杭州市第二届“最美办事员（代办员）”。

【讲文明树新风公益广告宣传】 2019年，余杭区以中共十九届四中全会、庆祝中华人民共和国成立70周年、社会主义核心价值观、良渚古城遗址申遗、全国“双创”活动周、“不忘初心、牢记使命”主题教育、“讲文明树新风”、“三个全域”建设、垃圾分类、家风建设、文明出行、文明旅游、关爱未成年人等为主题，在全区主次干道、商业综合体、车站、公交车（自行车）亭、大型户外电子屏、绿化带等处，开展公益广告宣传，营造祝福祖国、共建共享的社会氛围，新增或滚动播放各类公益广告800余万块（次）。在报纸、电视、广播、网络等新闻媒体开辟相关公益广告专栏。

【未成年人思想道德建设主题教育实践活动】 2019年，余杭区把社会主义核心价值观教育贯穿未成年人思想道德建设工作全过程，提升未成年人价值观。以良渚古城遗址申遗为契机，挖掘良渚文化教育资源，打造特色思想政治课品牌，在全区中小学中开展的“寻根良渚，琢玉成器——良渚文化进校园”系列行动被评为杭州市区域德育工作名片二等奖。开展100名“美德少年（新时代好少年）”评选活动，以“爱学习、爱劳动、爱祖国”为总要求，不断增强学校、家庭、社会“三结合”教育合力。推进第二课堂、乡村学校少年宫、社区青少年俱乐部等未成年人文化阵地建设，实施“春泥计划”。长乐青少年素质教育基地被评为杭州市青少年学生第二课堂先进基地，西溪湿地·洪园“研学西溪湿地，感受家风传统文化”主题教育实践活动被评为杭州市青少年学生第二课堂主题创新奖。

【城市文明指数测评工作】 2019年，余杭区围绕“文明创建提质、测评迎检进位”目标，做好文明城市国测、省测、市测迎检工作。深化“六步闭环”工作机制，抓好“部署、培训、督查、抄告、整改、迎检”等环节的具体工作，抓好测评迎检工作，提升城市整体文明程度。工作获市委常委、区委书记张振丰批示肯定。

【市民文明积分工作】 2019年，余杭区出台《余杭区市民文明积分规范化管理实施细则（试行）》《余杭区市民文明积分兑换办法（试行）》，从组织架构、活动申请、活动管理、积分记录、积分兑换等方面，通过“分级负责，分级管理”制度，规范市民文明积分平台使用，打造“文明+互联网”的一站式服务管理平台。截至年底，开展相关活动5500余场，参与人数超80万人次。按月度、季度、年度文明积分排名情况，授予排名靠前的市民“文明之星”并进行表彰。建立“微好人馆”，展现“美丽余杭人”“身边好人”“道德模范”的事迹，褒扬善行义举。工作入选2018年度杭州市精神文明建设十件大事，《余杭区创新推行“文明积分制”》一文获市委常委、宣传部部长戚哮虎批示肯定。

【群众性文明创建系列活动】 2019年，区委宣传部开展“五星红旗升起来”系列活动，组织开展余杭区庆祝中华人民共和国成立70周年升国旗仪式；在全区各级机关企事业单位、主要路段、学校等置放、悬挂国旗5万余面。开展2019年邻居节、“我和我的祖国”余杭好声音第五季——庆祝中华人民共和国成立70周年红歌合唱及村歌大赛等系列活动，深化公民道德教育实践。开展“文明旅游为全域美丽余杭加分”主题活动，通过良渚古城遗址主题宣传、短视频征集、“文明旅游形象大使评选”等形式，营造文明旅游氛围。弘扬奉献、友爱、互助、进步的志愿精神，推进志愿服务制度化常态化。《余杭区志愿服务常态化促进“雷锋因子”裂变式传播》一文获市委常委、宣传部部长戚哮虎批示肯定。开展“礼让斑马线”主题实践活动，推出全省首条“大礼让”斑马线，给行人让出安全距离。

【垃圾分类文明行动】 2019年，余杭区深化开展垃圾分类文明助力系列活动，以“关注垃圾减量、学好垃圾分类、了解垃圾处理”为抓手，通过广泛教育引导、文明行动实践、志愿服务推进等形式，开展垃圾分类文明行动进农村文化礼堂（社区文化家园）、“最美生活垃圾分类达人（团队）”评选、“垃圾分类我先行”主题教育、“垃圾都去哪儿了”垃圾分类教育参观等十大主题活动，推动形成“周周有宣传，月月有评选，季季有活动，人人都参与”的氛围。截至年底，开展各类活动900余场，参与人次超20万人次。原创移动端知识竞赛活动“垃圾分类最强王者”，答题超5万次。开展“文明餐桌助力垃圾分类”主题活动，以“光盘行动”为重点，推动把注重垃圾源头减量变成广大市民的共识和行动自觉。

【好家风建设活动】 2019年，余杭区委宣传部开展“弘扬余杭好家风，共创全域新发展”主题活动，通过开展“时代新人展家风”“最美家庭树家风”“科学家教育家风”“清正廉洁护家风”等4个系列13项主题活动。开展“余杭好地方·我的幸福家”家风家训主题评选活动，重点围绕“最美家庭”选树，评选出余杭区“最美家庭”100户、最感人家庭故事100例、优秀家训家规100例，并选出十佳“最美家庭”。开展余杭区“最美家庭”褒奖礼活动，营造“人人学习最美家庭，户户争当最美家庭”的氛围。在深化建设西溪湿地洪氏宗祠、章太炎故居等家风家训传承基地基础上，以余杭街道仙宅村、仁和街道花园村、塘栖镇丁河村、瓶窑盛氏家风馆、良渚荀山家风馆、星桥第二小学家风馆等为重点，建设一批好家风建设示范点，推广余杭优秀家风文化。

【公民道德建设实践活动】 2019年，余杭区开展余杭区第16个公民道德宣传月系列活动，以“余”您话文明走进农村文化礼堂、社区文化家园、企业文化俱乐部系列活动为重点，围绕社会公德、职业道德、家庭美德、个人品德等新时代公民道德建设重点内容，通过美德榜样访谈分享、“余”您“画”文明主题绘画作品展示等形式，阐述对责任意识、家风家训、志愿服务、文明创建的理解和感悟，提高市民群众道德意识和文明意识。

【新时代文明实践中心建设】 2019年，余杭区围绕新时代文明实践中心建设要求，结合文明城市创建、市民文明积分、“书香余杭”、特色文化打造等工作，按照特色主题鲜明、先进文化融入、展示空间打造、志愿服务丰富、提升场馆贴近性开放性等要求，启动“微好人馆”、“文明余杭”华数网络平台、梦想E站新时代网络文明实践中心、何思敬纪念馆等20个重点特色阵地建设及23个重点项目建设。

（赵志博）

·社会建设·

【公共服务领域“最多跑一次”改革】 2019年，余杭区制定出台《关于深化公共服务领域“最多跑一次”改革的实施意见》，加快推动医疗卫生服务、教育服务、科技服务、民政服务、人力资源、社会保险、市政公用事业、交通运输、文化和旅游、体育健身、助残服务、公安便民服务等11个领域的“最多跑一次”改革。推动“美好教育”创新实践，实现入学报名等43项教育服务事项全部网上办理，区（县）级教育民生事项全部实现“一证通办”。上线“健康余杭智慧云共享平台”，27家公立医疗机构的医疗系统数据实现互认共享，面向全区居民推出“健康余杭门户”，缩短挂号排队时间，提升智慧结算率，实现出生“一件事”办理“一次不用跑”。打造“垃圾革命的余杭解决方案”，推广“虎哥回收”模式，覆盖31万户居民，大件垃圾和易腐垃圾资源化回收利用量日均分别为260吨和680吨，2019年生活垃圾焚烧填埋量同比减少7.71%，连续11个月保持负增长。加快建设三级社会治理综合服务中心，构建矛盾多元化解模式，矛盾纠纷化解“最多跑一地”。2019年，省、市社会矛盾纠纷调处化解中心建设现场推进会均在余杭区召开。

【2019年十大民生实事项目】 2019年2月1日，在余杭区第十五届人民代表大会第三次全体会议上选出十件2019年杭州市余杭区人民政府民生实事项目，分别是在村（社区）便民服务中心投放“杭州办事服务”综合自助机367台，覆盖全区村（社区）；开工建设安置房300万平方米以上；实施已建高层住宅二次供水改造工程，完成改造5000户，实现山区市政供水管网基本覆盖，新增受益人口5万人；为60岁及以上户籍老年人提供每年1次、每人300元标准的健康体检，向签约重点人群提供基于个人电子健康档案的健康服务；新建“迎亚运”健身绿道48千米，新改扩建健身点、社区多功能运动场20处，新增农村文化礼堂12个，建设24小时开放型“杭州书房”、社区书屋等公共阅读空间30个；启动学校空调、新风系统加装工程，年内完成公办幼儿园、公办小学空调和新风系统加装；新增示范型居家养老服务中心10家、社区级示范型居家养老服务照料中心20家；开工建设塘栖范家斗、余杭经济技术开发区朱家角等9家农贸市场；按照“四好农村路”建设要求，完成乡村道提升改造350千米；建设50家示范型放心外卖店、20家农村家宴放心厨房，提升12个微型消防站，为空巢、孤寡老人住所安装联网型独立式烟感报警探测器4000个。截至年底，十大民生实事项目全部完成。

【临平片区“靓城行动”启动】 2019年9月27日，余杭区召开“靓城行动——推动东部崛起”动员大会，部署临平片区“靓城行动”具体实施方案。“1618”工作内容体系为该次行动整体行动方案，即围绕一个总目标，按照“六化”行动要求，开展18类具体工程。该次行动范围包含临平片区的临平新城、余杭经济技术开发区两大产业平台和塘栖镇、运河街道、东湖街道、临平街道、星桥街道、南苑街道、乔司街道、崇贤街道等8个镇（街道）。行动主要聚焦在城镇现状建成区以及平台核心建设区域。截至年底，开工项目75个，完工项目37个。

【余杭区被评为2018年度全省小城镇环境综合整治优秀县（市、区）】 2019年9月6日，余杭区在全省美丽城镇建设工作会议上被评为2018年度全省小城镇环境综合整治工作优秀县（市、区）。

余杭区从2016年底启动小城镇环境综合整治，制定小城镇环境综合整治三年行动计划，共投资60

亿元。在小城镇整治中始终注重生态保护、山水相融，将改造后的建筑、景致与原有的山水环境相呼应，实现人与自然的可持续互动，将小城镇整治与美丽乡村、美丽公路、美丽庭院等建设结合，在整治中彰显“全域美丽”概念。借助小城镇环境综合整治，余杭实施产业转型升级。淘汰整治“低散乱”企业（作坊），建设小微企业园区。整理出相对优化的拓展空间，以小城镇原有特色为基础，引进和培育一批质地优良、实力雄厚的产业作为支撑，激发小城镇发展活力。将当地民俗文化、非遗元素等与小城镇整治相结合，保护文化，增加小城镇底蕴。整治过程中开展基础设施及公建配套建设。截至2019年底，全区28个小城镇全部通过省级考核验收，其中15个被评为省级样板。

（周莹莹、范雅君）

·生态文明建设·

【余杭区全年垃圾进场同比减少7.71%】 2019年，余杭区生活垃圾进场量为85.27万吨，同比减少7.71%，连续11个月实现同比负增长。全区生活垃圾分类实现全覆盖。小区居民的垃圾分类准确率从30%升至约80%。为做好垃圾减量，全区党政机关率先实施垃圾强制分类。建造小型易腐垃圾就地处置点覆盖全区20个镇（街道），进驻学校、医院、机关企事业单位等地。鼓励各镇（街道）、村（社区）因地制宜，借助党员入户宣传、巡检督导等方式，建立健全常态长效管理机制。在城市小区，垃圾巡检员对易腐垃圾开袋检查，并打分公示；在农村地区，将垃圾分类写入村规民约；每月检查考核小区、机关、村（社区）等垃圾分类开展情况、设施维护情况、分类运输等日常管理工作；组建机关党员、志愿者、学生、宣讲团4支垃圾分类先锋队。2019年，余杭区被评为2018年度全省农村生活垃圾治理工作优胜县（市、区）。

【临平净水厂投入使用】 2019年6月，临平净水厂投入使用。临平净水厂占地4.95公顷。每天可处理临平副中心城区6个镇（街道）的近20万吨生活、工业污水。整套污水处理装置埋在地下，污水的处理从预处理到水解池，再到提升水质的MBR膜处理，最后排放到钱塘江。全地埋式设计不仅可以降低噪音、臭气等对环境和城市居民生活的影响，还能节约城市用地。

【余杭区被评为国家级节水型社会建设达标县（区）】 2019年11月12日，余杭区被水利部评为第二批国家级节水型社会建设达标县（区）。2017年，余杭区启动创建国家级节水型社会建设达标县（区）。围绕“节水优先、空间平衡、系统治理、两手发力”的新时期治水方针，坚持“开源”与“节流”并举，推进节水型社会建设工作，贯彻落实最严格水资源管理制度。相继出台《余杭区取水管理办法》《杭州市余杭区城市节约用水管理办法（试行）》《余杭区突发性饮用水源污染事故应急预案》等地方性办法与细则，为县域节水型社会建设提供制度保障。在利用“五水共治”成效的基础上，开展生态环境治理、产业结构调整、主要污染物减排和节水降耗工作。推行生活用水阶梯式水价，加快节水型小区建设，普及节水重要性，提高全民节水意识。

【余杭区绿色发展指数居浙江省县（市、区）首位】 2019年12月，省统计局发布2018年浙江省生态文明建设年度评价结果公报，其中余杭区绿色发展指数得分83.52分，在2018年县（市、区）生态文明建设年度评价结果排序中位列全省89个县（市、区）第一。

余杭区在开展“污水零直排区”建设中，农村生活污水治理建制村覆盖率实现100%。“美丽河湖”建设中，根治岸上污染。建成运行全市首座全地埋式污水处理厂，创建“污水零直排区”生活小区121个，创建省级“美丽河湖”4条（个）。淘汰落后产能及污染隐患企业。开展扬尘治理专项行动。完善工业危险废物核查数据库，推进危险废物“存量清零”。实施自然保护地自查自纠活动，开展2018年绿盾专项行动，查处生态损害行为。

开展全区淘汰落后产能三年行动计划，倒逼低效企业转型发展。推进新型能源设施替代传统燃煤热电和垃圾焚烧发电，实现全区工业无燃煤区。全区垃圾分类实现全覆盖，建成虎哥回收服务站178个，服务居民小区547个，覆盖居民住宅31万户。全区城市建成区及除鸬鸟、百丈外的所有集镇全面实现天然气供气，建成运营汽车用加气站5座。

（范雅君）

编辑：张嫣

中共杭州市余杭区委员会

Hangzhou Yuhang District Committee of the Communist Party of China

·重要会议·

【中共杭州市余杭区委十四届七次全体会议】 2019年1月12日召开。会议高举习近平新时代中国特色社会主义思想伟大旗帜，深入学习贯彻中共中央总书记习近平关于深化党和国家机构改革的重要论述，传达省委、省政府批复同意的《杭州市余杭区机构改革方案》主要精神，研究部署余杭区机构改革组织实施工作。

【余杭区“全域美丽”建设推进工作动员大会】 2019年2月14日召开。会议贯彻落实中共杭州市余杭区委十四届六次全体（扩大）会议作出的全面推进“三个全域”建设的决策部署，动员全区上下拉高标杆、精准发力，把“美丽余杭”建设聚焦到“全域美丽大花园”建设中，对推进“全域美丽大花园”建设进行全面部署。

【余杭区“全域治理”暨“平安余杭”建设大会】 2019年2月20日召开。会议深入贯彻落实中共十九大、中共中央总书记习近平关于打造共建共治共享的社会治理格局以及习近平在中央政法工作会议上的重要讲话精神，回顾总结2018年余杭区“平安余杭”建设取得的成绩，全面动员部署2019年“全域治理”及平安建设工作。

【“全域创新”建设暨工信经济高质量发展推进大会】 2019年3月2日召开。会议深入学习中央经济工作会议精神，表彰2018年度工信经济突出贡献等优秀单位，对《关于加快全域创新策源地建设　推动经济高质量可持续快发展的若干政策意见（征求意见稿）》开展意见征求，部署“全域创新”建设工作任务。

【中共杭州市余杭区委十四届八次全体（扩大）会议】 2019年8月3日召开。会议高举习近平新时代中国特色社会主义思想伟大旗帜，学习贯彻中共中央总书记习近平关于推动长三角一体化发展的重要指示精神，全面落实全省推进长三角一体化发展大会和中共杭州市委十二届七次全会精神，回顾总结2019年上半年主要工作，审议通过《中共杭州市余杭区委关于全力打造杭州接轨大上海融入长三角桥头堡　坚定不移推进高质量可持续快发展的决定》，动员全区上下抢抓长三角一体化发展国家战略机遇，加快推进“三个全域”建设，全力打造杭州接轨大上海融入长三角桥头堡，坚定不移推进余杭高质量可持续快发展。

【全区“不忘初心、牢记使命”主题教育工作会议】 2019年9月11日召开。会议深入学习中央和浙江省委、杭州市委关于开展“不忘初心、牢记使命”主题教育第一批总结暨第二批部署会议精神，特别是中共中央总书记习近平系列重要讲话精神，回顾总结主题教育前期工作情况，部署余杭区主题教育工作。

【中共杭州市余杭区委十四届九次全体（扩大）会议】 2019年12月31日召开。会议高举习近平新时代中国特色社会主义思想伟大旗帜，学习贯彻中共十九届四中全会和中央经济工作会议以及浙江省委、杭州市委全会精神，回顾总结2019年主要工作，研究部署2020年及今后一个时期重点任务，动员全区上下牢固树立“大治理”理念，全面深化“三个全域”建设，高水平推进区域治理现代化，加快实现高质量可持续快发展。

（周莹莹）

·重要决策和活动·

【服务保障全国“双创”活动周】 2019年6月13日，全国大众创业万众创新活动周在杭州启动，国务院总理李克强以及25名副部级以上领导，阿里巴巴集团董事局主席马云等100名创新创业代表，120个全国“双创”示范基地代表在内的600余名嘉宾参加梦想小镇主会场主场馆的启动仪式。“双创”活动周为期7天，组织各类创新创业主题活动106场，主场馆展示项目170余个，对接项目300余个。

【制定出台“全域创新66条”】 2019年6月，余杭区制定出台《关于加快全域创新策源地建设 推动经济高质量可持续快发展的若干政策意见》(简称“全域创新66条”)，提出实施大孵化器战略、增强科技创新能力、构建现代产业体系、培育壮大市场主体、全面扩大对外开放、打造国际人才高地等六大方面66条新政策，突出发展优势，补齐发展短板，促进余杭经济持续稳定高质量发展。

【良渚古城遗址申遗成功】 2019年7月6日，在阿塞拜疆首都巴库举行的第43届联合国教科文组织世界遗产委员会会议（世界遗产大会）上，良渚古城遗址被列入“世界遗产名录”。良渚古城遗址申遗成功标志中华五千多年文明获得国际社会公认。

【开展“靓城行动”】 2019年，余杭区制定出台《“靓城行动——推动东部崛起”工作方案》，建立“1618”工作内容体系，以开展“靓城行动”为突破口，实现“城市提能级、发展拓空间、环境更美丽、民生得改善”，助力实现“东部崛起”，加快接轨大上海融入长三角。

【打造杭州接轨大上海融入长三角桥头堡】 2019年，余杭区制定出台《余杭区接轨大上海融入长三角一体化发展行动计划》，提出进一步放大杭州融入长三角一体化发展天然桥头堡的区位优势，紧扣“一体化”和“高质量”两个关键，以接轨上海为首要任务，以推进区域同城化发展为重点，围绕“创新创业”桥头堡、“文化文明”桥头堡、“幸福美丽”桥头堡的战略内涵，全面提升综合能级和核心竞争力，全力打造杭州接轨大上海融入长三角桥头堡。

（周莹莹）

·组织工作·

【基层组织概况】 截至2019年底，全区有基层组织数4541个，其中，党委321个、党总支236个、党支部3984个。在基层党委中，含镇党委6个、村党委137个、社区党委66个、独立核算的企业党委33个、机关党委32个、独立核算的事业单位党委34个。区委派出的党工委20个，分别是机关党工委1个、街道党工委14个及未来科技城（海创园）党工委、杭州临平新城开发建设党工委、良渚新城党工委、杭州钱江经济开发区党工委和超山风景名胜区党工委。

全区有党员76008名。其中：正式党员75028名，预备党员980名；女党员26227名，占党员总数的34.51%；少数民族党员313名，占党员总数的0.41%。2019年，全区发展新党员927名。其中：女党员363名，占党员总数的39.16%；35岁以下372名，占40.13%；高中及以上文化程度的党员

党员年龄、文化结构一览表

表3

年龄	人数（人）	占比（%）	学历	人数（人）	占比（%）
35岁及以下	23339	30.71	研究生	3748	4.93
36岁至45岁	14333	18.86	大学本科	24975	32.86
46岁至55岁	12437	16.36	大学专科	14724	19.37
56岁至60岁	6252	8.23	中专	2593	3.41
61岁及以上	19647	25.85	高中、中技	8435	11.10
—	—	—	初中及以下	21533	28.33

863 名，占 93.10%；工作在一线的 560 名，占 60.41%；企事业、民办非企业单位聘任专业技术人员 245 名，占 26.43%。

【“不忘初心、牢记使命”主题教育】 2019 年，余杭区以“头雁”标准、排头兵姿态高质量开展“不忘初心、牢记使命”主题教育。聚焦学习贯彻习近平新时代中国特色社会主义思想这一主线，分层分类开展专题培训班，通过开展“红心铸魂”活动，举办庆祝中华人民共和国成立 70 周年系列活动，建成开放中共余杭历史馆、五九批示纪念馆，推进习近平新时代中国特色社会主义思想入脑入心。打造“亲清直通车”“民情直通车”平台，组建“亲清服务员”“亲清直通员”“亲清速递员”三大专员，成立“亲橙办”“亲企办”“亲禾办”三大专班，全区有 8295 名党员干部服务农（居）民 14.16 万户、企业 3.14 万家，收集问题 6928 个，办结 6879 个。开展解放思想大讨论，区领导形成 41 个调研报告，全区 8 万余人参与，提出“微建议”6452 条，发布成果报道 108 篇。推进九大专项整治，自加压力开展编外用工（人员）管理不规范问题整治，破解擅自使用编外人员、招聘流程不规范、违规发放工资福利等问题。

【“双争”活动】 2019 年，区委组织部牵头制定出台《关于开展“争做余杭铁军先锋、争当新时代发展排头兵”活动的实施意见》（简称“双争”活动），推动党员干部敢于担当、真抓实干，聚焦“三个全域”建设、攻坚“新五场硬仗”。继续实施“千名干部破千题”专项工作，采取“1+2”组团模式，组织领办历史遗留问题和企业、村（社区）重点问题。弘扬担当精神，7 名干部被省、市评为担当作为好干部。按照全区机构改革工作整体部署，完成涉改单位领导班子选配、干部调配、人员转隶、离退休干部归属交接、人员消化等相关工作。

【干部队伍综合素质提升】 2019 年，区委组织部继续推行“宇航先锋”链式培养计划，系统实施新录用干部“启航计划”、名校毕业生“菁航计划”、年轻科级干部“远航计划”、中青年骨干“兴航计划”、专业型干部“续航计划”、年轻区管干部“领航计划”、区管副职干部“护航计划”、区管正职干部“导航计划”培训。全年举办主体班次 41 期，培训各层面干部 5803 名。围绕良渚古城遗址申遗、全国“双创”活动周等中心工作、重大项目培养锻炼干部，全年选派到上级部门、区外挂职干部 25 名，到区内项目挂职干部 215 名。健全完善《杭州市余杭区区管领导班子和区管领导干部“四考合一”考核评价实施办法》，做好年度考核工作，确定优秀等次 188 名、称职等次 814 名，对 6 名结果为“称职 -”干部进行谈话提醒，对 2 名考核排名靠后干部实行试岗。

【年轻干部成长】 2019 年，区委组织部加大优秀年轻干部和专业型干部选配力度，继续开展“清北招聘”“海外招聘”工作，全年引进来自清华大学、北京大学的党政储备人才 29 名，引进海外雇员 9 名。健全完善《杭州市余杭区机关事业单位雇员制用工管理办法》，健全雇员制度体系。创新方法举措，组织开展部分区管职位优秀年轻干部综合比选，择优选拔 8 名优秀年轻干部。加强中层干部队伍建设和渠道拓展，面向全区年轻干部公开选拔 7 名镇（街道）团工委书记、16 名副书记，做好 45 名中层干部跨单位竞岗交流和 6 名一般干部跨单位遴选工作，优化干部配置。

【干部监督管理】 2019 年，区委组织部对区管领导干部个人有关事项报告开展随机抽查、重点查核，诫勉处理被认定为瞒报、严重漏报的干部 6 名，对 13 名漏报的干部进行提醒谈话。对全年提任或转任重要岗位的 137 名区管领导干部进行“凡提四必”核查，形成“一人一档”标准干部选拔任用档案。采取离任审计和任中审计相结合的方式，对 35 名党政“一把手”开展经济责任审计。加大干部关心关爱力度，优化全区干部体检方案，提高镇（街道）、平台等一线干部体检标准，落实强制轮休政策，执行好干部定期谈心谈话、容错免责、信访澄清等关心关爱制度。

【公务员管理】 2019 年，区委组织部牵头完成 68 名公务员（含选调生）招录工作。围绕新修订的公务员法，配套出台《杭州市余杭区公务员职务与职级并行制度实施方案》《区管及以下公务员职级晋升、改任实施办法》，做好全区 1449 名公务员职级套转、869 名公务员职级晋升工作。试点机关内部“最多跑一次”改革，探索业务网上审核，减少证明材料、简化操作流程，全年网上办理公务员各类业务 1130 件。

【党建引领基层社会治理】 2019年，区委组织部深化党建引领基层民主协商机制，推广小古城村“众人的事情由众人商量”经验，建立村（社区）民主协商议事会358个、网格议事小组1368个，围绕征地拆迁、矛盾化解、小区治理等问题开展协商6300余次，相关经验做法先后获得全国政协主席汪洋、浙江省委书记车俊等领导的肯定，累计被中央级媒体报道10余次。加强城市基层党建推动城市基层治理现代化，制定城市基层党建三年行动计划，分解镇（街道）、部门74项任务，优化街道“大工委”和社区“大党委”工作机制。推行“双向进入、交叉任职”和“社区干部组团联小区”工作机制，推动130余名符合条件的社区“两委”班子成员等骨干力量通过选举进入业委会。构建“1+25+N”党群服务中心体系，健全5项常态化运行机制，全年开展活动5000余场，参与活动50万余人次。

【基层党组织书记队伍建设】 2019年，区委组织部实施“红雁”系列行动，“红雁导师团”成员指导解决基层难题23个，基层授课38场。实施“党建双强”工程，全年评选“最强党支部”882个、“最强领头雁”793人。推行镇（街道）、村（社区）书记季度交流会制度，围绕垃圾分类、民主协商、基层治理现代化等中心工作举办打擂比武4次，举办村（社区）党组织书记培训班4期，参加622人次，将集中军训纳入村（社区）党组织书记全员轮训，多措并举提振“领头雁”精气神。制定实施第一书记“5+X”任务清单管理办法，44名区派第一书记入村调研指导980余人次，集中解决历史遗留、群众反映强烈问题57个。组建5支乡村振兴工作队，推动经营性收入50万元以下的相对薄弱村全部“消薄”，完成24个后进村（社区）党组织整转工作。

【党员教育管理】 2019年，区委组织部发展高级知识分子党员133名，居全市首位。深化流入党员融入网格党建工作，全年1.4万余名流入党员参与垃圾分类、“平安三率”、治安巡逻、矛盾化解等志愿服务5600余场次。全年排摸处理涉嫌违法违纪党员213名，处置不合格党员38名。加强党内关心关爱，区级层面慰问困难党员、老党员5620余人次，慰问金额250万元。开展党代表“八个一”行动，组织党代表开展专题学习18期321人次，帮助解决基层“民生关键小事”232件。完成杭州基层党建智慧系统试点，覆盖3.5万名党员，选送2部电教片获全国优秀奖。

【“两新”党建工作】 2019年，区委组织部持续推进“三整一全”（整园建强、整楼推进、整线突破，全面提升建设）建设工作，全年新建“两新”党组织286个，居全市第一。承办全市党建引领民营经济高质量发展大会、数字经济党委成立大会等现场会，推进上市企业党建红盟、宸星党建服务联盟等党建联盟载体，组织开展红盟讲堂、政策研习等活动60余场，发布服务政策23条，惠及企业1500余家。聚焦党务人才队伍建设，开展“红领破难”“红领Talk”“红领青训”等活动，帮助企业解决难题400余个。开展海外园区党建工作探索，相关做法得到中组部组织二局肯定。

【机关党建工作】 2019年，区委组织部落实机构改革相关要求，健全工作体制机制，调整优化党组织隶属关系，履行好组织换届、党员发展等主体责任。创新“周末讲堂”载体，开展“合心·合力·合编”教育和分级分类培训。组建“三个全域”先锋队克难攻坚，开展第五轮“一村一社区一机关”结对共建、第四轮“双千”结对帮扶。开展党建理论研究和创新工作，调研文章获奖质量、数量居全市第一，选树区级党建品牌10个，“五彩党建”通过市级复评。开展送心理健康进机关活动，举办第一届“机关企业体育文化交流”活动，提升机关含氧量。

【党管人才工作】 2019年，区委组织部举办高层次人才庆祝中华人民共和国成立70周年晚会，开展人才遵义研修班、红旗渠专题班等，加强政治引领政治吸纳。抓好党（工）委书记作为人才工作“第一责任人”的工作要求，每季度开展1次“招才引智大比拼”，从引育数量、项目质量以及区域活跃度3个方面综合评判绩效，比拼过程和结果纳入综合考评、约谈问责工作，激发全区上下推进人才工作的活力和干劲。

【人才平台集聚】 2019年，余杭区发挥重大创新载体引才聚才作用，之江实验室、阿里达摩院、超重力离心模拟与实验装置继续推进，中法航空大学、浙江理工大学时尚学院奠基，工信部服务型制造研究院、北京航空航天大学杭州创新研究院（余杭）等落地余杭。建立首个诺贝尔奖工作站，余杭“院士之家”落成。新增国家高新技术企业444家，省级企业研究院（研发中心）99家、省级众创空间9家，数量均居全省第一。实施“大孵化器”战略，新建孵化载体45个、物理空间184万立方米。成立长三角区域校地合作联盟，清华大学、北京大学校友会落户余杭。创新建立校企联合研究院，“国科智慧”先进技术研究院，浙大基础医学创新研究院，浙大电气工程学院电气技术研究院，南京大学、同济大学技术转移中心，西北工业大学电子信息学院杭州创新中心等校地重点项目落地。

【人才特区建设】 2019年，区委组织部坚持打破常规、先行先试，推进人才特区建设。在全省首个推行人才“举荐制”，创办“余商学堂”培训班，开展“百行百匠百赛”技能人才培养活动。设立全国首个人才小额贷款公司，全省首试“人才创业险”。在全省率先设立本级财政出资的天使梦想基金，建立超百亿元“政府基金＋子基金＋社会资本”人才项目扶持基金，对人才项目进行“让利式”股权投资。设立“人才e卡通”掌上服务，推出“十大e享”专享服务，解决人才关键小事。打造“人才e家”数据信息平台，多维度分析全区人才资源，以大数据提升服务决策能力。对毕业7年内高校毕业生发放生活补贴，新引进本科及以上毕业生3.37万名。人才总量突破35万名，累计引进培育海外高层次人才4900余名，海外高层次人才总量和增量继续位列全省县（市、区）首位。

【打造“最优人才生态”】 2019年，余杭区实施人才国际化发展战略，赴欧洲等地招才引智，在全球布局15个“千里马驿站”，聘请32名“余杭伯乐”。服务保障全国“双创”活动周，开展科技人才月、国际人才月系列活动，举办世界生命科技大会等国际性赛会。服务人才强省战略，启用浙江人才大厦先导区块，建成浙江人才之家、余杭人才之家塘栖驿站。“我负责阳光雨露，你负责茁壮成长”服务模式获国务院总理李克强肯定，“全生命周期”人才创业创新服务体系获中组部肯定，并在《浙里改（领跑者）》刊登推广，获省委常委、常务副省长冯飞等批示肯定。

【锤炼“双专”模范部门】 2019年，余杭区组织系统持续加强自身建设，锤炼具有专注精神、专业能力（简称“双专）的模范部门。加强政治建设，带头开展“不忘初心、牢记使命”主题教育。开设组工大讲堂，邀请专家学者授课，组工干部上台分享，坚定组工干部政治立场。选派年轻组工干部挂职锻炼，进行“一对一”培养。开展组工大比武，通过书面测试、分组初赛、全区决赛，以考促学，以赛促学。结合“周三夜访”、“一村一社区一机关”党组织结对共建、部机关“八个一”联系等载体，走访调研镇（街道）、村（社区）、网格，落实班子成员每月领办难点问题制度，帮助基层解决实际问题。实施“余杭智慧党建”项目，运用信息化手段在基层党建、干部、人才等工作领域进行探索。发挥新兴媒介的宣传引导功能，全年被《人民日报》《光明日报》等国家级媒体报道50余次。

（孔海东）

·宣传思想工作·

【理论武装】 2019年，区委宣传部组织区委理论学习中心组学习23次，邀请专家胡坚、王坚等作专题辅导报告。编印《理论学习参考》7期，在“学习强国”杭州平台首个开办理论宣讲专栏，推出宣讲11期，《余杭晨报》“理论版”推出习近平新时代中国特色社会主义思想连载21期。“余杭好声音”宣讲团在区内开展基层巡讲，到区外嘉兴、湖州开展走亲交流活动。余杭宣讲走亲和理论宣讲“三新”工程分获省委常委、宣传部部长朱国贤，省委宣传部常务副部长来颖杰批示肯定。举办“我和我的祖国”理论微宣讲大赛，总决赛直播观看量402万人次。“学习强国”学习平台推广工作在全市会议上作经验介绍。余杭区获2019年度杭州市“学习强国”知识竞赛优秀组织奖。社科工作蝉联省县（市、区）社科联测评优秀单位。

【舆论宣传】 2019年，区委宣传部推出“壮丽70年 奋斗新时代”等专题30余个，报道3000余篇，以良渚古城遗址申遗、“双创”活动周为主题，推出H5、微视频作品，传播量超120万次，被新华社、中央广播电视总台央视等媒体转载。围绕区委、区政府阶段性中心工作，策划设计网络宣传超10万次阅读量的推送文章、短视频等32条。其中：“良渚时光机”活动，微博话题量超6000万人次；抖音区域挑战赛浏览量破1亿人次。区融媒体中心启用仪式在线收看用户40万人次，在良渚古城遗址申遗、台风“利奇马”防御、开学季主题课等重要活动、中心工作、民生关注点上推出融媒体直播20余场次，以全媒体立体传播格局推送新闻产品。大型电视问政节目《面对面》每季度开展一期，围绕食品安全、生产安全、道路安全、美丽乡村建设等群众反映强烈的问题开展问政，助推中心工作落地落实。

电视问政《面对面》节目现场　（区委宣传部　供稿）

【文创产业】 2019年，《在远方》等4部作品入选中华人民共和国成立70周年国家广播电视总局优秀电视剧百日展播活动推荐播出参考剧目名单；电视剧《凡人的品格》获杭州市精神文明建设“五个一工程”奖；电影《大汉十三将》获首届中国网络电影周“优质网络电影”大奖；广播剧《放飞吧梦想》获省市精神文明建设“五个一工程”奖。《网络英雄传2》被评为“十佳数字阅读作品”“中国好书”。运河文化原创越剧大戏《光明吟》入选浙江省舞台艺术创作重点题材扶持项目。挖掘余杭历史文化名人资源，《章太炎家书》《章太炎论国学》出版。新引进重点文创企业20家，其中注册资本1000万元以上的12家。杭州绝地科技股份有限公司被评为国家文化出口重点企业，杭州非奇科技股份有限公司入选文化和旅游部“一带一路”重点项目，杭州翻翻动漫文化艺术有限公司、杭州万派文化创意有限公司入选浙江省成长型文化企业。启用临平文创产业大厦，探索垂直产业生态。

【文明实践中心建设】 2019年，全区启动“文明余杭”华数网络平台、梦想E站新时代网络文明实践中心等20个特色阵地及项目。做好“建管用育融”工作，全年新建文化礼堂20个，覆盖率85%，创建省级五星级文化礼堂4个、市级四星级文化礼堂7个。建成社区文化家园52个，被评为杭州市高星级15个，数量列全市第一；建设企业文化俱乐部25个、公共阅读空间30个，弘扬主流价值、传播先进文化。

【社科研究与宣传】 2019年，区社科联围绕社科热点和区委、区政府中心工作，开展“余杭区实施大孵化器战略的对策研究”等研究课题46项，课题成果获区级以上领导批示肯定20件（次）。承办全国城市社科院第二十九次院长联席会议暨全国城市智库联盟第五届年会，举办纪念陈元赟赴日传播中华文化400周年暨余杭历史传奇人物陈元赟学术思想研讨会，编印《我身边的运河故事》《陈元赟学术思想研讨会征文汇编》等作品，推动本土文化的挖掘保护和传承利用。开展第二届社科普及周、“社科宣讲进基层”送课服务等活动200余场。开展“空中社科”音频微宣讲，播出广播节目295期，总时长2万余分钟。建立全市首个“社科之家”。章太炎故居纪念馆、西溪洪氏家训家风纪念馆2家社科普及基地被评为第九批浙江省社科普及基地，良渚博物院、区新英会之众创同心荟两个项目被评为2019年度浙江省社科普及创新示范推介项目。区社科联被评为省县（市、区）社科联测评优秀单位、市社会科学普及工作先进单位。

【良渚古城遗址申遗宣传】 2019年申遗期间，全网刊登特大喜讯、前线专访等稿件3000余（条）次，多角度展示良渚古城遗址价值。举办良渚遗址申遗成功庆祝主会场活动。良渚古城遗址申遗（系列报道）获2019年度杭州市创新重大主题报道策划奖。余杭“良渚”馆亮相杭州文博会、宁波文博会、第二届中国国际进口博览会（中国馆）。“良渚与古代中国——玉器显示的五千年文明”展在故宫博物院武英殿开展，接待观众近40万人次。推出《良渚24小时》等新媒体产品，被新华社、中央广播电视总台央视等媒体转载，总传播量突破100亿人次。相关信息被《人民日报》登载12篇、中央广

庆祝良渚古城遗址申遗成功主会场活动 （区委宣传部 供稿）

播电视总台央视《新闻联播》播出10条、中央广播电视总台中国之声《全国新闻联播》播出30条；全年《浙江日报》头版刊登余杭信息25篇，《浙江新闻联播》播出余杭新闻100余条。举办国家级主流媒体和境外媒体集中采访活动，提升余杭“中华文明圣地、创新活力之区”的知名度和影响力。

（赵志博）

·统一战线工作·

【概况】 截至2019年底，余杭区有民主党派基层委员会6个、总支部1个，民主党派成员541人；累计认定无党派人士78人。知识分子14.9万人，党外人士占比82%，自由择业知识分子0.1万人。担任区政府实职领导职务的党外人士2人，担任区政府部门实职领导职务的党外人士11人。区内少数民族成分51个，10042人；宗教团体4个，宗教教职人员116人，登记宗教场所110处，编号民间信仰场所149处。年内，区委台办转隶区委办，不再归口区委统战部管理；11月，区侨联列入群众团体序列，归口区委统战部管理，设1个内设机构，核定机关事业编制4名，主席1名、中层科级职数1名。

【青山同心荟】 2019年2月28日，在黄湖镇青山村成立，是杭州首个村级新的社会阶层人士统战组织，有正式会员19人，包括村内中国传统材料图书馆设计师，大自然保护协会、阿里巴巴公益基金会成员，印力集团项目人员及民宿、农家乐、手工艺等各类产业经营者，另有外籍观察员2人。7月，青山同心荟被评为省级新阶层人士统战工作实践创新基地。

【统一战线助力“三个全域”建设动员大会】 2019年3月7日召开，区级相关部门、各镇（街道）、统一战线各领域代表人士200余人参加。会议表彰20名“同心·最美余杭统战人”和27名2018年度民主党派及无党派履职先进人士，新的社会阶层代表人士、宗教界代表人士、非公经济代表人士及民主党派成员代表分别表态发言。现场宣读全区统一战线助力“三个全域”建设倡议书，要求全区统一战线在助推“三个全域”建设过程中凝心聚力，争当先锋，共谋发展，合力开创余杭高质量可持续快发展新格局。

【《同心汇·壹讯》】 2019年4月1日创办，每月1日编发。以党外人士反映问题建议为主，每期编发20条，前5条为文字式，后15条为表格式。全年编发9期。

【党外人士“同心论见”活动】 2019年4月29日，2019年度第一期余杭区党外人士“同心论见”活动举行，区林水局、区交通运输局、各民主党派、知联会、网联会、新英会、新企联、青商会、侨商会、海创联盟及相关企业代表等150余人参加。活动以“聚焦东部崛起，打造临平副城生态水系”为主题，聚焦区委关于“四大区域”协调发展战略布局，关注临平副城发展。8月1日，2019年度第二期余杭区党外人士“同心论见”举行，区各民主党派成员，知联会、新英会代表及相关平台负责人参加活动。活动以如何让下沙高教区成为临平副城的人才培养和供应基地，解决临平副城人才缺口为主题，共谋东部崛起良策。

【民主党派负责人、党外代表人士读书班】 2019年5月20日，余杭区各民主党派负责人、党外代表人士读书班在深圳市经理进修学院举行，为期5天，41名成员参加。读书班开设“学习贯彻中央统战工作会议精神”“深圳的改革与创新发展”“深圳转型升级发展历程及对杭州的启示”“华为经营管理模式的‘道’与‘术’”专题讲座，旨在拓展各民主党派负责人、党外代表人士改革创新、文化、产业等思维，助推余杭“全域创新策源地”建设。

【余杭新英联盟·余杭数字新阶层联盟】 2019年6月20日，在良渚成立，省委统战部副部长张润生出席活动并为联盟授牌，有会员542人。联盟整合全区11个新的社会阶层人士“同心荟”组织，搭建相互协作、创业帮扶、合作共赢平台。8月20日，盟员代表赴上海杨浦区新联会开展为期两天的学习交流活动。

【全市统战部部长会议暨宗教工作推进会】 2019年7月18日，在余杭召开，全市统战系统单位负责人，各区（县、市）统战部部长、民族宗教局局长和市属高校党委统战部部长参加，市委常委、统战部部长陈新华出席会议并讲话，区委统战部和乔司街道就基层宗教工作经验做法作交流汇报。其间，参会人员集中参观东湖街道褚厢庙和乔司街道和睦教堂，观摩余杭宗教场所“危房革命”“厕所革命”“厨房革命”三大环境改造提升项目。

【理想同心荟】 2019年8月6日，在南苑街道理想国际大厦揭牌成立，是区委统战部和南苑街道共同主导成立的全区首个以楼宇为基础的新的社会阶层人士联谊会分会。有会员32人，以中青年、党外人士、较高学历的知识分子为主，基本为理想国际大厦内私营企业和外资企业的管理人员和技术人员、社会组织从业人员、自由职业人员、新媒体从业人员。

【基层统战工作】 2019年8月23日，镇（街道）统战工作会议暨基层统战阵地建设现场会在瓶窑镇召开，各镇（街道）统战委员、统战干事及统战部全体班子成员参加会议。与会人员集中参观瓶窑镇统战阵地——溪畔·同心荟，各镇（街道）汇报统战阵地建设情况。9月，发文部署《余杭区加强和改进镇街统战工作三年行动计划（2019—2021年）》，开展统战工作示范镇（街道）和示范项目评比。瓶窑镇、运河街道被评为第一批市级基层统战工作典型范例，黄湖镇“青山同心荟”被评为第一批市级单项特色项目典型范例。

【统一战线爱国奋斗故事会】 2019年9月26日举办，区各民主党派、统战团体负责人参加。主要宣讲《从“五一口号”到新中国70年》等5个爱国奋斗故事，重温中华人民共和国成立以来取得的成就以及余杭统一战线为经济社会发展作出的贡献。

【AI同心荟】 2019年10月13日，在中国（杭州）人工智能小镇成立，是余杭新的社会阶层人士联谊会的首个垂直领域分支机构，有会员55人，主要由AI领域的技术与管理人员组成，其中海归会员20人，硕士以上学历会员27人。

【全国主要大中城市基层侨联建设经验交流暨业务培训活动现场教学考察】 2019年11月14日，中国侨联基层建设部部长张毅、副部长刘景春及各省级侨联负责人、副省级城市侨联负责人、省会城市侨联负责人、重点侨乡和部分地市级侨联负责人共160人，考察未来科技城（海创园）侨联工作站，余杭“因梦而归、因侨而联”的侨联工作理念和做法获中国侨联肯定。

（沈利明）

·改革工作·

【概况】 2019年1月，余杭区成立中共杭州市余杭区委全面深化改革委员会办公室，为正处级区委工作机关，加挂中共杭州市余杭区委政策研究室、杭州市余杭区最多跑一次改革办公室牌子［简称区委改革办（区委政研室、区跑改办）］。建立健全区委对改革工作的领导架构和工作机制，制定完善《中共杭州市余杭区委全面深化改革委员会工作规则》《中共杭州市余杭区委全面深化改革委员会专项小组工作规则》《中共杭州市委全面深化改革委员会办公室工作细则》（简称“两规则一细则”）。配齐配强改革办专职工作力量，建立行政审批服务管理领导小组办公室领导班子兼职改革办副主任制度，明确各领域“最多跑一次”改革职责分工。2019年，余杭区完成全国“双创”活动周服务保障、良渚古城遗址申遗两大“国字号”任务，推进配套的“双创”体制机制改革和文旅融合改革。新增全国未成年人检察工作创新实践基地、浙江省网络市场监管与服务示范区等省级及以上改革试点13项，多项改革成果获中央、省、市等副省级以上领导肯定批示15次；特色小镇模式创新、矛盾纠纷化解“最多跑一地”、机关内部“最多跑一次”改革、医共体改革、群团改革等8项改革经验在全国、全省会议上作典型发言。截至年底，道路交通纠纷网上处理“余杭模式”在全国27个省（自治区、直辖市）的1015家基层法院推广；垃圾革命的余杭解决方案被评为浙江省改革创新十大最佳实践案例。

【区委深改委会议制度落实】 2019年4月16日、9月26日，两次召开区委全面深化改革委员会会议，由市委常委、区委书记、区委全面深化改革委员会主任张振丰主持。会议学习贯彻中央及省、市委全面深化改革精神，听取改革工作计划及推进情况16项，研究谋划改革工作发展思路。

【改革督察考评体系建立】 2019年，区委改革办对重点改革任务进展情况进行实地督察24次，发布《晾晒台》5期，通报“最多跑一次”改革实施过程中推进缓慢的项目。建立机关内部“最多跑一次”改革周例会、“最多跑一次”改革月例会制度，优化年终考核“绩效测度”评估模式，通过工作例会、现场督查、考核评估等形式，推进改革任务落实落地。

【重点改革任务推进】 2019年，区委改革办抓好重大改革项目顶层设计，牵头部门、镇（街道）、平台共同谋划年度重点改革任务59项，其中，区级部门承担35项，镇（街道）、平台承担24项。制定《2019年余杭区“最多跑一次”改革攻坚任务书》及公共服务、社会治理、机关内部等重点领域“最多跑一次”改革实施意见，推动“最多跑一次”改革多领域全面延伸。截至年底，59项年度重点改革任务全部完成。

【“最多跑一次”改革】 2019年，区委改革办推进行政服务中心标准化、政务服务“四级联动”平台建设，实现4个分中心进驻事项统一、服务标准统一，成为全市第一个实现办事服务综合自助机村（社区）全覆盖的区（县、市）。完成办事大厅不动产登记、商事登记和投资项目审批等板块的“综合受理、一窗通办”改革，以“一窗受理”平台为依托，全面推进“出生、收养、上学报名、婚姻、身后事”等公民个人全生命周期多部门联办“一件事”改革。打造全市首个不动产登记“一件事”综合业务平台，实现不动产登记交易（网签）、税收、登记全流程网上办理。

【营商环境优化】 2019年，余杭区全面落实浙江省“10+N”优化营商环境便利化行动方案①，常态化实施企业开办全流程“一件事”一日办结，新开办企业公章刻制政府买单政策。优化投资项目审批服务，启用投资项目在线审批监管3.0平台，一般企业投资项目开工前审批“最多60天”和新增工业用地“标准地”出让率均为100%。以打造长三角南翼国际化高端“人才特区”为目标，实施人才服务“全生命周期”便利化改革，在全省首创政保合作“人才创业险”，打造“人才e家”智慧平台，实现人才创业服务“一卡通办”。实施减证便民行动，全面清理涉及企业和群众办事各类证明材料，初步清理取消2484项，削减80%。

① “10+N”优化营商环境便利化行动方案，“10”指营商环境便利化的主要指标，按照企业全生命周期分为企业开办、办理建筑许可、用电报装、用水报表、用气报装、不动产登记、获得信贷、纳税、跨境贸易、企业注销；“N”指若干个无法很好量化的支撑性指标，具体有惠企政策、执行合同、知识产权保护、办理破产等，是一组动态开放的指标。

【公共服务领域“最多跑一次”改革】 2019年，余杭区制定出台《关于深化公共服务领域“最多跑一次”改革的实施意见》，加快推动医疗卫生服务、教育服务、科技服务、民政服务、人力社保、市政公用事业、交通运输、文化和旅游、体育健身、助残服务、公安便民服务等11个领域向纵深发展。推动“美好教育”创新实践、入学报名等43项教育服务事项实现100%网上办理，区（县）级教育民生事项100%实现“一证通办”。打造“健康余杭智慧云共享平台”，推动27家公立医疗机构的医疗系统数据实现互认共享，面向全区居民推出“健康余杭门户”，缩短挂号排队时间，提升智慧结算率，实现出生“一件事”办理“一次不用跑”。打造“垃圾革命的余杭解决方案”，推广“虎哥回收”模式，覆盖30.9万户居民，大件垃圾和易腐垃圾资源化回收利用量日均分别达到26万千克和68万千克，全年生活垃圾焚烧填埋量同比下降7.7%，连续11个月保持负增长。加快三级社会治理综治中心建设，构建矛盾多元化解模式，2019年全省、全市社会矛盾纠纷调处化解中心建设现场推进会均在余杭区召开。

【机关内部“最多跑一次”改革】 余杭区作为杭州市机关内部“最多跑一次”改革第一批试点单位，将“网上办”和“掌上办”作为推进机关内部“最多跑一次”改革提质增效的主要着力点，探索形成“一张脸+一个池+两平台”的网络系统建设模式（“一张脸”即前端统一的机关内部“最多跑一次”办事门户入口，“一个池”即后台统一的数据池，“两平台”即各专业办事平台和通用办事平台）。截至2019年底，全区公布“最多跑一次”办事事项367项，办事材料平均精简率30.3%，办事时间平均提速率51.6%，99%的事项实现“跑零次”。

【“最多跑一次”改革向公共场所延伸扩面】 2019年，余杭区制定出台《2019年良渚古城遗址公园管理服务优化提升方案》，围绕配套设施、运营管理、便民服务、智慧应用开展四大提升行动，梳理46项优化提升服务事项，提出将良渚古城遗址公园打造成为最中国、最震撼、最智慧的世界级文化遗址公园的改革目标及推进计划。截至年底，完成所有事项，良渚古城遗址公园在停车管理、商业配套、文化产品开发、志愿服务、智慧集成等方面的设施配套和服务水平均得到提升。

【余杭改革经验宣传推广】 2019年，区委改革办向《浙里改(领跑者)》《竞跑者》《杭州改革》等投稿24篇，其中生活垃圾分类处理“虎哥模式”、机关内部“最多跑一次”改革、打造“全生命周期”人才创业创新服务体系改革3项改革经验被《浙里改(领跑者)》刊发，2项改革经验被《竞跑者》刊发，2项改革经验被《杭州改革》录用。《余杭全面深化改革的探索与实践》在《中国改革年鉴(2019卷)》刊登。拍摄《余杭区推进综合自助机地域全覆盖，打通政务服务“最后一公里”》微视频和《余杭垃圾革命的“虎哥模式”》动漫视频，向全国、全省推广余杭改革经验。

（周莹莹）

·机构编制工作·

【概况】 截至2019年底，余杭区设党委机构11个、人大机构1个、政府机构26个、市级垂直管理机构1个、政协机构1个、群众团体机构6个、街道办事处14个、镇政府6个、政府派出机构6个。上级下达各类行政编制2936名，事业单位553家，上级核定事业编制20380名。

【机构改革】 2019年，编制《杭州市余杭区机构改革方案》，余杭区撤销政府工作部门8个，新设和新组建的政府工作部门6个、市级部门派出机构2个。改革后，余杭区设党政机构37个和市级垂直管理的机构1个（市生态环境局余杭分局）。37个党政机构中党委机构11个、政府机构26个。各部门“三定”规定草案经协调小组办公室审核并报协调小组审定后，3月底前全部完成印发。按照“先立后破、不立不破”原则和“编随事转、人随编转”的要求，完成423名涉改人员的转隶工作，其中，行政编制人员83名、参公编制人员79名、事业编制人员255名、行政工勤人员6名。

【镇（街道）机构改革】 2019年，余杭区根据构建简约高效的基层管理体制要求，结合镇（街道）工作需要，整合审批、服务、执法等方面的力量和职能，按照既相对统一又因地制宜原则，“共性”统设党政综合、党建工作、综合信息指挥、公共服务、平安建设、区域发展等综合性办事机构6个，以及党群服务、公共服务、区域发展与治理中心等事业单位3个。同意镇（街道）在机构限额内，根据不同类型的主体功能职责，因地制宜“个性”选设内设机构。

【五大领域综合行政执法改革】 2019年，余杭区深化综合行政执法改革工作，落实中央关于加强市场监管、生态环境保护、文化市场、交通运输、农业等5个领域综合执法工作的部署要求。全区5个主管部门各自设置执法队伍，实行“局队合一”执法体制，生态环境保护领域执法队伍随同级生态环境部门一并上收到市，由市生态环境局统一管理、统一指挥、统一制定方案，其他4个领域实行以区为主的执法体制。各综合执法队按照“区域+特色”模式设置中队。通过改革实现“三减少两规范”，即减少多头执法、减少多层执法、减少执法事项，规范执法行为、规范执法队伍。

【生产经营类事业单位改革】 2019年，区事业单位改革领导小组办公室指导09省道余杭区收费所、320国道余杭区收费所、区测量队、余杭交通投资公司和余杭助剂厂5家涉改单位，确定改革形式，制定改革方案。涉改单位现有空编一律收回，在编人员一律“只出不进”，编制实行“退一收一”。重视涉改单位人员合理诉求，保障职工的合法权益。

【重点领域体制改革】 2019年，余杭区调整杭州钱江经济开发区管理体制，调整良渚新城和良渚街道机构编制事项，建立管理机制。完善区人大专门委员会设置，成立杭州市余杭区人大常委会社会建设工作委员会。调整杭州未来科技城（海创园）管委会内设机构，增设党群工作部，配强未来科技城党建和群团工作力量。建立杭州市余杭融媒体中心（杭州市余杭广播电视台），推进融媒体中心“中央厨房”平台建设。将区侨联列入群众团体序列，归口区委统战部管理。

【部门职责管理】 2019年，区委编办按照机构改革后部门职责变化情况，集中梳理调整区级单位权力清单，重点对改革中机构撤并重组或涉及职责划转的部门，明确要求上下对应，该行使的及时更新，该取消的坚决取消，确保权力清单和主体与机构改革后相关部门的职能配置情况相一致。调整后，全区有各类行政权力6619项，其中，行政许可1184项、行政处罚3108项、行政确认364项、行政强制159项、行政征收61项、行政给付111项、其他行政权力1632项。根据部门在“三定”规定实施中与其他部门存在的职责交叉或职责不清、真空情况，就历史建筑保护职责、野生动植管理、网店贩售兽药管理等多项职责进行专题协调，界定职责分工。

【机构编制和人员管理信息平台】 2019年，区委编办建成机构编制和人事管理信息系统并投入使用，打通人口库、学信网、婚姻登记信息等第三方标准数据库，实现字段信息来源唯一，数据准确。开发完成数据运用模块，统计表可按需调整。实现招考入编、人员调动、人员转隶、退休出编等14项业务“跑零次”在线办理，全年办结各类事项4093件，推进政府内部“最多跑一次”改革工作。

【卫生服务中心编制管理】 2019年，余杭区出台《杭州市余杭区探索社区卫生服务中心编制管理工作实施意见（试行）》和《杭州市余杭区社区卫生服务中心编制管理暂行办法》，对社区卫生服务卫生机构人员编制根据服务人口数、床位数等情况进行配置。根据辖区内人口数、床位数变化及基层卫生站点设置要求实行动态调整，规定一般2~3年核定一次。明确新增部分作为事业编制报备员额，实行单列管理，不计入审批编制总额，日常管理统一纳入实名制管理。

【雇员制编制保障】 2019年，区委编办落实“雇员制”管理，继续推行“人才优先发展”战略。为面向清华大学、北京大学毕业生招聘党政机关储备人才，面向海外招聘政府雇员工作提供编制保障，采取“事业编制＋双选＋政府雇员”的方式，推出党政机关储备人才岗位52个，专项用于引进名校硕士研究生及以上学历的高层次人才。

【控编减编】 2019年，区委编办从严把握机构设置和人员编制，每季度开展机关事业单位人员编制情况分析，研究分析人员编制情况现状，提出工作建议。加强机构编制动态管理，做好编制源头管控工作，压缩公开招聘规模。核减部分职能弱化单位的事业编制。加强机构编制实名制管理，对全区76家行政单位、553家事业单位2.5万余条人员信息进行全面核查。

【编外人员管理】 2019年，区委编办将编外用工（人员）专项整治作为主题教育重要抓手，制定下发《余杭区编外用工（人员）管理不规范问题专项整治行动方案》，全区78家主管部门及其下属事业单位开展自查自纠。联合区公安分局、区纪委、市规划和自然资源局余杭分局等8个部门对22623名非编人员进行背景审查，组建多部门联合检查小组实地检查12个部门、镇（街道）；坚持“边自查边纠正边整改”原则，监督落实整改。通过专项整治，实名制库补录编外人员信息1200余条，纠正有误人员信息1000余条，443名问题人员按规定被清（劝）退，90个问题中的72个问题完成整改，其余问题均制定限期整改计划。修订《杭州市余杭区编外用工（人员）管理办法》，进一步明确职责分工，完善管理流程，整合审批、工资、招聘等内容，建立编外用工科学管理体系。

【事业单位法人监管】 2019年，全区完成事业单位设立登记10家、变更登记202家、证书补领登记4家。完成2018年度426家事业单位年度报告公示，对已设立登记事业单位加强事中事后监管，选取部分单位实地核查登记事项、年度报告等公示信息。加强业务指导，按照“最多跑一次”的标准，在遵守规章制度的前提下，允许办理材料“邮来邮往”，实现办事“零上门”。对符合条件的申请单位实行“容缺办理”，最大限度实现业务办理“最多跑一次”。

（徐文蔚）

·效能监督综合考评工作·

【概况】 2019年3月，因机构改革，余杭区效能监督综合考评领导小组办公室（成立于2008年3月，下称“区效能考评办”）并入区委办，由常设办事机构调整为非常设办事机构，办公室设在区委办，由区委办内设综合考评科、专项考核科、大督查与绩效管理中心。2019年，全区效能监督综合考评工作围绕区委、区政府“三个全域”“五场硬仗”等部署和要求，对照省、市综合考评目标，坚持以群众满意为目标、社会效益为导向，按照“督事与考人并举、过程与结果并行、排名与激励并重、民主与集中并用”的要求，按时完成综合考评、绩效管理和督查工作。

【杭州市综合考评工作】 在2019年度全市综合考评中，余杭区综合考评总分得95.32分（比平均分高4.352分），获得优秀等次，其中“三化融合”行动、民生福祉行动、文化兴盛行动、强基固本行动、大党建、平安创建、市县评议等7项获得全市第一。余杭区还获得高质量发展、改革攻坚行动（含“最多跑一次”改革）、“三化融合”行动、民生福祉行动、文化兴盛行动、强基固本行动、招商引资行动等7个重点攻坚单项奖。

【综合考评体系优化】 2019年，区委办（区效能考评办）组织实施区直单位、镇（街道）、平台综合考评和“三大比拼”促发展活动、平安创建、全面深化改革（“最多跑一次”改革）、乡村振兴、良渚古城遗址申遗、靓城行动以及瓶窑组团生态保护机制等12项专项工作考核。考评设置重点攻坚、共性工作、争先创优（含评价工作、加扣分）、党的建设等内容，新增“三个全域”“三大比拼”和个性工作等内容。为减轻基层负担，取消“美丽余杭”（治水、清洁家园）的“一票否决”事项，减少镇（街道）综合考评正向考核指标21项（较2018年下降29.2%）。结果评定新增“三大比拼”活动考核晋档机制，设置区直单位“进步显著奖”给予精神奖励。

【评价工作方式完善】 2019年，设置区委、区政府主要领导在领导评价中的权重。转变社会评价方式，“两代表一委员”、企业等社会各界代表采用电子化评价方式替代纸质评价，群众评价采用网络邀约和入户调查（抽样调查）相结合的方式。面向评价代表发出网上评价邀约短信8800人次，并对3953户（人）城乡居民及办事服务对象开展入户调查。总体满意度区直单位为92.1%，镇（街道）为97.7%（纯满意度）。征集意见建议837条，主要涉及政府绩效、城乡管理、科教文卫等方面。

【社会评价意见整改】 对2018年度社会评价意见进行整改，其中市级187条、区级315条（含区直单位176条，镇、街道139条），分别选取8条市级评价意见、104条区级评价意见（含区直单位27条，镇、街道77条）作为年度重点整改目标，对整改目标和完成情况予以公示，并进行满意度测评。做好社会评价意见整改目标、民生实事项目的督查、公示、满意度测评，督查情况和测评结果计入综合考评。

【重点督查】 2019年，区委办（区大督查考评办）围绕“三个全域”和“五场硬仗”，对项目建设、营商环境、民生实事、靓城行动、创新载体、垃圾分类、平安建设等25项重点工作进行督查，即发督查通报63期、专报17期，下发交（催）办单25件，推进重点工作落实。加大省、市移交事项整改力度，76件批示和交办事项均按时办结。督办落实区委主要领导批示547件，下发抄告单171件。注重为基层减负，余杭区作为中办基层减负浙江样本区，坚持督查检查事项准入审核，制定下发《2019年度督查检查考核计划》，确定39项督查考核事项，比2018年精简59.7%。市委常委、区委书记张振丰勉励区大督查考评办“再接再厉，更好发挥督查‘利剑’作用”，区长陈如根批示“督查考评办工作细致深入，力度大”。

（方军、包小萍、邵王斌）

附：2019年度余杭区综合考评结果

一、区直单位综合考评结果

（一）优胜单位（满意单位）

1. 窗口单位12个

区农业农村局、区发改局（金融办、对口支援和区域合作局）、市公安局余杭分局、区信访局、区商务局（粮食和物资储备局、招商局）、区交通运输局、区财政局（国资办）、公积金中心余杭分中心、区人力社保局、区卫生健康局、区市场监管局（知识产权局）、区住建局（人防办）。

2. 非窗口单位13个

区委办公室（保密局、机要局、档案局、区委台办、区委改革办）、区政府办公室（外事办、区政府研究室）、区检察院、区人大常委会办公室及各工委、区纪委（监委）、区政协办公室及各专委会、区法院。

区委组织部（直属机关工作委员会、新经济和新社会组织工作委员会、区公务员局）、区委政法委、区委统战部（民族宗教事务局、侨办）、区委宣传部（区新闻办、区精神文明建设委员会、区新闻出版局）、区审计局、市委党校余杭区分校。

3. 评议单位5个

区交通集团、西溪湿地办、区环境（水务）控股集团、人民银行余杭支行、国网杭州市余杭区供电公司。

4. 其他单位1个

区行政服务中心。

（二）先进单位

1. 窗口单位22个

区经信局、区城管局（综合行政执法局）、市消防救援支队余杭区大队、区民政局、区教育局、区应急管理局、区文化和广电旅游体育局、国家税务总局杭州市余杭区税务局、区退役军人事务局、区科技局、市生态环境局余杭分局、区统计局、海关余杭办事处、区数据资源管理局、余杭广电传媒集团、区气象局、市规划和自然资源局余杭分局、市医疗保障局余杭分局、区档案馆、区司法局（行政复议局）、余杭邮政管理局、国家税务总局杭州市税务局第二稽查局。

2. 非窗口单位8个

区委编办、区总工会、区委老干部局、区妇联、区工商联、区史志办、区残联、团区委。

（三）达标单位

1. 窗口单位2个

区林水局、余杭报业文化有限公司。

2. 非窗口单位2个

区科协、区文联。

3. 评议单位12个

区旅游集团、区农林集团、区供销联社、余杭金控集团、超山风景名胜区管委会、杭州华数传媒电视网络有限公司、浙江移动通信余杭分公司、中国邮政集团公司余杭区分公司、浙江电信余杭分公司、区盐务局、区烟草局、浙江联通余杭分公司。

（四）进步显著单位

区教育局、区应急管理局、区民政局、海关余杭办事处。

二、镇、街道综合考评结果

1. 平台保障型3个

仓前街道、余杭街道、南苑街道。

2. 综合发展型2个

瓶窑镇、临平街道。

3. 生态保护型1个

径山镇。

（二）合格单位

1. 平台保障型7个

东湖街道、仁和街道、闲林街道、星桥街道、五常街道、中泰街道、乔司街道。

2. 综合发展型4个

运河街道、塘栖镇、良渚街道、崇贤街道。

3. 生态保护型3个

黄湖镇、百丈镇、鸬鸟镇。

三、平台综合考评结果

（一）优胜单位

杭州未来科技城（海创园）、杭州余杭经济技术开发区、杭州良渚遗址管理区。

（二）合格单位

杭州临平新城、杭州良渚新城、杭州钱江经济开发区。

四、专项工作考核结果

根据2019年度专项工作考核办法，对“三大比拼”、重大项目建设、重大创新载体建设、平安创建（重大风险防范化解）、全面深化改革（“最多跑一次”改革）、生态环境提质、数字经济、乡村振兴、征迁安置、靓城行动、良渚申遗、瓶窑组团生态保护机制等12个专项进行考核，专项工作考核结果详见表4、表5。

表 4

2019 年度镇（街道）、平台专项工作考核结果汇总表

指标/得分/单位	三大比拼								重大项目建设		平安创建（重大风险防范化解）		全面深化改革（“最多跑一次”改革）	
	招商引资		招才引智		项目推进		三服务							
	考核得分(分)	得分率(%)	考核得分(分)	得分率(%)	考核得分(分)	得分率(%)	考核得分(分)	得分率(%)	考核得分(分)	得分率(%)	考核得分(分)	得分率(%)	考核得分(分)	得分率(%)
运河街道	90.4	90.40	90.88	90.88	89.78	89.78	100.01	90.91	85	94.44	1048.92	96.23	87.5	87.50
乔司街道	80.8	80.80	91.13	91.13	91.42	91.42	102.10	92.82	87	96.67	1053.31	96.63	86.41	86.41
塘栖镇	100	—	92.85	92.85	94.36	94.36	102.27	92.98	85.8	88	1047.08	96.06	81.96	81.96
崇贤街道	107	—	92.23	92.23	89.67	89.67	102.94	93.58	73.97	79.97	1047.5	96.10	81.87	81.87
临平街道	84.9	84.90	92.00	92.00	91.64	91.64	102.57	93.24	81	90	1057.035	96.98	86.4	86.40
东湖街道	109.8	109.80	97.12	97.12	91.89	91.89	98.50	89.54	—	—	1048.911	96.23	85.79	85.79
南苑街道	96.4	96.40	93.93	93.93	94.56	94.56	102.46	93.14	76.95	85.50	1051.296	96.45	86.18	86.18
星桥街道	90.4	90.40	92.85	92.85	91.49	91.49	99.87	90.79	72.9	81	1051.345	96.45	86.4	86.40
余杭街道	101	101	95.55	95.55	94.21	94.21	104.04	94.58	82.93	87.29	1045.765	95.94	84.86	84.86
闲林街道	80.1	80.10	92.23	92.23	94.44	94.44	102.51	93.19	94.2	94.20	1051.465	96.46	81.09	81.09
仓前街道	122.1	122.10	95.55	95.55	96.45	96.45	102.21	92.92	86.4	86.40	1044.74	95.85	88.58	88.58
中泰街道	90.5	90.50	92.53	92.53	94.85	94.85	98.28	89.35	82.08	86.40	1043.15	95.70	82.27	82.27
五常街道	97.7	97.70	94.08	94.08	95.01	95.01	100.41	91.28	75.89	79.88	1048.885	96.23	84.29	84.29
良渚街道	88.8	88.80	95.38	95.38	94.52	94.52	102.10	92.81	—	—	1047.75	96.12	83.23	83.23
仁和街道	85.8	85.80	90.83	90.83	94.73	94.73	100.32	91.20	78.98	87.76	1048.985	96.24	83.13	83.13
瓶窑镇	128	—	91.93	91.93	94.34	94.34	103.29	93.90	80.5	82.56	1051.06	96.43	85.91	85.91
径山镇	81	—	92.88	92.88	89.29	89.29	100.01	90.92	68.85	76.50	1049.31	96.27	90.67	90.67
黄湖镇	76	—	89.5	89.50	87.65	87.65	97.21	88.38	76.95	85.50	1038.32	95.26	87.32	87.32
鸬鸟镇	68	—	88.8	88.80	82.81	82.81	98.27	89.33	85	94.44	1053.98	96.70	83.09	83.09
百丈镇	65	—	91.3	91.30	84.81	84.81	100.33	91.21	81	90	1040.47	95.46	84.23	84.23
未来科技城	117.08	117.08	98.5	98.50	91.08	91.08	101.73	92.48	96.1	96.10	101.5	92.27	90.6	90.60
临平新城	81.05	81.05	97.04	97.04	89.85	89.85	98.12	89.20	91.12	94.26	100.9	91.73	89.68	89.68
余杭经济技术开发区	109.79	109.79	97.12	97.12	91.89	91.89	101.78	92.53	90.22	94.97	100	90.91	87.11	87.11
良渚新城	88.8	88.80	95.38	95.38	94.52	94.52	99.09	90.08	90.75	92.29	100	90.91	83.23	83.23
钱江经济开发区	64.47	64.47	93.67	93.67	88.35	88.35	95.18	86.53	84.51	90.55	99.5	90.45	81.82	81.82
良管委	—	—	—	—	95.9	95.90	102.5	93.18	79.65	88.50	—	—	—	—

续表4

指标 / 得分 / 单位	生态环境提质		数字经济		乡村振兴		靓城行动（东部崛起）		征迁安置工作		良渚古城遗址申遗		重大创新载体建设		瓶窑组团生态保护	
	考核得分(分)	得分率(%)	考核得分(分)	得分率(%)	考核得分(分)	得分率(%)	考核得分(分)	得分率(%)	考核得分(分)	得分率(%)	考核得分(分)	得分率(%)	考核得分(分)	得分率(%)	考核得分(分)	得分率(%)
运河街道	91.5	91.50	74.95	93.69	72.175	109.52	103	97.17	82.47	82.47	—	—	—	—	—	—
乔司街道	90.824	90.82	63.69	79.62	62.75	110.87	102.5	96.70	87.16	87.16	—	—	—	—	—	—
塘栖镇	92.238	92.24	74.73	93.41	80.1	108.83	103	97.17	91.03	91.03	—	—	—	—	—	—
崇贤街道	91.617	91.62	76.98	96.22	70.8	108.09	100.8	95.09	77.78	77.78	—	—	—	—	—	—
临平街道	94.714	94.71	64	80.00	50.38	110.97	102.9	97.08	35.66	89.16	—	—	—	—	—	—
东湖街道	92.521	92.52	79	98.75	60.983	108.90	102.9	97.08	85.89	85.89	—	—	—	—	—	—
南苑街道	93.518	93.52	76	95.00	41.95	101.33	103	97.17	87.18	87.18	—	—	—	—	—	—
星桥街道	94.207	94.21	72.75	90.94	38.8	94.63	102.7	96.89	53.13	88.55	—	—	—	—	—	—
余杭街道	90.571	90.57	76.8	96.00	71.65	106.94	—	—	89.62	89.62	—	—	—	—	—	—
闲林街道	92.437	92.44	64	80.00	68.475	108.86	—	—	92.46	92.46	—	—	—	—	—	—
仓前街道	90.574	90.57	78.5	98.13	68.46	106.30	—	—	94.17	94.17	—	—	—	—	—	—
中泰街道	92.639	92.64	69.58	86.98	66.875	102.41	—	—	89.52	89.52	—	—	—	—	—	—
五常街道	92.465	92.47	67.39	84.24	39.2	97.51	—	—	92.22	92.22	—	—	—	—	—	—
良渚街道	93.081	93.08	84.29	84.29	57.275	109.93	—	—	95.04	95.04	50	100.00	—	—	—	—
仁和街道	91.135	91.14	70.14	87.67	79.33	105.49	—	—	88.74	88.74	—	—	—	—	—	—
瓶窑镇	91.762	91.76	77.5	96.88	82.68	108.22	—	—	88.77	88.77	50	100.00	80	100	87.32	87.32
径山镇	91.246	91.25	75.79	94.74	91.95	107.42	—	—	81.73	81.73	—	—	—	—	90.91	90.91
黄湖镇	95.515	95.52	72.62	90.77	73.6	109.52	—	—	30.46	76.15	—	—	—	—	91.60	91.60
鸬鸟镇	94.919	94.92	62.77	78.46	73.45	108.98	—	—	—	—	—	—	—	—	90.90	90.90
百丈镇	93.906	93.91	70.15	87.69	62.7	100.64	—	—	26.84	67.09	—	—	—	—	88.40	88.40
未来科技城	74.762	83.07	87.7	87.70	—	—	—	—	96.62	96.62	—	—	98.42	98.42	—	—
临平新城	90	100	82.11	82.11	—	—	103	97.17	96.008	96.008	—	—	85.5	95.00	—	—
余杭经济技术开发区	95.963	95.96	90.79	90.79	—	—	104	98.11	98.768	98.768	—	—	98.33	98.33	—	—
良渚新城	93.081	93.08	84.29	84.29	—	—	—	—	95.04	95.040	—	—	97.65	97.65	—	—
钱江经济开发区	77.442	86.05	80.48	80.48	—	—	—	—	98.664	98.664	—	—	88.5	98.33	—	—
良管委	—	—	—	—	—	—	—	—	—	—	100	100.00	—	—	—	—

表5

2019年度区直单位专项工作考核结果汇总表

指标/得分/单位	三大比拼								重大项目建设		平安创建（重大风险防范化解）		全面深化改革（“最多跑一次”改革）		生态环境提质		数字经济“三化融合”		乡村振兴		靓城行动（东部崛起）		征迁安置工作		良渚遗址申遗		重大创新载体建设	
	招商引资		招才引智		项目推进		三服务																					
	考核得分（分）	得分率（%）	考核得分（分）	得分率（%）	考核得分（分）	得分率（%）	考核得分（分）	得分率（%）	考核得分（分）	得分率（%）	考核得分（分）	得分率（%）	考核得分（分）	得分率（%）	考核得分（分）	得分率（%）	考核得分（分）	得分率（%）	考核得分（分）	得分率（%）	考核得分（分）	得分率（%）	考核得分（分）	得分率（%）	考核得分（分）	得分率（%）	考核得分（分）	得分率（%）
区纪委（监委）	—	—	—	—	—	—	102.4	93.09	—	—	100	100.00	86.1	86.10	60	100.00	—	—	60	100.00	—	—	96	96	—	—	—	—
区法院	—	—	—	—	88.1	88.10	100.55	91.41	—	—	103.43	94.03	84.35	84.35	—	—	—	—	—	—	—	—	96	96	—	—	—	—
区检察院	—	—	—	—	91	91.00	100.55	91.41	—	—	106.5	96.82	—	—	—	—	—	—	—	—	—	—	—	—	—	—	—	—
区委（办）	—	—	—	—	—	—	106.4	96.73	72	90	100	100.00	90	90.00	60	100.00	98	98.00	60	100.00	—	—	96	96	40	100.00	—	—
区人大办	—	—	—	—	—	—	100.72	91.56	—	—	100	100.00	—	—	—	—	—	—	—	—	—	—	—	—	—	—	—	—
区政府（办）	—	—	—	—	—	—	105.2	95.64	—	—	100	100.00	—	—	—	—	98	98.00	60	100.00	—	—	—	—	40	100.00	—	—
区政协办	—	—	—	—	—	—	100.72	91.56	—	—	100	100.00	—	—	—	—	—	—	—	—	—	—	—	—	—	—	—	—
区委组织部	116.98	—	98.29	98.29	—	—	105.1	95.55	—	—	100	100.00	95.6	95.60	60	100.00	88	97.78	66	110.00	—	—	96	96	—	—	—	—
区委宣传部	264	—	95	95.00	—	—	102.4	93.09	—	—	100	100.00	85.25	85.25	60	100.00	78	97.50	70	116.67	—	—	—	—	40	100.00	—	—
区委统战部	—	—	—	—	—	—	100.59	91.45	—	—	96.5	87.73	—	—	—	—	—	—	63	105.00	—	—	—	—	—	—	—	—
区委政法委	—	—	—	—	98.2	98.20	100.5	91.36	72	90	100	100.00	92.3	92.30	—	—	95	95.00	30	100.00	—	—	96	96	40	100.00	—	—
区委编办	—	—	—	—	—	—	97.15	88.32	—	—	100	100.00	—	—	—	—	—	—	—	—	—	—	—	—	—	—	—	—
区信访局	—	—	—	—	—	—	97.58	88.71	—	—	107.5	97.73	89.06	89.06	—	—	—	—	—	—	—	—	—	—	—	—	—	—
区委老干部局	—	—	—	—	—	—	95.97	87.25	—	—	100	100.00	—	—	—	—	—	—	—	—	—	—	—	—	—	—	—	—
区史志办	—	—	—	—	90.8	90.80	92.22	83.84	—	—	100	100.00	—	—	—	—	—	—	—	—	—	—	—	—	—	—	—	—
市委党校余杭区分校	—	—	—	—	—	—	95.97	87.25	—	—	99	99.00	—	—	—	—	—	—	—	—	—	—	—	—	—	—	—	—
余杭报业文化有限公司	—	—	—	—	—	—	—	—	—	—	97	88.18	—	—	—	—	—	—	—	—	—	—	—	—	—	—	—	—
区发改局	197	—	90.92	90.92	99.9	99.90	100.43	91.30	91.5	91.50	97	88.18	90.45	90.45	60	100.00	85	94.44	33	110.00	—	—	96	96	40	100.00	80	100.00
区经信局	291	—	93.21	93.21	98.4	98.40	100.21	91.10	72	90	96.5	87.73	86.4	86.40	60	100.00	97	97.00	—	—	—	—	—	—	—	—	80	100.00
区教育局	—	—	94.25	94.25	95.7	95.70	99.79	90.72	91.46	91.46	98	89.09	83.2	83.20	60	100.00	76	95.00	93	103.33	102	96.23	—	—	—	—	—	—
区科技局	241	—	93.67	93.67	—	—	97.47	88.61	—	—	100	90.91	84.15	84.15	—	—	86	95.56	30	100.00	—	—	—	—	—	—	80	100.00

续表5

指标/得分/单位	三大比拼								重大项目建设		平安创建（重大风险防范化解）		全面深化改革（"最多跑一次"改革）		生态环境提质		数字经济"三化融合"		乡村振兴		靓城行动（东部崛起）		征迁安置工作		良渚遗址申遗		重大创新载体建设	
	招商引资		招才引智		项目推进		三服务																					
	考核得分（分）	得分率（%）	考核得分（分）	得分率（%）	考核得分（分）	得分率（%）	考核得分（分）	得分率（%）	考核得分（分）	得分率（%）	考核得分（分）	得分率（%）	考核得分（分）	得分率（%）	考核得分（分）	得分率（%）	考核得分（分）	得分率（%）	考核得分（分）	得分率（%）	考核得分（分）	得分率（%）	考核得分（分）	得分率（%）	考核得分（分）	得分率（%）	考核得分（分）	得分率（%）
市公安局余杭分局	—	—	—	—	93.7	93.70	102.5	93.18	—	—	102.1	92.82	83.7	83.70	60	100.00	75.5	94.38	—	—	102.5	96.70	96	96	—	—	—	—
区民政局	—	—	—	—	90.4	90.40	100.14	91.04	90	90	100.5	91.36	—	—	—	—	—	—	92	102.22	—	—	—	—	—	—	—	—
区司法局	—	—	—	—	91	91.00	95.45	86.77	—	—	108	98.18	89.05	89.05	—	—	—	—	40	133.33	—	—	96	96	—	—	—	—
区财政局	106.78	—	—	—	99	99.00	100.31	91.19	72	90	100.5	91.36	87.15	87.15	60	100.00	87.7	97.44	—	—	—	—	96	96	—	—	—	—
区人力社保局	101.73	—	98.17	98.17	96.1	96.10	104.6	95.09	—	—	106.49	96.81	—	—	—	—	—	—	30	100.00	—	—	96	96	—	—	—	—
区住建局	103.08	—	90.54	90.54	97.2	97.20	104.54	95.04	86.25	90.79	99.37	90.34	—	—	60	100.00	76	95.00	95	105.56	105	99.06	96	96	—	—	—	—
区交通运输局	—	—	—	—	97.5	97.50	100.08	90.98	95	95	100.48	91.35	—	—	60	100.00	75.6	94.50	60	100.00	103.9	98.02	98.96	98.96	40	100.00	—	—
区农业农村局	220	—	96.04	96.04	93.7	93.70	102.6	93.27	72	90	100	90.91	87.55	87.55	60	100.00	76	95.00	100	111.11	103.5	97.64	—	—	40	100.00	—	—
区林水局	97.68	—	—	—	93.3	93.30	96.21	87.46	—	—	97.49	88.63	—	—	100	100.00	—	—	100	111.11	102	96.23	—	—	—	—	—	—
区商务局	118.59	—	94.25	94.25	93.6	93.60	98.33	89.39	—	—	101.49	92.26	83.2	83.20	—	—	85.6	95.11	30	100.00	102.5	96.70	—	—	—	—	—	—
区文广旅体局	176	—	93.79	93.79	87.1	87.10	100.08	90.98	—	—	99.87	90.79	86.95	86.95	—	—	75.6	94.50	100	111.11	—	—	—	—	40	100.00	—	—
区卫生健康局	—	—	93.83	93.83	93.7	93.70	103.16	93.78	80.16	84.38	104	94.55	87.3	87.30	60	100.00	76	95.00	100	111.11	102	96.23	—	—	—	—	—	—
区退役军人事务局	—	—	—	—	—	—	92.22	83.84	—	—	100	90.91	—	—	—	—	—	—	—	—	—	—	—	—	—	—	—	—
区应急管理局	—	—	—	—	93.4	93.40	100.2	91.09	—	—	103.87	94.43	—	—	—	—	75.6	94.50	—	—	—	—	—	—	—	—	—	—
市消防救援支队余杭区大队	—	—	—	—	—	—	—	—	—	—	106.5	96.82	—	—	—	—	—	—	—	—	—	—	—	—	—	—	—	—
区审计局	—	—	—	—	—	—	98.45	89.50	72	90	100	90.91	—	—	60	100.00	—	—	34	113.33	—	—	96	96	—	—	—	—
区市场监管局	112.55	—	88.25	88.25	90.8	90.80	98.73	89.75	—	—	105	95.45	—	—	60	100.00	76	95.00	60	100.00	—	—	96	96	—	—	—	—
区统计局	—	—	—	—	93.8	93.80	94.3	85.73	72	90	100	90.91	—	—	60	100.00	86	95.56	—	—	—	—	—	—	—	—	—	—
区城管局	—	—	—	—	91.4	91.40	101.27	92.06	—	—	100.36	91.24	95.4	95.40	62	103.33	76	95.00	40	133.33	104	98.11	96	96	—	—	—	—
区数据资源管理局	101.61	—	—	—	—	—	96.02	87.29	—	—	98.5	89.55	90.85	90.85	—	—	93	93.00	—	—	102.5	96.70	—	—	—	—	80	100.00
市规划和自然资源局余杭分局	100.35	—	—	—	99.4	99.40	99.26	90.24	72	90	98.46	89.51	86.85	86.85	60	100.00	71.5	89.38	33	110.00	102	96.23	96	96	40	100.00	—	—

续表5

指标 / 得分 / 单位	三大比拼								重大项目建设		平安创建（重大风险防范化解）		全面深化改革（"最多跑一次"改革）		生态环境提质		数字经济"三化融合"		乡村振兴		靓城行动（东部崛起）		征迁安置工作		良渚遗址申遗		重大创新载体建设	
	招商引资		招才引智		项目推进		三服务																					
	考核得分（分）	得分率（%）	考核得分（分）	得分率（%）	考核得分（分）	得分率（%）	考核得分（分）	得分率（%）	考核得分（分）	得分率（%）	考核得分（分）	得分率（%）	考核得分（分）	得分率（%）	考核得分（分）	得分率（%）	考核得分（分）	得分率（%）	考核得分（分）	得分率（%）	考核得分（分）	得分率（%）	考核得分（分）	得分率（%）	考核得分（分）	得分率（%）	考核得分（分）	得分率（%）
市医疗保障局余杭分局	—	—	—	—	—	—	94.8	86.18	—	—	89.55	98.5	—	—	—	—	—	—	100.00	30	—	—	—	—	—	—	—	—
市生态环境局余杭分局	99.03	—	—	—	98.4	98.40	98.58	89.62	—	—	91.36	100.5	—	—	103.00	103	—	—	110.00	33	—	—	96	96	—	—	—	—
区总工会	—	—	91.25	91.25	—	—	96.55	87.77	—	—	92.27	101.5	—	—	—	—	—	—	—	—	—	—	—	—	—	—	—	—
团区委	—	—	—	—	—	—	92.3	83.91	—	—	91.82	101	—	—	—	—	—	—	100.00	30	—	—	—	—	—	—	—	—
区妇联	—	—	—	—	—	—	95.2	86.55	—	—	93.00	102.3	—	—	—	—	—	—	—	—	—	—	—	—	—	—	—	—
区科协	—	—	92.25	92.25	—	—	93.8	85.27	—	—	99.00	99	—	—	—	—	—	—	—	—	—	—	—	—	—	—	—	—
区工商联	—	—	—	—	—	—	95.45	86.77	—	—	100.00	100	—	—	—	—	—	—	110.00	33	—	—	—	—	—	—	—	—
区文联	—	—	87.92	87.92	—	—	91.1	82.82	—	—	99.00	99	—	—	—	—	—	—	101.67	30.5	—	—	—	—	—	—	—	—
区残联	—	—	—	—	—	—	95.72	87.02	—	—	100.00	100	—	—	—	—	—	—	103.33	31	—	—	—	—	—	—	—	—
区档案馆	—	—	—	—	90.8	90.80	93.06	84.60	—	—	100.00	100	—	—	—	—	—	—	—	—	—	—	—	—	—	—	—	—
杭州公积金中心余杭分中心	—	—	—	—	—	—	97.15	88.32	—	—	90.45	99.5	—	—	—	—	—	—	—	—	—	—	—	—	—	—	—	—
余杭邮政管理局	—	—	—	—	—	—	—	—	—	—	91.82	101	—	—	—	—	—	—	—	—	—	—	—	—	—	—	—	—
区税务局	104.23	—	—	—	—	—	—	—	—	—	89.55	98.5	—	—	—	—	—	—	—	—	—	—	96	96	—	—	—	—
区气象局	—	—	—	—	92.2	92.20	91.25	82.95	—	—	90.91	100	—	—	100.00	60	—	—	100.00	30	—	—	—	—	—	—	—	—
区盐务局	—	—	—	—	—	—	—	—	—	—	86.82	95.5	—	—	—	—	—	—	—	—	—	—	—	—	—	—	—	—
区烟草局	—	—	—	—	—	—	—	—	—	—	88.09	96.9	—	—	—	—	—	—	—	—	—	—	—	—	—	—	—	—
区行政服务中心	—	—	—	—	98.8	98.80	98.5	89.55	90	72	88.18	97	90.95	90.95	—	—	—	—	—	—	—	—	96	96	—	—	—	—
区机关事务服务中心	—	—	—	—	86.7	86.70	98.06	89.15	—	—	91.36	100.5	—	—	—	—	—	—	—	—	—	—	—	—	100.00	40	—	—
海关余杭办事处	—	—	—	—	—	—	—	—	—	—	100.00	100	—	—	—	—	—	—	—	—	—	—	—	—	—	—	—	—
区供销联社	—	—	—	—	90.8	90.80	92.7	84.27	—	—	100	90.91	—	—	—	—	—	—	34	113.33	103.3	97.45	—	—	—	—	—	—
超山风景区管委会	—	—	—	—	—	—	94.6	86.00	—	—	100	90.91	—	—	—	—	—	—	—	—	—	—	—	—	—	—	—	—

续表5

指标 / 得分 / 单位	三大比拼								重大项目建设		平安创建（重大风险防范化解）		全面深化改革（“最多跑一次”改革）		生态环境提质		数字经济“三化融合”		乡村振兴		靓城行动（东部崛起）		征迁安置工作		良渚遗址申遗		重大创新载体建设	
	招商引资		招才引智		项目推进		三服务																					
	考核得分（分）	得分率（%）	考核得分（分）	得分率（%）	考核得分（分）	得分率（%）	考核得分（分）	得分率（%）	考核得分（分）	得分率（%）	考核得分（分）	得分率（%）	考核得分（分）	得分率（%）	考核得分（分）	得分率（%）	考核得分（分）	得分率（%）	考核得分（分）	得分率（%）	考核得分（分）	得分率（%）	考核得分（分）	得分率（%）	考核得分（分）	得分率（%）	考核得分（分）	得分率（%）
西溪湿地管委会	—	—	—	—	91.6	91.60	94.5	85.91	—	—	97	88.18	—	—	—	—	—	—	—	—	—	—	—	—	—	—	—	—
余杭广电传媒集团	—	—	—	—	90.8	90.80	96.85	88.05	—	—	100	90.91	—	—	—	—	—	—	—	—	—	—	—	—	—	—	—	—
余杭金控集团	—	—	—	—	—	—	94.88	86.25	—	—	98.5	89.55	—	—	—	—	—	—	—	—	102	96.23	—	—	—	—	—	—
区农林集团	—	—	—	—	85.9	85.90	92.8	84.36	—	—	100	90.91	—	—	—	—	—	—	30	100.00	—	—	98.8	98.80	—	—	—	—
区交通集团	—	—	—	—	95.3	95.30	97.63	88.75	91.25	93.59	97	88.18	—	—	—	—	—	—	—	—	103.9	98.02	98.176	98.176	—	—	—	—
区旅游集团	—	—	—	—	89.6	89.60	95.55	86.86	76.95	81	98.5	89.55	—	—	—	—	—	—	30	100.00	102	96.23	100	100	—	—	—	—
区环境（水务）控股集团	—	—	—	—	94.1	94.10	98.18	89.25	81	90	—	—	—	—	60	100.00	—	—	32	106.67	102	96.23	95.5	96		—	—	
人民银行余杭支行	—	—	—	—	—	—	—	—	—	—	100	100.00	—	—	—	—	—	—	30	100.00	—	—	—	—	—	—	—	—
余杭农商行	—	—	—	—	—	—	—	—	—	—	—	—	—	—	—	—	—	—	30	100.00	—	—	—	—	—	—	—	—
国网杭州市余杭区供电公司	—	—	—	—	94.9	94.90	84.57	76.88	—	—	96.5	87.73	—	—	—	—	—	—	33	110.00	102	96.23	96	96	40	100.00	—	—
运河综保公司	—	—	—	—	90.8	90.80	—	—	—	—	—	—	—	—	—	—	—	—	—	—	—	—	—	—	—	—	—	—
邮政余杭分公司	—	—	—	—	—	—	—	—	—	—	95.5	86.82	—	—	—	—	—	—	—	—	—	—	—	—	—	—	—	—
移动余杭分公司	—	—	—	—	—	—	—	—	—	—	96.09	87.35	—	—	—	—	—	—	30	100.00	101.9	96.13	—	—	—	—	—	—
电信余杭分公司	—	—	—	—	—	—	—	—	—	—	96.82	88.02	—	—	—	—	—	—	—	—	99.9	94.25	—	—	—	—	—	—
联通余杭分公司	—	—	—	—	—	—	—	—	—	—	95.12	86.47	—	—	—	—	—	—	—	—	102	96.23	—	—	—	—	—	—
数字电视公司（华数）	—	—	—	—	—	—	84.91	77.19	—	—	95.44	86.76	—	—	—	—	—	—	30	100.00	101.9	96.13	—	—	—	—	—	—
区委巡察办	—	—	—	—	—	—	98.5	89.55	—	—	—	—	—	—	—	—	—	—	—	—	—	—	—	—	—	—	—	—
区人武部	—	—	—	—	90.8	90.80	—	—	—	—	—	—	—	—	—	—	—	—	—	—	—	—	—	—	—	—	—	—
中国铁塔杭州分公司余杭办事处	—	—	—	—	—	—	—	—	—	—	—	—	—	—	—	—	—	—	—	—	100	94.34	—	—	—	—	—	—

·信访工作·

【概况】 2019年，全区受理电话、网络信访总量567944件、571768人次，件次、人次同比分别增长80.6%、78.2%。其中，来信1060件次，发生到区及以上走访1048批4872人次，来电535603件，网上来信30233件。收到信访事项复查复核申请49件。

【信访工作责任落实】 2019年，余杭区继续施行领导阅批来信、下访约访、会商研判等工作制度。全年区领导接待群众353批、1860人次，阅批来信341件。全区55家信访工作目标管理考核单位按时签订信访目标管理责任书。组织开展信访工作责任制落实情况专项检查，对信访办理差错件、每月考核扣分等情况实行预通报，重要信访事项实行一事一通报，每月在《余杭晨报》公布网络单位效能指数。围绕群众反映强烈的物业管理、小区违建、欠薪等热点难点问题，落实责任追究，发出信访工作建议函3件。

【初信初访“最多跑一地”】 2019年，区信访局全面推进区、镇、村三级信访超市建设，区级中心打通“访—调—仲—诉”全过程链，细化内部管理、窗口工作、后台运行、统筹推进、工作保障等工作机制，联合入驻部门20余个。5月29日，人民来访联合接待中心试运行；6月27日，全市县级综治中心（信访超市）建设现场推进会暨余杭区综治中心（信访超市）揭牌仪式后，人民来访联合接待中心正式运行。11月26日，全省县级社会矛盾纠纷调处化解中心建设现场推进会在余杭召开，省委书记车俊讲话。自中心正式运行以来，信访秩序得到好转。

【信访代办工作】 2019年，区信访局制定信访代办工作制度，推行“群众动嘴，干部跑腿”代办工作，组建区、镇（街道）、村（社区）三级信访代办员队伍，推动信访矛盾化解在基层、解决在源头。年内，959人的专（兼）职信访代办员队伍共代办信访事项5703件，其中，区级代办622件，镇（街道）、村（社区）代办5181件，相关工作得到省市领导肯定。

【畅通电网诉求表达渠道】 2019年，区信访局优化推广“一条微信、一键发送、专人受理”的“移动信访”机制。掌上“86212345”“余我说”投入运行以来，群众满意率超90%。全面推行镇长、主任公开电话制，瓶窑、运河、崇贤、仓前4个镇（街道）的镇长（主任）公开电话受理群众来电1116件次，其中直接答复700件次，大批矛盾纠纷在镇（街道）完成处理。

【信访积案化解】 2019年，区信访局实行分层分级领导包案化解信访积案机制，定期交流信访突出问题化解情况，清晰包案化解“路线图”，倒排化解“时刻表”。截至年底，国家级交办28件，完成化解24件；省级交办1件，完成化解；市级交办7件，化解5件；区级积案37件，全部化解。

（翟毅琳）

余杭区人民来访联合接待中心　　（区信访局　供稿）

·党史、地方志工作·

【概况】 2019年，中共杭州市余杭区委党史研究室、杭州市余杭区地方志编纂委员会办公室（下称“区史志办”）以正史编纂为抓手，紧扣史志“存史、资政、育人”功能，做好党史地方志征编、研究和宣传教育工作。落实“三服务”活动，人均走访鸭兰村农户30余户，帮助困难群众完成“微心愿”14个。落实开展“不忘初心、牢记使命”主题教育，配合区委主题教育办推出32处红色打卡点、5条红色旅游线路，服务全区“不忘初心、牢记使命”主题教育。

【红色资源普查】 2019年4月，区史志办牵头在全区开展红色资源普查，按照一点（个、件）一档要求梳理红色资源67处，上报杭州市委党史研究室，确认43处（个）。撰写红色资源保护利用意见建议，获区委书记张振丰批示肯定。11月，依据普查数据，制作全域红色资源手绘图，包括35处重点红色资源、15个重点党建示范点、10个党风廉政教育基地和10个干部教育培训现场教学基地，展示余杭红色资源基本情况。

【指导红色资源（党史胜迹）改造】 2019年，区史志办指导崇贤街道鸭兰村改造提升中共鸭兰村支部旧址陈列馆，完善陈列馆展陈内容，编写扩展讲解词，培训指导讲解工作。指导径山镇修缮长乐村大将山烈士墓。参与指导鸬鸟镇新四军随军被服厂提升改造工程，把关审核文字材料，下拨修缮改造经费100万元。

【中共余杭历史馆开馆】 2019年，区史志办按照“三大比拼”要求，通过建立周例会机制解决施工难题，坚持施工建设和布展设计双管齐下等举措，推进中共余杭历史馆建设。11月11日，开馆仪式举行。区四套班子领导，省委、市委党史研究室领导，正区级老领导，区有关部门和部分镇（街道）负责人以及党员代表、学生代表等约100人参加开馆仪式。截至年底，中共余杭历史馆接待参观团队39批次、900余人次，接待市民群众1900余人。

【史志书籍编研】 2019年，区史志办多次召开协调会推进《中国共产党余杭历史（1978—2002年）》编纂及审稿工作，截至年底，形成初稿，启动意见建议征求工作。11月，《余杭年鉴（2019）》出版。开展余杭民国史、当代史研究，先后出版《余杭“四无”粮仓史料辑》《当代报刊中的余杭文献选辑》《近代余杭经济文献选辑》《近代余杭教育文献选辑》等史料辑。指导专业、镇（村）志编纂，参与指导《临平志》《余杭农业农村志》《余杭乡镇企业志》《余杭经济技术开发区志》《余杭工会志》《运河志》等志书编纂。

【史志文化宣传】 2019年，区史志办结合庆祝中华人民共和国成立70周年活动，7—10月，在《余杭晨报》开设“壮丽70年·红色记忆”专栏，刊登13则党史人物、党史故事，宣传余杭红色文化。向“余杭先锋”“余杭晨报”微信公众号和“学习强国”等新媒体平台推送红色故事，其中《红色人物·罗希明：两次临危受命到余杭》《“红色法学家”何思敬故居》被“学习强国”全国平台“党史”专栏刊登，《余杭抗日战争纪念馆》《安乐山革命烈士墓》《余杭革命烈士纪念碑》被“杭州学习平台”选登。开展进家庭、进企业、进学校、进镇（街道）、进机关以及党建结对走亲等具有史志特色的“五进一走”宣传服务活动，向全区20个镇（街道）的村（社区）文化礼堂赠送党史、地方志书籍500余册。

2019年11月11日，中共余杭历史馆开馆仪式举行

（区史志办 供稿）

【史志学会工作】 2019年，区史志学会成员发挥史志研究专长，在地情研究、论著编撰、文物保护等方面取得成果。学会副理事长吕伟刚的《塘栖古桥》发行重订版。陈杰撰写的《民国杭县修志始末》发表在2019年第4期《中国地方志》上，参与《临平志》编撰，在《杭州月志》《余杭史志》《美丽洲》《苕溪》等刊物上发表地方志研究文章8篇。虞铭的研究成果《钱塘

元帅庙会》出版。学会成员杨叶编辑《余杭历代人物碑传集》，列入《杭州全书·余杭文献集成》，并点校《沈谦集》《贝琼集》《孙士毅集》。卓介庚撰写的《中华英杰章太炎》出版。胡健敏撰写的《侵杭日军的幕后帮凶——杭州野战局》在《杭州月志》上发表。陈宏主编《径山文化研究论文集·2019卷》出版，撰写论文《关于乡村志编修的几点想法》参与市志办宣讲，主持修缮径山长乐烈士陵园和张家台门（中共临余工委旧址）等红色基地，开展芝山湿地公园文化植入工作。俞金生搜集整理《历朝游览洞霄宫人物》。祝一帆出版散文集《一叶风帆》，在《杭州月志》等刊物上发表文章，并获奖。张承模提供的下沙围垦相关史料在中共余杭历史馆展出，撰写的《我与下沙围垦》将在《余杭史志》上发表。其他成员如金耘、高建华、徐舜年、程森濂、何立庆等积极向《余杭史志》投稿，丰富刊物内容。

“一日看尽余杭千年”研学夏令营活动 （区史志办 供稿）

【方志馆接待讲解工作】 2019年，余杭方志馆全年接待游客约7万人次。其中，接待省市区领导团队59批1198人次，接待江苏无锡史志办、青海省史志办、山东阳信史志办等史志同行8批61人次。

【方志进校园活动】 2019年，余杭方志馆继续与塘栖镇第三小学、塘栖中学合作，开展“余杭文化传承人”培训活动。其中，开展小学生培训15次、高中生暑期集中培训7次，近100名中小学生参加馆内讲解、培训实践活动。7月，区史志办联合区教育局招募50名中小学生，开展“五进一走”三服务——“一日看尽余杭千年”研学夏令营活动，带领学生参观乾隆御碑、广济桥、郭璞井、京杭大运河、何思敬纪念馆及良渚古城遗址公园，帮助学生了解余杭地方历史文化。

【方志馆临展讲座】 2019年，余杭方志馆围绕“运河文化带建设”开展系列活动，在运河边举办送福送春联活动，举办“流动的余杭——京杭大运河（余杭段）”主题展，宣传运河文化。4月21日，在余杭方志馆开设“人人讲堂”第12期“水袖翩然里的古典传承——唐蕴岚昆曲历史及表演”，邀请昆曲专家唐蕴岚进馆讲授传统文化，听众近80人。

（刘雪萍）

·党校教育·

【概况】 2019年，市委党校余杭区分校（区行政学校、区社会主义学院）（下称“区委党校”）以习近平新时代中国特色社会主义思想为指导，全面贯彻中共十九大、十九届历次全会精神和全国、省市党校工作会议精神，深入学习贯彻区委十四届八次全体（扩大）会议精神。开展“不忘初心、牢记使命”主题教育活动，形成完善学、查、改、做融入日常的工作体系，开展“初心品谈”系列党课，组织活动6场。开展“三服务”活动，人均走访农户30余家，解决实际问题26个。走访调研20个镇（街道）党校规范化建设，指导培育示范型镇（街道）党校。以“政治建校、质量立校、人才强校、从严治校”办学理念为统领，完成教学、科研、管理工作任务。

【干部培训】 2019年，余杭区举办“不忘初心、牢记使命”主题教育集中轮训班等主体班41期，培训5803人次；举办美丽洲大讲堂10场（含机关干部大讲堂），培训2920余人次；完成远程课堂视频讲座25场，培训700人次。

2019 年主体班一览表

表 6

类别	班次名称	培训对象	期数	培训时间	参训人数（人）
轮训班	区管领导干部“不忘初心、牢记使命”主题教育集中轮训班	全体区管领导干部（含调研员、副调研员），区管正职 1 期、副职 2 期	3 期	9 月 19—21 日	337
				9 月 22—24 日	349
				9 月 26—28 日	364
	村（社区）书记“不忘初心、牢记使命”主题教育集中轮训班	村（社区）党组织书记	1 期	10 月 10—14 日	400
	村（社区）主任“不忘初心、牢记使命”主题教育集中轮训班	村委会主任、社区居委会主任	1 期	10 月 23—27 日	360
“宇航先锋计划”培训班	新录用干部“启航计划”培训班	新录用公务员	1 期	10 月 28 日至 11 月 15 日	58
	名校毕业生“菁航计划”培训班	面向 C9 联盟高校、世界百强名校等招聘的优秀毕业生	1 期	10 月 28 日至 11 月 15 日	52
				第一期分两批次（3 月 26—31 日、4 月 8—13 日）赴井冈山党性教育，其他时间机动举办：4 月 28 日至 5 月 8 日、7 月 8 日、8 月 23 日、11 月 7 日	100
	年轻科级干部“远航计划”培训班	28 周岁以下、综合素质较好、有培养潜力的科级以下优秀苗子	1 期	3 月 26—28 日、4 月 12—13 日、5 月 10—11 日、6 月 14—15 日、7 月 5—6 日、7 月 25—26 日、8 月 18—19 日、8 月 23—24 日、9 月 29—30 日、10 月 18—19 日、11 月 22—23 日	100
	中青年骨干“兴航计划”培训班	全区各单位优秀中青年干部，分两个班	2 期	4 月 1 日至 5 月 15 日	35
	年轻区管干部“领航计划”培训班	35 周岁及以下具有“狮子型”气质的年轻区管副职领导干部	1 期	5 月 6—12 日	50
	区管干部任前培训班	新提任区管岗位或转任重要岗位的区管领导干部	1 期	8 月 27 日	115
	区管正职领导和企业家新时代、新经济、新业态专题研修班	区管正职领导干部，以改革创新为主题开展专题研修	1 期	4 月 20—26 日	55
素质提升班	区管副职“护航计划”全域创新专题班	区管副职领导干部，以党性锻炼为主题开展专题研修	1 期	6 月 10—19 日	45
	纪检监察干部主题学习班	全区专职纪检监察干部	1 期	6 月 26—28 日	235
	全区组织工作半年度会议暨读书会	部分镇（街道）、平台、区直部门分管组织工作的领导，相关科室负责人	1 期	8 月 1—2 日	300
	镇（街道）宣传委员素质提升培训班	镇（街道）宣传委员、宣传干事，宣传系统中层及以上干部	1 期	10 月 28—30 日	80
	党外人士、统战工作者培训班	全区各统战系统干部、镇（街道）统战工作干部	1 期	9 月 2—4 日	66
	民主党派负责人、党外代表人士读书班	全区民主党派负责人	1 期	5 月 19—24 日	50
	区新任基层工会主席培训班	基层工会主席	1 期	6 月 26—27 日	125
	社科理论骨干培训班	社会科学界有关理论骨干	1 期	4 月 11—12 日	100

续表 6

类别	班次名称	培训对象	期数	培训时间	参训人数（人）
素质提升班	基层理论宣讲骨干培训班	镇（街道）理论宣讲骨干	2 期	镇（街道）党校师资培训班 3 月 13—15 日	40
				基层理论宣讲骨干培训班， 赴长兴县校现场教学 7 月 3—5 日	60
	团干部培训班	直属团组织负责人	1 期	9 月 18—20 日	150
	妇联干部培训班	镇（街道）妇联副主席、系统妇委会主任	1 期	7 月 29—30 日	65
	党代表培训班	市、区党代表	1 期	第一次集中培训 10 月 24—25 日	70
				第二次集中培训 12 月 31 日	185
	红雁导师、云雁成长培训班	红雁导师团成员和优秀村（社区）党组织书记	2 期	第一期集中培训， 赴诸暨、柯桥现场教学 4 月 15 日、5 月 13—14 日	50
				第二期赴复旦大学集中培训 7 月 29 日—8 月 1 日	55
	区部分村（社区）党组织书记及区派第一书记培训班	软弱落后村（社区）党组织书记，区派第一书记	1 期	改为区部分村（社区）党组织书记 及区派第一书记培训班 4 月 23—24 日	130
	新雁培育、雏雁孵化培训班	新任村（社区）党组织书记和村（社区）党组织书记后备力量	2 期	与村（社区）党组织书记 轮训班结合举办	—
	党员轮训示范班	全区普通党员	4 期	“两新”组织党务人才培训班，赴良渚博物院现场教学 4 月 24—26 日	120
				党务干部主题教育轮训班 10 月 10—11 日	220
				人才工作者培训班 10 月 17—19 日	125
				党员电教远教骨干管理员培训班，赴杭州市党群服务中心举办 12 月 3 日	100
	“两新”组织党务人才主题教育培训暨资质认证班	非公企业党务工作者	1 期	“两新”组织党务人才主题教育培训暨资质认证班 9 月 19—20 日	150
	“两新”党组织书记示范培训班	“两新”党组织书记	1 期	与党务工作者培训班联合举办、赴富阳现场教学 5 月 22—24 日	350
	高级知识分子群体发展对象和入党积极分子培训班	高级知识分子群体发展对象和入党积极分子	1 期	11 月 13—15 日	105
公务员学法用法轮训班	全区公务员，分三年完成		1 期	结合“周三夜学”举办 5 月 15 日、6 月 19 日、7 月 17 日、8 月 14 日、9 月 17 日、10 月 16 日	350
对口帮扶培训班	贵州省黔东南州天柱县、湖北省咸丰县的领导干部、专业技术人员、村干部、农村实用人才等		2 期	咸丰县青年暨“狮子型”干部培训班 4 月 18—30 日	52
				咸丰县青年干部班部分课程与“启航计划”“青航计划”班合上 11 月 8—13 日	50
总计				41 期次	5803

美丽洲大讲堂（含机关干部大讲堂）一览表

表 7

序号	培训主题	培训时间	主讲人	培训天数	培训人数（人）
1	浙江改革开放的基本经验及在全国的意义	1 月 9 日	胡坚（浙江省中国特色社会主义理论体系研究中心主任、浙江省人民政府咨询委员会特邀委员）	半天	350
2	城市大脑	3 月 20 日	王坚（阿里巴巴集团技术委员会主席、杭州城市大脑总架构师）	半天	350
3	机构改革与国家治理现代化	4 月 19 日	竹立家（国家行政学院教授、纪检监察室主任）	半天	320
4	我国的安全环境和国防外交政策	4 月 24 日	徐焰（国防大学战略教研部教授，博导，中国军事科学学会历史分会副秘书长）	半天	350
5	用过硬作风推进“牢记使命”主题教育	5 月 22 日	张小勇（浙江省直机工委原正厅级副书记）	半天	300
6	中美贸易摩擦	7 月 26 日	曹新（中央党校、国家行政学院）经济学教研部教授	半天	320
7	中国大战略	9 月 5 日	储殷（国际关系学院教授）	半天	320
8	习近平总书记与“八八战略”	10 月 17 日	周咏南（浙江日报报业集团副总编辑）	半天	310
9	中共十九届四中全会精神宣讲	11 月 28 日	陈伟民（市委宣讲团成员、市人大常委会研究室主任）	半天	300
10	第三十一期“周末讲堂”暨第四期“机关干部大讲堂”	12 月 16 日	郑金洲（中国浦东干部学院副院长）	半天	350

【区管干部“不忘初心、牢记使命”主题教育集中轮训班】 分三期举行。第一期于 2019 年 9 月 19—21 日举行，全区部分区管领导干部 330 人参加培训。第二期于 9 月 22—24 日举行，全区部分区管领导干部 350 人参加培训。第三期于 9 月 26—28 日举行，全区部分区管领导干部 370 人参加培训。培训期间，区委党校邀请中共浙江省委党校教授、杭州市委党校教授以及部分区领导作专题讲座，讲解“《习近平新时代中国特色社会主义思想学习纲要》导读”“长三角一体化发展”等内容；组织学员收看红色电影，并就“十个如何”开展新时代解放思想大讨论。

【全区村（社区）党组织书记、主任“不忘初心、牢记使命”主题教育集中轮训】 全区村（社区）党组织书记主题教育轮训班于 2019 年 10 月 10—14 日举行，420 人参加。市委常委、区委书记张振丰作开班动员并以“牢记嘱托 实干担当 为推进余杭高质量可持续快发展砥砺前行”为题上专题党课。全区村（社区）主任主题教育轮训班于 10 月 22—26 日举行，280 人参加。培训期间，区委党校邀请省委党校教授、市委党校教授以及部分区领导专题讲解“《习近平新时代中国特色社会主义思想学习纲要》导读”“习近平总书记对杭州的殷切期望”“城乡社区建设”“乡村振兴”等理论课程，组织学员收看红色电影，并就“十个如何”开展新时代解放思想大讨论。

【余杭区年轻科级干部“远航计划”培训班】 2019 年 3 月 26 日开班，100 名学员通过课堂讲授、党性锻炼、现场教学、党性分析、专题调研、学员研讨等环节参与培训，全年开展培训 10 期，每期 2 天。邀请中共浙江省委党校教师包海波、何圣东、祝鸿杰、孙雄，中共杭州市委党校教师吴百花，中共上海市委党校教师赵勇分别作“长三角一体化发展国家战略——浙江省视角”“数字经济”“公文写作理论与规范”“宗教专题”“全媒体时代的网络舆情处置”“落实本领和执行力提升”专题讲座。

【中青年骨干“兴航计划”培训班】 2019 年 4 月 1 日至 5 月 15 日举办，全区各单位优秀中青年干部 35 人参加培训，培训分为理论武装、党性锻炼、实践交流、专业提升、素质提升、考核评比等板块。邀请上海政法学院社会管理学院院长、教授章友德，绿城服务集团有限公司副总裁鞠晓威，浙江大学公共管理学院教授戴文标，复旦大学社会发展与公共政策学院顾东辉等开展“基层政治与社会治理创新”“物业管理与业委会建设”“创新发展的机遇与挑战”“三社联动与社会发展”等专题讲座；组织学员赴淳安参加党性锻炼、赴苏州进行异地教学，开展学员讲党课、交流研讨等活动。

【区管正职领导和企业家新时代、新经济、新业态专题研修班】 2019年4月20—26日在清华大学举办，54人参加。北京大学经济学院经济研究所所长雎国余、北京市委党校教授李诗洋、北京大学经济学院发展经济学系主任曹和平、中国社会科学院中小企业研究中心理事会副理事长吴琨、国际工业区块链标准化组织总干事阚雷、对外贸易大学教授杨立强、中央党校经济学教研部教授张玉杰、清华大学计算机科学与技术系教授孙富春分别作“当前宏观经济分析与供给侧改革”“金融科技与创新范式”“推实体经济与虚拟经济发展”“地方政府投融资与风险管控”“5G发展趋势与商业新机遇”“招商引资策略与创新”“聚焦泛长三角经济带之开放型经济与国际化”“人工智能与创新发展”等专题讲座。

【余杭区“领航计划”全域美丽专题研修班】 2019年5月6—12日在四川省委党校举办，46人参加。学习“城市发展新理念”“成都市实施城乡融合发展战略的实践”“公园城市理念及规划建设实践”“创新城市发展理念，打造现代城市”“四川构建‘一干多枝、五区协同’区域发展新格局”“成都产业发展新格局与新思路”“天府新区公园城市建设实践”“美丽乡村建设”等课程，赴成都天府新区、成都东郊记忆文化与科技融合示范区、成都市锦江区三圣乡花卉与旅游产业融合示范区、兴隆湖湿地公园等地开展现场教学。

【区管副职“护航计划”全域创新专题研修班】 2019年6月10—19日在浙江省委党校举办，42人参加。学习习近平新时代中国特色社会主义思想的哲学智慧、当代科技发展态势与浙江发展新动能、国外政府机构设置模式与创新趋向高水平推进农业农村现代化、全媒体时代的舆论引导与舆情处置、实施创新驱动发展战略、增强现代经济体系战略支撑、大力发展共享经济、拓展经济增长新动能等内容。

【社会培训】 2019年，区委党校重点围绕余杭区“三个全域”建设和接轨大上海融入长三角的定位，及基层党建等特色工作开展社会培训，先后举办富阳区委党校中青班、温岭市优秀村（社区）党组织书记示范培训班、淳安县第一期工会干部业务培训班、舟山市普陀区科级干部营商环境打造专题培训班、衢州乡镇党委书记班、桐庐县离退休干部党支部书记培训班、绍兴市柯桥区“源头干部”素质能力提升班等区外培训班8期，培训500余人。

【党校科研工作】 实施科研课题带动策略，2019年，获得省市区立项课题23项次，各类理论研讨会征文10余篇次，公开发表文章5篇，出版《新时代浙江省全面深化改革开放的县域发展与实践研究》一书。获得2018—2019年度全省党校（行政学院）系统科研工作进步奖。开展调研，截至年底，组织校级重点课题研究17项（含专报课题6项），其中《余杭如何真正成为接轨大上海融入长三角的桥头堡》《关于加强余杭区与上海科创合作的建议》等研究获得区委主要领导批示肯定。定期编发咨政刊物《战略观察》4期、《智库联盟》2期。编辑《新时代浙江省全面深化改革与县域发展实践研究》一书。

【“红色智库”建设工程】 2019年，区委党校推进教研咨一体化工作。发挥浙江省县级党校智库研究中心、中国法治实践学派调研基地（余杭）机制作用，实现科研优势互补。探索与浙江省委党校、浙江省社会科学院、杭州市委党校、余杭区社科联等单位的合作路径，促进党校教师在哲学社会科学研究、精品课建设、科研咨询上有新作为。在全省县级党校层面组建智库联盟研究小组，开展智库专才培训，构建基层党校智库体系。

【浙江省县级党校智库联盟智库专才培训班（第二期）】 2019年12月26日，由浙江省县级党校智库研究中心主办、区委党校承办的浙江省县级党校智库联盟智库专才培训班（第二期）在区委党校开班，为期2天。全省相关县（市、区）党校的研究小组成员近100人参加培训。培训班邀请浙江省委党校科研处处长吴为民，浙江省社会科学院《智库报告》主编、研究员查志强，杭州市社会科学院巡视员、研究员周膺，浙江省社会科学院副研究员李哲罕分别讲授“新型智库建设怎么看，怎么办”“决策咨询报告撰写”“哲学社会科学规划课题申报与研究方法”“申报课题与发表论文的方法技巧”等专题课程，组织开展智库联盟研究小组活动，按照政治与党的建设组、文化（哲学）组、社会建设组、经济与生态组4个小组进行分组讨论。

（单凯）

·老干部工作·

【概况】 截至2019年底，余杭区有离休干部98人，其中本区级78人、杭州市托管9人、垂直管理7人、军队离退休干部休养所2人、易地安置2人；退休干部（含行政、事业职工）8510人。在8608名离退休干部中，属市委管理的享受地专级两项待遇的1人，区（县）级正职领导职务的6人，区（县）级副职领导职务的35人；本区区委管理的正副局级职务的679人。全年区委老干部局报送信息185篇，推送微信公众号116篇，其中“学习强国”浙江学习平台录用1篇，被省委、市委老干部局录用10篇，“余杭发布”微信公众号录用3篇，“余杭先锋”微信公众号录用2篇。

【老干部思想政治工作】 2019年，区委老干部局持续加强老干部思想政治工作，全年召开全区副处级以上离退休干部形势通报会2期，开展政治学习12场，举办离休干部理论读书会1期，参加学习老干部2300余人次。

【老干部党建工作】 2019年，全区新增老干部支部20个，全区离退休干部党支部总数112个。临平街道机关离退休干部第二党支部被评为全省“最美离退休干部党支部”，崇贤街道银发骄阳志愿服务队被评为全省“最美银耀志愿服务团队”，区民政局退休干部党支部支部书记徐阿富被评为全省“最美银耀志愿者”。按照省委老干部局“五百工程”建设要求，加强离退休干部党建工作阵地建设，年内建立区老党员驿站、长乐林场老党员驿站，利用党群服务中心建立星桥街道、乔司街道等党建共享基地10个，建立临平街道谐邻、径山小古城村曾庆钊老党员工作室等20个老党员工作室，形成临平—星桥、径山—长乐、区检察院—区民政局等老干部工作精品示范线3条。其中，径山小古城村曾庆钊老党员工作室被评为全省老干部先进集体，星桥街道“银耀星光”老干部服务基地被列入全省离退休干部党建共享基地名单，区检察院玉和工作室被列入全省老干部品牌工作室名单，仁和街道探索实施“晚晴计划”案例被评为全省老干部工作优秀创新案例。

【老干部作用发挥】 2019年，区委老干部局组织老干部开展助推“三个全域”争创“四个最美”活动，组建志愿服务团队82支，开展志愿活动1000余次。开展“助推垃圾分类、老干部在行动”活动，举办垃圾分类培训讲座200余次，监督指导活动550余次，发放宣传资料5000余份，参与老干部3000余人次。开展“三服务三助力”活动，组建老干部民营企业助力团、乡村振兴助力团、社会治理助力团，开展政策宣讲、专项调研、矛盾化解等活动160余次，参与老干部1000余人次。区老科协撰写《运河二通道工程建设方案的调研报告》，对运河二通道建设提出建议，得到省市区领导批示。在全区经济社会发展形势通报会上，表彰区教育局机关退休党支部等“最美老干部党支部”10个、区林水局银禹“大美大绿”志愿服务队等“最美老干部志愿服务团队（工作室）”12个、沈荣祖等“最美老干部党支部书记”10名、郭天福等“最美老干部志愿者”36名。

【老干部服务管理】 2019年，区委老干部局采取购买服务形式为全区100名离休干部提供家政、保洁、理发、送货、“医养护一体化签约”等个性化服务，组织离休干部体检休养，举办专家义诊、健康讲座活动各1次。全年指导相关单位处理老干部丧事20件，处理老干部来信来访3件。

2019年上半年全区经济社会发展形势通报会暨全区离退休干部专题党课举行

（区委老干部局 供稿）

【老干部活动中心建设】 2019年，区委老干部局按照“三个阵地”（党性锻炼阵地、活动教育阵地、文化养老阵地）标准，加强老干部活动中心规范化建设和“满意家园”建设。全年利用活动中心组织开展元宵游园、喜看余杭发展新变化、优秀文艺作品征集展示等活动22场。完成报告厅提升改造工程，为老干部开展文体活动、实现文化养老提供平台和场所。

区委老干部局组织开展庆祝新中国成立70周年文艺会演

（区委老干部局　供稿）

【老年大学建设】 2019年，区老年大学开设课程26门、班级48个，参加学习2200余人次；举办时政大讲堂4场，报送社科联课题2个。组织老干部艺术团举办“幸福余杭、礼赞祖国”周末剧场、文化走亲等演出活动6场，参与群众1800余人次。开展家风宣讲、送春联、书画联谊、茶艺养生等志愿活动15次，服务基层群众。深化“最多跑一次”改革，完成老年大学网上报名系统建设，推进老年大学瓶窑教学点建设。

（盛哲明）

·保密工作·

【保密宣传教育】 2019年，区委办（区国家保密局）继续将保密教育列入公务员初任培训班、全区党政机关办公室主任培训班的教学内容，提高新录用公务员和党政干部的保密观念和保密意识。组织开展《保密工作》杂志征订。以全区深入推进“两学一做”学习教育常态化制度化为契机，将保密知识纳入“送业务知识进夜学活动”内容，全年开展“周三夜学”送保密课进机关活动10次，培训领导干部和涉密人员800余人次。

【保密防范体系完善】 2019年，区委办（区国家保密局）加强网络保密管理，完成非涉密计算机入网保密审查系统升级改造和全国保密综合信息系统余杭子系统建设。加强保密监督检查，做好全区非涉密计算机违规行为的日常监控和检查，以及电子政务平台系统数据的日常保密检查和监管。加强涉密人员管理，落实聘用、借调等非在编涉密人员的保密教育和提醒。加强涉密信息管理，做好涉密计算机登记备案、全区各单位涉密计算机“三合一”装置安装、红黑电源插座配备、保密光盘及涉密文件登记本领用工作，确保涉密信息使用管理安全规范。

【保密行政管理规范】 2019年，区委办（区国家保密局）做好涉密项目、涉密信息系统的审查备案，强化保密审查人员责任，全年审查备案涉密项目3个。会同区教育局、区公安分局等单位做好高考、中考保密检查，确保高考、中考保密工作“条件达标、培训到岗、措施到位、责任到人”。开展全区保密工作自查自评及检查，掌握各单位自查自评工作进度，做好保密工作目标管理考核工作。

【秘密事项管理】 2019年，区委办（区国家保密局）做好重大涉密会议和重要涉密活动期间的服务保障工作，确保涉密会议信号屏蔽符合相关保密要求。做好杭州地铁9号线一期工程临邱区间西洋桥拆复建专用通信管线迁改工程后续相关工作。做好涉密载体集中回收销毁，全年组织6次涉密载体集中回收销毁活动，回收涉密载体80余吨。

（董斌）

编辑：刘雪萍

杭州市余杭区人民代表大会及其常务委员会

People's Congress and the Standing Committee of Yuhang District

·重要会议·

【区十五届人大三次会议】 2019 年 1 月 29 日至 2 月 1 日在临平举行。出席会议应到代表 300 名，会议开幕式实到代表 290 名。1 月 28 日下午举行大会预备会议，选举产生由 44 人组成的大会主席团，选举孙炳松兼任大会秘书长。区十五届人大三次会议举行 4 次全体会议，5 次主席团会议。

会议听取和审查余杭区人民政府区长陈如根所作的政府工作报告，审查批准区发展和改革局受区人民政府委托所提出的关于杭州市余杭区 2018 年国民经济和社会发展计划执行情况与 2019 年国民经济和社会发展计划，审查批准区财政局受区人民政府委托所提出的关于杭州市余杭区 2018 年财政预算执行情况和 2019 年财政预算，听取和审查区人大常委会副主任孙炳松受区人大常委会委托所作的关于杭州市余杭区人民代表大会常务委员会工作报告，听取和审查区人民法院院长罗鑫所作的杭州市余杭区人民法院工作报告，听取和审查区人民检察院检察长陈娟所作的杭州市余杭区人民检察院工作报告。

会议从 12 个候选项目中票决出便民服务项目、住房保障项目、供水改善项目、健康惠民项目、文体惠民项目、教育惠民项目、养老服务项目、农贸市场项目、农村道路项目、公共安全项目等 10 个项目，列为 2019 年杭州市余杭区人民政府民生实事项目。会议对 2018 年杭州市余杭区人民政府民生实事项目进行满意度测评。

会议决定接受孙炳松辞去杭州市余杭区第十五届人民代表大会常务委员会副主任职务，决定设立杭州市余杭区第十五届人民代表大会社会建设委员会，依法补选阮文静（女）为杭州市余杭区第十五届人民代表大会常务委员会主任，依法补选曾宏为杭州市余杭区第十五届人民代表大会常务委员会副主任，依法补选方晨尔、厉息安、胡建春为杭州市余杭区第十五届人民代表大会常务委员会委员，依法表决通过方晨尔为杭州市余杭区第十五届人民代表大会法制（内务司法）委员会副主任委员，依法表决通过部分杭州市余杭区第十五届人民代表大会财政经济委员会组成人员。

会议期间，组织专题审议小组对政府部门预算、专项资金进行专题审议。

至大会议案截止时间，代表议案审查委员会收到代表建议 260 件，经代表议案审查委员会审查并经大会主席团讨论，决定全部予以受理。本次会议提交的代表建议中，涉及基础设施建设、城市管理、交通、规划和自然资源等方面的有 112 件，占总数的 43.1%；涉及文化、教育、卫生、社会保障等方面的有 62 件，占总数的 23.8%；涉及发展改革、经济、财政、金融等方面的有 46 件，占总数的 17.7%；涉及美丽乡村建设的有 15 件，占总数的 5.8%；涉及民主法制、社会稳定、公共安全等方面的有 14 件，占总数的 5.4%；涉及环境保护和生态建设等方面的有 8 件，占总数的 3.1%；其他方面的有 3 件，占总数的 1.1%。代表建议反映比较集中的主要有 5 个方面：一是交通出行，主要涉及交通道路建设、公交线路优化、公共停车泊位建设等；二是城乡统筹，主要涉及小城镇环境综合整治、美丽乡村建设、村级集体经济发展等；三是环境综合治理，主要涉及生活垃圾分类、建筑垃圾处置、污水处理设施建设等；四是公共服务体系完善，主要涉及教育卫生项目建设、文体旅游事业发展等；五是加快经济发展，主要涉及优化平台产业布局、加大民营企业发展支持力度等。

2019 年 1 月 29 日至 2 月 1 日，区十五届人大三次会议举行

（区人大常委会办公室　供稿）

【区人大常委会会议】 2019 年，区第十五届人大常委会举行 9 次会议（第十七次至第二十五次），审议议题 60项，开展执法检查、评议、视察等活动 19 次，提出意见 30 件，依法作出重大事项决议决定 17 项。

区第十五届人大常委会第十七次会议于 1 月 3 日在临平举行。会议书面审议“建设五大余杭，人大代表在行动——助力创新促发展，深化改革提水平”主题活动总结、关于 2018 年度代表小组、代表履职、代表建议考核情况的报告。

区第十五届人大常委会第十八次会议于 1 月 16 日在临平举行。会议审议区十五届人大三次会议有关会议材料（草案）、《杭州市余杭区人民代表大会常务委员会工作报告（讨论稿）》、《杭州市余杭区人民代表大会常务委员会 2019 年工作要点（草案）》，听取和初审区政府《关于杭州市余杭区 2018 年国民经济和社会发展计划执行情况及 2019 年国民经济和社会发展计划（草案）的报告》《关于杭州市余杭区 2018 年政府重大投资项目计划执行情况与 2019 年政府重大投资项目计划（草案）的报告》《关于杭州市余杭区 2018 年财政预算执行情况及 2019 年财政预算（草案）的报告》《关于 2019 年民生实事候选项目形成情况的报告》《2019 年度余杭区政府民生实事项目投票表决办法（草案）》《2018 年度余杭区政府民生实事项目满意度测评办法（草案）》，听取和审议区政府《关于 2018 年度环境状况和环境保护目标完成情况的报告》，书面审议《关于 2018 年度杭州市余杭区人民代表大会常务委员会规范性文件备案审查情况的报告》《杭州市余杭区人民代表大会法制（内务司法）委员会工作报告》《杭州市余杭区人民代表大会财政经济委员会工作报告》及 2018 年余杭区政府民生实事项目监督报告。

区第十五届人大常委会第十九次会议于 1 月 23 日在临平举行。会议听取和审议区人大常委会代表资格审查委员会关于《杭州市余杭区十五届人民代表大会代表资格的审查报告（草案）》，书面审议《关于设立杭州市余杭区第十五届人民代表大会社会建设委员会的决定（草案）》《杭州市余杭区第十五届人民代表大会第三次会议关于通过余杭区第十五届人民代表大会专门委员会组成人员人选办法（草案）》《关于杭州市余杭区十五届人民代表大会第三次会议选举产生或表决通过的国家工作人员宪法宣誓仪式方案（草案）》。

区第十五届人大常委会第二十次会议于 3 月 27 日在临平举行。会议审议并表决《关于促进“全域治理现代化”建设的决定（草案）》。

区第十五届人大常委会第二十一次会议于 5 月 27 日在临平举行。会议听取和审议《余杭区政府关于促进民营经济高质量发展情况的报告》并开展专题询问，听取和审议区政府《关于发展壮大村级集体经济工作情况的报告》《关于要求之江实验室项目增补列入政府重大投资项目计划的报告》。

区第十五届人大常委会第二十二次会议于 7 月 30 日在临平举行。会议听取和审议区检察院公益诉讼工作情况的报告并对部分检察官开展履职监督，听取和审议区政府关于拆迁农居安置房建设情况的报告，重点跟踪 2018 年确定开工项目建设推进情况；听取和审议区政府《关于 2018 年区本级决算草案和2019年上半年预算执行情况的报告》，审查批准2018年区本级决算；听取和审议区政府提出的审计机关《关于2018年预算执行和其他财政收支情况的审计工作报告》；听取和审议区政府《关于2017年度预算执行和其他财政收支情况的审计工作报告指出问题的纠正情况和处理结果的报告》《关于2019年上半年国民经济和社会发展计划执行情况的报告》《关于2019年上半年政府重大投资项目计划执行及部分变更情况的报告》《代表建议办理工作“回头看”活动调研评估报告》，审议并表决区人大常委会南苑街道工委委员调整事项。

区第十五届人大常委会第二十三次会议于9月30日在临平举行。会议听取和审议区政府关于深化商事制度改革、优化营商环境的报告，审议并表决《关于设立社会建设工作委员会及法制内务司法工作委员会更名的决定（草案）》。

区第十五届人大常委会第二十四次会议于11月28日在临平举行。会议听取和审议区政府关于办理代表建议、批评和意见情况的报告，进行代表建议办理情况绩效评估，听取和审议区政府《关于要求部分变更2019年财政收支预算的议案》《关于国有资产管理情况的报告》《关于区人大常委会票决的政府重大投资项目推进情况的报告》，运河、星桥、中泰街道人大工委履行职责的报告；审议并表决《关于修改〈杭州市余杭区人民代表大会常务委员会办事机构和工作机构工作职责〉的决定（草案）》《关于修改〈杭州市余杭区人民代表大会常务委员会任免国家机关工作人员办法〉的决定（草案）》。

区第十五届人大常委会第二十五次会议于12月16日在临平举行。会议审议并表决《关于召开杭州市余杭区第十五届人民代表大会第四次会议的决定（草案）》《关于调整乔司街道和余杭街道杭州市余杭区十五届人民代表大会代表名额的决定（草案）》《关于选举和补选杭州市余杭区十五届人民代表大会代表的决定（草案）》，书面审议《“关于开展推进‘三个全域’建设，人大代表在行动——创新基层治理现代化”主题活动总结》。

（朱晨希）

·重大活动·

【决议决定】 2019年2月1日，区第十五届人民代表大会第三次会议作出《杭州市余杭区第十五届人民代表大会第三次会议关于政府工作报告的决议》《杭州市余杭区第十五届人民代表大会第三次会议关于杭州市余杭区2018年国民经济和社会发展计划执行情况与2019年国民经济和社会发展计划的决议》《杭州市余杭区第十五届人民代表大会第三次会议关于杭州市余杭区2018年财政预算执行情况与2019年财政预算的决议》《杭州市余杭区第十五届人民代表大会第三次会议关于杭州市余杭区人民代表大会常务委员会工作报告的决议》《杭州市余杭区第十五届人民代表大会第三次会议关于杭州市余杭区人民法院工作报告的决议》《杭州市余杭区第十五届人民代表大会第三次会议关于杭州市余杭区人民检察院工作报告的决议》。

3月23日，区第十五届人大常委会第二十次会议作出《杭州市余杭区人民代表大会常务委员会关于促进“全域治理现代化”建设的决定》。

7月30日，区第十五届人大常委会第二十二次会议作出《杭州市余杭区人民代表大会常务委员会关于批准杭州市余杭区2018年本级财政决算的决议》。

11月29日，区第十五届人大常委会第二十四次会议作出《杭州市余杭区人民代表大会常务委员会关于部分变更2019年财政收支预算的决定》。

12月16日，区第十五届人大常委会第二十五次会议作出《杭州市余杭区人民代表大会常务委员会关于召开杭州市余杭区第十五届人民代表大会第四次会议的决定》。

【坚持党的领导】 2019年，区人大常委会党组向区委请示报告年度工作、人大会议筹备、制度建设等重要事项6次，区委常委会研究人大相关议题7个。协助开好区委人大工作会议。为区委出台《关于高水平推进新时代人大工作与建设的意见》等3个制度性文件提供参谋。审查批准政府重大投资项目，投票表决10个总投资3亿元以上项目，开展“回头看”监督2015年以来常委会票决的60个政府重大投资项目。听取和审议预算、决算、审计情况报告，审查批准决算和预算调整方案。依法作出决议决定17项，任免国家机关工作人员109人次。建立区政府向区人大常委会报告国有资产管理情况制度，听取和审议相关报告，推进国有资产管理公开透明。健全人大讨论决定重大事项办法和区政府重大决策出台前向区人大报告制度，形成区人大及其常委会讨论决定重大事项清单。深化预算联网监督系统建设，拓宽代表“线上”审查监督渠道。

【围绕区中心工作履职】 2019年，区人大常委会通过“专题调研+专项审议+专题询问”方式，与省市人大联动，开展促进民营经济高质量发展专项监督。赴五大平台、20个镇（街道）开展调研，汇总梳理建议100余条，其中26条建议被区政府采纳并写入“全域创新66条”。审议区政府关于促进民营经济高质量发展情况报告，围绕调研中发现的14个突出问题开展专题询问。听取和审议余杭区深化商事制度改革、优化营商环境工作报告。跟踪监督区“最多跑一次”改革推进情况，推动住所证明等涉企事项“批前繁”问题解决。围绕打造一流创新创业环境开展调研，向区政府提出四方面具体建议。针对“全域美丽”重大基础设施建设，专项视察“四好农村路”、美丽公路“八口八线”、大径山乡村国家公园等项目建设。组织开展临平老城区有机更新、小城镇环境综合整治等监督活动，合力推进“靓城行动”。听取美丽乡村建设专项资金使用情况报告，对提升资金使用绩效提出意见建议。支持良渚古城遗址申遗，加大遗址周边环境整治工作监督力度。持续关注治水治气治废（物），听取生活垃圾分类、“污水零直排区”创建等情况报告，跟踪监督固体废物污染环境防治法执法检查和审议意见的落实情况，与市人大联动开展大气污染防治法执法检查。常委会作出关于促进“全域治理现代化”建设的决定，号召社会各界共同打造一流善治之区。开展“推进‘三个全域’建设、人大代表在行动——创新基层治理现代化”代表主题活动，共有698名区、镇两级人大代表参与，组织各类活动113次，协调解决问题739个。参与“三治融合”乡村善治体系建设，相关经验做法在市人大推进乡村善治工作现场会作交流介绍。开展小区物业管理专题调研，提出以“党建+物业管理”为突破口，打造基层治理“余杭样板”的建议。举办“法治大讲堂”活动，以宪法宣传、物业管理等为主题举办3期讲座。发挥市人大常委会基层立法联系点专业优势，将“法律服务直通车”开进东湖街道代表中心联络站。听取扫黑除恶专项斗争工作情况报告。听取和审议区检察院公益诉讼工作情况报告，对2名检察官进行履职评议。通报行政机关负责人出庭应诉情况并组织开展庭审旁听活动。全年备案审查规范性文件39件，受理群众来信来访47件次。

【民事实事项目履职】 2019年，区人大常委会开展调研并听取和审议发展壮大村级集体经济情况报告。聚焦农文旅融合、美丽乡村建设、农民持续增收等工作，监督助推区“三农”发展。关注教育资源供给总量和结构性问题，通过执法检查、专题调研等，督促加快补齐中小学和幼儿园学位不足、区域间教育资源布局不均衡等短板。专项视察区“医共体”建设，推动“健康余杭”高质量发展。对区养老服务保障工作进行专项视察和专题调研，形成《关于提高我区部分老年群体养老及生活服务保障的思考与对策》等调研成果。推进区、镇（街道）两级民生实事项目人大代表票决（会商）制，做好“民主定”的同时重点抓好“后续督”。常委会组建7个专项监督小组，跟踪监督10件区政府民生实事，开展专项监督14次，向区政府提交意见建议26条，推动民生实事项目按时保质完成。指导镇（街道）人大（人大工委）做好120件镇（街道）民生实事项目的全过程监督。对余杭区文化艺术中心等3个政府实事工程票决项目开展社会评价。紧盯生

区人大常委会2019年第一期“法治大讲堂”活动
（区人大常委会办公室　供稿）

活垃圾“三化四分”，向340余名市、区两级人大代表发出倡议书，开展生活垃圾分类“随手拍”活动。听取和审议区政府《关于拆迁农居安置房建设情况报告》，督促加快建设进度和安置。与有关部门沟通协调，推动人大代表反映多年的提高安置过渡费标准、山区市政供水管网建设等问题解决。在“三服务”“百千万”“包乡走村”活动中了解基层需求，帮助解决当地群众普遍反映的交通出行、环境整治等问题53个。

【人大代表履职服务】 坚持常委会领导联系人大代表制度，2019年，区人大常委会走访各级人大代表236人次，分片开展代表接待活动5次，“面对面”收集代表意见建议51件，并由职能部门负责人现场逐一答复。常委会领导分别联系20个区人大代表小组，以“一对一”形式对20个政府部门开展第二轮定向视察，全年有199人次代表参与。安排196名区人大代表进选区向选民述职，主动接受选民监督。组织区人大代表开展为期3天的集中培训，提高代表履职能力和综合素质。按照全体代表、新当选代表、代表小组组长等不同对象，分类开展学习培训。为各级人大代表参加省、市人大专题培训、小组活动、交流学习提供服务保障。拓宽人大代表知情明政渠道，推荐347人次代表参加“一府两院”组织的座谈交流、专题调研、电视问政等活动。规范代表履职登记，完善代表履职档案，坚持做好上年度代表履职情况通报工作。在区社会治理综合服务中心设立代表联络总站，在20个镇（街道）和未来科技城打造中心联络站，在村（社区）便民服务中心、企业、口袋公园等处设立代表联系点，构筑“总站+中心站+联络站+联系点”四级体系，为代表接待选民和群众有事找代表提供便捷渠道。出台人大代表活动阵地规范化建设指导意见，明确创建标准和要求。召开代表联络站建设现场交流会，推广南苑、塘栖、瓶窑、径山等中心联络站经验。选树“最美人大代表联络站”10家。健全完善站点活动、接待服务等制度，全年各级代表进站活动人数2108人次，连续三年实现担任区领导职务代表全员进站接待选民，受理反映问题2077件，协调解决1371件。结合主任会议重点督、委办对口督、代表跟踪督等手段，全程督办区十五届人大三次会议期间代表提出的260件建议，所有建议均在规定时间内办复，建议办理面商、答复、态度、落实“四个环节”测评满意和基本满意率均超过95%。连续三年开展代表建议办理“回头看”活动，对代表连续三年提出但未落实的6件建议和区十五届人大二次会议的187件A类建议进行监督，推动建议办理从“答复型”向“落实型”转变。确定区公安分局、区人力社保局两家单位为重点评估对象，对其主办的28件建议逐件调研、分析，并召开大会现场评估。

【镇人大、街道人大工委建设】 2019年，常委会领导坚持定点联系镇（街道）人大制度，赴镇人大、街道人大工委开展指导调研72次。推行街道居民议事会议制度，14个街道产生居民议事代表1141人（其中各级人大代表218人），分别召开第一届一次、二次会议。规范镇（街道）人大工作例会制度，突出经验做法交流，推进重点工作落实。首次将镇（街道）人大工作纳入区级综合考评，初步形成从整体工作到个人实绩的考评体系。组织镇（街道）人大干部参加相关学习培训。

【人大工作交流协作】 探索建立与长三角地区人大交流协作机制，与上海市杨浦区人大常委会签署协议，开展多领域交流与合作。2019年，区人大常委会接待128批次上级和外地人大领导到余杭区考察指导。

（朱晨希）

编辑：郭贤松

杭州市余杭区人民政府

Yuhang District People's Government of Hangzhou Municipality

·重要会议·

【区政府常务会议】 2019年召开区政府常务会议16次，讨论和决定的事项31件。

1月14日，第二十八次区政府常务会议讨论和决定的事项：关于2019年政府工作报告及民生实事候选项目，杭州市余杭区2018年国民经济和社会发展计划执行情况和2019年国民经济和社会发展计划（草案)报告、余杭区2018年政府重大投资项目计划执行情况与2019年政府重大投资项目计划（草案)报告，余杭区2019年财政收支预算安排情况，进一步明确融资备案相关程序的意见等问题。

2月22日，第二十九次区政府常务会议讨论和决定的事项：关于2019年区级国有公司收支及融资计划事宜。

3月31日，第三十次区政府常务会议讨论和决定的事项：传达学习扫黑除恶专项斗争有关情况、关于之江实验室园区一期工程有关事宜。

5月16日，第三十一次区政府常务会议讨论和决定的事项：关于全区安全生产工作及建筑施工、特种设备领域安全监管工作情况，传达学习省委书记车俊调研活动讲话精神。

5月30日，第三十二次区政府常务会议讨论和决定的事项：关于加快钱江经济开发区高质量发展的实施意见。

6月17日，第三十三次区政府常务会议讨论和决定的事项：关于落实国家、省市违建别墅问题清查整治专项行动有关事宜。

7月13日，第三十四次区政府常务会议讨论和决定的事项：关于2018年度余杭区本级预算执行和其他财政收支审计工作报告、2017年度区本级预算执行和其他财政收支审计工作报告指出问题的纠正情况和处理结果报告等问题。

7月22日，第三十五次区政府常务会议讨论和决定的事项：关于2019年上半年国民经济和社会发展计划执行情况报告、2019年上半年政府重大投资项目计划执行及部分变更情况报告，2018年区本级财政决算草案和2019年上半年财政预算执行情况报告等问题。

8月14日，第三十六次区政府常务会议讨论和决定的事项：关于省委常委会、省政府9号超强台风抢险救灾和灾后重建工作视频会、市委常委会有关会议精神及贯彻落实相关工作。

8月25日，第三十七次区政府常务会议讨论和决定的事项：关于上半年安全生产工作情况。

9月4日，第三十八次区政府常务会议讨论和决定的事项：关于余杭区人民政府2019年度重大行政决策事项目录。

9月24日，第三十九次区政府常务会议讨论和决定的事项：关于余杭区“9·6”山洪灾后恢复工作情况、2019年余杭区“亩均论英雄”改革工业企业综合评价结果等问题。

10月18日，第四十次区政府常务会议讨论和决定的事项：传达全省稳外贸、稳外资工作现场会精神及研究余杭区稳外贸工作，贯彻全国禁毒示范城市创建推进视频会议精神加快推进余杭区创建攻坚冲刺工作情况等问题。

11月11日，第四十一次区政府常务会议讨论和决定的事项：关于余杭区2019年财政收支预算调整问题、2018年全区国有资产管理情况、区人大常委会票决的政府重大投资项目推进情况、2019年中央一号文件贯彻落实情况等问题。

12月2日，第四十二次区政府常务会议讨论和决定的事项：关于余杭区接轨大上海融入长三角一体化发展行动计划、余杭区国有公司转型改革方案等问题。

12月16日，第四十三次区政府常务会议讨论和决定的事项：关于全面推进“新制造业计划”、争做新时代制造业发展排头兵的行动方案（2020—2025年），实施“新制造业计划”推动经济高质量可持续快发展的若干意见及其说明，修订余杭区机关事业单位编外用工（人员）管理办法事宜，2019年余杭区食品安全工作等问题。

【区政府全体（扩大）会议】 2019年2月16日召开。会议坚持以习近平新时代中国特色社会主义思想为指引，全面贯彻落实中共十九大及历次全会精神和省市重要会议、区“两会”精神，研究部署2019年政府各项工作，动员全区各级各部门进一步提振精神，克难攻坚，狠抓落实，为推动余杭经济社会高质量可持续快发展奠定基础。

8月4日召开。会议高举习近平新时代中国特色社会主义思想伟大旗帜，深入贯彻中共十九大和十九届二中、三中全会精神，以及中共浙江省委十四届五次全会、中共杭州市委十二届七次全会和中共杭州市余杭区委十四届八次全会精神，回顾总结上半年政府工作，研究部署下半年政府各项工作，动员全区各级各部门进一步坚定信心，克难攻坚，真抓实干，确保全年各项目标任务圆满完成。

（方心飞）

·建议提案办理·

【建议提案办理】 2019年3月5日，区人大常委会、区政府、区政协联合召开人大代表建议、政协提案交办会议。全年区政府领导领办代表建议17件、政协提案10件。各承办单位共领办人大代表建议260件、政协提案330件，均在3个月办理期限内完成办理。建议提案解决率为66.4%，推动出台有关经济发展、城市建设、乡村振兴、社会治理、民生保障方面的政策举措。

（徐晗玥）

·机关事务服务工作·

【概况】 2019年，区机关事务服务中心坚持以“提高站位保发展，转变理念促发展，紧跟改革创新谋发展，加强队伍建设助发展”的工作总基调，围绕区委、区政府中心工作，全面推行后勤物业外包管理模式，完善物业监管体系，除区府大院外其余所辖23处综合楼均纳入大物业管理。

“提升岗位技能，争当后勤服务排头兵”比拼现场
（区机关事务服务中心 供稿）

【后勤服务提升】 2019年，区机关事务服务中心制定后勤服务精细化管理制度，细化管理安保、保洁、绿化、会务、食堂、设备设施维护维修等环节，明确标准及规范工作流程。以绩效考核为抓手，以智慧后勤为平台，实现单位会场预订、公务餐厅预订、餐券购买、公车预订、资产调配、工作人员“一卡通”六项在线办理功能；实现个人报修服务、餐卡办理、停车牌更换、商品订购、失物招领、小勤勤信箱6项在线

公务车驾驶技术测试　　　　（区机关事务服务中心　供稿）

服务功能。

【后勤服务“最多跑一次”改革】　2019年，区机关事务服务中心按照“能精简则精简、能归并则归并”的原则，梳理后勤服务事项14个大项、22个小项。年内，实现“最多跑一次”改革事项22项，占100%；实现“零跑次”事项19项，占86.3%；实现“网上办”事项21项，占95.4%；实现即办事项13项，占59.1%。

【房产基建】　2019年，区机关事务服务中心落实房产审批管理要求，全年审批办公用房维修申报65批次，核减金额395.26万元，平均核减率7.44%；审批营业房租入（出）60批次；助力“平安余杭”创建，完成余杭区社会治理综合服务中心装修并启用；开展办公用房清理“回头看”，牵头清理整改各平台、镇（街道）及部分下属单位办公用房；调配38个机构改革单位的办公用房，按期完成办公楼租赁整修、食堂建设及部门搬迁安置工作。

【公务用车保障】　2019年，区机关事务服务中心加强公务用车保障与经营“两平台”运行，通过“两检两提升三优化”举措，以重管理、强保障、优服务为目标，做好全区公务用车服务管理。全年完成用车任务10580余次、总里程869.40余万千米。整合优化车辆资源，规范车辆更新报废管理，公务用车平台采购更新19辆，后勤用车公司采购更新35辆，划入国企公车145辆。配合完成全区事业单位、国有企业公务用车改革，组建社会汽车租赁平台。开展精细化管理，提升公务用车管理保障水平。

【公共机构节能创建】　2019年1月，创建国家级节约型示范单位的区第一人民医院通过国家验收组验收；4月，临平职业高级中学、区妇幼保健院创建为省级节约型示范单位。截至年底，余杭区公共机构中，被评为国家级节约型示范单位2家、省级节约型示范单位7家。节水型单位创建取得阶段性成效，连续三年70家单位创建为余杭区公共机构节水型单位。“一馆三中心”光伏发电项目入选公共机构光伏发电示范项目。

【公务接待工作】　2019年，区机关事务服务中心坚持公务接待从简从轻作风，全年完成接待任务

2019年，区“一馆三中心”机关食堂面向市民群众开放
（区机关事务服务中心　供稿）

4512批次、102999人次，保障大型会议活动63场次，包括接待服务全国“双创”活动周、良渚古城遗址申遗等重要活动，并将余杭地方特色融入接待流程和会议服务中。

【人文后勤打造】 结合中华人民共和国成立70周年、主题教育学习等契机，中心先后组织开展“唱响祖国 唱响后勤”主题快闪、礼献祖国华诞、致敬后勤服务“工匠精神”等活动；承办余杭区2019年厨艺技能大赛暨“百县千碗·余杭十碗”评选活动，评选优秀餐饮队伍3支、“余杭好地方”特色菜品清单10道。设立每周三“光盘”主题日活动，弘扬节约粮食传统美德；主办余杭区第三届暖冬公益行动，筹集公益款12.5万元。主题教育期间，推动市民之家地下车库停车位“让位于民”，向群众开放“一馆三中心”机关食堂，微信公众号24小时点击量1.3万人次，获中央、省市各级媒体专题报道30余次。

（姚立芸）

·外事工作·

【因公出国（境）管理】 2019年，余杭区严格控制因公出国（境）总量，全年审批党政机关领导干部出访103人次，其中，组团19批83人次、参加上级组团20人次。任务涉及招商引资、国际友城交流、良渚古城遗址申遗、文化艺术交流、招才引智、参加国际性会议、专业技术培训等。审批教育、医疗卫生、文化艺术类专业技术人员出访94人次，其中，姐妹学校交流、专业技术培训等组团20批66人次，参加上级组团28人次。

【外宾接待工作】 2019年，余杭区接待来自塞尔维亚、阿塞拜疆、日本、韩国、德国、英国、荷兰、南非、蒙古、乌干达、越南等国家和地区的境外来宾44批约960人次，洽谈项目内容涵盖经贸合作、友好城市交流、校际友好交流、文化交流等内容。

【国外高层政府官员到访】 2019年1月9日，日本内阁大臣片山皋月一行16人访问余杭区，参观梦想小镇。4月3日，德国驻华大使葛策博士一行访问余杭区，考察人工智能小镇，走访园区企业。4月3—4日，英国伯明翰市市长伊冯娜·莫斯基托率伯明翰市政府代表团访问余杭区，洽谈两地开展友好交流工作，考察人工智能小镇及阿里巴巴集团。5月16日，阿塞拜疆、布基纳法索、乌干达、坦桑尼亚、津巴布韦等五国驻联合国教科文组织代表团大使到余杭区考察良渚古城遗址保护和管理情况。6月18日，第四次发展中国家议员研讨班代表团到余杭考察径山镇小古城村及瓶窑镇农业公共服务中心。8月26日，日本静冈县副知事吉林章仁率代表团访问余杭区，参观良渚古城遗址公园和良渚博物院。9月4日，菲律宾、柬埔寨、新加坡、缅甸、老挝、马来西亚、越南、印度尼西亚等国知识产权部门负责人与东盟秘书处负责人组成的联合代表团访问余杭区，考察未来科技城管委会、梦想小镇和阿里巴巴集团。10月23日，蒙古人民党干部考察团访问余杭区，参观梦想小镇及仓前街道太炎社区，交流基层党建工作。11月6日，塞尔维亚要宾团访问余杭区，考察梦想小镇和园区企业。11月14日，乌干达驻华大使克里斯普斯·基永加一行访问余杭区，考察艺尚小镇和余杭经济技术开发区，

余杭区与南非东开普省莎拉·巴特曼区签署建立友好交流城市关系备忘录

（区政府办公室 供稿）

了解开发区历史沿革、组织架构、相关政策和发展成果。12月16日，联合国秘书长大湖地区问题特使率团访问余杭区，召开非洲大湖地区投资经贸大会。

余杭区代表团在第43届世界遗产大会会场合影　　（王珏　摄）

【国际友好城市交流】　2019年6月11日，荷兰韦尔特市市长友斯·海曼斯率政府代表团及企业代表访问余杭区，就余杭区企业在韦尔特市建设公共海外仓项目计划进行洽谈。9月9日，浙江省省长袁家军、南非东开普省省长玛布雅尼见证余杭区与南非东开普省莎拉·巴特曼区签订建立友好交流城市关系备忘录，两地正式建立友好交流城市关系。

【国外媒体到访】　2019年6月18日，缅甸媒体代表团到访余杭区，参观访问良渚博物院、梦想小镇。10月14日，浙江省国际友城主流媒体代表团访问余杭区，考察梦想小镇有关情况。

【国际会议及活动】　2019年7月5—6日，市委常委、区委书记张振丰率区政府代表团参加在阿塞拜疆巴库举行的第43届世界遗产大会，见证良渚古城遗址被列入“世界遗产名录”，并举办良渚古城遗址推介会。7月16日，2019年院士专家余杭行暨中英智慧城市研讨会在余杭区召开，中国工程院、英国皇家工程院的专家代表，区政府代表及区内智慧产业相关的60家企业代表参加会议。9月5日，参加杭州国际日及杭州国际友好城市市长论坛的国内外嘉宾180人到余杭参观良渚古城遗址公园及阿里巴巴集团总部。9月6日，杭州未来科技城“国际创客港”开园仪式暨第一届国际极客马拉松比赛在未来科技城举办，浙江省委组织部，杭州市委组织部，余杭区委、区政府，国际极客马拉松参赛团队及未来科技城中丹、中法、中瑞海外项目孵化器、领事馆等机构的代表，海外创客，未来科技城海归人才代表约200人参加活动。11月10日，“余您携手　杭向未来”2019年中国杭州国际人才交流与项目合作大会余杭分会场暨“国际人才月”启动仪式在余杭区召开，诺贝尔奖获得者哈特穆特·米歇尔，加拿大工程院院士，伯明翰市工商联国际贸易部门代表，省市友谊奖获得者，白俄罗斯科学院信息学研究所代表，省、市、区政府代表，海外高层次人才代表，区内重点股权投资机构、高新企业及产业园区代表约270人出席活动。

【世界知名企业到访】　2019年8月7日，诺德安达教育集团执行总裁安德鲁·菲茨莫里斯一行访问余杭区，洽谈国际学校项目。8月29日，Kateeva公司首席执行官艾伦·哈瑞斯一行访问余杭区，洽谈柔性OLED项目合作。

（徐露丹）

·应急管理·

【概况】　2019年，全区发生各类事故59起、死亡45人，同比分别下降17%、33.8%。全区各项事故指标未突破控制指标数，未发生较大事故，未发生滑坡、泥石流、地震等自然灾害。余杭区应急管理局被评为2019年度全省应急管理系统先进集体。

【应急体制改革】　2019年，区应急管理局响应机构改革要求，全面承担防指办、森林消防办、防震减灾办、安委办、消安办等5个区级议事协调机构职责。组建8个内设机构和3个参公（事业）单位。聚焦信息化监管和高效性救援新定位，成立科技科、保障科和联动中心。按照“重心下移、权力下放、人员下沉、保障下倾”原则，依托局下沉执法力量、常态化派驻7人全面开展执法检查，整合组建10支镇（街道）专职消防队伍。

（叶庆平）

·侨务工作·

【侨联机构改革】 2019年，实现侨联机构改革单设，落实“三定”方案，规定具体职能、编制、人员情况，明确侨联机关的内设机构人员配置，设主席1名（由区委统战部领导兼任）、事业编制人员4名。设立侨联综合科，负责日常事务。

【侨联组织建设】 截至2019年底，全区已建基层侨联组织48个，实现20个镇（街道）全覆盖。在条件成熟的村（社区）建立侨联基层组织18个，未来科技城建立侨联分会，下设梦想小镇和海创园侨联工作站。成立乐富海邦园、恒生科技园以及贝达药业股份有限公司、中翰盛泰生物技术股份有限公司等园区、企业侨联组织。与高校侨联——浙江理工大学签订战略合作协议。11月，全国各省级侨联负责人、重点侨乡及地市侨联负责人约160人，到未来科技城（海创园）侨联工作站（2019年全国主要大中城市基层侨联建设经验交流会现场考察点之一）参观考察。

【侨联资源优势发挥】 2019年，联合市侨联组织来自16个国家的近30名海外侨领和10余名侨界企业家走进余杭，感受余杭美丽乡村建设成果和发展机遇，活动中成立杭州市海投会鸬鸟产业发展顾问团，与鸬鸟镇政府举行签约仪式。该活动被中新网、杭州新闻、世界浙商网、浙江24小时、《每日商报》等媒体报道。拍摄《因梦而归、因侨而联》视频，宣传余杭区侨联工作成绩，被“学习强国”平台选登。推动华立集团股份有限公司发挥先行者优势，帮助区内家纺、服装、食品加工等中小企业走出国门。

【以侨引智工作】 2019年，全程做好与相关部门的服务对接及人才新政宣传等工作。推荐从日本回国创业的杭州德适生物科技有限公司博士宋宁与区妇幼保健院达成2个合作项目，接待美国天体物理学博士彭元与硅港投资管理（苏州）有限公司博士何欣到余杭区投资考察。牵头举办“智投·未来”全球华人科技项目路演会，展示来自多个国家的18个华人科技项目，其中5G射频芯片与高空清洁机器人2个项目确定落地，获得项目研发预补助资金600万元。

【区留联会青年分会成立】 2019年8月11日，余杭区出国留学人员和家属联谊会青年会成立。分会的成立旨在为新侨搭建一个联系、合作、交友、服务、创新、创业的平台。截至年底，留青会有会员130人，其中海归硕士76人、博士28人。留青会鼓励海外留学回国青年自我教育、自我服务、自我管理、自我完善，发挥正能量。

【促进“新侨”创新创业】 2019年，举办创业主题研讨会，邀请律师为海归青年讲解创业相关法律知识。组织区10家职能部门为海归青年解读余杭人才新政，现场解答海归人才的政策疑问和需求。帮助新侨解决难题，加大新侨与政府的沟通交流，提升企业运营经验。

2019年8月11日，余杭区留联会青年分会成立大会现场

（区委统战部　供稿）

【服务侨企】 2019年，通过“亲情直通车”与“民情直通车”开展服务侨企、侨胞、侨眷系列活动，了解企业需求和存在的问题，回应侨资企业诉求。走访华立集团股份有限公司董事长汪力成，探

讨如何帮助区内民营企业特别是中小企业走出国门；联合为侨法律服务工作站——浙江杰嘉律师事务所，为涉侨企业提供法律和涉侨政策咨询50余次。

【关爱侨胞】 2019年，举办全区“三胞”眷属迎春、中秋联谊会，邀请海外侨胞共迎新春，共叙衷情，共话发展。利用海外侨胞回乡祭祖扫墓之际，上门看望慰问。

【侨务宣传】 2019年，推出“漫画海归”宣传册，以漫画的形式宣传海归人士在余杭创新创业历程，增强海外人士对余杭的认知度与亲切度。推送优秀海归人士丁列明事迹，参加市侨联举办的“最爱是杭州、奋进新时代”杭州侨界演讲大赛，获得一等奖。挖掘区内5名侨界精英事迹，展示侨界人士热爱余杭、奋斗报国的责任担当。

【对外联络联谊】 2019年，组织侨联、侨团人士赴萧山、宁波考察交流，搭建合作平台；参加深圳读书班活动，学习先进；与海宁市侨联商讨两地合作交流，以龙渡湖学堂为基地，组织留青会成员开展以经济统战为主题的交流联谊。

（孙芬华）

2019年8月17日，香港大学生暑期交流实践活动团队走进阿里巴巴集团

（区委统战部　供稿）

·台湾事务·

【赴台文化交流】 2019年2月21—27日，组织余杭滚灯艺术团23人赴台湾南投县开展基层文化交流，向台湾民众展示余杭民间传统艺术，促进两地文化交流。

【“梅花缘　翰墨情”书画展】 2019年3月28日至4月4日，由区政府台湾事务办公室、区文学艺术界联合会主办的“梅花缘　翰墨情——余台两地艺术家书画展”在余杭博物馆开展。展出74幅来自余杭区和台湾地区艺术家的书画作品，其中34幅（组）来自余杭书画艺术家、40件（组）来自台湾地区的书画艺术家。

2019余台“少儿梅乡追梦行”青少年交流活动

（区委办公室　供稿）

【2019余台“少儿梅乡追梦行”青少年交流活动】 2019年7月10—14日，台湾南投县教育处及信义乡地利小学师生一行29人，与余杭育才实验小学学生开展余台“少儿梅乡追梦行”青少年交流活动，加强两地学生交流。

台湾实习大学生参观梦想小镇　　（区委办公室　供稿）

【“扶贫助残送光明　两岸携手共帮扶”活动】 2019年4月25—27日，余杭区组织台湾全人照顾协会和区第一人民医院医疗队赴湖北省恩施州及咸丰县开展“扶贫助残送光明　两岸携手共帮扶——余杭、台湾助力东西部健康扶贫”活动。台湾全人照顾协会、杭州市余杭区的爱心企业向咸丰县人民医院捐赠100枚白内障晶体、心脏起搏器等医疗器材。两地医生、专家为咸丰县的白内障、心脏病、早期胃癌和泌尿患者进行手术，开展手术100余台，向百余名建档立卡的贫困户提供免费手术治疗。

【接待台湾大学生实习】 2019年7月10日至8月7日，安排台湾淡江大学、台湾科技大学、中国文化大学等院校的9名大学生，到梦想小镇、艺尚小镇实习，为台湾大学生深入了解余杭提供机会，提升台湾大学生对祖国大陆的好感和对祖国的认同。

【2019“梅乡结情缘　携手一家亲”余台交流活动】 2019年8月6—11日，台湾南投县信义乡农会理事长林石诚一行20人到访余杭，与余杭农业界人士共同举办休闲农业发展座谈会，考察余杭美丽乡村建设情况。

【承办2019“聚能两岸　智造未来”浙江·台湾合作周人工智能与制造业升级论坛】 2019年9月17日，由余杭区承办的“浙台合作周”人工智能与制造业升级论坛活动举行，台湾工商建研会、台湾电电公会、台湾交大校友会、台湾工业富联等企业代表近100人参加，与余杭企业代表共同研讨如何利用先进自动化和人工智能技术促进加速制造业转型升级等问题。

【第四届“梅乡携手　合作共赢”余台基层交流活动】 2019年10月14—18日，台湾南投县信义乡乡长全志坚率乡民代表、村主任及乡民代表36人到访余杭，与径山镇径山村、小古城村以及塘栖镇塘栖村民众，共同举办第四届“梅乡携手　合作共赢”两地基层交流活动，探讨两地社区治理和建设，促进两地农业交流与合作。

【服务台资企业】 2019年，区台办组织开展台资企业“三服务”活动，全年走访台资企业46家，协调解决台商台胞生活工作中遇到的困难和问题6个，协调解决台胞子女入学入托9名。

（陈娟芬）

编辑：刘雪萍

台湾南投县信义乡民众考察余杭美丽乡村建设

（区委办公室　供稿）

政协杭州市余杭区委员会

Yuhang District Committee of the Chinese People's Political Consultative Conference

·重要会议·

【区政协十一届三次会议】 区政协十一届三次会议于2019年1月28—30日在临平举行。会议审议通过副主席戴桂香所作的常委会工作报告、副主席赵喜凯所作的提案工作报告，补选产生区十一届政协主席和2名副主席、1名常务委员。会议认为，2018年区政协常委会以习近平新时代中国特色社会主义思想为指引，深入贯彻中共中央和省市区委决策部署，把握团结和民主两大主题，加强政协党建，突出政治引领，紧扣党政中心，履行职能，发挥政协优势，主动服务发展大局，为加快建设“五大余杭”、争当新时代发展排头兵作出积极贡献。会议同意常委会提出的2019年工作总体要求和主要任务，要求常委会认真组织实施。与会人员列席杭州市余杭区第十五届人民代表大会第三次会议，听取和协商政府工作报告及大会其他报告，围绕区委、区政府重要决策部署和新时代余杭政协事业发展，通过审议报告、大会发言、分组讨论、撰写提案等形式，协商议政，建言献策。会议期间提交发言材料21篇，其中13名委员发言。会议收到委员以提案形式递交的意见建议348件。审议通过区政协十一届三次会议决议，听取提案初审报告。

（章海锋）

2019年1月28日，区政协十一届三次会议举行

（区政协办公室　供稿）

·主要工作·

【“新时代人民政协新样子”大讨论】 2019年，区政协对照省政协“五个如何”和“六个一”，组织委员开展新样子笔谈、金点子征集等10个系列活动，召开专题座谈会6次，收集梳理社会各界对政协工作的意见建议40余条。落实中共中央《关于新时代加强和改进人民政协工作的意见》和省市区委相关文件精神，巩固提升学习贯彻的理论成果、制度成果和实践成果。

【政协工作会议暨庆祝人民政协成立70周年大会】 2019年9月26日，区委举行政协工作会议暨庆祝人民政协成立70周年大会，出台《关于加强和改进人民政协民主监督工作的实施意见》，学习贯彻中央政协工作会议暨庆祝中国人民政治协商会议成立70周年大会精神，总结近年来余杭区政协工作的实践经验，研究部署新时代加强和改进政协工作的具体举措。

【围绕改革发展大局建言】 2019年，区政协参与全国“双创”活动周服务保障，关注重大产业平台建设，组织视察余杭经济技术开发区、未来科技城、临平新城、良渚新城、钱江经济开发区等，为“五大产业平台”资政建言、献计出力。围绕“知识产权创业创新成果转化平台建设”，召开常委会议进行专题协商，从明确建设目标、原则、功能定位和组织架构等方面提出建议。开展打造一流营商环境工作视察，建议从产业发展、创业创新、政务服务环境等方面提升余杭区营商环境。开展制造业数字化转型重点课题调研，提出健全培育体系、加快融合应用、增强要素保障、优化企业服务等对策建议。组织开展“制胜5G时代”学习考察，赴深圳调研深圳市腾讯计算机系统有限公司、富士康精密组件（深圳）有限公司、华为技术有限公司等重点知名企业，学习优秀企业的管理、文化、研发和创新经验。在历届政协助推良渚文化保护、良渚古城遗址申遗的基础上，邀请省、市政协委员和专家学者视察调研良渚遗址保护工作，开展主席会议集体视察和专题协商。开展大运河文化、径山禅茶文化的调研视察，助推文旅融合发展。

【围绕城乡品质提升献策】 2019年，区政协举行城乡生活垃圾分类处理工作“请你来协商”活动，邀请市委常委、区委书记张振丰到会听取协商意见，有关职能部门、镇（街道）主要负责人与区政协委员、群众代表，就推进垃圾分类新时尚开展面对面协商，从垃圾分类工作前端分类、中端转运、后端处置等方面，围绕减量化、资源化、无害化探讨，提出相关对策和建议。继续开展“城乡生活垃圾分类处理”省市区三级联动专项集体民主监督，650多人次委员参加各类活动，实地查看130个村（社区）、120个小区，发现并反馈86个问题，提出40多条意见建议。开展“全域美丽大花园”调研，实地走访有关镇（街道），考察成都天府新区，形成专题调研报告。召开“全域美丽”工作协商会，就“靓城行动”、临平老城区有机更新、美丽城镇、美丽公路等行动计划，与有关部门开展民主协商，提出决策参考建议。以城市管理“序化、洁化、绿化、亮化”为突破口，开展城市精细化管理民主评议活动，提出民主评议意见。组织委员视察调研美丽乡村、工业危险废弃物垃圾收集处置、污水治理、餐饮油烟治理等工作，开展对口协商，帮助解决相关问题。

【围绕社会民生事业献策】 2019年，区政协召开“请你来协商”农居安置房建设工作会议，邀请区长陈如根，相关镇（街道）、平台、区级部门主要负责人与政协委员开展互动协商，围绕农居安置房项目前期、审批、建设等制约因素，共同寻找安置房解决方法。举办物业管理工作常委协商会，提出完善物业管理工作对策建议。召开“农村分家立户”专题协商会，与公安和民政部门协商交流，促进规范性文件出台，明确立户审批的办事流程，解决分家立户难题。对余杭经济技术开发区“千分制”巡查工作开展专题调研，提出完善工作机制、增强企业主体意识等建议，为全区强化企业治理、加强安全监管提供参考。围绕校外教育培训机构管理、教育资源布局、健康余杭促进、居家养老服务、残疾人事业发展、高层住宅消防、小微企业安全生产等开展调研视察和监督建言，助力相关工作落实推进。依托全区社会治理综合服务中心，建立政协社情民意联络站，探索拓展政协委员参与社会治理的履职渠道。

【提案办理协商】 2019年，区政协改革提案分类方法，将330件提案按“三个全域”和“新五场硬仗”分成五大类别，对接区委、区政府中心工作。把委员提案作为履职选题的重要依据，开展视察协商、专题协商、对口协商等协商活动。完善提案内容与办理结果同步公开机制，联合“余杭发布”等微信公众号，将部分提案办理进程和落实情况向群众公开。在《余杭晨报》上开辟《区政协十一届三次会议委员提案办理情况》特别报道，先后刊发15个专版，宣传委员提案和办理效果。所提问题解决或基本解决的（A类）231件，占比70%，比上年提高6个百分点；部分解决或意见被采纳并已列入计划逐步解决的（B类）89件，占比27%；提案人对办理过程满意的321件，满意率97.3%；对办理结果满意的306件，满意率92.7%。

【创建“委员工作室”】 2019年，区政协创建32个“委员工作室”，完善团队组建、联系指导、保障激励等机制。全年委员工作室开展履职活动66次，参加委员300余人次。在政协机关建立委员会客室，开展集中会面活动12次，委员参与80余人次。建立全体委员钉钉群，打造线上“委员之家”，促进委员之间、委员与政协机关的沟通联系。

【社情民意收集】 2019年，区政协收集反映各界人士的意见建议、基层群众的愿望要求，全年编发社情民意专报12期、社情民意信息44期，上报省市政协32期。

【委员履职机制建设】 2019年，区政协制定履职评价实施细则，出台走访联系制度，完善重点履职申报、委员约谈等机制，建立履职档案，对履职情况进行统计量化。全年有540余人次参加履职申报，1200余人次参与“请你来协商”等活动，160余人次参加面对面电视问政、“两代表一委员走进开发区”、美丽乡村精品村创建考核等全区性重要会议活动。完善统一选派民主监督小组联动联系和协商对接机制，形成10个民主监督建议书，支持和推进派驻单位重点工作。举办界别活动周，14个界别活动组围绕“关注民生、服务发展”主题，开展科普宣传、送医送药等20余次履职活动。

【深化合作共事】 2019年，区政协完善与各民主党派、工商联、人民团体之间的协作机制，为其在政协发挥作用搭建平台、创造条件。全年，各民主党派、工商联形成大会发言材料7篇、集体提案12件、社情民意信息40余篇，16名民主党派人士参与委员工作室建设。

【团结联谊活动】 2019年，区政协举办庆祝人民政协成立70周年图片书画展和文艺演出，开展书画进学校、书画进军营活动，举办系列书画创作和余杭区中小学生书画大赛等活动。重视和支持政协之友联谊会、企业家协会、艺术团、书画院等政协外围组织，开展视察调研、学习考察、文化交流等活动。主动加强与港澳台同胞、海外侨胞的联系联谊。参加长三角十三县（市、区）政协工作研讨会第45次会议。做好170余批来自全国各地的学习考察团接待工作，宣传余杭成就，增进合作交流。

【文史宣传工作】 2019年，区政协编辑出版《我们一起走过》图片集，组织政协书画院创作出版《不忘初心·同心圆梦》书画作品集。征集整理“三亲”口述资料，编纂出版《良渚遗址保护口述史》。设立文史资料室，归类上架各类文史资料。建立政协书画院超山创作展示基地，开展5次书画创作展示活动。全面改版《余杭政协》杂志，依托“余杭政协”微信公众号、网站，争取上级政协媒体、本级新闻传媒的支持，传播政协工作，宣传委员履职事迹，扩大政协组织和委员的社会影响力。

（章海锋）

编辑：郭贤松

纪检监察

Discipline Inspection of Supervision

·纪检监察工作·

【概况】 2019年，全区各级纪检监察组织坚持把严明政治纪律和政治规矩摆在首位，加强对贯彻落实党中央、省市区委重大决策部署情况的监督检查。开展服务保障“三个全域”“新五场硬仗”监督检查，督促推动“不忘初心、牢记使命”主题教育、机构改革、“最多跑一次”改革、基层减负等落地见效。加大对省委巡视组反馈问题整改落实情况监督检查力度，针对巡视组移交问题立案19件，给予党纪政务处分20人，问责59人。开展机构改革领域监督检查，督促整改问题16个。加强对全面从严治党主体责任落实情况的监督，严格执行“一单两书”、报告评议、动态考核制度，督促整改问题297个。加大“一案双查”力度，对5起落实“两个责任”不力问题进行追责，问责处理6人。

【监察体制改革】 2019年，区监委持续推进国家监察体制改革，贯彻监督执法工作规定，修订问题线索处置流程，制定与公检法等单位对接的经常性工作事项责任列表，推动纪法贯通、法法衔接更加顺畅高效。健全监察对象数据平台，收集并录入纪检监察对象信息8.7万条，实现与行政执法、刑事审判等数据的定期碰撞。加大审查调查力度，对16名被调查人采取留置措施。推进镇（街道）监察办公室规范化建设，推动监察职能向基层延伸，全区各镇（街道）纪（工）委、监察办公室开展谈话提醒5391人次，处置问题线索430件，党纪政务处分166人次。

【监督执纪“四种形态”】 2019年，区纪委（监委）严格执行新修订的党纪处分条例，深化运用监督执纪“四种形态”。全区处置问题线索1004件，同比上升21.5%；运用“四种形态”处理1101人次，同比上升45.1%，其中第一至第四种形态分别占74.9%、17.9%、3.5%和3.7%。执行提醒式谈话、警示式约谈、关心关爱式谈话制度，全区开展谈话提醒17959人次。执行日常监督与民主（组织）生活会说明情况关联机制，48名区管领导干部在民主生活会上对群众反映、组织约谈函询问题作出说明，对受处分或问责的情况作出检查。

【“两级巡察”工作】 2019年，余杭区持续开展巡察监督，开展区委巡察+基层巡察的“两级巡察”，形成上下联动监督“一盘棋”格局。通过“巡上带下”“巡下查上”等方式，完成3轮对16个镇（街道）、区直单位和28个重点村（社区）的巡察，发现问题993个，移交问题线索73条。执行问题整改分类研判制、整改评审制、整改销号制等，对已巡察的60家单位和抄告的44个共性问题开展巡察整改情况“回头看”，通过巡察整改推动各层面健全制度机制320项，挽回经济损失713万元。

【作风效能建设】 2019年，余杭区继续高标准严格执行中央“八项规定”及其实施细则精神和省市区委有关规定，紧抓重要时间节点和隐形变异新动向，加强对作风建设制度规定执行情况的监督检查。全区查处违反中央“八项规定”精神问题39件，处理党员干部46人，公开通报曝光典型案例12起。整治形式主义、官僚主义，全区查处12起15人。持续深化“不担当、不作为、不落实”问题整治，全区查处102起，处理164人，其中党纪政务处分22人。开展党员干部违规享受征迁安置政策、利用名贵特产特殊资源谋取私利、“天价烟”、违规借贷、违规房产交易、人防系统腐败等问题专项治理，处理违纪人员43人。查处民生领域侵害群众利益问题15件，处理16人。构建事前清单备案、事中过程问责、事后澄清消融的全过程容错免责机制，为26名党员干部公开澄清正名，营造干事创业的良好氛围。

【惩治腐败】 2019年，全区各级纪检监察组织受理信访反映415件，立案268件，同比上升8.1%，给予党纪政务处分253人，其中，处级干部11人、科级干部26人，移送司法12人。查处崇贤街道办事处原调研员申屠成松受贿案等严重违纪违法案件，通过执纪审查和依法调查，为国家和集体挽回直接经济损失4429万元。推进扫黑除恶专项斗争，查处涉黑涉恶腐败和“保护伞”案件15件，处理16人。

【预防腐败工作】 2019年，区纪委（监委）加强和改进信访举报工作，推进纪检监察系统检举举报平台全省试点工作。建立镇（街道）纪检监察组织案件分片协审制度，提升审理工作质量和效率。做好查办案件“后半篇文章”，督促发案单位开好专题民主生活会，推动以案促改、建章立制。开展廉政风险排查防控工作，排查风险点2200余个，督促各单位健全内控制度、落实问题整改。开展以“十三个一”为主要内容的集中警示教育活动，实现公职人员警示教育全覆盖。深化清廉文化建设，开设杭州电视台西湖明珠频道《余杭廉故事》专场，开通“清廉余杭”抖音号，举办首届“玉琮杯”清廉微电影大赛，提升余杭清廉文化的品牌和影响力。

【农村基层党风廉政建设】 2019年，余杭区持续健全完善村级“三小”防控体系，制定实施村级小微权力清单和村（社区）干部履职行为负面清单。推行村务卡制度及村级项目资金第三方监管，全区纳入监管项目2382个，监管资金23.5亿元。深化“清廉工程”建设，推动形成小额工程建设项目“包清工”操作细则等4项制度。开展基层党风廉政建设示范引领工程，打造余杭街道仙宅村好家风、仁和街道花园村好村风等示范点。结合“不忘初心、牢记使命”主题教育活动，开展以“七个一”为载体的“清廉基层”建设百日攻坚行动，即组织一次警示教育、化解一批疑难信访、整改一批突出问题、健全一批制度规定、查办一批腐败案件、澄清容错一批干部、创建一批先进示范点，推动解决群众反映强烈的突出问题，持续净化基层政治生态。

【纪检监察组织建设】 2019年，区纪委（监委）开展全员培训，搭建“纪检干部读书会”“青年干部大讲堂”等学习培训平台，深化“双向挂职”锻炼、“AB岗”、青年干部挂职锻炼等实战锻炼制度，提升全区纪检监察干部的专业能力。建立区监委特约监察员制度，从工程建设、造价审计等领域层层选拔人才，聘用余杭区第一届监察委员会特约监察员15人。落实“五张清单一张网”要求，带头开展廉政风险排查防控和警示教育系列活动，严肃处置纪检监察干部问题线索12件，诫勉处理2人，警示式约谈1人。

（吴柯宁）

·巡察工作·

【概况】 2019年，区委巡察机构按照《中国共产党巡视工作条例》《关于市县党委建立巡察制度的意见》以及全国市县巡察工作推进会精神要求，落实《中国共产党杭州市余杭区第十四届委员会巡察工作规划》，制定年度巡察计划，印发《区委巡察发现问题分类研判整改落实操作办法（试行）》，提高巡察规范化、科学化水平，推进巡察工作开展。

【镇（街道）、区直部门巡察】 2019年，区委巡察机构贯彻落实中央和省、市、区委关于深化政治巡察的决策部署，推进十四届区委任期内巡察全覆盖的任务。2019年，采取“一托二”等方式对镇（街道）、区直部门开展巡察监督，重点聚焦基层贯彻落实党的路线方针政策和党中央决策部署情况，聚焦群众身边腐败问题和不正之风，聚焦基层党组织软弱涣散、组织力欠缺问题等内容。全年分3轮完成对临平街道等16个镇（街道）、区直部门巡察工作，发现问题674个，提出整改意见建议376条。实现对镇（街道）、区属国有企业巡察全覆盖，区管党组织巡察覆盖率为64%。

【重点村（社区）巡察】 2019年，区委巡察机构落实中央和省、市委推动巡察工作向村（社区）和基层站（所）党组织延伸、市县党委承担对村（社区）巡察的主体责任等部署要求，分层分类推进重点村（社区）巡察工作。按照村（社区）巡察“重点巡一批、延伸巡一批、专项巡一批”总体安排，4个区委巡察组对重点村（社区）通过“巡下察上”“巡上带下”等方式进行重点巡、延伸巡，2019年巡察重点村（社区）28个，发现问题319个，提出整改意见建议148个。

【人防系统巡察】 2019年，区委巡察机构按照省委上下联动对人防系统开展巡察监督的部署要求，制定《区委对人防系统开展巡察的工作方案》，成立区委对人防系统开展巡察的巡察组，召开人防系统巡察工作部署会，围绕人防系统党委履行主体责任情况、派驻机构履行监督责任情况、人防系统存在的违纪违法突出问题、人防系统存在的其他违纪违法问题等4个方面开展驻点常规巡察，发现涉及主体责任及监督责任履行等方面问题20个。

【巡察整改】 2019年，区委巡察机构贯彻落实中央和省、市委巡视巡察整改工作的部署要求，健全完善巡察整改制度机制，实行问题整改分类研判制、整改评审制及个性问题整改日常监督制、共性问题抄告督办制、难点重点问题整改对账销号制等，对已巡察的60家单位和抄告的44个共性问题开展巡察整改情况“回头看”，推动整改全过程责任闭环、面上问题统一整改规范、问题不漏项整改不打折。强化巡察工作助推区委中心工作和全面深化改革的作用，2019年就巡察中发现涉及全区面上的11个共性问题，向区政府等进行抄告，为区委、区政府决策提供参考。

（付春杰）

编辑：刘雪萍

民主党派

The Democratic Parties

·民主党派·

【政治协商】 2019年，区委就全委会工作报告、工作总结、主题教育专题民主生活会，区政府就政府工作报告、民生实事候选项目以及区人大、区政协人事调整等重大事项，多次组织各民主党派、区工商联、无党派人士召开座谈会，征求意见建议。全年各民主党派召开专题议政会议7次，

【参政议政】 2019年，创办《同心汇·壹讯》，以反映问题建议为主，每月1日编发，每期20条。聚焦区委"三个全域"工作部署，全年编发9期，3期获区委、区政府主要领导批示并转用。全年提交提案议案187件，报送社情民意530篇，被中央、省、市有关部门录用130余篇次，多篇获得领导批示。各民主党派开展联合调研和自主调研，形成调研报告10篇。

【社会服务】 2019年，区委统战部组织各民主党派开展"党内党外联动、同心同行服务"活动，各民主党派、统战团体与区委统战部联合开展送医下乡、送演出下乡、法律服务、基层结对共建、深化"三服务"等活动。全年各民主党派联合及自主开展各类社会服务活动90余次。

【中国国民党革命委员会余杭区基层委员会】 2019年，中国国民党革命委员会余杭区基层委员会（下称"民革余杭区基层委"）成立民革余杭三支部，民革余杭区总支部升格为民革余杭区基层委，有党员61人。下设3个支部，其中，一支部22人、二支部23人、三支部16人。党员中有全国妇女代表1人、市政协委员1人、区人大代表1人、区政协委员14人（常委2人）。全年发展新党员8人。

2019年，提交提案议案25件，其中，政协提案24件、人大议案1件。区政协十一届三次大会期间，张迪作《盘活水资源，做好水文章，打造"一溪二河三湖"全域景观》大会发言；韩卫芳关于余杭区环境空气治理的意见建议被制成宣传片用于大会宣传。

全年撰写调研报告3篇，社情民意稿27篇，动态信息40余篇。其中：郭青岭的《整体构建杭州世界文化遗产群落，建设长三角文化极》在市政协十一届十三次常委会上发言，被民革浙江省委会采纳；王忠的《关于优化审评审批制度加快医疗器械产业发展的建议》、谢俊的《尽快制定省级自主创新和服务和推荐目录的建议》被市政府、省政府录用，获副省长批示；高丽娟的《进一步提升老年人的获得感》在市政协远程网络议政会议上发言。

开展"同心·博爱"品牌社会服务活动10余次。4月，与临平街道共建成立第三个"同心·博爱"社会服务站，汪爱娟、高丽娟成立委员工作室，为属地群众提供老年人活动场所，为退休职工提交心声愿望，为"三服务"工作牵线。开展"不忘初心、牢记使命"主题教育活动。做好服务祖统工作。

2019年，民革余杭区基层委被评为民革全省宣传思想工作先进集体；二支部被民革中央授予"示范支部"称号。郭青岭被评为民革省委会年度组织工作先进个人，马一被评为宣传思想工作先进个人，邵政镓被评为祖统工作先进个人，汪爱娟被

评为民革全省社会服务工作先进个人；朱静参加市委会"参政议政工作会议暨庆祝人民政协成立70周年主题演讲比赛"，获一等奖；尹世强带队参加亚洲盲人门球锦标赛获冠军，全国第十届残疾人运动会获男女队双冠军，个人获浙江省人民政府一等功；高丽娟的《关于推进垃圾分类的几点建议》在杭台联谊会成立30周年"两岸一家亲"征文比赛中获一等奖。

【中国民主同盟余杭区基层委员会】 2019年，中国民主同盟余杭区基层委员会（下称"民盟余杭区基层委"）有盟员72人，下设4个支部，其中，教育文化支部18人、综合支部24人、海创园支部16人、离退休支部14人。盟员中有市人大代表2人、市政协委员1人、区人大代表2人、区政协委员10人（常委2人）。全年发展新盟员4人。

2019年，完成基层委和支部的换届工作。8月，海创园支部、综合支部、教育文化支部、离退休支部分别完成支部换届，分别由董强、高隽、龚罗平、蒋秋萍等16位盟员担任新一届支委班子成员。10月，基层委员会完成换届，由陈国良、李小军、张丽莉、王巍、俞建锋、沈慧丽、俞珠花、范松平等8位盟员组成第二届基层委员会，陈国良担任主委。

市、区人民代表大会和政协会议中，提交提案议案20件。民盟余杭区基层委提交的《振兴余杭农村文化、助推全域美丽建设》被评为优秀提案。

朱斌领衔的杭州市委会课题"杭州地区民营企业生存发展现状调查与建议"，撰写的调研成果递交民盟市委会；高隽、陈国良、朱世君撰写的调研报告《私募基金监管现状及建议》作为"2019民盟法治论坛"征文提交民盟省委会备选。

2019年，提交社情民意信息116篇。其中范松平撰写的社情民意《关于鼓励企业加强PCT国际专利申请的建议》被全国政协办公厅《每日社情》录用；郑怡的《关于尽快明确2020年新选考各学科试卷结构的建议》获副省长成岳冲批示；俞珠花的《AI换脸技术引发公众担忧》被民盟中央采用；高隽的《关于进一步完善律师调取涉诉人员身份信息的建议》、王巍的《关于尽快制定居、村委会指定监护人工作程序的建议》、李小军的《关于加强对农村自办宴席监管的建议》《后果严重的重大医院感染事件该如何有效管控》《自闭症儿童康复教育工作急需得到更多的关注和关心》、杨梅的《当前一般工贸企业危险化学品使用安全存在的问题分析及建议》、李存勇的《应强化网络贷监管，并设定严格的规范》、陈国良的《关于杭州市物业管理条例修改的几点建议》、张丽莉的《多元模式增加农村生活垃圾处理投入的建议》等10余篇社情民意信息被盟省委录用。离退休支部盟员蒋秋萍、沈国华、郑建华等6篇社情民意分别被省、市、区录用。

利用"盟员之家"开展学习活动近40次。赴塘栖美丽乡村、良渚幼儿园调研；专题考察余杭区文正小学、余杭区汀洲学校、杭州市天元宠物用品有限公司、中桥村、杭州一楠五金工具有限公司、南湖文化科技创新园等。

2019年，民盟余杭区基层委员会被盟市委评为2019年度先进基层委员会，获得杭州反映社情民意信息工作先进集体特等奖（唯一的特等奖）、杭州调研工作先进集体二等奖、宣传工作先进集体三等奖、盟市委庆祝中华人民共和国成立70周年和人民政协成立70周年主题征文组织奖。教育文化支部、综合支部被评为盟市委五星级支部。教育文化支部、综合支部、海创园支部被评为杭州社情民意信息工作先进集体一等奖，海创园支部被评为宣传工作先进集体三等奖。俞珠花、茹莎莎、李小军、王巍被评为盟省委社情民意信息工作先进个人；俞珠花、茹莎莎、高隽、李小军、王巍、杨佳、俞建锋、沈国华、范松平被评为盟市委反映社情民意信息工作先进个人；张丽莉获市政府创建"国家生态园林城市"个人嘉奖；董强获国家专利优秀奖，并担任国内、国际行业标准编写委员会委员；陈刚的论文《以〈老人与海〉为例的类阅读教学》获市学会论文一等奖；侯小敏被评为中国数学教育优秀管理者；魏小平获市班主任工作室领衔人称号；俞建锋的《核心素养导向下促进学生多角度认识有机物性质的教学研究——以卤代烃教学为例》在国家级核心期刊《化学教育》上发表。

【中国民主建国会余杭区基层委员会】 2019年，中国民主建国会余杭区基层委员会（下称"民建余杭基层委"）有会员137人。下设5个支部，其中，一支部31人、二支部29人、三支部31人、四支部31人、科创支部15人。会员中有省政协委员1人、市人大代表1人、市政协委员1人、区人大代表2人、区政协委员19人。全年发展新会员13人。

2019年，提交提案议案39件，其中，政协提案35件（集体1件、个人34件），人大议案4件。形成调研报告7篇。其中：许玲娣的《关于基层治理数字化转型的问题与建议》被省委会采用转化为省“两会”提案；汤明亮的《构建浙江省区域特色营商环境评价体系的思考与建议》被省委会吸收采纳，并获省民建参政议政优秀成果一等奖。报送社情民意100余篇，其中，民建中央录用9篇，全国政协录用1篇，民建省委会录用20篇。陈树坤受邀在民建杭州市委会举办的新会员读书班上分享参政议政经验；杨林、茹方军撰写的《关于“硬科技”发展及创业人才政策》被民建中央采用；孙威的《在发展和丰富的实践中，解决“一国两制”下的难题和困难》等8篇社情民意信息被民建中央采用，1篇被全国政协采用。

全体会员赴仁和街道参观西镇区委旧址，现场开展“不忘合作初心，继续携手前进”主题教育活动。以余杭民建成立30周年为契机，开展“我与民建”征文活动。年初成立城西科创支部和城西民建之家；与民建浙大基层委签订成立友好组织协议；在艺尚小镇和良渚古城遗址唱响“我和我的祖国”，录制音乐短片《我和我的祖国一刻也不能分离》入选“学习强国”。

开展对口帮扶、校园共建、健康咨询、法律讲座等公益活动。其中：陆铜华捐赠30万元助力山东红花镇绿色扶贫项目，赴新疆昌吉开展救护车捐赠等公益活动，获民建中央表彰；许建华助力湖北咸丰东西部扶贫协作，捐助8万元用于“扶贫助残送光明”的白内障治疗手术；四支部全体会员赴胡庆余堂调研中医药产业发展情况；杭州塘栖李法根食品有限公司到临平第三小学开展非遗文化进校园活动。

2019年，民建余杭基层委被民建市委会授予参政议政工作先进集体。一支部、二支部、三支部、四支部分别被评为市级先进支部，二支部被评为民建市委会信息工作先进集体。陆铜华获民建中央脱贫攻坚先进个人奖；孙威被评为省民建参政议政2019年度人物；陈树坤、金正军、汤明亮、吴莉琴被评为市民建信息工作先进个人。

【中国民主促进会余杭区基层委员会】 2019年，中国民主促进会余杭区基层委员会（下称“民进余杭区基层委”）有会员66人。下设4个支部，其中，一支部21人、二支部15人、三支部16人、四支部14人。会员中有市人大代表1人、市政协委员1人、区人大代表1人、区政协委员12人（常委3人）。全年发展新会员4人。

2019年，提交提案议案27件，其中，政协提案13件（集体1件、个人12件）、人大议案14件。李君的《关于小学生放学后学校延时监管的实施建议》被评为优秀提案。

撰写调研课题4篇，提交社情民意信息117篇。其中林海霞、李君、高建成撰写调研《互联网＋平板教学：农村基础教育创新发展实践探索》《助推乡村幼儿教育公平优质发展的思考及策略》《农村基础教育存在的几个问题及对策》分别获民进浙江省委会开明教育论坛征文一、二、三等奖。孙芬华的《关于〈中华人民共和国外商投资法〉进一步完善与细化的建议》、陈聪的《四宜四不宜促香港止暴制乱》被民进中央录用；郑超的《严管竞赛成效显，坚持减负素质高》获省领导批示；章雪梅的《完善乡村产业供地机制　着力推进乡村产业振兴》、陈强的《建议将2022年杭州亚运会圣火采集点放在良渚古城遗址》、赵惠娟的《我市新生儿先心病早期筛查成效显著　为使“好事更好”建议建立“人文＋长效”工作机制》、张宇挺的《关于修复施昕更故居的建议》获市委书记周江勇批示。

组织参观马叙伦历史资料陈列馆4次，开展集中学习6次，专题研讨5次，举办信息、宣传骨干培训3次。开展“走亲连心三服务”，协调解决各类问题20多个。三支部与省直机关综合支部、市综合一支部、市科创支部联合共建梦想芸台“开明嘉苑·民进之家”；第一、二、三支部分别与临平街道邱山社区、良渚街道崇福社区、鸬鸟镇秀山社区结对共建，为民工子弟学校和贫困家庭捐赠书籍、文具和慰问品。共同举办新春晚会，开展送戏、送医、送温暖等服务。举办“不忘初心·同心同行”大型社会服务活动。开展“我为扶贫下一单”活动，“开明商场”购买农产品200多单。会员李君建立“同心彩虹西部幼儿教师培训基地”，开创的援教模式——金沙模式，得到省长袁家军、常务副省长冯飞的批示，并作为浙江援教模式推广。民进中央主席蔡达峰出席民进深化“同心·彩虹行动”西部幼儿教师教学实践基地揭牌仪式。

2019年，民进余杭区基层委被民进中央授予“民进全国先进基层组织”称号，被民进省委会授予省、市、区三级共建基层组织创新案例“金点子”奖，被评为2019年度民进市委会参政议政信息工作先进集体，三支部被评为2019年度民进市委会先进支部。章雪梅被民进浙江省委会授予“开明先锋”称号，张怡、李君被评为2019年度民进市委会优秀会员，孙芬华、陈聪、郑超、张宇挺被评为2019年度民进市委会参政议政工作先进个人。

【中国农工民主党余杭区基层委员会】 2019年，中国农工民主党余杭区基层委员会（下称“农工党余杭区基层委”）有党员75人。下设3个支部，其中，一支部24人、二支部23人、三支部28人。党员中有市人大代表3人、区人大代表2人（常委1人）、区政协委员16人（常委3人）。全年发展新党员8人。

2019年，提交提案议案34件，其中，政协提案28件（集体7件、个人21件）、人大议案6件。仲秀芳的《关于加快“两网融合”建设，助推循环经济发展的建议》获农工党中央首届农工党青年提案及征文比赛提案类优秀奖，王朝丽的《关于做好中小学生课后服务工作的建议》被评为杭州市人大优秀建议。汤凌代表基层委在区政协十一届三次会议上作《全域美丽建设急需解决的几个问题》大会发言。

2019年，农工党余杭区基层委撰写社情民意70余篇，其中，农工党中央录用1篇，省委会录用5篇，市委会录用54篇。完成调研报告4篇，其中，江筠的《厘清“医”“养”支付边界，促进“医养结合”良性发展》被市委会录用，戴劲的《关于设立全区知识产权创业创新成果转化平台的建议》在区政协常委会上发言。重点调研余杭区塘超小径“夜经济现象”，形成区政协大会发言材料。

完成“党员之家”挂牌，通过市委会星级支部考核，有五星级支部2个、四星级支部1个。全年组织党员集中学习，开展读书班分享会、读一本书活动。重点组织开展“不忘合作初心，继续携手前进”主题教育活动，参观庆祝人民政协成立70周年图片书画展。

持续推进“浙江省民主党派基层建设现场教学基地”“浙江省统战系统廉政文化教育基地”教学活动，打造“讲好杭州故事、讲好廉政故事、讲好统战故事”的余杭农工品牌。丰国需应邀赴温州大学等地，宣讲廉政故事；举办首场塘栖枇杷节“大运河故事会”。一支部与李家桥村委会结对共建，开展枇杷春季管理培训指导；二支部与南苑街道新城社区结对共建，全年开展医疗保健讲座3次、义诊活动2次；三支部与塘栖镇南苑社区结对共建，为社区居民进行糖尿病健康教育讲座和义诊。

2019年，农工党余杭区基层委被评为农工党杭州市先进集体，三支部被评为农工党浙江省先进基层组织、杭州市先进支部，一支部、二支部被评为农工党杭州市先进支部。戴劲被评为农工党省委会优秀党务工作者；谢育红被评为2018年度杭州市人大代表履职积极分子，农工党杭州市优秀党员；叶凡一、赵华被评为农工党杭州市优秀党员；王朝丽、汤凌、项荣轩、戚小芬被评为农工党杭州市优秀党务工作者；于涛、叶凡一、仲秀芳被评为农工党杭州市“我为‘三服务’献计献策”先进个人。

【中国致公党余杭区总支部】 2019年，中国致公党余杭区总支部（下称“致公党余杭区总支部”）有党员46人。下设3个支部，其中，一支部12人、二支部19人、三支部15人。党员中有省政协委员1人、市人大代表1人、市政协委员2人，区（县、市）人大代表3人（常委2人）、区政协委员8人（常委3人）。全年发展新党员6人。

2019年，提交提案议案17件，其中，政协提案13件、人大议案4件，主要涉及城乡建设、社会治理、民生保障等领域。报送各类动态信息、社情民意、“壹讯”建言等50余篇，分别被中央统战部网站及省市委会录用。结合“参政议政提质增效年”活动，形成调研报告4篇。开展实地调研，了解余杭区“医共体”资源整合、分级诊疗和双向转诊实施等工作，为推动“健康杭州”升级发展建言献策。将“发挥社会机构作用，助推创新生态体系建设”作为调研方向，提出建议和措施。

以未来科技城为依托，引进高层次海外人才，以“一带一路”文化交流基地和“中非友好杭州致公驿站”为平台，开展对外联络工作，服务余杭经济社会发展。结合“不忘合作初心，继续携手前进”主题教育活动，组织全体党员学习。其间专题组织学习9次，参与人数超过150人次。

制定《致公党余杭区总支部党员履职情况管理办法》。主动排摸在余杭的海归、创业等高层次人才，特别关注余杭区“菁航计划”、之江实验室专家等高端人才，沟通对接纳入发展储备计划。

2019年，致公党余杭区总支部获省委会“基层组织建设年活动”“海外联谊工作”两项先进集体称号，获市委会“组织工作”“对外联络工作”“社会服务工作”三项先进集体称号。郑攀被评为致公党中央先进个人，于振东被评为市委会组织工作先进个人，阮森钎被评为市委会主题教育活动先进个人，范芬梅、王晔君、谢琪分别被评为市委会对外联络工作先进个人。

【九三学社余杭区基层委员会】 2019年，九三学社余杭区基层委员会有社员84人。下设4个支社，其中，一支社21人、二支社21人，三支社21人，四支社21人。社员中有市人大代表1人、市政协委员2人、区人大代表1人、区政协委员17人(常委3人)。全年发展新社员8人。

2019年，提交提案议案25件，其中，政协提案23件、人大议案2件。罗建强撰写的《探索园区提升模式创新　提档产城融合升级步伐》入选大会发言材料，并代表基层委作大会发言，沈艳芬撰写的《完善居家养老服务　增强老年人获得感》被评为优秀提案。撰写调研课题3个、社情民意信息80余篇，其中，社中央采用1篇，社省委采用8篇，市政府采用1篇。

开展“不忘合作初心，继续携手前进”主题教育活动。开展“服务型组织建设”活动，组织开展“送温暖献爱心”活动，赠送价值5万元的药品、食品、学习用品和扶贫捐助金，惠及群众60余人；开展送服务进企业、送医疗进社区等活动20余次。完善“九三之家”的建设，新增图书44册。

2019年，九三学社余杭区基层委被九三学社浙江省委员会评为2019年度先进基层组织。罗建强被省委会评为2019年度先进社员，沈艳芬被省委会评为2019年度社务工作先进个人。许秋玲被市委会评为2019年度信息工作先进个人。薛晖领衔的项目获得网信办、公安部和工信部联合颁发的中国人工智能峰会AI创新之星，财经中国2020创新研发奖；薛晖的4篇论文在人工智能国际顶级会议ICASSP（International Conference on Acoustics, Speech and Signal Processing）、AAAI（the Association for the Advancement of Artificial Intelligence）、ICCV（IEEE International Conference on Computer Vision）、IJCAI（International Joint Conferences on Artificial Intelligence Organization）上发表，1篇论文在国家核心期刊《信息安全研究》上发表，获得3项国家专利；宋杰1篇论文在SCI期刊*WasserWirtschaft*上发表；庞法松被省委办公厅、省政府办公厅评为2019年第13批省优秀科技特派员；应健获杭州市教科研成果一等奖。

(莫斐)

编辑：吴莹岗

社会团体
Social Organizations

·杭州市余杭区总工会·

【概况】 2019年，全区有镇（街道）、平台总工会22家，区直机关各部门和有关单位直属工会36家。全区新增基层工会332家，发展工会会员30676人。截至年底，全区有下属基层工会2519家，其中，单建工会2135家、联合工会384家。基层工会涵盖单位14330家，职工543082人，工会会员538151人。是年，区总工会被评为全国工会财务先进单位（县级工会）。区总工会会员实名库录入实名会员信息31.53万条，“杭工E家”APP注册人数6.08万人，APP注册数位列全市县（市、区）第一。推进工会工作“最多跑一次”改革，高技能人才奖励、职工医疗互助、“余工学堂”公益培训、优秀职工免费上大学、优秀职工免费游余杭等9个项目开通网上申报渠道，实现“零跑次”。全年组建基层工会332家，发展会员30676人。认定“小三级”工会区级先进职工之家60个、优秀工会工作者60人。创建成为杭州市示范职工之家2家、杭州市先进职工之家14家。

【职工建功立业工程】 2019年，区总工会联合良渚遗址管理区管理委员会，开展“助力良渚古城遗址申遗·遗址公园开放”立功竞赛；联合区亚运会场馆及设施建设推进领导小组办公室，开展余杭亚运场馆改建项目立功竞赛，获杭州市亚运场馆建设立功竞赛一等奖；联合区交通运输局，开展“打造精品工程　助力全域美丽”重点项目工程立功竞赛（该项竞赛入选2019年度市级“三重一新”立功竞赛示范项目）；联合杭州余杭水务控股集团有限公司，开展“勇担当　树标杆　抓进度　促民生”供水改善项目工程立功竞赛；围绕“企业生活垃圾总量零增长”目标，联合区全域治理工作领导小组办公室、区城管局开展“全区规上企业生活垃圾分类”立功竞赛活动；联合区全域治理工作领导小组办公室，按照“无违章建筑、无暴露垃圾、无乱堆乱放、实施垃圾分类”的要求，开展“美丽工厂”立功竞赛活动，涉及企业200余家、参与职工3200余人，认定2019年度余杭区“美丽工厂”10家。

【职工素质提升工程】 2019年，区总工会开展“新思想新精神进企业”宣讲活动100场次，参与职工8300余人次；开展以“中国梦·劳动美”为主题的“社会主义核心价值观宣讲进企业”活动20场次、参与职工2600余人次；举办垃圾分类主题宣传（讲座）活动241场次，参与企业500余家、职工3万余人。建立“余工学堂”基层教学点4个，举办各类公益培训课程100期，受益职工5000余人次。开展职工“双证制”（学历证书、技能证书）工程，2356名职工报名参加。建立工间操培训师资团队，举办工间操培训30期。

【职工技能竞赛】 2019年，区总工会联合区委人才办、区人力社保局等部门和单位，举办2019年余杭区“百行百匠百赛”技能竞赛活动。举办“精英赛”13场、“群英赛”94场，参与职工9300余人。

【困难职工帮扶】 截至2019年12月，全区有建档困难家庭56户。区总工会全年走访慰问困难职工（劳模）、外来创业（务工）人员3646人次，发放慰问补助款102.94万元。开展“冬送温暖助解困”活动，春节期间慰问困难职工（劳模）103户，发放慰问款32.46万元；慰问困难病残职工61人，发放春风助医款11.2万元；慰问坚守工作岗位外来创业（务工）人员350人，发放价值7万元的慰问物资；为1000名在职职工报销返乡车票，为25家企业工会开展“包车返乡”活动提供经费补助，为2000名坚守工作岗位的外来创业（务工）人员赠送快递关爱邮包卡。开展“春送岗位助就业”活动，区总工会联合区人力社保局等部门、单位，举办大型人力资源招聘会，提供就业岗位3000余个，达成初步就业意向559人。开展“夏送清凉助健康”活动，区四套班子领导带领有关人员，慰问企业和重点工程项目58家，慰问一线职工4000余人。开展“秋送助学帮圆梦”活动，区总工会联合区教育局、余杭农村商业银行等单位，为101名优秀外来务工子女和建档困难职工子女发放助学补助款16万元。

2019年4月30日，2019年余杭区劳动模范和模范集体表彰暨职工创业创新推进大会在临平剧院举行　　（区总工会　供稿）

【职工医疗互助】 2019年，全区职工医疗互助参保人数32.06万余人，筹集资金1285.83万元，参保人数和筹集资金分别同比增长18%、18.9%，帮助7374名职工申领医疗互助补助金774.51万元。会同市总工会为27名遭受意外伤害事故的在职工会会员给付保障金16.7万元。慰问患病职工30人，发放慰问款3万元，接待义诊3861人次。

【服务优秀职工】 2019年，区总工会开展优秀职工免费体检服务活动，为5000名职工开展免费体检。开展外来创业（务工）人员免费游余杭服务活动，为5000名外来创业（务工）人员提供免费游余杭门票。开展关心关爱“小候鸟”活动，开办“小候鸟”暑期爱心班102个、参与人数4600余人。开展节日慰问优秀职工服务活动，慰问各行各业优秀职工130人，发放慰问款13万元。

【服务企业】 2019年，区总工会开展“五进企业”服务职工活动，其中，开展“新思想新精神宣讲进企业”活动100场、“社会主义核心价值观宣讲进企业”活动20场、技术服务进企业活动20场、安全生产和法律常识进企业活动70场、体育用品进企业活动22场。

【劳模评选】 2019年，区总工会评选区级劳动模范49人、区级劳动模范集体15个，推选省劳动模范6人、省劳动模范集体1个，市劳动模范25人、市劳动模范集体14个。

【“余杭工匠”认定】 2019年，区总工会认定“余杭工匠”20人。全国首个“9·26”工匠日当天，在临平新城艺尚小镇国际秀场举办“匠心筑梦 实干兴邦”第三届“余杭工匠”发布仪式，“余杭工匠”认定工作领导小组成员单位的相关负责人，各镇（街道）、平台、局系统工会主席，余杭区“浙江工匠”“杭州工匠”获得者，第一届、第二届“余杭工匠”获得者和部分劳模代表以及部分企业代表和职工代表共350余人参加。区四套班子主要领导出席并为新一届“余杭工匠”颁奖。

【工资集体协商工作】 2019年，区总工会完成单建工会、区域工会、行业工会100%开展工资集体协商的目标任务。签订单建工会工资集体协商合同1427份，区域性、行业性协商合同336份，涉及企业6568家。推进工资集体协商提质增效创建工作，创建A级达标企业85家、B级达标企业80家。

【合理化建议月活动】 2019年，区总工会以“大众创业 万众创新”为主题，开展“小发明、小创造、小革新、小设计、小建议”活动。在全区企业集中开展职工合理化建议月活动，参与企业280余家、职工8000余人，征集合理化建议3000余条，帮助企业解决技术难题，产生经济效益。

【和谐劳动关系建设】 2019年，区总工会接受职工法律咨询460余人次，办理劳动争议调解案件123起，受理职工来信、来访、来电685件。完成市劳动关系和谐指数在余杭区的测评工作，浙江春风动力股份有限公司等7家单位被认定为市级企业社会责任建设A级达标单位，南方中金环境股份有限公司等2家单位被评为2019年度浙江省创建和谐劳动关系暨“双爱”活动先进集体。做好工会领域“风险点”排查工作，走访企业工会213家，征集意见建议100余条。制定《“助企业、稳就业、促创业”专项服务活动实施方案》，服务企业健康发展。

【职工文化阵地建设】 2019年，区总工会开展区域性服务中心建设，新增服务网点30个。开展“三位一体”职工文化阵地创建，新增活动网点45个。新建“爱心驿家”4个。完善“三全”（服务对象全覆盖、工作时间全天候、对户外劳动者全开放）服务机制。组织开展文化沙龙活动20场，申报并验收通过“妈咪暖心小屋”17家。

【工会志愿者服务】 2019年，区总工会新培育垃圾分类志愿者小分队22支，新增志愿者1643人，累计在册人数3137人。全年开展垃圾分类知识宣传志愿服务活动190余次，参与志愿者3000余人次。

【“最美系列”评选】 2019年，区总工会开展“最美系列”评选工作，评选出余杭区“最美志愿者”10人、“最美劳动者”10人、“最美职工食堂”10家、“最美职工宿舍”10家、“最美工厂”10家，在“天天看余杭”“余杭工会”微信公众号上公布名单和宣传事迹，弘扬践行社会主义核心价值观。

【工会改革】 2019年，区总工会推进工会改革。制定年度工会改革工作要点，实行改革内容“双月推进会”（每两月召开一次推进会）制度。制定镇局级工会，区总工会机关部门和镇、局工会主席，区总工会机关工作人员，专职工会工作者年度考评办法，健全以满意度为导向的工作评价机制。指导“一街两镇”（临平街道和瓶窑镇、塘栖镇）、梦想小镇、正北物流工会等基层群团改革试点工作。制定《深化基层工会改革试点工作方案》，印发《余杭区镇街工会参与基层群团改革意见》，指导镇（街道）工会参与党群服务中心建设。制定《区属工人文化宫场地社会化合作使用规则》《区属工人文化宫清理整改专项方案》等规范文件，完成现有场地清理整改工作，推进工人文化宫改革。推进产业工人队伍建设改革，11月，区总工会在全省产业工人队伍建设改革工作现场推进会上作典型发言。是月，余杭区被确定为新时代浙江产业工人队伍建设改革试点县（市、区）。

2019年9月25日，余杭区总工会在临平举办迎国庆职工文艺会演暨第三届“余杭工匠”颁奖仪式　（区总工会　供稿）

【工会宣传工作】 2019年，区总工会联合区委宣传部举办第13届杭州市余杭区“五一新闻奖”评选活动。由区总工会投稿的新闻《杭州余杭区总工会创新开展“百行百匠百赛”技能竞赛活动》《余杭工会有个“粉丝俱乐部”》分别在《工人日报》2019年1月30日头版、2019年6月12日二版刊登，并被“学习强国”、全国总工会微信公众号同步推送。截至年底，“余杭工会”微信公众号关注人数8.5万余人。

（施金燕）

·共青团杭州市余杭区委员会·

【基层团组织建设】 2019年，全区有35周岁以下青年31.3万人，其中团员5.2万人。有2708个团组织。其中：基层团委89个、团工委22个；区级直属团组织55个；有63个团总支、1568个团支部（其中学校团支部991个、团员1.4万人）。有“两新”组织团支部296个、团员1.5万人，村（社区）团支部355个、团员1.5万人，机关事业单位团支部210个、团员0.6万人，国有企业团支部50个、团员0.04万人。深化共青团改革，初中、高中毕业班团员青年（团员学生）比分别控制在11.8%和51.7%，全区团员青年比下降至26.7%。年内，完成20个镇（街道）团委换届（街道团工委述职评议）工作。推进“两新”组织团建工作，通过独立建、联合建、挂靠建的方式，建立团组织62个。

【团干部队伍建设】 2019年，共青团杭州市余杭区委员会（下称“团区委”）开展全区优秀青年人才调查，分领域组建781人的青年人才数据库。会同区委组织部和杭州市委党校余杭区分校，推行“青蓝学院”二期项目，向全区机关事业单位、国有企业和村（社区）选拔“90后”优秀年轻干部100名。开展年轻干部公开竞选，新选配镇（街道）团（工）委书记7名、副书记16名，平均年龄28.6岁。2019年，直属团组织选配（调整）书记、副书记74名，政治面貌为中共党员的占93%，本科以上学历的占100%。

2019年4月29日，团区委在艺尚小镇国际秀场开展纪念“五四”运动100周年主题团日活动　　（团区委　供稿）

【青少年思想道德建设】 2019年，团区委组织团员、青年开展纪念中华人民共和国成立70周年、“五四”运动100周年系列主题教育实践活动，举办学习中共中央总书记习近平在纪念“五四”运动100周年大会上讲话精神交流会；围绕“不忘初心、牢记使命”主题教育，先后举办2019余杭共青团“不忘初心、牢记使命”主题教育读书会暨直属团干部培训、“两新”组织团干部培训、村（社区）团组织书记示范培训等主题班；坚持团建带队建，成立余杭区“红领巾学院”，开设中国共产党相关理论及重要思想课程学习；先后开展庆祝中华人民共和国成立70周年暨“不忘初心、牢记使命”主题青年宣讲等活动55场。组织团员青年学习团中央“青年大学习”网上主题团课，参与学习29965人次。

【服务青年就业创业】 2019年，团区委推进校地合作，分别成立金燕联盟浙大分会、上海分会，330名余杭籍大学生为家乡发展献计献策。实施高校学生到余杭开展暑期实践计划，154家机关、村（社区）和企事业单位开设实习岗位，供15家校地合作高校和“金燕联盟”余杭籍学生自主选择，159名大学生上岗实习。组织实施“余杭区青年创业创新训练营”暨数字经济青年创业培育计划，70余名创业青年参与。举办余杭区青年企业家新制造业发展专题研修班，助力40余家企业转型升级。

【志愿服务工作】 截至2019年底，余杭区有注册志愿者38.2万人，志愿服务组织266个。团区委组织全区志愿者开展多类型志愿服务，年内，不间断开展地铁站、交通路口平安劝导志愿服务，动员团员青年和志愿者参与“平安余杭”建设。组建区“美丽洲”垃圾分类青年志愿服务队，指导全区直属团组织、青年社会组织、志愿服务组织建立55支垃圾分类志愿服务队伍，与“阿里公益”“盒马生鲜”合作，组织盒马绿色盒区进社区活动，在未来科技城、临平新城等地的19个社区设置智能回塑机。

【青少年权益维护】 2019年，团区委开展青少年维权和预防犯罪工作，巩固区“12355”热线品牌。联合区检察院，设立未成年人司法社会服务中心。帮助杭州市余杭区滴水公益服务中心、杭州市余杭区阳光公益服务社等社会组织开展助学帮困、应急救援、助残助老等公益项目。持续做好“手拉手”助学项目，结对助学中小学困难学生 80 人。黄湖镇青少年事务管理委员会办公室被认定为 2016—2017 年度杭州市共青团系统国家级青少年维权岗。“12355”余杭青少年热线全年接听咨电 1400 余个，开展面询 100 余人，现场接受咨询 100 余人。开展进学校、进社区、进社会、进企业、进监所“六进”活动，开展各类心理健康讲座授课 1330 余场。

【网上共青团工作】 2019 年，团区委整合宣传资源，突出政治性宣传教育，在团员青年中推广应用“学习强国”平台；巩固官方微信公众号“余之青春”宣传品牌，开设“青年大学习”专栏，全年推送青年大学习相关报道 11 期；在“余之青春”集中推出“垃圾分类”“金燕联盟”“暑期实践”“青蓝学院”等原创作品。2019 年度，“余之青春”微信公众号编发文章 380 余篇，总阅读量超过 12 万人次。

（范云卿）

·杭州市余杭区妇女联合会·

【概况】 2019 年，杭州市余杭区妇女联合会（下称“区妇联”）做好服务中心、服务妇女群众的各项工作。至 2019 年底，全区有 20 个镇（街道）妇联，3 个平台（余杭经济技术开发区、未来科技城、良渚遗址管理区）妇联，29 个区直单位妇联，3 个区直单位妇女工作委员会（下称“妇工委”），340 个村（社区）妇联；4669 个“两新”妇联组织。

【基层妇女组织改革】 2019 年，区妇联成立杭州市首个区（县、市）妇联女性自媒体融联盟，推动妇联组织与主流媒体、自媒体、新媒体及区内各层面女性的融合，被《中国妇女报》、中国科技网、浙江青年网等国家和省、市媒体相继报道。2019 年，全区创建示范妇女之家 31 个、妇女微家 47 个，实现镇（街道）、村（社区）妇女组织和机关事业单位妇女组织“两个 100%覆盖”要求。印发《关于进一步加强基层妇联组织制度建设的通知》，在镇（街道）、村（社区）妇联建立健全执委分工制度、执委联系妇女群众制度、执委议事制度、执委轮训制度。试点开展区妇联执委年度重点工作项目领办制，领办“深化构筑家庭建设工作体系”“加大农村女性农业技术服务与政策咨询”“西大街百姓议事厅”等 8 个项目。在径山镇前溪村开展妇女群众圆桌畅聊参与基层民主协商试点。在全区妇联组织和妇联干部中开展“赛工作激情”“赛工作创新”“赛工作实效”3 项活动，推进塘栖镇“妇女‘微光’讲堂”、运河街道“Follow 伊‘运’美丽”、南苑街道“1+N 打造有‘温度的’楼宇妇联组织”等创新项目。

【美丽庭院创建】 2019 年，区妇联继续开展每月第一周周六开展“家庭总动员日”活动，发动女性党员干部、巾帼志愿者、妇女群众 6.3 万余人和 8.4 万余户家庭开展集中清扫与庭院清洁行动。推广落实星级考评制度，健全农户参与长效机制，发放助推“三个全域”建设家庭倡议书 17.3 万余份，组织美丽庭院检查 7100 余次，检查庭院 12.9 万余户。结合运河文化、良渚文化、禅茶文化和中泰慢

2019 年 9 月 24 日，团区委在余杭区育才实验小学举办青少年维权演讲比赛　　（团区委　供稿）

2019年11月27日，余杭区女性自媒体融联盟成立仪式举行

（区妇联　供稿）

生活，在杭州市范围内率先开展美丽庭院创意设计大赛，使美丽庭院成为美丽乡村和美德家风的窗口。评选区级“美丽庭院示范户”（暨绿色家庭）300户，在城市社区，开展“美丽楼道”“美丽阳台”创建活动，提升居住环境。

【妇联垃圾分类工作】 2019年，区妇联立足“家庭户”这一生活垃圾分类源头和主阵地，整合社会组织和巾帼志愿者力量，开展垃圾分工作，《中国妇女报》2019年4月14日刊登文章《在提升垃圾分类自觉性上下功夫》，介绍余杭区相关做法。全年组织2038名志愿者，组建四级“小余姐”宣讲队和“虎妈”宣讲团，举办垃圾分类巾帼宣讲专场培训4场，35个系统、20个镇（街道）和340个村（社区）420人参加培训。实施“美丽酵主、焕新垃圾”和“厨房花园”两个公益项目，举办“说说我与垃圾分类的那些事”巾帼宣讲赛、“垃圾分类趣行动”系列亲子活动、垃圾分类“金点子”征集等。全年开展宣传教育活动1.65万余次，参与家庭19.4万余户；发放分类倡议书和手册45万余份，评选区级垃圾分类时尚户300户。

【女性人才工作】 2019年，区妇联发挥余杭区民宿农家乐妇联作用，链接产业，搭建平台，支持巾帼民宿拓展业态、活动、展览、物产、培训等内容。与浙江农林大学、区农业农村局民宿农家乐协会等合作，梳理需求清单，制定培训方案，通过专家集中授课、女创客沙龙、微信“她课堂”、实地学习参观等形式，提升女创客、女业主、女性从业者的经营管理能力和素质。2019年，培育省级最美民宿女主人1人，省级巾帼示范民宿3家；分类分层分阶段开展各类女性培训120场，培训女性5000余人次。建立“巾帼英才”库，梳理出在女创客、女企业家、民宿女主人、女技能大师、女手工艺人中具有代表性、影响力、示范引领作用的优秀女性130余人，发挥典型引领示范作用。

【女性创业创新工作】 2019年，区妇联举办余杭区第四届女性创业创新大赛，对获得大赛金钥匙的选手给予政策扶持、资金奖励、贷款支持。承办杭州市“双秀”成果展示活动。与中国建设银行杭州市余杭支行达成“好家庭信用贷”，与余杭农村商业银行达成战略合作协议，支持妇女、家庭创业。全年发放“好家庭信用贷”41户，贷款1168万元。推出“Women”爱分享——女性创业创新网上平台，在“余杭妇联”微信公众号，展示区内女性传统手工艺品、非物质文化遗产、文化创意产品、民宿（农家乐）产品，助力女性创业就业。对全区乡村旅游、民宿（农家乐）、妇女之家等元素调查后进行整合，注入家庭亲子活动、家风教育、美丽庭院创建、创业创新等内容，推出区内12条“小余姐巾帼”游线，编制游线地图，开展亲子游体验，活动报道被“学习强国”录用。

【巾帼文明岗创建】 2019年，全区创建市级巾帼文明岗10个。年内，区妇联开展“巾帼助跑改”活动，在涉及“最多跑一次”改革事项清单的巾帼文明岗（争创岗）和“三八”红旗集体中，开展“三亮四优”（亮身份形象、亮办事流程、亮服务承诺，礼仪培训优形象、技能比武优业务、巾帼讲堂优关爱、志愿宣讲优宣传）活动，提升巾帼文明岗的服务水平和服务质量。

【“平安家庭”创建】 2019年，全区建立“小余姐”平安宣传队伍317支，成员5339人，宣传婚姻法、反家暴知识、食品药品安全、防电信诈骗等平安知识，开展平安相关活动 700 余场。“小余姐”平安宣传队通过开展“同跳一支平安舞、齐倡一句平安语、共建一个平安圈、聚创一批平安家”等活动参与到“平安余杭”“平安家庭”创建工作中，在余杭区平安创建“奋战六十天”推进仪式上展示。发动基层妇女开展平安余杭、平安家庭、平安“三率”宣传，全年入户发放倡议书 56 万余份。建立家事纠纷调解机制，招募“家事六大员”149 人，开展婚姻家庭纠纷调解案件 329 件。实施“幸福壹家婚姻家庭指导服务”等公益项目，开展平安宣讲、防金融诈骗电信诈骗等活动 300 余场，直接受益 3.5 万余人。

2019 年 11 月 29 日，由区妇联承办的杭州市“民间美厨娘”和“民间手工达人秀”颁奖暨展示活动，在位于余杭区境内的浙江省家纺产业创新服务综合体举行　（区妇联　供稿）

【家庭建设工作】　2019 年，区妇联开展“余杭好地方　我的幸福家”主题活动，先后组织“圆桌话家风”、好家规好家训征集评选、家风故事营等活动，征集家风家规 322 条、家风故事 176 个、微家书 231 封、微视频 132 个，开展家庭教育讲座 350 余场，受益群众 1.1 万余人。以崇贤街道鸭兰村、东湖街道茅山社区和星桥第二小学等家风馆建设为基础，组织家庭成员参观家风家训巡展，开展百户最美家庭评选，会同区文明办，举办余杭区首届家庭建设“褒奖礼”，弘扬社会正能量。

【爱心帮扶】　2019 年，区妇联开展“三服务”活动，为群众办实事、献爱心。在全区开展爱心捐赠活动，定向捐赠衣物给贵州省台江县，湖北省恩施州咸丰县及四川省大凉山地区的妇女儿童。区姐妹爱心帮扶协会开展“不忘初心，爱心助老活动”，自发筹款为径山五保供养中心 30 名孤寡老人购买羽绒服。相关事迹刊登在 2019 年 12 月 1 日人民日报客户端。

【妇女儿童家庭服务项目】　2019 年，区妇联组织实施儿童保护与关怀、妇女关爱、创业就业、垃圾分类、庭院美化、家庭教育、女性婚恋和健身等 22 个妇女儿童家庭服务项目，拨付项目补助经费 128 万元，开展活动 300 余场，直接受益 3.5 万余人次。区妇女儿童服务中心送茶艺、烘焙、舞蹈、儿童写作阅读等 22 类公益课程项目下基层，全年授课 267 个课时，受益 47723 人次。

【妇女儿童权益维权】　2019 年，区妇联项目化推进维权普法工作，保障妇女儿童合法权益。实施“AI 她·巾帼智慧维权”项目，与杭州实在智能科技有限公司合作，引入法律助手“包小黑”，通过人工智能“AI+”的形式，普及法律知识，帮助妇女群众维护合法权益。实施妇女维权综合实事项目，成立“幸福家工作坊”，针对反复发生家庭暴力的家庭，跟踪干预，分析具体家庭的暴力原因，提供法律帮助、协助送诊、心理干预等服务。做好信访工作，依托律师、心理咨询师和妇联干部“三位一体”信访调处机制，全年受理信访 103 件，调处率 98.52%。

（陈晓红）

·杭州市余杭区科学技术协会·

【科普宣传】　2019 年，杭州市余杭区科学技术协会（下称“区科协”）重点实施党建引领提升、科技人才凝聚、服务创新驱动、科学素质提升、人才智库建设等“五项行动”和 15 项重点工作。截至 2019 年底，全区建有区级学会协会 20 家、企事业科协 21 家、特色小镇科协 1 家、院士专家工作站 31 家、镇（街道）科协 20 家。全区所有的村（社区）均建有科普协会。

【“院士之家”建设】 2019年，区科协与区委人才办、良渚新城共同建设余杭“院士之家”。建设以良渚新城为中心，逐步向其他平台和区域拓展的“一中心多点全域”布局，推动人才资源辐射全区。11月，余杭“院士之家”建成启用，核心区块位于良渚梦栖小镇邱家坞大师村。余杭籍院士、建站院士等130名院士被纳入“院士之家”人才智库，为余杭区域经济发展提供高端智力支持。

【“院士专家工作站”建设】 2019年，区科协实施院士工作站增量计划，开展建站申报“零次跑”服务，指导企业申报市级院士工作站。全年新增杭州市级院士专家工作站6家，增量全市第一。截至年底，余杭建有院士专家工作站31家，引进院士42名，院士专家团队成员295名；开展合作项目238项，其中，国家级75项、省级47项；授权专利693项，获得省级以上成果奖励78项，新增产值340余亿元，新增利润35.3亿元。

【“院士专家余杭行”活动】 2019年4月，区科协举办“院士家乡行”活动，邀请余杭籍中国科学院院士杨经绥到余杭，看家乡发展变化，为家乡献计献策。7月，由中国工程院与英国皇家工程院联合主办、余杭区承办的中英智慧城市研讨会在余杭区举行，中英两国30余名院士、专家围绕“智慧城市技术应用——挑战和解决方案”主题，开展20场专题报告，为余杭区建设全国数字经济先行区建言献策。11月，组织开展韩国工程院“院士专家余杭行”活动，邀请韩国国家工程院副院长朴东健等9名院士、专家走访余杭区的特色小镇和部分企业，开展座谈交流，为余杭“院士之家”建设建言献策。

【科技人才联络服务工作】 2019年，区科协建立健全院士拜访机制，为企业牵线搭桥，先后带领有关企业拜访中国工程院院士吴澄、潘际銮、杨宝峰、张福锁、潘云鹤、吴志强、周立伟等。发挥“科技工作者之家”作用，建立以学会（协会），产业平台、特色小镇科协为主体的专家联络服务机制。余杭区科协联系服务科技人才工作获得中国科协有关领导肯定。

【科技志愿服务活动】 2019年，区科协围绕垃圾分类“关键小事”，组织区生态文化协会、区农学会、区医学会、区心理卫生协会、区教育学会、区白蚁防治协会等协（学）会的科技工作者代表30人，组成科技志愿服务队，在“全国科技工作者日”（5月30日）期间，开展“礼赞共和国·追梦新时代”科技志愿服务行动，向市民宣传垃圾分类、源头减量、后期回收、资源利用等知识。在2019全国“双创”活动周期间，梦想小镇科协成立科技志愿服务队，为参加活动人员提供咨询、讲解、会场导引、后勤保障等服务。

【科普基础设施建设】 2019年，区科协投入436万元用于科普基础设施建设，提升改造传统科普宣传栏118处，新增LED科普宣传屏10块，新建科普e站61个。在塘栖镇华城社区、东湖街道南横港社区建设科普文化角，在南苑街道新梅社区建设科普主题公园，形成“一站、一栏、一屏、一角、一园”的宣传阵地布局。会同区教育局、区科技局培育青少年科普教育基地市级2家、区级5家。

【科普宣传活动】 2019年，区科协开展“垃圾分类科普同行·全域美丽你我共建”为主题的科普宣传系列活动，其中，举办垃圾分类科普文艺晚会进农村文化礼堂活动5场，开展“一个地球不够用了”垃圾分类科普剧演出6场、垃圾分类亲子科普游活动3场，观看（参与）人数超过10万人次。联合区城管局开发微信H5“垃圾分类”科普游戏，线上参与人数4.75万人次。邀请中国科学院老科学家刘大禾、王邦平、杨海花、潘习哲、徐亮5人到余杭，到机关、学校、村（社区），开展为期一周的科普讲座共42场，线上线下2万余人参加。

【余杭区“全国科普日”科普宣传周活动】 2019年9月，区科协组织开展以“礼赞共和国·智慧新生活”为主题的全国科普日暨科普宣传周活动，市、区政协有关领导，上海市科技馆、浙江省科技馆、中国杭州低碳科技馆等馆领导出席启动仪式并见证长三角科普场馆联盟、上海普陀区科协与余杭科协签约。宣传周期间，全区围绕主题开展各类科普活动258项，直接参与活动26.53万人。2019年全国科普日余杭主场活动被中国科协评为优秀活动项目。

【学术交流活动】 2019年，区科协针对余杭经济转型升级需求，争取国家和省、市资源，开展学术交流活动。6月，在全国“双创”活动周期间，在未来科技城协助中国科协承办“企业创新大家谈”和“2019‘创世技’颠覆性创新榜发布会”等活动，组织60余家科技型企业参加，推荐丁列明在企业创新报告会上作报告；协助省科协承办“2019企业自主创新研讨系列活动——浙江站”等活动，组织部分企业科技人才参加有关交流活动120人次。

2019年5月13日，区科协联合区城管局、东湖街道办事处在东湖街道南横港社区举办科普文艺晚会 （区科协 供稿）

【重点科普、学术活动项目】 2019年，区科协向社会各界征集重点科普活动项目38个，所属各学（协）会完成重点学术活动项目15个。其中：区土木建筑学会举办“建筑未来·技术创新——2019地基基础高峰论坛”，中国工程院龚晓南院士团队项目“浙大余杭岩土工程研究中心”落户余杭；区生态文化协会实地走访调研浙江虎哥环境有限公司，撰写“垃圾终端处理”议案得到区领导批示并被采纳实施；区老科技工作者协会就“运河二通道”重点民生项目建设开展走访调研，形成的建议案获省、市领导批示。

【科技馆展览教育活动】 2019年，余杭科技馆全年接待观众7.2万余人次。年内，举办“垃圾分类”“师法自然——生物多奇妙”等大型展览4场，开展科普宣传教育活动12场、流动科技馆活动18场、周末科学主题活动30场，受益人数5.2万余人次。

【群众性反邪教宣传工作】 2019年，区反邪教协会发动各镇（街道）分会，在农贸市场、广场、车站、大型综合体等人员聚集场所开展反邪教宣传活动25场。在平安反邪教宣传月（9月）期间，开展宣讲、文艺演出等形式的反邪教活动297场，受众面53万余人次。开展反邪教课题理论研究，由余杭区反邪教协会与杭州师范大学反邪教研究所联合开展的课题调研《基于“枫桥经验”的余杭区反邪教实践研究》获得浙江省反邪教协会立项资助。提升改造科技馆反邪教警示教育基地，运用AR、互动平板、滑轨定位等技术，提高反邪宣传的互动性。在闲林街道方家山社区建设平安反邪教主题公园，提升市民识邪、防邪、反邪的能力。

（陆瑛）

·区工商联（总商会）·

【概况】 截至2019年底，余杭区已建立由23个镇（街道）、平台商会，9个异地商会，28个村级商会组成的商会网络体系，商会会员企业3560多家。区工商联被评为2018—2019年度全国“五好”县级工商联、全国“2019年度民营企业调查点工作示范单位”、《中华工商时报》“2019年度民营经济新闻宣传工作先进单位”、2019年度全省工商联系统先进单位、2019年度全省工商联系统专项先进单位。

【非公经济人士经营管理能力培训】 2019年，区工商联在深圳举办青年企业家能力提升培训班，在开元名都酒店举办企业家经营管理能力培训班。组织企业家赴清华大学、中国人民大学学习培训，组织开展宸星党建服务联盟企业家分享会，参观“双创”活动周、世界互联网大会、中国国际进口博览会等活动10余次。

【引导企业参与扶贫“消薄”】 2019年，区工商联发动民营企业参与贵州省天柱县、台江县，湖北省咸丰县的“东西部结对扶贫”“山海协作”“千企结千村”等扶贫“消薄”相关工作。组织10家企业与衢州市柯城区5个村结对，赴“利奇马”台风灾区临安区岛石镇开展慰问并捐款30万元。区内16位商会会长担任16个贫困村名誉村主任并签订结对帮扶协议。全年开展扶贫考察10余次，会员企业扶贫捐款捐物折合人民币600多万元。

【参政议政】 2019年，区工商联组织开展界别组活动8次，撰写提案22件，提交集体调研报告2篇，其中集体提案《加快临平副城建设为“东部崛起”创造条件》被列为2019年1号重点提案。工商联界别组政协委员参与社会公益活动10余次，获2019年度先进界别活动组一等奖。

【商会和非公企业党建】 2019年，余杭区已成立商会党组织10余个，1100余家会员企业成立党组织。开展“不忘初心、牢记使命”主题教育、党员干部理论学习等。

【发挥商会在推进“全域治理”“全域美丽”中的作用】 2019年，区工商联部署基层商会建立志愿服务队伍和爱心基金。各商会参与基层民主协商66次，开展志愿服务活动50余次。开展“平安商会”创建，11家商会创建为平安商会。各商会开展会员企业安全生产教育培训132次，安全生产宣传137次。参与社保、工会、工商联协调劳动关系三方联席会议机制，促进劳资关系和谐。开展“凝聚民企力量、助力全域美丽”商会会员企业参与垃圾分类活动。发动全区各商会开展“盛夏送清凉”慰问环卫保洁工人活动，赠送物资50万元，受益4000余人。会同区慈善总会开展慰问“美丽径山守护者”（联防、城管、消防、交警）活动等。

【优秀企业家宣传】 2019年，区工商联通过微信公众号及《赢在余杭》《余杭晨报》等媒体，宣传30余名企业家创业创新事迹，讲好“余商故事”。与钱江晚报合作，推出余杭区新生代企业家专题报道，全年宣传10余名“青企明星”。

【商会大厦落成使用并入驻项目】 2019年1月，余杭商会大厦落成典礼举行。中国工业互联网小镇—阿里云supET工业互联网创新中心、北京大学1819投资基金、工业互联网学院浙江分中心等60余家企业入驻商会大厦。

【“走进企业”系列座谈交流】 2019年“三八”妇女节期间，区工商联在浙江双金机械集团股份有限公司举办女企业家“展巾帼风采、助三个全域、创新业佳绩”主题座谈交流。3月，“凝聚民企力量、助力三个全域”动员会暨企业家学习会在贝达药业股份有限公司召开，邀请全国人大代表丁列明讲解全国“两会”精神，并围绕主题展开讨论。4月，在杭州东华链条集团有限公司召开“落实减税降费、同心共谋发展”企业家座谈会。10月，在杭州炬华科技股份有限公司开展“不忘初心、牢记使命”企业家座谈会。

【非公经济人士理想信念教育】 2019年4月，区工商联组织40余名执委在红旗渠举办非公经济人士理想信念教育班，企业家围绕继承发扬红旗渠精神、促进自身创业发展、坚持正确政治方向等内容撰写体会、开展交流。8月，组织60余名企业家在丽水市委党校，进行“绿水青山就是金山银山”的生态理念、浙西南革命精神、企业如何融入长三

2019年4月16日，2019年“余商学堂”企业家人才培训暨余杭区工商联第一期非公经济人士理想信念教育班举行　（区工商联　供稿）

角一体化战略等系列培训。

2019年11月14日，第五届世界浙商大会“科技引领未来创新项目发布会”在未来科技城举行　　（区工商联　供稿）

【深圳余杭商会组建成立】 2019年7月，深圳余杭商会（余杭区总商会深圳分会）在深圳市南山区成立。作为一个合作交流、共赢发展的平台，为余杭“双招双引”提供新渠道。

【科技创新项目发布会】 2019年11月14日，第五届世界浙商大会专题活动“科技引领未来创新项目发布会”在余杭区举办。活动由省科技厅、省工商联、之江实验室主办，区委、区政府承办，区工商联执行。会上，10个余杭项目入选浙商科技创新项目，2家余杭企业实验室入选培育建设浙商企业省级重点实验室名单，余杭区人民政府与浙商总会签订战略合作框架协议。

【“沪余商携手　接轨大上海”活动】 2019年12月24日，经区工商联牵线，上海市杭州商会会长喻渭蛟率领160多名在沪杭商代表在余杭参加在沪杭商余杭投资环境考察、在沪杭商余杭投资推介会、沪余携手签约洽谈会等活动。余杭区人民政府与上海市杭州商会签订合作协议。

（陈怡）

·杭州市余杭区文学艺术界联合会·

【出版文艺作品】 2019年，由区文学艺术界联合会（下称“区文联”）所属协（学）会会员创作出版的文艺作品有卓介庚的纪实文学《中华英杰章太炎》(红旗出版社出版)；洪方军的长篇报告文学《瞧瞧！良渚文化村社区的老百姓》(团结出版社出版)；汤水根的报告文学集《我们都是余杭人》(中国科学文化出版社出版)；梁山的长篇小说《长桥边的涟漪》(中国文化教育出版社出版)，张健的长篇小说《刺客信条之大明风云》(新星出版社出版)，吴新华的长篇小说《保密局长毛人凤》(团结出版社出版)；葛树法、曹云的文史集《径山佛教文化简史》(纽约商务出版社出版)，桑飞月的散文集《醉光阴》(团结出版社出版)，陈冰兰的散文集《蕙风》(时代出版社出版)，朱丽华的散文集《回眸》(团结出版社出版)，周如汉的散文集《风清集》(团结出版社出版)，祝一帆的散文集《一叶风帆》(时代出版社出版)；谢先耕的文集《海棠花开》(时代出版社出版)，吴正贵的文集《文化情缘》(时代出版社出版)；马根发、马铁女的诗歌集《父女诗选》(中国文艺出版社出版)；吴祥丰的诗集《鱼说：水中玫瑰》(团结出版社出版)；孙石林的词曲集《竹影夕吟》(时代出版社出版)；赵昭诚的诗词集《金辉晚霞》(时代出版社出版)；李友法的诗词集《朝霞之歌》(时代出版社出版)；宋佐民的古诗注解集《陈元赟诗译注》(时代出版社出版)；省、市、区诗词楹联协会会员集体创作的诗词集《诗颂太炎》(时代出版社出版)；郑其产的散文诗词集《叠翠峰岭》(时代出版社出版)；魏安泉的故事集《魏安泉故事选》(团结出版社出版)。

【获奖和参展（入选）作品】 2019年，区文联所属协（学）会及其会员创作的作品获奖或参展（入选）的有区美术家协会会员汪文斌、韩斌的油画作品入展第13届全国美术作品展，汪文斌等7名会员的油画、中国画作品入展浙江省第14届美术作品展，汪文斌的油画作品获优秀奖；区书法家协会沈车等9名会员的书法作品入展浙江省第10届全浙展暨沙孟海奖书法大赛；区摄影家协会被省摄影家协会评为“放歌新时代文化进万家”——温暖全家福摄影惠民活动先进集体；区民间文艺家协会会员张炜的壁画《中国梦·远古的歌谣系列·钻木取火》

和罗洪文的青瓷《八棱瓶》分获第14届中国（义乌）文化产品交易博览会工艺美术金奖；区良渚文化学会会员单位良渚博物院基本陈列“良渚遗址是实证中华五千年文明史的圣地”获第16届全国博物馆十大陈列展览精品奖；区创意设计师协会会员周伟的室外设计作品《“叠云”民宿》获香港第26届亚太室内设计大赛酒店空间大奖；区陶艺协会会员吴建毅的陶艺作品入选第13届全国美术作品展等。

【文艺题材扶持作品】 2019年，区文艺题材创作扶持、招标领导小组明确73件作品为文艺题材创作扶持作品，分别是纪实文学《中华英杰章太炎》(作者：卓介庚)、纪实文学《余杭纸伞》(作者：楼科敏)；长篇报告文学《瞧瞧！良渚文化村社区的老百姓》(作者：洪方军)；报告文学集《我们都是余杭人》(作者：汤水根)；长篇小说《长桥边的涟漪》(作者：梁山)，《刺客信条之大明风云》(作者：张健)，《保密局长毛人凤》(作者：吴新华)；人物传记《临平四皓传》(作者：庞仁甫、祝明富、姜桂芳、唐立强)；文史集《马宗汉传》(作者：胡畏)；文史《径山佛教文化简史》(作者：葛树法、曹云)；文集《读古诗　知余杭》(作者：姚林中)；散文集《醉光阴》(作者：桑飞月)，《蕙风》(作者：陈冰兰)，《痕迹》(作者：朱丽华)，《风清集》(作者：周如汉)，《半生足迹》(作者：王绍伟)，《风顺集》(作者：祝一帆)；文集《海棠花开》(作者：谢先耕)，《文化耕耘六十年》(作者：吴正贵)；诗歌集《父女诗选》(作者：马根发、马铁女)，《又梦故乡》(作者：凌明焰)，《来自北方的茉莉》(作者：王召弟)；诗集《鱼说：水中玫瑰》(作者：吴祥丰)；诗词集《遇见鸬鸟　诗赋余杭诗词集》(作者：陈宏、钟蓝)，《金辉晚霞》(作者：赵昭诚)，《朝霞颂歌》(作者：李友法)，《竹影词曲》(作者：孙石林)，《风景仁和诗词集》(作者：俞炳华等)，《诗颂太炎》(作者：省、市、区诗词楹联协会会员)；古诗注解集《陈元赟诗译注》(作者：宋佐民)；散文诗词集《叠翠峰岭》(作者：郑其产)；文集《高头竹马》(作者：黎艳珠)；故事集《魏安泉故事选》(作者：魏安泉)；故事传说《径山乡村传说》(作者：王振南)；新闻纪录片脚本《余杭精神　郎氏中医之三》(作者：祝明富)；戏曲剧本《玉兰芬芳之一》(作者：金耘)；书法长卷《赵焕明写余杭诗》(作者：高挺)，《余杭赋》(作者：翁燕平)；书法扇面《超山梅花诗》(作者：沈车)；书法《历代径山诗选30首》(作者：李文)；篆书《医家座右铭》(作者：陈星星)；中国画《余杭山色》画展(作者：周明雍)；中国画《守护》(作者：钱景茂)；歌曲《起航——余杭》(作者：任小伟、许林璧)，《快乐的茗宝》(作者：任小伟)，《长桥忆》(作者：许林璧)，《水乡塘栖》(作者：陈文锋)，《回家的路》(作者：苏曼、许林璧)，《一路向你》(作者：郭军瑞)；音乐短片《太阳与祖国》(作者：余青峰、蔡大生等)；影视短片《传承初心，接力筑梦》(作者：范云卿、吴程前、孔璐)；访谈纪录片《新余杭人》(作者：许思思)；民间舞蹈《聋人版余杭滚灯》(作者：贺金彪)；街舞群舞《大话西游》(作者：李沈丹、秦冠南)；中国舞女子独舞《祥瑞》(作者：贾丽君)；戏曲舞蹈《旦韵》(作者：宋晨晖、陈月娟)；杭摊《外婆的枇杷林》(作者：周春美)，《车票》(作者：徐琳)；小品《无敌妈妈》(作者：朱丽君、周春美)，《代价》(作者：朱丽君)，《神秘的“高中生”》(作者：刘涛)，《垃圾袋里的宝》(作者：钱佳君)，《谁最美》(作者：钱有娣)；铁艺画《历届亚运会会徽》(作者：厉柏海)；剪纸《祖国万岁》(作者：沈忠花)；新故事《陈院长的“桃色风波”》(作者：梁易)，《一张借条起风波》(作者：孙红梅)，《家有两老是活宝》(作者：施卫国)，《错发的奖状》(作者：黄铿权)，《屋后传来的木鱼声》(作者：魏安泉)，《记仇的狗》(作者：徐永忠)，《绣着名字的红短裤》(作者：詹海洁)；故事《狗不撒谎》(作者：费凡)。

【文艺赛事和文艺展览】 2019年，区文联及所属协（学）会举办的文艺赛事和文艺展览有“多彩西溪·盛世洪园”庆祝中华人民共和国成立70周年西溪·洪园油画作品展、余杭区庆祝中华人民共和国成立70周年诗词大赛、“大美余杭·盛世华诞”庆祝中华人民共和国成立70周年美术书法摄影作品展、“庆祝中华人民共和国成立70周年　致敬中华五千年文明史圣地”主题诗歌散文征文大赛、余杭区庆祝中华人民共和国成立70周年新故事征文和演讲大赛、庆祝中华人民共和国成立70周年暨首届陶艺现场创作大赛、余杭摄影家赴台江扶贫采风摄影展、“梅花缘　翰墨情——余台两地书画展”、“春风如许——书画小品展”、余杭区“百花争艳”戏曲演唱大赛、“余杭设计十年　首届设计实战赛”、“百城联动，歌唱祖国”第二届“追梦之声”浙江省青少年声乐大赛余杭赛区比赛、首届塘栖镇文化礼堂原创节目大赛、杭州市舞王挑战赛、“辉煌70年，颂读中国梦”全民阅读2019杭州青少年朗读

2019 年 4 月 30 日，余杭区文学艺术界联合会第八次代表大会在临平举行
（区文联　供稿）

课文大赛、第四届“承扬　文思杯”征文比赛、“传承好家风，送福迎新年”新春征联比赛。

【21 名会员加入国家级、省级协会会员】　2019 年，区文联所属协（学）会员中，有 9 名会员加入国家级文艺家协会，分别是区作家协会会员郭羽、吕煊加入中国作家协会，区戏曲家协会会员王晓玲加入中国戏剧家协会，区民间文艺家协会会员梁易、张炜、程迪申、徐永革、魏安泉、陈宏加入中国民间文艺家协会。另有 12 名会员加入省级文艺家协会。

【区文联换届】　2019 年 4 月 30 日，杭州市余杭区文学艺术界联合会第八次代表大会在临平召开，来自全区文学艺术界的代表 150 余人参加大会。大会全面回顾了前 5 年主要工作和今后 5 年工作计划，审议并原则通过区文联第七届委员会工作报告，修改章程，选举产生第八届委员会，陈文琴当选主席。

【“中国作家走进良渚”采风活动】　2019 年12 月1—3 日，区文联与中国作家杂志社联合举办“中国作家走进良渚”采风活动，组织由中国作家协会副主席、国务院参事张抗抗带队的包括 2 名茅盾文学奖获得者、5 名鲁迅文学奖获得者在内的 11 名全国知名作家到良渚古城遗址实地采风，观遗址、听介绍、谈感受，为创作出一批宣传良渚、礼赞良渚的作品打下基础。

（沈一斌）

·杭州市余杭区残疾人联合会·

【概况】　2019 年，全区持证残疾人 27787 人，其中，视力残疾 2887 人、听力残疾 4398 人、言语残疾 315 人、肢体残疾 14060 人、智力残疾 2809 人、精神残疾 2398 人、多重残疾 920 人（其中二级以上重度残疾人 7955 人）。2019 年，新办理残疾人证 1153 本，完成换证 306 本，等级或类别变更 111 人，办理迁入 32 人，上门鉴定 163 人，死亡注销 425 人；办理免费乘车卡 1457 张。实行残疾人津贴制度，全区 27339 名残疾人获得每人每月 50 元的津贴，发放津贴 1610 万元。

【残疾人按比例就业】　2019 年，杭州市余杭区残疾人联合会（下称“区残联”）为 1186 家在 2018 年度安置残疾人就业单位办理确认登记，核准就业人数 2699 人，残疾人按比例就业比上年增加 437 人，残疾人就业保障金入库 1.93 亿元。全区有 258 家企业超比例安置残疾人 587 人，发放补贴和奖励资金 471 万元。

【残疾人社会保障】　2019 年，区残联组织落实残疾人生活补贴和护理补贴政策，全区 6048 名生活困难残疾人享受困难残疾人生活补贴，发放生活补贴 2475 万元；11435 名重度残疾人享受重度残疾人护理补贴，发放补助资金 2522 万元。381 户“一户多残”困难家庭享受生活补助，发放补助款 131 万元。为 56 名残疾学生、残疾人困难家庭子女实施教育援助和助学补助，发放补助款 51 万元。开展困难残疾人家庭危房改造 49 户，拨付补助款 94 万元。为 331 辆残疾人机动轮椅车提供服务保障工作，发放燃油补贴 30 万元。

【残疾人社会保险】　2019 年，区残联组织落实职工基本养老保险补助，发放补助款 2891 万元；落实基本医疗保险补助和城乡居民基本医疗保险补助，补助残疾人 6190 人，发放补助款 325 万元。2018

年度残疾人意外伤害险投保标准为100元/人/年，保险期限为一年，余杭区持证残疾人（60周岁以上除外）均可参保，2019年受理意外伤害保险理赔351人，办结赔付284人，赔付金额81.5万元。

【职业技能培训】 2019年，全年区级举办烘焙、插花、手工制作、电商、盲人按摩提高班等8期培训班，培训学员129人。推进残疾人电子商务工作，邀请杭州博翱教育咨询有限公司的教师为40名残疾人讲授电商知识。区残联指导镇（街道）举办残疾人种植业、养殖业等技能和职业培训，培训残疾人726人次；推选残疾人选手参加第六届全国残疾人职业技能大赛浙江省选拔赛，2名选手代表浙江省参加第六届全国残疾人职业技能大赛，分别获得美容美发组第一名、第二名。

【“残疾人之家”建设】 2019年“残疾人之家”新增中泰、闲林、星桥3家，全区“残疾人之家”累计15家，日间照料328人。15家“残疾人之家”通过杭州市星级评估，其中，被评为二星级5家（塘栖、运河、南苑、崇贤、瓶窑），一星10家（余杭、中泰、闲林、良渚、仁和、临平、星桥、径山、乔司、仓前），全面完成杭州市下达的建设任务。

【无障碍社区创建】 2019年，区残联组织开展社区无障碍创建工作，对社区道路以及公共场所坡道、盲道、扶手等无障碍设施实施改造，投入资金200万元。乔司街道连城社区、仓前街道太炎社区达到省级无障碍社区标准，23个社区达到区级无障碍社区标准。

【全国残疾预防综合试验区创建】 2019年，余杭区推进全国残疾预防综合试验区创建工作，落实“4+2”重点干预项目（孕产妇产前诊断、儿童残疾筛查诊断、残疾报告及残疾预防宣传4个共性工作和白内障复明手术、肢体康复训练补助2个特色工作）。2019年，完成孕产妇产前诊断补助479人，儿童残疾诊断补助75人，肢体康复训练119例，免费残疾评定1650例，残疾报告筛查16482人，报告疑似残疾131人，白内障复明手术987例，残疾预防宣传4场。

【残疾人康复服务】 2019年，全区残疾人精准康复服务率74.40%，基本康复服务率99.78%，残疾人辅助器具适配率99.29%。全年免费配发大额辅具899件，其中，假肢48条、助听器354台、盲人智能眼镜13副，各类轮椅368台，护理床49张，小额辅具补贴43人，补助金额3.46万元。实施髋关节及膝关节手术补助10人，补助资金10万元；为203名残疾儿童发放基本康复服务补贴327.96万元；为4名听障儿童实施人工耳蜗手术补助40万元；制订一户一方案，为138户家庭实施无障碍改造，投入资金45.16万元。开展社区康复知识和残疾人康复政策宣传培训、盲人定向行走培训、重度肢体残疾人康复护理培训、春季精神残疾预防培训等活动，提高全民康复意识，提升残疾人及残疾人家属自我康复能力。

【残疾人体育运动】 2019年，区残联推荐残疾人运动员参加区外比赛。6月，王丹琴参加全国第十届残运会暨第七届特奥会赛艇皮划艇比赛，为浙江代表团赢得两枚金牌；年内，以余杭区运动员为主力的浙江盲人门球男队、女队均获得全国第十届残运会冠军（为连续三届全国残运会冠军）。

【残疾人权益维护】 区残联处理残疾人来信来访，做到件件有回音，件件有落实，维护残疾人的合法权益。2019年，全区残疾人信访总量同比下降31%。区残联利用全国助残日、法制宣传日等节日，开展《中华人民共和国残疾人保障法》《中华人民共和国残疾人保障条例》等法律法规法治宣传，全年印发政策法治宣传资料、工作业务手册、扶残助残情景解说、助残政策摘编等资料4万份（册）。

【“全国助残日”活动】 2019年5月16日，区残联在东湖街道新和文化家园举办主题为“自强脱贫，助残共享”余杭区第二十九次全国助残日活动。活动现场，举行助残文艺演出、第七届余杭区残疾人“爱心家庭”颁奖仪式、残疾人人力资源交流会、残疾预防知识与残疾人政策法规宣传咨询活动，向部分困难残疾人家庭赠送轮椅。

【陈亮亮应邀参加国庆典礼】 2019年10月1日，余杭区残疾人陈亮亮，作为2008年北京奥运会先进个人，应邀到北京，在天安门广场东区观礼台观看升旗仪式和大阅兵等国庆庆典活动。

（章炜明）

·杭州市余杭区红十字会·

【概况】 截至2019年底，全区有基层红十字会130家，成人会员2167人。全年新建社区（村）红十字服务站16家，累计建站194家；新建社区（村）红十字服务示范站18家，累计创建101家。区红十字会组队参加2019年杭州市红十字应急救护大赛，获团体一等奖。区红十字会被评为2019年度杭州市红十字会重点工作考评综合优秀单位。造血干细胞捐献工作再获区委书记批示肯定。

【博爱帮困】 2019年，区红十字会开展“新春博爱送温暖”“红十字送医送药”“中秋博爱行动”等“情暖余杭”系列博爱救助项目，走访、慰问各镇（街道）因病残（因灾）致困2280余人。春节、中秋节等节日，到麻风病疗养院、汀洲学校开展慰问，慰问艾滋病、结核病患者和抗癌协会会员等困难家庭。开展“生育关怀”救助项目和“牵手星星的孩子”自闭症关爱项目，通过开展爱心义卖、募捐等活动，定向关心帮助计划生育和自闭症儿童困难家庭。深化与贵州省台江县的结对活动，7月，区红十字会领导带领4名专业人员到贵州省台江县，帮助台江县红十字会举办为期2天的红十字救护员培训班，培训救护员150余人，为台江县捐赠价值15万元衣物和1.9万元备灾库房建设资金。推进红十字参与养老服务工作，9月，联合区民政局在区社会福利中心（养老院）建立应急救护培训基地。2019年，区红十字会募集爱心捐款210.43万元，各类慰问支出95.48万元，救助各类困难对象760余户。

【救助救援】 2019年，区红十字会落实省、市红十字会救助项目。省红十字会“母婴平安”第二周期项目实施一年期间，5家定点医院救助省外贫困高危孕产妇7人，救助金额5.32万元。市红十字会“情暖杭州·红十字博爱送万家”项目，慰问区困难家庭40户。市“红十字特殊家庭关爱”项目，慰问失独困难家庭9户。

【救护培训】 2019年，区红十字会联合区委组织部、区教育局、区应急管理局、区总工会开展救护培训进机关事业单位、进企业、进学校、进村（社区）、进党群服务中心等“五进”活动。举办普及性救护培训700余场，培训50981人次；救护员培训280余场，6815人通过考核获红十字救护员证。5月，组织全区1万名初中学生参与全国红十字防灾避险知识竞赛，获最佳组织一等奖；仁和中学等6所中学分别获得“单位组织奖”二等奖。6月，组队参加2019年杭州市红十字应急救护大赛，获团体一等奖。10月，开展全区350余名村（社区）红十字救护员大培训，提高救护能力。开展“9·19”（救·要救）（每月9日、19日）专项行动，建立救护培训机制，通过进校园、进文化礼堂、固定学习日活动，引导群众参与应急救护培训、救护知识咨询、急救技能操作体验、红十字知识学习等。

【AED配置】 2019年，区红十字会动员企业参与AED（自动体外除颤器）助力救护保障。“五八博爱周”期间，浙江省理想国际慈善基金会捐赠给余杭区红十字会30台AED，分别配置在理想大厦、理想家园、杭州地铁1号线乔司站、塘栖古镇景区

2019年9月，区红十字会联合区民政局在余杭区社会福利中心建立救护培训基地

（区红十字会 供稿）

等30处。至此，全区各镇（街道）均配有AED和红十字智慧一体机。区红十字会分别对AED投放点开展1∶10持证救护员培训和AED使用培训，培训40余场，规范AED的使用和管理。截至年底，全区安置AED 129台。

【造血干细胞捐献】 2019年，余杭区造血干细胞捐献新增入库志愿者315人，累计入库4426人。年内，参与初筛300例，参与高配14例，成功捐献7例（分别是：良渚街道涂晓星、运河街道杨加栋、育蕾小学侯瑞、梦想小镇创客徐雪龙、五常街道陈夏侃、仓前街道茆文明、省第二测绘院奚立时）。造血干细胞捐献者林进军、孙方文、王战军、涂晓星4人被评为浙江省红十字会第11届“红十字公益之星”；由区红十字会、区广电传媒集团共同拍摄的以余杭捐献者为原型的《生命爱相“髓”》公益宣传片，获浙江省红十字会与浙江电视台举办的“红十字公益宣传片大赛”二等奖；区红十字会选送的两幅作品分获浙江省红十字公益海报大赛一等奖和二等奖。杨加栋作为余杭首位区管干部造血干细胞捐献者，其捐献事迹刊登在2019年6月17日《中国纪检监察报》、新华网等媒体上。

【器官遗体捐献】 2019年，区红十字会开展“遗体器官捐献 生命之花永续”主题宣传和捐献者家庭人文关怀等活动。9月，爱心回访器官、遗体（角膜）捐献者家庭，做好捐献服务工作。12月，组建以7家区属医院为主的由35名志愿者组成的余杭区“生命之舟”志愿服务队。全年完成器官捐献8例、遗体捐献6例、角膜捐献15例。

【志愿服务】 2019年，区红十字会成立民办非企业社会组织——余杭区“博爱之家”志愿服务中心，以政府购买服务方式项目化开展志愿服务工作，建立信息数据库，实行年度注册管理，至年底，全区有注册志愿者2766人。年内，造血干细胞志愿服务队、应急救护志愿服务队、红十字“小手大爱”志愿队、爱心的士车队等14支志愿服务队开展红十字志愿服务活动120余场。区应急救护志愿服务队参加救护知识“五进”活动等志愿服务。红十字“小手大爱”志愿队开展爱心义卖，慰问汀州学校自闭症孩子；造血干细胞志愿服务队服务大型献血活动，开展造血干细胞捐献专场宣传；医疗保健服务志愿队参与“红十字送医送药”、义诊；“爱心的士”车队服务高考出行、免费接送血透病人等，传播红十字精神。

【红十字宣传】 2019年，宣传报道余杭区红十字工作（活动）的信息，在《中国红十字报》、中国红十字微信公众号上刊登5条（次），被“学习强国”录用2条（次）；在浙江卫视、钱江频道、《都市快报》等省、市主要媒体上刊登30余条（次），在《浙江红十字报》、省红十字会网站及微信公众号等刊登16条（次）；在《杭州红十字报》和杭州市红十字会网站刊登20余条（次），在区级媒体刊登78条（次）。区红十字会被评为《中国红十字报》2019年度报刊宣传先进集体。

2019年10月，区造血干细胞捐献者团队参加2019梦想小镇半程马拉松比赛
（区红十字会 供稿）

【红十字博爱周活动】 2019年5月8日（世界红十字日），区红十字会在人民广场举行救护培训“五进”活动启动暨浙江省理想国际慈善基金会AED捐赠仪式。仪式上，开展纪念“5·8”世界红十字日广场爱心活动，活动项目包括红十字知识宣传、爱心义诊、健康体检、器官遗体捐献知识宣传、垃圾分类知识宣传等志愿服务。在余杭博物馆，开展“我为‘5·8’献热血暨造血干细胞捐献

登记”活动。

2019 年 12 月，余杭区博爱之家志愿服务中心成立

（区红十字会　供稿）

【红十字博爱月活动】 2019 年，区红十字博爱月（5 月）期间，全区各级红十字会开展“红十字送医送药”“红十字‘1+1’博爱行动”“红十字校园博爱行动”等志愿服务活动。区红十字送医送药活动走访慰问全区特困病残家庭 200 户。红十字“1+1”博爱行动中，组织会员、志愿者服务（慰问）汀洲学校学生、敬老院老人、“麻风村”老人等弱势群体。联合杭州市余杭区海豚应急救援队加强红十字户外应急救援队建设，提升整体备灾救灾、应急救援能力。红十字会区防灾减灾委员会在“5·12”防灾减灾日期间，在人民广场开展应急演练活动，展示红十字会现场救护、志愿服务水平。

2019 年 5 月 12 日，在人民广场举行应急演练

（张掌根　摄）

【世界急救日活动】 2019 年 9 月 14 日（世界急救日），区红十字会在欢乐城、银泰城、万宝城等大型综合体开展救护技能宣传普及活动。组织海豚应急救援队的志愿者在各宣传点开展“红十字教你学救护”活动，分发宣传折页等；组织救护培训师和志愿者在宣传点现场演示心肺复苏、AED 操作、气道异物梗阻处理、急救常识等。

【博爱美丽洲宣传月活动】 2019 年 9 月，区红十字会开展“博爱美丽洲”宣传月系列活动。组织各基层红十字会开展“情暖余杭　爱心回访”“世界急救日”“中秋博爱行动”“开学第一课”等宣传活动。回访造血干细胞捐献者和献血积极分子 76 人，组织慰问器官、遗体（角膜）捐献者家庭 8 户。在“中秋博爱行动”中，慰问敬老院老人、麻风病疗养院老人和失独孤寡老人 214 人。

（田芳）

编辑：李景苏

法 治

Rule of Law

·政法工作及社会综合治理·

【概况】 2019年，余杭区委政法委以平安创建为主线，三级社会治理综合服务中心建设为抓手，推进“全域治理现代化”，完成良渚古城遗址申遗、中华人民共和国成立70周年、“双创”活动周等重大庆典活动期间的维稳安保工作。余杭区平安考核获全省第五、全市第一的历史最好成绩。

【维护社会稳定】 2019年，余杭区完成“两会”、“一带一路”高峰论坛、“双创”活动周、良渚古城遗址申遗、庆祝中华人民共和国成立70周年庆典、中共十九届四中全会等重要时间点、重大会议活动期间的维稳安保任务。推进杭州市重大不稳定因素领导包案化解“杭州战役”工作，余杭区“杭州战役”风险清单35件全部化解。成功处置乔司商城项目涉稳风险，签约2994户，签约率87%。建设基层社会稳定“一体两翼”工作体系，开展重大风险防范化解攻坚行动，针对信访维稳、网贷金融、社会治安、道路交通安全、消防安全五大领域重点风险开展集中攻坚。

【基层治理基础】 2019年，区委政法委推进“基层治理四平台”和全科网格建设，建立“区基层社会治理综合指挥中心+镇（街道）综合信息指挥室+四平台+全科网格”的组织架构体系，形成“源头发现、分流交办、执行处置、检查督促、结果反馈”的事件处置闭环，全年流转处置各类事件57.5万件。结合机构改革整合下沉力量，将杭州市医疗保障局余杭分局、区应急管理局纳入下沉部门，全区有公安、城管、市场监管等13个与镇（街道）工作密切相关的部门基层站所3300余名执法力量纳入属地管理。全区划分网格1468个，组建专职网格员队伍1571人，实名认证兼职网格员3.6万人。全年开展网格检查314.6万次，发现安全隐患15.13万项。

【三级中心建设】 2019年，余杭区规范化建设区、镇（街道）、村（社区）三级社会治理综合服

2019年6月27日，杭州市县级综治中心（信访超市）建设现场推进会在余杭区召开
（区委政法委 供稿）

务中心（社会矛盾纠纷调处化解中心），形成金字塔形矛盾多元化解模式。余杭区社会治理综合服务中心自2019年5月底开始试运行，6月揭牌正式启用，线下开放接待窗口18个、调处功能室21个，20多个部门200余名工作人员联合入驻，打通“访—调—仲—诉”全过程链。6—12月，区中心受理人民群众各类信访矛盾纠纷、提供法律服务1.6万余件次。6月27日，杭州市县级综治中心（信访超市）建设现场推进会在余杭区召开；11月26日，浙江省社会矛盾纠纷调处化解中心建设现场推进会在余杭区召开。

【创新社会治理】 2019年，区委政法委推进智慧治理工作，承接“杭州市统一地址库建设与应用”首个试点任务，打通汇集25个部门的29套信息系统，归集全区人口数据307余万条、房屋地址数据192余万条、企业数据27万条、事件数据129万条。自主开发余杭区社会治理指数及预警系统，建成69个智安小区，防范影响群众安全感的多发性案件，减少矛盾纠纷，消除各类安全隐患。推进“雪亮工程”建设，监控布点实现重点公共区域和重点行业、领域涉及公共区域视频监控全覆盖。“余杭区基层治理综合信息系统建设”入选2019全国政法智能化建设优秀创新案例；余杭区入选“2019年浙江省县域社会治理十佳县（市、区）”。

【平安创建】 2019年，余杭区明确平安创建“保位争先”的目标任务，强化全区“走前列、做示范”的共识，形成平安办、部门、镇（街道）、村（社区）、网格、企业各方联动的责任链条。落实平安检查责任清单、检查清单、督办清单和执法清单“四单督办”机制，实行“网格自查、镇（街道）互查、部门检查、第三方抽查、平安办督查”的“五位一体”督查机制。全年下发企业平安创建任务清单11.7余万份，组织企业开展安全培训30余次，签订平安创建承诺书3万余份，落实企业自查自纠。区、镇（街道）两级开展各类检查2.72万次，检查点位36.18万个，发现问题隐患点位6.4万个，发现问题隐患13.1万个并全部整改完成。9月起，针对平安创建短板开展“191”“凝心聚力铸平安”百日攻坚活动，聚焦平安重点领域，抓好平安重点难点突破，实现安全生产、火警火灾、交通事故死亡人数“三下降”。举行平安创建“奋战六十天”推进仪式，组织全民参与平安巡防、平安宣传、消防演习等平安创建系列活动。7月17日，余杭区举办全省“建设平安浙江15周年余杭论坛”，被新华网、《法制日报》和《浙江日报》等主流媒体报道。

【政法队伍建设】 2019年，区委政法委牵头开展“十大专项整治”中对黄赌毒和黑恶势力听之任之、失职失责、包庇纵容充当保护伞问题专项整治行动，开展政法系统正风肃纪检查，加强政法干警党风廉政教育。举办全区政法（平安）培训班，提升政法队伍能力水平。推进“一体化办案系统”数字卷宗单轨制协同办案模式试点工作，开展涉政府产权纠纷专项治理。推进刑事诉讼涉案财物集中管理工作，建立刑事涉案财物集中管理中心及涉案财物信息管理系统，健全涉案财物管理制度。

（郦舒婕）

·法治政府建设·

【法治政府建设推进日活动】 2019年，余杭区将府院联席会议、法治政府建设推进会以及行政机关

余杭区社会治理综合服务中心　　（区委政法委　供稿）

负责人出庭应诉总结交流会三会合一，通报全区法治政府建设和“两高一低”整治情况、行政审判以及公益诉讼情况，分析问题与不足，梳理部署工作重点及举措。组织区政府班子成员、法治政府建设相关单位、镇（街道）、平台主要负责人等200余人开展行政案件庭审观摩。邀请省高级人民法院行政庭副庭长对征迁拆违工作进行实务培训。

【行政规范性文件质量提升年活动】 2019年，余杭区做好《浙江省行政规范性文件管理办法》的宣传工作，提请纳入区政府常务会议学法第一期学习内容，由司法局局长为区领导及全区各部门、镇（街道）“一把手”进行专题解读，传达新法确立的新制度、新要求，指导部门、镇（街道）贯彻落实新法。顺应机构改革，落实关于文件制定主体要求，全面梳理、依法审核明确并向社会公布全区56个行政规范性文件制定主体清单，把好全区行政规范性文件制定和管理“主体关”。提请区政府办公室制发《关于进一步完善政策性规范性文件发文和上会流程的通知》，梳理机构改革后全区规范性文件的管理机制、责任分工以及工作要求，规范文件制发流程。推行规范性文件立项制，确保规范性文件的程序到位、内容合法。落实“提高文件质量、控制文件数量”要求，审核文件合法性，按照“可发可不发的一律不发、上级文件直接适用的一律不发”原则，全年审核区政府规范性文件35件，出具合法性审核意见书15份，提出意见建议80余条，全区规范性文件发文量同比下降75%。组织部门、镇（街道）对区本级近1000件规范性文件以及各单位现行有效规范性文件进行全面清理，组织开展与现行开放政策不符的规范性文件专项清理、惠企政策专项清理，废止或修订对与扩大对外开放、减少准入限制、优化营商环境等要求不符的规范性文件。

【行政机关合同管理】 2019年，区司法局根据全区行政机关合同管理实际，加强合同的合法性审查，综合考虑合理性、可履行性提出法律意见建议，提高合同防范法律风险和经济风险能力。全年审查行政机关合同30余件，针对歧义性条款、违约责任条款等提出修改意见50余条，为预防和减少合同纠纷，维护国有资产、财政资金安全提供保障。

【发挥参谋助手作用】 2019年，区司法局组织、参与区政府涉法事务协调处理，从法律角度对一些敏感、疑难涉法事件进行分析，提供法律意见。加强行政案件分析研判，对案件办理中发现的共性问题、苗头性问题进行综合分析，提出解决对策建议。

【制定公布行政执法主体清单】 2019年，区司法局结合全区机构改革和行政执法体制改革等工作实际，开展行政执法主体资格确认公告工作。明确行政执法主体资格确认工作范围、标准、职责、方式、步骤和要求，依法严格审核并向社会公告机构改革后全区第一批行政执法主体名单，推进余杭区行政执法责任制和行政执法公示制度的落实。

【行政执法监督】 2019年，区司法局组织开展年度行政执法案卷评查，对90余件行政执法案卷进行集中、交叉评查，提出意见建议200余条，反馈有关单位落实整改。开展“三项制度”落实情况专项检查，对全区镇（街道）、部门落实行政执法公示制度、推行行政执法全过程记录制度以及对重大执法决定法制审核制度开展专项检查，采取全面自查与抽查的形式，掌握“三项制度”落实基本情况，督促各行政执法部门落实“三项制度”，促进严格规范公正文明执法。会同区纪委开展执法领域纪律监督，对相关部门在行政执法领域不作为、乱作为等情况开展为期两周的全面督查。与区检察院联合开展行政处罚案件执行情况专项督查，对全区各行政执法机关过去两年办结的行政处罚案件在申请法院强制执行、“裁执分离”落实执行等情况进行督查。邀请区特邀行政执法监督员参与行政执法案卷评查、行政执法考试监考等执法监督活动。

【行政复议能力提升】 2019年，区司法局（区行政复议局）发布《关于余杭区行政复议局正式运行的公告》，向社会公众告知余杭区行政复议局正式运行时间以及行政复议局实行“统一受理、统一审查、统一决定、统一送达”的运行模式，集中行使行政复议权。充实复议力量，将4名公务员调整到行政复议办案队伍。推行行政复议案前调解制度，为申请人与被申请人搭建对话交流平台，提供通过协商方式达成和解机会。全年收到行政复议案前调解申请书51件，其中通过案前调解，申请人撤回行政复议申请17件。2019年，区行政复议局受理行政复议案件 462 件，结案 402 件，其中，维持 121 件，驳回申请 36 件，不予受理 6 件，确认违法 33 件，撤销、责令履职 45 件，经调解申请人自愿撤回 50 件，经补正协调不再申请 94 件。

【行政应诉责任压实】 2019 年，余杭区落实行政机关负责人出庭应诉制度，实行请假报告制、动态跟踪制等，督促行政机关负责人带头出庭应诉，防止未经批准不出庭应诉或者连续多次请假情况的发生，强化制度执行力。2019 年，全区行政负责人出庭应诉率为 89%，同比上升明显。

【队伍法治素养提升】 2019 年，余杭区组织 50 余名分管法治工作的区管领导赴复旦大学接受为期一周的法治培训，增强领导干部对提高社会治理现代化能力和水平的认识，提升运用法治思维和法治方式推进改革、推进法治政府建设的能力。举办行政执法资格培训考试，21 个部门、20 个镇（街道）的 425 名执法人员、46 名区管干部参训参考。全区浙江省行政执法证持证率进一步提高；组织 15 名具有法律职业资格公务员参加杭州市司法局与杭州市律师协会主办的申请公职律师执业证岗前培训班。

【法治政府建设工作评议考核】 2019 年，余杭区继续保持法治政府建设在全区综合考评中的比重，继续推行行政败诉案件双重考核机制。制发考核指标及评分标准，发挥考核评价对法治政府建设的指挥棒作用，倒逼部门、镇（街道）提高认识，规范执法行为，提升执法质量，降低行政复议纠错率和行政诉讼败诉率，促进全区法治政府建设各项任务落实到位。

（陈佳颖）

·公　　安·

【概况】 2019 年，区公安分局有内设机构 6 个、直属行政机构 20 个、派出所 22 个；副处级机构 3 个、正科级机构 82 个、事业单位 4 个。全局在编民警 915 名，协（辅）警 1923 名。分局全年接到报警 104.18 万余起，其中有效警情 47.41 万余起，接警量居杭州市第一；受理刑事案件 1.37 万起，立案 1.15 万起，刑事拘留 2900 人次，移送检察院起诉 2442 人次，行政处罚 97.31 万人次；破获命案 6 起（区内 4 起）、“五类”案件①89 起，重大恶性案件破案率 100%。全区公共安全形势稳定，未发生较大及以上安全生产事故和交通、消防安全事故。全年 81 个次集体、548 人次民警和协（辅）警受到各级党委政府、公安机关表彰，包括浙江“最美警察”洪鹤鹦、新时代杭州十大杰出青年王秋、余杭区劳动模范姚晓琦等先进典型，区公安分局被评为全省扫黑除恶专项斗争先进集体，蝉联全省公安机关执法质量优胜单位，被授予“杭州市模范集体”称号。

①“五类”案件指强奸、绑架、放火、爆炸、劫持五类严重刑事案件。

【重大活动安保】 2019 年，区公安分局完成“双创”活动周、良渚古城遗址申遗两项国家级重大警卫安保任务。全年投入警力 3.6 万余人次，完成警卫任务 90 批次，安全保卫任务 94 起，安全监管任务 83 起。

【严打经济领域犯罪】 2019 年，区公安分局立案打处涉众型经济案件 27 起，涉案金额 1131.2 亿元，涉未兑付投资人 26.26 万人，其中网贷平台案件 7 起，涉案金额 1099.39 亿元，涉未兑付投资人 23.74 万人。“草根投资”“石头

2019 年 9 月 16 日，余杭区公安机关“践行新使命、忠诚保大庆”誓师大会暨高等级勤务模式启动仪式在艺尚小镇举行

（区公安分局　供稿）

理财”等专案共145名涉案犯罪嫌疑人被采取刑事强制措施，移送检察院起诉139人，追回涉案资产37亿元，总体追赃率27.8%，网贷案件缉捕追逃率、结案率列全市第一。打掉一个以合法公司掩护从事非法买卖外汇业务、案值7亿元的“地下钱庄”，捣毁一个跨省市特大伪造央行“国庆70周年纪念币”窝点。侦破杭州市首起涉及全国“产供销”全链条制贩假币案件。

2019年6月24日，“草根投资”专案移送区人民检察院审查起诉
（区公安分局　供稿）

【治安问题整治】　2019年，区公安分局刑事拘留涉毒人员97人，移送起诉104人，治安拘留337人，强制戒毒75人。侦破全国最大涉外吸贩毒品可卡因案件，入选全省十大毒品案件，得到国务委员、公安部部长赵克志，省委常委、政法委书记王昌荣等领导批示肯定，禁毒大队和看守所被省禁毒委命名为“监所挖隐”示范单位。从8月1日起，开展为期两个月的打击黄赌违法犯罪专项行动，会同有关部门整治关停易涉黄、赌博场所千余家，刑事打处涉黄涉赌人员393人，同比增长555%；黄赌警情同比减少31.7%。

【侵财犯罪打击】　2019年，区公安分局跨省收网3个重大电信网络诈骗犯罪团伙，抓获犯罪嫌疑人112人，查证案件5000余起，涉案金额1200余万元；捣毁4个本地“现金贷”诈骗犯罪窝点，抓获犯罪嫌疑人20人；侦破南苑“3·21”亿元诈骗案，冻结止损资金及返还率近100%，受到浙江省副省长、公安厅厅长王双全批示肯定。

【民生案件打击】　2019年，区公安分局摧毁一个跨省销售疫区牛肉的犯罪团伙，收缴疫区牛肉4万余千克；侦破一起涉生猪2000余头的非法经营案件，斩断一条跨省收购、运输未检验检疫生猪到余杭区非法屠宰、贩卖的黑色产业链。全年打处涉食药环犯罪嫌疑人93人。

【基层基础管理】　2019年，区公安分局开展实有人口“清底”排查，借力发动小区物业等力量协助采集人口信息99.6万条，抓获逃犯22人、法院协控64人；推动矛盾纠纷“清零”化解，深化警保联防、警网联动、警调联动等机制，全年化解矛盾上万起。推进保安行业“清理”整治，牵头成立杭州市首个区（县、市）级保安协会；深化智慧安防“清平”建设，良渚昌运里小区作为全市样板之一，在全市现场会上进行成果展示。

【面上治安管控】　2019年，区公安分局组织开展多轮“雷霆”“飓风”系列行动，净化面上治安环境。推广仓前街道“网事警情”做法，推动区三级综治中心职能落实，试点开展“警源”治理工作。强化以PTU为核心的社会面应急防控队伍建设，处置各类突发警情2329起，盘查352万余人次、94万余车次，现行抓获各类违法犯罪嫌疑人1165人，总量位居全市首位。全年投入信息化项目资金2亿余元，建成由联网型视频、城际边界“电子围栏”、人脸卡口、车辆卡口等前端智能感知设备组成的物联网警戒圈。

【营商环境优化】　2019年，区公安分局开展“三服务”活动，继续推进“最多跑一次”改革，公安民生事项实现“网上办”比例为100%。在全省率先推出出入境便民服务平台，实现在线预约、在线取号，减少排队时间，提高办证效率。完成“浙里拍”试点，被浙江省公安厅出入境管理局确定为2020年重点改革项目。推进综合服务中心建设，在瓶窑镇建成启用全省首个公安“全业务”综合服务中心，完成良渚综合服务中心建设，“15分钟办事圈”覆盖全区。

【交通安全保障】　2019年，区公安分局启用全省首个在线财产损失事故处理系统，组建全市首个交警无人机执勤小组。全年受理事故类警情20.7万起，同比增长3.34%，增幅较上年下降6个百分点，道路交通全口径死亡人数131人，同比下降14.4%，绝对数减少22人，未发生一次死亡3人以上重大交通事故。

【消防安全保障】　2019年，区公安分局深化租房准入联审、星级评定、强制入轨等机制建设，压实消防安全管理主体责任。全年依托“旅馆总台”检查租房65.31万户次，发现安全隐患7.11万户次9.06万处，行政处罚违反消防安全管理规定房东1408人，未发生租房亡人火灾事故。

【公安队伍建设】　2019年，余杭区组织召开最高规格公安工作会议，首次以区委名义出台《关于加强新时代余杭公安工作的实施意见》。区公安分局相继完成黄湖镇派出所营房新建，PTU二中队、四中队营房装修，民警小公寓改造，分局集中办案区改造等10余个基建项目。

【侦破“2019-211”公安部目标案件】　2019年年初，区公安分局在侦办一起外国人吸毒案件中，发现一个以安哥拉籍人“若泽”为首的涉嫌贩卖毒品可卡因犯罪团伙，该案被列为“2019-211”公安部目标案件。经侦查，查明该团伙2016年以来从尼日利亚携带毒品可卡因入境广东，再贩卖至北京、上海、杭州、南京、昆山等地。9月6日，分局抽调223名警力分成49个抓捕小组，在浙江、江苏等地抓获主犯“若泽”等犯罪嫌疑人51人，其中美国、意大利、英国等25国外籍人员38人。

【侦破“3·21”南苑亿元诈骗案】　2019年3月21日，区公安分局接报南苑街道某公司被诈骗资金1亿元，迅速联动市公安局反欺诈中心，通过各大驻点银行开展被骗资金紧急止损工作。当天止损、冻结涉案款项8500万元。随后开展案件侦查。通过信息研判、视频分析、数据分析、现场踩点、跟踪守候等手段，4月14日，分别在河北省石家庄市、邯郸市和云南省勐海县等地抓获黄某超等8名犯罪嫌疑人，全案冻结止损及返还资金近100%。

【侦破乔司“6·29”故意杀人案】　2019年6月29日，区公安分局接王某（女，30岁，河南息县，暂住乔司街道）亲属报称王某失踪多日。初查发现王某6月10日凌晨回租房后即下落不明，基于疑点及相关线索，判断失踪女子可能遇害，即启动命案同步上案机制，锁定郭某（男，30岁，湖北武穴，暂住乔司街道保庆街）有重大嫌疑。在民警心理攻势下，郭某交代因纠纷杀害王某，叫来在广东佛山打工的父亲与同在乔司的弟弟商议，后与其父将尸体藏匿行李箱带回湖北老家掩埋的犯罪事实。郭弟与郭父亦缉捕归案，7月1日，经现场辨认，在湖北武穴起获被害者尸身和随身物品。

【侦破“现金贷”诈骗团伙案件】　2019年8月初，区公安分局获某网络公司涉“现金贷”诈骗犯罪线索，专案组先后辗转江苏、浙江、上海、安徽等地，查明该公司涉嫌在广东、福建等地建立空壳公司，通过运作8款APP实施诈骗。分局集结近百名警力同步在余杭区仓前街道、西湖区三墩镇端掉4个诈骗窝点，抓获马某等犯罪嫌疑人43人，查封、冻结涉案资金及物品价值6000余万元。查明该团伙涉“现金贷”诈骗金额10亿余元，非法获利1亿余元，受害人遍及全国31个省（市）36万余人。

【摧毁网络贩枪团伙】　2019年9月初，区公安分局获取一条网上贩枪线索，专案组通过调查，发现一个向境外购买枪支在内地进行网络贩卖的犯罪团伙。9月12日，组织60余名警力分赴上海、广东、安徽、江苏及省内宁波、嘉兴等地，抓获曹某、罗某等10名犯罪嫌疑人，现场缴获疑似枪支44把（其中认定枪支16把）、枪支配件数千件、钢珠弹数万发及军刺、弩、制式警服等违禁品若干。

（沈建明）

·检　　察·

【概况】　2019年，区检察院办理各类案件（含减刑、假释等案件）25251件。13个集体和28人次受市级以上表彰，连续8年被评为全省先进基层检察院，区检察院被评为杭州市政法系统争当“八个排头兵”十佳先进集体，获第四届全省“人民满意的公务员集体”称号。

【刑事诉讼监督】 2019年，区检察院受理侦查机关提请批准逮捕案件1179件1770人，经审查批准逮捕797件1153人；受理移送审查起诉案件1610件2467人，审查后提起公诉1176件1842人。对应当立案而未立案的，督促侦查机关立案后，被追究刑事责任32人。对取证不规范、不到位等问题，采取纠正违法通知、检察建议、瑕疵证据通报等形式，提出书面意见30余件次。强化对诉判不一致刑事裁判的审查，对认为确有错误的刑事判决，依法提出抗诉5件。推进驻公安机关检察官办公室实体化运作，提前介入重大复杂案件120余件，提出引导侦查意见240余条，优化检警协同“大控方”工作格局。

【民事行政检察监督】 2019年，区检察院开展“套路贷”民事虚假诉讼专项监督，办理“套路贷”集团涉嫌虚假诉讼案170余件，审查后向法院发出再审检察建议40余件。加强行政非诉执行监督，助力“大棚房”问题专项清理整治和“无违建”创建活动，推动镇（街道）组织拆违。与区司法局联合开展行政处罚执行情况专项督查，针对行政执法中存在的问题，提出建议和对策。

区检察院获第四届全省“人民满意的公务员集体”称号

（区检察院 供稿）

【检察公益诉讼】 2019年，区检察院立案公益诉讼案件116件，发出行政公益诉讼诉前检察建议22份，实现案件类型法定领域全覆盖。与多部门建立协作机制，形成公益保护合力。关注民生热点，开展“保障千家万户舌尖上的安全”公益诉讼专项行动，办理的一起案件被评为全国检察机关典型案例。针对工作中发现的公民个人信息保护、养老金发放、国有财产监管等方面存在的隐患，依法提出完善制度、加强管理的检察建议，并结合案件办理开展以案释法。

【刑事执行监督】 2019年，区检察院依法办理各阶段减刑、假释、暂予监外执行审查案件20463件。开展羁押必要性审查、财产刑执行监督、社区矫正监督工作，纠正刑事执行活动违法30余件。出台对监狱巡回检察实施方案，对区内监狱开展3轮21次巡回检察，发现10个大类30项隐患问题，发出检察建议8份。会同区内6所监狱签署戒具使用指引，规范戒具使用和管理。开展对服刑罪犯特赦的监督，确保符合特赦条件的罪犯“一个不少”，不符合特赦条件的罪犯“一个不放”。

【金融秩序安全维护】 2019年，区检察院批捕侵犯公民人身权利、侵犯财产、妨害社会管理秩序犯罪1013人，起诉1342人。合力整治电信网络诈骗犯罪，打击一批冒充互联网平台工作人员、司法机关工作人员等身份实施网络诈骗的犯罪团伙。融入反腐败工作大局，打击工程建设、征地拆迁安置、村（社区）三资管理等领域腐败案件，依法决定逮捕11人，提起公诉12人。围绕金融风险防控攻坚战，参与金融风险暨网络借贷风险处置，成立P2P平台案件办案组，受理平台案件8件58人。依法办理“草根投资”“石头理财”“临融投资”等一批重大案件。参与司法环节追赃挽损，与区信访局、属地镇（街道）等开展联合接访、个案法律宣传，引导投资人合理表达诉求。

【营商环境优化】 2019年，区检察院对侵犯余杭区知名制造企业商业秘密和服装企业商标案件依法予以打击，推动解决知识产权侵权成本低、维权成本高等问题。构建“亲”“清”检企关系，出台审查逮捕涉民营企业案件听证实施办法，开展涉企案件立案监督和羁押必要性审查专项活动。向多家企业发出检察建议，协助堵塞管理漏洞。对涉案企业开展回访、宣讲等各类法律服务100余次。成立互联网检察室，加大互联网领域违法犯罪惩防力度，打击网络“薅羊毛”，2019年审查办理危害电商发展和网络安全犯罪73件249人。

【护航“三个全域”建设】 2019年，区检察院出台《服务保障全区推进“三个全域”建设的实施意见》，得到区委主要领导批示肯定。办好电信网络诈骗惩治、养生保健领域专项监督等“十件检察民生实事”。深化“最多跑一次”改革，发挥“12309”检察服务中心职能，接待来访、来电咨询9400余人次。聚焦污染防治攻坚战、蓝天保卫战，依法批捕、起诉破坏环境资源保护等犯罪17人，开展扬尘污染防治、口腔诊所污水排放、古树名木保护等公益诉讼专项行动。

【诉源治理】 2019年，区检察院办理认罪认罚从宽案件1043件1230人，认罪认罚适用率为72%，其中99%以上案件的被告人均认罪服判。贯彻少捕慎诉司法理念，运用刑事和解、检调对接等方式，对轻微刑事犯罪，不批准逮捕337人，同比增长7.3%，不起诉457人，同比增长3.6%。将司法救助与精准扶贫相结合，开展因案致贫返贫司法救助，发放救助金45万余元。成立老干部“玉和”工作室，入驻区社会治理综合服务中心（社会矛盾纠纷调处化解中心），参与基层矛盾化解。做到“群众来信件件有回复”，实现7日内程序性回复、3个月内办理过程或办理结果答复两个100%。2019年，化解涉法涉诉信访矛盾37件，回复群众来信175件。

【未成年人检察工作】 2019年，区检察院依托全国首家“派驻省未管所未成年人检察工作室”，联合团区委、杭州市余杭区滴水公益服务中心等单位和组织，根据涉罪未成年人身心特点推行分级干预、处置70余人次。推进法治进校园活动，面向全区中小学校开展“防范性侵害”“防范校园套路贷”等主题讲座，在20余所学校开展宣讲，受众1万余人，拍摄的两部普法微视频被评为全省未成年人检察优秀微视频。落实最高检“一号检察建议”，联合区教育局召开“四长论坛”[②]，共商保护未成年人事宜。针对余杭区某小学周边开办成人情趣用品商店、区内娱乐场所及旅馆业存在违规接待未成年人等情况，联合相关部门出台长效治理机制。是年，区检察院被评为第二批全国未成年人检察工作创新实践基地。

②“四长”指检察长、教育局长、校长、家长。

【检察队伍建设】 2019年，区检察院推进司法体制综合配套改革。刑事检察实行“捕诉一体”，民事、行政、公益诉讼检察力量得到加强。落实领导干部带头办案、检察长列席审委会制度，检察长、分管检察长带头办理大案难案。简化工作流程，依法保障律师权利，公开法律文书1300余份，接待律师阅卷850余人次。与区司法局共同举办检律控辩赛，走访区内律师事务所，推动构建新型法律职业共同体。2019年，区检察院被评为杭州市政法系统争当“八个排头兵”十佳先进集体，区“争做余杭铁军先锋争当新时代发展排头兵”模范集体。

区检察院联合区教育局召开“四长论坛”，共商保护未成年人事宜
（区检察院　供稿）

【检察环节“三服务”工作】 2019年，区检察院开展“服务企业、服务群众、服务基层”（三服务）活动。打造“检察官进企业，共话发展与服务”平台，为企业提供法律服务20余次，帮助协调解决企业发展难题10余次。深化“亲”“清”检企关系，走访阿里巴巴集团、贝达药业股份有限公司等区内民营企业，把握企业对检察需求。走访调研帮扶村，检察院干警捐款，联系区慈善总会，解决东风村村民杨建法因病致贫问题。走访调研基层，就农村扫黑除恶专项斗争，建立化解百姓矛盾纠纷机制，建设法治乡村打造平安余杭等问题与群众进行座谈交流，听取群众意见建议。

【全省检察机关减刑、假释智能审查系统现场交流会】 2019年1月3—4日，全省检察机关减刑、假释智能审查系统现场交流会在余杭区举办。参会人员对系统运行配置、罪犯档案数据及提请数据来源、案件分配规则、减刑假释审查规则等问题进行提问交流，并对系统优化完善提出意见建议。

【互联网法律大会·检察论坛】 2019年11月24日，2019年互联网法律大会·检察论坛在梦栖小镇举行。省人民检察院教育培训工作指导委员会主任、省人民检察院党组成员、副检察长王祺国，区委副书记、政法委书记李忠誉，浙江大学光华法学院教授王敏远，阿里巴巴集团副总裁余伟民等出席检察论坛并致辞。全国知名专家学者，浙江大学、阿里巴巴集团、蚂蚁金服集团等支持单位的代表，各县（市、区）检察院相关代表等百余人参加论坛。

（褚美芳）

·法　　院·

【概况】 2019年，区法院受理各类案件43697件，办结案件45846件，同比分别下降1.1%和1.7%，均居全省第二位、全市第一位，员额法官人均结案数居全省各县（市、区）法院第一位。电子商务网上法庭、道交纠纷网上数据一体化处理改革试点工作，被写入《中国法院的互联网司法》白皮书，“许先本案”入选“中国法院互联网司法十大典型案例”。

【营商环境优化】 2019年，区法院做好办理破产、执行合同、保护中小投资者等方面工作。会同区工商联开展涉民营企业纠纷风险预警、诉调衔接工作。加强对民营企业物权、债权、自主经营权的保护，审理“绿存公司案”等涉企案件16489件。审结著作权、商标权、不正当竞争等知识产权案件2555件。审结“小猪佩奇”系列案件，英国驻沪总领馆专门致信感谢。

【重大金融、网络借贷风险防范】 2019年，区法院做好金融风险防范和涉众型网络借贷风险处置工作，开展“e租宝”案集资人信息核实登记，做好后续信访维稳工作。落实会同中国人民银行余杭支行签订的防范化解金融风险备忘录，审理金融借款、担保、票据等案件562件，标的额5.59亿元，防范区域性金融风险。注重民间借贷协同治理，甄别认定职业放贷人86人，征收税款5.2万元，民间借贷收案4052件，同比下降28.3%。审结企业破产案件24件，召开涉及2601家债权人的浙江中友实业有限公司破产清算案第一次债权人会议，并裁定宣告破产。

【诉源治理】 2019年，区法院收案量同比下降，其中一审民商事案件收案数同比下降11.1%。对接区社会治理综合服务中心，设置诉讼服务窗口和审判法庭，派驻工作人员，实现诉前调解、司法确认、诉讼立案的无缝对接。加强对专业性、行业性调解组织业务指导，发挥各类调解组织多元化解纠纷作用，诉前化解案件7348件，司法确认5055件。强化审判示范引领，依据生效判决示范，调处涉172名业主商品房合同纠纷等多起系列案件。加强与区住建局协作，出台涉房类纠纷预防化解意见，推进纠纷源头治理。针对发现的社会治理中存在的漏洞和问题，发送司法建议11份。

【刑事审判】 2019年，区法院新收刑事案件1190件1825人，审结1213件1787人。依法严惩暴力犯罪，审结故意伤害、抢劫、绑架等犯罪案件323件369人。依法从严惩处知名歌手“东来东往”等涉毒品犯罪案件66件。严惩破坏社会主义市场经济秩序犯罪，审结集资诈骗、非法吸收公众存款、电信网络诈骗等涉众型案件39件。严惩针对妇女儿童的暴力、虐待、性侵害等犯罪案件45件。依法惩治贪污、贿赂等职务犯罪案件6件。坚持依法严惩与保障人权并重，对未成年犯、从犯、偶犯及具有自首、立功情节的被告人，依法从宽处罚。深化刑事认罪认罚从宽制度改革，审结案件615件，占比51.3%，被最高人民法院评为试点工作先进集体。

【民商审判】 2019年，区法院新收民商事案件26142件，同比下降4.8%；审结27957件，同比上升5.8%。依法保护市场交易秩序，审结合同、公司类案件632件，盘活企业存量资产27亿元，释放土地资源13.13公顷，房屋面积15万平方米，加快市场要素流转。审结涉生命健康、名誉、隐私等案件301件，保护公民人格尊严。审结房屋买卖、建筑工程、物业服务等案件3291件。审结婚姻、继承等家事案件1432件，其中审结成功520件，占比36.3%。审结追索劳动报酬、劳动争议等案件469件，涉及标的2627.9万元，保障劳动者合法权益。

【行政审判】 2019年，区法院新收行政诉讼案件199件，审结171件，同比分别上升26.8%和6.9%。助力良渚古城遗址申遗工作，稳妥审理涉征地拆迁、环境整治等行政案件12件。维护“新居民”合法权益，妥善审理涉拆迁安置纠纷94件，助力城市有机更新。推动完善督查考核机制，推进108名行政机关负责人出庭应诉，同比上升13.7%。推进行政争议调解中心建设，调解成功案件180件。落实非诉行政执行案件裁执分离，审结非诉审查案件152件。组织开展“行政机关旁听百场庭审”活动，在“学法用法轮训行动”等培训班授课7次，促进法治政府建设。

【执行工作】 2019年，区法院开展“清积案、打拒执、强规范”百日攻坚等专项行动，执结案件15908件，执行到位金额21.1亿元。司法拘留1847人次、罚款474人次（单位）、纳入失信被执行人名单11599例，发出限制消费令12093份，限制出境562人，强制腾退房屋5.1万平方米，司法处置标的物944件，成交金额11.1亿元，发送责令交付车辆通知书，督促被执行人主动交付车辆23台。移送涉嫌拒执犯罪12件14人，判处5件5人，“沈某某”案入选杭州法院打击拒执犯罪十大典型案例。建构“三员一体”基层协作网络机制，被《法制日报》《人民法院报》报道，并在全省作经验介绍。推进“执转破”，将38家企业法人移送破产审查，出清“僵尸企业”，盘活闲置资源。

【办案质效提升】 2019年，区法院开展清理长期未结案专项行动，同期结案率104.9%，有财产可供执行案件法定期限内实际执结率93.9%，未结案减少2150件，其中12个月以上未结案减少291件。完善落实专业法官会议、审判委员会会议讨论案件制度，开展二审改判和发回重审案件评查、优秀庭审评选等专项活动，着力统一法律适用和裁判尺度，二审改判发回瑕疵率同比下降41.2%。采取训诫、罚款、移送公安等方式处置虚假诉讼案件89件，营造诚信诉讼氛围。12起案例分别入选全国法院系统2019年度优秀案例和全国知识产权典型案例等，3起案例被省高院《案例指导》刊用。

【智能审判建设】 2019年，区法院全面推进移动微法院建设，引入案件17047件，在线送达37631次，在线调解226件，调解的跨国离婚案例被《浙江天平》转载。在全国范围内首次尝试引入集区块链和“钉钉”组织等技术于一体的“余法破产管理

2019年7月9日，区法院院长罗鑫在全省中院院长座谈会作“余杭法院建立网格员协助执行机制破解执行难”经验介绍

（区法院　供稿）

钉平台”，做法在全市推广，被中国法院网、法制网等报道。推进一体化办案系统改革试点，在线接收案件1156件，占同期收案数的98.4%。上线运行涉网知识产权纠纷一站式在线诉调平台，调解成功406件，实现线上纠纷线上化解。依托道交纠纷一体化处理平台，深化在线鉴定平台建设，在线鉴定案件955件。

2019年3月19日，区法院与阿里巴巴集团签署框架协议开展合作
（区法院　供稿）

【网络秩序规制】　2019年，区法院发挥作为最高法院法学研究所互联网司法基地的优势，加强与法学研究所对接，关注互联网司法理论前沿和司法新实践，研究互联网司法面临的新情况新问题，着力破解案件性质认定、电子证据甄别等难题，依法审理涉网案件。5起涉网刑事案例被最高人民法院主编的《网络司法典型案例》收录，“撞库打码案”被评为全国法院系统优秀案例二等奖。深化与阿里巴巴集团合作，合力打造网络知识产权争议处理新机制，实现平台治理投诉申诉流程与司法治理有机衔接。

【便民利民举措】　2019年，区法院整合线上线下资源，打造星级诉讼服务中心，提升一体化服务水平。完成网上、跨域立案11856件。依托区三级综治中心，设立微法庭197个，开展指导调解、法治宣传，打通司法便民“最后一公里”。配备自助立案一体机、自助扫描复印机、人脸识别自助取号机等，实现一网通办、一站通办。建立律师工作站，开通律师绿色通道，规范律师调查令工作。拓展电子档案查询、借卷、调卷等功能，方便当事人阅卷、查询。

【司法体制综合配套改革】　2019年，区法院推进司法体制综合配套改革，促进审判质效提高。实行院庭长办案常态化，发挥院庭长作为业务专家、资深法官的示范引领作用，办结案件2.3万件，占比50.2%。健全院庭长监督管理方式，加强对“四类案件”监管。按期完成法院内设机构改革，落实人员分类和绩效管理规定，遴选、晋升、退出员额法官25人。会同公安、司法行政机关等完成《中华人民共和国陪审员法》实施后首批人民陪审员选任工作，选任151人。

【接受监督】　2019年，区法院向区人大常委会专题报告法院半年度工作，配合区人大代表定向视察刑事审判和扫黑除恶工作，办理政协委员提案，走访联络省市区人大代表、人大常委会委员及政协委员55人次，主动接受监督。配合检察机关依法履行法律监督职能，邀请检察长列席审委会8次。推进审判流程、庭审活动、裁判文书、执行信息司法公开平台建设，健全阳光司法机制，上网裁判文书47494份、直播庭审1523次、召开新闻发布会2场、举办公众开放日20余次。

（庞楚楚）

·司法行政·

【“法治余杭”建设】　2019年，余杭区完成区委全面依法治区委员会组建工作，区委全面依法治区委员会成立，并召开第一次会议。出台文件，聘任6名区委法律顾问，完善区委依法决策工作机制。牵头迎接中央全面依法治国委员会办公室第三督察组对余杭法治政府建设实地督察。强化“大普法”格局构建，深化法治“双创”，3家全国民主法治村（社区）通过复评。以“谁执法谁普法”为重点，推行精准普法，组织区级领导干部任前考试50人次，培育“沁少年”普法工作站、诺力亚律师企业普法团等社会普法组织。制定外来人口普法方案、普法沙画，开展“12·4”国家宪法日系列宣传活动。实施法治文化阵地全域辐射项目，完成20个镇（街道）法治小景建设。组织“法治余杭”建设满意度调查，总满意度93.22分，较2018年上升4.96分。分解“法治杭州”考核责任，组织召开“法治杭州”考核座谈会，制定《2019年度法治杭州建设考评任务分解表》《2019年度法治余杭建设考核评价细则》，建立预扣分制度和法治余杭专刊（专报）工作制度。集中开展“法治惠民服务月”“法治余杭·与你同行”法治宣传月系列活动。

【人民调解】 2019年，区司法局开展“金牌人民调解员”评选，完成人民陪审员选任工作，开展民营企业、“无违建”矛盾纠纷排查化解专项活动。推动诉源治理，深化行业性专业性调委会建设，“以网调网”工作在中国第三届网络新“枫桥经验”高峰研讨会、全市诉源治理工作会作交流发言。全年全区各人民调解组织受理矛盾纠纷26370件，调处成功26058件，调处率、成功率分别为100%和98.82%，涉及重大疑难复杂纠纷383件，涉及死亡纠纷283件。区人民调解委员会被司法部评为2019年“大排查、早调解、护稳定、迎国庆”专项活动表现突出集体。

【社区矫正】 2019年，区司法局推动“智慧矫正中心”建设，开展社区矫正安全隐患“大排查大走访”专项活动，用好监狱派驻民警，深化“两正”工作“网格化”常态化运行，代表全省迎接司法部社区矫正局、香港惩教事务协会专题考察参观。依法开展特赦工作，特赦社区服刑人员67人。落实“必接必送”制度，从省内外各监狱接回重点刑释人员6人。开展全国首批规范化标准化县级“智慧矫正中心”、全省刑罚执行一体化、数字卷宗单轨制办案工作试点，建成全国首家社区矫正数字卷宗案件管理室，实现对社区矫正案件全流程数字化管理。

【法律援助】 2019年，区司法局受理指派法律援助案件3606件，提供免费法律咨询14233人次。推动建设“全业务全时空”公共法律服务体系，探索实践矛盾纠纷“最多跑一地”，区公共法律服务中心整体入驻区社会矛盾纠纷调处化解中心。增设仲裁诉讼等服务事项7类10个窗口，推动“城市大脑·矛调在线”平台实体化运作，形成区中心与镇（街道）、村（社区）全覆盖视频服务网络平台。运行以来，服务群众法律事务14361件次，同比增加39%，同期全区越级访下降四成，一审民商案下降两成。规范案件审批流程，开展援助案件回访，成立群体性欠薪法律服务团，其中办理“鲜生友请”系列欠薪案，涉及608人。做好特殊人群法律援助工作，在区信访接待室、区退役军人服务中心、区残联设立法律援助工作站。与区检察院协同建立危险驾驶案件审查起诉阶段认罪认罚帮助工作。

【法律服务】 2019年，区司法局开展“十百千”法律服务专项行动，成立“企业法律顾问团”“普法讲师团”，定期为企业开展法律“体检”，全年走访企业1085家，为企业出具法律意见书、风险提示函204份，发现法律问题（漏洞）605个，研发民营企业需要的法律服务产品10个，开展企业法治宣讲378次。与区工商联协作，在惠崇律师事务所建立全省第一家商事纠纷律师事务所调解站。推进“名品名所名律师”培育工程，举办“法律服务产品”评比大赛、余杭区律师辩论大赛、第二届公诉人律师辩论大赛，发放律师行业扶持资金65万元。在全区全面覆盖法律顾问。诺力亚律师事务所被确定为杭州市政府立法基层联系点。

【法治保障中心工作】 2019年，区司法局出台《余杭区司法局服务保障“三个全域”十大法治专项行动》，逐项细化破题起势。牵头完善乔司商城化解处置所涉及的收购公告、债权转让协议等格式样本，选派6名党员干部赴一线参与处置，为项目处置提供法律支撑。服务良渚古城遗址申遗，实地点对点走访申遗工作所涉镇（街道）单位，沟通三级法院，研判申遗案件处置。做好中华人民共和国成立70周年等重点时期安保维稳工作，推进重点人员管控、矛盾纠纷排查化解等重点工作。深化系统扫黑除恶斗争攻坚，多次召开党委会议、推进会议专题部署，制定攻坚年活动方案，细化工作举措。

（杜桂芬）

编辑：俞帅帅

延伸阅读▶▶

“余杭模式”破解三大社会治理难题
杭州市余杭区推进社会治理智慧化调查

今年是习近平总书记亲自倡导部署建设平安浙江15周年。

15年前的2004年，浙江省杭州市余杭区借建设平安浙江之东风，敢为人先，勇于创新，率先建立了全国第一个乡镇社会治安综治中心。15年后的今天，余杭区委、区政府认真学习贯彻落实习近平总书记关于加快推进社会治理现代化、努力建设更高水平的平安中国的重要指示精神，干在实处、走在前列、勇立潮头，自主研发了国内首个社会治理智慧平台——杭州城市大脑·余杭社会治理平台，形成了“用数据说话、用数据管理、用数据决策、用数据创新”的智慧治理“余杭模式”，破解了社会治理的三大难题，有效防范了社会风险，化解了矛盾纠纷，社会治理出现共建共治共享喜人新局面，探索走出了一条推进基层社会治理现代化的新路子。

近日，本报将在浙江举办建设平安浙江15周年余杭论坛。论坛上将要进行的研讨和今天刊发的这篇调查报告，都是对余杭区全力推进平安建设和社会治理智慧化新做法、新经验的总结、提炼和升华，希望能对全国各地建设更高水平平安社会和加快推进社会治理现代化起到启发、借鉴、引领作用，敬请关注。

浙江省杭州市余杭区在推进社会治理现代化进程中，全力推进智慧治理。

余杭区从本地防范社会矛盾风险、完善公共安全体系、推进社会治理现代化的实际需要出发，与阿里巴巴集团等高科技企业合作，自主研发了国内首个社会治理智慧平台——杭州城市大脑·余杭社会治理平台。

运行一年多来，形成了“用数据说话、用数据管理、用数据决策、用数据创新”的智慧治理“余杭模式”，破解了社会治理的三大难题：精准感知，变事后“救火”为超前预防，有效防范了社会风险；高效处置，变应对迟钝为及时快速，就地化解了矛盾纠纷；以人为本，变管理控制为多元协同，社会治理出现共建共治共享喜人新局面。

2018年，余杭区刑事案件、火灾、交通事故、信访等社会治理主要指数同比下降幅度均在25%以上，平安考核排名从2014年、2015年的连续“不及格”跃升至浙江省第9名，一举捧回了平安浙江建设最高奖“平安金鼎”。

举全区之力推进智慧治理

余杭区位于杭州北部，面积1228平方公里，从东、北、西成弧形拱卫杭州中心城区。历史悠久，联合国教科文组织世界遗产委员会刚刚审议通过将良渚古城列入“世界遗产名录”，余杭区正是已绵延5000年的良渚文化发祥地。经济发达，拥有阿里巴巴等高科技上市企业23家。2018年，全区国内生产总值2312亿元，财政收入624亿元，居民人均收入62819元，经济总量居浙江省各县（市、区）第一。

市场经济的高速发展，给社会治理带来巨大的压力与挑战。余杭区目前实有人口数320万人，其中外来人口180万人，全省最多。流动人口多、民营企业多、建筑工地多，信访存量大、交通流量大、风险变量大，这“三多三大”使余杭区以往的平安建设、社会治理工作经常处于靠天吃饭、疲于应对之状态，2014年因发生重大群体性事件、2015年因公共生产事故较多等因素，均在全省平安县（市、区）年度考核中名落孙山。

党的十八大以来，余杭区委、区政府认真学习习近平总书记关于加快推进社会治理现代化、努力建设更高水平的平安中国的系列重要论述，把高水平建设平安余杭、推进区域社会治理现代化作为与经济建设同等重要的中心工作来布局谋篇、强力推进，作出了加快推进社会治理现代化等“三个全域”的决策部署，制定实施了推进社会共治体系建设的三年行动计划，率全省之先建起了区、镇街、村社三级社会治理综合服务中心。

“余杭区经济发展位居全省前列，社会治理现代化也理应争当排头兵。”杭州市委常委、余杭区委书记张振丰对《法制日报》记者说，“当今社会已进入智慧社会，作为社会治理的主体力量，地方党委、政府应适应新形势、树立新理念，学会依托和运用智慧技术手段，预防和化解社会治理中遇到的新情况、新问题、新矛盾、新风险。”

基于这一认识，乘杭州市加快建设“杭州城市大脑”之东风，余杭区发挥天时地利人和的优势，拨出专款，成立专班，自主研发了杭州城市大脑·余杭社会治理平台，全力以赴推进智慧治理。

智慧治理平台呈现三大亮点

在余杭临平西大街65号余杭区社会治理综合服务中心大楼，记者看到，可视化、超融合实时实景指挥调度系统的大屏幕占据了整整一面墙，正在不断闪现、滚动着全区各地的视频、数据。

据介绍，这套指挥体系横向至区级职能部门，纵向覆盖区、镇街、村社、网格四级，与每个专职网格员间均可实现实时视频互通。

据阿里巴巴集团技术专家闵万里介绍，杭州城市大脑·余杭社会治理平台的整体架构为“一总十分”：以总平台为数据和事件中枢，以智慧综治、智慧矛调、智慧公安、智慧交警、智慧消防、智慧城管、智慧安监、智慧住建、智慧公交、欠薪预警等十大模块为应用支撑，具有鲜明的三大独创亮点：

一、应用优先，智慧治理重在实效管用。

技术支撑主要依靠阿里研发的、具有国际领先水平的中国首个计算平台；在设计具体模块和智能应用时，则注重接地气，充分听取余杭区相关职能部门意见，努力做到实效管用。

例如设计智慧安监模块时，不照本宣科，而是根据余杭原先安全事故高发的5种实际情形度身打造，开发了专项管控功能，变原先上门抽查为24小时在线监测。

根据海因里希法则，即在一件重大的事故背后必有29件轻度的事故，还有300件潜在的隐患之原理，通过在医院采集工伤事故信息等手段进行大数据预警分析，对容易发生工伤事故的2028家重点企业，有针对性开展专项安全生产整治，责令强化日常安全教育管理，把大量有可能发生的安全事故消灭在萌芽状态。今年上半年，全区安全生产事故数比去年同期下降了34.38%。

二、全区一网，打破壁垒数据深度融合。

余杭区公安、法院、消防、人社、城管、电信等22个部门单位分别拥有25套数据、信息系统，原先为“鸡犬之声相闻，老死不相往来”。

在推进智慧治理中，余杭区委、区政府下决心打破信息壁垒，这22个部门、单位的25套数据系统全部被汇集到杭州城市大脑·余杭社会治理平台。截至今年6月底，以地址为社会管理要素的唯一识别码，全区一网，余杭社会治理平台已归集全区300多万条人口数据、100多万条房屋地址数据、25万条企业数据、79万条事件数据，为社会治理一体化智能应用打下扎实基础。

“我们也曾为其他地方做过类似平台，但余杭社会治理平台的数据融合是跨层级、跨部门、跨系统、跨业务，数据融合之广之深，为全国首创、前所未有。”闵万里说，这大大降低了社会治理成本、提高了社会治理效率。

他以智慧城管为例说，利用公安系统原有的道路视频、人车信息等数据资源，余杭社会治理平台现在自动抓拍人行道上违停车辆后，柔性执法，先自动给车主发送信息，提醒其在10分钟内驶离，并告知其附近停车场信息；逾期，再开具违法停车罚单。通过数据融合，平台还开发了渣土车路线异常、渣土车疑似偷倒、占道经营、出店经营监控等7个新功能，带来了社会治理效率和效果双丰收。

三、流程再造，多元协同动态系统治理。

以满足人民群众日益增长的美好生活需要为目标，余杭创新社会治理理念、手段、方法，通过流程再造，变管控为服务，变零散为系统，变事后处置为超前预测，变疲于应对为未雨绸缪，社会治理努力追求动态化、精细化、系统化、整体化。

一是一个口子受理，条块各司其职。统筹整合信访、法院、司法行政、人力社保、住建、市场监管、规划和自然资源管理等职能部门，派员到区社会治理综合服务中心集中接待群众。同时邀请“两代表一委员”等社会组织人员入住中心，参与矛盾纠纷调处。窗口或网络接到社会治理方面的诉求后，按照部门职能、层级分工，自动分流交办给相关职能部门或责任乡镇街道、村居限期办理。办理完毕后，在系统内反馈、回复并进行满意度测评。期限内未办结的，则自动亮起红灯，由中心跟踪督办、统一协调。

二是网上网下一体，多元协同治理。全区分为1476个网格，配备了1590名专职网格员，负有矛盾纠纷排查等20项职责。还将全区6000多个各类机构的3.6万余名兼职网格员、人民调解员、群团组织成员、行业专家等人力资源整合在一起，网上网下一体化，开展志愿服务、救助帮扶、化解矛盾、预防违法犯罪等活动。

三是网上来网上去，办事高效透明。余杭区把智慧治理作为深化“最多跑一次”改革的重要手段，在群众诉求反映集中的每个模块都设置了一站式、标准化“互联网+”智能化公共服务平台，市民一次都不用跑，即可通过网络办成想办之事，而且标准统一，全程公开透明，便捷公正。

例如2012年，余杭区创立全国首个道路交通事故一体化处理中心，将原先分散职能集中在一起，免除了当事人四处奔波之苦。推行智慧治理中，中心转型升级，提供从调解、鉴定至诉讼、保险赔付等全流程服务，当事人足不出户，即可在网络上完成索赔、理赔业务。目前，最高人民法院、公安部、司法部、银保监会四部委已联合发文向全国推广这一“余杭经验”。

有效解决社会治理顽疾

研发成功杭州城市大脑·余杭社会治理平台后，余杭区逐步形成了“用数据说话、用数据管理、用数据决策、用数据创新”的智慧治理新模式，有效解决了反应迟钝、治理滞后、责任不清、情况不明、应对不快、处置不力等原有社会管理顽疾，在精准感知、高效处置、共建共治共享等三个方面发挥了重要作用，取得了明显成效。

一、精准感知，预判预警有效防范风险。

通过对历史数据和实时信息的智能云计算，创新风险防范新机制，在不同领域新建立了不同的社会风险预测模型，变“事后救火”为“超前防火”，把大量社会治理隐患化解在萌芽状态。

以欠薪预警为例。智慧调解模块通过对信访、工商处罚、水费和电费欠费、在建项目、工资专户、社保欠费、舆情信息、法院黑名单、经济诉讼等10类数据的综合运算，新开发了欠薪预警平台，具有欠薪预警、事件处置、信用管理等三项功能。今年，累计产生欠薪预警数据309条，交办后反馈核实，5条数据已出现欠薪，239条数据存在欠薪隐患，56条数据无欠薪隐患，有效预警率为81.33%。以此为线索对欠薪隐患企业开展专项执法检查，今年上半年，全区欠薪案件案发率同比下降了31.7%。

大数据计算的另一优势是能精准感知社会治理热点、难点问题和社会需求，从而未雨绸缪、制定预案，可超前预防、化解、减少社会矛盾。

例如通过对重点人群、车辆、区域、时间等关键数据建模分析，对工程车等重点车辆进行重点盯防，整治道路事故隐患黑点168处。今年上半年，全区交通事故数同比下降27%。

再例如通过对外来人口居住数、就业数、楼盘开工数等数据的综合计算，发现现有幼儿园、小学数远远满足不了即将到来的入托、入学高潮，立即预警上报。区政府研究论证后，组织发动镇街改造村办公楼等房屋为幼儿园，以解燃眉之急，同时大规模投资办学，今年上半年已开工新建50所小学。

二、高效处置，及时就地解决矛盾问题。

随着经济、社会发展速度加快，新矛盾、新问题、新风险不断出现、瞬息万变。凭借大数据计算运用，平台可随时掌握相关变动、变动趋势，变静态治理为动态治理；可整合资源、联动处置，变零散治理为整体治理。

2018年12月11日上午9点，良渚街道网格员发现三四十名市民在街道办事处集结，立即上报平台。至9点半，集结人群已增加至三四百人，接到指令的街道办事处工作人员也已同时到达现场与市民对话。经了解，因房地产公司破产拖欠工程款，商品房无法按时验收，购房户久等未果而集体上访。平台进行大数据搜索后，发现这家企业在某银行还存有施工保证金，很快制定了解决方案。至下午2时许，得到承诺的人们满意而去。一场群体性事件从发生到平和处置，前后只花了5小时。

2018年11月28日下午4时许，星桥街道汤家社区发生火灾。区消防救援大队接警后，立即启动智慧消防的联动响应、可视化指挥系统，指挥附近消防车出动。智慧交警系统也启动城市事件感知、特种车辆信号优先等系统，设计出最快线路，开启消防车绿波护航功能，确保消防车畅通无阻赶往火场。结果只用了10多分钟便成功扑火。

三、以人为本，渐现共建共治共享局面。

在推进智慧治理中，余杭区以人为本，把倾听人民群众呼声、满足人民群众需求作为重要的出发点和落脚点，社会治理渐现共建共治共享喜人新局面。

平台设有群众投诉窗口。群众只要输入问题和诉求，智能平台即能自动生成类似问题的解决路径和答案，或转给职能部门解决，或提供不同救济方案供投诉者选择。建成一年多来，已有20万人次群众在此投诉并获得解答，投诉者的不平心理因此得到一定程度缓解。

良渚街道昌运里二期小区位于运河旁，是谢村拆迁安置房，1500套房子1000套出租，原先环境脏乱差，人员随意出入，高空随意抛物，邻里纠纷冲突不断。建设智安小区后，小区启动了七方面智慧治理，如人、车进出小区刷脸刷牌，电瓶车集中充电、视频和高空抛物监测仪随时监督不文明行为，小区面貌因此发生了大变化。物业服务中心的大数据屏幕，也让外来务工者只需动动手指就能找到称心如意的住房和工作。

智慧治理带来的安居乐业新局面在余杭区经济发展的最大引擎——未来科技城体现得更为明显。适应园区年轻创新人才多、高新企业多等新特点，未来科技城接轨余杭社会治理平台，开发建设了企业数据大脑，实现了业务数据一库聚合、企业画像一屏展现、智能分析一键生成、服务治理一体运行。这一新型社会治理模式，使服务更加人性主动，政策供给更加精准，带来了园区蓬勃迅猛发展。目前，未来科技城已引进民营企业13000多家，拥有包括海归系、浙商系、浙大系、阿里系等“新四军”在内的高新技术企业300多家。2018年，技工贸总收入4997亿元、税收285.6亿元，年增幅均在50%以上，已名副其实成为“大众创业、万众创新”的热土和乐园。

（《法制日报》2019年7月15日　陈东升、王春）

军　事

Military

·综　述·

【概况】　2019 年，区人武部坚持以习近平新时代中国特色社会主义思想、习近平强军思想为指导，贯彻“传承红色基因，担当强军重任”主题教育精神，以改革强军为统揽，练兵备战，全区武装工作和后备力量建设保持稳步推进的势头。2019 年，区人武部被评为“浙江省军区先进团单位”“浙江省军区安全管理工作先进单位”“杭州警备区情报信息工作先进单位”。

【区委常委议军会议】　2019 年 2 月 13 日，区委常委议军会召开。传达学习浙江省军区党委十二届四次全体（扩大）会议、杭州警备区党委八届三次全体（扩大）会议精神，汇报 2019 年度武装工作高质量落实的思路举措。

【武装工作暨国动委会议】　2019 年 3 月 23 日，余杭区召开 2019 年度区委武装工作暨国动委全体会议。分析当前武装工作形势，表彰 2018 年度武装工作先进单位和个人，总结 2018 年度武装工作，部署 2019 年度工作任务。运河、余杭、鸬鸟 3 个镇（街道）的党（工）委书记进行党管武装工作述职。

【集体军事日】　2019 年 12 月 13 日，省委常委、市委书记周江勇，市人大常委会主任于跃敏，市政协主席潘家玮等领导到余杭区民兵训练基地过集体军事日并出席市委议军会。周江勇、于跃敏、潘家玮在训练基地观摩应急指挥方舱和指挥箱组，了解部队战备建设情况。周江勇主持召开市委议军会，传达学习省委议军会主要精神，宣读新任县（市、区）人武部党委第一书记任职命令并颁发任命状，县（市、区）人武部党委第一书记述职，杭州警备区汇报全市党管武装工作情况。

（方杭伟）

·兵役工作·

【征兵宣传】　2019 年 3 月 2 日，余杭区各镇（街道）人武部开展征兵宣传活动。通过设立宣传展位、发放征兵宣传手册、现场讲解入伍政策等方式开展征兵宣传，发放宣传手册 500 余份。征兵宣传进高校，5 月 22 日，浙江交通职业技术学院 200 多名师生代表参加 2019 年度征兵动员大会，现场发放征兵宣传手册近 300 份。

【征兵检测】　2019 年 6 月 25 日，持续 15 天的余杭区目测初检工开始，全区 20 个镇（街道）应征青年参加。8 月 1 日，全省征兵体检首检日，省委常委、省军区司令员冯文平一行到余杭区视察征兵体检工作，实地察看征兵体检各科室，看望慰问体检医生和应征青年，举行座谈汇报，冯文平对余杭区征兵工作开展情况表示肯定。

【定兵工作会议】　2019 年 9 月 4 日，余杭区召开 2019 年度征兵定兵工作会议，表彰 2018 年度全区

征兵首检日领导视察　　（区人武部　供稿）

征兵工作先进单位及个人，通报征兵工作基本情况，现场进行兵员审定工作。

（方杭伟）

·民兵预备役·

【民兵整组点验】　2019年5月14日，杭州警备区副司令员吴仿根一行6人到余杭民兵训练基地点验民兵整组，对余杭民兵退伍士兵比例、党员比例进行核查，装备器材进行检查和操作，对余杭的民兵整组情况予以肯定。

【共同基础训练】　2019年5月14—16日，余杭区人武部组织专业和特殊队伍共同参加基础训练，训练军事理论、战备常识、单兵战术基础、轻武器射击、卫生救护等科目。

【练兵比武】　杭州警备区于2019年7月14—18日在萧山、余杭、桐庐民兵训练基地，组织现役干部、文职人员和民兵班组进行比武竞赛，余杭区参赛的两个班组获得全市通信指挥专业第一名、应急专业第三名。

【军训工作】　2019年8月26日，余杭区高一新生年度军训开营仪式在瓶窑中学举行。余杭区人武部会同区教育局，组建军训教官队伍，以国防法规、共同条令、单兵战术、急救技能为内容，开展新时代标准化军训模式训练。

（方杭伟）

·国防教育·

【国防教育】　2019年5月28日至7月7日，区委宣传部、区人武部和区文广旅体局共同承办的“追忆·不熄——余杭革命文物展”在中国江南水乡博物馆开展。展览以余杭革命史为主线，分五大板块，讲述自辛亥革命到余杭解放前后发生的重要事件，给群众上了一堂国防教育课。

【“八一”建军活动】　2019年7月23日，余杭区仓前街道人武部联合吴山前村开展“迷彩青少年，拥军小标兵”“八一”建军节主题活动。退伍老兵讲述军旅生活，学生参观吴山前村退伍军人服务站。

（方杭伟）

·参建共建·

【参与救援活动】　2019年6月7日，余杭区五常街道人武部组织辖区民兵水上分队行动，出动冲锋舟、民兵，完成龙舟竞赛水上安保任务。

（方杭伟）

编辑：吕晓英

城乡建设与管理

Urban and Rural Construction and Management

·城乡规划·

【规划编制】 2019年，余杭区根据杭州市国土空间总体规划工作安排，统筹形成余杭国土空间保护与利用发展大纲；探索“三区三线”①划定工作，完成生态红线调整、永久基本农田补划及调整举证工作；开展高铁枢纽中心、临平副城老城区等重点城镇重点区域控制性详细规划以及大禹谷区块、闲林水库西等郊野单元控规，启动开展钱江经济开发区、余杭经济技术开发区和未来科技城核心区控规编制工作。全年编制完成控规53个，在编控规17个，覆盖面积约966平方千米；推进完成《余杭区全域旅游总体规划》等专项规划及专项研究25项；完成《打造杭州接轨大上海融入长三角桥头堡暨东部靓城行动方案》；以在东湖街道姚家埭村等3个村、运河街道五杭村等5个村、径山镇前溪村先行开展新型村庄建设规划模式探索和创新课题研究为抓手，开展“多规合一”探索。

①“三区三线”指城镇空间、农业空间、生态空间，划定的城镇开发边界、永久基本农田保护红线、生态保护红线。

【规划审批】 2019年，余杭区加强对五大平台的规划指导。通过实施规划例会、专家咨询会、区重要建设项目审查小组审定等制度，保证规划设计方案的合理性、合法性、稳定性。全年审查选址论证报告47件、批准规划年度调节实施8个，涉及项目152个；审批规划落实方案7个，涉及项目66个；组织召开规划管理工作例会26次，集体研究讨论各类建设项目方案和审批事项100余件次；组织专家评审会议36次，召开区重要项目审查小组会议2次。全区核发建设项目选址意见书255件，用地面积1241.92万平方米；建设用地规划许可证323件，用地面积1029.27万平方米；建设工程规划许可证543件（含市政工程），建筑面积2156.04万平方米。

【规划监督】 2019年，全区完成竣工规划核实项目213个，总建筑面积1073.72万平方米。其中：房产项目89个，建筑面积855.85万平方米；工业项目82个，建筑面积147.12万平方米；公建及其他项目42个，建筑面积70.75万平方米。完成土地复核验收项目156个，验收土地面积547.45万平方米，总建筑面积1156.11万平方米。

【农村风貌管控】 区住建局以农房设计为抓手，指导推进省级美丽宜居示范村创建，2012—2019年，12个村庄通过省级考核验收。2019年，按照《余杭区农村私人建房管理办法（试行）》要求，开展镇（街道）农房建设管理人员政策培训，建立农村建筑工匠名录库，加强建筑工匠培训管理，开发启用农房建设管理系统，实现农房批后实时监管。提供农村私人建房通用图纸免费修改服务，满足农户“个性化”住宅图纸需求，全年免费提供服务500余次。

（陈建君、周云）

·城乡建设·

余杭区"全域美丽"建设推进工作动员大会 （区住建局 供稿）

【"全域美丽"建设】 2019年，区住建局（区全域美丽办）根据年初"全域美丽"动员大会部署和区委组织部统筹安排，牵头开展攻坚行动40余次，解决征迁安置、工程建设、环境整治等问题90余个。会同各专项牵头单位开展"靓城行动""美丽城镇""四好农村路""美丽乡村"等检查工作，赴镇（街道）指导服务解决问题590余个。组建专家团队开展项目方案审查和建设指导服务，召开专项对接会和协调会50余次，专项督查通报11期。创建"全域美丽"工作专刊，全年编发"全域美丽"工作专刊20期，报道专栏信息45篇，推送"余杭全域美丽"微信公众号信息176条，营造全民参与氛围。

【"靓城行动"】 区住建局（区靓城办）全面牵头"靓城行动"（东部崛起）建设工作，统筹项目推进，截至2019年底，开工项目75个，完工项目37个。制定督查考核办法，加强项目督查整改，推动落实不靓点位整改，总问题点位数90个。强化过程记录和宣传造势，编印工作简报12期、工作专报2期、督查通报2期，开展靓城在行动——余杭绿道健走大赛、代表委员走进靓城等群众性活动，提高靓城行动群众知晓度、参与度和满意度。

"靓城行动"推动东部崛起。图为迎宾公园 （区住建局 供稿）

【美丽城镇建设】 2019年，余杭区美丽城镇建设全面启动，仓前街道、良渚街道、运河街道、瓶窑镇、塘栖镇、径山镇等首批6个镇（街道）被列入全省2020年美丽城镇样板创建名单。区住建局牵头实施《余杭区级美丽城镇建设行动方案》编制，起草拟定《余杭区美丽城镇建设三年行动实施方案》。

【"五水共治"专项行动】 2019年，区住建局出台《余杭区供排水体制改革实施细则》《余杭区农村生活污水处理设施设备运维移交办法》，编制完成《余杭区农村生活污水治理专项规划》，从规划、建设、监管、运行维护等环节加强供排水管理。履行上塘河河长单位职责，完成水环境治理项目28个，市控保障桥断面平均水质达到Ⅳ类标准。牵头推动临平净水厂通水试运行，良渚污水处理厂四期、余杭污水处理厂四期、径山污水处理厂项目稳步实施，城市污水处理率为95.59%，再生水利用率为15.64%。创建"污水零直排区"生活小区122个，新增污水管网10.664千米，完成已建高层二次供水设施改造15个、农村生活污水终端改造210个，落实农村生活污水处理站点标准化运行维护99个，完成屋顶集雨等雨水收集系统建设26处，改造节水器具100套，创省级节水型小区3个。

【城区绿化建设】 2019年，区住建局统筹推动城区扩绿工作，全区年内新增绿地180万平方米，其中，公园绿地32万平方米，道路绿地101万平方米，居住区、单位附属绿地面积47万平方米。组织开展《杭州市余杭区绿道建设三年行动计划（2020—2022年）》编制，推进绿道建设，年内完成绿道项目建设15个88.2千米；全年办结新建项目绿化验收196件，确认绿地面积162万平方米。

东湖绿道　　（区住建局　供稿）

【“三改一拆”（城中村改造）专项行动】　2019年，全区处置违法建筑16012宗，面积515.2万平方米，完成年度任务103%；完成旧厂区改造39.3万平方米，完成年度任务106%；旧住宅区改造28.1万平方米，完成年度任务127.7%；城中村征迁完成农户拆除2428户，完成年度任务120.3%。开展拆后土地利用，加大拆后分类利用力度。2016—2019年，全区拆违腾出土地1273.24万平方米，拆后利用1144.54万平方米（其中，复垦196.39万平方米，复绿132.14万平方米，按规划实施建设185.31万平方米，用作临时公共设施630.7万平方米），拆后土地利用率为89.9%。

【小城镇环境综合整治】　2019年，余杭街道、闲林街道、塘栖镇、乔司街道、良渚街道、径山双溪集镇等6个小城镇完成整治并通过省级考核验收，其中余杭街道、闲林街道、塘栖镇、良渚街道、径山双溪集镇等5个小城镇获得浙江省“2019年小城镇环境综合整治省级样板”称号。自2016年底浙江省启动小城镇环境综合整治工作开始，截至2019年底，余杭区获得小城镇环境综合整治“省级样板”15个，“省级样板”数量位居全省第一；全区28个小城镇全面完成整治任务并通过省级考核验收。是年，区住建局被评为全省小城镇环境综合整治行动突出贡献集体。

【临平副城“三路一环”快速路项目】　2019年，余杭区加快推进全区快速路网项目建设。完工并开通世纪大道快速路（乔司至南苑连接线工程）、上塘路—康桥路立交一期工程8.7千米；开工文一西路（荆长大道—东西大道）工程；续建望梅路互通工程（临丁路—汀城路）、东西向快速路等快速路项目，其中望梅路互通工程主线合拢。

径山双溪集镇　　（区住建局　供稿）

【轨道交通建设】　2019年，区住建局协调推进杭州市轨道交通二期、三期及三期调整工程，湖杭铁路、杭州西站项目征迁、建设相关工作，完成杭州市轨道交通建设涉及余杭区的2018、2019年度全部征迁工作及其他建设任务。5号线首通段于6月24日开通试运营，5号线后通段及16号线基本完工，3号线一期及北延、4号线二期、5号线西延、9号线一期、10号线一期、机场快线等其他线路建设正常推进。

临平老城区有机更新文化艺术长廊　（区住建局　供稿）

【地下空间及综合管廊】 2019年，区住建局统筹推进全区地下空间及综合管廊方案研究工作，组织调研督查良睦路建设情况。截至年底，良睦路隧道工程完成基坑土方开挖468658立方米、钢支撑726根、底板垫层及防水37段、底板32段、中隔墙8段、侧墙11段、顶板6段；管廊工程完成基坑土方开挖28420立方米、底板垫层及防水8段、底板6段、中隔墙2段、侧墙及顶板1段。

【公共停车场及充电桩】 2019年，区住建局牵头完成余杭区实验小学南校区操场下公共停车场等9个项目，完工泊位数约1800个；开工余杭高铁站北广场等3个项目，开工泊位数约800个；续建新城第二中学、闲林埠基础设施配建项目等11个项目，续建停车泊位数约2600个；全年完成新能源充电设施建设项目备案61个，完成公用充电枪建设607个。

【“海绵城市”建设】 2019年，余杭区完成海绵城市重点工程项目11个，开工项目5个；完成海绵技术审查项目318个。做好对老旧小区改造等非基本程序类项目海绵城市建设技术指导工作。

【民用建筑项目节能评估审查及房屋建筑工程施工图图审】 2019年，区住建局加强民用建筑项目节能审查和房屋建筑工程施工图图审备案工作，全年完成76个民用建筑项目约683万平方米建筑节能审查，可再生能源利用年节约标煤约2.6万吨；全年受理联审项目1355件次（含建筑工程二次装修），同步推进施工图联审政府购买服务工作。

【燃气行业管理】 2019年，区住建局牵头抓好燃气行业安全管理，牵头引导6家液化气储配站联合组建浙江余燃燃气有限公司，成立余杭区瓶装燃气综合运营平台，初步实现瓶装液化气统一采购、统一配送、统一销售、统一信息化管理，实现全区瓶装燃气销售的全程信息化可追溯。加强使用环节管理，宣传燃气安全使用知识，指导燃气企业开展入户安全检查，组织开展燃气行业销售管理和网格安全管理培训。全年会同公安、城管、运管等部门组织开展专项执法7次，停业整顿9家次，查处燃气站点3个，钢瓶800余个，查扣非危险化学品运输车辆1辆，拘留非法经营人员1人。全面排查区域内的瓶装燃气餐饮场所用气情况，检查餐饮场所1415处，发现并整改隐患1310余处，更换橡胶管、减压阀等燃气设施600余个。

【管道燃气改造】 2019年，余杭区有序实施老旧小区、农民拆迁安置小区管道燃气改造，全年完成改造项目19个，2051户，除西部山区外基本实现各镇（街道）主要集镇区域全覆盖。扩大燃气管网覆盖面，全年新增天然气管线178余千米（累计2766千米），全年管道天然气销售量约3.05亿立方米，通气点火45万余户，新增约5万余户。工商业用户2400余户，新增约300余户。

【城乡建设“最多跑一次”改革】 2019年，区住建局深化推进“最多跑一次”改革。工程方面，推进施工图联合审查，优化施工许可审批，试行工程建设项目“竣工测验合一”。深化建筑工程“安监+质监+施工许可”打包受理、并联审批的一站式服务，全部审批手续由原先35项精简到8项，办结时间从法定23个工作日缩短至1个工作日。推进“互联网+政务服务”，优化房产交易领域营商环境，优化升级房屋网签系统，实现房产交易“全程网办”，房产交易业务实现由“最多跑一次”到

"零次跑"的转变。

【人防建设】 2019年，区人防办健全区人防指挥部常态化运行机制，开展杭州市暨余杭区人民防空行动实战化（杭州金盾—2019）演练和城市人口应急掩蔽演练，加强应急指挥能力建设。规范人防项目行政审批服务，全年办理民用建筑项目人防报建审批132个、竣工验收备案99个。推进地下空间开发人防建设控制性详细规划编制工作，2个自建人防工程项目开工建设。

【消防管理】 区住建局根据消防审验职责划转工作部署，深化"最多跑一次"改革，做好建设工程消防审验职责承接。2019年5月1日至12月31日，受理消防审验项目1072个，其中，设计审核类项目149个、验收备案类项目755个（含抽中95个）、竣工验收类项目168个。完成现场竣工验收类（含抽中）项目247个。参加项目方案评审75个。

【城建档案管理】 2019年，区住建局根据市城建档案"最多跑一次"办事事项的"八统一"及投资在线平台3.0（工程审批系统2.0）等相关要求，采取"提前介入、容缺受理"服务模式，出具预验收意见书303份，面积约1118万平方米，3.8万卷，其中土建项目263个。接待档案查询利用人员2444人次，调档10971卷，复印文字及图纸资料61784页，刻录光盘173份。

【重点工程建设】 2019年，区住建局牵头推进部分区内重点项目建设。临平老城区有机更新一期文化艺术长廊竣工并完成移交，二期北大街综合整治市政道路部分完成并恢复双车道通车，有机更新安置房项目桩基工程全部完成。迎宾大道北延隧道工程山岭段隧道南北贯通，U型槽开挖浇筑基本完成，荷禹路（星光街—振兴西路）段路面改造基本完成。乔司至南苑连接线工程全线通车，如期实现建设目标。

（周云）

·城市管理与综合执法·

【概况】 2019年，区城管局围绕"全域美丽大花园"建设，推进"靓城行动"，打造一流营商环境，推动城市品质提档升级，落实"践行科学管理、攻坚治理硬仗、拓展智慧运用、构建闭环机制、强化铁军建设"等工作。

【垃圾治理】 2019年，余杭区推进"全国生活垃圾分类处置示范区"建设，构建"责任、治理、利用"三大体系，培育"余杭垃圾分类样板"，开展生活垃圾分类小区769个（235个小区定时定点投放）、规上企业1047家、机关事业单位123家、学校361家、医院31家，全区垃圾分类覆盖率为100%。推进虎哥回收扩面，建立服务站点178个，覆盖小区547个、户数31万户。建设易腐垃圾处置点55个，可回收物和易腐湿垃圾资源化回收利用量分别为260吨/天和680吨/天；创建市级垃圾分类示范小区38个。截至年底，全区生活垃圾回收利用量为940吨/天，较年初增长114%；全区进场垃圾总量85.27万吨，同比减少7.71%，首次实现负增长，并连续11个月保持负增长，提前并超额完成杭州下达的1%以内的控量目标，得到省市区各级领导的肯定，省委改革办《领跑者》第28期刊发经验做法。

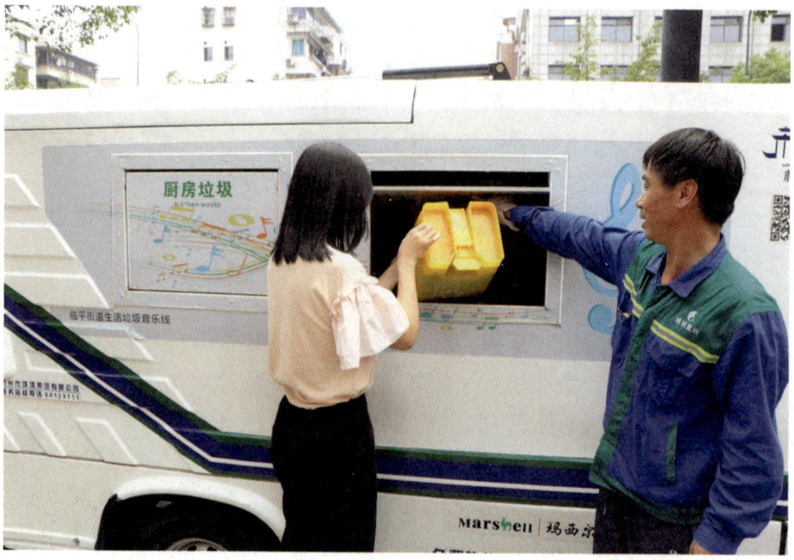

迎宾路垃圾清运音乐线　　（区城管局　供稿）

【渣土治理】 2019年，余杭区深化渣土治理。突出重点保障，成立渣土专班，编制近3年渣土消纳计划，排摸出4处渣土消纳矿坑（可消纳总量392万立方米），打通海宁、德清等区外消纳渠道，建成启用叶根渣土码头、仁和港码头、合正码头，推进益海嘉里码头建设，消纳渣土1020万立方米，保障省市区重点项目建设。

【“无违建”创建】 2019年，余杭区继续推进违法建筑治理。推进“无违建镇（街道）”创建行动，出台2019年度镇（街道）创建标准，结合“八口八线”“大棚房”等载体，推进违法建筑专项整治，运用卫星遥感动态监测技术，遏制“新违建”增长势头。全年全区创建“无违建镇（街道）”5个。截至年底，全区处置违法建筑13459宗，涉及建筑面积406.3万余平方米。

【非机动车乱停治理】 2019年，余杭区结合“靓城行动”，坚持疏堵结合，推进地铁口非机动车乱停治理，通过打开人行道、绿地城市空间和开放商场楼宇地下停车位、增添设施设备、新增停车场库等措施，增加非机动车停车泊位近8000个，缓解停车难和乱停放现象，全区14个建成地铁站中的10个街容秩序得到较大改善，其中临平、南苑、良渚、余杭高铁、乔司等地铁站效果明显。

【城市精细化管理】 截至2019年，余杭区连续6年获得杭州市“双最”绿地评比“优秀管理奖”，人民路（迎宾路—东湖路）被评为省级街容示范街，东湖路被评为省级绿化美化示范路。全区更新6833个果壳箱、56261个照明设施，新增2226盏道路路灯，修复87.5万平方米绿地、69.9万平方米市政道路，提升改造21194处市政设施、221878平方米市政道路、776处临时积水点，清淤检测270千米雨水管道。借势借力“双创”活动周，牵头未来科技城区块综合环境整治，出动7000余人次，解决车辆乱停、出店经营、户外广告、道路扬尘、工地围挡、共享单车等问题1.2万余个，打造城西精品样板区块。建成7个标准化示范区块，实现各镇（街道）、平台打造一个精品区块目标；创建成功33条文明样板路（街）、15个文明样板窗口。

【数字城管建设】 2019年，余杭区完成黄湖镇、鸬鸟镇、百丈镇数字城管扩面，实现数字城管全覆盖，全区数字城管覆盖面积139平方千米，提前一年完成杭州市下达的目标任务。研发“生活垃圾分类评价系统”，依托浙江联运知慧科技有限公司，联合浙江虎哥环境有限公司系统平台，整合各分类企业系统，统一指标参数、信用评价方式、分析量化模式，加快数据接入，构建全区统一评价系统。截至年底，系统覆盖19个街道，452个村（社区），558个小区，27万余名业主（村民），提升垃圾分类智能化治理水平。打造“停车泊位引导系统”，区城管局率先在余杭区市民之家周边搭建停车智慧化泊位引导平台，整合停车场库泊位1160个、道路泊位320个，通过“余杭城管”微信公众号、“杭州办事”APP等提供泊位引导，植入“先离场后付费”系统，提高停车泊位周转率，缓解停车难。优化升级“智慧城管管理系统”，升级“消纳备案”“正本核准”“处置审核”和“线路审批”4个子系统，提高服务效率，强化渣土管理；启用“犬只收容”“登记备案”2个子系统，加强日常监管，完善犬只收容。启用“易腐垃圾称重”“油烟监测预警”“积水点传感预警”“AI视频巡逻”等系统。

工程渣土消纳码头　　（区城管局　供稿）

【规范执法】 2019年，区城管局深化层级体系建设，压实主体责

“双创”活动周保障　　(区城管局　供稿)

任，规范执法办案。全年办理各类违法案件54997宗，其中，简易案件5188宗，违停案件40810宗，一般程序8999宗。罚款3100余万元。一般程序案件办案量同比增长29.35%，居全市第一。推进建筑垃圾偷倒、生活垃圾分类、僵尸车乱停三大专项整治，查处相关案件2491宗，同比增加67.18%，其中垃圾分类案件立案1120宗，同比增加627%。通过依法拖离、教育劝离等方式处置僵尸车511辆。启用违停提醒系统，提升人性化执法，查处机动车人行道违法停车87779辆次，同比下降19.6%，处罚50975辆次，同比下降22.9%，查处非机动车乱停乱放1144起。

【执法保障】 2019年，区城管局开展未来科技城区块综合环境治理，建立问题清单，挂图作战销号，完成区“双创”活动周重大服务保障任务，提升西部地区精细化管理水平。做好城市应急保障，在抗雪防冻、抗台防汛等工作中，出动城管队员、工作人员1.8万余人次，巡查巡检186座城市桥梁，出动山猫扫雪车、铲雪车、撒盐车、移动式喷雾机等1113辆次，清理1351棵行道树积雪，排查户外广告及店招牌3434块、工地围挡附属设施236处，固定高大乔木826株，保障城市交通顺畅和市民出行安全。完成杭州市城市文明程度指数测评及省级文明程度指数测评、中考、高考、“两会”、春节、元宵节、清明节、“五一”、“十一”等重要时间点的执法环境保障，出动执法队员及协辅人员68500余人次，教育劝导各类违章行为13220余起。

(王雅峰)

编辑：范文良

延伸阅读▶▶

余杭区垃圾革命的“虎哥模式”

车俊书记强调，下大力气来一场垃圾革命。去年以来，余杭区坚持以“最多跑一次”改革理念推进垃圾革命，优化分类方式、深挖资源化处置潜能、强化市场调节作用，形成“干湿分类投放、科学规范收运、资源高效利用、全程智慧监管”的生活垃圾分类处理“虎哥模式”，充分调动居民、企业、政府多方积极性，把“放错地方的资源”放到对的地方，有效破解了垃圾分类处理诸多难题。

垃圾分类是民生关键小事，也是绿色发展大事。余杭区实际管理服务人口近300万，垃圾产生量常年占杭州市总量20%以上，近年来年均增幅近10%。

对此，余杭区依托虎哥环境公司，利用互联网、大数据等科技优势和人力资源优势，建立集垃圾收集、运输、分拣、回收、再利用于一体的“垃圾分类高速公路”，探索生活垃圾“老百姓简单分、企业精细分”做法，有效推进了垃圾减量化、资源化、无害化处理。最近10个月，全区生活垃圾焚烧填埋量有7个月实现同比负增长。

一、推行"干湿两分" 破解"源头分类"难题

优化垃圾分类投放方式，推动分类操作更加简易化、便利化，提高居民参与率和投放准确率。

一是变"复杂分类"为"简单两分"。首创垃圾分类"干湿两分法"，在"虎哥模式"覆盖区域，将居民家庭的生活垃圾分为较容易区分的干湿两类，向每户家庭发放专用垃圾袋回收干垃圾，促进居民分类习惯的养成。目前干湿两分正确率达90%以上。

二是变"群众跑"为"虎哥跑"。推行垃圾回收"代办"服务，在线上搭建"一呼就应"功能，居民可通过官网、微信公众号、手机APP或回收热线呼叫专门人员上门回收，大件家电、废旧家具等还可单独预约回收，目前已覆盖378个小区24.5万户，实现垃圾回收"1小时上门""一次不用跑"。

在线下设立151个"虎哥模式"垃圾分类服务站，驻点提供垃圾回收服务以及快递收发、宽带缴费等便民服务，实现垃圾就近回收。

三是变"要我分"为"我要分"。建立垃圾分类"环保金"激励机制，由虎哥公司按照居民投放的干垃圾重量给予每公斤0.8元的"环保金"，打入居民手机APP账户，可用于线上"虎哥商城"或线下"虎哥便利店"购买各类生活必需品，提高分类积极性。

同时，发动小区热心居民组建"虎妈"团队和流动宣教队，上门开展"现场教学"，在口口相传中提高居民参与主动性。

二、强化溯源督导 破解"过程监管"难题

建立以溯源督导为核心的多元监管模式，构建生活垃圾处理全生命周期的智慧化监管网络，实现垃圾从源头产生、收集运输到末端处置的闭环管理。

一是在前端建立扫码溯源系统。研发建立居民生活垃圾分类投放信用评价平台，试点推广生活垃圾分类巡检模式，通过垃圾袋发放机向居民发放印有二维码的垃圾袋，根据二维码识别对垃圾进行跟踪溯源管理。

同时，组建督导员队伍每天对居民投放的垃圾开展巡检抽查，对镇街、村社、小区、户四级生活垃圾分类进行评比，对分类质量较差的居民每日推送短信提醒，确保垃圾分类监管到家入户。

二是在中端建立在线监控系统。建立智慧环卫监管平台，依托物联网和移动互联网技术，对垃圾运输过程中的作业车辆全过程实时管理，实现运输车辆车载视频和清洁站、转运站、垃圾填埋场等设施视频监控的联网，在线监控运输车辆状态、垃圾收运量、设施环境质量，以数字化手段覆盖垃圾中端运输中的管理盲区。

三是在末端建立清单管理系统。建立"虎哥"生活垃圾资源化利用企业名录，构建末端再生利用产业群，对塑料、玻璃、纺织品、纸张、金属、生物质、电器、危废处理等40余家企业进行清单式管理，通过比照干垃圾回收量和资源化处置量压实责任，定期前往末端处置企业复核垃圾去向，实现垃圾末端分选处置和再生利用的规范化管理。

三、做实"三化"处理 破解"末端处置"难题

完善垃圾末端资源化利用方式，强化生活垃圾末端分拣分选和再生利用，提高末端处置"减量化、资源化、无害化"的实现率。

一是围绕"减量化"，推动垃圾分类"两网融合"。建立高效回收体系、现代仓储管理体系、物流管理体系和末端再生利用产业群，统筹产业链上、中、下游关键节点，推动垃圾分类投放和再生资源回收"两网融合"，有效避免"先分后混"的尴尬局面。

2019年1—4月，全区日均处置生活垃圾2445吨，比去年同期下降2.55%。

二是围绕"资源化"，加强再生利用分拣回收。坚持"简单的事百姓做、复杂的事专业企业做"，在居民干湿两分的基础上，建立干垃圾分选处置和分拣回收链条，由企业将干垃圾细化分拣为9个大类40余个小类，提高干垃圾资源化利用率。

同时，强化资源再生利用的规模效应，拓宽低价值物品资源化利用渠道，对废玻璃、废泡沫等难以直接资源化利用的垃圾进行处置后形成再生原料。

目前，全区进入"虎哥模式"体系的干垃圾95%以上实现资源化再生利用，每月可产生7500吨~8000吨再生原料。

三是围绕"无害化"，完善有害垃圾收集体系。针对传统生活垃圾分类体系下有毒有害垃圾分类收集的短板，专门建立针对有毒有害废物转移联单、规范运输、合法处置的监管体系，由"虎哥"细化分拣，并运输至专业危废企业进行规范、安全、合法处置，有效避免"二次污染"。

截至2019年4月底，全区已处置有害垃圾95吨，无害化率达到100%。

（"最多跑一次"微信公众号 2019年6月5日）

自然资源管理·环境保护

Natural Resources Management and Environmental Protection

·自然资源管理·

【概况】 根据《市委办公厅 市政府办公厅关于印发〈杭州市余杭区机构改革方案〉的通知》文件精神，杭州市规划和自然资源局在余杭设立分局。2019年1月17日，杭州市规划和自然资源局余杭分局挂牌。是年，《余杭区建成全地埋式污水处理项目创新应用节地技术显成效》获副省长彭佳学批示，余杭区节约集约利用工作被《半月谈》等主流媒体刊登推广，余杭区不动产登记服务中心获得“浙江省‘放管服’改革暨‘最多跑一次’”改革示范窗口和杭州市“最美办事窗口”等称号。

【耕地保护】 2019年，余杭区将耕地保护纳入镇（街道）考核，通过考核奖惩强化落实耕地保护目标责任制；开展永久基本农田保护“田长制”试点。落实耕地保护补偿机制，发放村级集体经济组织以奖代补资金41273965元；完成永久基本农田储备区划定工作，划定永久基本农田储备库面积642.27公顷。

【用地保障】 2019年，余杭区获得新增建设用地指标495.8公顷，划定永久基本农田储备库642.27公顷，落实永久基本农田补划任务82.07公顷，完成异地调剂487公顷。做好用地审批，上报31个农转用批次855个项目，面积983.7655公顷；完成土地预审项目457个，面积1541.1781公顷；初审项目19个，面积484.5585公顷。完成划拨供地202宗，面积575.1168公顷，消化和盘活存量土地，加大批而未供土地供应力度；集体使用供地16宗，面积21.975公顷；完成临时用地审批73宗，面积101.414公顷。

【土地市场管理】 2019年，余杭区出让经营性用地64宗432亿元，与2018年基本持平。2019年度出让地块受政策、区位及属性影响，土地出让楼面均价有所回落，为9175元/平方米，同比下降27.5%（全市均价为11488元/平方米，同比下降12.1%）。全年成交工业用地（含创新型）44宗144.07公顷，占比40.5%，全部标准地出让；成交工业用地（非创新型）36宗92.93公顷，占比26%。

【节约集约用地】 2019年，余杭区完成盘活批而未供土地679.13公顷，供而未动土地784.87公顷，低效用地393.4公顷，获取“增存挂钩”奖励指标129.67公顷。2月18日，余杭区印发《关于严格落实土地出让合同违约责任追究的通知》，按照土地供应的特点，结合供地方式、土地用途和用地、建筑规模等，优化土地开发周期的设定方式，明确出让地块延期开工、竣工管理、出让条件、招商项目履约责任追究、出让合同违约责任等内容。

【全域土地综合整治】 2019年7月25日，余杭区印发《杭州市余杭区人民政府办公室〈关于下达余杭区2019年度土地整治、全域土地综合整治与生态修复工程任务〉的通知》，确定全区2019年垦造水田、“旱改水”任务和2019年全域土地综合整治与生态修复工程任务表。2019年，余杭区申报的良渚街道、运河街道、瓶窑镇以及塘栖镇4个全域整治项目，获得杭州市规划和自然资源局、浙江省自然资源厅的实施批复；瓶窑镇崇化村土地整治项目通过验收。

【违法用地整治】 依托大联动网格和“四个平台”力量，市规划和自然资源局余杭分局开展土地执法监察，2019年，开展排摸1000余次，出动一线执法人员2000余人次，整改违法用地20多公顷，立案查处56宗，没收违法建筑35202.94平方米，责令退还土地7.91公顷，没收非法所得87.9万余元，拆除建筑面积14853.44平方米，罚款金额154.7万余元。

【土地征收】 2019年5月30日，余杭区出台《关于调整余杭区征收建设用地、未利用地补偿安置政策》，将征收建设用地的土地补偿标准调整为：一级区片90万元/公顷、二级区片87.75万元/公顷；征收未利用地的土地补偿标准调整为：一级区片53.25万元/公顷，二级区片51.45万元/公顷。全年审核征地协议605个，面积1219.33公顷；制作征地一次公告31个，二次公告419个，三次公告381个；开具征地工作联系单331个，涉及面积654.13公顷。

【村级留用地管理】 按照留用地新政实施要求，余杭区重点区域内各做地主体三年内总任务为145.2公顷，截至2019年底，累计完成85.47公顷，完成率59%。为完善留用地政策，对原政策进行调整和完善。

【地质灾害防治】 截至2019年底，余杭区完成“除险安居”三年行动。三年完成30个地质灾害点位综合治理（含3个省政府民生实事地质灾害隐患点），减少地质灾害隐患30处。执行汛前排查、汛中检查和应急调查“三查”工作，全年开展巡查40余次，出动1400余人次，组织地灾应急调查35次，出动应急处置10余次。

【矿政管理】 2019年11月15日，市规划和自然资源局余杭分局印发《杭州市余杭区地质灾害、废弃矿山治理工程施工、监理单位管理办法（试行）》，落实余杭区地质灾害、废弃矿山治理工作，加强工程项目监管，建立长效管理制度。截至年底，完成治理余杭区“十三五”矿产资源规划（含自然复绿+隔挡）47个。

【不动产登记服务】 2019年，余杭区不动产登记服务中心通过搭建“不动产登记一件事部门联办”套餐，推出“四个一”办理模式，缩减办证材料，压缩办证时限，全年完成不动产登记36.2万件，回访办事群众企业3万余件，开展周末办证服务2312件，上门服务50余次，收到群众锦旗37面，感谢信49封。

【农房确权发证】 2019年9月11日，区农村宅基地及住房确权登记发证工作领导小组办公室印发《余杭区农村宅基地及住房确权登记发证“百日攻坚”行动实施方案》，加快推进余杭区农房登记发证工作。全区设立20个镇（街道）便民登记服务中心，全年完成农房发证5.42万户。

【地籍管理】 2019年，余杭区完成2018年度土地利用状况变更调查工作，根据调查成果，全区耕地3.58万公顷（含可调整3186.67公顷），园地8033.33公顷，林地33426.67公顷，草地413.33公顷，建设用地32433.33公顷，水域9306.67公顷，其他土地3406.67公顷（含农村道路2046.67公顷）。开展余杭区第三次国土调查工作，并按要求上报。

（陈建君）

·生态建设·

【生态目标责任制】 2019年，余杭区分解落实《杭州市2019年度区、县（市）生态文明（“美丽杭州”）建设目标责任书》及“美丽浙江”建设年度任务。2019年，余杭区在杭州市区（县、市）生态文明（“美丽杭州”）建设目标责任考核中结果良好。

余杭区出台《杭州市余杭区2019年度环境保护（生态文明建设）目标责任书及考核评分细则》，对20个镇（街道）、22个区级部门下达生态环保年度目标任务并进行考核。黄湖镇、中泰街道、仁和街道、塘栖镇、运河街道、区五水共治办、市生态环境局余杭分局、区城管局8个镇（街道）、部门被评为2019年度环境保护（生态文明建设）目标责任制考核优秀单位，运河街道董大兴等40人被评为先进个人。对西部5个镇开展瓶窑组团生态保护考核。

【生态建设成果】 在2019年底公布的2018年度浙江省生态文明建设年度评价结果中，余杭区绿色发展指数得分83.52分，在全省89个县（市、区）中位列第一。余杭区在2019年度浙江省生态环境公众满意度调查中得分81.07分，在全省90个县（市、区）中排名较上年提升2位。2019年，余杭区入选水利部全国第二批节水型社会建设达标县（区）；创建省级“美丽河湖”4条（个），分别是北苕溪（径山段）、余杭塘河、北沙港和丁山湖；创建市级“美丽河湖”1条，为上塘河；创建区级“美丽河湖”10条；创建市级绿色学校7所，区级绿色学校15所，市级绿色医院5家。余杭区以及径山镇、仓前街道入选2018年度“美丽浙江十佳特色体验地”。

【生态文明制度建设】 2019年，余杭区人民政府及所辖20个镇人民政府（街道办事处）向同级人大报告辖区生态环境状况和生态环境保护工作。余杭区深化落实余杭德清东苕溪水环境补偿机制；制定出台《余杭区林权制度改革若干政策实施细则(试行)》；对4个镇（街道）开展自然资源离任审计。

【自然生态保护】 2019年，余杭区开展生态保护红线内5类建设用地情况核查，优化评估调整生态保护红线范围，确保生态保护红线面积不减少、功能不降低、性质不改变。完成生态保护红线试点斑块勘界定标工作，实施生态保护红线内项目准入严格管控。实施“绿盾2019”专项行动，加强自然保护地监管，对中泰街道原华龙石矿等4家废弃矿山实施生态复绿治理。全区新增平原绿化84万平方米，治理水土流失3平方千米。

（贾宇清）

·环境保护·

【环境质量状况】 2019年，余杭区（临平城区）环境空气优良率为71.5%，细颗粒物（PM2.5）浓度为36.7微克/立方米。全区20个镇（街道）空气自动站点PM2.5平均浓度为38.8微克/立方米。

余杭区三大水系水质总体状况为：苕溪水质为Ⅱ类，运河水质为Ⅲ类，上塘河水质为Ⅳ类，均达到水功能区要求。全区14个常规监测断面（13个区控以上断面、1个市“水十条”考核断面）均达到Ⅳ类及以上水质。全区78条镇（街道）、平台交接断面河道中，Ⅲ类及以上河道35条，占比44.9%；Ⅳ类河道14条，占比17.9%；Ⅴ类河道18条，占比23.1%；劣Ⅴ类河道11条，占比14.1%。

余杭区有饮用水水源地4个，分别为奉口（临平、塘栖水厂取水口）、瓶窑水厂取水口、仁和水厂取水口和径山水厂取水口；备用饮用水水源地1个，为喜庵港。是年，余杭区饮用水水源地、备用饮用水水源地水质达标率均为100%。

余杭区城市区域环境噪声57.6分贝，符合2类区标准60分贝要求；道路交通噪声67.6分贝，符合4类区标准70分贝控制要求。

【浙江省生态环境保护督察保障及问题整改】 2019年7月18日至8月1日，浙江省第一生态环境保护督察组进驻杭州，对杭州开展为期半个月的生态环境保护督察。其间，余杭区收到并转办信访件51件（含重点件12件），占全市总信访量的14.29%。余杭区由中央生态环境保护督察余杭区整改工作协调小组负责组织领导本次督察保障工作，设立余杭区迎接浙江省生态环境保护督察工作协调联络组及6个专项工作组，负责具体督察保障及统筹协调工作。本次督察反馈意见中涉及余杭区的4个问题均按照要求推进整改，其中废油脂非法处置、梅林小区土地平整扬尘污染等3个具体问题完成整改。

【“污水零直排区”创建】 2019年，余杭区创建“污水零直排区”生活小区类121个，工业园区（工业企业集聚区）类6个。其中：创建省级“污水零直排区”生活小区类22个；创建市级“污水零直排区”镇（街道）7个，生活小区类64个。

【水污染防治】 2019年，余杭区加强工业污染防治，关停落后产能和污染隐患企业（生产线）113家（条）；完成20家重点行业涉水污染企业整治提升；实施保留的8家印染企业“一企一策”提标改造；完成6个镇（街道）工业园区（集聚区）“污水零直排区”创建。

做好农业面源污染防治，实现不合理施用化肥减量470吨，农药减量14.5吨；创建省级渔业健康养殖示范场10家，建成渔业养殖尾水治理示范点41个，集中式治理点7个；创建省级美丽生态牧场和农牧对接绿色循环体各5家，完成全区9个镇（街道）24户禽养殖场（户）绿色生态化治理；全年回收农药废弃包装物62.28吨，无害化处理率100%。

深化饮用水水源地环境保护，组织开展整改问题“回头看”检查，完成闲林水库饮用水水源一级保护区内48户农户征迁，二级保护区内截污纳管等全区重点工作任务；完成东苕溪60#、61#水环境功能区区划局部调整。东苕溪饮用水水源地安全保障达标评估结果等级为优。

【大气污染防治】 2019年，余杭区强化炉窑废气治理，关停全区最后一台燃煤锅炉（余杭印染有限公司20吨/小时燃煤锅炉），实现全区域无燃煤（煤制品）锅（窑）炉；开展生物质锅炉专项整治，对临平副城62台生物质锅炉实施淘汰改造，对杭州余杭新奥能源发展有限公司6台40吨燃气锅炉实施低氮燃烧改造。

深化工业废气治理，完成53家重点企业挥发性有机物（VOCs）深化整治，21家企业恶臭异味治理，193家涉气“散乱污”企业整治。余杭经济技术开发区、钱江经济开发区完成大气污染治理“一园一案一策”方案编制，对66家企业开展废气治理。

细化扬尘污染治理，开展“扬尘治理·你我同行”、裸土扬尘污染整治等专项行动，实施有奖举报、专项督查、媒体曝光等措施；以亚运场馆改建等3个重点项目为示范，在全区在建施工项目落实“八个100%”文明施工管理，推广使用雾炮机274台、工地降尘喷淋设施296套，安装扬尘监控监测设备127套。

加快车船尾气治理，累计提前淘汰国Ⅲ排放标准柴油车5068辆；建成过境柴油车黑烟监测项目，动态抓拍柴油车92543辆，合格率99.9%；启动非道路移动机械申报治理工作，全区申报非道路移动机械3043台，编码登记2431台；试点实施油气回收在线监控，加油站库、油罐车油气回收抽检合格率首次达到100%；建成运营全区首条轻柴车尾气检验线。

加强生活废气治理，制定落实新建住宅配建餐饮用房实施细则，实现餐饮污染源头疏导与管控；开展干洗行业废气污染专项整治，全面淘汰开启式干洗机；制定实施烟花爆竹禁燃管理政策。

落实重要区域、时间点大气环境质量保障，开展临平城区大气污染源调查，推进200余项重点污染源治理；开展秋冬季大气污染综合治理攻坚行动，468家工业源企业编制重污染天气应急减排“一厂一策”；完成全国“双创”活动周、联合国世界环境日主场活动、第六届世界互联网大会等重要活动大气环境保障工作。

【土壤环境监管】 2019年，余杭区开展重点行业企业用地土壤详查及土地开发利用前土壤污染状况调查，将杭州余杭区星光油墨厂、杭州盛翔化工有限公司2家企业增补列入疑似污染地块名录；完成重点行业企业土壤详查116个地块的基础信息采集；规范土地出让前环境调查评估，对涉及用途变更为住宅、公共管理与公共服务用地的相关土地利用前土壤污染状况调查工作进行规范和明确；完成全区第一例污染土壤修复工程即塘栖镇今胜区块（张家墩路南）退役场地土壤修复项目；百丈镇百丈溪污染场地治理修复效果评估通过专家评审。生态环境部门和自然资源部门联合评审用途变更土壤调查报告32份。

临平城区颗粒物激光雷达扫描分析（市生态环境局余杭分局　供稿）

【固体废物监管】 2019年，余杭区调整更新全区工业危险废物四级监管企业名单；开展危险废物产生处置情况专项检查、全区涉危重点企业专项检查、校园实验室废物专项检查、污泥规范化处置专项检查等固体废物专项检查。九峰炉渣综合利用项目投入试生产。东湖街道引入浙江牛能环境科技有限公司，开展工业一般固体废物集中收运，解决一般工业固体废物出路不畅和处置能力不足的问题。

【辐射安全管理】 2019年，余杭区对40家辐射重点监管单位开展全覆盖检查。市生态环境局余杭分局联合公安、应急管理、卫生健康等部门开展辐射安全监管检查183家次、监督性监测31处；对131家放射诊疗单位开展辐射安全许可清理工作，发放整改单32份，完成许可办理30家；全年办理辐射项目行政许可115件，处理辐射信访咨询25件。

【污染物总量控制】 2019年，余杭区完成年度污染减排目标，化学需氧量、氨氮排放量同比分别下降3.0%、5.3%，二氧化硫和氮氧化物排放量零增长。对10个新、改、扩建项目实施排污权有偿使用交易，交易金额137.15万元；对12个项目实施排污权回购，回购金额261.56万元。

【第二次全国污染源普查】 2019年，余杭区第二次全国污染源普查工作通过国家核查组质量核查，并基本完成第二次全国污染源普查档案整理与数字化加工工作。

【环保行政许可】 2019年，余杭区办理建设项目环境影响评价许可268项。其中：报告书10项、报告表258项；办理零地技改备案62项；因“区域环评＋环境标准”改革，实现报告表降级为登记表备案216项，登记表项目网上备案2335项。发放排污许可证186份，其中国家版排污许可证87份。

2019年，余杭区实施“区域环评＋环境标准”改革向7个市级以下工业园区扩面，改革范围基本涵盖全区主要工业园区，建立环评机构管理“领跑者”及“蜗牛者”评定制度，根据编制时效等数据定期通报环评机构及环评编制人员成绩单，向环评机构发起“提速降费”倡议。开发“杭州余杭车辆排放认证助手”微信小程序，实现车辆异地转入环保审查网上办理。

【环境监管执法】 2019年，余杭区相继开展危险废物经营单位专项执法、“6·5”世界环境日专项执法、防风险保平安迎大庆专项执法、秋冬季专项执法等专项执法行动。全年出动执法人员37839人次，检查企业12613家次，查处行政违法案件242件，罚款金额2017.51万元，实施查封扣押8件，申请法院强制执行16件。移送公安机关环境污染刑事案件2件，刑事拘留4人；行政拘留案件1件，行政拘留1人。

2019年，余杭区制定实施轻微环境违法行为不予行政处罚制度，涵盖8个大类25项轻微环境违法行为，为45起轻微违法案件当事人免除行政处罚。实施环境违法失信企业信用修复政策，为整改彻底、符合期限规定的15家违法企业完成信用修复。全面推行依法行政“三项制度”，包括行政执法公示制度、重大执法决定法制审核制度和行政处罚案件三级审查制度。

环境风险源专项执法检查 (俞杰 摄)

【环境应急管理与信访处置】 2019年，余杭区收到涉及生态环境的“110”报警应急联动受理电话133个，参与处置杭州伟雅植绒有限公司火灾和“12·12”杭州绕城高速交通事故。完成《余杭区重污染天气应急响应行动方案》修订。全年受理生态环境问题信访3655件，同比减少4.29%。

【环境监测能力建设】 2019年，余杭区环境监测站利用全区28个空气自动监测站和22个水质自动监测站对大气、地表水开展实时动态监测，对全区27个地表水常规监测断面、136个镇（街道）交接断面和596条镇（街道）级以上河长制河道等开展每月1次采样监测。对临平副城等重点区域开展颗粒物激光雷达扫描分析和挥发性有机物（VOCs）走航监测，对运河、苕溪、上塘河等重点流域重点断面水质开展加密监测和动态研判，对纳入杭州“城市大脑”的20个镇（街道）空气自动站强化预警响应和污染排查整治。建成运行重点污染源刷卡排污系统63套、在线监控系统36套。

“蓝天保卫战，我是行动者”世界环境日主题广场宣传活动

（市生态环境局余杭分局　供稿）

【生态环境保护宣传教育】 2019年，余杭区以世界环境日全球主场活动首次在杭州举行为契机，开展一系列生态环境保护宣传教育活动。开展环境日主题歌《让中国更美丽》快闪活动，举办“蓝天保卫战，我是行动者”世界环境日主题广场宣传活动，在世界环境日和浙江生态日先后组织2次环保公众开放活动，邀请“两代表一委员”、社会各界代表、小学生及其家长共100余人参观光大环保能源垃圾处理项目和虎哥回收等环保设施。余杭区环境监测站全年开展公众开放活动7次，接待参观人员200余人次。

组建“余环之声”环境宣讲团，开展宣讲和业务培训45次，受众5000余人次；组建余杭区生态环保志愿者队伍，招募志愿者50余人，多次开展垃圾分类督导、扬尘治理宣传、巡河护河、企业监督检查等志愿服务活动。

2019年，余杭区在《中国环境报》刊发新闻报道8篇，其中1篇在头版头条刊登并配评论。在“学习强国”、《杭州日报》等区级以上媒体刊发生态环境新闻报道100余篇（次），在《余杭晨报》刊发“环保零距离”专栏11期、环境日专版4期。“余杭生态环境”微信公众号开辟“6·5”世界环境日、“环保青年说”、“小宝说法”等专栏，发布文章300余篇，总阅读15万人次。在全省县（市、区）级生态环境部门中率先上线官方抖音账号“余杭生态环境”。设计制作并定向发放《2019年我们一直在努力》生态环保工作手册。

【环保服务】 2019年，余杭区结合“三服务”活动，对上市和拟上市企业等重点企业开展“体检”式、“保姆”式环保技术服务。利用省平台专家技术力量，对未来科技城健康谷生物医药园区10余家企业废气防治工作进行专家“会诊”；为浙江春风动力股份有限公司、杭州诺贝尔集团有限公司、杭州宝晶生物股份有限公司等多家重点企业提供污染治理新技术。通过技术指导、监督监测、疏导约谈等方式，引导杭州鹏图化纤有限公司实现产业转型升级，解决6年信访积案。

（贾宇清）

编辑：范文良

交 通

Traffic

·综　　述·

【概况】　2019年，区交通运输局完成年度投资109.32亿元。崇贤至东湖连接线工程一期综合整治、仁和大道提升工程、红树林配套道路、长径线工程等项目完成建设。区内首个交通PPP项目东西向快速路高架工程在摸索中逐步推进，东西向下穿杭徽、配套电力廊道、“三路一环”养护管理中心项目、208县道石横线拼宽整治工程、423县道高泰线拼宽整治项目按计划推进。

2019年，新增公交线路11条，优化调整30条（含延长服务时间），新增更新公交车辆208辆（其中，新增105辆、更新103辆）；建设星桥公交首末站1个；新建、改建公交候车亭123个。全区拥有客运公交企业5家，公交车1456辆，其他客运车辆96辆，公交从业人员3343人，其他客运从业人员186人；出租汽车企业8家，出租汽车823辆，从业人员3855人（其中在岗1481人）；拥有普通货运企业601家，个体货运经营户33家，货运站场1家，货运代理（代办）等相关服务业户176家，营运货车3745辆；危险货物运输企业12家，危险货物运输车辆222辆；从业人员8000余人，全年完成货物运输量1550万吨，周转量4070万吨千米；拥有机动车维修企业843家，其中，一类企业28家，二类企业181家，三类专项业户469家，从业人员5800余人，完成年度产值15.2亿元；有驾培机构18家，教练车729辆，教练员882人，全年培训驾驶员2.21万人。全区登记营运船舶352艘，运力15.75万吨，港口企业46家（位于余杭由内河监管的码头15家）。港口货物吞吐量2804.4万吨（加上内河监管码头，吞吐量共4359.4万吨），港口危险货物吞吐量55.98万吨，完成泥浆渣土吞吐量359.6万吨。全年货运量526.26万吨，货物周转量9.63亿吨千米。全年创建467路、786路2条“余杭区文明示范公交线路”，评出“浙AUT177”等文明出租车20辆、全区安全示范码头1家以及“十佳文明公交司机”“十佳出租车司机”“出租车星级驾驶员”。

（高艳列）

·交通运输·

【秋石高架余杭延伸段通公交】　2019年1月25日起，秋石高架余杭延伸段开通292路、344路2条高架快线，加快公交线网与快速路网的融合，方便临平山北及天都城区域与主城区间的通勤出行。

【余杭公交推出“返乡专线”】　2019年2月1日凌晨4点40分，余杭公交首趟“返乡专线”（塘栖—杭州火车东站）发车，11名在余杭打拼的外来务工人员踏上回家路。

【市民之家交通窗口“码”上服务】　2019年2月，区交通运输局推出全市道路客、货、危从业资格证“码”上申请，拓展交通窗口“互联网+政务服务”，响应政府“最多跑一次”号召，为企业和群众提供服务。

【交通领域“最多跑一次”改革】 2019年，区交通运输局做好综合交通执法改革，整合运管、路政、质监力量，组建交通运输综合行政执法队。推进“最多跑一次”改革，135个事项全部进驻区行政服务中心窗口，办件、零跑次、压缩比、网上办、掌上办审核通过、材料电子化均达到100%；导入OSM现场管理，成为行政服务中心OSM模板窗口。

【余杭区同步执行杭州市出租车调价】 2019年12月1日起，杭州市巡游出租车运价调整，余杭区同步执行。此次统一运价调整，主要涉及起步价、里程费、回空补贴费、低速等候费、特别补偿费和燃油附加费等6个方面。运价调整后的最大区别体现在起步价和夜间或春节打车费用的变化。

（高艳列）

·交通建设·

【仁和大道整治提升工程项目】 余杭区“美丽公路”仁和大道（南六路至东西大道段）整治提升工程全线长1.63千米，2018年9月28日开工，2019年11月27日完工。整治提升工程（储运路至南六路段）路况提升工程项目全线5.21千米，2019年2月20日开工，2019年11月30日完工。

【巨州路（勾运路—储运路）整治工程竣工验收】 2019年5月23日，余杭区巨州路（勾运路—储运路）整治工程通过竣工验收。工程位于余杭区良渚组团北部新城单元控规内，是良渚组团与主城联系的重要道路。此次整治工程线路全长1.55千米，主要内容有路基路面整治、公交候车亭、侧平石、预埋管线等。2015年2月开工建设，2016年7月主体工程完成施工，2016年12月9日，区公路处组织并通过交工验收。

【农村交通专项（县道）工程完工】 项目建设内容为东西大道、长西线、崇超线、双后线、良上线、荆余线、彭余线、小交线等9条县道大中修，里程15.18千米。2019年7月30日开工建设，2019年12月30日完工。

【余杭东塘港护岸工程竣工验收】 2019年10月25日，余杭辖区2017年东塘港护岸工程通过竣工验收。2017年东塘港护岸工程由区财政局总　投入约535万元，新建区内武獐线航道护岸712米。

【美丽公路“八口八线”项目建设】 2019年，美丽公路“八口八线”项目实施道路提升74.9千米，打通“断头路”，实施绿道、驿站、口袋公园建设，提升和新建绿道37.6千米，提升和新建绿化224.46万平方米，其中良渚片和径山片区配合良渚古城遗址申遗、遗址公园开园和大径山乡村国家公园建设受到中共中央政治局常委、全国政协主席汪洋，中共中央政治局委员、中宣部部长黄坤明等党和国家领导人的肯定。开展“四好农村路”攻坚战，全年新建项目226.28千米，打通基层群众出行的“最后一公里”。

“美丽公路”径山片235国道（原15省道）（区交通运输局　供稿）

【大运河文化带建设】 大运河文化带余杭段建设项目按照“一次规划、分步实施”的原则，2019年以“整、拆”为主，启动节点段项目建设，拆除14家码头，5家企业，不雅建筑、违法建筑4.25万平方米；完成崇贤四维公园建设。

（高艳列）

·公路养护与管理·

【国道路网调整】 2019年，余杭区国道从104国道、320国道2条计37.67千米调整为104国道、320国道、235国道、329国道、525国道5条计173.94千米。

【全域预防道路交通事故专项行动】 2019年，余杭区全面开展隐患排查治理，完善安全设施，全年投入资金1700万余元，实施2019年余杭区除黑点、治隐患第三批重点隐患整治项目的道口和路口整治工程，封闭道口55个，整治事故多发点段隐患18处、中央隔离及机非隔离隐患23处、路口渠化及增设安全岛隐患57处。

【绿地监管】 2019年，完成绿化借占用及退让审批33件，涉及绿地面积4.52万平方米。移交至公路处管养的美丽公路及重要县道绿化整治工程等绿地面积18.2万平方米，完成缺陷绿地提升改造1.6万平方米。

【美丽公路经济走廊建设】 2019年，余杭区修复路面坑洞、病害8.2万平方米，贴缝0.7万余米（国省道）、灌缝6万余米（县道），清理边沟64万米，补植绿化4.2万平方米，整治小微水体10.5万平方米，完成国省道养护大中修3千米，县道路面大中修15千米，完成美丽公路经济走廊建设48.8千米，提升路况水平、路域环境，其中国省道公路路况综合指数（MQI）检测91.4分，农村公路优良中等路率93.65%。

【“路长制”长效机制】 2019年，余杭区结合“全域基础环境整治”和“四边三化”专项行动，发挥“路长制”长效机制，全年整治问题点位2450处，其中立案查处摆摊设点、污染公路等违法行为206起，巩固路域环境治理成效。

（高艳列）

·港航管理·

【雀雀漾、武林头船舶生活污水治理工程通过综合验收】 2019年3月4日，2018年余杭区交通运输局“五水共治”项目（雀雀漾、武林头船舶生活污水治理工程）通过综合验收。

【余杭区首家渣土码头取得港口经营许可证】 2019年7月11日，余杭区首家渣土中转码头——叶根码头建成并通过验收。码头位于仁和街道，设置渣土泊位2个，泊位总长度108米，设计年通过能力200万吨。7月17日，余杭港航处向杭州余杭叶根码头有限公司核发港口经营许可。

【仁和港临时渣土码头改造工程通过验收】 2019年10月14日，仁和港临时渣土码头改造工程竣（交）工验收会在杭州市仁和粮食储备有限公司召开。该码头利用原仁和港北港池南侧3个泊位进行改造建设，设置渣土泊位3个，泊位总长度183米，设计年通过能力600万吨。

【水上搜救中心成立】 2019年12月17日，余杭区人民政府办公室发文成立余杭区水上搜救中心，余杭区“统一领导、预防为主、综合协调、科学决策”的水上突发情况应急搜救管理体制得到健全和完善。

（高艳列）

大运河文化带四维公园　（区交通集团　供稿）

·交通基础设施投资建设·

【概况】 截至2019年底，区交通集团完成总投资72亿元，其中实施项目51个（新开工21个、完工21个），投资26.74亿元；征地178.93公顷，拆迁住宅432户、非住宅181家，做地32宗98公顷，储备21宗67公顷，投资30.5亿元；资金承担项目9个，投资14.42亿元。出让土地16宗46.8公顷，出让金超过110亿元。实施代建项目75个，形象投资26.8亿元。集团总资产345亿元。

【闲林小城镇环境综合整治工程被评为省级样板】 项目整治内容包括闲林中路（含部分闲林东路和闲林西路）、联荣路、方家山路、文卫路、福严路、钱家岭、永乐新村立面整治，以及方家山公园、钱家岭区块、永乐新村区块景观绿化提升、文化宣传提升，电力线路上改下整治，停车场改造提升等。项目总投资1.1亿元，2018年12月开工，2019年8月通过省级考核验收，被评为小城镇综合整治省级样板。

【“一路一环”快速路两侧绿化整治工程完工】 工程包括东湖高架路及望梅高架路两侧绿化整治，主要实施道路两侧绿化提升补植、重要节点景观提升等，在东湖高架路和望梅高架路两侧以节点花境、绿化岛等手法，打造道路景观绿带，全长约17千米，绿化总面积99.3万平方米。项目总投资2.09亿元，2018年10月开工，2019年8月完工并通过验收。

【天都城公交首末站工程完工投入使用】 项目位于天韵路与星都大道交叉口，占地9098平方米，设计满足7条公交线路，有泊车位119个，是杭州地铁3号线配套公交设施，服务主城区与天都城间公交运营。总投资7127万元，2018年8月开工，2019年11月完工，12月投入使用。

【崇贤新城崇康路（横九路—余杭界）工程完工】 项目北起横九路，南至余杭区界，自北向南依次与横九路、崇杭街、横十路及横十一路等4条道路相交，全长1.11千米，等级为城市次干路，设计车速40千米/小时。沿线新建桥梁1座，采用路桥同宽形式。主要建设内容包括道路、桥梁、排水、管线、交通、路灯、绿化及附属配套设施等工程。总投资1.23亿元，2018年10月开工，2019年12月完工。

崇康路　　　　（区交通集团　供稿）

【瓶窑南山区块配套道路工程基本完工】 瓶窑南山区块配套道路工程包含港渠路、澄清路、下洋路、安二北路，位于瓶窑镇澄清港两侧，东起西溪街，西至南洋北路，南至精工西路。主要建设内容包括道路工程、桥梁工程、排水工程、强弱电工程、绿化工程、照明工程、智能交通工程。总投资1.24亿元，2019年2月开工，截至年底，基本完工。

（陈聪）

编辑：俞帅帅

邮政·电信

Posts and Telecommunications

·邮政管理·

【建制村通邮服务转型升级】 2019年，余杭邮政系统在全区建制村直接通邮的基础上，实施村邮站运转模式创新。通过政府购买服务形式，重新组建村邮投递队伍，新设村邮道段，新增智能快递柜、电动车等硬件设施，完善邮政农村服务网络，提升邮件投递水平，保障9万余份《余杭晨报》按时投递到户。

【“邮政在乡”工程】 2019年，余杭邮政系统利用邮乐购商超型站点服务“三农”。打造“快递+塘栖枇杷”“快递+鸬鸟蜜梨”金牌工程，助力塘栖枇杷网销产值约4000万元，鸬鸟蜜梨快递发件量超4200件。

【用邮满意度提升】 余杭邮政系统2019年投递来自全国各地的快递包裹1.74亿件，服务全区约300万群众网络消费，人均57件，基本实现当天投递。全年投递函件、平邮包裹、报纸、杂志等普通邮件7089万件。

【助力电商销售破千亿元】 2019年，全区快递出港量2.82亿件，同比增长13.73%，助力全区电子商务网络零售额破千亿元。快递出海177.58万件，助推跨境电商交易额实现16.42亿美元。

【行业安全生产基础夯实】 2019年，余杭邮政管理局与地方部门联防联控联合监管，借鉴网格化管理经验，推动行业安全治理创新。组织开展杭州市邮政业突发事件应急演练，落实企业安全生产主体责任，严格执行“三项制度”。推进“双随机一公开”监管，检查企业网点267家次，发现隐患652处，约谈警告企业13家次、行政处罚13家次，全年寄递渠道平安畅通。

【快递末端网络健全多样】 2019年，余杭邮政系统推进“快递入区”工程和快递末端综合服务平台建设，健全快递末端服务网络。菜鸟驿站等联收联投模式的综合化末端全面铺开，全区建成93个菜鸟驿站，58个蜂巢站。智能快递柜在原有1659处、182675个投递格的基础上，新增投放395处、4.27万个投递格。

【绿色邮政建设】 2019年，余杭邮政系统实施行业绿色发展“9571”工程。降低快递封装胶带、传统塑料袋平均用量，电子运单使用率提升到99%。推动电商平台共商共治，50%以上电商快件不再进行二次包装。推广应用循环中转袋、循环快递盒，循环中转袋使用率超过85%。快递网点设置包装废弃物回收装置超过95%。鼓励企业使用新能源车辆，推进行业国Ⅲ标准柴油车淘汰工作。

（朱燕芳）

·邮　　政·

【概况】 2019年，中国邮政集团有限公司杭州市

2019年12月，杭州市见义勇为基金会为救助落水者的投递员向达勇（左三）颁奖　　（邮政余杭分公司　供稿）

余杭区分公司（下称“邮政余杭分公司”）完成业务收入43328万元，业务规模位列全省邮政县（市、区）分公司第三。代理金融年增余额19.18亿元，列全省第二，网点点均6186万元，列全省第一，其中凤山路、荷花塘、良渚、亭趾、星桥等5个网点年增超亿元，排名全省前十，星光所被评为“2019年浙江省邮政金融基础服务提升活动明星服务示范网点”。寄递业推广“准加盟制”，降本增效。良渚分局投递员向达勇救助落水者先进事迹被《人民日报》、新华社、浙江卫视等中央及省市级媒体报道。

【邮政服务地方经济】　2019年，全区邮乐购商超型站点开发692家，标准站240余家，实现批销业务笔数2.6万笔，批销额7315万元，完成全年总计划133%；邮乐小店活跃数1440余户，完成月均计划110%，优质站点数310余家，完成全年计划目标111%。持续提升“农产品进城”规模，与区农业农村局合作，做好“万斤农产品进城”项目组织落实，完成径山网购生活馆及线上余杭馆的商品组织及上架工作，5月试销售塘栖枇杷。成立良渚古城遗址项目工作小组，定制首日封1000枚、明信片2000套、邮折1000本、大铜章1100套、邮筒1个，并与《余杭晨报》和余杭电视台合作宣传良渚古城遗址。全年实现“警医邮”业务24958笔，业务量在杭州地区内排名第二，全区开展警邮服务的网点15个。完成五常、好运街所的体检功能叠加，全区开展期满换证业务网点8个。藕花洲大街、好运街所开展抵押解抵押业务服务，全年完成抵押解抵押业务1756笔。

【邮政投递能力建设】　2019年，余杭邮政分公司各营业部添置进口分拣设备，降低进口分拣到段的劳动强度，理顺进口作业的处理流程，缩减内部作业工时。对标民营，试点并推广网格化营揽作业模式，扩大抛投作业占比，提升揽投作业效率。优化组网，在东西片区分别建成两个集包中心，具备35万件/天峰值处理能力。结合营业部、金融网点、“四好农村路”、村邮站、邮乐站点布局，规划进口抛投点，实行统一抛投作业，优化投递员出班时间。优化整合现有投递道段，新增联合村邮道段65条，人员65名，车辆65辆，增强普遍服务能力，提升村邮站投递时限及投递质量。

（徐茂红）

·数字电视（广播电视网络传输）·

【概况】　杭州华数传媒电视网络有限公司（下称“余杭华数公司”）2019年总资产28亿元，拥有数字电视加宽带用户逾53万户，全年营业收入3.5亿元，主要经营指标列全省广电行业前列。

【“智慧安防小区”覆面扩大】　余杭华数公司依托信息化技术和“智慧城市”的概念，搭建区、镇（街道）、社区、小区四级平台，实现与公安数据平台的对接，增强小区安全的预测、预警、预防能力。2019年，余杭华数公司承担建设的智慧安防小区上线运行45个。

【新增465台综合自助机】　“杭州办事服务”综合自助机全区村（社区）全覆盖，是余杭区2019年度的十大民生项目之一。2019年6月，余杭华数公司配合区行政服务中心，完成344个村（社区）的自助终端机安装工作，安装自助机465台，通过自助机实现的业务办理量32万余件。

【智慧物联平台建设】 华数智慧物联平台为全区环境保护、公共安全、交通停车、地下管廊等领域管理提供科技及数据支撑。2019年，承载智慧烟感、消防水压、用电安全、燃气抄表、智慧停车的智慧物联平台系统上线运行，上线各类感知终端12万个。

【“美好余杭”本地板块应用】 2019年，华数电视“美好余杭”本地板块围绕余杭区中心工作，对政务、民生、惠民类内容进行专题播报。创设“党员电教”栏目，推出“不忘初心、牢记使命”主题教育视频展播、党群活动回顾、远教影院等板块；“智慧校园”栏目，让校庆、文艺演出等校园特色活动通过电视直播和回放走入千家万户；“虎哥回收”栏目实现电视大屏一键呼叫虎哥，助力全区垃圾分类工作；“TGO商城”上线“禹航土鲜”版块，推动余杭农产品向省外销售。

【完成区基层社会治理综合指挥中心建设】 2019年3月，余杭华数公司承建余杭区基层社会治理综合指挥中心项目，建设周期一个月。公司整合各方资源和力量，按期将项目钥匙交到业主方手上。中心运行后，接待数十次调研参观，得到中央及省市政法委领导的认可。

【完成安全播出保障任务】 余杭华数公司规范机房管理，确保机房设备运行稳定，加强全区骨干网络的巡检工作，保证全区光纤线路运行稳定、畅通。2019年，数字电视播出及传输网络方面整体稳定，无安全播出事故，完成2020年春节、全国“两会”、省“两会”、世界互联网大会、中华人民共和国成立70周年等重要时段安全播出保障工作。

【一次不用跑促“两率”提升】 2019年，余杭华数公司采取电话受理、上门服务、线上线下融合等方式，从“最多跑一次”向“跑零次”升级，所有业务事项实现“一证通办”，“96371”客服热线7×24小时为用户提供受理服务，一个电话，直接上门。用户还可通过华数天猫官方旗舰店、华数官方微店、“华数余杭”微信公众号等线上渠道一键办理华数业务。“最多跑一次”实现率、满意率“两率”提升超过98%。

【5570户低保户享受有线数字电视减免政策】 根据上级政府和广电部门工作部署，余杭华数公司继续对全区低保户实施“广电低保”工程，减免有线数字电视的安装费用及基本收视费。2019年，全区5570户广电低保户享受优惠减免政策。

（沈瑜敏）

·通信业·

【中国电信股份有限公司杭州余杭区分公司】 2019年，公司（下称“中国电信余杭区分公司”）主营业务收入实现连续4年增长，主营业务收入规模位居中国电信杭州本地网第一。

公司自3月起启动5G建设工作，全年开通5G基站354个，5G室分建设完成21个点位，覆盖20个镇（街道）核心区域，未来科技城、临平城区5G网络初具规模。推进电信、联通5G共建共享工作，提升网络覆盖。拓展5G技术的应用面，与余

2019年10月31日，中国电信余杭区分公司举行5G商用发布会

（中国电信余杭区分公司　供稿）

杭区第五人民医院合作，达成全区首例 5G+ 远程手术演示教学；与未来科技城学术交流中心合作，全面覆盖 5G 信号，完成“双创”活动周通信保障。全年在全区范围内展开农业、工业、旅游业等行业 5G 解决方案的攻坚，让各行各业共享 5G“高带宽、低时延、零卡顿”优势带来的科技福利。

全面提升 4G 网络质量。完成第八期基站建设 76 个站点、228 个 L 网 RRU，动态扩容 148 个扇区、零星 31 个站点；完成第八期室分建设 48 个站点、314 个 L 网 RRU，10 个 C 网 RRU，60 个 C 网直放站；完成一点一案调整 169 个站及 L800M 参数的优化调整，优化解决 40 处 CQI 优良率较低问题点，余杭晚忙时 CQI 优良比从 89.5% 提升到 93.53%；完成临平城区，杭州地铁 1 号线、5 号线，绕城和杭徽等高速公路，高铁及余杭边界，重要乡镇，景区等例行测试，有效测试里程 9200 千米，各网优主要指标正常。通过工程建设和网优优化，解决南苑街道翁梅新苑、乔司街道三鑫工业园、五常街道福鼎家园和良渚街道万科杭宸等投诉热点区域的信号问题。

VOLTE、NB 业务完成 800M 三阶段重耕，处理 684 个 DO 零流量小区，解决 45 个 800M 重耕困难小区，核实处理 382 个 4G 零流量小区。针对浙江省第二监狱、华立科技股份有限公司、麦乐科技股份有限公司、杭州贝特仪表有限公司等区域进行 NB-IoT 网络的工程优化，支撑智慧烟感、智能滤光识别、智能水箱、智能电表等 NB-IoT 业务项目。

2019 年，全公司 H 纤芯能力净增 7 万线，累计 116.6 万线，占用率 43.45%，全光覆盖率为 99.8%；全年建成住宅小区、商务楼宇、综合商场等驻地网项目 60 个，包括华立西嘉广场、中建锦绣越府等大型建设项目，网格整体网络质量得到提升；完成 AG 用户 2328 线、F821/9806 用户 2840 线、F820 用户 2714 线软交换退网，全部语音迁改到 IMS 网络；完成 16 户 IP 话务台改挂至 IMS，6 套 AG 设备退网；临平波分扩容 2 块 2 口 100G 波分支路板，仓前波分扩容 1 块 2 口 100G 支路板，承载网进入百 G 时代；长效执行 IPRAN 光功率整治，全年整治光功率超标链路 200 余条；完成城域网 360G 上联扩容，城域网出口带宽达到 1660G，同比增长 36%，宽带峰值流量承载从 61% 下降到 46%；完成临平和余杭街道 BRAS 设备 6 条 100G 上联链路扩容，完成 34 套重要 OLT（覆盖用户数超 2000 户）双物理路由上联，解决流量拥堵问题，加强 4G/5G 设备支撑。

服务民生，完成余杭大剧院新春音乐会、余杭 5G 创新应用高峰论坛暨中国（杭州）5G 创新园启动仪式、西溪湿地端午龙舟赛、“双创”活动周、良渚古城遗址申遗、天猫“双十一”等重大活动的通信保障工作。推进骚扰电话整治，开展护网行动，防范打击通讯诈骗，维护用户网络安全。截至年底，完成余杭集镇、塘栖集镇、闲林集镇等 6 个集镇的“线乱拉”整治施工，通过省级验收，完成美丽乡村及 104 国道等良渚古城遗址公园周边多条道路的整治施工，并通过区级验收。达成社会监控资源接入服务等重要项目，承接区长公开电话，开通“114”求职招聘服务热线。全年新增企业上云用户 230 家，推动“互联网 +”行业应用突破发展。

迎宾路营业厅获杭州市“巾帼文明岗”称号；与区妇联联合举办“幸福中国·舞比快乐”广场舞大赛。

（董立新）

中国电信余杭区分公司举行“壮丽 70 载　奋进新时代”毅行健走活动
（中国电信余杭区分公司　供稿）

【中国移动通信集团浙江有限公司余杭分公司】 2019 年，公司发展效益稳中求进，收入同比增长率超 10%。全年基站建设规模、建设速度全市双领先。双向提升承载扩容和覆盖，全年机房建设入网数及工程量居全市首位。网格化运营提升装维支撑能力，全年新装家庭宽带数、装机及时率、回访满意度均领先全市。截至年底，全区营业厅61家，合作渠道店629家，直接服务对象近174万人，客户服务满意率超过99%。

5G实现首位发展。全年5G基站建设数超年初预定计划，开通量居全市第一。打造临平新城、良渚新城、未来科技城5G样板点，完成5G应用级覆盖，完成良渚古城遗址公园开园、2019年全国“双创”活动周等重大5G活动保障。

对接区委政法委“雪亮工程”一期建设“一总两分”方案落地工作，搭建专业服务器与专项通道，实现与城市大脑专班、公安等相关部门对接。承揽浙江省电子政务视联网系统项目，全面完成余杭区党群、综治、各镇（街道）视联网建设。

2019年，公司获工信部“绽放杯”5G应用全国大赛三等奖、全国优秀质量管理小组、省公司“活力新天地”创新成果一等奖、省级励精创新职工工作室、浙江公司支部品牌建设示范单位、杭州市QC质量成果发布一等奖、余杭区服务创新发展优秀单位、余杭区劳动模范集体等荣誉。

（杨欣宜）

【中国联合网络通信有限公司杭州市余杭区分公司】 2019年，公司主营业务收入同比增长1.7%，其中，移动业务同比下降2.1%，固网业务同比增长19.9%。

全年新建3G基站43个、4G基站634个、5G基站153个，室分场景55个，联通网络覆盖率99.5%。对弱覆盖区域逐点分析、优化问题站点，改善275处覆盖区域的信号强度，完成264个3G/4G基站/室分的扩容。优化OLT站点配置，全部OLT设备由1G上联带宽提升至10G上联带宽。基本完成“光进铜退”工作，优化余杭本地光网覆盖。配合区政府做好小城镇整治等政府工程。

紧抓杭州余杭旅游集团有限公司落实“全域创新、全域美丽、全域治理”的发展战略契机，在前期落地大径山智慧旅游项目的基础上，签约大径山智慧旅游数字大脑项目。余杭区河道管理信息系统维护项目，通过智慧河道云平台对接“五水共治”河道维护工作，完成各级巡河任务，开启“河长制”河湖生态管理模式。落实杭州市制造业数字化改造专项行动工作要求，签约杭州杭丝时装集团有限公司服装智能制造项目，打造杭州杭丝时装集团5G智能制造工厂。签约余杭区智慧人大无纸化办公系统电子阅文服务项目，围绕“人大电子阅文+履职平台”建设内容，打造人大可视化一张图，提升余杭区人大工作方式和执政信息化水平。开展携号转网工作，营业厅设置携转专席，由专人受理携转业务，并在厅内公示携转流程工告。内部开展携转业务培训，使营业员了解和熟知携转操作流程。针对电信诈骗问题，每周核查新入网用户的现场入网实名规范情况，系统监控一证多户、使用异常的用户，系统比对核查入网的实名规范性、拍照规范性、人证合一情况。

（徐凌燕）

编辑：张迎

供电·供排水

Electricity Supply and Water Supply

·供　　电·

【概况】　截至2019年底，余杭区境内有35千伏及以上变电站58座，其中500千伏变电站3座（由国网浙江省电力有限公司直接管辖），主变10台，容量725万千伏安；220千伏变电站6座（其中1座由国网浙江省电力有限公司杭州供电公司直接管辖），主变15台，容量309万千伏安；110千伏变电站41座，主变87台，容量424万千伏安，110千伏输电线路65条，线路长度608.52千米；35千伏变电站8座（含临时变1座），主变15台，容量28.9万千伏安，35千伏输电线路20条，线路长度164.82千米；10千伏公用线路837条，其中架空线路总长3852.07千米，电缆线路总长4742.76千米；10千伏公变1.13万台，容量620.81万千伏安。

2019年，余杭电网最高负荷246.8万千瓦，同比增长12.9%；全社会用电量112.19亿千瓦时，同比增长6.25%；售电量103.06亿千瓦时，同比增长6.04%；用户数超80.99万户；固定资产投资3.96亿元；营业收入60.23亿元，同比增长4.4%；线损率2.83%；电费回收率100%；农网综合电压合格率99.99%；全域供电可靠性99.97%。截至年底，国网浙江杭州市余杭区供电有限公司（下称“区供电公司”）实现安全生产日4504天。

2019年，区供电公司连续两年保持省电力公司对标、市电力公司绩效第一；获省电力公司2019年度科技进步奖一等奖1项、全国质量创新大赛二等奖1项、省总工会2019年物联网创新竞赛二等奖1项、中电联全国电力行业统计分析优秀论文1篇、亚洲质量改进优秀案例一等奖1项、省电力公司“互联网＋智慧监督”主题创意竞赛创意金奖1项。获全国电力行业青年内训师教学技能竞赛团体一等奖、国网公司2019年同期线损业务应用竞赛团体二等奖；未来科技城供电所高压供电服务二班获“全国质量信得过班组”称号；输电运检二班获“国家电网有限公司先进班组”称号；横岭变电运维班被评为“省电力公司2018年度五星级班组”（工人先锋号）；信通运检班获“省电力公司第二批精品典型班组”称号。

【电网建设】　2019年，区供电公司做好电网规划滚动修编工作，新增、调整变电站站址220千伏6个、110千伏41个。推进白鹤滩特高压直流工程等重点项目的属地化配合工作，7项工程投产，包括220千伏横岭变增容工程，110千伏向阳变、金家变、柏庙变、闲林扩、阿里送、仓前增容工程。全年新增变电容量47万千伏安，是上年新增变电容量的1.6倍，一定程度缓解临平新城区域、未来科技城区块网架供电紧张问题；余杭电网6次刷新全社会最高负荷，电网最高负荷达246.8万千瓦，同比增长12.9%。采用新型技术手段保证“一线一策”工程完成；改善电网建设环境，全年完成项目147个，涉及线路281条，资金7.22亿元。协助余杭区人民政府与杭州供电公司签订电网建设战略合作协议，争取“十四五”规划220千伏项目7个、110千伏项目17个。推进配网改造，完成265个站点的配网自动化实用工作，应用率由5.8%提升至24.7%；公司迁改项目335个，同比增长32.4%，具体涉及线路615条，其中，10千伏线路594条，35千伏及以上线路21条，占公司10千伏及以上线路总数的66.3%。

【用电服务】 2019年，区供电公司组建业扩联合服务办公室，形成专班、专办、专员的推进机制，优化办电流程。延伸投资界面，为小微企业节约费用1058万元，为大中型企业节约费用2177万元；将小微企业办电环节由4个精简至2个，办电时限由20天压缩至14天，将大中型企业办电环节由6个精简至4个，办电时限由78天压缩至35天。以用户监督加速推进办电“三零”（小微企业零上门、零审批、零投资）“三省”（大中型企业省力、省时、省钱）。完成全国“双创”活动周、良渚古城遗址申遗等重大活动的保电工作；45天内完成全区111所学校配电设施增容改造；建成综合供能站①7座、充电站35座，协助完成既有住宅加装电梯50部。

①综合供能站：集电能、天然气及清洁油品等供给服务功能为一体的新型智慧公共基础服务设施。

区供电公司员工在杭临轻轨线路改造现场　（区供电公司供稿）

【供电能效提升】 2019年，区供电公司配合区政府为6个镇（街道）（良渚街道、仁和街道、径山镇、黄湖镇、鸬鸟镇、瓶窑镇）设立表后服务公司，获国家能源局领导肯定并介绍推广。“达立电管家”签约服务用户2748家；投入运营浙江首座10千伏移动式光伏储能电站、杭州首座“光充储”一体化电动汽车充电站，探索源网荷储技术②应用。推进地铁、高能耗工厂电气化改造，建成良渚遗址公园等全电景区6个，实现年替代电量3.2亿千瓦时。实现综合能源营收1.29亿元，指标完成率147.34%，位列全市第一。开展19项课题研究，11个项目完成结题，推广落地阶段性成果。打造径山小古城村“文化传承、乡村振兴、为民服务”示范带，完善智慧台区、主动抢修等6个应用场景，提升用户体验感。

②源网荷储技术：电源、电网、负荷与储能通过多种交互手段，实现资源最大化利用的技术。

【电力安全管理】 2019年，区供电公司通过国网第三安全生产巡查组检查。开展主网缺陷压降百日活动，消除存量缺陷181起；针对高故障线路开展特巡工作，完成436条重点架空线路红外测温，发现缺陷301处，整治275处，剩余26处结合线路停电处理；利用无人机、变电站智能巡检机器人等开展设备巡查；强化开展危险点管控督查工作，开展督查85次。应对台风“利奇马”考验，援助临安区、大江东电网抢修，使用直升机赴重灾区域运送发电设备。实施变电运维“2×3+N”值班模式③，试点开展一二次设备分离倒闸操作；完善时户数预算式管理模式，全年停电总时户数同比下降61.05%；与区政府联动发布《余杭区电力设施安全保护管理办法》，健全防外破管控机制与追责工作流程，及时发现并制止危害线路安全的施工行为56起。

③“2×3+N”值班模式：“2×3”为至少2名24小时值班人员，采用3班轮换的值班方式，负责值班期间的应急工作。“N”为正常白班人员，负责巡视、操作和维护工作，夜间不值班（必要时可留守备班），应急工作保持24小时通讯畅通，随叫随到。

（项文阔）

·供排水·

【概况】 2019年，杭州余杭环境控股集团有限公司、杭州余杭水务控股集团有限公司［下称“区环境（水务）控股集团有限公司”］下属运河水厂、塘栖水厂、宏畔水厂、仁和水厂、瓶窑水厂、径山水厂、獐山水厂7座水厂合计制水能力82万吨/日，另杭州趸售供水6.5万吨/日，临安趸售供水5.5万吨/日，因苕溪水源限制和趸售水量受限，供水实际能力为80万吨/日，供水管网总长9298千米。集团日污水处理能力42.5万吨/日，其中临平净水厂、良渚污水厂、余杭污水厂、崇贤污水厂、塘栖污水厂5座污水厂自有污水处理能力40万吨/日，输送至杭州城西污水处理厂1.5万吨/日，农村分散式污水处理能力1万吨/日，配套污水管网长度967.49千米。2019年，集团完成销售水量1.90亿吨，同比增长6.74%，污水处理量1.28亿吨，同比增长25.49%；供水水费回收率99.85%，污水水费回收率100%；供水出厂水水质合格率和污水厂出水水质合格率均为100%，省市区各级监管部门水质抽检合格率保持100%。

【供排水体制改革】 2019年3月，《余杭区供排水体制改革实施细则》颁布实施，全区供排水体制改革启动。区水务控股集团有限公司按照体制改革的要求，调整组织架构，按照现代企业管理和全产业链发展的要求，构建由8个部室、2个中心、16个全资子公司、1个参股子公司组成的组织架构体系。成立区环境控股集团有限公司，作为今后“污水零直排”和“重大环境基础设施”建设的融资主体和实施主体，与区水务控股集团有限公司实行“一套班子、两块牌子、合署办公”；相关子公司获市政施工二级、设计丙级、机电总承包二级和环保工程专业承包二级等资质；修改完善集团化管理制度体系和内控机制，各项工作逐步迈入正轨。

【供排水专项规划方案】 2019年，按照城市国际化要求，区环境（水务）控股集团有限公司编制符合余杭经济社会发展水平的现代化供排水专项规划，全区供水、污水、雨水3个专项规划方案基本完成。按照新规划，集团全面启动临平自来水厂、临平北污水厂、仁和污水厂和余杭污泥处置厂、良渚自来水厂、余杭污水厂改建、瓶窑污水厂7个重大环境基础设施项目的前期工作。

【供排水基础设施建设】 2019年，区环境（水务）控股集团有限公司加快在建工程建设，千岛湖供水工程仁和支线完工，具备通水条件。临平净水厂工程完工运行，完成后续项目绿化和科普示范项目建设，打造全省第一个全地埋式污水处理厂形象，建设模式得到中央媒体和省市区各级领导肯定。良渚污水处理厂四期工程完成工程量的86%，余杭污水处理厂四期工程完成60.4%，径山污水处理厂工程完成40%。

【山区农村饮用水保障】 余杭西部山区（瓶窑镇、径山镇、黄湖镇、鸬鸟镇、百丈镇）农村饮用水保障工作具体分3个项目实施，分别是西部五镇供水管道延伸工程、西部五镇农村饮用水保障工程、中泰街道山区农村片加压供水二期工程。全年敷设市政供水管网636千米，新增受益人口5万人，提前实现西部山区市政供水管网的基本覆盖。

【高层住宅二次供水改造】 2019年是全区高层住宅二次供水改造工作的第一年，在区住建局和各镇（街道）的支持配合下，区环境（水务）控股集团有限公司完成改造意见征询，全年完成仁惠家园等15个小区、6504户的高层住宅二次供水改造工作，超额完成市级考核任务，受到市级部门肯定。

【用水服务】 2019年，区环境（水务）控股集团有限公司按照“最多跑一次”改革要求，优化营商企业用水报装，落实“421”工作机制；制定重点客户服务管理办法，做好重点客户服务和回访，优化三级抄表管理和窗口服务。坚持“用心做水、一心为民”服务理念，主动实施“水务办事零跑跑”，水务人员在用户预约后上门服务，同步优化热线受

临平净水厂水美公园一角

［区环境（水务）控股集团有限公司　供稿］

理流程，强化热线回访监督，形成服务闭环。全年受理业务申请1647件，办理满意率为99.81%，相关工作得到中央媒体报道肯定。

【“污水零直排”创建】 2019年，区环境（水务）控股集团有限公司完成全区雨污水管网规划方案的修编，按轻重缓急原则，于9月启动“四河两区块”④及8个创建镇（街道）重点区域的市政雨污水管网整改工作，提升禾丰港等河道水质。“三大单元”管网项目委托建设方面，配合镇（街道）、平台做好住宅小区雨污水管网改造项目的委托实施工作，和属地镇（街道）协议明确项目86个，其中南苑街道中山花苑、未来科技城管委会项目于2019年底前完成改造。

④“四河两区块”：河里河、西渠河、赭山港、上塘河；临平山北、未来科技城区块。

【农村生活污水治理】 2019年，区环境（水务）控股集团有限公司按市级民生实事工作要求，做好农村污水分散式处理的逐步接收、运行维护和提升改造工作，省级民生实事项目要求的20个农村生活污水处理终端全部通过省市级平台审核。

【水务安全生产】 2019年，区环境（水务）控股集团有限公司开展重大节假日节前安全检查和安全工作季度考核，组织开展安全生产知识培训，对各类应急预案进行实战演练，全年无安全生产责任事故发生。做好用水保障以及冬季防冻保暖工作，系统做好水厂、污水厂、泵站的生产调度和管网管理，采取工程性措施和管理性措施，确保高峰用水和“双创”活动周、庆祝中华人民共和国成立70周年等期间用水安全。

（沈跃鹏）

编辑：俞帅帅

数字化建设

Digitatization Construction

·“城市大脑”建设·

【概况】 2019年，余杭区完成城市大脑·余杭平台“以1个数字驾驶舱为纲，赋能‘三个全域’建设，打造N个特色应用场景”的“1+3+N”基本架构建设，在此基础上，以业务需求为导向，打造多种城市大脑余杭平台场景架构。上线包含智慧治网、欠薪预警、智慧安监、智慧城管、调解在线、畅快出行、智慧医疗、智慧文旅、良渚遗址公园、统一地址库、智慧综治、人才e家等12个应用模块在内的数据化、网格化系统平台，为城市服务和综治管理提供数据依托和便捷服务。12月30日，杭州城市大脑年度总结发布会在余杭区召开，余杭平台应用场景发布。余杭区相关工作被新华社、央广网、中国网、《杭州日报》等媒体报道。

【“畅快出行”应用模块开展道路延误指数场景应用】 2019年，余杭区依托城市大脑开发畅快出行模块，在城市核心区域开展道路延误指数场景应用，打通705路视频结构化数据、178套广域雷达数据和2200G的互联网浮动车数据等，利用大数据分析，为路面指挥部门提供实时精准的数据支撑，实现对信号灯和可变车道的精准控制。自运行以来，临平城区延误指数降低1.11%，平均路程用时降低9.89%，平均每天为每位出行者节省5分钟。

【危险化学品数据纳入“智慧安监”应用模块】 2019年，余杭区将全区近500家危险化学品存储和生产企业的动火作业、危险化学品仓库区域人数超限等纳入“智慧安监”系统，通过打通区市场监管局、区人力社保局、区卫生健康局、区公安分局等部门数据，融合工伤保险以及医疗诊断等，实时监测企业风险，得出有关预警信息。依托该功能系统，全年全区安全生产事故数、死亡人数分别同比下降33.9%、42.6%。

【“欠薪预警”数据库甄别欠薪风险】 2019年，余杭区将与企业经营状况有关的可能会导致欠薪的相关数据纳入“城市大脑·余杭平台”欠薪预警数据库，依托“欠薪预警”模块的“红黄橙”预警平台，甄别可能存在的欠薪风险及会加重事态的事件，做到及时预防，提前介入处置。全年平台发出预警信息847件，处置反馈719件，预警成功率为80.1%。

（宫月）

·政府数字化·

【政府数字化转型】 2019年，余杭区推进政府数字化转型。根据省办件库数据统计，余杭区政务服务网办件量129.5万件，“浙里办”办件量4180件，网上办理率为72.64%。政务服务事项数、即办事项比例、承诺期限压缩比、掌上办和网上办实现率、一证通办指标均处于全市前列。

【网上“最多跑一次”改革】 2019年，余杭区持续推进“最多跑一次”改革中政务服务网、“浙里办”、“互联网+监管”、掌上办、网上办等工作。77项电子证照页面查询使用量为76542次，占全市查询使用量的30%，在杭州各区（县、市）中排名第一。参与“刷脸办事”等省市应用试点，区不动产登记窗口引入人脸识别接口和高拍仪，通过技防手段保障房屋买卖的合法性和真实性。推进不动产登记“二次提速”项目、区综合评价服务系统项目、机关内部“最多跑一次”平台、“晾晒台”建设，配合业务部门做好“一件事”“四个平台”“投资在线监管平台3.0”“电子归档系统”等各级业务系统对接应用。

（宫月）

·智慧政务·

【电子政务基础设施建设】 2019年，区数据资源管理局搭建区级政务云平台，开设700多个政务云资源服务器，保障单位115套业务应用系统，为全区各类平台系统和政务应用提供保障。完成电子政务网络覆盖全区党政机关和大部分国有企业，实现主要机关单位千兆网络接入，接入点位约1400个，上网用户2.5万余人。

【区综合办公平台建设】 2019年，区数据资源管理局完成区综合办公平台界面优化、功能升级，新改造上线交流探讨、通讯录、政务安全浏览器等应用平台。截至2019年11月，办公平台注册账号数26184个，平均每日登陆人数超1万人。联合北京奇虎科技股份有限公司定制开发余杭区政务平台专业浏览器，确保重要政务信息安全。

【基础数据库建设】 2019年，余杭区建设区级政务数据交换中心，初步完成各类资源归集和整合，形成城市级资源池。接入省市数据接口128个，编制区级以上数据目录745项，归集66个区级部门合计近44亿条数据，向区级业务系统提供共享服务接口160个，总调用数47万次，全区实现赋码地址111万个，其中，房屋126万户、人口305万人、企业25万家、事件91万家、感知设备1.2万余个、监控点位近2万个。完成“雪亮工程”总平台搭建，与公安专网视频平台通过网闸进行横向打通，实现区级层面视频的共建共享。截至年底，总平台汇聚视频总量1.9万余路，向市级“雪亮工程”平台推送视频1.8万多路。

【政务数据安全管理】 2019年，区数据资源管理局定《余杭区政务数据安全事件应急预案》，推动16项标准规范在余杭区试行，签订数据资源安全责任状。开展全区政务数据安全培训、加强区级数据安全检查和安全评估，推进立体安全防护体系建立。

【政府投资信息化项目管理】 2019年，区数据资源管理局围绕“一体化”建设思路，修订《余杭区政府投资信息化项目管理办法》，细化信息化项目实施管理办法，提升全区数字化、智能化建设应用水平。推进省“8+13”政府数字化转型重大项目贯通落地。做好全区信息化项目立项审核、评审、过程监管，2019年度建设项目145个、总预算5.7亿元。组织召开和参与信息化项目建设协调推进会80余次，完成27个信息化项目资金拨付前置审核、3个项目变更。

【重大会议技术保障】 2019年，区数据资源管理局深化全区高清视频会议系统应用，做好各级各类视频会议的技术保障工作。保障抗击台风“利奇马”、钉钉海外招聘、全区制造业大会等重大视频会议200多场。

【“杭州·余杭”门户网站建设】 2019年，区数据资源管理局继续做好“杭州·余杭”门户网站的日常建设和维护工作。9月，完成门户网站向省集约化平台的迁移和改版上线。全年门户网站实现本地新闻类信息公开4400余条，实现全区政务信息公开1.3万余条，其中主动公开文件1600余份。建设专题专栏3个，开展民意调查15次，进行重要会议网络直播1次。结合国办对政府网站建设的指引和国办、省市对政府网站普查的要求，做好政府网站普查工作。“杭州·余杭”门户网站获得“2019年度中国政务网站领先奖”。

（宫月）

编辑：范雅君

农业·水利

Agriculture and Water Conservancy

·农业综述·

【概况】 2019年，余杭区推进生态农业、高效农业、特色农业发展，牧业、渔业、林业实现较快增长，全区实现农业增加值55.44亿元，同比增长2.8%。农林牧渔呈齐头并进态势。其中：种植业32.82亿元，同比增长1.1%；林业6.36亿元，同比增长5.6%；畜牧业2.21亿元，同比增长9.1%；渔业11.92亿元，同比增长6.2%。全年农作物总播种面积5.08万公顷，同比增长1.90%。全区粮食种植面积1.70万公顷，比上年增加0.04万公顷，同比增长2.36%，粮食总产量11.31万吨，同比增长8.33%。全区生猪存栏3.4万头，同比减少6.46%，出栏7.38万头，同比增加4.31%；家禽总存栏114.22万羽，同比增加39.77%，家禽总出栏215.17万羽，同比减少17.36%；羊存栏3.04万只，同比增加0.18%，羊出栏3.09万只，同比减少44.34%。全区共有9家屠宰企业（包括自宰点），其中，猪屠宰场（点）3家，羊屠宰场点2家，家禽临时屠宰点1家，家禽自宰点4家。全年实施生猪定点屠宰15.78万头，同比减少36.98%；羊定点屠宰25588只，同比增长5.8%；家禽定点屠宰241.75万羽，同比减少35.09%。

【“百园农业”三年行动计划】 自余杭区制定出台《关于开展“百园农业”建设专项行动的通知(2018—2020年)》并配套制定《余杭区现代农业园区分类管理实施办法（试行）》以来，区农业农村局强化全区现代农业园区管理，引导园区向现代企业化管理方向发展，园区经过专家评审分成A、B、C三类，其中，A类园区33个，B类园区84个，C类园区19个。经省市区专家和区级相关部门综合评审，两年累计培育认定示范园区33家、规范园区59家。

【非规模农产品生产经营主体监管】 2019年，余杭区通过食用农产品生产经营主体信息卡，实现规模+非规模主体（散户）规范监管全覆盖。各镇（街道）确立一个试点村，先行先试推行办理电子信息卡；设计开发“余杭农安”APP信息化综合管理平台，在生产环节和流通环节试点使用，做到全链条信息可追溯。临平中山农贸市场成为首个试点市场，摊主使用“余杭农安”APP交易，实现任何主体任何产品都有条件出具合格证。8月23日，余杭区食用农产品全过程追溯暨创新非规模主体农产品质量监管现场会召开。

【“一品一标”发展】 2019年，余杭区径山茶和塘栖枇杷被列入国家地理标志农产品保护工程项目，径山茶被列入浙江省精品绿色农产品基地项目。结合项目建设，发展绿色食品和地理标志农产品认证，共开展服务指导工作70余人次，指导并监督生产主体对照绿色食品的要求进行生产管理，共完成64家生产经营主体申报绿色食品认证，面积0.13万公顷。开展地理标志农产品登记保护预申报工作，三白潭鱼干、鸬鸟蜜梨等4个农产品被列入浙江省地理标志保护申报储备库。

【水肥一体化示范建设】 2019年，全区实施水肥一体化示范建设项目6个，新建水肥一体化示范基地38.15公顷。截至年底，全区水肥一体化示范基地32个，拥有设备49套，土地覆盖面积342公顷，年度应用面积1333余公顷次。省级沃土工程项目推广水肥一体化技术134.6公顷，推广应用水溶性肥料49吨。

【测土配方施肥进百园服务】 2019年，区农业农村局在全区范围内开展“免费测土配方进百园”行动，为100个规模基地和种植业大户提供免费的测土配方服务，采集土样114个，发放施肥建议卡114份，实现大户“一户一业一方”精准施肥。在仁和、余杭、瓶窑等镇（街道）建立化肥减量增效示范方7个，包括缓控释肥料应用示范方5个、水肥一体化技术应用示范方1个、配方专用肥应用示范方1个，布置落实水稻氮肥利用率试验1个、蔬菜生物有机肥替代化肥试验1个。全年推广测土配方施肥技术4.33万公顷次，应用配方肥0.31万吨。

【农田土壤污染防治试点】 2019年，区农业农村局在原有31个点的农田土壤污染监测基础上，继续开展受污染耕地安全利用及修复治理试点示范1个，从原有的2公顷扩大至2.67公顷，以生石灰、钙镁磷肥、商品有机肥集成应用开展土壤污染修复治理及安全利用示范，并以上述三种措施开展用量梯度试验1个。

【垦造耕地后续管护】 2019年，根据《余杭区垦造耕地后续管护工作实施方案》文件要求，余杭区对2015—2017年实施完成并通过验收的74个垦造耕地项目开展后续管护，面积497公顷，其中，新垦耕地312公顷（包括水田118公顷、旱地194公顷），“旱改水”66公顷，涉及16个镇（街道）、单位。对2015年启动管护首批项目进行管护期满考核评估，首批评估项目23个，通过考评的项目19个。

【耕地质量等级评定】 2019年，余杭区委托浙江省农业科学院数字农业研究院按照《耕地质量等级》（GB/T33469—2016）和《耕地质量划分规范》（NY/T2872—2015）标准，以余杭区2017年耕地质量年末存量和2018年耕地质量等级调查监测数据为基础，对2018年耕地开展质量评价和等级变动核算。共有10个等级，一等代表耕地质量最高，十等代表最低。2017年耕地质量等级年末存量（即为2018年质量等级年初存量）为2.95，2018年质量等级年末存量为2.91，比2017年提升了0.04。

【绿色防控技术示范推广】 2019年，余杭区共建设省、市、区级绿色防控示范区6个，核心示范区135.26公顷，综合示范区1380公顷。制定发布《2019年水稻有害生物绿色防控与统防统治融合技术方案》等15个农作物有害生物防控技术方案，引导农户科学防治病虫害。

【“肥药双控”工程】 2019年，全区开展测土配方施肥4.33万公顷次，实施统防统治服务1.07万公顷，绿色防控示范区示范面积1520公顷，推广农作物病虫害绿色防控面积1.02万公顷次，推广蔬菜补贴农药593.33公顷，推广配方肥3100吨，商品有机肥1.5万吨。全区化肥、农药施用总量分别较上年减少470吨（折纯）和14吨。

【“三农”人才新政配套细则出台】 2019年，余杭区出台《余杭区农业技能大师工作室认定管理办法》《余杭区扶持培育农村经营管理人才实施办法》和《余杭区农业生产领域全日制本科及以上学历毕业生和中高级专业技术职称人员相关补贴发放实施细则》3个配套细则，为径山镇小古城村招录1名农村职业经理人，认定首批5家农业技能大师工作室并拨付补助资金50万元，完成一年两次农业生产领域人才补贴发放，共向168人发放387.5万元。

【农村实用人才工作】 2019年，全区新增农村实用人才1598人，共28314人，其中女性9428人。开展农民技术职称评审工作，共培育农民高级技师10人，农民技师31人、农民助理技师和农民技术员40人。

【“三农”人才推介宣传】 2019年，新农人钱海山被评为杭州市十佳农村青年致富带头人，任含生获“余杭工匠”称号，汤柏青等10名农业人才获全区乡村振兴优秀人才称号。开展农业高层次人才分类认定工作，新增106人，其中，市级B类1人、市级D类5人、市级E类15人。发布乡村振兴领头雁报道19期。

7月26日，《中国组织人事报》人才版登载《杭州市余杭区完善“三农”人才政策　全力打造乡村人才振兴高地》，重点介绍余杭“三农”人才工作举措与成果。

【农创客引育】　2019年，余杭区建立区农创中心，助力人才引进和项目落地。强化本地优秀农创客示范引领，首次开展余杭区农创客示范基地创建，认定首批5家示范基地，拨付补助资金50万元。6月24—28日，在宁波大学开设农创客创业提升培训班，53名学员参加。

【农业绿色发展】　2019年，区农业农村局出台《余杭区省级农业绿色发展先行区创建方案》，围绕农业绿色发展总体目标，通过“三调三治理”，推进产业结构、生产方式、经营机制三大“调整”和养殖业污染、农业投入品、田园环境三大“治理”，12月，浙江省农业农村厅发文《浙江省农业农村厅关于公布农业绿色发展先行县与示范区认定名单的通知》，余杭区被认定为浙江省首批农业绿色发展先行县（区）。

【农业农村电商建设】　2019年，区农业农村局根据市、区惠农电商政策和《余杭区农村电商扶持政策实施细则（试行）》，组织申报市级农村电商扶持项目5个，区级农村电商项目29个。验收通过服务站点、电商园、农产品和企业电商业务等农村电商示范项目28个，下拨扶持资金278.18万元。新设立中国邮政“村邮乐购”农村电商服务站点20个。依托农村电商孵化中心，创建余杭“三农”网红电商示范基地，建立直播服务工作室，组织辖区涉农企业等学员开展专题培训，学习直播营销。结合枇杷节、桃王赛、蜜梨节等节庆活动，采用“农民＋省优示范区＋网红”的“1+1+1”直播推介模式，开展网红直播产品销售。围绕塘栖枇杷、鸬鸟蜜梨、中泰竹笛为代表的余杭名特优农产品开展网络专题营销，推进本地农产品电商销售。以电商培训、包装革新、物流速递为手段，解决塘栖枇杷保鲜问题，全年线上销售快递单量突破13万单，销售额3732.1万元，同比增长46.4%。2019年，全区实现农产品网络销售额10.5亿元，同比增长25%。

【农业农村信息化建设】　2019年，区农业农村局开发农业大数据云平台建设项目，搭建起农业大数据中心、农产品质量安全、农产品价格监测与服务、智慧物联网等模块的总体框架。完成农业大数据云平台一期工程建设和项目验收，启动二期工程。推进信息进村入户工程建设，按专业站、中心站、标准站分类完成181个站（点）益农信息社创建，行政村覆盖率为100%。根据《余杭区智慧农村建设实施意见》，开展第二批39个村的“智慧农村”创建工作。截至年底，全区119个智慧农村创建村全部完成智慧窗口项目建设。

加大“余杭三农”微博、微信公众号平台运营建设力度，扩大现代农业园区、产业发展、产品营销、美丽乡村、乡村振兴领头雁、“禹上田园”、乡村振兴服务等涉农信息影响力，全年编写发布“余杭三农”微博439条、公众号486条。做好“农民信箱”“万村联网”网络平台信息、群发短信审核、管理等工作。核发各地动态、气象等公共政务信息515条；核发“每日一助”、农副产品买卖信息、农产品信息、商务信息322条；核发邮件和短信5083条，其中群发防御灾害性天气、重要通告等邮件和短信410条。指导181个“万村联网”网站做好规范化管理和信息更新发布。

【高标准农田建设】　2019年，区农业农村局设立农田建设管理科，承接原国土部门负责的高标准农田和原水利部门负责的高效节水灌溉项目建设管理工作。确定实施运河街道亭趾村、南栅口社区等8个镇（街道）的12个高标准农田建设项目，总面积458公顷，总投资预算2000余万元。确定实施径山镇等6个镇（街道）11个粮食生产功能区提标改造任务，总面积409公顷，总投资1300万元。

【东湖·天域田园农业综合体项目】　2019年，区农业农村局新引进乡村振兴综合开发项目东湖·天域田园。东湖·天域田园重点以农业种植为基础，发展现代高科技农业、乡村双创产业、休闲产业，形成主导产业明确，第一、二、三产业联动发展的乡村发展格局。

【农村承包土地经营权抵押贷款】　2019年，根据区农业农村局、中国人民银行余杭支行《关于印发〈余杭区农村承包土地经营权抵押贷款管理办法（试行）〉的通知》，为区内有资金需求且符合条件的农业经营主体办理农村承包土地经营权抵押贷款，并颁发农村承包土地他项权利（抵押）证书。截至

径山镇双溪村　　（区农业农村局　供稿）

12 月，累计完成 17 家农业经营主体的农村承包土地经营权抵押贷款项目，颁发农村承包土地经营权他项权证 17 本，共抵押贷款 790 万元（当年发放 250 万元）。

【农民素质教育培训完成 131%】 2019 年，全区开展农民培训 20309 人次，其中，新型职业农民 708 人次，实用人才 2315 人次，转移就业 2788 人次，文明素质 8835 人次，农业专业技术 5692 人次。开展重点项目 33 项 1484 人次，获得职业技能证 1762 人。

【“禹上田园”区域公用品牌打造】 2019 年 3 月 21 日，区农业农村局与浙江大学品牌研究院胡晓云教授团队成立“禹上田园”品牌规划专项小组。建立“禹上田园”品牌培育发展体系，做好品牌规划设计，策划完成“禹上田园”品牌形象、品牌注册保护，建立品牌培育库。构建覆盖第一、二、三产业全产业链的“禹上田园”准入退出体系、安全监管体系、品牌市场营销体系，开展“禹上田园”线上线下营销宣传推广。

【设施农用地备案审核】 2019 年 4 月 11 日，余杭区通过国家和省联合核查“大棚房”问题专项清理整治验收，新拟订出台设施农用地备案管理制度。全年完成径山镇、余杭街道、仁和街道、百丈镇等地设施农用地备案项目 15 个，面积共 1 公顷，完成杭州合卉园艺有限公司、杭州良渚麟海蔬果专业合作社、瓶窑梁仁家庭农场 3 个项目变更。

【余杭区被评为全国数字农业农村发展水平评价先进县】 2019 年 4 月 20 日，《2019 全国县域数字农业农村发展水平评价报告》在 2019 中国农业展望大会上发布。报告从发展环境、基础支撑、信息消费、生产信息化、经营信息化、乡村治理信息化、服务信息化等 7 个维度，对全国 2094 个有效样本县（市、区）的县域数字农业农村发展水平进行评价。余杭区等 100 个县（市、区）被评为 2018 年度全国县域数字农业农村发展水平评价先进县。余杭区“农村经营服务数值化创新项目”等 96 个项目被评为 2018 年度全国县域数字农业农村发展水平评价创新项目。余杭区成为杭州市唯一同时获得“先进县”和“创新项目”两项荣誉的县（市、区）。

【余杭区乡村人才协会】 2019 年 6 月 11 日，协会成立大会召开。首批会员 72 名，大会选举产生第一届理事会和第一任会长、秘书长、监事。协会为全区乡村人才搭建起长期交流合作平台。

【校地合作】 2019 年 6 月 11 日，区农业农村局党委与宁波大学海洋学院党委签约成立校地合作党建联盟，浙江农林大学——余杭区研究生联合培养基地揭牌。余杭区与浙江农林大学首次就基层农技人员定向培养开展合作，招录首批 4 名定向培养生。全年组织 41 家农业经营主体赴浙江大学、浙江农林大学开展校园招聘。以校地合作为契机，实施产学研合作，加快科技成果转化，全年实施农业科技合作和现代种业项目 4 个、农业“三新”技术试验示范推广项目 4 个。

【国家现代农业产业园创建】 2019 年 6 月 20 日，余杭区现代农业产业园入选 2019 年国家现代农业产业园创建名单，是杭州市首家成功申报的国家级农业产业园。入选后，区农业农村局出台《余杭区国家现代农业产业园创建中央奖补项目资金管理办法》《余杭区国家现代农业产业园创建重点产业项目实施细则》，强化项目管理。

【农文旅融合发展示范园培育】 2019年8月，区农业农村局会同区财政局出台《余杭区农文旅产业融合发展示范园创建实施方案》，提出余杭农文旅融合发展示范园“十有三无”认定标准。计划通过3年时间，培育创建农文旅产业融合发展示范园15个，打造农业第一、二、三产业融合发展升级版，助力乡村产业振兴。

【余杭区首届茶艺师创新技能大赛】 2019年9月26—27日，余杭区“百行百匠百赛”精英赛暨首届茶艺师创新技能大赛在径山镇举行。97名选手参加，经过理论考评及比赛竞技，57人获得高级茶艺师资质，12人进入决赛，径山绿神茶苑周颖获得第一名。

【农产品质量安全检测技能大赛】 2019年10月18日，区农业农村局举办2019年度（第五届）余杭区农产品质量安全检测技能大赛暨余杭区“百行百匠百赛”群英赛，来自11个镇（街道）的31名选手参赛。

【入选全国农民教育培训发展“十大宣介”案例】 2019年10月，浙江省农业广播电视学校杭州市余杭区分校的“五大”特色农民教育培训案例、浙江省杭州市玉渚农业科技有限公司农民田间学校、浙江省农业广播电视学校杭州市余杭区分校负责人庞英华，入选2019年度全国农民教育培训发展“十大宣介”百名优秀典型。

【潘浩亮被评为农民教育培训“百名优秀学员”资助项目人选】 2019年10月，杭州爱比利生态农业开发有限公司负责人潘浩亮被农业农村部评定为2019年度农民教育培训“百名优秀学员”资助项目人选。

【杭州市首届海内外农创客大赛】 2019年11月19日，“智汇农创客 领杭新时代”杭州市首届海内外农创客大赛决赛暨颁奖仪式在余杭区举行。大赛收到报名项目396个，其中42个项目来自以色列、澳大利亚等14个农业发达国家。由美国海归博士带来的“AIOT在水产养殖产业升级中的应用”项目获一等奖，12强中的4个项目签约落户余杭。

（范海芬、钟顺顺、胡珏、高敏燕、刘舒童、张舟娜、楼玲、王萍、俞华芬、全玮、戴扬、朱红、李文明、汪晓萍、顾万帆）

·新农村建设·

【概况】 2019年，余杭区全面落实乡村振兴战略和大花园建设行动，围绕全区“全域美丽”建设总体部署，以农文旅聚合、产村人融合发展为方针，推进美丽乡村建设和农村人居环境整治提升行动，深化全域环境整治，做优乡村景观风貌，强化人文内涵展现，完善农村公共服务，营造文明和谐乡风，发展乡村旅游和农村新型产业，打造经济发达地区美丽乡村建设的余杭样板。余杭区被评为浙江省新时代美丽乡村示范县。

【美丽乡村建设专项行动】 2019年，余杭区继续推进第二、三批美丽乡村精品村创建和6个精品区块（线路）建设。截至年底，50个第二批美丽乡村精品村创建村完成项目建设并通过区级考核，30个第三批美丽乡村精品村创建村完成建设；大径山、运河、塘栖、中泰、良渚、瓶窑6个美丽乡村精品区块（线路）基本完成建设。

【美丽乡村提升“1510”示范创建行动】 2019年6月，区政府出台《余杭区美丽乡村提升1510示范创建行动实施方案（2019—2021年）》，计划通过3年时间，全区重点建成“一核五线十点”，即大径山美丽乡村核心样板区，大运河文化带、西部访茶寻幽线、塘栖水乡风韵线、中泰慢谷风光线、良渚文化风情线等5条精品游线和10个产业链条完整、布局合理、功能多样、业态丰富的示范村。截至年底，“一核五线”第一期共11个项目完成立项，良渚街道、瓶窑镇、径山镇项目开工建设；运河街道双桥村、崇贤街道沾桥村、仁和街道云会村等8个村（区块）被列入示范村创建名单。

【农文旅融合发展示范村创建】 2019年，区农业农村局推动美丽乡村从“建设”到“经营”转型升级，指导农文旅融合发展示范村创建，以基础配套、文化植入、产业培育为重点，推动产业深度融

第二批美丽乡村精品村创建村仁和街道永胜村
（区农业农村局　供稿）

合。运河街道双桥村等5个村被列入2019年度农文旅融合发展示范村创建名单。截至年底，全区15个村成立村级景区运营公司。

【市级美丽乡村建设】　2019年，运河街道杭南村、良渚街道新港村等10个2018年度市级精品村完成项目建设，运河街道双桥村、塘栖镇丁河村等8个2019年度市级精品村建设项目启动。塘栖镇塘栖村水乡人家2018年度市级风情小镇完成项目建设，五杭生态风情2019年度市级精品示范线基本完成项目建设。

【农村人居环境整治提升】　根据中央和省市农村人居环境整治工作整体部署，余杭区2019年完成31项重点目标任务，累计投资约44亿元。实现农村生活垃圾分类处理和城乡一体化保洁全覆盖、农村生活污水处理设施运行维护管理全覆盖，村村建有标准公厕。

【村级公共服务设施长效管护】　2019年，区农业农村局制定《余杭区村级公共服务设施长效管护实施方案》，将村内公共活动场地、配套设施、景观节点等村级公共服务设施纳入长效管护范围，减轻村级负担，巩固美丽乡村建设成果。

【休闲观光农业（农家乐）】　2019年7月，余杭区民宿农家乐行业协会成立。截至年底，全区合格民宿（农家乐）经营户530余户，其中新增合格民宿（农家乐）经营户105户，床位7000余张、餐位近4万个，就业人员6000余人，全年接待游客1155万人次，经营收入11.71亿元，同比增长15%。开展民宿（农家乐）等级评定工作，新认定规范民宿（农家乐）166家、特色民宿（农家乐）32家、精品民宿（农家乐）16家、示范民宿10家，被评为省级银宿1家、区级健康民宿9家。推进省级休闲乡村、省级农家乐集聚村、区级民宿重点培育村、“六统一”民宿管理村建设等项目，完成“小精美”特色民宿、新开办民宿、农村闲置房发展民宿等奖励项目的实施建设，发放奖励补助资金1298.1万元。

【村级集体经济发展】　2019年，余杭区通过加强政策扶持力度、稳定发展动力、创新留用地开发模式，灵活推进集中“消薄”“额度换房产”等工作；加强“三资”监管，提升资产效益，全区村级集体经济总收入16.34亿元，同比增长19.1%；经营性收入10.54亿元，同比增长18.4%，村均突破400万元，全面消除经营性收入低于50万元村（社区）。

【低收入农户调查调整】　2019年8月，余杭区开展全区低收入农户系统数据核查，核减年均收入在11460元以下的低收入农户。11月，结合最新的扶贫对象识别方法，开展全区2019年度低收入农户调整工作，认定低收入农户6031户、9551人。

【村级经济组织登记赋码】　2019年10—11月，区农业农村局联合区市场监管局、中国人民银行余杭支行、区税务局召开专题会议研究村级经济组织登记赋码工作，明确实施方案并联合发文。组织开展集中培训和现场指导。至11月底，完成全区村集体经济组织登记赋码工作，实现由市场监管部门登记管理向农业农村部门登记管理的转变。

【“联乡结村”帮扶】　2019年，根据全区机构调整，全区“联乡结村”帮扶单位调整为由44名区领导、76个区级部门、200余家企业组建的80个帮扶集团，开展以促进村级集体经济发展、推进美丽乡村建设和农民增收为重点的帮扶行动。截至年底，帮扶集团累计走访结对村1088次，筹集帮扶资金844.8万元，推进落实项目29个，帮扶困难群众1551人。

（曹睿、胡淑娟、顾双燕、沈海明）

·种植业·

【粮食生产实现“六连增”】 2019年，全区粮食作物播种面积1.71万公顷，粮食总产量11.3万吨，粮食播种面积和总产量连续6年实现双增。

【再生稻亩产增长】 2019年，全区推广种植再生稻220公顷。8月中旬，对瓶窑、良渚的“甬优4949”“旱优73”等再生稻头季高产田块测产，亩（1亩=666.67平方米）产都超过700千克，最高产田块729.3千克；11月中旬，良渚的“甬优4949”再生稻第二季测产，亩产442.7千克，两季相加，亩产超过1100千克。

【优质稻米发展】 2019年，杭州及时雨植保防治服务专业合作社选送的“嘉丰优2号”获得2019年度杭州市“十大好味稻”金奖；本地稻米获得省市3项金奖。余杭区连续组织两届余杭好稻米评比活动，经省市专家、市民代表、粮食企业、媒体代表现场打分，从13家生产主体选送的20个样品中评选出6个金奖。余杭每公顷优质稻自产自销产值超过4.5万元。区农业农村局会同区商务局（粮食局）制定《杭州市余杭区粮食“五优联动”工作试点方案》，在优质优价的驱动下，2019年全区优质稻种植面积800公顷。

【市级菜篮子基地（蔬菜类）建设】 余杭区2019年度杭州市“菜篮子”基地建设项目（蔬菜类）立项6个，其中，叶菜生产功能区4个，常年性蔬菜基地2个。

【区级菜篮子基地（蔬菜类）认定】 2019年，根据《关于印发〈余杭区“菜篮子”基地（蔬菜）认定办法〉的通知》，瓶窑梁仁家庭农场等4家单位的蔬菜基地被认定为第二批区级“菜篮子”基地（蔬菜）。

【蔬菜品牌建设】 2019年5月，“乔司蔬菜”牌金小玲樱桃番茄获得2019浙江精品番茄评选优质奖。7月，“麟海菜园”牌青菜获得2019浙江省知名品牌农产品展示展销会时令农产品金奖，“湾里塘”牌莲藕、“宇航村”牌菜心、“九熟坝”牌丝瓜获得2019浙江省知名品牌农产品展示展销会时令农产品优质奖。

【区级规模种菜补贴】 2019年，为鼓励种菜大户规范种植，提升产业水平，提高土地产出率，余杭区出台《余杭区规模种菜扶持政策实施细则》，区内16家市区两级菜篮子基地享受直补面积292.85公顷，直补资金92.5万元。

【种植业“五园创建”省级示范基地】 根据《浙江省农业农村厅关于公布2019年度种植业“五园创建”省级示范基地名单的通知》，杭州宇航梦园农业科技有限公司、杭州满山红蔬果专业合作社、杭州市径山五峰茶业有限公司、杭州余杭鸬鸟果农专业合作社和杭州三叶青农业科技有限公司等5家单位入选2019年度种植业“五园创建”省级示范基地。截至2019年底，全区申报创建放心菜园、生态茶园、精品果园、道地药园9家。11月，区农业农村局在浙江省种植业“五园创建”现场推进会上，以“积极推进五园创建　深入践行产业振兴”为题作典型发言交流。

（方文英、卢健、何娟、朱徐燕、朱建杰）

·畜牧业·

【绿色生态畜牧业扶持政策出台】 2019年，区农业农村局出台《关于高水平推进绿色生态畜牧业发展的实施意见》《余杭区高水平推进绿色生态畜牧业发展扶持政策实施细则》，对养殖、屠宰、废弃物利用、无害化处理、疫病防控等环节进行政策扶持，确保全区高水平推进绿色生态畜牧业发展。

【畜牧生产设施项目建设】 2019年，余杭区提升9家生猪养殖场生物安全防控设施，完成2018年度“郎家湾家庭农场湖羊标准化养殖改造提升”等9个畜禽规模场生态化（标准化）改造示范项目验收。推进畜禽粪污资源化利用，全年沼液利用量12.8万吨，1—6月拨付政策补助180.98万元，新建储液池3000余立方米，田间管网4000米，资源化利用率为99%，设施配套及运行率为100%。

【省级美丽牧场创建】 2019年，余杭区按照美丽生态牧场创建标准，实行“一场一策”，形成自身特色，完成5家省级美丽牧场创建。截至年底，全区创建省级美丽牧场18家，杭州市标杆美丽牧场2家，农牧对接绿色循环体5家。

【省级数字化牧场创建】 2019年，浙江灯塔种猪有限公司通过市级专家现场验收和省级审核，12月，被浙江省畜牧农机发展中心认定为2019年浙江省数字化牧场。

【保供猪场打造】 2019年，余杭区政府出台《余杭区生猪产业高质量发展三年行动方案（2019—2021）》，明确目标要求、主要任务、支持政策、保障措施。区农业农村局制定《关于明确余杭区标准化规模生猪养殖项目建设要求的通知》，明确标准化规模生猪养殖项目建设标准和投资主体资格条件。组织相关镇（街道）和村负责人考察桐乡、建德、金华等地猪场，组织开展招商洽谈活动，确定由浙江华腾牧业有限公司、浙江清山种畜有限公司分别投资建设1个标准化规模猪场建设项目。

【全国首例长期冷冻胚胎复苏繁育试验成功】 自2018年湖羊胚胎移植试验诞生8只胚胎羊后，2019年试验人员在浙江华丽牧业有限公司用冷冻胚胎公羊与冷冻胚胎母羊配种，12月11日，该8只胚胎湖羊配种成功，4只母羊共生下9只小羊羔，标志全国首例长期冷冻胚胎复苏繁育试验取得成功。

【动物检疫工作】 2019年，全区3家生猪定点屠宰场、2家羊屠宰场、1家家禽临时集中屠宰点及4家家禽自宰点定点屠宰检疫生猪15.80万头、活羊2.62万只、家禽241.25万羽。所辖4个动物检疫申报点全年产地检疫生猪5.76万头、活羊989只、家禽24.12万羽，犬74只、猫60只、马62匹、骡42头。

【外来动物及其产品调运监管】 2019年，受理外来动物备案报告4708批次，其中，从区境外调入生猪15.18万头，活羊2.71万只，家禽228.22万羽；备案报告动物产品9332批次；调入畜禽产品43116.12吨，实现调入动物及动物产品可追溯。

（颜妙玲、俞黎晓、沈富明、沈琴芳）

·水产业·

【概况】 2019年，全区水产品总产量6.17万吨（其中，养殖产量59625吨、捕捞产量2104吨，同比分别增长3.44%和4.73%），同比增长3.48%。其中：内塘总产28042吨，同比增长3.24%；外荡总产1007吨，同比减少2.78%；水库山塘总产1436吨，同比增长1.59%；稻田养殖总产20241吨，同比增长6.1%。渔业总产出19.06亿元，同比增长3.65%。渔业总产出（按现行价计）18.02亿元，同比增长3.78%；涉渔工业等产出3382万元，同比增长3.74%；涉渔流通和服务业产出6984万元，同比增长0.5%。

【生态渔业建设】 2019年，全区完成自主建设类养殖尾水治理点41个，覆盖面积800公顷。运河街道建成集中式处理点7个，基本实现街道全域全覆盖。在治理点位铺种绿植、平整道路、新增公用设施，提升整体环境，将治理点变成村民的“小花园”，发挥尾水治理综合效益。2019年，余杭区被列入首批省级健康养殖示范县培育创建名单，创建部级渔业健康养殖示范场1家、省级示范场9家。

【美丽渔村创建】 2019年，仁和街道三白潭村和运河街道双桥村开展省级美丽渔村创建工作。三白潭村突出三白潭巨网捕鱼、鱼汤饭、青鱼干制作等特色，双桥村突出全国甲鱼一村一品示范村、稻鳖综合种养等特色。其中，双桥村“欢乐水乡趣味运动会”成为杭州市唯一入选2019年“中国农民丰收节”100个乡村文化活动的项目。

【打击非法电捕】 2019年，区农业农村局全年处理“110”联动759起，办结信访交办件30余件，做到100%出警和按时回复，办结率100%。在渔政执法两级联动机制下，发挥镇（街道）渔政协查就近就快的优势，收缴各类电捕器具596套，清理非法网具2000余口。开展渔政协查员培训，充实61人到协查员队伍。全年组织6次夜间涉渔巡查行动，组织4次联合执法，立案3起，处罚3起，罚款2.7万元。

【渔业资源养护】 2019年6月，区农业农村局举行主题为“养护水生生物资源、促进生态文明建设”增殖放流仪式，邀请市局领导及各界人士参加活动。全年投放鱼苗594.05万尾，其中，冬片鱼苗94.05万尾、夏花鱼苗500万尾，投入资金48.65万元。开展水生野生动物保护宣传，全年救助大鲵5起。

【水产品质量安全监管】 2019年，区农业农村局结合“品质农业”攻坚战，加强产品监督抽检，强化投入品监管，开展教育培训，推行健康养殖和规范化生产。组织举办质量安全培训班3期，培训220人次；开展执法检查48次，出动渔政执法人员96人次，检查养殖单位227家次。通过各镇（街道）水产专管员，发放、签订质量安全承诺书200份。全年完成水产品抽样检测任务280批次，其中，农业农村部任务7批次，省级抽样任务119批次，市局抽样任务29批次，市渔政专项抽样6批次，区级水产品抽样80批次、水环境15批次，站内养殖环境抽样20批次，增殖放流抽样4批次。立案处罚1起，罚款2500元。

（周波、徐瑞华、娄翰峰）

·林　　业·

【概况】 2018年，全区林地保有量4.95万公顷，森林保有量4.75万公顷，森林蓄积量139.94万立方米，活立木蓄积量149.05万立方米，森林覆盖率38.68%，林木绿化率41.08%。

全年林业社会总产值105.16亿元，其中第一、二、三产业分别为29.3亿元、52.32亿元、23.51亿元，比例为27.8∶49.8∶22.4。

【林业扶持政策完善】 2019年，区林水局出台《余杭区“一亩山万元钱”林下经济发展扶持政策实施细则》《余杭区加快毛竹产业转型发展扶持政策实施细则》《余杭区林权制度改革若干政策实施细则（试行）》等细则，使“兴林富民十条”政策落地，惠及林农。

【林业项目建设】 2019年，全区立项区级林业建设项目2个批次101项，包括森林古道建设、珍贵树种发展、彩色森林建设、健康森林建设、古树公园建设、有害生物防治、林业产业提升示范等11个大类，落实专项扶持资金1.037亿元。

【造林工作】 2019年，余杭区完成人工造林7公顷，人工促进迹地更新40公顷；完成森林抚育1000公顷，完成珍贵树种发展11.5万株。开展珍贵树种进美丽乡村，赠送珍贵树种1.5万余株。

【森林资源保护】 2019年，区林水局启动全区天然商品林停伐管护区划落界、零星国有山落界确权、湿地红线矢量化落界等林业数字化基础工作。完成古树名木挂牌582株，完成1700余株古树后备资源调查。建立一树一册管理机制，完善古树名木动态监测体系。依法办理林地征占用审核审批200起，林木采伐审批166起，林地征占用面积214.679公顷，采伐蓄积量24179.57立方米。专题开展涉林违法检查，出动民警、执法人员960余人次，警车490余台次，处理排查群众举报线索180余条，全年查处林业行政案件24起。

【公益林管理】 2019年，区林水局参照省级公益林相关要求，对全区区级保护林，启动非林地调查以及矢量化落界上图工作。发放公益林补偿资金2100余万元。

【森林火灾防控】 2019年，区林水局编制《杭州市余杭区森林防火专项规划（2019—2025年）》，明确防控工作路径与目标。全区新建消防水池21座，瞭望塔2座；新布设电子警察点位40个，完成临平山70.33公顷森林消防重点区域火灾隐患整治和临平山森林联防工作。开展森林防火宣传，全年发放宣传资料1万余份，悬挂横幅450条，开展宣教活动5次。平安度过余杭区第33个防火期，有序推进夏季和秋冬森林消防安全工作，2019年全区未发生森林火灾。

【林业有害生物防控】 2019年，区林水局组织实施春秋两季松材线虫病普查2次，监测覆盖率100%。在秋季普查过程中，经对死松树采样发现有松材线虫，于10月上报省市主管部门，余杭区成为松材线虫病疫区，百丈、鸬鸟、黄湖、径山、瓶窑、良渚等6镇（街道）为疫点，首次发生面积126.33公顷。开展林业有害生物监测与防治工作，印发松材线虫病防控方案，调整防控扶持政策，对重点地段松树实施免疫针剂抢救性注射。发布虫情预警1篇、马尾松毛虫虫情调查4篇、松材线虫病普查报告2篇，服务苗木企业200余家，受益林农1000余户，救护古树名木65株。

【野生动物保护】 2019年，区林水局组织开展2019年“爱鸟周”、野生动物保护月活动。加强国家级野生动物疫源疫病监测，监测鸟类总数量9.2万只。全年完成野生动物救援事件121起，涉及国家级保护动物36只、省重点保护动物8只、普通保护动物74只、外来物种3只。开展保护野生动物专项行动，检查野生动物经营猎捕场所100余处，解救放生野生动物50余只，开展专题宣传教育500余人次。

（徐旻昱）

·农业机械·

【概况】 2019年，余杭区拥有各类农业机械4.37万台（套），农机总动力32.4万千瓦。其中：耕作机械2820台（套）、42229千瓦；收获机械208台（套）、9554千瓦；植保机械1783台（套）、3603千瓦；排灌机械15483台（套）、66518千瓦；农产品初加工机械1094台（套）、13092千瓦；运输机械852台（套）、17664千瓦。全年完成机耕作业面积2.2万公顷，粮食机械收获面积1.59万公顷，机械秸秆还田面积1.49万公顷，水稻机械化播种5336公顷，机械收获油菜294公顷。

【农机购置补贴】 2019年，余杭区使用各级农机购置补贴资金1632.33万元，其中，中央补贴691.60万元，省级补贴97.74万元，市级补贴309.88万元，区级补贴（含省级配套）533.11万元，补贴机具1123台（套），受益农户599户。全年第二批资金拨付正式启用“一卡通”拨付模式。区农业农村局被浙江省农业农村厅评为2018年农机购置补贴政策绩效考核优秀单位。

【农机作业环节补贴】 2019年，区农业农村局审核确认水稻机械化插秧面积2235.27公顷，精量穴直播面积484.53公顷，油菜机收面积85.68公顷亩，补贴资金391.3万元。联合区粮食和物资储备局核实确认2018年订单粮烘干量35.5万吨，发放补贴资金426.56万元。开展秸秆还田补贴审核工作，确认2018年下半年秸秆还田面积4558.08公顷，补贴273.48万元；2019年上半年秸秆还田面积4661.60公顷，补贴279.7万元。

【农机报废补贴】 2019年，区农业农村局受理报废补贴申请1616台，发放农机报废补贴资金480.65万元，其中，中央报废更新补贴5.8万元，省级报废资金189.94万元，区配套284.91万元。

【新型农机设备引进】 2019年，余杭区在全省范围内率先引进无人驾驶插秧机、无人驾驶拖拉机。蔬菜机械方面，引进高精度蔬菜育苗播种流水线、三角履带式拖拉机（配套起垄机）。

【农机政策保险】 2019年，全区投保农机具81台，总保费59120元，总保额3878万元。补贴资金41384元，其中，市财政23648元，区财政17736元。

【农机化项目建设】 2019年，余杭区完成省级农机化促进工程项目3个、杭州市农业“机器换人”促进工程项目4个、区级农机化试验项目3个。

【农机智慧监管】 余杭区利用北斗农机精细化管理系统开展重点补贴机具核查与作业补助审核，2019年，安装北斗农机322台，涉及作业补贴的秸秆还田与水稻机械栽植全部实现北斗智慧 监管。

【农业“机器换人”示范创建】 2019年，余杭区新建农业“机器换人”示范乡镇1个、示范基地3个，益民农业生产服务专业合作社案例入选全国第一批“全程机械化+综合农事”服务中心典型案例。余杭区农业“机器换人”工作得到市委书记周江勇、副书记张仲灿的肯定性批示。

【农机免费实地检验】 2019年，区农业农村局开展农业机械免费实地检验工作，培训检验人员48人，对危及人身安全的8类农业机械进行检查检验，检验农机1302台（套），其中，农田拖拉机178台，联合收割机75台，插秧机72台，烘干机110台，机动植保机757台，机动脱粒机14台，饲料粉碎机60台，铡草机36台。

【农机监理】 2019年，区农业农村局开展农机安全生产月、农机产品质量安全调查、春运期间农机安全生产专项检查等活动，排查检查监管对象120家，消除隐患点85个，解体报废拖拉机1611台，办理拖拉机相关业务860件次，其中拖拉机年检490台。办理农田拖拉机业务注册29件，办理拖拉机驾驶证换证319件，补证14件，变更8件。完成20个镇（街道）农机作业人员的培训工作，培训人员1800人，发放培训资料2000余份。检验过程中向拖拉机、收割机、烘干机、插秧机作业户发放告知书3000余份。

【上道路运输拖拉机提前淘汰清零工作】 2019年，区农业农村局开展路面综合执法300余次，出动执法人员1420余人次，联合交警处罚拖拉机违法违规行为810余起，查扣拖拉机205台，报废及公告注销上道路运输拖拉机1927台。

（吴佩玲、吴彬智、王震）

·农业产业化经营·

【农业企业建设】 2019年，杭州康成农业科技有限公司、杭州建丰农业开发有限公司、浙江康德权科技有限公司等6家企业被认定为市级农业龙头企业。截至年底，全区有国家和省市区农业龙头企业129家，其中，国家级1家、省级11家、市级63家、区级54家。杭州清心茶业有限公司通过国家高新技术企业认定，成立国家高新技术企业省级研发中心；杭州银泉茶业有限公司通过国家重点支持领域高新技术企业认定；杭州大康腌腊食品有限公司“禽类食品腌腊技艺”被认定为余杭区非物质文化遗产保护项目；余杭区与新希望集团形成战略合作，合力打造绿色产业。

【农业品牌建设】 2019年，“径山茶”获得“中华抹茶之源”“中国径山禅茶文化园”“中日韩禅茶文化中心”称号，品牌价值为23.56亿元。在第三届中国国际茶叶博览会上，径山茶举办品牌推荐会、产品展示展销、名茶品鉴等主题活动。在浙江省农商对接大会暨知名品牌农产品展示展销会上，余杭区“杭鸟”牌鸬鸟蜜梨、“山果湾”牌葡萄和“麟海蔬果”牌蔬菜获得2019年浙江省知名品牌农产品时令农产品金奖；杭州康德权饲料有限公司的乳化剂专利获中国专利奖优秀奖、教育部科学技术进步一等奖；杭州新希望双峰乳业有限公司的“功能性乳酸菌靶向筛选及产业化应用关键技术”获得国家科学技术进步二等奖。浙江绿鹰农业科技有限公司选送的越心草莓获第十七届全国草莓擂台赛金奖，选送的“草莓君”越心草莓获得第十八届全国草莓精品擂台赛金奖。截至年底，农业领域品牌有国家驰名商标8件；集体商标（含证明商标）14件；省著名商标24件，市著名商标42件，知名商标63件；省名牌产品11件，市名牌产品6件，区级名牌产品16件。

【稻香千年丰收节】 2019年9月23日是第二个“中国农民丰收节”，由市委、市人民政府主办的“我的丰收我的节”主场活动，中国杭州（良渚）稻香千年丰收节在良渚古城遗址公园启动。活动作为全国70个庆丰收全媒体直播活动点之一进行了联动直播。

【政策性农业保险】 2019年，全区开办农业险种19个（其中特色险种9个），参保农户15894户（其中规模经营主体812家），保费收入4526.61万元（其中地方特色农业险种保费收入3018.79万元），为全区农户提供风险保障70余亿元，赔付金额3000余万元。开发地方特色险种，全省范围内率先推出民宿综合保险、乡村振兴公众责任险，在试点的基础上推广茶叶、枇杷、农机综合、水稻收益险，新型农业经营主体综合险等地方特色保险。

【农民专业合作社】 2019年，余杭区新培育省级农民专业合作社示范社8家、区级示范性农民专业合作社7家，争创市级示范性农民专业合作社8家，开展区级以上农民专业合作社培训活动2场次。

【家庭农场】 截至2019年底，全区工商注册登记的家庭农场478家，其中，种植业185家（粮食产业45家），畜牧业5家，渔业76家，种养结合型184家，其他28家。经营土地面积2925.8公顷，实现销售收入3.35亿元，购买农业生产投入品总值2.5亿元，拥有注册商标家庭农场286家，通过农产品质量认证的家庭农场312家。新培育省级示范性家庭农场2家，区级示范性家庭农场16家，各级财政扶持总额2360万元。

（胡珏、寿胜红、朱亮）

·农村经营管理·

【村级“三资”小微权力规范】 2019年5月，余杭区制定《余杭区村级三资管理小微权力清单》，按照“一个权力事项、一张流程图”要求绘制10张权力运行流程图，包括村级重大事项民主决策、财务开支审批、工程建设项目、集体资产处置等方面，确保村级三资管理“一切工作有程序，一切程序有控制，一切控制有规范，一切规范有依据”。

【村级集体资产专管员管理】 2019年6月，余杭区出台《余杭区村级集体资产专管员管理办法（试行)》，明确集体资产专管员的主要职责和权力，对集体资产专管员的任职资格条件、聘用程序、解聘事由和教育管理进行集中规范。根据办法，组织全区262个村（社区）股份经济合作社的300余名村级报账员对照个人自查表开展自查，做到自查全覆盖。

【村务卡及村级资金使用网上审核系统】 2019年6月21日，余杭区举行村务卡和村级资金使用网上审核系统启用仪式，启用村务卡和村级集体资金使用网上审批、银联直付系统，成为全市最早实行“一卡一系统”的区（县、市)，实现村级资金管理全程留痕可追溯。2019年，全区发出村务卡441张，其中塘栖镇（系统试点）审核资金4227笔，支付金额1.27亿元。

【农村产权交易审批实现网上办】 2019年8月，余杭区村级集体产权交易网上审批系统启用，村级组织足不出户便可办理集体资产出租审批手续。2019年，成交产权交易网络公开拍卖3笔，涉及金额7.04亿元。

【农村集体经济审计】 2019年，余杭区完成80个村的村级财务审计。围绕“审而要究、审而要改、审而要用”的“三个要”宗旨，落实工作责任、强化审计整改。落实审计整改措施260条，清理收回资金917.97万元，其中1个审计案例被评为杭州市2019年度内部审计案例三等奖。

【村级财务清理专项突击检查】 2019年，有针对性地对全区20个镇（街道）46个村（社区）的资金管理情况进行突击检查，共下发检查反馈单29份。检查结果显示，全区农村集体资金管理总体情况良好，较2018年的检查情况有明显改善。

（黄颖琦）

·农林资产经营·

【概况】 2019年，杭州余杭农林资产经营集团有限公司（下称“区农林集团”）总资产89亿元，净资产66.3亿元，资产负债率25%。实现总收入22734万元，其中经营收入19673.4万元，同比增加8163.7万元；实现净利润4309.1万元，同比增加3306.7万元。集团经营土地总面积约5567公顷，实际可集约利用的土地约2067公顷。集团总部设6个部室，下设8家全资子公司、3家控股公司、5家参股公司。在职员工407人，管辖原农林场职工约5600人（约4370户），其中，离退休（养）人员约4400人，身份置换人员663人。

【环境治理产业】 建筑垃圾处置：2019年，闲林街道建筑垃圾临时处置点完成余杭西部片区建筑垃圾处置量27.5万吨。余杭街道竹园村建筑垃圾资源化利用固定点处置项目完成方案设计等前期准备工作，截至年底，实际投入项目资金8388万元。炉渣处置：截至年底，中泰九峰炉渣处置项目处置新渣7.35万吨，陈渣3.19万吨。农村生活垃圾分类：区农林集团服务余杭区7个街道，88个村（社区)，4.4万户家庭，覆盖约40万人口的垃圾分类工作。分离湿垃圾1.1万吨，回收干垃圾1220吨，覆盖3个街道2.3万户家庭，美丽乡村保洁一体化服务覆盖27个村（社区）。大型商超及规上企业垃圾分类项目同步推进。截至年底，杭州环临环境发展有限公司实现主营收入约4000万元，同比增长超300%。镜子山循环利用中心项目：截至年底，完成项目的土地征迁、项目前期招标、林地征占用审批、项目选址论证报告及听证会、地质勘探、项目批复等工作。

【现代农业产业园区建设】 截至2019年底，区农林集团引进农业大项目9个、投资额2.1亿元，建成国家级现代示范农场2家，省级现代示范农场6家，区级以上现代农业园区4个。

【项目建设】 2019年，区农林集团实施重点项目38个，其中，续建项目11个、新建项目27个、纳入2019年度区级项目15个，计划总投资约3.2亿元。开工27个，开工率为71%，完成投资额约1.2亿元，完成年度计划的37%。

【土地整治】 2019年，区农林集团在杭州余杭农林径山经营有限公司蓝天农业区块实施“旱改水”项目，总面积30.27公顷。截至12月底，完成南北两个区块内倒土平整、沟渠修筑、机埠修建等全部主体工程。

【“大棚房”清理整治】 2019年，区农林集团全面完成整治“大棚房”问题9个，清理违法违规占用耕地2.96公顷，其中基本农田0.58公顷，拆除建筑10636平方米，恢复农用地2.76公顷，通过中央和省市区等各级部门的检查验收。

【生猪产业】 2019年，区农林集团下属全资子公司杭州市种猪试验场实际生产生猪22300头，出栏生猪31750头，实现营业收入9141万元。集团参股的江苏众旺农牧科技有限公司下属河北众旺一期存栏32320头，淮安众旺5000头繁殖场主体大部分完成，10万头育肥场主体工程完成80%；众旺核心区1万头繁殖场大致完工。

【惠农担保】 区农林集团下属杭州农信融资担保有限公司是余杭区政策性惠农担保企业，于2019年9月底前完成纯政府性的政策性担保机构转变，大幅下调担保费率，为全区涉农企业解决融资问题。截至2019年底，为全区115户农业企业贷款担保39430万元，同比增长23%，其中新拓展客户48户，担保18180万元，占比46%。年末担保责任余额35138万元，较年初增长23%；全年总收入1437万元，同比增长0.6%。

【种子产业】 2019年，区农林集团下属杭州科信种业有限公司储备救灾用种17万千克，所有救灾储备种子均未动用且于年底前完成转商处理，完成区政府下达的年度救灾种子储备任务。繁育常规水稻品种面积57.57公顷，销售水稻、玉米、小麦、油菜等种子63.65万千克，销售收入291.95万元。根据2019年余杭区单季晚粳稻新品种展示实施方案，于长岗农场永健区块单独建设2.67公顷展示田块，展示品种11个，其中籼粳杂交水稻平均每公顷产量超10.5万千克，常规水稻每公顷产量8250千克。

【国有资产上线交易】 2019年，经区财政局（国资办）批复，区农林集团收购余杭产权交易所51%的股权，借助阿里巴巴平台初步摸索出一套线上交易流程，结合上线竞价模式，做好国有资产线上竞价先行先试、改革创新工作。

（姚海芳）

区农林集团处置农村片生活垃圾　　（区农林集团　供稿）

·水　　利·

【概况】　2019年，余杭区水利建设投入资金7.5亿元。落实水利工程补短板、水利行业强监管，推进“五水共治”，加快建设苕溪清水入湖河道整治工程、塘栖圩区防洪排涝一期工程、余杭塘河河道整治工程、东苕溪美丽生态河道项目等重大水利工程，持续推进圩区整治、山塘加固、美丽河湖等面上水利工程建设，深化水利工程标准化管理工作。创建浙江省“美丽河湖”4条，杭州市级“美丽河湖”1条以及乡村“美丽河湖”10条。完成省市级河道“无违建”全覆盖，36条区级河道完成“无违建”创建。余杭区被评为浙江省首批国家县域节水型社会建设达标县（区）。全年水利建设领域无重大事故发生。

【水雨汛情】　2019年，余杭区汛期累计面平均降水量1017.8毫米。梅汛期间，“7·13”强降雨范围最广，三大流域主要河道均超警戒水位，东苕溪瓶窑站出现2019年年度最高水位6.86米，北湖滞洪区自2013年以来再次分洪。台风“利奇马”影响期间，全区江河、水库水位全线上涨，东苕溪瓶窑最高水位6.18米。

2019年汛期期间，北湖分洪闸分洪　　（区林水局　供稿）

【防汛防台工作】　2019年，全区遭遇的洪水、台风相比往年较多，梅汛期遭遇5轮强降雨，台汛期遭遇两场台风（利奇马、玲玲）。对全区影响较大有“7·13”洪水、“利奇马”台风、“9·6”山洪。其中：“7·13”洪水导致北湖滞洪区分洪，瓶窑水位达到2019年最高洪水位6.86米（超保证水位0.2米）；“9·6”山洪导致西部百丈、鸬鸟、黄湖、径山等4个镇出现不同程度灾情。全区充分发挥各类水利工程功能，根据预案，调度东苕溪、运河、上塘河三大流域洪水，完成流域性洪水防御工作。整个汛期，全区临平城防体系调度6次，向四岭水库下达调度令10份，派出专家组40人次，发送预警短信291条、7485人次。全年余杭区虽然遭遇多轮洪水袭击，但由于前期准备充分、防御有力，未出现一起死人、伤人事故，也未出现大范围洪涝台风灾情。

【防洪排涝工程建设】　2019年，全区实施防洪排涝项目32个。塘栖圩区防洪工程，总体完成率超过90%，除菜籽河东闸站工程外，其余水闸工程均完成。完成圩区泵站水闸改造提升等工程11个，堤防加固工程7个，山塘水库除险加固工程13个。

【河道综合整治及引配水项目】　2019年，全区实施河道综合整治及引配水项目62个。全年完成平台河道整治项目9个，镇（街道）河道综合整治项目23个，部门河道综合整治项目1个，小微水体治理项目26个，河道引配水工程3个。完成河湖库塘清淤42万立方米，综合整治城市河道2条。完成5条省市级“美丽河湖”创建和10条区级“美丽河湖”创建。

【保供水、抓节水工作】　2019年，全区完成小型农田水利工程项目8个。完成4个镇8个行政村的农村饮用水达标提标建设工作，完成农村饮用水达标提升考核任务1.6万人。完成国家节水型社会建设、节水型载体建设。农业水价改革进入具体实施阶段，完成全部工程量。

【水资源保护】　2019年，区林水局开展重要饮用水源地安全保障达标建设，推进东苕溪饮用水源地安全评估工作。余杭区被评为浙江省首批（杭州市唯一一家）国家县域节水型社会建设达标县（区）。建设完成余杭区节水宣传教育基地，构建以“节水”为主题的长效宣传机制，并完成浙江省节水宣传教育基地申报。

【水利工程安全管理】 2019年，区水利水电工程质量安全监督站监督新建工程项目51个，续建工程27个，受监在建工程78个。全年开展现场监督检查活动121工程次，参加工程外观评定19个，提出工程质量、安全整改事项700项。

【涉水违法建筑巡查】 2019年，区林水局出动236人次，完成区级以上河道及镇（街道）级主要河道巡查2343.6千米。现场查处并责令整改完成涉水案件6起。完成2019年度18条134.3千米“无违建”河道创建，拆除涉河违法建筑2032.47平方米。

【水利工程标准化管理】 2019年，全区加强水利工程管理工作，建立健全规章制度，结合全区工程特点，形成《余杭区水利工程量化考核指标》，通过分类管理、强化考核、注重引导的方式，提高水利工程管理水平。针对小微型水利工程（山塘、泵闸站），启动为期5年的水利工程补短板行动，出台《余杭区全面推进小型水利工程（山塘、泵闸站）区级标准化管理行动方案》，构建安全运行、靓丽提升、数字保障的水利工程管理养护方式。

（刘翔）

编辑：陈建益

工　业

Industry

·综　述·

【概况】　2019年，全区有规模以上工业企业1151家，实现增加值454.71亿元，同比增长5.3%；出口交货值297.64亿元，同比增长5.0%；营业收入1965.77亿元，同比增长5.2%，利润总额127.92亿元，同比增长16.8%。数字经济核心产业增加值总量1648.54亿元，居全市各县（市、区）首位；增加值占全区GDP比重为58.4%，占全市比重为43.4%；产业增加值同比增长15.2%，快于全市平均增速0.1个百分点。全年工业用电量49.98亿千瓦时，同比下降4.0%。

产业发展。全区32个行业大类中，23个行业增加值正增长，其中，增幅超过10%的行业11个，增幅超过15%的行业6个。行业中，废弃资源综合利用业增加值增幅为191%；水的生产和供应业、医药制造业、非金属矿物制品业和铁路、船舶、航空航天和其他运输设备制造业5个行业的产值增幅介于15%～40%之间。占全区增加值比重居前的电气机械和器材制造业、通用设备制造业、非金属矿物制品业发展良好，增幅分别为12.9%、8.9%、16.7%。信息软件、数字内容、电子商务、云计算与大数据四大主导产业引领全区数字经济产业增长，规上企业分别实现营业收入4758.14亿元、4726.56亿元、2194.5亿元、1085.51亿元，分别增长22.9%、23.3%、21.3%、11%。

一号工程。科学谋划前沿产业，编制《余杭区5G产业发展规划方案（2019—2022年）》，助推全区数字经济高质量发展。瞄准5G、人工智能、区块链等前沿技术，引进中国信息通信研究院5G（杭州）应用创新服务平台、英伟达（中国）自动驾驶工程中心项目等创新机构，加快打造中国（杭州）人工智能小镇、中国（杭州）5G创新园等特色平台，推动相关领域创新和产业化资源向园区集聚。加强通信基础设施建设，开通涵盖临平新城、良渚新城和未来科技城核心区块900个以上5G试点基站，推进全区5G网络覆盖。联合华为技术有限公司在未来科技城区域完成余杭首个汇聚层5G组网，完成梦想小镇国际名校名院名企联合研究院沿线站点开通测试。

工业投入。2019年，全区366个工业投资项目完成投资105.62亿元，其中103个亿元以上项目完成投资75.83亿元。支持和鼓励企业开展“零土地”技改。全区新备案500万元以上技改项目484个，计划投资146.9亿元。培育“机器换人”工程服务公司，全年培育7家省级“机器换人”工程服务公司。全区实施“机器换人”项目105个，完成投资13.27亿元。2019年，推荐上报4个批次23个市重点技改财政资助项目，下达资助资金6389万元。

工业企业效益评价。全区1140家规模以上工业企业和占地0.2公顷（含）以上的1046家规模以下工业企业开展综合评价，其中，A类企业522家、B类企业1086家、C类企业525家、D类企业53家。强化评价结果运用，倒逼企业转型升级。2019年，通过电力直接交易降低用电成本6604.95万元，新增供应土地105公顷，新增排污指标889吨/天，对A、B类企业减免城镇土地使用税。完成D类低效企业整治提升38家，盘活土地面积30.87

公顷，新增产值6755万元，新增税收451.8万元。

园区提升改造。2019年，在查清全区现有存量工业用地3301宗、4860公顷的基础上，开展工业园区提升改造。全年全区盘活低效利用工业用地68.7公顷，增加产业空间101.27万平方米。全区出让工业用地（含创新型产业）36宗、104.7公顷，其中，创新型产业用地成交8宗、59.4公顷，工业用地成交28宗、45.3公顷。

企业培育。争取上级资金、完善区级政策，加快培育优质企业，推动大企业做强做优，中小微企业做专做精做特做新。2019年，杭州老板电器股份有限公司、华立集团股份有限公司入选浙江第一批“雄鹰行动”培育企业名单；杭州微光电子股份有限公司、杭州华光焊接新材料股份有限公司被工信部评为“单项冠军”示范企业；新增浙江省“隐形冠军”企业1家、“隐形冠军”培育企业5家，全区有浙江省隐形冠军企业10家、隐形冠军培育企业46家。

自主创新。2019年，全区规模工业实现高新技术产业增加值309.98亿元，同比增长7.3%，占全区规模工业的比重为68.2%，较上年提高3.7个百分点；完成战略性新兴产业增加值139.45亿元，同比增长3.3%；实现新产品产值率49.3%，较上年同期提高3.6个百分点。加快和工信部五所战略合作，推进智能诊疗设备省级制造业创新中心建设，推动全国首个服务型制造研究院落户余杭。7家企业被评为市级企业技术中心，4个企业项目入选省重点技术创新项目，6个企业项目入选省重点高新技术产品开发项目，4家企业产品入选省级首台（套）项目，34家企业的59个产品入选“2019年度第一批杭州优质产品”目录。

企业服务。区经信局全年走访服务企业1230余家次，办理并解决“亲清直通车”交办问题30余个，办结“三张问题清单”交办问题11个。建立企业融资“三张名单”，全年为区内1688家企业提供应急转贷资金借款2192笔，金额118.7亿元。给予区内融资担保机构风险补偿、保费补助资金1497.23万元。清理拖欠民营企业中小企业账款，建立月度报告制度，全区排查政府部门拖欠民营企业中小企业账款1326.8万元，涉及拖欠民营企业21家，全部完成清偿。落实减负政策力度，全年为企业减负超90亿元。全年5403家工业企业收到社保返还款5.7亿元。

【国内首个5G全覆盖创新园开园】 2019年1月20日，5G创新应用高峰论坛暨中国（杭州）5G创新园启动仪式在未来科技城举行。5G领域专家、学者、企业代表以及投资人等1000人参加。

中国（杭州）5G创新园是国内首个5G全覆盖、提供完整5G产研条件的创新园，位于未来科技城的核心区块，一期建筑面积10万平方米。开园仪式上，中国（杭州）5G创新园与中国移动通信集团浙江有限公司、中国信息通信研究院、中国软件评测中心、浙江省5G产业联盟等11家机构、企业签订10个5G产业项目协议，包括加快推进数字经济发展战略合作、人工智能（杭州）研究中心、智能网联车测试平台等。

【14个工业产品成为“浙江制造精品”】 2019年2月，2018年度“浙江制造精品”名单公布，全省233个产品入选，其中余杭区14个，入选数为全省各县（市、区）第一。14个产品分别是中翰盛泰生物技术股份有限公司的免疫分析仪（型号：Jet-iStar3000），杭州西奥电梯有限公司的新型高效能高可靠钢带曳引电梯，南方中金环境股份有限公司的CDM高效率立式多级离心泵，浙江铁流离合器股份有限公司的混合动力车用新型顶推式离合器，杭州本松新材料技术股份有限公司的高性能改性工程塑料，杭州微光电子股份有限公司的低脉动转矩智能离心风机，浙江海普顿新材料股份有限公司的配合型低锡含量环保甲基锡复合热稳定剂，浙江富日进材料科技有限公司的汽车安全带卷簧用材料，杭州勇电照明有限公司的采用浇铸工艺的1W大功率光源，杭州微策生物技术有限公司的葡萄糖氧化酶法血糖监测系统，浙江海创医疗器械有限公

杭州西奥电梯有限公司商用扶梯生产线 （区经信局 供稿）

司的固定器，杭州申昊科技股份有限公司的 SHIR-3000 变电站智能巡检机器人，浙江日风电气股份有限公司的超高海拔风电机组智能变流装置和杭州新坐标科技股份有限公司的滚轮摇臂。获选产品涉及装备制造、生物医药、新材料等领域。

华立科技股份有限公司 （区经信局 供稿）

【余杭企业产品参展广交会】 2019 年 4 月 15 日至 5 月 5 日，第 125 届中国进出口商品交易会分 3 期在广州举行。余杭区 98 家企业携产品参展，展位 222 个，其中品牌展位 58 个，展品类别包括家用电器、电子信息、工程机械、纺织服装、装饰品、家具、鞋帽、医疗保健、礼品、餐厨、园艺等。

10 月 15 日至 11 月 4 日，第 126 届中国进出口商品交易会在广州琶洲展馆举行。余杭区 102 家企业携产品参展，展位 226 个，其中品牌展位 62 个，展品类别包括家用电器、电子信息、工程机械、纺织服装、装饰品、家具、鞋帽、医疗保健、礼品、餐厨、园艺等。

（李良邑、李景苏）

·装备制造业·

【概况】 装备制造业为余杭区工业第一大产业。2019 年，余杭区装备制造业实现增加值 240.01 亿元，同比增长 6.3%，占全区规模以上工业增加值的 52.8%，增幅高于全区规模企业平均 1 个百分点，其中高端装备制造业增加值总量 108.43 亿元，同比增长 5.7%。涉及通用设备、专用设备、交通运输、电气机械及器材、电子及通信设备制造等行业，其中应用于海洋工程、航空航天、轨道交通、军工领域和智能制造的高端装备产业具备产业优势，形成以余杭经济技术开发区、钱江经济开发区、杭州未来科技城等产业平台为主，瓶窑、仁和、塘栖、余杭、闲林等镇（街道）工业园区为重点的装备制造业基地。有杭州老板电器股份有限公司、杭州西奥电梯有限公司、浙江运达风电股份有限公司、杭州比亚迪汽车有限公司、南方泵业股份有限公司、杭州钱江压缩机有限公司、浙江春风动力股份有限公司、杭州长江汽车有限公司、杭州南都动力科技有限公司、银都餐饮设备股份有限公司等优秀企业。杭州西奥电梯有限公司获杭州地铁 9 号线和长城扶梯建设项目；华立集团股份有限公司入选 2019 中国民营企业 500 强。

【余杭企业参展汉诺威工业博览会】 2019 年 3 月，以“融合的工业——工业智能”为主题的 2019 年汉诺威工业博览会在德国汉诺威举行，余杭区 25 家企业参展，多为装备制造细分行业，包括杭州东华链条集团有限公司、杭州西子船舶液压工程机械有限公司、杭州德曼汽车零部件有限公司、浙江荣力重工有限公司、浙江蓝翔轴承有限公司等。其中东华链条携旗下“DONGHUA”“KOBO”“EK”三大品牌参展，展示动力传动领域的高新产品和技术解决方案。

【东华高端链条产品获省机械工业科技奖】 2019 年 3 月，杭州东华链条集团有限公司自主研发的“高精密越野摩托车用密封圈链”被浙江省机械工业联合会授予 2018 年度浙江机械工业科学技术三等奖，这是东华产品创新项目连续 7 年获浙江机械科技奖，也是全省机械领域 2018 年度 58 项科技创新成果奖项中唯一的链传动产品创新项目。

【余杭企业获国内首张特定类无人机试运行批准函】 2019 年 10 月 15 日，中国民航局向余杭企业杭州迅蚁网络科技有限公司的子公司——杭州送吧物流科技有限公司，颁发特定类无人机试运行批准函和无人机物流配送经营许可。这是无人机行业第一

杭州海的动力机械股份有限公司舷外机检验作业（区经信局 供稿）

个由中国民航局颁发的运行许可，也是全球范围第一个针对城市人口密集区的官方运行许可。公司位于未来科技城，是一家商用无人机领域重点企业，致力于构建大规模机器人运力网络，先后与中国邮政及浙江菜鸟供应链管理有限公司、江苏苏宁物流有限公司、中通快递股份有限公司等企业开展无人机邮路及无人机物流系统布局建设。

（李良邑、李景苏）

·数字经济产业·

【概况】 2019年，全区243家规模以上数字经济核心产业单位实现营业收入4949亿元，同比增长21.5%，高于全市2.1个百分点。信息软件、数字内容、电子商务、云计算与大数据等四大主导产业引领全区数字经济产业增长，规模以上企业分别实现营业收入4758.14亿元、4726.56亿元、2194.5亿元、1085.51亿元，同比增长22.9%、23.3%、21.3%、11%，其中余杭区规模以上数字经济制造业企业111家，实现增加值47.10亿元，占全区规模工业增加值比重为10.4%。代表企业有杭州鸿星电子有限公司、浙江八方电信有限公司、浙江达峰科技有限公司、杭州斯凯菲尔技术有限公司、浙江恒强科技股份有限公司、杭州申昊科技股份有限公司、杭州早川电线有限公司、杭州天地数码科技股份有限公司、杭州联生绝缘材料有限公司等。

【2019中国（杭州）工业互联网大会】 2019年8月14日，由浙江省经济和信息化厅、杭州市人民政府、中国信息通信研究院、浙江省科学技术协会主办的2019中国（杭州）工业互联网大会在临平新城召开。中国工程院2名院士，中控科技集团有限公司、华立集团股份有限公司、阿里巴巴集团等企业负责人到会，围绕“聚焦工业互联新生态”主题，开展创新研讨和技术对接，共商加快工业互联网发展、促进传统产业转型升级、实现经济高质量发展大计，开展研讨和技术对接。会议现场，中国（杭州）工业互联网小镇举行发布仪式，入驻临平新城的阿里云supET工业互联网创新中心同步启动。大会还举行supET工业互联网平台应用示范企业签约，工业互联网动态、关键技术及产业方向分享，工业互联网新产品、新模式案例分享和余杭区推进工业互联网发展政策发布等系列活动。

【阿里云supET平台入选2019十大跨行业跨领域工业互联网平台清单】 2019年8月26日，工业和信息化部对外公示2019年十大跨行业跨领域工业互联网平台清单，落户于临平新城国家工业互联网小镇的阿里云supET工业互联网平台入选。

阿里云supET工业互联网平台依托于阿里云的云计算、智联网、大数据、人工智能等核心技术能力，发挥平台的网络协同效应，打通研发、生产、供应链在内的全价值链协作与资源的精准对接；联合行业内的服务商、龙头企业，建设一个产业协同的跨行业跨领域的资源与能力共享平台；通过联合工业领域的专业服务商，形成N个行业级区域级平台，建设一个具有国际水准的跨行业、跨领域的基础性工业互联网平台核心，培育一批行业级、企业级平台，形成若干工业互联网创新中心和综合体验中心“1+N”工业互联网平台体系，推动传统企业实现转型升级和能力提升。

【首届中国工业互联网大赛】 2019年9月11日，由工业和信息化部、浙江省人民政府指导，国家工业信息安全发展研究中心、浙江省经济和信息化厅、杭州市人民政府、中关村信息技术和实体经济融合发展联盟等单位共同承办的2019首届中国工业互联网大赛启动，12月3日，大赛闭幕式在余杭区举行。

大赛报名人数5400余人，参赛团队800余个，提交方案数量超过1000件，覆盖工业互联网网络、工业APP等应用场景，超过80%的参赛队伍来自工业互联网领域专业服务商。

(李良邑、李景苏)

·时尚产业（家纺服装产业）·

【概况】 家纺服装产业是余杭区时尚产业的发展重点。截至2019年底，余杭区有规模以上家纺企业150家，产值123.52亿元，主营收入124.64亿元；规模以上服装企业88家，产值78.27亿元，主营收入79.92亿元。纺织品出口153.48亿元，同比增长1.1%，占全区出口总额的34.78%，其中家纺面料及成品，服装及服饰分别出口75.67亿元、49.75亿元，分别同比增长5.51%、2.42%。在中美贸易摩擦及家纺服装传统产业整体行业性转型升级的关键期，余杭区将“时尚产业”纳入全区“全域创新66条”产业政策，完善《余杭区推动时尚产业提升发展财政政策实施细则》，支持产业创新服务综合体发展，推进“家纺服装产业创新综合体”“艺尚小镇”两个区级时尚产业重点项目建设。形成余杭经济技术开发区、临平新城带动崇贤、仁和、运河、乔司、南苑等街道协同发展，从研发设计到终端产品销售的家纺服装时尚产业生态链。龙头企业有杭州杭丝时装实业有限公司、众望控股集团有限公司、杭州杰丰服装有限公司、杭州彩诗纺织有限公司、杭州诺邦无纺股份有限公司、杭州中亚布艺有限公司、杭州纳雅服饰有限公司、杭州嘉溢制衣有限公司、杭州润娴服饰有限公司、浙江华鼎集团控股有限公司等。

【艺尚小镇“创新创业新蓝海”项目在全国“双创”活动周主题展区展示】 2019年6月，在2019年全国“双创”活动周主会场，艺尚小镇创新创业新蓝海项目成为170余个展示项目之一，在“创业带动就业成效明显”主题展区展示，展出时间持续一周多。艺尚小镇联动杭州意丰歌服饰有限公司、浙江省服装产业创新服务综合体等入驻企业、平台，运用多媒体、互联网平台媒介和大数据手段，展示小镇创新创业成果，宣传小镇创新模式、搭建平台、创造带动30余万个创业就业岗位的做法和成效。

【2019杭州国际布艺时尚峰会暨杭州国际布艺时尚（秋季）展览会】 2019年8月24—26日，在位于余杭经济技术开发区的浙江省家纺产业创新服务综合体举行。家纺行业协会、高等院校、国内外家纺品牌企业等1000余人参会。8月24日开幕式当天，长三角家纺产业创业创新大赛启动，发布《长三角一体化家纺产业创新发展白皮书》。吸引客商1.6万余人，成交金额超过5亿元。

【余杭家纺企业参展家纺博览会】 2019年8月28—31日，2019中国国际家用纺织品及辅料（秋冬）博览会在上海国家会展中心举行，余杭170余家家纺企业参展，总展出面积1.3万平方米。展会上，主办方举办“家纺展25周年颁奖典礼”活动，颁发五大奖项——卓越贡献奖、精诚合作奖、品质工程优秀企业奖、行业推动奖以及先锋合作伙伴奖。余杭5家企业获卓越贡献奖、10家企业获精诚合作奖、1家企业获品质工程优秀企业奖，余杭家纺产业协会获行业推动奖。

(李良邑、李景苏)

·绿色能源产业·

【概况】 绿色能源产业主要包括新能源产业、节

浙江华鼎集团有限责任公司　　(区经信局　供稿)

能环保产业。新能源产业主要涉及太阳能光伏、风电和核电设备、新型电池以及混合动力型发动机等，节能环保产业涉及高效节能、环保技术装备及产品生产、资源循环利用技术和产业化等。2019年，全区环保制造业完成规模工业增加值95.72亿元，同比增长4.8%。龙头企业有浙江运达风电股份有限公司、杭州南都动力科技有限公司、杭州微光电子股份有限公司、杭州福斯达深冷装备股份有限公司等。余杭经济技术开发区、钱江经济开发区为区绿色能源产业重要基地。

【尚越光电获2019德国iF设计金奖】 2019年3月，世界三大工业设计奖之一的德国iF设计大奖获奖名单揭晓，总部位于五常街道的尚越光电科技股份有限公司的一体化太阳能卷轴充电器获得iF产品设计金奖（全球参评产品有6400件）。该产品是在柔性CIGS薄膜太阳能电池基础上开发的。产品外形似一个卷轴，采用轻盈、轻薄的可卷绕式柔性太阳能电池吸收日光，电池片厚度30微米。

【“暖芯迦”发布全国首款多功能神经刺激芯片】 2019年3月，位于未来科技城的杭州暖芯迦电子科技有限公司发布全国首款多功能神经刺激芯片。芯片TENS-NS4由电池充电模块、电源开关、高压升压转换器和多模式刺激模块组成。芯片面积3毫米×3毫米，不仅可以刺激神经末梢实现按摩镇痛，还可刺激肌肉收缩，实现辅助增肌，帮助无法自主训练的人进行肌肉康复训练。

【全球首条纺丝级单层氧化石墨烯生产线试车成功】 2019年6月，位于良渚梦栖小镇创新中心的杭州高烯科技有限公司全球首条纺丝级单层氧化石墨烯生产线试车成功。这是全球首条通过IGCC（国际独立第三方权威认证机构）认证的单层氧化石墨烯生产线，产品达到纺丝精度级，单层率大于99%。石墨烯是当前已知强度最高的材料之一，具有良好的韧性，在材料学、微纳加工、能源、生物医学和药物传递等领域都具有重要的应用前景，是国家重点支持的战略前沿和新兴材料产业。杭州高烯科技有限公司掌握国际原创的全套量产技术，开发出石墨烯“1+3型”产业链技术和产品即单层石墨烯、多功能石墨烯复合纤维、石墨烯电热膜、石墨烯导热膜。

【余杭经济技术开发区及3家企业分获“绿色园区”“绿色工厂”称号】 2019年9月，国家工业和信息化部发布第四批绿色制造名单，余杭经济技术开发区被评为“国家级绿色园区”，余杭区企业浙江华正新材料股份有限公司、杭州诺贝尔陶瓷有限公司和浙江春风动力股份有限公司被评为“国家级绿色工厂”。

（李良邑、李景苏）

·生物医药产业·

【概况】 2019年，全区有生物医药企业39家，实现规模以上工业增加值28.79亿元，同比增长22.8%。拥有杭州民生药业有限公司、贝达药业股份有限公司两家10亿元以上企业，中翰盛泰生物技术股份有限公司、杭州宝晶生物股份有限公司等浙江省“隐形冠军”企业及浙江诺尔康神经电子科技股份有限公司、杭州安杰思医学科技有限公司等加速成长的创新型企业，杭州胡庆余堂天然药物有限公司、杭州贝因美母婴营养品有限公司等优秀企业。拥有省级制造业创新中心浙江省智能诊疗设备创新中心及6个省级重点企业研究院、3个省级企业技术中心等生物医药领域高水平创新载体。

【未来科技城建立诺贝尔奖工作站】 2019年5月29日，诺贝尔化学奖得主哈特穆特·米歇尔（Hartmut Michel）到访未来科技城，与杭州诺泰澳赛诺医药技术开发有限公司研究院（下称“诺泰研究院”）签订受聘协议，在该研究院建立诺贝尔奖工作站。

诺泰研究院位于未来科技城杭州师范大学科技园A座，占地面积6000平方米，拥有一支由120余人组成的研发团队，包括2名省级海外高层次人才专家、10余名博士。设有化学工艺研发中心、多肽研发中心、制药研发中心三大研发平台。

【中国（浙江）卫生健康科技研发与转化平台落户余杭】 2019年9月6日，中国（浙江）卫生健康科技研发与转化平台签约仪式举行，余杭区人民政府与省卫生健康委员会签署战略合作协议，平台落户余杭经济技术开发区。平台以实现卫生健康科技成果高效转化为目的，发挥政府和市场经济杠杆的双重作用，汇聚浙江省卫生健康行业内优质科技创新资源和科技成果，沟通整合医、研、企资源，

杭州民生药业有限公司 (区经信局 供稿)

实现产学研用协同发展，为医疗科研人才团队建设与创新成果转化，特别是为浙江省生命医药产业创新发展提供载体与服务。

【民生药业取得盐酸乙胺丁醇片中国首张批件】 2019年12月，位于余杭经济技术开发区的杭州民生药业有限公司研制的盐酸乙胺丁醇片，经国家药品监督管理局批准，通过仿制药质量和疗效一致性评价，取得盐酸乙胺丁醇片中国首张批件，这是公司继维生素B6片后第二个通过全国一致性评价的产品。产品研发项目于2015年启动，2017年，完成小试处方工艺及质量研究，2018年，完成人体生物等效性试验，2019年5月，通过国家药监局审核查验中心现场检查。

【生物医疗/大健康的综合产业加速器“茧·Space”启动】 2019年12月3日，位于余杭经济技术开发区生物医药赋能园区内的“茧·Space”项目启动。该项目为“集政府服务平台、学校创新研发平台、企业数字化大数据平台一体”的产、学、研综合产业加速平台，定位为生物医疗/大健康的综合产业加速器。年内，有中国（浙江）卫生健康科技研发与转化平台等10余个项目入驻。

(李良邑、李景苏)

2019年度获“品字标浙江制造”认证工业产品及其企业一览表

表8

序号	产品名称	企业名称	备注
1	电脑横机数控系统	浙江恒强科技股份有限公司	新评
2	带油杯梯级链条	杭州东华链条集团有限公司	—
3	警用两轮摩托车	浙江春风动力股份有限公司	—
4	裤型卫生巾	杭州豪悦护理用品股份有限公司	新评
5	链条式升降横移类机械式停车设备	杭州西子智能停车股份有限公司	新评
6	深冷法空气分离设备、钢制单股流绕管式换热器、钢制多股流绕管式热交换器	杭州福斯达深冷装备股份有限公司	新评
7	风机用直流无刷电机	杭州微光电子股份有限公司	新评
8	轻型立式多级离心泵	南方泵业股份有限公司	新评
9	可直接饰面定向结构板	千年舟新材科技集团有限公司	新评
10	额定电压450/750伏及以下聚乙烯无卤低烟阻燃聚烯烃双绝缘尼龙护套电线	浙江元通线缆制造有限公司	新评
11	木质复合免漆门、实木复合烤漆门	杭州柏菲伦定制家居有限公司	新评
12	丝绸睡衣套、丝绸吊带裙	浙江美嘉标服饰有限公司	新评

(朱浙)

编辑：李景苏

建筑业·房地产业

Construction and Real Estate

·建 筑 业·

【概况】 2019年，全区建筑业企业完成产值527亿元，同比增长34%；实现利税19.51亿元，同比增长23%。全年核发施工许可证536件。其中：房屋土建项目429件，新增建筑面积2158.55万平方米；市政项目107件，合计造价679.84亿元。全年办理竣工验收备案318件（包括房屋土建277项、市政41项），其中房屋土建项目建筑面积1227.73万平方米。截至年底，全区在建工程693个。其中：房屋土建项目607个，建筑面积4050.71万平方米；市政工程86个，总投资52.70亿元。

【建筑企业资质管理】 2019年，区住建局加强建筑业企业资质管理，强调资质标准，督促整改落实，对不达标企业依法取消资质。通过企业兼并重组新引进总承包一级企业4家。截至年底，全区有具备资质的建筑业企业597家，其中，特级企业1家，一级总承包企业24家，监理企业21家，企业数量同比增加近40%。

【建筑市场定期巡查】 2019年，区住建局加强建筑市场定期巡查，通过余杭区建筑市场信用网、招标网和公共资源交易网的数据对接，实现全区建设工程项目信息、企业（人员）信息、监督管理信息互联互通。开展建设工程现场常规检查908次，检查项目2723个次；季度综合执法大检查4次。下发限期整改通知单3083份，停工通知单199份，约谈企业119家；给予主体信用扣分1761分，个人信用扣分683分，对80家（次）企业进行“两场联动”处理。

【民工工资支付保障】 2019年，区住建局加强在建项目实名制管理落实，强化劳务用工管理，加强拖欠工程款和拖欠农民工工资日常巡查监管。协调处理农民工工资投诉、纠纷26起，其中，政府投资项目2起，其他项目24起，涉及上访民工人数583人，涉及金额2417.05万元。给予问题企业信用分扣分8分，给予1家企业下次进余杭区登记时企业民工工资保证金按原标准2倍缴纳处理，给予3家企业清退余杭区建筑业市场处理。

【建筑市场规范管理】 2019年，区住建局规范建筑市场管理，通过“余杭区建筑市场信用网”服务平台，应用大数据管理及“人脸识别”等技术，将工程现场管理人员纳入考勤管理，确保人员到岗尽责。梳理新入库区内施工企业458家、区外施工企业1039家，入库区内监理企业22家、区外监理企业191家，入库同时配合人脸识别数据人员38206人，其中工程现场管理人员4835人，生成考勤点667个，启用人脸识别考勤项目598个。

【工程项目现场踏勘】 2019年，区住建局落实工程项目施工许可前现场踏勘制度。检查项目126个，开具停工整改通知书12张。加大行政处罚执法力度，结合信用网扣分，加大建设主体违法成本，全年处罚项目11个，其中未取得施工许可证擅自施工项目10个，挂靠项目1个，处罚企业20家，处罚金763万元。

【建设工程质量与安全】 2019年，区住建局加强工程质量、安全生产、文明施工的监督管理，启用移动执法平台强化建筑工地安全监管，组织开展“质量月”、“安全生产月”、现场观摩会等系列活动，推进各类专项整治，重点加强保障性住房及商品住房的监管。办理建设工程质量监督注册登记531项，其中土建423项、建筑面积1960.35万平方米，出具工程质量监督报告392份。办理建设工程安全监督注册手续530项。其中：土建423项，建筑面积2194.9万平方米；市政107项，总造价47.05亿元。出具工程安全评估报告266份。

【绿色混凝土搅拌站建设】 2019年，区住建局加强绿色搅拌站建设，提高预拌混凝土生产质量。对区内28家（29个站点）预拌混凝土企业开展全覆盖检查2次，飞行检查20余次，开具整改单71份，约谈企业14家。联合第三方检测机构对28家混凝土企业商品砼原材料抽检279批次，包含水泥、石子、天然砂、机制砂、粉煤灰、矿粉以及外加剂等全部原材料。随机对当天到期试块进行28天抗压强度试压试验，抽取试块89组，合格率98%，总体质量平稳可控。

【工程质量检测管理】 2019年，区住建局加强工程质量检测管理，提升检测机构工作质量，实行数据入库，检测报告附带二维码制度，杜绝检测数据弄虚作假。针对区内备案的51家检测机构完成2次覆盖检查，签发责令整改通知单42份，约谈6家检测机构负责人，对4家检测机构进行主体信用扣分，对1家存在严重检测质量问题的检测机构进行笔录调查，并跟踪处理。

【建筑工地标准化建设】 2019年，区住建局结合“平安工地”“标化工地”“绿色工地”等创优评优活动，以点带面提升全区建设工程安全生产文明施工管理水平。全年有65个项目被评为余杭区标准化样板工地。

【建筑工地起重机械安全监管】 2019年，区住建局建立余杭区建筑起重机械网上备案平台，落实建筑起重机械特种作业人员刷脸考勤制度，加强建筑起重机械特种作业人员持证上岗管理。全年办理建设工程起重设备产权登记476项，其中，塔式起重机104项、施工升降机87项、物料提升机152项、吊篮133项。办理安装告知1175项，其中，塔式起重机458项、施工升降机415项、物料提升机302项。截至年底，全区在用塔式起重机875台，施工升降机802台，物料提升机310台，与上年同期相比，在用的各类起重设备数量均上升。

【“两场联动”机制运行】 2019年，区住建局深化落实建筑市场与施工现场“两场联动”管理，推进建筑市场诚信体系建设。1月，修改完善《余杭区建筑施工企业诚信评价管理暂行办法》和《余杭区建筑监理企业诚信评价管理暂定办法》。诚信评价施工企业844家、监理企业198家。截至年底，招投标联动项目1452个，206个项目因企业诚信分影响中标结果。

【建设工程招投标管理】 2019年，区住建局完成直接发包项目审查备案159个，合同额167.25亿元。完成招投标项目610个，中标金额464.55亿元。其中：公开招标600个，金额453.22亿元；邀请招标10个，金额11.33亿元。制定《关于工程总承包项目招标投标的实施意见（试行）》，全年完成工程总承包招标项目33个，概算金额212.78亿元，全过程咨询招标项目25个，中标金额8213.69万元。

【招投标市场监管】 2019年，区住建局利用电子招投标业务系统和计算机辅助评标系统，提高评标效率，规范评标行为。处理招投标信访投诉40起，查处评标专家不良行为11起，查处评标专家工作严重失职13人，暂停其参与余杭区政府性投资项目的评标活动3个月。发文清退评标专家3人。

【建筑工业化】 区住建局围绕供给侧结构性改革和新型城镇化发展要求，以绿色发展推动建筑工业化及住宅全装修。2019年，完成装配式项目建筑面积240.18万平方米（其中住宅和公共建筑项目建筑面积221.58万平方米），住宅全装修建筑面积160.77万平方米。新开工装配式建筑项目15个，装配式住宅和公共建筑项目13个，住宅全装修项目9个。华临绿建科技股份有限公司研发基地被评为2019年唯一一个新型建筑工业化示范基地。

【工程建设项目审批制度改革】 2019年，区住建局根据《杭州市工程建设项目审批制度改革试点实施方案》，建筑业综合受理窗口在建筑工程“安监”+“质监”+“施工许可”打包受理的基础上，根据省建设厅《关于实施建设、消防、人防审批事项“多合一”改革的指导意见》，多部门合并审批，全部审批手续由原先35项精简到8项，承诺办结时间从法定的23个工作日缩短至4个工作日，其中一般企业投资类项目审批时间压缩至1个工作日，通过“窗口受理、邮寄送达”，实现“最多跑一次”的目标。

（周云）

·房地产业·

【概况】 2019年，全区批准预售新建商品房416.5万平方米，同比增长2.1%。其中：批准预售商品住宅30349套，同比下降2.4%，面积353.9万平方米，同比增长0.6%；批准预售非住宅62.6万平方米，同比增长11.3%。新建商品房成交392.8万平方米，同比下降14.4%，成交均价23477元/平方米，同比上涨10%。新建商品住宅成交29631套，同比下降15.3%，成交面积344.5万平方米，同比下降13.6%，成交均价24180元/平方米，同比上涨9.3%。非住宅商品房成交48.3万平方米，同比下降20.3%。全区有房地产企业317家，其中，一级资质2家、二级资质14家、三级资质54家、暂定资质247家。备案在册的有效房地产经纪机构187家。

【房产交易管理】 2019年，全区办理房产交易20.98万件，楼盘表确认1271件，确认面积3673.33万平方米，购房落户业务1300件，出具查档证明8.26万份。推进“互联网+政务服务”，优化房产交易领域营商环境，优化升级房屋网签系统，实现房产交易“全程网办”，房产交易业务实现由“最多跑一次”到“零次跑”的转变。

【房地产市场监管】 2019年，区住建局落实购房公证摇号新政，整顿房地产市场乱象，重点打击投机炒房，虚假信息、虚假房源发布等行为，治理房地产开发企业、中介企业违法违规问题。约谈房地产开发企业91家、中介企业71家，下发整改通知书74份，行政处罚4家，处罚罚金8万元。会同中国人民银行余杭支行专项检查商品房预售资金监管账户，核对商品房预售资金监管银行对账单3959份，资金入账证明28286份。升级房产交易市场的监管手段，余杭区二手房交易纳入“杭州市二手房交易监管服务平台”，从原先的管人、管事转向管平台、管数据、管信息。截至年底，全区审核挂牌76577次，挂牌房屋20863套，涉及门店1363家。

【既有住宅加装电梯】 区住建局坚持“业主主体、社区主导、政府引导、各方支持”的原则，按照“愿改尽改”的思路，牵头推进既有住宅加装电梯工作。截至2019年底，加装电梯完工50台，完成联合审查8台，在建5台。加装电梯完工总量在杭州周边8个县（市、区）中排名第一。其中，在临平街道清沁花园推出全省首个整体装配式加装电梯项目，星桥街道惠都家园完成全省首批廉租房加装电梯项目，东湖街道星河嘉园完成全省首批人才房加装电梯项目。

临平街道碧天家园9幢1单元加装电梯

（区住建局 供稿）

【城乡危旧住宅房屋治理改造】 2019年，区住建局牵头推进全区第二次农村危旧住宅房屋排查、鉴定和治理改造。落实属地镇（街道）日常巡查监管职责，组织第三方专业机构对危旧住房开展专业排查，组建应急专家组对出险房屋进行应急处置。每月赴相关镇（街道）督查指导危旧房治理改造工作，掌握情况，定期通报，推动职责履行。

【物业行业管理】 截至2019年底，全区有各类物业小区666个，其中，实行物业管理的小区496个，实行准物业管理的小区170个，建筑面积约6700万平方米。全区备案物业公司348家，物业领域从业人员3.36万余人。全年受理物业类信访918件，归集物业专项维修资金5.96亿元，归集物业保修金2.19亿元，使用物业专项维修资金1585.47万元，使用物业保修金233.49万元。

【白蚁防治】 2019年，区住建局加强白蚁防治业务、科研、宣传工作，全年签订新建房屋白蚁预防工程合同382份，完成预防施工面积1204万平方米，发放预防证明194张；完成预防质量监督施工交底208个，现场检查137个，基础验收380个；完成白蚁治理项目1563个，回访复查面积2923万平方米。

（周云）

编辑：范文良

商贸流通

Commercial Circulation

·商贸管理·

【概况】 2019年，全区实现社会消费品零售总额（下称“社零总额”）757.82亿元，同比增长9.4%。全区限额以上单位实现零售额419.07亿元，同比增长11.9%，占社会消费品零售总额的55.3%。全区63家企业列入亿元以上社零骨干企业名录库，全年实现零售额327.61亿元，占全区社零总额的43.2%，同比增长20.1%。列入区级重大商贸项目11个，其中，续建项目6个、新建项目5个，计划完成投资50.17亿元，实际完成投资50.31亿元，完成年度计划的100.27%。

【消费促进活动】 2019年，区商务局组织相关企业参加首届“亚洲文明对话”活动之亚洲美食节、第16届中国中华老字号精品博览会、2019年中国（宁波）食品博览会等国内大型会展活动。在区内开展“年味节”、“消费促进月”、羊锅节、鱼羊节等主题活动和春节、“五一”、端午、“十一”等节日促销活动，其中“2019畅购余杭·跨年嗨购”活动，有76家商场超市、综合体，10个镇（街道）及157个生产厂家参与折扣活动，客流总量170万人次，营业额2亿元。

【市场体系建设】 2019年，超山百联奥特莱斯、瓶窑盒马鲜生等重点项目落地。万达广场建成开业，新增商业面积9.8万平方米。余杭街道区块的商业配套可辐射到未来科技城核心区块。2019年开工建设的农贸市场有塘栖镇范家𡋀，余杭经济技术开发区朱家角，南苑街道天万、新安，五常街道福鼎家园H区块，乔司街道胜稼，仓前街道长连路，瓶窑镇鸽宝山和百丈镇百丈农贸共9家。

（张思奇）

·对外经济贸易·

【概况】 2019年，全区实际利用外资10.52亿美元，完成市下达任务（10.39亿美元）的101.3%。实现货物贸易进出口总额478.56亿元，同比增长3.37%。其中：进口37.33亿元，同比下降22.84%；出口441.23亿元，同比增长6.43%，高于杭州市0.03个百分点，低于浙江省2.57个百分点，高于全国1.43个百分点。出口占全国和省市份额保持稳定。出口总量居全省第13位。完成服务外包离岸执行额4.16亿美元，同比增长33.63%。新认定服务外包企业24家。

【利用外资】 2019年，全区重点引进信息传输、软件和信息技术服务业、科学研究和技术服务业等产业项目。新设外商投资企业109家（不含余杭经济技术开发区），其中投资总额3000万美元以上企业8家，投资总额20.5亿美元，占总数比重的91.6%。开展“联合年报”工作，应检外商投资企业782家，实际参检企业695家，参检率88.87%，参检企业合格率100%。

【外贸出口】 2019年，全区外资企业出口54.84亿元，同比增长1.23%；自营生产型企业出口284.07亿元，同比增长8.82%；外贸流通企业出口102.32亿元，同比增长2.99%。全年高新产品出口42.79亿元，同比增长11.04%；家纺服装出口153.48亿元，同比增长1.07%。全区对美国、欧盟等传统市场分别出口91.59亿元和126.90亿元，前者同比下降3.91%，后者同比增长12.89%；对金砖国家出口37.64亿元，同比增长2.68%；对“一带一路”沿线国家出口147.24亿元，同比增长7.92%。

【外贸公共服务】 2019年，区商务局组织企业申报国家进口贴息项目29个；组织申报“浙江出口名牌”企业10家，通过认定5家，“杭州出口名牌”企业通过认定8家；组织杭州长江汽车有限公司、浙江春风动力股份有限公司等3家企业申报汽车、摩托车出口资质，获通过；组织相关企业参加浙江国际贸易（大阪）展览会、中国（阿联酋）贸易博览会等国外展会，加大对“一带一路”沿线国家市场的开发力度。11月，组织相关企业参加在上海举行的第二届中国国际进口博览会。区商务局连续11年被浙江省和杭州市评为商务运行调查监测优秀单位。

【境外投资与服务外包】 2019年，全区办理境外项目备案（新设、变更、注销）70个，新增中方境外投资额2.36亿美元，完成全年任务（1.5亿美元）的157.3%。全区完成服务外包离岸执行额4.16亿美元，同比增长33.63%。新认定服务外包企业24家。

【贸促会工作】 2019年，中国贸易促进委员会杭州市余杭区支会为区内出口企业签发一般原产地证7192份，同比增长3.72%；优惠区域类型原产地证累计2555份，同比增长2.94%。签订快递委托协议企业137家，为65家企业免费寄送产地证3500份，免费为企业送办商事证明书728份、领事认证文件244份。发动企业参加贸促课堂、外贸大讲堂等活动，配合做好第14届杭州休闲博览会等展会的组展工作。

（张思奇）

·国内经济合作·

【山海协作工程】 2019年，余杭区贯彻落实全省山海协作工程推进会精神，加强两地经济发展协作，实现两地资源互享。根据省市要求，余杭区拨付给衢州市柯城区帮扶资金300万元，用于该区产业项目建设和新农村建设。落实300万元乡村振兴示范点建设资金，用于余杭区的山海协作援建村——柯城区石梁镇张西村的乡村振兴试点建设，推进示范村农文旅融合发展。余杭区部分单位、企业与柯城区相关单位和企业开展相互考察学习活动。

（徐国强）

【国内招商主要活动】 2019年3月，余杭区举办2019年余杭区土地招商发布会，邀请116家主流开发商代表参加。4月，组织50余名招商干部，在鸬鸟参加二十国海外侨领杭州行推介招商会。5月，全国“双创”活动周期间，余杭区组建“招商引智”专项工作组，20余名工作人员进驻梦想小镇活动现场办公，组织480余名招商人员参与接待和服务到会嘉宾。7月，组织相关平台及部门，在北京举办余杭（北京）创新合作恳谈会。8月，组织招商员和相关平台招商员到厦门，参加厦门“9·8”贸易洽谈会和中国·余杭政策宣讲及招商推介会。11月，在上海举办杭州余杭（上海）产业合作恳谈会，长三角区域合作办公室等组织机构负责人、驻沪国内外知名企业、在沪余杭企业家代表近300人参会，签约项目13个。12月，举办全区招商干部能力提升培训班、政策宣讲及招商推介会，60余名招商干部及招商专职人员参加。全年，在区内举办招商引资项目集中签约仪式4次，170家企业参加签约。

（张思奇）

【对口帮扶】 2019年，余杭区贯彻落实中共中央、国务院《关于打赢脱贫攻坚战三年行动的指导意见》，做好对口帮扶工作，推进产业合作、劳务协作、支援、资金支持以及教育医疗等重点领域帮扶，引导社会力量参与。协助贵州省台江县、天柱县和湖北省咸丰县（下称“三县”）攻坚精准脱贫。2019年，为三县拨付财政帮扶资金1.105亿元，推进帮扶项目52个，带动贫困人数1万余人。为三县选派短期、长期挂职、支医、支教、支农等党政干部和专业技术人员60人次；协调22家浙商、杭商企业在三县投资8亿余元，援建扶贫车间24个，接收建档立卡贫困户就业736人。组织64家企业到三县开展劳务协作大型专场招聘会6场，推出优质工作岗位3000余个，接收三县劳动力到余杭区就业250人。引导社会力量为三县捐赠教育设备、生活用品、学习用品及资金等总价值2557万余元。

（徐国强）

·电子商务·

【概况】 2019年，余杭区实现电子商务营业收入2194.50亿元，同比增长21.3%。网络零售额1137.25亿元，同比增长15.5%；实现跨境电商交易额16.42亿美元。其中：跨境出口11.59亿美元，同比增长13.63%；进口3.02亿美元。新增跨境电商产业链企业75家。

【跨境电商产业集群】 余杭区继续推动纺织服装产业集群跨境电商发展，截至2019年底，“阿里巴巴·余杭产业带专区”入驻家纺服装企业180余家，实现交易额4000万余美元。余杭区休闲产品产业集群成为省第二批产业集群跨境电子商务发展试点。

【电商产业发展】 2019年，余杭区在区内先后举办2019中国（杭州）跨境电商峰会、金麦奖颁奖盛典暨中国（余杭）数字经济峰会、家纺服装供销对接会、余杭电子商务产业发展大会等大型活动7场，3000余人参与，余杭区8家企业在金麦奖盛典获奖。年内，先后组织临平新城等主体到北京、上海、广州、深圳开展产业链项目招商和人才引进，分别与“鹰熊汇”等跨境电商协会、社会群体建立关系，引进浙江青悠电子商务有限公司等跨境电商企业、项目入驻余杭。全年举办4场家纺服装产销对接活动，组织区内传统生产企业与全国电商卖家进行线下产品资源对接，参会家居家纺、服装服饰厂家150余家次，跨境商家1000余人次。

【电子商务营商环境优化】 2019年，余杭区4.0版电商产业政策新补充“全域创新66条”政策，从创新创业、品牌、运营、仓储、物流等方面支持电商企业发展。世界电子贸易平台（eWTP）秘书处开工建设，启动实体化运作。在区级电子商务公共服务中心的基础上，增设余杭经济技术开发区、良渚新城、未来科技城电子商务公共服务站，形成“1+3”全覆盖服务体系。区商务局每月组织举办沙龙等活动，为企业提供亚马逊国际站、eBay、速卖通、Lazada等国际主流跨境电商平台运营及物流、金融等配套服务。加强“政校企”合作，区商务局先后与浙江外国语学院、浙江工商大学、浙江财经大学等院校合作，建立电商人才引进和输送机制。截至年底，余杭区累计认定各类电商人才78人，其中D、E、F类人才58人。

（张思奇）

·粮食流通·

【粮食订单与收购】 2019年，余杭区对小麦和稻谷的收购，继续实行国家最低收购价格政策，实行订单粮食价外补贴和奖励政策。小麦每50千克收购价格112元，对种粮大户，每交售50千克订单小麦，奖励30元；早稻每50千克收购价格为123元，对种粮大户，每交售50千克早稻谷，奖励30元；中晚籼稻每50千克收购价格129元，粳稻每

2019年12月25日，世界电子贸易平台（eWTP）秘书处开工挂牌仪式在西溪湿地·洪园艺术集合村举行 （区商务局 供稿）

50千克收购价格133元，对晚稻订单合同内的粮食，每交售50千克稻谷给予价外补贴20元和奖励5元。全年收购订单粮食6.215万吨、订单外粮食1.462万吨，落实各类粮食收购和补贴奖励2.2983亿元。做好种粮大户粮食预购定金发放工作，向78户种粮大户发放政府贴息粮食预购订金310万元。开展为农烘干粮食服务，全年为农烘干粮食1.58万吨。

【储备粮油管理】 2019年，区级储备粮6.89万吨。加强储备粮监管工作，落实储备粮管理工作制度。按照“一符（账实相符）、三专（专仓储存、专账记载、专人管理）、四落实（数量、质量、品种、地点）”的工作要求，落实措施，强化管理，储备轮换做到公正、公平、公开。开展杭州市粮油仓储规范化管理评价，瓶窑中心粮库、良渚中心粮库被评为“优秀”等级。

【粮食流通监管】 2019年，区粮食和物资储备局贯彻落实《中华人民共和国粮食流通管理条例》，先后在塘栖镇东小河社区、南苑街道河南埭社区和东湖街道胡桥社区等地，举办放心粮油进社区活动。发放粮食法规宣传册1000余份、发放宣传粮食安全的环保袋2000余只。加强粮食流通监管，开展粮食流通监督检查，在粮食收购季加强全区粮食收购秩序检查、收购资格核查，规范粮食收购秩序。

【军粮供应】 2019年，区粮食和物资储备局严格执行军粮供应政策，保质保量供应军粮，全年供应军粮77.5吨，粮食质量合格率100%。

【企业安全生产管理】 2019年，区粮食和物资储备局制订安全生产工作计划，完善安全员管理网络，落实安全生产责任制。开展“安全生产月”活动，定期开展安全生产大检查，全年检查粮食仓库的安全设施、配电设备、管道线路、机械设备等重点部位和药剂库、出租用房等重点场所17次，排查隐患39条，完成督促整改。安全生产培训270余人次，开展安全演练11次。全年安全无事故。

【“四无”粮仓陈列馆】 2019年，余杭“四无”粮仓陈列馆开展第39个世界粮食日、全国爱粮节粮宣传周、社会科学普及宣传周、“四无”粮仓小小讲解员等系列活动。建立爱粮节粮宣传和文物保护志愿者团队，制作并发放爱粮节粮读本、宣传手册等资料4000余份。全年接待观众4.8万余人次，接待青少年观众9000余人次。“四无”粮仓陈列馆被评为全国粮食安全宣传教育基地、浙江省粮食安全宣传教育基地。

（张思奇）

·盐业专营·

【概况】 2019年，杭州市盐业有限公司余杭分公司（下称“分公司”）继续发挥国有企业食盐供应主渠道作用，主要承担杭州市盐业有限公司分配的杭州市部分主城区大型商场超市、流通渠道及余杭区的配送任务。主要产品有高端精品澳洲海盐、雪花盐、矿盐。全年分公司各类盐产品销售收入4705万元（包括销售到杭州主城区部分），较上年增长2269.43万元。各类盐产品销售18761.32吨（包括销售到杭州主城区部分），较上年增长2443.20吨。

【小包装盐及高端精品盐销售】 2019年，分公司销售小包装食用盐11644.01吨（包括销售到杭州主城区部分），比上年增长5363.37吨，其中销售高端精品澳洲海盐3074.3吨，比上年增长1464.02吨。注重新品盐销售，公司选择人流量大的超市推广销售雪花盐，不定期回访，及时整理与完善盐品，保证新品盐正常供应。

【配送网络优化】 2019年，分公司承担600吨政府储备食盐任务。发挥国有企业仓储优势，优化流通渠道，缩短配送时间，提高配送效率。合理安排，整合仓储，提高资源利用率。针对超市配送品种多、时间紧等特点，补充仓管人员，确保盐品出库不出错。

（汪小露）

·烟草专卖·

【概况】 2019年，余杭区烟草专卖局（分公司）销售卷烟7.76万箱，同比下降0.69%；销售额

38.85亿元，同比增长1.27%；单箱销售额5.01万元，同比增长1.97%；实现税利11.69亿元，同比增长1%。完成定制品牌销售534.94箱，同比增长53.68%。一、二类烟占总销量比重65.21%，同比增长2.84个百分点。

【烟草专卖网络建设】 2019年，余杭区烟草专卖局（分公司）完成现代终端改造升级工作，建成香溢合作店61家，三星终端126家、二星终端711家、一星终端543家，现代化终端合计1441家，占全部零售户的21.78%。788台双屏机全部上线运行。共建“香溢坊”自律互助小组347个，覆盖客户4812户，覆盖率72%；“香溢购”平台交易客户数1489个，产生订单10017张，实现销售金额259万元。发展“香溢家”会员6.37万个；发展支付宝结算客户1383户，结算197.71万笔。

【卷烟打假】 2019年，余杭区烟草专卖局（分公司）查获违法案件554起，与上年同期持平，其中实体店案件477起，占总案件数的86%。查获违法卷烟6.68万条，同比增长5.2%。停供货104户次，停业整顿59户次。办理行政许可3023件，其中新办证1447件，网上申请率99.9%。

【烟草数据监管】 2019年，余杭区烟草专卖局（分公司）加强数据分析，云上监管，推进“智能采集、深度分析、精准打击”监管三步法，通过搜索引擎及各类数据的分析，破获1起“加热不燃烧”违法网络案，逮捕犯罪嫌疑人3人，查获烟弹379.9条，涉案金额244.88万元。

（肖霏霏）

·供销合作商业·

【概况】 2019年，余杭区供销系统实现总经营收入93.7亿元，商品销售总额71.2亿元，利润3386万元，完成全年计划105.81%，所有者权益63605万元，社会贡献总额7620万元。区供销联社被中华全国供销合作总社评为全国百强县级社，排名第30位，较2018年上升9位。区供销联社推进《深化供销合作社综合改革，探索“三位一体”改革“余杭样本”》实施方案，推进生产、供销、信用“三位一体”农民合作经济组织联合会（下称“农合联”）改革，被评为全省“三位一体”改革成绩突出集体。

【农业生产服务】 2019年，余杭区新建鸬鸟镇、径山镇、崇贤街道、塘栖镇以及余杭东部片区5家镇（街道）级为农服务中心，至此，街道级为农服务中心覆盖全区。改造提升庄稼医院4家、惠农服务点10家，领办农民专业合作社4家，改造提升农民专业合作社6家。

2019年5月20日，余杭农产品上线TGO商城签约仪式举行

（区供销联社 供稿）

【农产品销售】 2019年，区供销联社组织区农合联会员单位到杭州市市民之家销售农产品30余批次。全年新开设“禹杭土鲜店”4家，累计7家。4月，与杭州华数传媒电视网络有限公司、重庆家乐淘科技有限公司签订《余杭农产品上线TGO商城平台的销售合作协议》。5月，组织全区农合联会员110余人开展电子商务和线上销售对接培训。在“掌上余杭”APP上开辟“禹杭土鲜”在线销售平台“晨报优选”。

【金融信用服务】 2019年，区农民合作经济组织联合会与区农业农村局、区财政局等单位，发起成立余杭区“三农”风险池基金，基金池规模5000万元，为区内“三农”经营主体在融资上提供后台支持。

【农资供应】 2019年，区供销联社下属杭州余杭农业生产资料有限公司淡季储备化肥5类6000吨、农药16类160吨，完成年度农资淡季储备任务。10月，区供销联社联合区财政局考核验收农资淡季储备项目，杭州余杭农业生产资料有限公司获财政补贴资金58.31万元。杭州余杭农业生产资料有限公司全年销售化肥35895吨，农药483吨；优惠供应农资500吨，让利15万元。开展送农资下乡服务，为全区31家农合联会员单位送农资30万元；开展5次农技服务培训，600余人参加；发放资料2000余份。

【农贸市场建设】 2019年，翁梅农贸综合体6月完成整体招租，12月27日对外营业。中山路农贸市场、邱山农贸市场、余杭农贸市场的独立消防控制室进行智慧化建设，建立党员食品安全监督岗。全年全区各市场检测产品5.1万批次，销毁不合格产品30千克。

【村社共建】 2019年，区供销联社相继完成崇贤供销社与沾桥村、乔司供销社与朝阳村、瓶窑供销社与窑北村三对“党建带社建，村社共建”的基础建设工作。塘栖供销社与云会村的“村社共建”模式获中华全国供销合作总社和省市领导肯定。11月8—9日，由中华合作时报社主办的“2019供销合作社改革发展论坛”第四站在山东省莒南县举行，余杭区供销联社的“党建带社建、村社共建”工作经验在论坛上作专题介绍。

【大田托管】 2019年，供销联社依托下属杭州供销农业开发有限公司，对征而未用土地实行“大田托管”工作，托管土地面积176公顷。与临平新城、余杭经济技术开发区、杭州交通集团有限公司、未来科技城、良渚新城等单位合作，将征而未用土地托管范围在余杭全区拓展。

【垃圾处置】 2019年，区供销联社依托下属杭州绿腾环保科技有限公司对西大门建筑垃圾处理点进行路面硬化，安装喷淋系统，设置岗亭、道闸等，10月底，通过环保部门验收。完成建筑垃圾全链条资源化处置有关工作，做好拓展装修垃圾处置前期准备工作。全年回收废弃农药包装物55.46万只，兑付资金103万元。

（张家传）

编辑：李景苏

旅游业

Tourism

·综　　述·

【概况】　2019年，余杭区接待游客2535.66万人次，实现旅游收入283.47亿元，分别同比增长18.8%和20.75%，其中接待国内游客2520.22万人次，实现国内旅游收入280.55亿元，分别同比增长18.95%和20.96%。截至年底，全区有A级景区14家，其中AAAA级以上景区7家；星级饭店9家，其中四星级以上饭店4家；白金宿民宿1家、金宿民宿1家、银宿民宿5家；星级旅行社5家；省级旅游风情小镇2个；省A级景区村庄107个，其中省AAA级景区村庄25个；市社会资源国际旅游访问点7家；纳入市旅游咨询体系的咨询中心10家。全年未发生旅游安全责任事故。

【旅游部门机构改革】　2019年1月，根据《杭州市余杭区机构改革方案》，区文广新闻出版局的文化和广播电视管理职责，区体育局的职责和区风景旅游局的职责整合，组建余杭区文化和广电旅游体育局，作为区政府工作部门。新闻出版和电影管理职责划入区委宣传部，不再保留区文广新闻出版局和区风景旅游局。1月17日，区文广旅体局召开干部大会并举行挂牌仪式。

（张舒婷）

·旅游规划·

【“争创全省文旅融合试验区，打造全国文旅融合样板区”启动大会】　2019年3月27日，在临平艺尚小镇举行。发布余杭文旅产业资源和规划布局，签约《推进打造“良渚国家级文化高地”战略合作协议》《良渚古城景区管理咨询及运营服务项目战略合作协议》《浙江省曲艺家协会艺术创作基地落户超山风景名胜区合作协议》，启用余杭智慧文旅平台，大型原创地域特色音舞诗——文旅新韵《余杭》首演。

【余杭区获“2019年度最具诗意小城”称号】　2019年11月23日，2019中国（国际）休闲发展论坛颁奖典礼在杭州举办。论坛以“休闲历史与未来”为主题，推选出包括杭州市余杭区在内的6个“2019年度最具诗意小城”。

【省A级以上景区村庄创建】　2019年12月16日，经区文广旅体局初评和推荐，市文化广电旅游局和市农业农村局组织评定，余杭区五杭村、丁河村、河西埭村、港南村、白云村、南山村、平山村、石竹园村等10个村符合浙江省AAA级景区村庄标准，被命名为浙江省AAA级景区村庄。全区创建省AA级景区村庄47个。截至年底，全区有省A级景区村庄107个，其中，省AAA级景区村庄25个、省AA级景区村庄82个。

【环良渚遗址文旅融合产业发展交流活动】 2019年12月18日，环良渚遗址文旅融合产业发展交流活动在良渚举行。浙江省文物考古研究所所长刘斌、北京联合大学中国旅游经济与政策研究中心主任曾博伟分别作主旨演讲。国内文旅行业专家学者、文旅产业企业代表围绕“讲好良渚故事，弘扬中华文化”和“讲好良渚故事，推动文旅融合高质量发展”展开探讨。

【鸬鸟镇被认定为第三批省级乡村旅游产业集聚区】 2019年12月18日，浙江省旅游发展领导小组办公室发文公布第三批省级乡村旅游产业集聚区名单。经县级政府申报、设区市文化和旅游主管部门审核推荐、省文化和旅游厅组织专家材料审核和实地检查等程序，认定鸬鸟镇为第三批省级乡村旅游产业集聚区。

【竹意百丈景区被评定为国家AAA级景区】 2019年12月27日，杭州市旅游景区质量等级评定委员会公告，经区文广旅体局推荐，杭州市旅游景区质量等级评定委员会评定，杭州余杭区竹意百丈景区达到国家AAA级景区质量等级标准，批准为国家AAA级景区。

【国家A级旅游厕所评定】 2019年，区文广旅体局依据《旅游厕所质量等级的划分与评定》(GB/T 18973—2016）细则标准，结合厕所革命及第三卫生间等专项工作，对全区主要景区的旅游厕所开展评定（初评）工作。按照通知征集、指导提升、现场检查等程序，新增国家AA级旅游厕所15个，国家A级旅游厕所1个。每月开展“最清洁”“最不清洁”厕所评选。

（张舒婷）

·旅游市场开发·

【第六届塘栖古镇年味节】 2019年1月15日至2月19日，第六届塘栖古镇年味节举行。年味节以“新时代新气象，新年来好地方”为主题，在结合以往传统民俗基础上，开展“寻传统年味＋扬文明风尚”“美丽新农村＋古镇过大年”活动。

【余杭文旅（江西）推介会】 2019年4月22—25日，区文广旅体局组织区内镇（街道）、景区、饭店相关负责人组团赴江西上饶、宜春举办2019余杭文旅推介会，当地旅行社和媒体等约100家单位参加。

【智慧旅游】 2019年4月30日，余杭数字文旅平台上线试运行。平台整合20余个景区（点）、20余个文化场馆、50余个特色旅游点、300余家酒店住宿数据以及200余家娱乐场所等信息，作为杭州市文旅大数据系统的组成部分，与杭州文旅大数据中心数据共享。推进杭州市城市大脑文旅系统各重点应用场景工作，18家酒店使用自助入住系统，并与杭州城市大脑实时共享数据，全区自助机使用率超25%。2019年，“余杭文旅”微信公众号粉丝数超35.6万人，累计点击量289万次，累计阅读量251万次，入选全省政务旅游微信第一名17次；“余杭文旅”官方微博粉丝超40万人。

【“五一”旅游市场】 2019年5月1—4日，全区景区（点）接待游客62.85万人次，同比增长60.12%，实现营业收入4245.18万元，同比增长205.08%。

【玩转余杭文旅嘉年华】 2019年5月19—21日，玩转余杭文旅嘉年华暨庆祝中华人民共和国成立70周年活动在余之城举行，这是“余杭文旅”微信公众号上线以来第一个大型线下活动。市民参与非遗展示、文旅商品售卖、智慧文旅体验、市集活动、嘉年华文旅专场演出、文旅产品推介和现场互动答题等活动。

【数字旅游专线启动】 2019年6月13—19日，区文广旅体局服务“双创”活动周，首次打造数字旅游智慧出行，启动余杭区数字旅游专线。数字旅游专线结合城市大脑数据、区域内核心景点及主要交通枢纽，推动游客“多游一小时”。线路从未来科技城（梦想小镇）出发，串联西溪湿地·洪园、良渚博物院等景点及人群聚集点。连续运行7天，日运行不少于12个单趟，乘坐数字旅游专线超1500人次。

【“余杭文旅”被评为2018年度浙江省文化和旅游系统优秀政务新媒体】 2019年6月19—20日，

2019年全省文化和旅游系统政务信息培训班暨新媒体分享会在温州苍南举行。全省各市、县（市、区）文化和旅游行政部门、厅属单位、厅（局）业务处室、政务信息直报点的政务信息报送负责人，新媒体运营人员，媒体记者等200余人参加。“余杭文旅”等10家单位被授予“2018年度浙江省文化和旅游系统优秀政务新媒体”称号。

【后申遗时代良渚文明宣传推广】 2019年7月12—14日，区文广旅体局依托同程网举办“溯源余杭 诗与远方”余杭文旅品牌行走活动。活动以“行走探寻 良渚文化”为主题，组织明星验客团赴良渚古城遗址公园、良渚博物院实地采风，以图片、文字、视频等形式在微博、微信朋友圈、抖音、快手等平台宣传，话题阅读量逾1323.5万次，讨论超5000次。

【中非文化艺术交流周开幕式暨“畅游非洲”余杭文旅推介会】 2019年8月9日，中非文化艺术交流周暨“畅游非洲”余杭文旅推介会在余杭开幕。中非文化周由浙江师范大学非洲研究院、中非民间商会杭州办事处、区文广旅体局、致公党余杭区总支部主办。开幕式上，致公党杭州市委会为“一带一路”文化交流基地授牌，浙江师范大学非洲研究院院长、教育部长江学者特聘教授、浙江省特级专家刘鸿武作主旨发言，并代表浙江师范大学非洲研究院向余杭区图书馆捐赠40余部非洲题材的原创研究书籍。会上，中非文化旅游专家向余杭市民推介非洲的风土人情，省内各大旅行社代表参加推介会，组织在杭非洲留学生参观良渚博物院。交流周期间，举行中非电影创投大会。

8月9—18日，“走近非洲”文化艺术品展在余杭区图书馆举行，以非洲面具与非洲人民生活工具为切入点，以“千面非洲、色彩非洲、印象非洲”为展览主题，展示非洲的木雕、油画、生活器具、物产、特色产品等百余件文化艺术作品。

【全国知名作家诗人重走浙江“诗路”】 2019年8月25日，由浙江省文化和旅游厅、浙江日报报业集团主办，区文广旅体局、浙报集团旅游全媒体中心承办的“诗心自在”2019“诗画浙江”全国诗人作家重走“诗路”启动仪式暨百度“诗路”导航地图上线仪式在塘栖古镇旅游景区举行。中国作家协会会员、上海作家协会理事、著名作家陈丹燕就“如何打造诗路IP、做优诗路文章”作主旨分享；金牌导游余云建作“诗路”文旅资源推介。仪式结束后，来自全国各地的诗人作家重走浙江四条“诗路”[①]，根据所见、所思、所感，创作百余篇关于浙江“诗路”的诗文。

①浙江四条“诗路”：浙东唐诗之路以浙东运河—曹娥江—椒江为主线，钱塘江诗路以钱塘江—富春江—新安江—兰江—婺江—衢江为主线，瓯江山水诗路以瓯江—大溪—龙泉溪为主线，大运河诗路主要以大运河世界文化遗产为核心，包括杭州、嘉兴、湖州、绍兴、宁波5个地市级运河沿线的县（市、区）。

【全区厨艺技能竞赛暨“百县千碗·余杭十碗”评选】 2019年9月21日，在余杭区良渚职业高级中学举行。竞赛以“余杭家宴”为主题，菜肴主料为余杭本地出产。15支队伍参赛，区政府机关食堂、杭州王元兴餐饮管理有限公司、浙江余杭高速公路有限责任公司浙商开元名都酒店位列前三。

【长三角旅行商走进余杭】 2019年9月29日，由余杭区人民政府主办，区文广旅体局承办的长三角旅行商走进余杭活动在良渚古城遗址监测管理中心举行。活动以“五千年文明圣地，70年沧桑巨变”为主题，宣传余杭文旅资源和最新秋季旅游产品、线路及奖励政策。长三角地区主要旅行社、企业投资商、媒体代表，区内行业协会负责人、旅游企业代表等约200人参加。

【余杭文旅（衢州）推介会】 2019年12月3日，余杭文旅（衢州）推介会在衢州举行。余杭与衢州多家旅行社、民宿、景区代表等约百名嘉宾参与推介会。区文广旅体局为衢州市民量身打造3条文化旅游精品线路，为余杭和衢州两地旅游企业对接拉线。

【余杭旅游惠民】 2019年，余杭区继续实施惠民旅游工程。西溪湿地·洪园、超山风景名胜区、塘栖古镇谷仓博物馆、径山花海、山沟沟风景区、东明山森林公园、小白菜文化园、径山寺等8个景区（点），持有余杭区市民卡的余杭籍市民，可刷卡免费入园游览，全年刷卡14.57万人次。开展余杭工业体验之旅、美丽乡村之旅、璀璨文化之旅、城乡面貌之旅等线路免费游。每月确定一个主题，每隔一周周六在临平片、瓶窑片、余杭片招募余杭籍市民300人，享受“五免”（免车、免导、免餐、免游、免险）。全年举办20次，参与0.5万人次。

（张舒婷）

·旅游行业管理·

【杭州世际旅行社有限公司被评为四星级品质旅行社】 经经营主体申请、区文广旅体局初评和推荐，市星评小组终评，2019年1月，市旅行社品质评定委员会发文公布，杭州世纪旅行社有限公司为四星级品质旅行社。

【饭店服务技能大赛】 2019年9月19日，余杭区饭店服务技能大赛在富邦丽佳国际大酒店举行。11家饭店的24名选手分获“前厅接待”“中式铺床”“中餐摆台”“会议茶歇”前三名。

【讲解员服务技能大赛】 2019年11月4日，由区委人才办、区总工会、区人力社保局、区财政局、团区委、区文广旅体局主办，区旅游协会承办的讲解员服务技能大赛在富邦丽佳国际大酒店举行。西溪湿地·洪园陈晓栋、良渚古城旅游发展有限公司胡俊超、良渚博物院朱静静获前三名，良渚博物院施舟英、西溪湿地·洪园欧阳莹、梦想小镇鞠筱俐获第四至第六名。

【禁止免费提供一次性用品】 2019年，区文广旅体局牵头推进全区星级饭店禁止免费提供一次性用品覆盖率100%；指导动员酒店参与生活垃圾分类示范单位创建。截至年底，临平大酒店、富邦丽佳国际大酒店、浙商开元名都酒店、城市花园酒店、天都城酒店、天地人大酒店、柏庄饭店通过示范单位验收。

（张舒婷）

·旅游资源投资开发与管理·

【大径山旅游开发】 2019年，余杭旅游集团完成径山花海景区部分提升、长桥港综合整治及径山古道提升工程。大径山旅游集散中心餐厅开业运营，推进求是地块规划道路一、陆羽泉景区提升改造工程。径山溪上曼谷环境综合整治工程完成施工招投标。深化径山山顶禅修酒店（禅茶文化交流中心）设计方案。

挖掘禅茶文化，开发点茶系列体验产品；策划大径山特色旅游线路，完成禅修体验、茶廉文化、农耕文化等游线。举办第18届中国茶圣节、动漫节余杭分会场、径山花海拾花节；推出“陆羽”“茶小僧”“花径灵”IP形象，打造“陆羽泡的茶”茶铺，逐步实现商业价值；举办“陆羽带你游大径山”上海推介会。推进大径山智慧旅游数字大脑项目，打造大径山全域旅游运营平台；完善径山上下山接驳体系。

【中泰旅游开发】 2019年10月1日，中泰江南慢村游客服务中心开业运营，中泰卡尔斯亲子主题庄园开工建设。全年推进江南慢村民宿运营平台建设。

【超山产业开发】 2019年10月30日，超山百联奥特莱斯项目地块完成出让。全年完成超山北园文创园绿化景观提升、小横山路二期及奥特莱斯配套项目11万伏高压线临时迁改工程。

（韩齐生）

编辑：陈素琴

财政·税务

Finance and Taxation

·财　　政·

【概况】 2019年，全区预算收支情况良好，财政收支平衡。全年财政总收入726.47亿元，同比增长16.5%，一般公共预算收入391.45亿元，同比增长16.4%；一般公共预算支出376.73亿元，同比增长10%，其中区本级财政支出336.25亿元，同比增长10.6%。

【组织财政收入】 2019年，区财政局完善落实税源经济政策，统筹政府性基金管理，把握土地出让节奏，财政收入增幅控制在较合理水平，与余杭经济平稳快速发展相适应。全年全区一般公共预算收入占生产总值（GDP）的13.9%、占财政总收入的53.9%，一般公共预算收入中税收收入占95.5%。非税收入409.64亿元，同比下降22.9%，其中一般公共预算中非税收入17.69亿元，同比下降20.4%。

【产业政策完善】 2019年，区财政局会同相关主管部门制定出台"全域创新66条"及配套细则18个和指导意见4个，制定出台"新制造业计划"政策，形成一套体系完整、覆盖面广的产业政策体系。全年兑现97.88亿元，同比增长25%。以"子基金"、直投基金、区域基金等方式，加快产业基金投资运作，实行"投贷联动"，引导银行及其他金融机构加大对产业项目的资金投放力度。2019年，余杭区政府产业基金总规模93.5亿元，出资到位53亿元。新增资金2亿元，设立政策性转贷基金，引入商业银行作为转贷资金运作方。全年为中小微企业1688家、个体经营者479家办理转贷业务2192笔，转贷金额118.71亿元。受理符合杭州市产业结构调整方向或受经贸摩擦影响出现暂时性生产经营困难的工业、商贸企业5403家，完成企业社保费返退5.7亿元。

【民生重点保障】 2019年，全区民生支出293.68亿元，同比增长17%。其中，卫生健康支出22.84亿元、教育支出69.64亿元、社会保障支出31.33

2019年9月5日，区财政局举办"全域创新66条"政策培训会

（区财政局　供稿）

亿元。统筹调配资金，优先保障重点政府投资项目的资金需求，其中，良渚古城遗址保护和申遗19.38亿元，“三路一环”等快速路网建设14.9亿元，养老0.99亿元，乡村振兴14.74亿元。全区投入“三个全域”建设资金352.91亿元①，其中，“全域创新”建设103.12亿元、“全域美丽”建设129.64亿元、“全域治理”建设120.16亿元。

①受四舍五入影响，建设资金总数与3个分项累加差0.01亿元。

【财政改革】 2019年，区财政局推动政府供给侧改革创新，与阿里巴巴集团签约，建成全国首个地方政府主导的“互联网产权交易中心”。全年余杭区互联网产权交易中心上拍标的242件，成交218件，总成交额6186万元，平均溢价率61.9%，单品最高溢价率917.8%。推进财政业务部门间“最多跑一次”改革，梳理整合财政内部事项25个大项、38个子项，实现全业务网上可办财政办事子项15个。优化政府采购模式，加快实施“互联网+政府采购”，以“政采云”平台为依托，实施分类管理政府采购政策。余杭区政府采购交易25.96亿元，同比增长26.4%。出台《关于进一步深化全区国资国企改革方案》，以余杭创新投资有限公司和杭州余杭交通集团有限公司为试点，通过注入优质资产资源、投资战略性经营资产等方式，推动国有企业向市场化、实体化转型；完成覆盖平台、镇(街道)、国有企业、行政事业单位的闲置资产资金清查专项工作，制订闲置资产分批分类处置方案。

【财政监管】 2019年，区财政局贯彻落实《中共杭州市余杭区委 杭州市余杭区人民政府关于全面落实预算绩效管理的实施意见》《杭州市余杭区全面落实预算绩效管理三年行动计划（2019—2021年)》，优化预算绩效管理，明确13个大项、43个细项工作任务的责任主体和完成时间。推进预算绩效评价工作，组织重点项目绩效评价5个，涉及财政资金6.37亿元。组织2019年度编制预算调整项目绩效目标评审会，评审项目4个，建议核减率45.3%，核减金额1732万元；组织2020年度编制预算项目绩效目标评审会，评审项目6个，建议核减率30.6%，核减金额3657万元。按照浙江省财政厅下达的5年政府隐性债务化解计划，2019年，全区化解隐性债务154.09亿元，其中，银行贷款110.39亿元、政府支出责任43.7亿元，完成2019年计划的112.3%。建立财政专户资金存放机制，防范资金存放安全风险和廉政风险。全年完成财政专户资金竞争性存放104亿元。

（章立洲）

·税　　务·

【概况】 2019年，国家税务总局杭州市余杭区税务局（下称“区税务局”）组织各项税费收入879.3亿元，同比增长17.3%。其中：税收收入709.5亿元，同比增长18.2%；社保基金收入147.61亿元，同比增长17.4%；非税收入22.21亿元，同比减少6.48%。增值税入库208.35亿元，同比减少3.8%；企业所得税入库218.57亿元，同比增长8.3%；个人所得税入库160.32亿元，同比增长78.4%。

【减税降费】 2019年，区税务局减征税费73.66亿元。其中：2019年新出台的政策减征税费35.94亿元，2018年年中出台的减税政策在2019年延续政策翘尾减税36.94亿元，2018年到期后在2019年延续的减税政策新增减税0.78亿元。全年社会保险费减免10.4亿元，办理外贸企业出口退税42.66亿元，同比增长4.8%。

【税务营商环境优化】 2019年，区税务局以“放管服”改革为重点，创新服务举措。在2019年全国纳税人满意度调查中，区税务局代表杭州市税务局取得省会城市第一名。在“最多跑一次”清单事项中，“跑零次”实现率与网上可办事项实现率均为100%。不动产受理平台“二次提速”，联合房管、国土部门再优化不动产综合受理平台。推广浙江税务征纳沟通平台，激活企业8万余家，在线推送政策62万余家次。联合推进常态化企业开办一日办结，加强与市场监管、公安、银行等部门的合作，落实新办企业套餐式服务。开展“三服务”工作，走访企业434家，搜集意见建议43条，解决纳税人、缴费人问题14个。

【税收征管】 2019年，区税务局完成个人所得税两次试点任务。在个人所得税专项附加扣除核验测试中，修改率、改正率在浙江省3个试点单位中名列第一；在个税汇算清缴模拟运行测试中，对涉及到的20家企业开展政策指导和操作培训，并开展驻点服务，完成试点任务。加强增值税发票管理，依托增值税发票全链条风险防控管理系统，开展新办、次新、存量纳税人的“全生命周期”管理，通过对全国风险纳税人及虚开风险特征的实时抓取、智能推算，锁定风险纳税人。强化电子商务经营的税收征管，针对余杭区淘宝小镇中电商数量多、实际经营地遍布全国各地的现状，强化在税务登记、发票使用、申报征收、违章处理、非正常户监控、注销等方面管控，实现闭合式管理。

区税务局干部走访杭州睿达汽车科技有限公司，辅导税收政策

（区税务局 供稿）

【依法治税】 2019年，区税务局办理单位法定代表人阻止出境事项备案71户次，发布欠税公告7903户次，清理欠税1.97亿元，清理欠税户4873户。加强与区司法局、区法院合作，推进规范性文件清理、文件合法性审查、行政案件调解应诉等工作。加强涉税风险防控，完成风险应对企业1623家，补缴税款9360.62万元，滞纳金852.12万元。

（汪远）

编辑：陈素琴

金 融

Banking

·中国人民银行余杭支行·

【概况】 2019年，余杭区全辖银行业金融机构贯彻执行稳健的货币政策，稳妥推进LPR改革，持续加大对民营及小微企业的信贷投放，全区融资总量增长较快，信贷结构得到优化，民营及小微企业贷款快速增长，融资成本下降明显，开展信贷风险防控，金融服务地方经济发展，经济金融继续保持良好运行态势。

2019年底，余杭区金融机构利用各种渠道实现的融资余额3648.03亿元，较年初增加759.36亿元，增幅26.2%。其中表内贷款余额2629.24亿元，较年初增加562.53亿元，增幅27.2%，占比72.07%，同比上升0.52个百分点；传统表外融资余额471.29亿元，较年初增加113.42亿元，增幅31.7%，占比12.92%，同比上升0.53个百分点；表外融资余额201.5亿元，较年初下降31.39亿元，降幅13.5%，占比5.52%，同比下降2.54个百分点；银行间债券市场发债余额346亿元，较年初增加114.8亿元，增幅49.7%，占比9.48%，同比上升1.48个百分点。

2019年底，余杭区本外币存款余额3799.79亿元，较年初增加690.72亿元，同比多增297.12亿元，增幅22.2%。全区住户存款余额1477.27亿元，较年初增加238.79亿元，同比多增66.35亿元。其中：活期存款余额534.64亿元，较年初增加79.81亿元，同比多增14.6亿元；定期及其他存款余额942.63亿元，较年初增加158.98亿元，同比多增51.75亿元。全区广义政府存款余额996.06亿元，较年初增加167.91亿元，同比多增60.44亿元。其中：财政性存款余额223.54亿元，较年初增加8.87亿元，同比少增69.47亿元；机关团体存款余额772.52亿元，较年初增加159.04亿元，同比多增129.91亿元。全区非金融企业存款余额1314.79亿元，较年初增加278.57亿元，同比多增165.67亿元，增幅26.7%。其中：活期存款余额624.82亿元，较年初增加124.67亿元，同比多增102.76亿元；定期及其他存款余额689.97亿元，较年初增加153.90亿元，同比多增62.91亿元。

2019年底，余杭区外汇贷款余额18024万美元，较年初增加7424万美元，同比多增3462万美元，增幅70.1%，其中企业短期贷款余额16747万美元，较年初新增15011万美元，同比多增19884万美元，增幅865.0%。全区外汇存款余额48643万美元，较年初增加1652万美元，同比少减27533万美元，增幅4%，其中非金融企业存款余额35485万美元，较年初减少2121万美元，同比少减24628万美元，降幅6%。

2019年底，余杭区不良贷款余额8.52亿元，较年初减少3.83亿元，不良贷款率0.32%，较年初下降0.28个百分点。关注类贷款余额24.3亿元，较年初减少5.59亿元，关注贷款率0.92%，较年初下降0.5个百分点。从不良处置情况看，1—12月，全区银行业金融机构处置不良贷款18.99亿元，较上年增加2.17亿元。

【支持实体经济】 2019年，中国人民银行余杭支行贯彻落实稳健货币政策，研究制定《2019年货币信贷工作指导意见》，引导银行业金融机构把握稳健货币政策和宏观审慎政策内涵，增强金融支持实体经济发展的均衡性和可持续性。落实融资畅通工程，促进融资总量平稳适度增长，推动企业融资成本稳步下降。

【民生金融服务】 2019年，中国人民银行余杭支行印发《关于进一步加强和改进余杭区银行业金融机构服务民营企业的若干意见》，针对性出台10条具体措施，着力提升金融服务民营企业质效。联合区工商联制定《贯彻落实优化民营企业金融服务五项工作机制具体工作方案》，引导银行业金融机构深入服务企业，打通金融服务“最后一公里”。推广应收账款、专利权、排污权等各类抵（质）押融资业务，解决民营企业抵押融资难。开展“百名行长进民企”大走访活动，加强政策宣讲，优化金融服务，做好融资对接，助推企业发展，为余杭民营经济发展提供金融保障。

【金融调查研究】 2019年，中国人民银行余杭支行赴全区银行业金融机构和企业调研，为地方政府提供第一手资料。全年先后完成民营企业融资、小微企业贷款融资成本、区域金融风险、金融支持农垦、企业用工状况、中美贸易摩擦对产业转移影响、企业应收账款、出口企业融资等快速调查，自主组织县域银行业金融机构信贷审批权限、中美贸易摩擦升级对余杭区涉美出口重点企业的影响、余杭区工业厂房抵押授信评估价值偏低等热点问题调研。全年编发《余杭金融》12期，上报调研报告23篇，信息80余篇。编纂完成《余杭金融志（第三卷2006—2015）》。

【金融风险监测分析】 2019年，中国人民银行余杭支行按月关注大额不良贷款增减变化情况，按季排摸全区金融风险，定期监测分析辖内银行融资规模超10亿元的民营企业以及有经营问题的大型民营企业。针对包商银行出险情况，完成对辖区涉案主体相关债权债务的调查摸底。配合区政府做好限制类企业的准入联审工作，多次召开民营企业融资协调会，缓解多家大中型民营企业的流动性问题。

【金融支付服务环境优化】 2019年，中国人民银行余杭支行落实“最多跑一次”改革要求，开展企业银行账户改革试点。推进农村支付环境建设，拓展智慧支付在辖区菜场、停车、景区、交通、医疗、学校、政务等领域的应用场景。建立重点推广企业名单制度，持续推进电子商业汇票应用。对个人Ⅱ、Ⅲ类账户业务、电子商业承兑汇票业务、跨境无证经营支付业务、银行卡助农取款服务等开展风险排查，开展打击治理电信网络诈骗活动，维护区域支付市场秩序。

【外汇管理】 2019年，中国人民银行余杭支行研究分析跨境贸易投资便利化新规，让企业享受便利化政策红利。围绕“优化外汇金融服务，助推浙江外贸高质量发展”主题，开展“诚信兴商”与“最多跑一次”政策服务宣传活动。针对中美贸易摩擦情况，走访调研多家对美出口额较大企业，提供疑难解答、政策指导服务。加大对新备案企业或新发生进出口业务企业柜面辅导力度，提高企业贸易信贷报告报送的及时性和准确性。落实全口径跨境资本流动分析框架和数据采集制度，巩固完善事中事后监管机制。定期做好申报数据用途、金额等要素的监测分析，确保资本项目系统用途代码等信息申报准确。跟踪外债规模与结构变化，做好境外放款主体资格、交易背景、资金用途、跨境担保、数据报送等方面监管和统计工作。

【外汇金融秩序维护】 2019年，中国人民银行余杭支行开展日常监测，对辖区重点企业开展虚假贸易、出口不收汇和少收汇、异常贸易融资等专项核查。探索建立货物贸易问题企业信息库，提升“互联网+监管”效率。督促银行业金融机构保障个人合规用汇，有效识别并拦截大额、高频等可疑交易。组织对4家银行业金融机构开展国际收支专项核查，对2家银行业金融机构进行外汇业务合规性检查。做好辖内32家外汇指定银行2019年度外汇业务合规与审慎经营情况评估工作。

【国库管理】 2019年，中国人民银行余杭支行修订完善国库内控制度13项。探索建立“机控为主、人控为辅”的内控管理机制，国库资金运行实现“零案件”。做好国库资金异动监测与财政专户监测。做好对商业银行代理的国库集中收付、国库经收及国债服务等业务的考核、通报，推动形成商业银行代理国库业务综合管理与服务模式。指导其开展凭证式国债到期兑付提醒和到期约定转存业务，维护国债投资者利益。

【人民币管理】 2019年，中国人民银行余杭支行研究制定《2019—2021年余杭区现金服务示范区域三年创建方案》，完善《余杭区银行业金融机构窗口人民币服务指引》。强化新版人民币发行的组织领导与统筹协调，保障新版人民币发行平稳过渡，开展打击整治假币违法犯罪与违规使用人民币图样行为专项行动。组织“大篷车”流动服务，推动实现小面额人民币服务全区全覆盖。加强银行业金融机构全额清分管理，提升流通中人民币整洁度。落实纪念币发行相关工作要求。做好法人机构反洗钱分类评级，组织对2家银行业金融机构开展反洗钱现场走访活动。部署完成反洗钱自评估工作。

【金融消费权益保护】 2019年，中国人民银行余杭支行开展“两综合两管理”①工作，组织对辖区银行机构开展支付结算、国库、征信等专项执法检查，对渤海银行余杭支行、交通银行余杭支行进行综合执法检查，完成对北京银行未来科技城支行、招商银行未来科技城支行等2家一级支行的开业核验。修订综合评价考核办法，完成对辖区2018年度42家在营银行机构的综合评价。做好辖区2018年度在营银行机构金融消费权益保护评估工作，上报辖区普惠金融工作情况分析报告。妥善处理金融消费者投诉事项，全年受理并处理金融消费者投诉件23件。牵头组织全区银行机构开展各类宣传活动10余次，发放宣传资料8000余份，接受咨询1200余人次。优化“征信服务示范点”窗口服务。全年新增一台自助查询机布放于建设银行余杭支行营业大厅。帮助解决多笔个人征信异议投诉。

① “两综合两管理”：新设金融机构开业报告管理和金融稳定重大事项报告管理，金融机构综合执法检查和综合评价。

（朱楚禹）

2019年11月10日，2019中国杭州国际人才交流与项目合作大会余杭分会场暨“国际人才月”启动仪式举行。余杭区在全省首试政保合作“人才创业险” （浙江银保监局余杭监管组 供稿）

·银行与保险业监管·

【概况】 2019年6月18日，中国银保监会浙江监管局余杭监管组（下称“浙江银保监局余杭监管组”）挂牌，承担余杭区辖内银行机构、保险机构的依法监督管理职责。截至年底，全区银行机构网点301个，比上年末增加8个；全区保险机构网点136个，比上年末增加4个。

【浙江银保监局设立直辖余杭监管组】 2019年6月18日，浙江银保监局在余杭区设立监管组，浙江银保监局局长包祖明、副局长周立新以及余杭区区长陈如根和区委常委、副区长王志强出席设立大会，共同宣布余杭监管组成立并授牌。余杭监管组设立后，主要根据浙江银保监局的授权，依法负责辖内银行业保险业的监管工作。主要职责是：负责辖内银行业和保险业的机构、业务、高管人员的监督管理，主要是对辖内银行保险业金融机构及其分支机构的设立、变更、终止及业务范围进行审查；负责组织实施对辖内银行保险业金融机构的现场和非现场监管，查处金融违法、违规行为；对辖内银行保险业金融机构及其分支机构高级管理人员任职资格进行审查；负责统计、上报辖内银行保险业金融机构的有关数据和信息；负责对辖内银行保险业金融风险进行分析研究，并会同有关部门提出风险处置意见和建议；负责银行业、保险业同业行业协会的管理、指导和监督。

挂牌设立以来，强化监管引

领，谋划启动“融资畅通工程”、金融助力余杭双创引领专项行动、科技金融“余杭”模式等工作，因地制宜提出并配合区委组织部在全省首试政保合作“人才创业险”、创新“人才贷+人才险”金融服务，配合区财政局和未来科技城试点商业可持续的投贷联动服务，配合市规划和自然资源局余杭分局探索总对总不动产抵押登记网络化试运行和在全省率先开展不动产联办试点，组织建立“组团式宣讲+服务专员”常态化金融对接机制、探索实施重点行业企业“一对一”服务，推动科技金融“余杭先行区建设”。

【余杭区在全省首试政保合作“人才创业险”】
2019年，在区委组织部、区科技局、区财政局、未来科技城管委会和浙江银保监局余杭监管组合力推动下，经人保财险、太平洋财险浙江分公司共同努力，针对高层次人才创业保障需求，余杭区在全省首试3款针对性的政保合作创业保险产品，形成针对科技创新较为完善的保险保障机制。12月，“人才创业险”在未来科技城试点。

（周飞连）

·政策性银行·

【中国农业发展银行杭州市余杭支行】 2019年，实现存款39930万元，日均存款40132万元；各项贷款266182万元，日均贷款309825万元；累计清收不良贷款本金1446.5万元，收回欠息755万元，至此，支行不良贷款双结零；完成账面利润4432万元、人均创利261万元的成绩。

（邵嵩）

·国有商业银行·

【中国工商银行股份有限公司杭州余杭支行】 截至2019年底，本外币全部存款日均余额172.9亿元，较上年增长25.4亿元；各项贷款日均余额83.6亿元，比上年增长8.83亿元；表外信贷资产11.96亿元；不良贷款余额54万元，较年初下降32.88万元。截至年底，全行服务对公结算客户5500余户，公司信贷客户181户，个人信贷客户6000余户，个人结算客户51.86万户。

加快临平城区综合改造、数字产业、亚运场馆改扩建等政府项目资金投放，支持余杭区打造接轨大上海融入长三角桥头堡。推出“e抵快贷”“经营快贷”等新产品，将信贷资源向民营企业、制造业企业及科技型企业倾斜。全年全行小微贷款余额净增25531万元，新增小微客户数108户。

2019年，支行在临平山北新区块和临平新城区块等人口集聚区域迁址新建网点。全年开展专题活动50余次，宣传覆盖客户3000余人。完成ETC签约15358户。

（沈亚青）

【中国农业银行股份有限公司杭州余杭支行】 截至2019年底，本外币各项存款余额为217.17亿元（市分行口径，下同），各项存款比年初增加41.1亿元，比上年同期多增11.31亿元，增幅18.93%，市分行存款份额占比5.68%，比上年同期增加0.25个百分点。其中：对公存款146.71亿元，比年初增加34.81亿元，比上年同期增加5.02亿元；个人存款70.46亿元，比年初增加6.29亿元，比上年同期增加0.55亿元。各项存款日均为198.69亿元，比上年日均增加34.43亿元，较年初增加22.62亿元。截至年底，各项贷款余额118.33亿元，比年初增加11.89亿元，增幅11.17%。其中：法人贷款余额55.04亿元，比年初增加1.95亿元；个人贷款余额63.29亿元，比年初增加9.94亿元。不良贷款清收额和控制额、关注类贷款控制额完成市分行计划任务。

截至年底，支行中间业务收入8362万元，全行营业收入52358万元；净利润32779万元，拨备前利润45348万元，拨备后利润43225万元。

（骆静）

【中国银行股份有限公司杭州余杭支行】 2019年，本外币存款时点余额165.58亿元，当年新增19.13亿元，增幅13.06%；贷款时点余额125.19亿元，当年新增7.25亿元，增幅6.15%；不良贷款余额1269万元，比年初下降1331万元；国际结算业务量155461万美元，同比增长5.98%；全年实现净利润40031万元，比上年增加22894万元，增幅133.59%。

全年营销建设工程项目的农民工工资专户37

户，全行新增对公代发薪客户127户，新增代发人数23395人，代发金额22.83亿元。

截至年底，支行民营企业贷款余额28.9亿元；普惠金融小微企业贷款较年初新增2.7亿元。践行“最多跑一次”，推行线上服务，票E贴产品客户数55户，累计贴现金额2.34亿元；报关通宝产品，授信总量约1700万元。

2019年，支行连续4年被评为“浙江省分行中银卓越集体”。

（王丽红）

【中国建设银行股份有限公司杭州余杭支行】 截至2019年底，人民银行口径本外币一般性存款时点余额224.2亿元，较年初新增63.02亿元；本外币各项贷款余额174.4亿元，比年初新增31.08亿元；不良贷款余额0.44亿元，比年初增加0.17亿元。

推出科技云贷、个体工商户经营快贷、入园贷、租赁金通等产品。推出“民工惠”、网络供应链“e信通”等业务，全年落地“e信通”71笔，累计融资余额2.03亿元。与杭州余杭政策性融资担保有限公司合作搭建余杭经济技术开发区、临平新城两个“风险池”平台。与区农业农村局合作，将普惠贷款产品上线“新农直报”APP。配合省银保监会、市规划和自然资源局余杭分局试点推行“互联网+不动产登记”，落地全省首笔业务。全年新增普惠（小企业）户数462户，贷款余额增加7.54亿元。

为良渚戒毒所、余杭戒毒所上线智慧政法平台；为余杭区良山学校打造线上线下一条龙服务的教育综合服务平台；党群综合服务平台上线80家；安心养老综合服务平台上线1家；联合区卫生健康局开发生育补助金发放系统；联合区第一人民医院上线“智慧医院一卡通”；为余杭区卫生进修学校打造手机银行“悦生活”+聚合支付扫码盒子+POS收款+“中职卡”学费代扣的多渠道学费缴交模式；成为新增中标银行中首家完成土地使用权网上交易系统对接的银行；配合区人力社保和区税务局上线社保两费税务征缴系统；与余杭晨报社合作，上线年度内杭州分行唯一一家“直销银行”。联合余杭区烟草局，完成烟草商户现代终端建设集中签约618户，全年交易笔数9.8万余笔，交易金额2200余万元。上线良渚古城遗址公园票务系统。全年新增裕农通服务点241个，累计覆盖行政村211个，其中文明村24个。累计投放“文明助农贷”102户，金额2499万元，全年投放“好家庭信用贷”44户，金额1213万元。在杭州辖区率先发布退役军人专属“红卡”。推出专项固定资产贷款“亚运贷”，用于余杭区亚运场馆改建工程的开发建设。全年落地“投贷联动”9笔，新增贷款3522万元。支行“晓勤公益之家”全年联合10余家外部单位先后开展20余场公益活动，为四川、贵州、浙江等山区捐献爱心。

2019年，支行被评为“浙江省分行系统基层党建高地”，被杭州市总工会授予“杭州市先进职工小家”，支行营业部被评为“2019年中国银行业文明规范服务五星级网点”。支行员工叶晓勤被评为总行“最美建行人”，获得全国金融五一劳动奖章，被区文明办评为“新美丽余杭人”。

（俞丹玲）

·股份制银行·

【交通银行股份有限公司杭州余杭支行】 2019

中国建设银行有限公司杭州余杭支行员工叶晓勤（左三）获得全国金融五一劳动奖章 （中国建设银行有限公司杭州余杭支行 供稿）

年，营销杭州老板电器股份有限公司定制企业大额存单3亿元，半年期结构性存款3亿元。中标余杭区财政三年期定期存款0.8亿元，一年期定期存款1.4亿元；中标余杭区公积金一年期定期存款3500万元；中标余杭区房管处住宅维修基金2亿元。

截至年底，支行上报区交通集团安置房项目、余杭经济技术开发区临东二期项目、三角村安置房项目、杭州临平新城科创发展有限公司数字经济园项目等政府项目6户。8月，支行获得1000万元普惠业务专项融资授权资格，截至12月末，审批权限内审批业务10笔，授信总额度5365万元，总敞口3765万元，其中快捷抵押贷7笔，一般授信3笔。

截至年底，不良贷款余额1507.03万元，较年初下降5421.11万元，不良率降至0.35%。处置杭州聚能环保科技股份有限公司抵押资产，全额收回不良资产本金6800万元。

（包敏燕）

【中信银行股份有限公司杭州余杭支行】　截至2019年底，各项存款余额186.11亿元，比年初增加29.02亿元，增幅18.5%，列余杭区股份制银行第一位，余杭区金融机构第五位。其中：对公一般性存款余额161.52亿元，比年初增加22.77亿元，增幅16.4%，市场占有率6.97%；个人存款余额24.59亿元，比年初增加6.25亿元，增幅34.1%。

截至年底，支行各项贷款余额145.12亿元，新增15.7亿元，增幅12.13%，其中一般性贷款余额145.04亿元，新增16.18亿元，增幅12.6%。对公一般性贷款余额99.66亿元，比上年同期增加15.27亿元，增幅18.1%。零售贷款余额45.38亿元，比上年同期增加9086万元（分行个贷余额超限，零售贷款因分行要求资产转让31023万元，实际新增40109万元），增幅2.04%。零售贷款项下个人住房贷款33.63亿元，比年初增加7798万元，增幅2.37%；个人经营性贷款8.45亿元，比年初增加1.69亿元，增幅24.94%。票据融资余额843万元，比年初减少4773万元。年末对公表外、表表外资产余额176.46亿元（含发债122亿元），比年初新增34.42亿元。年末贷款不良率0.4%，比年初下降0.51个百分点，为近5年来新低，信贷风险总体可控。

2019年，支行在人民银行余杭支行开展的金融机构综合评级为A级；在杭州分行建行25周年之际，被评为先进支行。支行李煜秋被评为总行级优秀员工；支行信贷管理部徐伟锋被评为总行级优秀共产党员。

（金云霄）

【杭州银行股份有限公司余杭支行】　截至2019年底，资产总额151.01亿元，全年各项收入总额8.95亿元，各项支出总额5.64亿元，全年实现账面利润2.72亿元，比上年增加1401万元。全年缴纳各项税金2314万元，其中，增值税1688万元，各项附加税203万元，印花税27万元，房产及土地税33万元，个人所得税363万元。

截至年底，支行各项存款余额146.75亿元，其中，对公存款121.26亿元，住户存款25.49亿元。各项存款较年初增加20.93亿元，增长16.64%，各项贷款（含贴现）余额人民币100.78亿元，比年初增加23.55亿元，增长30.49%，其中，短期贷款余额人民币27.81亿元，中长期贷款余额人民币72.97亿元。支行各项理财日均余额63.65亿元，其中，公司理财日均12.28亿元，零售理财日均50.08亿元。2019年度国际结算量5.09亿美元。

2019年完成项目报批23个，授信金额206亿元，其中，购债额度53.5亿元，政府重点项目表内贷款余额40.56亿元，新增17.7亿元，表外余额35.2亿元。截至年底，工业制造业贷款余额12.84亿元，批发和零售业贷款余额人民币14.83亿元，表外承兑汇票余额19.61亿元，开立信用证余额4.67亿元，开立保函余额2.34亿元，与上年底相比，表内外融资增加11亿元。全年支行在线投标保函新准入客户107户，开立保函1212笔，用信4.18亿元。国际结算量5亿美元，新增国际结算客户16户。全年新开立结算账户客户1061户，新增重点客户89户。

推出线上申请、系统模型审批的微贷产品“税金贷”和“退税贷”，最高授信金额分别为100万元和200万元。截至年底，“税金贷”系列产品累计发放66笔，累计发放金额1723万元，户均贷款余额26万元。

针对拥有自有优质住宅的小企业主开发的“云抵贷”最高额度500万元。推出“3天放款承诺”的机制，延迟一天客户免息一天。“云抵贷”产品支行授信金额44999万元，小微客户用信余额32446万元，授信客户数348户，户均余额93万元。

推广“公鸡贷”，全年扫码3575笔，新增贷款4849万元，贷款余额31657万元。上线综合财富服务平台（杭州银行WE理财平台），截至年底，注册客户6148户，签约客户5383户，新签约客户2091户，从平台购买产品客户数4075户，平台累计销量理财产品27.11亿元。上线与美团联名信用卡，申请量900余户。

（唐爱萍）

【浙江杭州余杭农村商业银行股份有限公司】 截至2019年底，各项存款余额986.45亿元，比年初增加138.38亿元，增幅16.32%；各项贷款余额630.52亿元，比年初增加120亿元，增幅23.47%。普惠签约率44.83%，比年初增加13.92个百分点。贷款户数77236户，比年初增加17042户。互联网个人客户数86.22万户，互联网个人客户覆盖率为74.45%，比年初增加18.89个百分点。不良率0.79%，比年初下降0.19个百分点。2019年，实现各项收入50.31亿元，同比增加4.25亿元，增幅为9.22%。

联合区农业农村局发行村务卡及推出“村资通”村级账户监管项目。全年民营企业贷款增速为17.13%；独家运营2亿元政府转贷周转资金，全年为2167户中小微企业及个体经营者办理转贷业务。挂牌成为余杭区“社会保险业务服务点”，并在营业网点内布放自助机具。推进“智慧医疗”“智慧驾校”等项目；上线不动产抵押登记及注销全流程网办业务。推广“浙里贷·市民信用贷”“房就贷”“房续贷”等产品。

全年处置不良贷款2.78亿元。创建中国银行业文明规范服务五星级营业网点1家、省市级文明规范服务示范单位4家。

（陈伟良）

【兴业银行股份有限公司杭州余杭支行】 截至2019年底，本外币一般性存款余额为686257万元（比年初增长70167万元），其中，本外币公司存款余额592633万元（比年初增长20579万元），本外币储蓄存款余额78016万元（比年初新增23428万元）；本外币存款日均余额764211万元，其中，本外币公司存款日均余额690512万元，储蓄存款日均余额65838万元。

截至年底，各项贷款余额699547万元（未包含表外非标业务47.07亿元、投债14.9亿元以及8.2亿元资产证券化贷款），较年初新增61080万元，增幅9.8%，其中公司贷款余额364763万元（未包含资产证券化1.8亿元），较年初新增71738万元；个人贷款余额335141万元（未包含资产证券化6.4亿元），较年初下降10658万元。各项贷款日均675715万元，较年初新增74077万元。截至年底，不良贷款率为零。

2019年度，支行被分行授予“企业金融业务优胜奖”和“企业金融开拓创新特别贡献奖”。在2019年度余杭区银行业金融机构金融消费权益保护工作评估中获得A类行称号。

（何方平）

【招商银行股份有限公司杭州余杭支行】 2019年11月，整合原高教路、科技城支行的公司团队，分设临平及未来科技城2个办公区域。截至年底，储蓄存款时点余额人民币6.53亿元，较年初增加1.32亿元；日均5.60亿元，较年初增加1.01亿元。截至年底，人民币对公时点存款余额人民币54.91亿元，较年初增加34.93亿元；日均45.35亿元，较年初增加12.43亿元。对公存款余额和日均较年初均有大幅增长。

截至年底，对公授信已提款敞口客户67户，较年初新增49户。敞口余额35.57亿元，其中，表内对公贷款21.56亿元、承兑融资敞口1.51亿元，国内信用证0.6亿元、保理敞口0.13亿元、保函敞口0.3亿元、内保外贷1.64亿元、其他1.83亿元、表外新兴融资8亿元。实现良渚农副物流政府平台过桥融资信托流贷投放2.5亿元，实现对西湖城投信托流贷投放5亿元。

截至年底，零售贷款余额人民币25.22亿元，较年初增加5.61亿元。其中：个人住房贷款余额16.32亿元，较年初增加2.82亿元；经营性贷款余额12亿元，较年初增加2.62亿元。当年新增经营性贷款中近六成投向小微贷款领域。为减轻实体经济融资成本降低执行利率、年化利率在4.8%~5.3%。

全年个人新开户20216户，总客户规模为9.5万户，其中有效基客和双金以上客户分别新增99户和70户；AUM16.72亿元（仅支行端），较年初新增6173万元。

截至年底，不良贷款余额829.81万元，不良贷款率0.25%，较年初下降2.64%。无对公表内不良贷款。累计收回对公不良资产1.3亿元，其中杭州尼加拉置业有限公司通过抵押物处置已全额收回。审批未来科技城7.1亿元安置项目。农副物流发债过桥融资的对公代销产品发行5亿元。累计和10家余杭区上市企业建立业务关系。全年落地代发企业3家，代发人数约600人。对接浙江清华长三角研究院余杭项目、杭州因诺科技发展有限公司、余杭经济技术开发区人力资源产业园、东湖高新杭州生物医药产业园等园区，落地对公开户10余户，代发100余人。

（沈金华）

【华夏银行股份有限公司杭州余杭支行】 截至2019年底，支行存款余额57.54亿元，贷款余额40.91亿元。2019年获得总行先进基层党组织、分行先进基层党组织等称号。

（李文）

【中国光大银行股份有限公司杭州余杭支行】 截至2019年底，一般性存款日均规模38.69亿元，较上年度新增5.62亿元。一般性存款时点余额40.93亿元，较年初新增0.38亿元。其中：对公日均33.73亿元，较上年度新增4.34亿元，时点35.3亿元，较年初下降9400万元；对私日均4.96亿元，较上年度新增1.29亿元，时点5.63亿元，较年初新增1.32亿元。各项贷款余额22.13亿元，存贷比54%，其中，对公贷款余额17.22亿元，对私贷款余额4.91亿元。截至12月底，对公不良余额为零，对私不良余额149.94万元，不良率0.06%。

模式化推广“知识产权业务”“政采贷业务”，推出“光大快贷”业务，减轻企业负担，助力发展。全年利用集团全牌照优势发行债务融资工具4笔41.24亿元。围绕“党员带头下企业，金融服务送到家”主题，走访5个社区、2个农贸市场、37家企业，开展金融宣传，打通普惠金融服务“最后一公里”。全年外出宣教77次，其中下工地68次，宣教4500人次。2019年，被评为2019年度中国光大银行先进集体、第六轮银行业金融安全评估工作优秀集体、2019年度余杭区移动支付便民工程建设技能竞赛股份制银行第一名，行长杜淳获“浙江金融五一巾帼标兵”称号。

（任津津）

【浙商银行股份有限公司杭州余杭支行】 截至2019年底，各项存款余额64.08亿元，各项贷款余额52.40亿元。

2019年，发展“房抵点易贷”“信用通”“余值贷”等特色产品，帮助小微企业主实现“在线申请、线上评估、自动审批、网上签约提款”，践行贷款融资“最多跑一次”。推出“还贷通·连续贷”等产品，企业无需转贷。截至年底，实现国标小微企业贷款余额28.13亿元，较上年末净增2.15亿元，客户数1109户。

2019年，面向小微企业、民营企业推出池化融资平台、易企银平台、应收款链平台等“三大平台”，打造平台化服务银行。截至年底，支行实现资产池有效客户100余户，当年入池票据17.35亿元，应收款保兑客户近20户，当年保兑业务量新增逾2亿元。

年底，个人金融资产余额逾55.65亿元。第四季度推出针对个人的“e家银”资产池业务。

（孙琴）

【浙江稠州商业银行股份有限公司杭州余杭支行】

截至2019年底，各项存款余额汇总人民币31.21亿元，各项贷款余额26.70亿元，存贷比85.55%。截至年底，支行“村民贷”产品有户数847户，贷款余额37372万元，占总贷款余额的14%。针对中小企业主、个体工商户的“市民贷”有户数464户，贷款余额79067万元，占总贷款余额的29.62%。为优质本地客户提供小额保证、信用类贷款的“安心贷”有客户120户，余额5239万元。8月，推出的“税易贷”产品，截至年底，有客户8户，余额262.7万元。

2019年，获得“总行级标杆服务网点”称号。

（何艳飞）

【浙江余杭德商村镇银行股份有限公司】 截至2019年底，各项存款35.83亿元，比年初增加7.29亿元，增长25.54%。其中对私存款余额23.94亿元，比年初增加5.90亿元，占比66.82%。对公存款余额11.89亿元，比年初增加1.39亿万元，占比33.18%。各项贷款余额34.06亿元，比年初增加4.41亿元，增长14.87%；贷款户数8422户，比年初增加1683户。开立个人网银（不含挂靠）8322户，比年初新增2522户；企业网银319户，比年初新增48户，手机银行开户数为8351户，比年初新增2344户；累计发行借记卡33412张，余额16565.53万元。2019年，实现各项收入25374.01

万元，比上年同期增长 3190.81 万元，增幅 14.38%；各项支出 18401.45 万元，比上年同期增加 2816.25 万元，增幅 18.07%；实现利润总额 7002.01 万元，比上年同期增加 395.61 万元，增幅 5.99%。

以“普惠金融网格化管理”和“驻村客户经理制”为抓手，建立整村授信示范村。截至年底，全行整村授信户数 3875 户，其中示范村整村授信 3438 户。推出“加保贷”组合贷款产品，支持小微企业成长。优化信贷流程，与杭州中房信息科技有限公司合作，启用“房地产信贷风险控制系统”。1 月 29 日，仁和支行开业。截至年底，有 11 家网点。

2019 年，余杭区银行业金融机构金融消费权益保护评估工作中被评定为 A 等，在余杭区取消企业银行账户许可工作竞赛中获国有银行组（含地方法人和邮储银行）第二名，在全区银行业金融机构可疑交易报告工作中被通报表扬，在杭州辖内银行金融机构非现场监管报表考核中获一等奖。

（金丽萍）

·保险公司·

【中国太平洋财产保险股份有限公司杭州市余杭支公司】 2019 年，保费规模为 3.06 亿元，其中车险保费收入 2.46 亿元，非车险保费收入 0.60 亿元，同比增长 13.89%。

成立余杭区首家“警保合作便民服务站”，为车险客户提供警保一站式服务。参与区内“人才创业险”探索，全省首试行业首单人才创业险落地太平洋产险余杭支公司。实施首台套责任保险、新材料责任保险、生命科学责任保险、安全生产责任险。茶叶低温气象指数保险赔付涉及茶园触赔面积 1617.67 公顷，触赔亩数覆盖率超 90%。

（甘芬芳）

余杭区首家“警保合作便民服务站”揭牌成立

（中国太平洋财产保险股份有限公司杭州市余杭支公司　供稿）

编辑：郭贤松

经济管理与监督

Economic Management

·经济体制改革·

【"最多跑一次"改革】 2019年，余杭区实现企业开办一日办结、一般企业投资项目开工前审批"最多60天"，新批工业用地100%"标准地"出让，全面落实省在线审批监管平台3.0版应用，"一件事"联动办理、一次办结覆盖81个事项。机关内部"最多跑一次"改革覆盖事项367项，办事提速51.6%。健全政务服务体系，实现"一窗受理"平台、镇（街道）全覆盖，办事服务综合自助机村（社区）全覆盖。

【营商环境改革】 2019年，余杭区落实打造一流国际营商环境60条意见，统筹攻坚71项年度重点工作，推进13项营商环境便利化行动，完成各级营商环境评价，补齐弱项。

【全面创新改革试验区建设】 2019年，余杭区统筹推进"创新平台建设提升""现代产业高地建设""创新生态系统营造"三大专项行动，实施十大领域14个三年行动计划，通过学习南山、滨江等地先进做法，结合实际制定《关于加快全域创新策源地建设 推动经济高质量可持续快发展的若干政策意见》等政策文件，为企业创新发展提供政策支持。

【重大孵化器建设】 2019年，余杭区启动大孵化器战略三年行动计划。全区新增孵化载体45个，新增物理空间184.3万平方米，引进培育科技型中小微企业1322家。新增市级以上科技企业孵化器9家，其中，国家级1家、省级3家。新增市级以上众创空间18家，其中省级9家，省级众创空间新增数列全省第一。

【数字经济先行区机制建设】 2019年，余杭区出台《2019年度余杭区数字经济"三化融合"专项考核办法》，编制《余杭区5G产业发展规划方案（2019—2022年）》。引进中国信息通信研究院5G（杭州）应用创新服务平台等创新机构，打造中国（杭州）人工智能小镇、中国（杭州）5G创新园等特色平台。成立余杭区首席信息官俱乐部和智能制造服务商联盟，举办中国（杭州）工业互联网大会和工业互联网APP大赛。开通涵盖临平新城、良渚新城和未来科技城核心区块超过900个5G试点基站，完成全区5G网络全覆盖。联合华为技术有限公司在未来科技城区域完成余杭首个汇聚层5G组网，完成梦想小镇国际名校名院名企联合研究院沿线站点开通测试。

【国资国企改革】 2019年，余杭区出台《关于进一步深化全区国资国企改革方案》，以杭州余杭创新投资有限公司和杭州余杭交通集团有限公司为先行试点，通过注入优质资产资源、投资战略性经营资产等方式推动国有企业加快向市场化、实体化方向转型。完成覆盖平台、镇（街道）、国有企业、行政事业单位闲置资产资金清查专项工作。

【企业上市】 截至2019年底，全区上市企业累计25家（新增3家），新三板挂牌企业累计66家，浙江股权交易中心挂牌企业累计1389家。上市培育企业61家。

【知识产权综合管理】 2019年，余杭区推进杭州知识产权创新产业园建设，推动知识产权质押融资试点，引进美国专利业务排名第一的斐锐专利律师事务所、法国IPSIDE知识产权律师事务所等110余家国内外知识产权服务机构。

【招商引资体制机制改革】 2019年，余杭区谋划数字经济（人工智能）、高端装备制造、生物医药3条精准招商产业链，绘制产业招商目标图和导引图，用大数据构建动态靶向企业库。开展驻点招商，在北京、深圳、上海设立创新促进中心，多渠道建立招商资源库。举办季度重大项目集中签约活动，OPPO全球移动终端研发总部等100个优质产业项目签约。组织“新蓝图，新征程”2019年余杭区土地招商发布会、“双创”活动周“余杭之夜”、余杭（上海）产业合作恳谈会等大型投资促进活动，吸引一批优质产业项目落户。

（李强）

·计　　划·

【区级政府投资项目】 2020年，全区安排区级政府投资项目470个，总投资1788.08亿元，2020年计划投资423.66亿元。其中，新建项目159个，总投资384.06亿元，2020年计划投资98.1亿元。新建项目中属于重大投资项目30个，总投资287.6亿元，2020年计划投资65.14亿元，其中3亿元以上项目（不含安置房）14个，总投资239.63亿元，2020年计划投资52.15亿元。续建项目311个，总投资1404.02亿元，2020年计划投资325.57亿元。

【镇（街道）投资项目】 2020年，安排镇（街道）投资项目308个，总投资305.14亿元，2020年计划投资112.44亿元。其中：新建项目163个，总投资56.96亿元，2020年计划投资38.31亿元；续建项目145个，总投资248.18亿元，2020年计划投资74.13亿元。

（谈琳琳）

·价格管理·

【落实降价政策】 2019年，降低一般工商业电费每千瓦时7.48分，区发改局对接区供电公司和区市场监管局，为清理和规范转供电检查提供政策保障。3次累计降低非居民用气价格0.64元/立方米，降幅16%。根据国家进一步促进旅游消费的意见，引导超山风景名胜区门票价格从60元/人·次降低到50元/人·次。

【解决市民之家停车痛点】 2019年，为缓解余杭区市民之家及周边交通拥堵和“停车难”问题，区发改局根据群众办事特点和时长，听取多方意见，优化停车收费方案，免费时间从15分钟延长至60分钟，每日封顶价由15元/辆·次调整到30元/辆·次，提高车位周转率。

【价格改革促进美丽余杭建设】 2019年，区发改局完成良渚古城城址区及内部观光游览车定价工作，保障良渚古城申遗成功、遗址公园开放。推进非居民生活垃圾处理服务收费改革，10月8日，起收费标准调整为基准量240元/吨，超基准量360元/吨，为生活垃圾分类的有序实施提供收费制度保障。12月1日起，新建商品住房前期物业收费标准从最高1.68元/建筑平方米·月调整到最高2.75元/建筑平方米·月，与杭州主城区2017年出台标准一致。

（沈寅峰）

·行政服务·

【概况】 2019年，区行政服务中心受理各类审批服务事项284.3万件，日均受理业务1万余件。公共资源交易中心余杭分中心完成交易项目2116项，交易金额829.44亿元。全区进行小额交易3359项，交易金额23.72亿元。区投资项目代办服务中心综合受理窗口进件3065件、出件2892件，“管家式”审批服务受理项目337个，协调推进“最多

100天”项目178个。

【“四级联动”政务服务体系构建】 2019年，余杭区通过办事服务综合自助机、“浙里办”APP、一窗受理等途径，构建“场所集约、服务集聚、数据集中、办事集成”的政务服务机制，实现更多事项“就近办理、全域通办”。区行政服务中心以“一件事”和“一窗通办”为标准，完善各板块综合受理模式和重点领域服务流程；商事登记和便民服务领域涉及的110个事项下延至分中心办理，实现4个分中心进驻事项统一、服务标准统一；镇（街道）便民服务平台配强力量，承接对外服务职能及原先需在镇（街道）职能科室办理的99个下延事项，开展“一窗受理”平台试点工作，实现首批42个事项“一窗受理”，10月底实现“一窗受理”平台镇（街道）全覆盖；村（社区）便民服务中心拓展可办事项至228项，组建流动“办事员”队伍，推行特殊人群网格员上门代办，实现高中频事项办理不出村（社区）。

【“一件事”联办改革】 2019年，根据省市要求，余杭区围绕群众、企业全生命周期“一件事”事项，提供联办服务。包括出生，婚姻，企业开办，水、电、气报装等所有81个公民“一件事”和企业“一件事”均可通过线下专窗提交、网上申报、手机APP申请等多种方式申请套餐式办理，实现一次申请、多部门联动办理、一次办结。2019年，“出生、收养、上学报名、婚姻、死亡殡葬”5个“一件事”，办件76861件，办件量居全市第一。在省市“一件事”要求的基础上，再精简办事材料28份，压缩办理时间25个工作日。

【“移动办事之区”建设】 2019年，余杭区实现“杭州办事服务”综合自助机村（社区）全覆盖，并向公共服务场所及人员密集场所延伸扩面，实现政务服务点位全覆盖。截至12月31日，累计安装综合自助机468台，覆盖网点438个，办理各类事项32.9万件，安装数量及办件量均位居杭州市各县（市、区）第一。在各自助机点位配备专兼职运维人员880名，实现运维服务体系全覆盖。

【重点领域改革】 2019年，余杭区不动产登记综合业务受理平台功能进行跨部门、多系统深度融合，首创“五个一”操作模式，实现简单业务45分钟出证。商事登记按照“一窗通办”要求，优化窗口设置，强化人员培训，实现市场监管、卫生健康等5个部门业务综合受理、分类审批。推进常态化企业开办一日办结改革，设置企业开办专窗，提供免费刻章服务，办事材料精简为4份，办理时间由3.5个工作日缩短至1个工作日。投资项目审批推行跨部门协同办公，加强数据和人员共享，在“一站式”审批服务平台实现资源组织、部门协作、流程优化和项目推进。全年受理管家式服务项目337个，协调推进“最多100天”项目178个。

【小额工程交易管理】 区公共资源交易管理办公室深化小额工程简易招标改革，2019年制定《余杭区小额工程建设项目工匠名录库管理办法》等4个配套文件，发布4期信息指导价，分两批完成1043名工匠的培训、宣传工作和第一批609名工匠名录名单的审核发布。与区纪委（监委）共同牵头组织相关行业主管部门，开展两次小额工程联合督查，对12个镇（街道）、24个项目进行督查检查。督促行业主管部门对违法违规企业予以惩处，其中5家施工企业被停止市场行为。研发集投标文件加密上传、开标现场解密、开标现场视频直播等功能于一体的全流程小额工程电子招投标系统，力争实现企业投标“跑零次”。

【公共资源交易项目服务保障】 2019年，余杭区与阿里巴巴集团战略合作，共同打造全国首个“互联网产权交易中心”，实现传统的人工拍卖向网络公开竞价的转换升级。截至12月31日，互联网产权交易中心所有拍卖成交标的218件，总成交额6186.39万元。全面实施全流程电子招投标，简化工作流程，降低人为风险，节约招投标成本。完善“互联网+政府采购”，加快推进“政采云”平台网上超市“全省一张网”、采购项目全流程电子化招投标、定点服务网上超市入驻等功能运用。保障全区重点采购项目，全年完成全区规模化政府采购项目5个，采购金额5150万元，资金节约率10.3%。完成“2019年十大民生实事项目”——“区教育系统公办幼儿园及小学单体式新风机项目”采购，采购预算2.2亿元、采购金额1.05亿元，节约资金1.15亿元。

（康惠）

·审　　计·

【概况】　2019年，区审计局组织实施计划内审计项目26个，累计查出管理不规范资金68.77亿元，节省财政资金4.89亿元，上缴违规资金0.30亿元，推动区委、区政府及相关主管部门出台制度30项。向区纪委、公安机关等移送案件线索23起。挖掘审计结果运用，编发审计专报（要情）41期，获区级及以上领导批示71篇次，其中省政府主要领导批示2篇次；3个项目被评为全市优秀审计项目，1个项目被评为全省优秀审计项目；内审工作获全市内审考核一等奖。组织完成137个政府投资项目竣工结算审计，送审结算造价合计56.78亿元，净核减3.56亿元，平均审计净核减率6.27%。

【政策跟踪审计】　2019年，区审计局组建跟踪审计领导小组，对杭州未来科技城学术交流中心建设项目、良渚古城遗址申遗和良渚文化国家公园建设项目进行跟踪审计；开展乡村振兴专项资金使用绩效、民办教育发展情况专项审计调查，推动区委、区政府重大民生决策部署落地生根；开展落后产能企业关停淘汰工作专项审计，助推供给侧结构性改革。

【大财政审计】　2019年，区审计局关注政府隐性债务管理、财政专项资金结余沉淀等审计事项，反映预算管理绩效体系尚未建立、已开展的专项资金绩效评价所占比重较小等问题，推动区财政部门出台《关于认真做好2019年余杭区财政专项支出预算绩效管理的通知》等文件制度。开展4个镇（街道）财政决算审计，并对农林水、政府购买服务等4项专项资金开展绩效审计，提出审计建议，盘活闲置存量资金43.94亿元。

【经济责任审计】　2019年，区审计局对全区11个单位35名领导干部开展经济责任审计，反映部分重大经济事项未经决策、部分镇（街道）产业园区低效管理等问题。对五常街道等4个镇（街道）领导干部经济责任审计时，同步实施自然资源资产离任审计。与区委巡察机构建立巡审联动机制，与区委组织部建立信息共享和结果会商机制，与区信访局等部门建立重点事项提前告知机制。对部分审计事项进行“容错纠错”认定，其中对部分美丽乡村精品村无标准公厕问题“容错纠错”案例被上级选用。

【政府投资项目审计】　2019年，区审计局对余杭区崇贤至老余杭段连接线（高架）工程等28个重大政府投资项目开展跟踪审计，项目投资总额459亿元，基本实现对重大基础设施、民生工程的审计监督全覆盖；组织完成137个政府投资项目竣工结算审计，净核减造价3.56亿元。针对投融资体制改革以来投资项目存在的新情况，通过对采用政府和社会资本合作模式、工程总承包模式、全过程咨询模式的投资项目开展专项审计调查，提出加强对PPP项目全寿命资金监管及参建单位履约管理等审计建议16条，区政府主要领导召开专题整改会议，推动出台《余杭区政府投资项目工程总承包实施意见》《政府投资改扩建项目可回收利用资产管理办法》等制度。

【审计整改】　2019年，区审计局构建和完善审计整改“立销号制”“联席会议制”和“季度专报制”，坚持“审计—整改—规范—提高”主线，找准审计查出问题“病灶”，并对整改事项“回头看”，实现审计整改闭环管理。2019年度纳入审计整改督查的项目，涉及审计发现的问题并提出审计建议197条。截至年底，完成整改191条，整改率96.95%。

【内审指导监督】　2019年，区审计局与近40家内审会员单位进行现场走访与经验交流，指导和帮助余杭经济技术开发区管委会等11家单位完善内审工作指引等15项制度。通过常态化以审带训等活动提升内审监督水平，组织880余人次参加区级及以上审计职业化培训。2019年，全区有6个内审项目（案例）获省级荣誉，23篇内审信息被市级以上审计报刊发表，内审工作获全市内审考核一等奖。

【大数据推动审计创新】　2019年，区审计局出台《审计电子数据管理办法》，把信息化、大数据作为推动审计工作创新发展的新“引擎”。在全省审计系统中率先引入BIM技术，在“三路一环”望梅路互通等7个重大政府投资项目跟踪审计中运用；对项目招投标等相关“碎片化”问题利用大数据整合功能，分析围标串标等问题线索；在自然资源资产审计中，运用GIS地理信息系统等大数据手段处理土地、水等数据信息，落实问题疑点。

（朱小芳）

·统计管理·

【经济普查】 2019年，区统计局和经济普查办公室完成全国第四次经济普查工作，普查登记单位58793家（第三次经济普查登记单位为25405家）。做好普查检查和指导。定期抽查底册核查情况，进行电话、实地抽查，确保普查对象和登记数据准确性。余杭区经济普查工作在全市排名第一，获得“全国第四次经济普查先进集体”称号。4月18日，国家统计局党组成员、副局长鲜祖德一行到余杭区调研，肯定余杭区的第四次全国经济普查工作。利用第四次全国经济普查资料，建立与部门共享的基本单位名录日常更新维护机制，对电子地图进行信息维护。加快数据资料开发进度，撰写技术业务文章，反映全区经济发展情况。

【统计服务】 2019年，区统计部门加强对GDP及工业、投资、服务业等主要经济指标的监测预警；做好对高质量发展、数字经济、民营经济、营商环境、节能降耗、绿色发展等的跟踪监测，确保统计数据真实反映余杭区转型升级成效和经济社会发展态势，全年撰写统计分析材料80余篇。开展“最多跑一次”民意调查、生活垃圾分类、平安余杭、民营企业高质量发展、民营企业惠企政策落实情况、特色小镇创新创业调查等问卷调查。推进“余杭统计”微信公众号平台建设，建立微信编辑机制，组建微信小编团队，通过统计数据图形化、图表化、通俗化等形式提升微信的可读性，及时宣传统计人物、统计改革、经济发展成果、统计知识等内容，发布微信111期，182篇，阅读量超20万次。累计编印《余杭概览》《统计月报》《统计年鉴》《统计与数据》等统计产品1万余册。

【固定资产投资统计】 2019年，全区新项目入库404个。区统计部门通过月度例会和督查核查等形式，通报投资进度情况，服务项目推进。制定余杭区投资统计数据质量核查工作方案，明确核查工作目的、要求和流程，抓好投资统计业务培训，推行“一项目一档案”统计基础工作，采取重点抽查方式对投资项目逐一核查，确保投资项目应统尽统，提高固定资产投资统计数据质量，建立健全数据质量核查方法和数据质量控制机制，强化审核、评估。

【工业统计】 2019年，区统计部门完成2018年科技创新指数测算，撰写余杭区2018年科技创新指数报告，在全区“全域创新”建设暨工信经济高质量发展推进大会上发布。副省长高兴夫对余杭区科创指数工作作出批示肯定。提升科技创新监测频率，加强对高新技术产业、数字经济、生物医药产业、战略新兴产业、高端装备制造业等产业、新产品产值率及财务状况月报中的研发费用等指标监测，跟踪之江实验室、阿里达摩院等重大创新平台及载体建设进程。

【服务业统计】 2019年，区统计部门完善全域旅游名录库建库、旅游消费结构系数、旅游增加值、特征企业界定等内容统计方法，开展全域旅游数据测算相关工作，协助做好全域旅游产业测算中特征企业寻访相关工作，提供“省全域旅游示范区”创建相关资料，为创建全域旅游示范区提供数据支撑。

【民生统计】 2019年，区统计部门制定余杭区群众安全感电话调查方案，按5‰人口调查方案要求，委托第三方机构对镇（街道）开展电话调查3次，为余杭平安创建和考核工作提供科学依据。通过加强辅助调查员建设、样本轮换、实地检查、质量评估等举措，做好居民消费价格指数（CPI）、月度劳动力监测、季度劳动工资、劳动用工、城乡居民收支调查、农村低收入户调查等民生统计工作。

【统计基础】 2019年，区统计部门制定并下发2019年度统计信用建设行动方案，指导各镇（街道、平台）与统计调查对象和统计从业人员签订统计诚信承诺书。完成16个镇（街道）信用建设动员部署，开展信用建设中期督查、信用检查评价工作。各镇（街道）推荐本级以上统计诚信单位企业1032家、统计诚信单位村（社区）246家，核实推荐23家企业为杭州市统计诚信单位。开展新任统计员业务培训和统计人员继续教育工作。建立培训档案程序化管理，稳定统计调查队伍。

【统计名录库管理】 2019年，区统计部门建立入库通报机制，对专业科室和名录库均审核通过的资料做到即审即录，及时修改名录库信息，通报当日入库情况，做到日清日结。开展部门行政数据月度交流工作，健全主要数据交流共享机制，指导镇（街道）、村（社区）两级名录库维护。注重日常沟通联系，确保每个村（社区）统计人员熟练掌握名录库维护工作，推进基层名录库维护节点延伸。

【统计改革】 2019年，区统计部门加强科技创新统计体系建设，加强产业监测，提升科技创新监测频率，完成2018年科技创新指数测算。对人才规模、结构、投入、环境等维度进行研究，重点突破人才总量、人才结构等难点数据的推算和测算，形成具有余杭特色的人才发展指数。探索建立乡村振兴统计指标体系，创新农村统计制度，制定出一套比较贴近余杭实际情况的乡村振兴统计监测体系。从产业兴旺、生态宜居、乡风文明、治理有效、生活富裕5个方面来设置统计指标，反映全区镇（街道）和村发展情况，提供乡村振兴相关数据。完成产业统计大数据平台（二期）项目开发建设，实现以地图形式对余杭产业经济进行空间和地理信息的分析，通过建立标准化数据分析模型（亩产论英雄），实现优质企业筛选及产业趋势预测和测算。

【统计法制】 2019年，区统计部门制定并下发《2019年度余杭区统计依法行政工作要点》和《2019年度余杭区统计普法宣传教育计划》。对镇（街道、平台）115名统计员进行统计法治系统培训，开设普法课堂，对18个镇（街道、平台）及企业进行统计法律法规宣讲，普法人数3500余人。开展诚信统计承诺活动，全区360个村（社区）、2800家“四上企业”、3000余名统计人员签订诚信统计承诺书，镇（街道）级以上统计诚信单位企业1009家，村（社区）279个。编印并发放《统计信用建设读本》，向全区各村（社区）和“四上企业”发放3500余本。2019年度核查、检查115家企业和8个村（社区），其中“双随机”检查45家，完成“掌上执法”55家，办结统计违法案件26起，全年无行政复议和行政诉讼案件，一般程序案件均在浙江政务网处罚系统流转并公示，全年无单位被认定为统计一般失信企业和统计严重失信企业。

（宋旭）

·安全生产监督管理·

【监管主体责任压实】 2019年，余杭区深化安全生产“1+X”责任体系建设，区长与副区长均签订“一岗双责”责任书，区政府与20个镇（街道）、3个平台和33个区级部门签订责任书。7个专委会定期研判安全生产形势，组织开展“双创”活动周公共安全保障、二季度事故防控攻坚、夏季安全专项整治、平安护航中华人民共和国成立70周年等活动。聚焦“企业信息数字化、宏观态势微观化、监管标准定量化”的目标，细化15项风险画像标签，制定六大类管理机制和27项具体要求并实行量化赋分，将安全生产要求落实到每个企业、环节、岗位、员工。

【安全示范创建】 2019年，区应急管理局强化事故预防预控，开展区、镇、村三级安全示范创建。从重点攻坚、工程建设两个层面，细化44项具体项目，实行列表制、清单制管理，全面铺开安全发展示范村（社区）创建，已开展创建的村（社区）336家。聚焦危险化学品、“三场所三企业”等重点领域，制定《安全风险辨识评估分级指南》，对289家重点企业进行评估分级，排查隐患1787项，其中重大隐患106项。

【数字应急品牌打造】 2019年，区应急管理局依托“城市大脑+智慧安监”系统，在归总辖区重点企业监管信息的基础上，以主体责任落实18项指标为支撑，开展隐患全天候在线监测监管。截至年底，系统监管企业7700余家。打通应急管理、人力社保、卫生健康等部门信息，依托工伤事故认定、医疗诊断外伤等数据，实现“系统归总数据—镇（街道）检查核查—部门重点执法—面上事故预警”。系统导入数据3982条，将215家企业纳入重点执法库。在危险化学品企业创新设置6个智能应用，推动系统识别隐患、预警风险、联动处置。全年监测报警3203起，及时处置率99.59%。

【打非治违行动】 2019年，区应急管理局在危险化学品领域，排查隐患8000余条，停产停业整顿企业18家，罚没金额49.8万元。在烟花爆竹领

2019 年 1 月 26 日，余杭区市场监督管理局（余杭区知识产权局）举行揭牌仪式

（区市场监管局　供稿）

域，查获非法烟花爆竹 966 箱，立案 22 起，行政拘留 14 人。在“三场所三企业”领域，检查企业 578 家次，停产停业整顿 28 家，关停企业 8 家，立案处罚企业 61 家。聚焦大安全领域，深化隐患治理 30 日工作法，统筹推进点上隐患治理、线上专项整治和面上责任落实。全年实施 9 轮曝光，曝光企业 110 家，排查整改隐患 1200 余条，拆除不安全建筑 1.6 万平方米。

【小微企业整治】　2019 年，区应急管理局以全市专项整治试点区为契机，重点围绕 10 个方面的突出问题，建立“目标 + 过程”责任考核、“综合 + 专项”督查督办、“线上 + 线下”联动联处等机制，统筹落实企业入库监管、风险管控日承诺、分级分类监管、“派单式”精准执法等举措，严查安全隐患、严管违法行为。截至年底，全区摸排小微企业园区 359 个，园区内企业 6077 家（其中危险化学品使用企业 141 家），出动检查 6000 余人次，检查生产经营单位 1.2 万余家次，处罚企业 55 家、关停 23 家、拆除不安全建筑面积 2.9 万平方米，投入整治金额 400 余万元，拘留 9 人。

（叶庆平）

·市场监督管理·

【市场监管体制改革】　2019 年，根据《杭州市余杭区机构改革方案》，将区发展和改革局（区物价局）的价格监督检查与反垄断相关职责、区科学技术局（区知识产权办公室）的知识产权保护协调职责、区商务局的商务综合行政执法、区盐务局的食盐质量安全管理与监督执法等划入区市场监督管理局（下称“区市场监管局”），加挂区知识产权局牌子；保留食品安全委员会，具体工作由区市场监管局承担；不再保留余杭区物价局、余杭区工商行政管理局、余杭区食品药品监督管理局、余杭区质量技术监督局、余杭区食品安全委员会办公室、余杭区知识产权办公室牌子。1 月 26 日，余杭区市场监管局（余杭区知识产权局）举行揭牌仪式。10 月 24 日，余杭区市场监管综合行政执法队举行挂牌仪式，整合市场监管、物价、专利、商务、盐业等领域执法职能，以市场监管部门名义统一行使行政处罚权及与之相关的行政检查、行政强制权，包括投诉举报的受理和行政处罚案件的立案、调查、处罚等，下沉执法力量，完善“一支队伍”“一盘棋”的市场监管治理体系。

【市场监管队伍建设】　2019 年，区市场监管局在“不忘初心、牢记使命”主题教育中开展保健市场乱象整治、打击侵害消费者个人信息行为、网络订餐食品安全三大专项行动及整治食品安全问题联合行动，帮助指导仁和街道普宁村烘青豆茶产业化发展。在“三服务”活动中走访企业、农（居）民、村（社）15436 次，解决各类问题 335 个，认领微心愿 177 个。2019 年，区市场监管局在杭州市市场监管系统县（市、区）局绩效考评中获优秀。余杭市场监管所成为浙江省唯一被评为“全国市场监管系统先进集体”的基层所，临平、乔司市场监管所被评为“五星级规范化市场监管所”，良渚、瓶窑、径山市场监管所被评为四星级，农副物流中心市场监管所被评为三星级；行政审批科（驻区行政服务中心窗口）被评为“2018—2019 年度省级青年文明号”，区食品药品监测中心被评为“2018—2019 年度市场监管（民个）系统市级青年文明号”；章冰等8人被评为2019年度杭州市“最美市场监管人”。

【市场主体提升发展】 2019年，余杭区新设市场主体100557家，同比增长123.61%，其中，新设内资企业24731家、外商投资企业201家、个体工商户75612家、农民专业合作社13家。截至年底，全区市场主体总数26.03万户（包括淘宝小镇电商个体户6.38万户），占杭州市市场主体总量的五分之一，居杭州市首位、浙江省第二。实施农贸市场改造提升工程，新增浙江省放心农贸市场4家、星级文明规范市场12家，余杭区被评为“2017—2019年度全省放心农贸市场建设工作成绩突出区”，区市场监管局被评为成绩突出集体。截至年底，余杭区有浙江省放心农贸市场19家、星级文明规范市场66家；拥有各类市场138家，其中，商品交易市场123家、生产要素市场4家、网上交易市场10家、服务市场1家。2019年，全区商品交易实体市场成交总额1233.6亿元，同比增长9.1%；网上交易市场成交额57.5亿元。在商品交易市场中，消费品市场成交额791亿元，生产资料市场成交额418.6亿元。

【小微企业成长】 2019年，余杭区滚动实施第二轮“小微企业三年成长计划（2018—2020年）”，新增小微企业22037家、“个转企”708家，筛选100家具有发展潜力、成长较好的小微企业进入全区首批培育库计划入库企业名单，被评为“小微企业三年成长计划”工作优秀县（市、区）。杭州优橙科技有限公司、杭州医智捷供应链管理有限公司、杭州碟滤膜技术有限公司被评为浙江省小微企业“成长之星”，浙江师范大学科技园发展有限公司被评为浙江省小微企业集聚发展“优秀平台”，杭州余杭家纺产业发展有限公司被评为浙江省服务小微企业“优秀机构”。7月，浙江省市场监管局发布《浙江省小微企业成长指数报告（2019年）》，余杭区2018年小微企业成长指数以148.94点连续两年领跑全省县（市、区），同比增长15.24%，其中小微企业综合贡献力指数、成长活跃度指数分别以174.23点和157.65点位列全省第一、第二。

【商事登记领域“最多跑一次”改革】 2019年，区市场监管局推进商事登记领域“最多跑一次”改革，获市委常委、区委书记张振丰批示肯定，省委常委、省委秘书长、省委改革办主任陈金彪在视察中对余杭商事登记工作予以肯定。1月7日，区市场监管局发出余杭区首张微商营业执照，也是全区第一张使用网络经营场所登记的个体工商户营业执照；3月28日，设立浙江省首批常态化企业开办专窗，将企业开办涉及的设立登记、公章刻制、银行开户、发票申领4个环节整合为“一日开办”套餐，实现常态化企业开办全流程“一件事”1个工作日办结；4月1日，全面推广企业开办全流程网报制度；5月5日，牵头全区18个相关审批部门，梳理81类商事登记事项，打造“无差别受理”商事登记综合窗口；6月10日，自主研发“一窗通智慧营商服务平台”；8月1日，发出余杭区首张“同城通办”营业执照；12月1日，上线优化经营场所审批系统；深化政银合作，12月2日，核发余杭区首张银行全程一体化代办营业执照。

【质量强区】 2019年，区市场监管局牵头完成余杭区质量考核工作，以总分100.5分在杭州市质量

2019年12月2日，杭州振鸿商务秘书有限公司在余杭农村商业银行的营业执照全程一体化自助服务机上，领到余杭区第一张由营业执照银行办理点代为现场申报、颁发的营业执照 （区市场监管局 供稿）

工作考核中获得第二名，连续6年被评为A级。出台《中共杭州市余杭区委　杭州市余杭区人民政府关于开展质量提升行动的实施意见》，举办以“共推高质量发展、共享高品质生活”为主题的“质量月”系列宣传活动，在杭州海康威视数字技术股份有限公司等企业开展质量提升美丽洲大讲堂活动4期，组织“质量开放日”活动，邀请人大代表、政协委员、消费者代表、新闻媒体参观千年舟新材料科技集团有限公司、杭州西奥电梯有限公司、杭州老板电器股份有限公司等政府质量奖、“品字标浙江制造”品牌企业。实施质量提升“双百示范”工程，重点培育装备制造、汽摩两大产业，指导杭州老板电器股份有限公司、杭州西奥电梯有限公司、华立集团股份有限公司、千年舟新材料科技集团有限公司提炼先进质量管理方法。组织卓越绩效和首席质量官、“品字标浙江制造”培训，新增首席质量官106名，全区有首席质量官574名。10月29日，“余杭家纺与服装产业质量基础服务平台”在余杭经济技术开发区浙江省家纺产业创新服务综合体挂牌。12月12日，举办《2018余杭质量白皮书》发布会暨美丽洲大讲堂质量论坛活动，国家质量管理与发展领域相关专家为余杭高质量发展建言献策。

【政府质量奖】　2019年，贝达药业股份有限公司获“杭州市政府质量奖”；杭州华光焊接新材料股份有限公司、杭州本松新材料技术股份有限公司、杭州胡庆余堂药业有限公司、杭州勇电照明有限公司、杭州新坐标科技股份有限公司获“余杭区政府质量奖”。截至年底，余杭区有“浙江省政府质量奖”提名奖企业1家，“杭州市政府质量奖”企业5家、提名奖企业3家，“余杭区政府质量奖”企业34家，梯队培育机制已形成。

【商标品牌战略】　2019年，余杭区新增有效注册商标27102件，同比增长43.87%，有效注册商标总量84176件，同比增长47.2%；仓前街道创建为“浙江省商标品牌示范乡镇（街道）”，杭州微光电子股份有限公司被评为“浙江省商标品牌示范企业”；开展商标质押登记，涉及商标5件，助企融资2.44亿元；选取43家家纺服装企业开展“品牌健康体检”活动，帮助杭州西湖味精集团有限公司、浙江铁流离合器股份有限公司、南方中金环境股份有限公司等企业打假维权，获赠多面锦旗。

【专利创造与运用】　2019年，余杭区入选“浙江省创造力十强县（市、区）”，万人发明专利拥有量28.74件，有效发明专利拥有量4607件，数字经济核心产业发明专利1355件。新增专利申请21315件（其中发明专利申请5671件）、专利授权12509件（其中发明专利授权982件），专利申请总量、授权总量均居浙江省首位；新增市级专利试点示范企业20家、区级专利示范企业24家、知识产权贯标企业111家；杭州老板电器股份有限公司、杭州东华链条集团有限公司、贝达药业股份有限公司被评为“国家知识产权示范企业”，千年舟新材料科技集团有限公司等8家企业被评为“国家知识产权优势企业”；杭州康德权饲料有限公司、浙江运达风电股份有限公司、华立科技股份有限公司的专利项目入围第21届中国专利优秀奖；未来科技城的5G产业导航和中电海康集团有限公司的磁随机储存器企业导航项目获省级导航项目资助。鼓励企业变“知产”为“资产”，对全区5600余件获权专利发放奖励资金2400余万元，34家企业向银行进行专利权质押，质押金额6.5亿元，同比增长160%。

【标准化战略】　2019年，余杭区企业参浙江运达风电股份有限公司、杭州智城惠通科技有限公司、杭州弹簧有限公司等9家企业参与19个产品的国际标准制订，其中，杭州科远有限公司、杭州智城惠通科技有限公司、杭州锴越新材料有限公司等5项国际标准正式发布。主导制订国家标准4项、行业标准6项、省级地方标准1项、“浙江制造”团体标准19项，发布区级服务业标准5项、区级农业标准8项，完成区级农业标准化示范项目10项。全面实施“标准强区”战略，落实省市标准化奖励资金280余万元，兑现区级标准资助资金640万元；实现制造企业采标率70.56%，同比提高1.8个百分点。6月19日，国际标准化组织电子商务交易保障技术委员会ISO/TC321秘书处落户未来科技城杭州知识产权创新产业园。

【多维度市场主体服务平台】　2019年，区市场监管局完成“余杭区多维度市场主体服务平台”二期项目建设，新增区委组织部（区委人才办）、区委宣传部、区委政法委、区商务局、区住建局、钱江海关驻余杭办事处等6个部门涉企数据，设立中介服务专区，开发海关报税、企业风险研判、区域产业运营研判等主题数据分析功能及科技精灵、人才

e家、智慧治网三大专题模块。清洗并标准化入库20个部门的368项数据，涉及记录1亿多条，其中市场监管、财政、人力社保、水务、燃气5个部门实现数据自动对接，并从互联网渠道收集余杭区市场主体相关信息2300多万条。

【服务创新创业】 2019年，区市场监管局滚动实施第二轮“双对接”(民营企业对接现代技术、现代金融）工作，启动“精准服务助百企行动”，举办余杭区民营企业第17次“就业再就业”招聘会、“民营科技企业走进上市公司”、赴苏州常州考察学习科创园区运营管理等活动。余杭区创业创新服务联盟成立全年开展活动128场，服务企业15869家次。7月26日，在良渚大学科技园、万华科技园等地设立联盟驻园区联络站6个，12月3日，在塘栖镇设立联盟首个驻镇（街道、平台）联络站。

【融资渠道整合】 2019年，区市场监管局办理股权出质244家，出质股权102.09亿元，助企融资709.4亿元。通过扩大动产抵押登记激活企业存量资产，办理抵押物登记180份，帮助企业融资33.42亿元。

【非公有制企业党建工作】 2019年，区市场监管局以“小个专”（小微企业、个体工商户和专业市场）党建“整园、整楼、整线”推进为抓手，联合属地镇（街道）对各类市场、楼宇、科创园区、电商业、物业管理业、物流寄递业、会计代理业等行业进行“党建+创业”双指导。在江南家居市场、金恒德汽配市场、正北物流市场、江南丝绸市场及杭州农副产品物流中心九大农产品批发市场开展整园试点，在南苑街道和合财富中心开展整楼试点，在中介服务业、文创产业、食品生产业等行业中开展整线试点，在淘宝小镇探索数字经济企业、特色小镇、电商行业集聚区等新型产业非公党建试点，组织49家专业（批发）市场开展党建“互学互促”活动，建立中共余杭区个体民营企业协会寄递业联合支部、会计代理记账业联合支部、杭州超山众创空间党支部、杭州腾狮织造有限公司党支部、杭州宏欣包装有限公司党支部等22个非公党支部。

【公共检测服务优化】 2019年，区质量计量监测中心多次开展实验室开放日、“计量惠民”进社区、送检测服务进企业等活动，通过市级计量技术机构专项监督检查、长三角地区检验检测机构能力验证暨“三省一市”能力验证现场考核。下属单位政府采购验收工作办公室完成验收项目518个，发现不合格项目98个。截至年底，中心具备纺织产品检验资质能力参数105项、产品58项，建材产品检验资质能力参数68项、产品32项，电缆料产品检验资质能力参数和产品318项。2019年，区食品药品监测中心协助区市场监管局做好食品抽样检测、食品企业检验员培训、第三方食品检测机构质量考核、食品安全科普宣传等工作，与苏州市食品药品检验检测中心等优秀检测机构加强交流合作，完成余杭区食品药品（农产品）检测大楼建设。截至年底，中心已具备食品检验资质认定能力996项、非食品检验资质认定能力161项，通过国家实验室认可项目及参数410项。

【市场监管执法维权】 2019年，区市场监管局查办案件5031件，罚没款2778.48万元，执法维权工作获市委常委、区委书记张振丰批示肯定，连续第二年被评为法治余杭“双十佳”先进单位，在平安建设工作考核中获优秀。塘栖市场监管所被评为“杭州市平安市场监管所”。5月23日，出台杭州市首张“市场主体轻微违法违规经营行为容错免责清单”，全年免责市场主体1022家。开展行政复议应诉“两高一低”专项整治，建立情况分析通报、重点单位联系督导、行政争议调解等机制及行政复议诉讼责任追究制度，行政复议发案量下降31.28%，纠错率下降10%，行政负责人出庭应诉率100%。制定《行政执法办案规范化建设指引》，举办案例评析讲解比赛，组织执法人员参加浙江省首届“网剑”杯电子数据取证比武竞赛，获三等奖。全年查处反不正当竞争案850件，查办杭州市首起虚假刷微信文章阅读量不正当竞争案，破获杭州弘运科技有限公司利用网络购物平台传销案，做好扫黑除恶专项斗争相关工作。7月2日，参与长三角地区市场监管首次联合执法行动，与上海、江苏市场监管部门三地同时开展BOSCH蓄电池侵权系列案件调查。

【“智慧市场监管”建设】 2019年，区市场监管局开发优化“智慧市场监管”系统，基础数据包括19840字段、3910.79万条记录。建设“市场监管大脑”，推动市场监管工作数字化转型，7月1日起牵头全区行政执法部门全面推广应用浙江省统一行政执法监管平台，实现“浙政钉·掌上执法系统”全覆盖。

【市场主体事中事后监管】 2019年，区市场监管局完成2018年度企业年报75857家、个体工商户年报81939家、农民专业合作社年报263家；列入并公示异常名录企业14149家，正常移出7974家；标记并公示异常状态个体工商户27460家，恢复正常31724家。开展2018年度年报企业“双随机”抽查工作，检查企业5127家，发现问题并责令改正70家，查无下落393家，依职权注销、吊销或已迁出349家。深化“放管服”改革，推进“双随机、一公开”(在监管过程中随机抽取检查对象、随机选派执法检查人员，抽查情况及查处结果及时向社会公开）监管及市场监管领域部门联合“双随机”检查工作，开展“双随机、一公开”检查6787户次，查处无照经营单位1856家；落实“吊销未注销”市场主体强制退出机制，依职权除名企业238家，吊销长期未经营企业营业执照898家，依职权注销个体工商户6193家。

【企业诚信体系建设】 2019年，区市场监管局继续推进“信用强企”战略，通过全国企业信用信息公示系统公示企业信息105452家、个体工商户信息152087家，4家企业被评为“浙江省信用管理示范企业”，10家企业被评为“杭州市信用管理示范企业”，入选总数创全区新高。5月1日起，对市场主体注册登记实行身份管理实名验证制度，遏制冒用身份证信息虚假登记等违法行为。全区新认定浙江省AAA级“守合同　重信用”企业15家、AA级30家、A级61家，续展认定浙江省AAA级“守合同　重信用”企业23家、AA级45家、A级26家。

【“低散乱”企业（作坊）淘汰】 2019年，区市场监管局作为全区“低散乱”企业（作坊）淘汰工作牵头部门，以建立健全长效管控机制和推进重点镇（街道）完成整治为重点，整治块状行业“低散乱”企业（作坊）2799家，整治新增反弹点位475家，有效助推“三个全域”建设，获市委常委、区委书记张振丰和杭州市市场监管局党委书记、局长范建军批示肯定。对20个镇（街道）开展日常督查7轮，结合信访投诉工作开展专项督查1轮，督查点位504个，发现问题50处，全部完成整改，并配合区纪委对全区700余个党员违建点位进行实地检查。通过拆除已清空点位上的违章建筑，对已整治点位复土、复绿或新建停车场、健身设施等，彻底消除“低散乱”生存的物理空间。

【知识产权保护】 2019年，国家知识产权局副局长、党组成员甘绍宁，国家知识产权局副局长何志敏先后到余杭区调研知识产权工作。4月，浙江（杭州）知识产权诉调中心、杭州市知识产权服务公共平台均落户未来科技城，临平新城知识产权综合服务平台与杭州电子科技大学开展校地合作。8月22日，区市场监管局（区知识产权局）联合新闻出版、公检法司、科技、经信、商务、财政、行业协会、企业等相关单位成立“余杭区知识产权保护联盟”，成为浙江省首个县区域知识产权保护联盟。11月1日，由区市场监管局制定的《企业商业秘密保护管理规范》《园区商业秘密保护服务工作规范》两项区级地方标准实施，余杭区成为全国首个出台商业秘密保护地方标准的县（市、区），同盾科技有限公司被评为“浙江省商业秘密保护示范站（点）”，浙江省市场监管局党委书记、局长，省知识产权局局长冯水华，浙江省市场监管局党委委员、副局长、一级巡视员、省知识产权局副局长陈振华均对余杭区商业秘密保护工作批示肯定，浙江省首届园区及特色小镇商业秘密保护座谈会在余杭区召开。12月1日，CIDIPP工业设计知识产权服务平台、浙江省知识产权研究与服务中心良渚工作站等机构在良渚梦栖小镇挂牌成立。推广科创型小微企业集聚和孵化园区知识产权托管，全区20个园区与专业服务机构签订托管合同，为园区2000余家企业提供免费咨询辅导服务，托管企业数居杭州市第一。

【网络市场监管】 2019年，区市场监管局优化“余杭区网络交易纠纷在线调解平台”“市场监管互联网执法办案平台”“网络交易监管跨区域智能协作平台”，受理网络消费投诉举报215982件，查处网络违法案件2687件。“3·15”国际消费者权益日期间，走进阿里巴巴网络直播间开展电商普法活动，组织江浙沪地区市场监管部门、消保委、商家、消费者代表举办“走进阿里巴巴‘3·15’开放日”活动，联合杭州产业互联网小镇、余杭区电子商务协会为50余家本土电商企业普法。9月9日，以“勇立潮头　启航未来”为主题的省级网络市场监管与服务示范区创建现场会在良渚召开，余杭区被授予“浙江省网络市场监管与服务示范区”，区市场监管局联合上海长宁区、南京玄武区、上海普陀区、上海嘉定区、广东荔湾区、杭州滨江区、义乌市、杭州西湖区、杭州江干区10个大型平台所在地市场监管部门，共同成立全国首个“网络经济发展与治理跨区域协作联盟”。

【产品商品质量提升】 2019年，区市场监管局抽查产品224批次，合格率98.21%；监督抽查食品相关产品生产企业89批次，合格率95.5%；开展汽（柴）油商品质量专项监督检查，抽检60批次，合格率100%；对全区商场超市开展流通领域商品抽检151批次，合格率76.82%；开展电子网络交易平台商品抽检104批次，合格率80.76%；人造板材监督抽检50批次，合格率88%；生产领域管材监督检查16批次，合格率100%。11月21日，浙江省食品相关产品质量安全分级分类监管工作现场会在余杭区召开，浙江、上海、江苏、安徽四地市场监管部门就构建食品相关产品质量安全监管新体系展开交流，区市场监管局全国首创食品相关产品质量安全分级分类新型监管体系获国家市场监管总局一级巡视员嵇超肯定。12月，区市场监管局在国家市场监管总局产品质量安全分类监管工作座谈会上作典型发言。

【计量合格评定】 2019年，区市场监管局做好强制管理计量器具目录调整后衔接工作，完成计量器具强制检定131727台件，受理计量仲裁检定110件，检查3C企业、计量器具使用单位、检验检测机构、企业标准自我声明等273家次，省市区计量“双随机”抽查112家次，检验检测机构“双随机”抽查46家次。3月27日，国家市场监管总局党组成员、副局长唐军到余杭调研“浙江制造”认证工作。9月5日，由“浙江制造”国际认证联盟牵头举办的浙江制造“一次认证、多国证书”现场会在余杭区举行，区市场监管局推动企业开展“品字标浙江制造”产品认证工作。全年新增“品字标浙江制造”企业11家，15个产品获得21张“品字标浙江制造”认证证书，其中杭州东华链条集团有限公司产品PT133F16成为中国链条业首个获得“浙江制造”认证的产品，杭州西子智能停车股份有限公司、千年舟新材料科技集团有限公司成为余杭区首批获得国际认证的“浙江制造”企业。

【价格监督管理】 2019年，区市场监管局开展殡葬服务机构收费、涉企收费、医疗收费等价格专项监督检查，查处违法金额2653万余元；查办价格案件20件，罚没款7.17万元，受理价格投诉举报11332件。完善公平竞争审查制度，根据机构改革情况及时调整公平竞争审查工作联席会议成员单位，从21家增加至24家，督促成员单位做好存量文件清理和增量文件审查工作，审查以余杭区人民政府名义出台文件2件、以部门名义出台文件41件，清理存量文件12件。

【消费维权工作】 2019年，区市场监管局受理投诉举报238385件。“3·15”国际消费者权益日期间，召开余杭区国际消费者权益日纪念活动新闻发布会，开展央视“3·15”晚会曝光问题全面清查工作，区消费者权益保护委员会组织13个消费者权益保护分会、135家相关单位开展纪念国际消费者权益日现场宣传活动。推进“放心消费示范单位”创建工作，培育放心商店176家、放心工厂481

2019年9月9日，由余杭区市场监管局牵头，10家全国大型平台所在地市场监管部门成立全国首个“网络经济发展与治理跨区域协作联盟”

（区市场监管局　供稿）

家、放心网店37家、放心餐饮店26家、无理由退货承诺单位202家，在杭州双溪旅游开发有限公司等13家单位新设“消费维权服务站”，树立“放心消费在余杭”品牌。开展“守护消费”暨打击侵害消费者个人信息违法行为专项行动，检查相关商家110家，约谈汽车销售、房产销售等重点行业商家134家，查处余杭区首起非法收集和使用消费者个人信息案。区消费者权益保护委员会举办“信用让消费更放心”消费维权年主题分享会、“共筑诚信体系、共享放心消费”中小学生主题征文比赛、消费维权“六进”服务及皮革制品消费体验、儿童护肤品比较试验等活动，编演小品《我是药神》，多形式开展消费维权宣传教育，被评为“2018—2019年度浙江省消保委系统消费维权先进集体”和“2018—2019年度全国消协组织消费维权先进集体”。

【食品药品安全社会共治】 2019年，余杭区在杭州市2019年度食品安全工作综合考评中获得第一名，连续4年获考评A级。全区贯彻落实《地方党政领导干部食品安全责任制规定》，深化食品安全党政同责“一岗双责”，市场监管、公安、教育、农业农村四部门在“不忘初心，牢记使命”主题教育中开展整治食品安全问题联合行动，查处食品类案件159件。开展食品药品安全平安创建百日攻坚、“防风险消隐患保食安”、“护校安园”食品安全治理等专项行动，分别整改食药安全问题2236个、发现问题隐患682条、检查学校食堂及周边餐饮食杂店等2097家次。完成食品安全检测5578批次，合格率98.64%。加强食品安全金融征信体系建设，建立完善行政监管与金融服务“信息共享、联合奖惩”机制，采集企业不良信息400家，警示约谈企业531家，降低企业授信2家。设置公交车站和公共自行车宣传点位21个，食品药品安全科普宣传站（栏）建设覆盖率为100%；组织“你点我检”、青少年暑期食品安全教育、药械安全宣传进社区等活动，以“尚德守法　食品安全让生活更美好”为主题开展“食品安全宣传周”活动；区食品安全监督协会新增基层服务站4个，开展各类宣传活动70余场次，到食品生产经营企业、老年食堂开展基层食品安全情况调研。

【食品生产领域安全监管】 2019年，区市场监管局推进食品生产企业高质量发展，杭州波厨食品有限公司、杭州余杭区黄湖不离口食品厂、杭州绿友食品有限公司等8家企业被评为“2019年浙江省名特优食品作坊”，杭州贝因美母婴营养品有限公司获得全国首张特殊医学用途配方食品许可证。在塘栖镇试点建立食品生产企业积分制信用风险分类管理制度，统一信用风险分类标准量化赋分。帮助食品生产企业解决“注销难”问题，10余家企业实现“跑零次”注销食品生产许可证。开展茶叶、桶装水、军运会地产供会食品、“塑化剂”等专项检查，抽检不合格食品生产企业立案处罚125万余元。

【食品流通领域安全监管】 2019年，区市场监管局联合区农业农村局在全国率先建立“从农田到餐桌”食用农产品全程追溯体系，开启“融食安”食品安全治理新模式。融合农产品数字化管理平台、农贸市场综合监管平台、中小学阳光采购平台、智慧餐饮信息平台、丰收互联数字银行等九大系统，搭建“融食安”食品安全治理平台，实现食品安全追溯信息从种养殖环节到流通环节再到消费环节全链条追溯、全过程监管，“食安一码通”二维码一码贯穿。8月13日，余杭区召开食用农产品全过程追溯暨创新非规模主体农产品质量监管现场会，浙江省市场监管局党委委员、副局长卢永福对“融食安”食用农产品全程追溯体系给予肯定。开展杭州农副产品物流中心市场综合整治行动，全年完成物流园区蔬菜检测28.35万批次；完成全区农贸市场农产品快速定性检测38.23万批次，销毁不合格产品186.45千克。

【餐饮服务领域安全监管】 2019年，区市场监管局与网络订餐平台签订《食品安全社会共治战略合作备忘录》，建立市场监管部门和网络订餐平台“双核准”等五大长效监管机制，运用“爬虫”系统、“食安天眼”阳光监控智慧监管，及时下架处理无证无照、许可证过期等单位。为外卖“美丽骑手”颁发“食品安全宣讲员”聘书，投放“食品安全封签”50万条，建立“黄小贴”食品安全警诫制度，公示“黄小贴”291张，营造良好网络餐饮消费环境。7月25日，杭州市网络订餐食品安全整治提升现场会在余杭区召开。创建示范放心外卖店50家、农村家宴放心厨房20家，列全区2019年十件民生实事项目满意度测评榜首。推进宗教场所“厨房革命”，全区95家宗教场所实现“厨房革命”建设率、从业人员持证率、制度上墙率3个

100%。

【保健品安全监管】 2019年，区市场监管局整合政法委、公检法、文广旅体等相关部门及20个镇（街道）力量，出台《建立“保健”市场乱象整治工作长效机制实施方案》，警示性约谈酒店、宾馆等场地提供者及房东，行政约谈保健品行业从业人员，对非法营销保健品等违法行为开展联合执法行动，举办保健食品科普宣传“五进”活动，整治“保健”市场乱象，查办“保健”类案件96件。

【药品安全监管】 2019年，区市场监管局建成余杭区首批“送药上山进岛”便民服务点5个。全年收集上报药品不良反应（ADR）报告923例（生产企业除外），其中新的、严重的169例，连续5年被评为“杭州市药械不良反应监测工作先进集体”。完成药品监督抽验190批次，合格率100%；开展打假治劣“药剑”行动、中药材（饮片）、疫苗流通领域、二类精神药品等专项检查，检查药品生产企业21家次、药品批发（零售连锁）企业31家次、零售药店765家次；整治互联网药品信息及交易服务，查处违法违规行为240件；整治药品零售企业执业药师虚挂行为，责令改正196家次，行政处罚44家次。参与余杭生物医药孵化器入驻企业评审工作，推动企业加快仿制药一致性评价研究，帮助指导杭州民生药业有限公司研制的盐酸乙胺丁醇片成为全国首个通过一致性评价的该品种药物。

【医疗器械安全监管】 2019年，区市场监管局收集上报医疗器械不良事件（MDR）报告214例，其中严重报告21例；开展医疗器械网络经营企业等专项检查，检查医疗器械生产企业156家次、医疗器械经营企业756家次、医疗机构224家次，完成医疗器械国家、省、市抽检任务。联合浙江省医疗器械审评中心到生物医药园区开展“三服务”活动，指导浙江脉联医疗设备有限公司研发的“无创连续每搏动脉血压监测系统”获批浙江省第二类医疗器械注册证。

【化妆品安全监管】 2019年，区市场监管局收集上报化妆品不良反应报告74例，完成省市区三级监督抽检51批次。检查化妆品生产企业19家次，对232家化妆品生产经营企业的1794批次国产非特殊用途化妆品进行备案后检查，责令限期改正843件。完成化妆品“线上净网线下清源”风险排查处置工作，清理违法产品信息、企业及产品虚假资质信息9844条。开展化妆品“百千万”美丽消费示范工程建设，创建示范街1条、示范经营商场5家、示范经营单位65家。

【特种设备安全监察】 截至2019年底，余杭区登记注册特种设备73970台，其中，锅炉2704台、压力容器9430台、电梯34295台、起重机械16312台、场（厂）内机动车6407辆、游乐设施40台，管道近20万千米，民用、工业用气瓶近128万只。完成全区612家特种设备使用单位分类分级评价工作，督促43家特种设备使用单位应用安全隐患日志式系统开展特种设备风险隐患排查治理工作，完成87家重点监督检查特种设备使用单位的安全监察和355家特种设备使用单位“双随机”检查，先后开展公共安全治理特种设备领域“安剑”专项行动、冬季承压类特种设备、大型游乐设施、医用氧舱等专项整治。全年检查特种设备相关单位1026家，发现隐患739条，立案56件。区市场监管局被评为“2019年度余杭区安全生产工作目标管理责任制考核优秀单位”。推进电梯智慧监管增量扩面工作，6050台电梯接入杭州市应急处置中心，打造浙江省覆盖面最广的电梯智慧监管区块，并作为电梯智慧模块余杭试点接入杭州市城市大脑。开展液化石油气经营单位专项整治，全面淘汰原有产权及色标旧瓶，投入统一产权、色标的新瓶近40万只，建立健全瓶装燃气充装、运输、储存、供应、使用等环节可追溯机制和气瓶溯源全生命周期链，通过规范管理实现服务区块化、配送网格化、管理现代化，形成安全主体责任明确的新型液化石油气供应模式。

（郑曼沁）

·海关监管·

【概况】 2019年，钱江海关驻余杭办事处审核进出口报关单6890份，同比增长21.8%；税收入库1.51亿元，同比增长2%；监管进出口货物总值2.65亿美元，同比增长3.5%；加工贸易合同备案2.7亿美元，同比下降22.2%；注册进出口企业新增767家，注册总数4742家，同比分别增长

15.3%、18.7%。

自 4 月承接检验检疫业务以来，法检进出口报检数 7137 票，现场检验检疫 354 票，取样送检批次 256 票，签发原产地证书 16564 份，检验检疫证书拟制 1023 份。受理出口食品企业新备案及变更延期等 9 家，开展企业年度监管 45 家，办理出口退运货物调查 19 份，受理企业业务统计咨询 58份。

【余杭海关机构改革】 2019 年 1 月，根据海关总署、杭州海关机构改革部署，原杭州海关驻余杭办事处变更为钱江海关驻余杭办事处，内设 4 个科室，管辖杭州市余杭区的海关业务，主要负责余杭地区的进出口通关业务、加工贸易及保税监管、企业管理、海关检查、检验、检疫业务、海关统计、核查等业务职能。机构改革后，钱江海关驻余杭办事处新增出入境检验检疫业务。

【跨境贸易营商环境优化】 2019 年，钱江海关驻余杭办事处推进“最多跑一次”改革，落实首问负责制和一次性告知制度，改进“一个窗口”行政审批服务，充分利用电子审批，加快审批进程。成立办事处属地营商环境工作推进落实小组，制定余杭区《跨境贸易便利化行动落实方案》，统筹推进优化营商环境工作。对辖区 92 家企业开展营商环境评价调查，制作企业营商环境进出口案例，实现通关时效全程监控分析，压缩整体通关时间，提升余杭区对外贸易便利化水平。1—12 月，辖区进口整体通关时间 17.69 小时，出口整体通关时间 0.53 小时。

【海关服务优化】 2019 年，钱江海关驻余杭办事处重点开展“走镇街进平台助企业”调研及帮扶活动，办事处领导带领党员先锋队，与各街道 30 家企业开展座谈，梳理企业所遇到通关问题 11 个，提出解决对策。加强企业信用管理，对辖区 AEO 拟认证企业及拟上市企业开展认证培育及上市海关政策指导。全年完成 2 家高级认证企业培育，并对 4 家企业完成高级认证企业重新认证。开展加工贸易专题、原产地证书自助打印、食品法规宣传等各类企业培训，传达惠企政策，针对企业存在的问题开展现场指导。针对非洲猪瘟防控工作，全年开展现场指导 10 余次，现场采集送检样品 150 余个，保障出口猪肠衣、肉制品出口 400 余批次。指导辖区企业通过美国农业部官方检查，确保食品质量安全。

【决策支持】 2019 年，钱江海关驻余杭办事处充分发挥海关统计决策辅助功能，成立统计分析预警小组，加强统计和信息报送工作，聚焦余杭进出口变化和中美贸易摩擦等热点，向余杭区政府报送地方进出口形势分析类海关信息专报 11 篇次，6 次获区领导批示，3 篇次海关要情获得省领导批示肯定。

（吴芬燕）

编辑：张迎

教　育

Education

·综　　述·

【概况】　2019 年，余杭教育引进国内外优质教育资源，余杭区人民政府与杭州师范大学、省教育厅教研室、省中小学教师培训中心分别签订加快推进教育现代化合作框架协议、课程与教学研究合作框架协议、教师培训全面战略合作框架协议；与北京外国语大学、浙江工商大学等高校开展教育合作。利用中国人民大学附属中学、华东师范大学第二附属中学、学军中学等优质教育资源辐射作用，名校集团化覆盖率超过 50%。

完善教育布局规划，竣工瓶窑中学扩建、汀洲学校迁建、未来科技城海创小学等 25 个项目。开展城镇小区配套幼儿园治理工作，制定《余杭区城镇小区配套幼儿园回收方案》《余杭区普惠性民办学前教育机构认定和管理办法》，完成万泰幼儿园、美好晨晖幼儿园等 5 所配套幼儿园治理。

全区校园垃圾分类覆盖率为 100%，创建 50 个生活垃圾分类示范学校、8 个餐厨垃圾就地处置点。完成全区 100 余所公办幼儿园、公办小学 5660 台空调和 1.2 万余台新风设备加装，总投资约 2.3 亿元。升级放学后“托管”服务，全年托管学生 5 万余人次。

全年培育区级学校德育品牌 40 个，建成 14 个市区级班主任工作室，培养 120 名区级骨干班主任。落实学生“每天锻炼一小时”要求，组织大课间、阳光体育活动，举办区中小学生田径运动会、足球联赛等 8 项体育比赛，连续 5 年获得杭州市中小学生体能素质检测总平均分第一名。举办中小学生科技节，开展航模、海模、无线电测速等 14 个大项比赛。建设 AI 人工智能教育课程三级体系并在全省率先启动“AI 人工智能教育”进课堂项目。加强学校智慧环境建设，配备计算机 4762 台、触控一体机 881 台、录播教室 11 间、同步课堂 24 间，生机比为 3.4∶1，安装触控一体机教室比例为 85%，无线网络覆盖学校主要教学区域，创建区级智慧校园 17 所。

2019 年，全区国家财政性教育经费 696375 万

未来科技城海创小学　　（区教育局　供稿）

元，其中，教育事业费638239万元、教育费附加58136万元。教育经费总支出887010万元。全年安排学校项目建设92个，其中，新建36个、续建项目56个、竣工学校项目25个（幼儿园15个、小学6个、初中2个、高中1个、特殊教育学校1个）。新增土地面积34.5公顷，新增建筑面积40.4万平方米，新增班级387个（另有特殊教育学校45班）。

余杭区实验小学开设“AI人工智能教育”课程

（区教育局 供稿）

【服务企业行动】 2019年，余杭区开展“百校服务企业，优化营商环境”行动，成立由160名校（园）长组成的40个走访服务小组，走访区内重点企业（单位）。2019年，走访重点企业（单位）146家，服务企业人才2560人，给出“一对一”答复627个，提供“定制式”就学建议568个。

【教育国际化】 2019年，区教育局与芬兰许凯文市教育局签署合作备忘录；文昌高级中学、良渚第一中学、临平第五中学等8所学校与来自美国、英国、芬兰等国家和地区的学校签订“姐妹学校”协议。21批国外教育代表团387人次到余杭学校进行短期学习交流，29个学生交流团（含民办中小学）500余名学生、60名教师赴姐妹学校出国访学。44名教师组团参加海外研训。全区54所中小学（幼儿园）聘有224位外籍教师。

【余杭区蝉联杭州中小学生体能测试总平均分第一】 2019年1月，杭州市教育局公布2018年杭州市中小学体能素质检测结果，余杭高级中学、乔司职业高级中学、塘栖镇第三中学、塘栖镇第一小学4所学校代表余杭区参加本年度杭州市的抽测，获得杭州市各县（市、区）总平均分第一。

【“寻根良渚　琢玉成器”主题教育活动】 2019年2月，区教育局开展“寻根良渚　琢玉成器”主题教育活动，通过主题班会、演讲比赛、征文比赛、知识竞赛和书画艺术比赛挖掘良渚文化教育资源，被杭州市教育局评为区域推进德育工作“十张名片”之一。

【余杭区中小学生研学旅行实施意见颁布】 2019年3月，区教育局联合区文广旅体局等10个部门印发《关于推进余杭区中小学生研学旅行的实施意见》，根据区域特色、学生年龄特点和各学科教学内容需要推出10条余杭区域研学旅行产品（线路）。

【校园安全防范】 2019年4月起，余杭区有393个中小学、幼儿园校园点持续开展“护校安园”专项行动。全年排摸校园周边食品安全、交通秩序、文化环境、社会治安等隐患561处，全部整改完成。开展区级专项督查6次，发现隐患50余处，各学校问题整改率100%。发布校外培训机构“黑白名单”。全区拥有校园专职保安1680余人，学校安保干部260余人，宿舍管理员450余人，家长志愿者8000余人，一键报警器300余套，保安室“三件套”800余套，校园监控1.5万余个，校门口监控视频1000余只，公安“全球眼”400余只，校园访客登记系统400余套。创建临平第三中学、五常中心小学等零犯罪学校12所。开展学生周末定制包车服务，惠及947名学生。推进“阳光厨房”建设，完善食堂大宗食品配送，落实校长陪餐制度，全区B级以上食堂占全区学校食堂比例为100%。

【全区教育大会】 2019年5月，区委、区政府召开全区教育大会，市委常委、区委书记张振丰讲话，区委副书记、区长陈如根主持大会。大会设180个分会场，近1.5万名教师通过视频会议系统收看会议直播。

【评选区名校8所】 2019年9月，余杭中学、乔司中学、良渚第一小学、云会中心小学、金成外国语小学、临平第二幼儿园、仓前中心幼儿园、运河第二幼儿园被评为余杭区第五批名校（园）。

【南苑街道、良渚街道被评为杭州市示范乡镇（街道）30分钟市民学习圈】 2019年10月，南苑街道、良渚街道通过杭州市教育局考核评估，两个街道被评为杭州市示范乡镇（街道）30分钟市民学习圈，余杭区为创建市级示范市民学习圈最多的县（市、区）之一。

【余杭区被评为浙江省区域推进语言文字规范化县（市、区）】 2019年12月，省语言文字委员会、省教育厅对余杭区进行语言文字规范化现场正式评估认定。评估组通过听汇报、座谈会、走学校、现场问询等形式，认定余杭区为浙江省区域推进语言文字规范化县（市、区）。

【3所学校创建为省义务教育标准化学校】 2019年12月，余杭区东澜外国语学校、闲林和睦小学、未来科技城海创小学3所学校经过评估认定，通过标准化学校认定，余杭区义务教育标准化学校覆盖率为96.875%。

（金露丹）

·学前教育·

【概况】 2019年，余杭区幼儿园144所，较上年新增15所；班级2298个，在园幼儿64830人，较上年增加2960人，3～5周岁幼儿入园率99.99%；幼儿园专任教师5265人，较上年增加308人，专任教师学历合格率为100%；幼儿园占地面积1238805.28平方米，较上年增加123667.38平方米，生均占地面积19.1平方米；校舍建筑面积909099.11平方米，较上年增加97226.01平方米，生均校舍建筑面积14.02平方米。

推进省等级幼儿园创建评估工作以及“一园一品”特色创建工作，临平第一幼儿园红联园区等41所幼儿园被评为省二级幼儿园，新评省一级幼儿园5所，增量居全省各县（市、区）榜首。全区幼儿园省一级数28家、省二级数161家，全区3～5周岁幼儿入园率和等级幼儿园在园幼儿覆盖率继续分别保持在99.8%与99.8%以上，公办园在园幼儿数占比为73.1%，优质学前教育覆盖率为95.2%，比上年同期增长4.7%。1月，出台《关于进一步加强余杭区民办幼儿园规范管理的指导意见》。3月，组织召开民办园园长会，签订2019年度杭州市余杭区规范民办幼儿园办园行为责任书。

【临平城区5个新园（区）秋季投入使用】 2019年9月，新星幼儿园沿山园区、临平第三幼儿园木禾分园，南苑街道中心幼儿园南盛、南雅分园，星桥中心幼儿园黄鹤分园投入使用。

（金露丹）

·义务教育·

【概况】 2019年，余杭区小学59所，较上年新增1所；招生23143人，较上年增加978人；在校学生114476人，较上年增加9044人；小学适龄儿童入学率为100%，女童入学率为100%；小学巩固率为100%，女童巩固率为100%；小学专任教师6306人，较上年增加439人；专任教师学历合格率为100%，学历高标率为99.71%，较上年提高0.29%。初中（含九年一贯制学校）37所，较上年新增1所；招生13974人，较上年增加689人；在校学生40625人，较上年增加1701人；初中阶段入学率100%，初中巩固率100%，初中毕业生升学率99.97%；初中专任教师3262人，较上年增加135人。

普通初中、小学办学条件改善。全区小学学校占地面积2013141.61平方米，较上年增加106024.9平方米，生均占地面积17.58平方米；校舍建筑面积1335844.5平方米，较上年增加94703.8平方米，生均校舍建筑面积11.67平方米。全区初中学校占地面积1792634.44平方米，较上年增加161644.48平方米，生均占地面积44.12平方米；校舍建筑面积1151610.98平方米，较上年增加76856.33平方米，生均校舍建筑面积28.34平方米。生均图书量，小学27.83册，初中59.91册。计算机拥有量，小学25607台，较上年增加2375台；初中15928台，较上年增加1100台。

推进省义务教育标准化学校建设，有省标准化学校94所，覆盖率为96.875%，城乡互助共同体参与率为100%。4月，颁布《余杭区公办和民办小学同步招生工作实施办法》。开展帮困助学工作，落实“10+X”惠民政策，全年受助学生27384人次，资助金额3091.087万元（含减免费用）。开展“轻负高质”实践，实施以课程改革为中心的“五精”项目工程，义务段学校评选出区级精品课程114个（其中省市获奖40余个）、精致课堂20种、精彩课程体系38个、精英教师62人、义务教育课程改革积极分子30人，84所中小学创建为义务教育阶段深化课程改革学校。

重视特殊教育工作。形成1所特殊教育学校、每片1～2个辅读班点、每镇（街道）1～2个规范资源教室、各班随班就读的四级教育发展格局。

【“互联网＋义务教育”结对帮扶工作】 2019年4月起，区教育局开展“互联网＋义务教育”结对帮扶暨“城乡携手　同步课堂”试点工作，临平第一小学等24所学校完成结对工作，开设同步课堂120余节，参与师生6000余人。

【章林佳铭被省海军航空实验班录取】 2019年6月，余杭区闲林中学九年级学生章林佳铭被录取为第22届浙江省海军航空实验班学员，成为余杭区第一位进入该实验班的学生。

【3所学校被评为杭州市“示范性资源教室”】 2019年12月，杭州市教育局公布第四批杭州市示范性资源教室名单，临平第五小学、云会中心小学和运河第二幼儿园3所学校被评为市示范性资源教室。

【3所学校被评为杭州市青少年校园足球特色学校】 2019年12月，经单位自主申报、区教育局审核推荐、市专家组评定，余杭区塘栖镇第三小学等3所学校被认定为杭州市青少年校园足球特色学校。

【余杭区学子获省中小学生艺术节比赛一等奖】 2019年省中小学艺术节上，仓前中心小学《玩具兵进行曲》等6所学校参赛作品获得声乐、舞蹈、音乐剧、平面设计等5个项目一等奖，区教育局被评为优秀组织奖。

【7所学校被评为杭州市“绿色学校”】 2019年12月，经杭州市生态环境局、杭州市教育局检查评估，临平第一幼儿园总园、临平第三小学等7所学校被评为杭州市第11批“绿色学校”。

（金露丹）

·高中教育·

【概况】 2019年，余杭区普通高中（含完全中学及十二年一贯制学校）15所。全年全区招生5174人，较上年增加314人；在校学生14679人，较上年增加548人；普通高中专任教师1355人，较上年增加41人；普通高中占地面积929934.6平方米，较上年增加37673.2平方米，生均占地面积63.35平方米；校舍建筑面积692621.72平方米，较上年增加88735.36平方米，生均建筑面积47.18平方米；生均图书73.18册；计算机拥有量7678台。职业高中5所。全年本区招生3761人，较上年增加431人；在校学生10533人，较上年增加143人；毕业生3486人，较上年增加109人；职业高中专任教师755人，较上年增加17人；全区职业高中（班）占地面积327326.77平方米，生均占地面积31.07平方米；校舍建筑面积260076.47平方米，生均建筑面积24.69平方米；生均图书45.84册；计算机拥有量4714台。

推动普通高中课程改革，公办普通高中完成省特色示范学校创建比例为100%。2019年全区高考学生6723人，其中，普通高考考生5341人，高职单考单招考生1382人。全区设置7个考点，本科率超80%，一段率为39.2%，上线人数2093人，较上年增加460人，增幅6.3%。推进中等职业教育产教融合，全区5所职业高中创建为市级以上现代学徒制试点单位，余杭区职高选手在全国技能大赛中获2金2银1铜。2019年高职考上线率为99.12%，本科上线人数296人，位居全省各县（市、区）榜首。

【评选余杭区德育特色学校（项目）40个】 2019年1月，区教育局、区文明办联合开展“德育特色学校”创建和评选工作，经学校自主申报、学校

(项目）现场汇报，专家评估和学校互评，中泰中学等20所学校被评为德育特色学校，临平第一中学“培养民族情怀 拓展国际视野——国际理解教育德育特色”等20个项目被评为德育特色项目。

【4502名高三学生参加学考和选考】 2019年4月6—8日，余杭区4502名高三学生参加学考和选考。设余杭高级中学、余杭第二高级中学、塘栖中学、余杭中学、瓶窑中学、文昌高级中学、余杭实验中学等考点7个、考场103个。本次有考试科目9个，学考601科次，选考12683科次。

【7所学校完成浙江省心理健康教育示范点建设】 2019年12月，浙江省中小学心理健康教育指导中心公布200个中小学心理健康教育示范点验收结果，余杭实验中学、余杭中学等7所学校被评为浙江省中小学心理健康教育示范点。

（金露丹）

·成人教育·

【概况】 2019年，余杭区有成人文化技术学校17所，全年培训24.5万人次，其中，社区教育培训204064人次，职工教育培训22310人次。家政服务培训14808人次，老年教育83791人次。2019年计划扫盲任务300人，实际脱盲394人，超额完成年度扫盲任务31%。

农民素质教育培训20175人次，其中，高素质农民培训708人，实用人才培训2342人次，转移就业技能培训2761人次，文明素质提升培训8835人次，农业专业技能培训5558人次。成人中、高等学历教育在校学生数417人。创建2个杭州市示范街道（乡镇）30分钟市民学习圈，3个省质量提升工程推荐项目。

【292名“双证制”教育学员毕业】 2019年，余杭区继续开展双证制教育，临平、良渚2个教学点，报名培训315人，实际毕业292人。

【余杭区成人教育联盟发展实施方案颁布】 2019年3月，区教育局出台《关于推进余杭区成人教育联盟发展的实施方案》，指导余杭组团职成教联盟、西部成教联盟及环运河成教联盟合作办学。

【“选树好家风、学习好家风、传承好家风”社区教育主题活动】 2019年5月，区教育局开展“好家风”社区教育主题活动，选树“好家风”典型家庭，开展“一封家书绘家风”“十个故事话家风”“百场讲座传家风”“千幅书画亮家风”“万份倡议扬家风”系列活动，参与市民7万多人次。

【余杭区全民终身学习活动周】 2019年11月，余杭区全民终身学习活动周在良渚古城遗址公园举行，展示2019年余杭区社区教育成果，表彰社区教育工作优秀个人、单位。

（金露丹）

·教师队伍建设·

【概况】 2019年，余杭区教育系统在职教职工23703人，其中，普通高中1896人、职业高中813人、初中4151人、小学6571人、幼儿园10033人、其他各类学校239人。全区普通高中专任教师1355人、职业高中专任教师755人、初中专任教师3262人、小学专任教师6306人、幼儿园专任教师5265人。

健全师德师风建设长效机制，以“党建+育人”为抓手，开展主题党日、“周三夜学夜访”、联乡结村等活动，49个学校和机关党组织到结对村（社区）开展走访活动150余次，“微心愿”“结对帮扶”“垃圾分类”等党员志愿服务近2万次。开展对有偿补课治理工作落实情况的督查，检查中小学校、校外培训机构180余所，300余次。开展教师、校长分层分类培训，完成指令性培训项目267个，全年培训22566人次；开展师能建设“五个一”活动；组建特级教师协会、名教师（名校长）讲师团、学科带头人共同体等五大社团研训机构，与浙江师范大学、杭州师范大学等高校合作建立34个教师发展学校。

全年招聘766人，其中招录全国重点建设高校或“双一流”高校学生146人，引进名优教师100人，其中特级教师7人。余杭区现有省特级教师37人，区级以上名优教师4282人，名优教师占比超过30%。选派120名校长开展海外研修、跟岗研修、镇（街道）挂职。实施“区管校聘”教师管理制度改革，开展学校岗位竞聘工作，151名教师因首轮竞岗评议分数落后被约谈，109名教师赴新学校任教，4名教师出编。选派20名教师赴贵州支教。

【全区教育系统师德师风培训会议】 2019年2月，全区教育系统师德师风培训会议召开。区教育局党委书记、局长沈洪相给全区教师讲授师德课，262所学校的全体教师通过视频会议系统收看会议直播。

余杭第二高级中学老师王菲菲在贵州省天柱县民族中学支教

（区教育局 供稿）

【功勋校长功勋教师评选】 2019年5月，区教育局组织评选出余杭高级中学俞建中等10名“功勋校长”、余杭高级中学俞建锋等30名“功勋教师”。

【40名中小学副校长到镇（街道）挂职锻炼】 2019年7月，区教育局选派余杭高级中学副校长冯凌凌等40名中小学副校长到各镇（街道）挂职锻炼1个月，开展水环境治理、小城镇环境综合整治、“低小散”企业治理等工作。

【3名教师被评为浙江省教坛新秀】 2019年9月，浙江省人民教育基金、省特级教师协会公布2019年浙江省中小学教坛新秀名单，余杭高级中学黄建新、余杭第二高级中学蔡剑锋和中泰中学樊平被评为浙江省教坛新秀。

【40名校园长赴省内外名校跟岗研修】 2019年10月，区教育局选派40名校园长赴华东师范大学第二附属中学等20所省内外名校进行为期1个月的跟岗研修。

（全露丹）

【先进教育工作者名单】

2019年全国优秀教师（1名）

谭文炎　良渚第一中学

2019年浙江省第六届师德标兵（1名）

闫永吉　杭州市余杭高级中学

2019年浙江省中小学教坛新秀（3名）

黄建新　余杭高级中学

蔡剑锋　余杭第二高级中学

樊　平　中泰中学

2019年第十四届杭州市道德模范(平民英雄)(1名)

陶长夫　黄湖镇中学

2019年杭州市劳动模范（1名）

於杏文　临平第三中学

2019年杭州市师德先进个人（3名）

沙　汀　余杭高级中学

姚永梅　临平第五小学

夏　琴　仓前中心幼儿园

2019年杭州市优秀教师（32名）

蒋春华　余杭高级中学

毛利尧　余杭第二高级中学

霍　峰　塘栖中学

周苏梅　瓶窑中学

王　峻　临平职业高级中学（区技工学校）

冯勤伟　良渚职业高级中学

王文虎　临平第一中学

朱冬莉　临平第三中学

王金金　塘栖镇第三中学

施华芳　仓前中学

赵建青　太炎中学

周玲丽　城东中学

盛勇强　塘栖第二中学

倪敏芳　运河中学

应月梅　黄湖镇中学

沈丽英　临平第三小学

郑　都　塘栖镇第三小学
陈杏国　良渚第一小学
应灵君　崇贤第一小学
徐兴锋　云会中心小学
郑国良　瓶窑镇第一小学
倪　慧　汀洲学校
花彩琴　临平第一幼儿园
孟燕群　运河第二幼儿园
殷燕华　乔司第二幼儿园
沈　芳　勾庄中心幼儿园
童红燕　瓶窑镇第一幼儿园
吴　敏　信达外国语学校
张文强　东方未来学校
黄婺焕　金成外国语小学
苏华良　星桥中学
庄哲峰　余杭中学

2019 年杭州市优秀教育工作者（8 名）

闫永吉　余杭高级中学
庞仿英　仓前中学
刘伟慧　鸬鸟镇中心小学
陆　颖　良渚古墩路小学
虞国荣　塘栖镇第三小学
章　敏　临平第一幼儿园
孙黎华　勾庄中心幼儿园
葛立峰　塘栖镇中心学校

2019 年杭州市中小学育人工作先进个人（10 名）

张伟民　余杭第二高级中学
居爱兵　瓶窑中学
赵晓虹　临平第一中学
杜永铭　塘栖第二中学
邵琳育　星桥第二小学
陈坚锋　塘栖镇第一小学
吕　婷　余杭区实验小学
王连法　仓前中心小学
薛伟英　云会中心小学
李　艳　安吉路良渚实验学校

（金露丹）

编辑：罗灵洁

科学技术

Science and Technology

·综　　述·

【概况】　2019年，余杭区新引进培育国家重点支持领域高新技术企业444家，新增市级高新技术企业207家。全区有市级以上高新技术企业2289家，其中，国家重点支持领域高新技术企业1194家，杭州市高新技术企业1095家。全年实现高新技术产业增加值309.98亿元，同比增长7.3%，占规模工业增加值比重为68.2%，占比较上年同期提升3.7个百分点；新产品产值率49.3%，较上年同期提高3.7个百分点。余杭先进碳材料产业创新服务综合体入选浙江省第三批产业创新服务综合体创建名单。新增省级企业研究院22家、省级研发中心77家，新增数均列全省第一位；新增市级研发中心93家，新增数位列全市第二位。拥有省级重点企业研究院18家、省级企业研究院94家、省级研发中心295家、市级研发中心369家。全年新增市级以上孵化器9家，其中，国家级1家、省级3家；新增市级以上众创空间18家，其中省级9家，5家众创空间获得省级优秀众创空间荣誉，省级优秀众创空间和省级众创空间新增数均列全省第一位。拥有市级以上众创空间34家，其中，国家级10家、省级15家、市级9家；市级以上科技企业孵化器20家，其中，国家级5家、省级6家、市级9家。新增孵化载体45个、物理空间184万平方米，引进培育科技型中小微企业1322家。累计创建孵化载体116家，孵化面积549.3万平方米，引进培育科技型中小微企业7065家。2019年，建立加拿大、英国、瑞士等7家余杭千里马人才驿站，推荐申报浙江省海外工程师7名、杭州市“115”引智计划项目34项，办理外国人来华工作许可1071件，会同余杭区委组织部（区委人才办）、浙江农林大学联合下派区级科技特派员15名、高校科技特派员20名。出台《余杭区支持科技创新、鼓励提质创优财政扶持政策实施细则》《杭州市余杭区校企联合研究院管理办法（试行）》等政策文件，认定首批校企联合研究院5家。

（区科技局　供稿）

阿里达摩院

【科技创新项目实施】 2019年，全区申报实施市级以上各类科技计划项目3098项，其中，国家级1389项、省级657项、市级1052项。获得市级以上立项2474项。其中：国家级1219项，包括国家重点支持领域高新技术企业588家，国家级科技型中小企业630家，国家级科技企业孵化器1家；省级442项，包括省级领军型创新创业团队4家，省级科技进步奖8项，省重点研发计划项目20项，省全创改革新型产学研合作项目25项，中国创新创业大赛浙江赛区获奖企业16家，省级科技企业孵化器3家，省级众创空间9家，省级科技型中小企业357家。

创新时代广场孵化器 （区科技局 供稿）

【区科技局机构职能调整】 2019年3月28日，区委办公室、区政府办公室印发《杭州市余杭区科学技术局职能配置、内设机构和人员编制规定》。根据市委、市政府印发的《杭州市余杭区机构改革方案》要求，区科技局（区地震局、区知识产权办）地震职能划入区应急管理局，知识产权职能划入区市场监管局；区人力社保局引进国外智力和外国专家职责划入区科技局。基于《杭州市余杭区机构改革方案》调整区科技局主要职责、内设机构和人员编制。

【“余您携手　杭向未来”2019年余杭区科技人才月启动仪式暨中瑞科技合作交流会】 2019年5月15日，余杭区召开“余您携手　杭向未来”2019年余杭区科技人才月启动仪式暨中瑞科技合作交流会，相关部门、镇（街道）、平台、企业负责人200余人参加会议。大会表彰奖励省市领军型创新创业团队、“余杭伯乐”和引智基地（余杭区海外人才工作站）。市委常委、区委书记张振丰宣布科技人才月启动，区委副书记、区长陈如根代表余杭区委、区政府致辞。

【余杭区科技局被评为2016—2018年度全省科技工作成绩突出集体】 2019年12月31日，浙江省科技厅印发《关于表扬2016—2018年度全省科技工作成绩突出的集体和个人的通报》，余杭区科技局被评为2016—2018年度全省科技工作成绩突出集体，区科技局工作人员被评为2016—2018年度全省科技工作成绩突出个人。

（刘梦颖）

·科技管理·

【第七批科技特派员工作交流会】 2019年1月8日，余杭区召开第七批科技特派员工作交流会。会上传达浙江省科技特派员工作15周年总结表彰会议精神，集中学习省委书记车俊在省科技特派员工作15周年总结表彰会议上的讲话。特派员交流2018年主要工作、特派员项目进展情况和2019年工作设想。

【高新技术企业培育工作推进会】 2019年1月15日，区科技局召开高新技术企业培育工作推进会，区委常委、副区长王志强，区科技局、税务局、财政局、统计局等部门及各平台、镇（街道）相关负责人参加本次会议。会上对2018年高企培育工作开展情况和2019年工作计划作交流发言。

【浙江高校产学研余杭联盟东部中心工作推进会】 2019年3月22日，区科技局召开浙江高校产学研余杭联盟东部中心工作推进会，东部中心成员单位浙江工商大学、杭州电子科技大学、浙江理工大学、浙江财经大学科技处（合作处）负责人参加本次会议。会上听取东部中心上年度工作开展情况及本年度工作计划汇报，区科技局与各高校成员单位围绕东部中心的建设发展开展探讨。

【余杭区参加中国国际人才交流大会】 2019年4月14—15日，余杭区赴深圳参加第17届中国国际人才交流大会。会议期间，对接人才机构和项目近50项，其中区商务局、余杭经济技术开发区、未来科技城、临平新城、仁和先进制造业基地和良渚新城分别进行招商推介和人才项目对接，之江实验室设置海外人才招募展位。

【区科技局与区金控集团签订战略合作协议】 2019年6月26日，余杭区科技局和余杭金融控股集团有限公司（区金控集团）签署战略合作协议，探索“科技创新＋金融资本”的服务模式，为余杭区科技型中小微企业提供更高质量的科技金融服务。

【科技金融助力科技企业成长暨浦发“科技快速贷”产品发布会】 2019年7月16日，区科技局与浦发银行余杭支行共同举办科技金融助力科技企业成长暨浦发“科技快速贷”产品发布会，共同发布“科技快速贷”产品，并签订战略合作备忘录。

【宸星党建服务联盟服务科技企业活动】 2019年7月19日，区委组织部、区委“两新”工委和区科技局联合举办宸星党建服务联盟服务科技企业活动。余杭农村商业银行、泰隆银行余杭支行、浦发银行余杭支行、浙江创智知识产权运营服务有限公司、上海迈坦信息科技有限公司、浙江瑞坤律师事务所等6家新成员单位出席活动，并发布科技企业服务清单，涉及科技人才服务、科技金融服务、知识产权服务、技术服务和法律服务等五大类领域。

【外国人来华工作（行政）许可培训班】 2019年9月12日，区科技局举办首届余杭区外国人来华工作（行政）许可培训班。省外国专家局、区委组织部（区委人才办）、区科技局、区公安分局出入境管理大队等部门相关负责人就相关政策进行解读，余杭经济技术开发区、临平新城等重点产业平台相关业务负责人及余杭区近70家企事业单位外国专家业务负责人参加培训。

【杭州电子科技大学技术转移有限公司落户余杭】 2019年10月18日，杭州电子科技大学技术转移有限公司开业仪式在临平新城举行。杭州电子科技大学技术转移有限公司是杭州电子科技大学资产经营有限公司全额出资设立的市场化、专业化的技术转移服务机构。

【科创园区管理人才培训班】 2019年11月18—22日，区科技局联合省孵化器协会举办2019年第二期科创园区管理人才培训班，区重点产业平台、镇（街道）大孵化器工作负责人，科创园区、孵化器、众创空间负责人参加培训。培训班通过课程培训、实地考察、交流座谈等形式，组织学习武汉光谷新技术、新产业、新业态、新模式的孵化经验。

（刘梦颖）

·科技成果·

【新增市级领军型创新创业团队2家】 2019年2月18日，中共杭州市委人才工作领导小组公布2018年度市级领军型创新创业团队认定结果，余杭区“全单层石墨烯项目创新团队”和“数据安全智能关键技术研发与应用创业团队”两支队伍上榜。

【25个项目获省全创改革新型产学研合作项目】 2019年4月28日，省科技厅公布《浙江省科学技术厅关于下达2019年全创改革新型产学研合作项目的通知》，余杭区浙江天猫技术有限公司承担的大规模分布式图计算与存储系统研究等25个项目获批。

【杭州新希望双峰乳业启动建设“国家乳制品加工技术研发专业中心”】 2019年5月18日，杭州新希望双峰乳业有限公司“国家乳制品加工技术研发专业中心”建设启动仪式在余杭区举行。浙江大学、浙江科技学院、浙江工商大学、浙江省农业科学院、杭州市食品药品检验研究院、浙江工业大学、中国计量大学7家共建单位，与新希望双峰乳业有限公司进行现场合作签约。各方就科技创新和乳业行业发展开展探讨。

【新增杭州市企业高新技术研究开发中心93家】 2019年8月20日，市科技局公布2019年杭州市企业高新技术研发中心认定名单，余杭区“时装智能制造及工艺市级企业高新技术研究开发中心”等93家企业高新技术研究开发中心上榜，增量为历年最高。

【奥利维尔·卡洛尼获“钱江友谊使者”称号】 2019年9月5日，在“杭州国际日”开幕仪式上，余杭区杭州认识科技有限公司奥利维尔·卡洛尼博士被杭州市政府授予2019年度杭州市外国专家“钱江友谊使者”称号。

【新增省级众创空间9家】 2019年9月25日，省科技厅公布2019年度省级众创空间备案名单，余杭区杭州仓瑞投资管理有限公司的“创·空间”、杭州互国创业投资管理有限公司的“G5 Capital”、杭州启迪万华科技产业发展有限公司的“启迪众创空间”等9家众创空间入选，新增数列全省各县(市、区)第一。

【新增市级高新技术企业207家】 2019年10月18日，市科技局公布2019年杭州市级高新技术企业认定结果，余杭区杭州金日汽车零部件有限公司等207家企业通过市级高新技术企业认定，占杭州市总认定数的18.29%，新增数位列全市第一。

【新增“雏鹰计划”企业230家】 2019年10月18日，市科技局公布2019年杭州市“雏鹰计划”企业认定结果，余杭区杭州杭丝悦纺织科技有限公司等230家企业通过杭州市“雏鹰计划”企业认定，占杭州市总认定数的26.78%，新增数位列全市第一。

【科技企业家入选第10届“科技新浙商”】 2019年11月8日，第十届“科技新浙商”颁奖晚会在杭州举行，余杭区杭州西奥电梯有限公司总裁周俊良等10位浙商获得“科技新浙商”称号。

【8家企业入围浙江省国家高新技术企业创新能力百强】 2019年11月19日，2019年度浙江省高新技术企业发展大会在杭州市召开。会上发布2019年浙江省国家高新技术企业创新能力百强榜单，余杭区贝达药业股份有限公司、杭州老板电器股份有限公司、淘宝（中国）软件有限公司、浙江天猫技术有限公司、杭州钱江制冷压缩机集团有限公司和杭州核新同花顺网络信息股份有限公司等6家企业入选。

【余杭先进碳材料产业创新服务综合体入选浙江省第三批产业创新服务综合体】 2019年12月5日，省科技领导小组办公室发布《关于第三批浙江省产业创新服务综合体创建与培育名单公示》，余杭先进碳材料产业创新服务综合体入选第三批浙江省产业创新服务综合体创建名单，继家纺、服装产业创新服务综合体后成为余杭区第二家省级产业创新服务综合体。

(刘梦颖)

编辑：罗灵洁

文化

Culture

·综　　述·

【概况】　2019年，区文广旅体局围绕振兴美丽乡村、推进文旅融合等区委、区政府中心工作，健全现代公共文化服务体系。在2018年度全省基层公共文化服务绩效评估中，余杭区获全省（除宁波地区外）79个县（市、区）第一。继续实施“文化西进”工程，持续推进西部五镇文体事业再发展。举办“余杭之夜”新年音乐会、2019新春文化活动、元宵灯会、“相约你我他·文化进万家”、“与您相约·周末剧场”、“相约周末”文化夜市、“美丽洲”大舞台、“美丽洲”故事会、“幸福余杭　礼赞祖国”余杭区庆祝中华人民共和国成立70周年系列文化赛事等活动；举办中国·余杭国乐节、大型原创地域特色音舞诗——文旅新韵《余杭》、“中国曲艺之乡”创建汇报演出、名人名家翁仁康莲花落专场等活动。赴内蒙古、台湾，浙江诸暨、桐乡、海宁、临安等地及南非开展文化交流活动。

【文旅新韵《余杭》首演】　2019年3月27日，由区文广旅体局出品的大型原创地域特色音舞诗——文旅新韵《余杭》在余杭大剧院首演。该作品创作历时9个月，整诗分为序、玉见良渚篇、烟雨运河篇、禅茶馨梅篇和跋5个部分，演出时长约70分钟，以良渚文化、运河文化、禅茶文化为主线，用现代声光电等多媒体舞台舞美元素展示“三大文化”的底蕴和意境。

中国·余杭国乐节之女子十二乐坊专场　（孙荣水　摄）

【首届中国·余杭国乐节】　2019年10月1—4日，由区委宣传部、区文广旅体局主办，区文化馆、余杭大剧院承办，海南华艺博鳌文化传播有限公司执行承办的“幸福余杭·礼赞祖国”首届中国·余杭国乐节举行。作曲家、中国音乐家协会名誉主席赵季平担任艺术总监，山西省歌舞剧院民族乐团、浙江歌舞剧院民族乐团、中华炫音·女子十二乐坊等乐团与组合登台表演，指挥家张列，胡琴演奏家姜克美，笛子演奏家詹永明，青年指挥家陈晓栋，新加坡南洋爱乐华乐团、新加坡南洋

中国曲艺之乡创建汇报演出 （孙荣水 摄）

等文艺演出。组织艺术辅导培训90场次，指导当地群众文艺团队开展文艺创作，打造文艺作品17件，提升西部公共文化服务水平。

理工学院华乐团艺术总监兼指挥郑景文，“金钟奖”金奖和“文华奖”获得者苏畅、高阳以及青年古筝演奏家崔晓彤、崔杉领衔主演。国庆期间举办多场国乐专场音乐会，并到临平街道、星桥街道、径山镇、鸬鸟镇进行惠民演出。

【余杭区获得“中国曲艺之乡”称号】 2019年，经申报和浙江省曲艺家协会审核推荐，中国曲艺家协会将余杭区列入“中国曲艺之乡”创建名单。11月，中国曲艺家协会组建评审专家组通过实地查看曲艺传承基地、现场观摩曲艺优秀节目会演、听取曲艺工作汇报等形式，对余杭区进行评审。12月17日，中国曲艺家协会发文授予余杭区“中国曲艺之乡”称号。

【“文化西进”行动】 2019年，“文化西进，补齐短板——打造新时代乡村文化振兴‘余杭样本’”创建成为浙江省公共文化服务创新项目，完成浙江省第四批公共文化服务示范项目“‘文化西进’补齐公共文化服务短板绘制精准扶持‘余杭样本’”中期督查工作。黄湖镇文体新大楼改扩建工程基本完工，瓶窑镇、径山镇、鸬鸟镇、百丈镇文体新大楼设施建设全部动工。全年送文艺演出进西部44场，电影放映1416场次，图书1万册。引进名人名家走进西部——翁仁康莲花落专场、杭州越剧传习院专场演出、“国乐飘香”民族管弦乐音乐会走进西部

【余杭区文化馆新馆启用】 2019年12月28日，余杭文化馆新馆开馆仪式举行，浙江省群文戏剧创新团队创作基地、杨允金导演工作室进驻余杭区文化馆。新馆位于临平新城艺尚小镇，总面积8000平方米。内设开幕大厅、数字文化馆、少儿艺术剧场、多功能厅、演艺厅、舞蹈排练厅、戏曲排练厅、器乐排练厅、艺术展厅、艺术客厅、录音棚、合唱培训教室、演讲培训教室、戏曲培训教室、民间技艺教室、美术工作室、书法工作室、摄影工作室、名人工作室、琴房等。其中数字文化馆分为余杭文化云、数字体验区、视频体验区、音频体验区四大功能区。余杭市民通过网上预约可免费使用馆内空间。

（张舒婷）

·专业文化·

【《光明吟》在2019“西湖之春”艺术节开幕式上演出】 2019年5月15日，最“艺”是杭州2019“西湖之春”艺术节在杭州大剧院开幕，余杭小百花越剧艺术中心创作编排的越剧《光明吟》在开

余杭区文化馆新馆 （毛飞翔 摄）

幕式上演出。该剧是2018年浙江省舞台艺术创作重点题材扶持项目，2019年7月11日，通过专家验收。

（张舒婷）

·群众文化·

【新春系列文化活动】　2019年元旦、春节期间，区文广旅体局举办“新年送欢乐”下基层文艺演出、“福送万家”新春送福、送春联活动、迎新春慰问民营企业家文艺演出、“听故事·过大年”故事专场、寒假少儿系列免费培训、“过大年·看大戏”免费电影专场、“过大年·看大戏”越剧大戏专场等新春文化活动30余场。

【“迎新春·闹元宵·万家乐”元宵灯会系列活动】　2019年1月28日至2月20日（农历十二月二十三至正月十六），人民广场、世纪公园、迎宾路、上塘河两岸、府前路、东湖路、藕花洲大街、邱山大街、星光街、星河路等临平城区主干道新春亮灯。2月18—20日（农历正月十四至正月十六），人民广场南、西入口牌楼，梦想小镇，艺尚小镇，梦栖小镇大型主题造型灯亮灯，区图书馆在人民广场举办2场猜灯谜活动，区文化馆在人民广场东侧露天舞台举办3场文艺演出。

“幸福余杭　礼赞祖国——我们都是讲述人”活动。图为胡冰讲述《因为相信　所以看见》　（区文广旅体局　供稿）

【“幸福余杭　礼赞祖国”余杭区庆祝中华人民共和国成立70周年系列文化赛事活动】　2019年，区文广旅体局举办“幸福余杭　礼赞祖国”余杭区庆祝中华人民共和国成立70周年系列文化赛事活动，推出“颂歌献祖国”大型交响音乐演唱会、“我们都是讲述人”活动、“灯耀中华”余杭区滚灯大赛、“百花争艳”余杭区戏曲演唱大赛等11项大型文化活动。

【“相约”系列文化活动】　2019年4—11月，区文化馆、区图书馆、区小百花越剧艺术中心等团队开展“相约你我他·送文化进万家”文化下基层活动，全年送演出下基层180场，观看人数20余万人。区图书馆向农村文化礼堂、农家书屋、社区图书室送图书4.5万册。“与您相约·周末剧场”活动在临平剧院举行，全年安排文艺演出活动45场，其中，省、市级院团23场，县（市、区）级院团15场，其他8场，向残疾人、低保户等弱势群体免费赠票6000余张，热线电话赠票2200余张，观众2.9万余人次。全区举办“相约周末”文化夜市活动400余场，观众人数20万余人。

【“美丽洲”系列文化活动】　2019年4—11月，区委宣传部和区文广旅体局联合主办“美丽洲”系列文化活动，活动由“美丽洲”大舞台和“美丽洲”故事会组成。“美丽洲”大舞台全年演出50场，分省市专业院团专场、文化走亲专场、各镇（街道）文艺精品专场、余杭滚灯艺术团专场、区小百花越剧大戏专场等，观众20万余人次。“美丽洲”故事会全年举办15场，7场“我是故事大王”选拔赛、1场决赛，再由评选出的“故事大王”组成“我是故事大王”团，走进图书馆、学校、农村文化礼堂等地进行故事展演与文化交流等7场，听众2800余人。

【“戏曲进校园”活动】　2019年9月，余杭小百花越剧艺术中心开展“戏曲进校园”活动，包括开展戏曲培训、举办戏曲精品专场演出，为余杭区实验小学、运河中学、星桥第二小学、杭州橄榄树外国语学校的20多个班级、近千名师生送上越剧折子戏、二胡、越剧清唱、戏曲舞蹈等表演。

（张舒婷）

·文艺创作·

【概况】 2019年，区文化馆业务干部创作、辅导的作品在市级以上获奖、发表81件（次），其中，国家级10件（次）、省级28件（次）、市级43件（次）。

【故事小品创作】 2019年4月，费凡演讲故事《狗不撒谎》获杭州市故事会（社会组）金奖，翟立成演讲故事《芦花村的“特别”策划》获银奖。5月，何德铭故事《女儿的鹦鹉》、金永法故事《求你偷我羊》获杭州市第10届网络故事大赛一等奖，詹海洁故事《绣着名字的红短裤》获二等奖。11月，周春美新故事《快来派出所躲债》获浙江省微型故事作品征文大赛一等奖。11月，周春美故事《“妻管严”局长的桃色风波》获第13届浙江省新故事征文大赛二等奖，张长发故事《狗闹》获二等奖。

【书法摄影美术创作】 2019年6月，马登丰书法作品《隶书录古人联名》、黄德灿摄影作品《向幸福出发》、曹震宇美术作品《参合陂》入选浙江省第六届群星视觉艺术综合大展。8月，马登丰获2019年浙江省群众视觉艺术（书法）业务干部专业技能大赛金奖。12月，何亮良美术作品《佛堂古镇即景》入选2019浙江省群文视觉艺术（美术）业务干部专业技能大赛优秀作品汇报展。12月，何亮良美术作品《鱼米之乡》入选“我和我的祖国”长三角地区美术书法作品邀请展。马登丰获杭州市文化馆系统业务干部技能比武金奖。

【曲艺、声乐创作】 2019年7月，朱丽君表演的杭摊《淑英救弟》获浙江省第10届曲艺新作大赛银奖。9月，俞惜文、吴桂敏获2019杭州市第25届“三江”歌手大赛老年组一等奖，陈烨获青年组美声唱法银奖，翟立成、朱文婷获青年组组合类铜奖，张宇获青年组通俗唱法铜奖，樊馨瑶获青年组民族唱法铜奖。10月，歌曲《我们一起去余杭》获浙江省旅游歌曲创作演唱大赛金奖，选送歌曲《念念难忘》获铜奖。11月，歌曲《梦想与未来》《良渚》获“百城联动·歌唱祖国”2019浙江省第18届音乐新作演唱演奏大赛金奖。12月，原创歌曲《吉祥西山》获全国村歌大赛“十大金曲奖”“好声音金奖”“作曲金奖”“作词金奖”，余杭区文化馆获突出贡献奖。12月，歌词《实现梦想》《大运河畔美余杭》《余杭我的家》获2019年“歌颂新时代”浙江省歌词大赛铜奖。

（张舒婷）

·非物质文化遗产保护·

【非遗“四在”活动】 2019年，全区组织开展美丽非遗“在文化礼堂、在社区、在校园、在景区”（简称“四在”）活动125场。区文广旅体局经综合评定，授予乔司街道、南苑街道、东湖街道、闲林街道、仓前街道、中泰街道、塘栖镇、瓶窑镇、径山镇、黄湖镇10个镇（街道）“优秀组织奖”，运河街道等10个镇（街道）“组织奖”。

【“服务传承人月”活动】 2019年2月，区文广旅体局组织开展2019年“服务传承人月”活动，包括走访慰问非遗传承人，落实传承人活动场地，鼓励传承人带徒传艺等，发放传承人津贴29.35万元。

【余杭区获2018年度浙江省非遗保护发展指数评估指标县（市、区）第一名】 2019年3月，浙江省文化和旅游厅在温州召开全省非遗保护工作会议，发布2018年度浙江省非物质文化遗产保护发展指数排名，余杭区第三次位列全省县（市、区）第一。

【中泰竹笛被评为首批浙江省优秀非遗旅游商品】 2019年4月24日，浙江省文化和旅游厅发文公布首批浙江省优秀非遗旅游商品名单，省级非遗名录项目“中泰竹笛”入选。

【余杭非物质文化遗产项目参加第14届中国（义乌）文化产品交易会】 2019年4月27—30日，中泰竹笛制作技艺、殿堂壁画、风筝制作技艺、杭缎织造技艺、越窑青瓷烧制技艺、手推绣6个项目受邀参加由文化和旅游部、中国国际贸易促进委员会、浙江省人民政府共同主办的第14届中国（义乌）文化产品交易会。殿堂壁画《中国梦——远古的歌谣》、越窑青瓷《八棱瓶》获工艺美术奖金奖；杭缎《唐纹“宝花绕字”》、大型风筝《中华龙》、手推绣《残运会礼服》、中泰竹笛《龙凤笛》获银奖。

【全区第14个非遗保护月活动】 2019年6月8日，由区政府主办，区文广旅体局承办的2019年“文化和自然遗产日”暨余杭区第14个“非物质文化遗产保护月”启动仪式在临平新城艺尚小镇国际秀场举行。启动仪式以“演出＋分享＋展览”的形式展现。

【余杭滚灯获浙江传统舞蹈展演展评系列活动“薪传奖”】 2019年6月26—28日，余杭滚灯项目受邀参加由浙江省文化和旅游厅在景宁县主办的“非遗薪传——浙江传统舞蹈展演展评系列活动”，获“薪传奖”；国家级非遗传承人汪妙林获“特别贡献奖”。

【中泰街道被评为“浙江省民间文化艺术之乡”】 2019年7月8日，浙江省文化和旅游厅发文公布“浙江省民间文化艺术之乡”名单，余杭区被评为“十八般武艺”之乡、中泰街道被评为“竹笛”之乡。

【非遗旅游景区创建】 2019年9月20日，杭州市文化广电旅游局发文公布第二批杭州市非物质文化遗产旅游景区（民俗文化村）名单，余杭区鸬鸟镇山沟沟村、径山镇径山村、黄湖镇青山村、仁和街道普宁村4家单位入选。12月22日，浙江省文化和旅游厅发文公布第五批浙江省非物质文化遗产旅游景区名单，径山镇被评为省级“非遗主题小镇”、鸬鸟镇山沟沟村被评为省级“民俗文化村”。

【余杭区育才实验小学被列入第二批杭州市非物质文化遗产传承教学基地名单】 2019年9月20日，杭州市文化广电旅游局、杭州市教育局发文公布第二批杭州市非物质文化遗产传承教学基地名单。经市文化广电旅游局、市教育局审核推荐，专家评审推荐，确定杭州市余杭区育才实验小学教育集团等16家单位为第二批杭州市非物质文化遗产传承教学基地。

【余杭区第六批非物质文化遗产代表性名录公布】 2019年9月25日，区政府发文公布第六批余杭区非物质文化遗产代表性项目名录和第三批、第四批、第五批余杭区非物质文化遗产扩展项目名录，新增25项，全区有非物质文化遗产代表性项目137项。

（张舒婷）

·文化市场管理·

【概况】 2019年，全区合法设立的文化市场实体经营单位816家。其中：娱乐消费性场所516家，包括网吧192家、歌舞娱乐场所141家、游艺娱乐场所41家、演出场所18家、游泳场所124家；新兴文化企业300家，包括演出经纪机构33家、网络文化经营单位162家、艺术品经营单位15家、互联网视听企业1家、影视文化企业89家。驻市民之家窗口全年受理行政许可申请373件、其他行政权力事项申请1083件，办结率100%。区文化执法大队全年组织文化市场检查940次，出动执法人员11257人次，检查各类经营单位9957家次，查获并纠正违规经营行为132起，立案调查90件，警告43家次，停业整顿2家次，罚款53.7万元，没收非法所得14023.3元，没收违法物品2327个。

【余杭区文化市场综合行政执法队挂牌】 2019年10月25日，余杭区文化市场综合行政执法队挂牌。该综合行政执法队整合原区文化市场行政执法大队（文物监察大队）、区旅游监督所的行政执法队伍，由区文广旅体局负责管理并实施执法，依法履行文化、文物、出版、广播电视、电影、旅游、体育七大领域行政处罚以及与行政处罚相关的行政检查和行政强制职责，承担“扫黄打非”和旅游目的地综合整治有关任务。

【“浙政钉·掌上执法系统”推广应用】 2019年，根据省、市关于深化“最多跑一次”改革以及推进政府数字化转型工作要求，文化市场综合行政执法人员日常巡查和双随机抽查逐步使用“浙政钉·掌上执法系统”进行登记。全年日常巡查登记检查文旅场所446家，通过浙江省行政执法监管平台开展文旅市场双随机抽查29次，其中跨部门双随机抽查

2次，抽取执法人员59人次，抽检各类文旅场所175家次。

（张舒婷）

·图书馆·

【概况】 2019年，余杭区图书馆全年购书经费270万元，新购图书8万余册，新增电子图书1.5万册，订购报刊1200种。全年接待读者120.5万人次，图书借阅63.7万余册次，开展读者活动451次。建有24小时自助图书馆8家、图书漂流点21个，新增“一证通”服务点5家、集体流通点2个。

【“行走的阅读”系列活动】 2019年1—8月，余杭区图书馆发起“行走的阅读”研学系列活动。45户亲子家庭报名参加，走进良渚博物院，品读良渚文化；参观余杭方志馆、糕模博物馆，感受家乡“年”味道；参观鸬鸟非物质文化展示馆、余杭抗日战争纪念馆，了解余杭历史。

【宋、元、明绘画全集入藏余杭图书馆】 2019年1月24日，国家出版基金重点扶持项目、浙江文化研究工程重点项目唐、宋、元、明、清绘画全集中的《宋画全集》《元画全集》《明画全集》入藏余杭区图书馆专题文献室。此3套画集展示了3个朝代的绘画及部分书法情况，具有较高的学术、研究、欣赏价值。

【汽车图书馆流动服务】 2019年3月，余杭区图书馆推出“一路书香，阅行有你”汽车图书馆流动服务。截至年底，汽车图书馆服务镇（街道）、社区、学校、厂区、景区等点位30余个，出车190余次，接待读者3万余人次，借出图书8000余册，处理归还图书1万余册。

【“书香余杭　尽享阅读魅力”活动】 2019年4月21日，余杭区图书馆开展“书香余杭　尽享阅读魅力——‘4·23’世界读书日‘书香集市’”系列活动，设有“唤醒好书　邂逅阅读”图书交换分享会、“接力阅读　共享书香”图书漂流奇遇记、“读万卷书　绘心中梦”优秀少儿故事绘画活动3个专区，吸引近百名读者参与。

【图书馆服务宣传周活动】 2019年5月27日至6月2日，是全国图书馆服务宣传周。余杭图书馆开展长三角阅读马拉松大赛、“阅读悦享——你点书·我买单”惠民服务、“我的声音　你的眼睛”爱心助盲等10余项阅读服务，参与读者1000余人。

【2019年“‘美丽洲’故事会——我是故事大王”总决赛】 2019年7月27日，由区委宣传部、区文广旅体局联合主办，余杭区图书馆承办的2019年“‘美丽洲’故事会——我是故事大王”总决赛在区图书馆举行，8位小选手获“故事大王”称号，加入美丽洲故事会“我是故事大王”成员团。

【“幸福余杭　礼赞祖国——我们都是讲述人”活动】 2019年9月25日，由区委组织部、区委宣传部、区文广旅体局主办，区图书馆、杭州市电视台综合频道承办的“幸福余杭　礼赞祖国——我们都是讲述人”活动，在余杭大剧院举行，300余名观众聆听讲述。活动以“文明圣地、守正担当、创新创业、文旅融合”为核心关键词，邀请良渚古城遗址申遗、梦想小镇、文化和旅游事业一线工作的代表性人士，讲述人生经历、奋斗故事。现场表彰2019余杭区“最美文化工作者”和“最美文艺志

余杭汽车图书馆　（蒋颖　摄）

愿者”。

【万册图书下基层活动】　2019年11月，余杭区2019年“相约你我他，文化进万家——万册图书下基层”活动启动。2019年度购书经费76万元，为全区35个农村文化礼堂（社区文化家园）、180个农家书屋送书4万册。

（张舒婷）

·电影电视广播·

【概况】　2019年，全区广播电视节目制作经营单位89家，全年新增22家。开展“广电低保”惠民及农村应急广播体系运行维护工作，全年为5570户低保户减免基本收视维护费，为53户低保户减免入网费。

【农村数字电影下乡活动】　2019年，区文广旅体局配合区委宣传部开展农村电影进企业、进景区（景点）、进重点工程、进校园、进党课活动。全区19支农村数字电影放映队送电影下乡5020场，较上年新增32场。新建农村室内固定放映点1个。30个农村室内固定放映点放映电影1500场，放映任务覆盖全区各镇（街道）行政村和社区，观众70.36万人次。放映主旋律影片10部，放映场次1405场；放映垃圾分类相关科教片547场，观众82070人次；放映“五水共治”宣传短视频3000场，观众45.9万人次。

【广播电视安全播出保障机制建立】　2019年，区文广新闻旅体局对3个区级平台，16个镇（街道）、平台，197个村级平台及465个点位开展巡查巡检2726次，出动5225人次，应急广播线缆故障抢修及线缆迁改817起，更换、补缺设备涉及点位76个。每天定时开播新闻广播，确保常播常响。区广播电视安全播出领导协调小组调整成员单位及工作职责，会同相关成员单位组织开展安全播出保障实地检查。全年安全播出无事故。

【广播电视节目制作经营机构业绩审核】　2019年，全区89家广播电视节目制作经营单位通过国家新闻出版广电总局广播影视电子政务平台完成年度业绩审核，其中，国有独资1家、民营87家、电视剧制作（甲种）1家。2019年新增22家。

（张舒婷）

·文物保护·

【良渚古城遗址保护】　2019年1月，区文广旅体局根据申遗要求，调整完成《浙江省省级文物保护单位良渚古城外围水利工程遗址保护范围和建控地带划定规划》方案并获省政府批复同意。7月，良渚古城遗址被列入“世界遗产名录”。10月，鲤鱼山—老虎岭水坝遗址被国务院公布为第八批全国重点文物保护单位。全年协调处理保护区划内其他建设项目10个，其中瓶窑镇供水管道延伸工程等5个获省文物局批准。

【文物“四有”工作】　2019年，区文广旅体局开展“四有”①工作。1月，参与编制《全国重点文物保护单位独松关和古驿道文物保护规划》，长福桥等6处省级文物保护单位“四有”档案通过省文物局验收。新增杭州市余杭区颉德文化博物馆为非

何思敬纪念馆　　（区文广旅体局　供稿）

国有博物馆。完成竖立罗汉寺大殿等13处杭州市市级文物保护点保护标志碑。开展第五批杭州市市级文物保护单位保护区划划定工作。开展文物建筑火灾隐患排查整治行动、智慧式用电安全隐患监管服务系统建设、文博场所景观亮灯工程过度化自查。11月，完成全区第三次全国文物普查登录点实地复查工作。12月，良渚古城外围水利工程遗址等2处“四有”档案被评为全省优秀记录档案。

①“四有”指有保护范围、有保护标志、有记录档案、有保管机构。

【文物资源价值传播】 2019年2月，林金木获得第二届“杭州最美文物守望者”称号。10月，中央广播电视总台央视中文国际频道《国宝发现》节目播出茅山独木舟科技保护项目。“学习强国”杭州学习平台播出《美丽余杭　文化之邦——余杭区文物保护单位掠影》之独松关和古驿道、南山造像等6个全国重点文物保护单位专题宣传片。

【桂芳桥修缮】 桂芳桥位于临平街道东大街，南北向跨上塘河。2013年，被列为全国重点文物保护单位。2019年4月，桂芳桥保护修缮工程开工，8月竣工，9月通过省文物局组织的专家验收。工程拆除1991年建造的钢筋混凝土桥亭，采取三合土填充材料做法加固桥体、桥台，增设防水层。桥面局部进行重铺并归安拉脱的栏杆与压阑石。

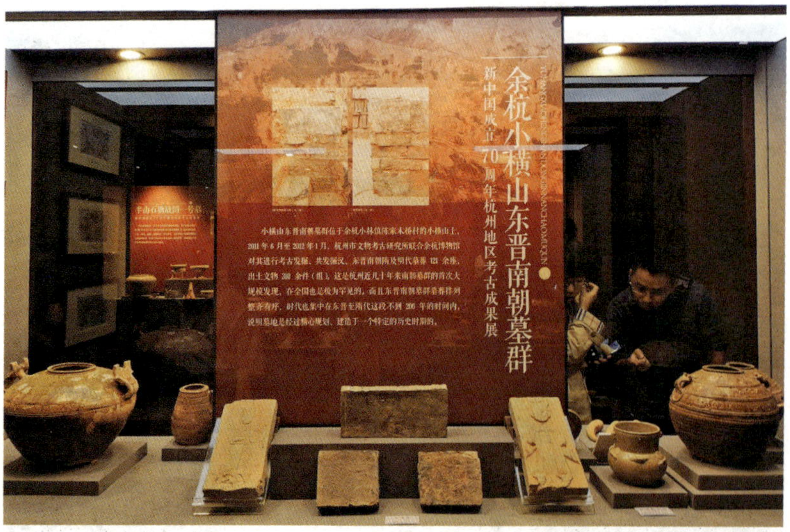

发现杭州——新中国成立70周年杭州地区考古成果展

（区文广旅体局　供稿）

【革命文物保护利用工程】 2019年5月，余杭区举办“追忆·不熄——余杭革命文物展”。7月，新增双溪抗战阵亡将士纪念碑等4处革命类杭州市市级文物保护单位；完成何思敬故居、中共临余工委旧址、十五堡碉堡等革命文物保护修缮和整治利用工程。9月，“新四军在杭州之余杭线”等2条线路被评为“我最喜爱的红色线路”，陈宏被评为第三届杭州市最美文物守望者暨红色基因传承者。

【章太炎故居纪念馆改扩建工程竣工】 2019年11月，章太炎故居纪念馆改扩建工程竣工并通过验收，工程历时近两年。新开放的纪念馆拥有基本陈列厅、故居本体展厅、临时展厅、游客服务中心、第二课堂活动区、国学讲堂、太炎研究中心等功能区，面积由1460平方米扩展到2700平方米，将章太炎生平展览空间与故居本体剥离，实现展览面积翻倍。

【纪念章太炎诞辰150周年暨开馆仪式系列活动】 2019年11月30日，章太炎故居纪念馆改扩建后复开放暨太炎研究中心揭牌仪式在章太炎故居纪念馆举行。活动当天，“太炎先生后裔捐献文物特展”“章太炎与鲁迅故事展”及“章太炎和他的时代”学术研讨会开幕，来自海内外的50多名研究太炎文化的学者参加。

【余杭博物馆临展】 2019年，余杭博物馆举办包括“雕刻大山的民族——哈尼族服饰文化展”“梅花缘·翰墨情——余台两地艺术家书画展”“翰墨长情——喜迎新中国70周年余杭三人书画展”“追忆·不熄——余杭革命文物展”等4个临时展览。推出馆藏文物外展7次，包括馆藏春秋战国时期文物赴浙江省博物馆展出、馆藏原始瓷钩鑃赴苏州博物馆展出、馆藏陶瓷器赴南宋官窑博物馆展出、馆藏海派书画赴杭州博物馆展出，馆藏43件（组）文物精品赴首都博物馆“穿越——浙江历史文化展”展出，馆藏9件（组）良渚玉器与良渚博物院合作赴故宫博物院“良渚与古代中国——玉器显示的五千年文明”展出。

【余杭博物馆开展红色记忆系列活动】 2019年，余杭博物馆开展巡展、讲座等红色宣教活动，拍摄制作5条红色线路微视频。开展“不忘初心、牢记使命——庆祝新中国成立70周年余杭革命遗迹巡展”，走进20余所学校。成立红色记忆宣讲团，开展以“永不磨灭的红色记忆”为主题的宣教讲座，走进10个社区。开展“红色记忆”研学手工体验课20场。开展“我们都是追梦人——余杭红色遗迹寻梦之旅”夏令营活动2场，组织100余名青少年参观鸬鸟、仓前的红色革命遗址。开发制作红色文创产品《红色记忆——余杭革命遗迹旅游攻略手册》主题笔记本，向中小学免费发放2000册。

“永不磨灭的红色记忆”主题宣教讲座走进社区　　（俞超　摄）

【章太炎故居纪念馆征集文物资料17件（组）】 2019年，章太炎故居纪念馆赴上海征集章太炎及其弟子鲁迅、黄侃、钱玄同、汪东等作品及相关文物资料17件（组）。

【大运河遗产保护管理】 2019年，余杭区加强大运河遗产保护管理，实施完成全国重点文物保护单位临平桂芳桥、市级文物保护点运河永兴渡船桥等6处运河遗产修缮利用项目。加强沿线建设管控，协调处理沿线建设项目16个，其中上塘河南苑街道长树社区段环境整治提升等5个项目获国家文物局批准。4—6月，举办大运河申遗成功5周年系列宣传活动12场。

【文物保护修缮利用】 2019年，区文广旅体局协调处理闲林老集镇改造、余杭街道小城镇环境整治等全域美丽建设中的文物保护事宜。组织实施全区不可移动文物修缮工作，完成鸬鸟镇汤氏宗祠、径山镇陈家大院等11处文物修缮、养护、加固、整治工程，投入资金1000万元。开展小古城遗址等市级以上文物保护单位的日常保护管理利用，下拨补助资金97万元。

【地下文物考古及科技保护】 2019年，余杭区继续落实“最多跑一次”改革要求，推行基本建设项目文物区域评估制度、地方政府土地储备考古前置制度，审核并出具153宗地块出让前无须考古的意见。完成35宗地块约200万平方米的勘探发掘，清理古遗址2处、古墓葬48座。6月，举办全区考古政策业务专题培训。开展全国重点文物保护单位小古城遗址、省级文物保护单位玉架山遗址考古发掘。百亩地汉六朝墓等出土器物参展“发现杭州——新中国成立70周年杭州地区考古成果展”。启动茅山独木舟修复保护工程。

（张舒婷）

·档案工作·

【概况】 2019年，根据杭州市余杭区机构改革方案，区档案局（区档案馆）行政职能划转给区委办公室。区委办公室对外保留区档案局牌子，区档案馆作为区委直属事业单位设置。截至年底，区档案馆馆藏档案198个全宗，316744卷（件）。全年接待利用者3673人次，提供档案8073卷（件）次，复印9740页。

【档案业务管理】 2019年，区档案局（馆）开展档案工作大调研，局领导、馆领导班子牵头带队分别赴区直、镇（街道）基层档案室，村（社区），企业开展调研，全年开展专题调研30余次，形成

《破解民生档案不够丰富难以匹配公众需求问题，推进民生档案资源体系建设》《破解“最多跑一次”事项电子化归档难问题，深化推进政务信息共享和业务协同工作》等调研成果。开展“下基层 送服务”活动，走访基层档案室120余次，落实服务指导。其中，开展临平街道星火社区退役军人数据库组建、塘栖镇西界河村党群服务中心建设专题指导服务30余次。全年开展镇（街道）档案工作培训3次，在瓶窑镇和星桥街道以现场会形式召开全区各镇（街道）档案业务培训会。建立档案工作人员交流群，发布政策信息、行业规范，开展在线指导。

【档案接收】 2019年，区档案馆接收6个全宗，共53850卷（件），其中民生档案47623卷（件）。机构改革撤销单位印章12枚，新增图书55册、期刊200期、报纸27册、现行文件68件，征集地方文献9种26册（期），接收婚姻登记处、妇产医院电子档案50175件，数据总量278.6GB。开放鉴定馆藏1986—1988年档案，完成289卷6287件档案的初审，初审开放档案1097件。

【档案利用】 2019年，区档案馆推行长三角“四省一市”异地查档便民服务、共享查阅、预约查档等便民举措。全年接待利用者3673人次，提供档案8073卷（件）次，复印9740页。其中：实现馆室共享查阅589人次，提供档案611卷（件）次；长三角地区跨馆查询441次，涉及档案410卷（件）次。

【档案数字转型建设】 2019年，区档案馆接入“浙政钉·掌上执法系统”，账号开通率为100%，掌上执法人均20户（次），双随机执法检查事项覆盖率为100%。落实全省“一网查档、百馆联动”工作，完成“浙里办”APP掌上查档余杭版块的对接及“余杭区智慧档案平台”调整的对接工作。全年完成2086卷档案，64414条目录，405790页扫描件的自检和抽检工作，馆藏数字化率为93.46%。

【档案文化宣传】 2019年，区档案馆承办“不忘初心、牢记使命”主题教育档案文献展，组建志愿讲解队，为全区147家单位4000余名党员接受主题教育提供载体和服务保障。做好庆祝中华人民共和国成立70周年宣传活动，开展“档案见证——余杭往事”档案征文活动，将入选的51篇作品编入《余杭档案》“壮丽70年·奋斗新时代”特刊，共13余万字，发行2000册。开展“6·9”国际档案日宣传活动，以“新中国的记忆”为主题，利用“余杭档案”微信公众号开展档案知识竞赛，400余人参加。《兰台花绽放——档案文化建设的浙江实践与探索》获全市档案系统理论调研课题一等奖；《余杭档案志》获全市档案优秀编研成果暨档案学优秀成果一等奖。

【业务建设示范馆建成】 2019年，区档案馆开展“国家综合档案馆业务建设评价”工作，将业务评价与加强基础业务工作相结合，对照业务建设评价标准，逐项比对落实，通过验收，被评为全省首批、杭州首家业务建设示范馆。

【电子档案归集】 2019年，区档案馆推进电子档案归档工作，构建“一键归档、单套保存、一站查询”行政审批电子文件档案管理模式，全年接收20家单位605个行政事项，162345件电子档案，行政事项电子化归档率为100%。

（孙玩月）

编辑：陶贤德

良渚遗址
Liangzhu Site

·综　述·

【概况】 2019年，良渚古城遗址被列入“世界遗产名录”、良渚古城遗址公园对外有限开放。良渚古城遗址展陈亮相第二届中国国际进口博览会，国家主席习近平同各国元首一道驻足观看、听取介绍，并对良渚古城遗址保护研究传承利用工作给予勉励。全面完成智慧旅游、旅游基础设施提升、保护展示提升、景观照明、外围主要道路景观提升、艺术走廊基础设施和环境提升、公园开放系列活动、与故宫博物院互办展览、配合建设省文化考古展示园等新十大工程。良渚文明特展在故宫举办，接待观众近50万人次。“良渚遗址”整篇入选统编《中国历史》（七年级上册）教科书。遗址公园和良渚博物院接待国内外游客超150万人次。中央和省市区各级媒体聚焦良渚古城遗址，新媒体阅读量超120亿人次，360余家海外主流媒体发文关注良渚古城申遗成功。

【良渚古城遗址被列入“世界遗产名录”】 2019年7月6日，在阿塞拜疆首都巴库举行的联合国教科文组织第43届世界遗产委员会会议通过决议，根据世界遗产第三、四条标准，将中国世界文化遗产提名项目“良渚古城遗址”列入“世界遗产名录”。世界遗产委员会认为，良渚古城遗址代表中国5000多年前伟大史前稻作文明的成就，是杰出的城市文明代表。遗址真实展现新石器时代长江下游稻作文明发展程度，揭示良渚古城遗址作为新石器时代早期区域城市文明的全景，符合世界遗产真实性和完整性要求。整个审议过程历时约13分钟，世界遗产委员会委员国代表对良渚古城遗址突出普遍价值及真实性、完整性给予高度评价，良渚古城遗址获得一致通过。

2019年7月6日，在阿塞拜疆首都巴库举行的联合国教科文组织第43届世界遗产委员会会议通过决议，将良渚古城遗址列入“世界遗产名录”　（良管委　供稿）

【良渚古城遗址公园对外有限开放】 2019年7月7日，良渚古城遗址公园有限开园仪式举行。良渚古城遗址公园面积14.33平方千米，分城址区、瑶山遗址区、平原低坝—山前长堤区和谷口高坝区4个片区。其中有限开放的是城址区核心部分，面积3.66平方千米，主要设置十大片区，集考古遗址本体及其环境的保护展示、教育、科研、游览、休闲等多项功能于一体。公园秉持“预约参访、有序引导”的原则，执行单日最高承载量控制，采取线上预约方式参访，预约系统于7月7日上线，7月8日第一批预约访客入园参观。

【良渚文明故宫特展】 2019年7月16日，“良渚与古代中国——玉器显示的五千年文明”展在故宫博物院武英殿开幕。展览由浙江省人民政府联合故宫博物院举办，汇集良渚博物院、故宫博物院、浙江省文物考古研究所、浙江省博物馆、上海博物馆、南京博物院、广东省博物馆、成都金沙遗址博物馆、甘肃省博物馆等17家单位260件（套）良渚玉器以及商周、汉代等后世仿良渚风格的玉器，是迄今良渚玉器规模最大的展览。展览为期3个多月，接待观众近50万人次。

【良渚古城遗址展陈参与第二届中国国际进口博览会】 2019年11月5日，良渚古城遗址展陈亮相第二届中国国际进口博览会，国家主席习近平亲自向各国元首介绍“中华第一城”——良渚古城，并对良渚古城遗址保护、研究、传承、利用工作给予勉励。良渚古城遗址展陈是第二届中国国际进口博览会中国馆“美丽中国”单元的重要组成部分，以“良渚古城——实证中华五千多年文明史的圣地”为主题。展区呈“L”型布局，中心以“展台+玻璃罩”的形式展示良渚文化最典型的三大玉器——琮、璧、钺的仿制品，让观众近距离感受良渚文化的魅力。

2019年7月16日，“良渚与古代中国——玉器显示的五千年文明”展在故宫武英殿举行 （良管委 供稿）

【领导调研良渚古城遗址】 2019年10月19日，中共中央政治局委员、中宣部部长黄坤明调研良渚古城遗址，实地考察南城墙遗址、反山王陵遗址，强调要贯彻落实中共中央总书记习近平重要指示精神，系统进行良渚古城遗址的考古挖掘和保护工作，深化良渚文化研究，不断加深对五千年中华文明悠久历史的认识，传承历史文脉、增强文化自信，切实守护好中华民族的根和魂。省委书记车俊，中宣部副部长、国新办主任徐麟参加调研。

9月17日，省委书记车俊、省长袁家军调研良渚古城遗址，先后考察老虎岭水坝遗址和良渚博物院，了解良渚古城遗址历史和保护利用情况。

5月21日，省委常委、市委书记周江勇专题调研良渚遗址保护和申遗工作，踏看良渚古城瑶山祭坛、反山王陵遗址，考察良渚遗址动态监测与预警系统，了解良渚古城历史和申遗准备工作情况。

【主要荣誉】 2019年，良渚遗址管理区管理委员会（下称“良管委”）获全省“人民满意的公务员集体”称号。3月1日，良渚博物院讲解服务岗获全国巾帼文明岗称号。4月3日，良管委被评为2018年度全市文物工作优胜单位。良渚博物院获得2018年度杭州市博物馆综合优胜奖。

5月18日，良渚博物院基本陈列获全国博物馆十大陈列展览精品奖。在湖南长沙举办的“5·18”国际博物馆日活动中国主会场上，良渚博物院基本陈列“良渚遗址是实证中华五千年文明史的圣地”展览获“第十六届（2018年度）全国博物馆十大陈列展览精品奖”。这是良渚博物院继2008年获得“第八届全国博物馆十大陈列展览精品奖”之后，再次获得中国博物馆界的最高荣誉。12月，良渚古城遗址公园研学基地被认定为浙江省中小学生研学实践教育基地（第二批）。

“良渚遗址申遗—儿福院（莫角山片区展示中心）、中联华能厂（良渚考古与保护中心）改造及西侧景观提升工程设计采购施工（EPC）总承包项目景观绿化项目”获得浙江省“优秀园林工程”奖金奖、“杭州市优秀园林绿化工程（公园及河道类）”金奖。“安溪集镇环境整治工程一期”获得浙江省“优秀园林工程”奖金奖、“杭州市优秀园林绿化工程（公园及河道类）”金奖。

良渚文化标识获得德国红点设计大奖证书，入围年度德国设计大奖。良渚古城遗址公园被评为余杭区红领巾学院教育实践基地、2019杭州·浙西旅游十佳智慧景区（景点），被列入中国世界遗产旅游推广联盟成员单位，公园讲解服务岗被评为杭州市“巾帼文明岗”，良渚遗址之旅（良渚博物院、良渚古城遗址公园）被评为杭州市“2019年度最具品质体验点”。

（魏艳苹）

·良渚古城遗址申遗·

【良渚古城外围水利工程遗址保护范围调整】 2019年1月2日，国家文物局组织召开良渚古城遗址申遗补充材料专家论证会。2018年11月25日，国际古迹遗址理事会致函中国常驻联合国教科文组织代表团，提出良渚古城遗址申遗项目补充材料要求，包括要求调整和扩大良渚古城外围水利工程遗址的建设控制地带，使其与申报的缓冲区范围相一致等。1月2日，余杭发布余政〔2019〕1号文件，就良渚古城外围水利工程遗址保护范围和建设控制地带方案调整事宜，向杭州市政府请示要求审核并转报浙江省政府。1月25日，省政府发浙政函〔2019〕10号文，将良渚古城外围水利工程遗址的环境控制区全部调整为建设控制地带。

【良渚古城遗址申遗补充材料提交国际组织】 2019年1月31日，按照世界遗产申报要求，良渚古城遗址申遗全套英文补充材料由国家文物局提交国际古迹遗址理事会等国际组织。补充材料对遗产完整性、缓冲区范围、法律、保护、管理、研究等七大类意见进行反馈。

【中国联合国教科文组织全委会专题调研良渚申遗工作】 2019年2月25日，中国联合国教科文组织全国委员会秘书处秘书长秦昌威一行专题调研良渚遗址保护利用和申遗工作，考察良渚博物院、良渚古城反山王陵和外围水利工程遗址，听取良渚遗址保护利用和申遗工作汇报，肯定省市区各级对良渚申遗工作的高度认识和工作力度，表示教育部、全委会始终把良渚申遗摆在重要位置并全力支持。

【五国驻联合国教科文组织代表团考察良渚】 2019年5月18日，阿塞拜疆、乌干达、布基纳法索、坦桑尼亚、津巴布韦五国驻联合国教科文组织代表团大使考察良渚博物院、良渚古城遗址公园。

【关强调研良渚古城遗址】 2019年6月22日，国家文物局副局长关强一行调研良渚古城遗址，了解良渚遗址考古保护和申遗工作。

【余杭区代表团赴阿塞拜疆参加世界遗产大会】 2019年7月4—8日，市委常委、区委书记张振丰率余杭区代表团赴阿塞拜疆参加第43届联合国教科文组织世界遗产委员会会议，并对相关机构进行访问，以良渚古城遗址申遗为媒介，加强文化交流，在“一带一路”倡议下全面扩大各领域国际合作。

【良渚古城遗址申遗成功座谈会】 2019年7月12日，良管委召开“不忘初心、牢记使命、持续奋斗”——良渚古城遗址申遗成功座谈会。会议强调，成为世界遗产是良渚遗址保护、传承、利用工作的新起点，要继续坚定不移地贯彻落实中共中央总书记习近平的重要批示精神，坚决贯彻落实省市区各级的决策部署，自觉当好历史文化遗产的“薪火传人”，进一步擦亮良渚遗址这张世界级文化金名片。

【余杭区专题研究“后申遗时代”良渚古城遗址保护研究传承利用工作】 2019年8月9日，余杭区召开会议专题研究“后申遗时代”良渚古城遗址保护、研究、传承、利用工作。市委常委、区委书记张振丰强调，要深入学习贯彻上级关于良渚古城遗址保护利用的重要指示精神，充分挖掘良渚古城遗址的文化优势、品牌价值，立足当前、着眼长远、统筹管理，充分调动各级各部门、社会各方面力量，做好保护传承与发展利用两篇文章，努力擦亮良渚古城遗址这张世界级的“文化金名片”。

（魏艳苹）

·良渚遗址保护与研究·

【2018年度文物保护工作会议】 2019年1月21日，良渚遗址管理区2018年度文物保护工作会议召开，通报2018年良渚遗址保护区文物保护补偿结果。补偿涉及保护区内20个村（社区）和水坝遗址所在4个村。

【朱国贤调研艺术走廊拟选址地块】 2019年4月10日，省委常委、宣传部部长朱国贤调研艺术走廊拟选址地块，市领导戚啸虎、张振丰陪同。

【杰西卡·罗森参观良渚博物院】 2019年5月20日，英国勋爵、院士、牛津大学副校长、原大英博物馆东方部主任杰西卡·罗森参观良渚博物院，对良渚博物院的新展表示肯定。

【环良渚遗址党建联盟成立】 2019年5月24日，良渚遗址管理区牵头成立的“环良渚遗址党建联盟”启动仪式举行，区领导张俊杰、朱红丹为党建联盟揭牌。联盟旨在发挥党建统领作用，团结动员遗址区内各级党组织和广大党员群众，推进良渚遗址保护利用。

【二期（良渚文化艺术走廊）滨河景观及周边配套项目】 2019年，良渚遗址综合保护工程二期（良渚文化艺术走廊）滨河景观及周边配套项目实施，建设内容主要包括良渚港两侧滨河景观、码头停车场及闸站、河道周边局部道路管网建设。7月完成招投标，8月进场施工，9月完成良渚博物院周边景观提升工程，12月完成东入口提升工程和横二路（长命农居点南侧段）提升工程。

【全省各级人大常委会主任参观考察良渚博物院】 2019年8月14日，浙江省各级人大常委会主任学习会与会90余名代表参观考察良渚博物院。浙江省人大常委会副主任姒健敏，杭州市人大常委会主任于跃敏陪同考察。

【鲤鱼山—老虎岭水坝遗址被列入全国重点文物保护单位】 2019年10月7日，国务院印发《关于核定并公布第八批全国重点文物保护单位的通知》，良渚古城遗址外围水利工程鲤鱼山—老虎岭水坝遗址被列为全国重点文物保护单位。至此，良渚古城遗址14.33平方千米的遗产区全部纳入“国保”范围。

【省十三届人大代表杭州中心组代表视察良渚遗址】 2019年11月6日，浙江省人大代表杭州中心组于跃敏一行集体视察良渚遗址保护管理工作，视察良渚博物院、良渚古城莫角山遗址和反山王陵遗址，对良渚遗址保护展示利用成效予以肯定。

【“良渚研学”官方课程发布】 2019年11月21日，“中华5000年文明实证——良渚古城STEM科学探索”发布暨长三角良渚研学联盟首倡仪式在第二届长三角文博会举行。该课程由良管委和省文化产业投资集团联合开发，是全国中小学学生研学良渚标准课程。

【两项省文物保护科技项目通过验收】 2019年12月12日，良渚博物院负责的两项浙江省文物保护科技项目“良渚博物院文物数字资源集成整合与分级创建”和“良渚博物院基于裸眼3D屏幕显示技术的文物数字资源制作与应用”通过浙江省文物局结项验收。

【第四届世界考古论坛良渚行】 2019年12月16日，“第四届世界考古论坛良渚行”活动举行，来自世界各地的100多名专家学者考察良渚博物院、良渚古城遗址。

【科林·伦福儒再访良渚】 2019年12月16日，考古学家科林·伦福儒受邀在良渚遗址遗产监测管理中心作题为“从世界史前史语境中谈良渚在世界文明史上的地位”的学术报告。伦福儒认为，良渚已经进入国家文明阶段，它让人们对于中国早期文明的理解提前1000多年。

【良渚文明探索营地开营】 2019年12月29日，良渚文明探索营地开营仪式暨首期主题公开课——“良渚文化与中华文明起源”在良渚古城遗址公园举行。营地位于公园西南角，占地面积6.73公顷，建筑面积约7700平方米，可同时容纳近千人开展研学活动，以“考古”和“良渚文明”为特色内容。被杭州市教育局授牌为杭州市中小学研学旅行基地。

【外迁农居安置点布点规划和资源环境承载力研究编制工作】 2019年6月，《良渚古城遗址外迁农居安置点布点规划》《良渚古城遗址资源环境承载力研究》编制工作完成。12月，《良渚古城遗址环境承载力评估及农居外迁安置规划》获得2019年度杭州市城乡规划设计奖二等奖。

【《良渚遗址综合保护概念性规划》编制】 2019年，继续开展《良渚遗址综合保护概念性规划》编制，该规划以良渚大遗址的保护为前提，打造大遗址保护的新模式。2月完成初稿，6月完成中间成果稿并征求区级部门及属地镇（街道）审查意见，12月根据前期审查意见修改完善完成送审稿。

【《良渚遗址保护总体规划》启动修编】 2019年，《良渚遗址保护总体规划》修编工作启动。“总规”修编将水利工程遗址的保护范围和建设控制地带范围一并纳入规划范围，对原有规划进行调整完善和提升优化。

【良渚古城遗址公园35千伏勾瓶线“上改下”工程】 2019年8月初，为保持遗址风貌协调，对位于良渚古城遗址核心区内的35千伏勾瓶3532线40#塔～52#塔的电力架空线路进行“上改下”施工。12月，土建部分完工并通过现场验收，月底完成线路通电。自此，遗址公园上空电线全部改为地下电缆，遗址本体更加清晰可辨。

【良渚遗址日常保护管理】 2019年，执行良渚遗址保护区内建设项目、农户建房前置审核、批后监管制度，全年巡查690人次，完成建设项目前置审批26项、考古前置预审24项、农户建房前置审批236户，查处违章6起。

【遗产监测管理】 2019年，良管委完善监测管理制度、档案管理制度、预警管理机制、预警处置流程，采集66万余条、70GB的监测数据，提升遗产保护监测水平。合作开展南方潮湿环境土遗址保护监测的“良渚遗址本体劣化风险无损监测研究”和“良渚古城遗址生态环境的调查研究”，开展良渚古城遗产旅游与游客监测预警建设，承办浙江省世界遗产监测年会，加入中国古迹遗址保护协会团体会员。

【良渚学研究】 2019年，以良渚学研究为抓手，通过课题转化推动良渚学纵深发展，为良渚遗址保护管理利用提供学术支撑，基本完成“良渚遗址群石器鉴定及石源研究”课题、《严文明论良渚》出版工作，完成《良渚与古代中国——玉器显示的五千年文明展》图录、《张忠培论良渚》出版工作。

【考古发掘】 2019年，配合良渚古城申遗保护展示和遗址公园建设，主要完成朱村坟、高北山、钟家村、陆城门、野猫山、公家山及张家山等台地的长探沟发掘和探方发掘工作，发掘面积1500平方米。配合公园范围内高压线“上改下”工程，对金家头、南港沿、周村、美人地、金家弄北等台地进行小规模探沟发掘，揭露总面积约400平方米。完成姚家墩周边勘探，勘探面积150万平方米，探出良渚时期台地25处、河道7条，文化层范围7处、沟12条、水域范围2处。勘探结果显示，姚家墩遗址可能反映出良渚古城郊区聚落中的社会组织结构。开展荀山村周边勘探，探出良渚时期台地20处、河道7条、水域范围3个等遗存。

（魏艳苹）

·遗址公园建设与运营·

【良渚古城遗址公园基础设施提升项目】 2019年，开展实施“10+3+1”旅游基础设施配套提升项目建设。“10”即南入口游客中心片区、何村展示片区、大观山果园互动与服务片区、长命菜场配套餐饮片区、雉山宕口休闲片区、反山姜家山遗址展示片区、西入口游客中心片区、凤山（杭州市第一社会福利院旧址改造）交流服务片区、瑶山展示片区、池中寺遗址湿地水系展示片区等10个片区的提升改造；“3”即完善旅游服务、标识标牌、基础设施3个方面的功能补缺，重点建设休息驿站、生态公厕、直饮水系统，结合展示点、服务点补齐沿路标识标牌系统，同步完善遗址公园的园路、围栏、桥梁、各类井盖等设施；“1”即实施遗址公园园区灯光照明系统建设。2月底进场施工，7月旅游基础设施配套项目涉及公园范围全面完工并对外开放，9月旅游基础设施配套项目完工，完成总建筑面积24844平方米，生态铺装84045平方米，绿化面积426880平方米。

【良渚古城遗址公园现场陈列与展示项目完成】 2019年，按照“最小干预、最大阐释”的原则，在确保遗址本体保护的基础上，实施良渚古城遗址公园“3+1”现场陈列与展示工程项目，即城墙与城门、宫殿区、居址与作坊3个大区块展示提升，1个何村考古互动体验区建设。3月，完成项目招投标并进场施工和放样；5月，项目设计方案获得国家文物局批复；6月，良渚古城遗址申遗现场场馆陈列获“2018年度杭州市建设工程（西湖杯）装饰优质奖”；7月，良渚古城遗址现场陈列与展示所有展项与遗址公园同步开放，陆城门、水城门、南城墙、何村考古体验区、河道与作坊区、莫角山、西城墙等向社会公众展示良渚文明形象。

【智慧公园建设】 2019年，与阿里巴巴集团、腾讯科技（深圳）有限公司等公司达成战略合作，基本完成大数据平台、智慧预约、智慧导览、智慧入园、智慧停车等智慧公园建设。与中国移动杭州分公司达成战略合作，基本完成5G全覆盖基础建设、商业应用。

【遗址公园及其周边服务配套提升】 2019年，以“满足多元化游客需求”为出发点，引入莫角书院、良渚玉坊、“稻渚茶”茶食馆、文化摄影基地、反山咖啡吧、迁客文创等项目，对外开放运营。遗址公园周边引进呆住民宿、菩提谷民宿以及西田城餐饮，完善周边服务配套。

【良渚古城遗址公园运营管理】 2019年，制定实施“最多跑一次”扩面改革良渚古城遗址公园管理服务优化提升方案，成立杭州良渚古城旅游发展有限公司，完成公园收费项目报批，完善公园管理规章制度，组建公园志愿服务队伍，推进营销推广。

【打造“良渚国家级文化高地”】 2019年3月27日，在余杭区打造全国文旅融合发展样板区启动大会上，余杭区人民政府、杭州良渚遗址管理区管理委员会与浙江省文化产业投资集团公司就共同打造“良渚国家级文化高地”签署三方战略合作框架协议，利用良渚文化的品牌影响力做好文旅融合工作。

【中国杭州（良渚）稻香千年丰收节主场活动】 2019年9月23日，杭州2019年“美丽乡村丰收节”系列活动首场——中国杭州（良渚）稻香千年丰收节主场活动在良渚古城遗址公园举行。

【杭州亚运会倒计时活动在良渚古城遗址公园举行】 2019年9月10日，杭州亚运会倒计时三周年暨开闭幕式创意文案、主题口号征集启动仪式在良渚古城遗址公园举行。国家体育总局副局长李建明出席，亚组委副主席、省委常委、市委书记周江勇，亚奥理事会终身名誉副主席拉贾·兰德·辛格致辞。亚奥理事会终身名誉副主席魏纪中、亚奥理事会总干事侯赛因·穆萨拉姆，杭州市领导戚哮虎、许明、陈卫强出席。

【“四新”文旅产品发布暨良渚古城遗址公园推介会】 2019年9月24日，2019杭州迎国庆及秋季“四新”文旅产品①发布暨良渚古城遗址公园推介会在良渚古城举行，重点介绍良渚古城遗址，推出2019杭州迎国庆及秋季“四新”文旅产品155项。

2019年7月7日，良渚古城遗址公园有限开园仪式举行

（良管委　供稿）

①“四新”文旅产品即新开发的旅游产品、新挖掘和举办的文化旅游节庆活动、新整合的旅游线路、新推出的旅游优惠政策。

【莫角书院开馆】 2019年9月28日，莫角书院开馆共建仪式暨莫角讲堂第一期“漫谈良渚史话”在良渚古城遗址公园举行。莫角书院位于公园考古体验区，以弘扬良渚文化为宗旨，为公众提供公益阅读服务。

（魏艳苹）

·良渚文化宣传与推广·

【朱国贤专题调研良渚遗址】 2019年1月3日，省委常委、宣传部部长朱国贤专题调研良渚遗址，考察反山遗址和良渚博物院，召开专题座谈会，观看申遗宣传片，听取良渚古城遗址保护申遗工作汇报，强调要提高思想认识，加强宣传展示，提升良渚古城遗址吸引力，让良渚文化真正活起来、传下去。

【“珍爱遗产 守护文明”主题活动】 2019年2月，良渚博物院春节期间开展“珍爱遗产 守护文明”主题活动，举行讲解体验、剪纸送福、志愿体验等系列活动，吸引海内外观众参与和中央媒体关注。

【“玉见礼仪——良渚文明的精髓”展在长春博物馆举行】 2019年5月16日，长春博物馆和良渚博物院共同举办的“玉见礼仪——良渚文明的精髓”展在长春博物馆开幕，展出良渚文化文物200余件（组），展期持续到6月10日。

【第二届“摄影家眼中的良渚文化”摄影大赛奖项】 2019年6月，第二届“摄影家眼中的良渚文化”暨“我为良渚拍一张好照片”摄影活动奖项揭晓，评出获奖照片300多幅。活动自2018年11月启动以来，吸引数百名摄影爱好者报名参赛，征集照片3000多幅（组），聚焦五千年良渚文明，从不同侧面、不同角度展现良渚遗址风采和良渚文化。

【媒体聚焦良渚古城遗址申遗成功】 2019年7月6日，良渚古城遗址申遗成功，中央和省市区各级媒体进行聚焦式、大篇幅、滚动式报道。截至8月底，全国新闻媒体推出报道1.5万多篇，中央媒体报道超过200篇；相关微信公众号、客户端、微博累计阅读量超120亿人次。美国广播公司、日本共同社、澳联社、德新社等360余家海外主流媒体发文关注。

【良渚文明宣传片发布】 2019年7月6日，良渚古城遗址申遗成功，良渚文明宣传片《良渚·五千年的印记》全球发布，宣传片时长3分钟，为观众呈现一幅以良渚文明元素为核心的、流动的五千年文明画卷，是对“良渚遗址是实证中华五千年文明史的圣地”的影像化探索。

【君子比德于玉——故宫博物院藏清代宫廷玉器精品展】 2019年8月17日，故宫博物院、良渚博物院联合主办的“君子比德于玉——故宫博物院藏清代宫廷玉器精品展”在良渚博物院开幕，展出故宫藏清代玉器精品100件，展示清代宫廷用玉文化和玉雕艺术成就，展期持续至10月31日。

【世界遗产（良渚古城遗址）金银币发行项目】 2019年9月，良管委与中国人民银行中国金币总公司合作，启动世界遗产（良渚古城遗址）金银币发行项目有关工作，计划发行8克圆形金质纪念币、500克圆形银质纪念币、30克圆形银质纪念币等3种规格的纪念币，12月面向全社会开展设计图稿征集。

【共擎1000平方米国旗庆祝中华人民共和国成立70周年】 2019年9月30日，400余名党员群众身穿“中国红”，站在实证中华五千多年文明史的良渚古城，共擎一面1000平方米的巨幅国旗庆祝中华人民共和国成立70周年。这次活动拉开良渚古城遗址公园国庆系列活动的序幕，国庆期间遗址公园西入口对外开放，公园日接待限额从3000人提升到5000人。

【良渚博物院和良渚古城遗址公园成为国庆“文化游”热点】 2019年10月国庆期间，良渚博物院和良渚古城遗址公园接待观众约14万人次。良渚博物院用118平方米的巨幅五星红旗和“水中小洲”主题造型立体花坛营造国庆氛围，推出“小小考古家品良渚味道”“璀璨的真相”“燃情快闪唱响良渚”“志愿风采讲古博今”等系列活动。良渚古城遗址公园组织“建国团”访客游园、“万国来朝，参见国王”国庆主题亲子挑战赛、“设计良渚·创意集市”、良渚文化主题油画展、“谷仓音乐会”等系列活动。

【马云参观考察良渚古城遗址】 2019年10月5日，阿里巴巴集团创始人马云考察良渚博物院、良渚古城遗址公园和梦栖小镇。市委常委、区委书记张振丰等领导陪同。

【首届国家考古遗址公园文化艺术周暨首届良渚文化艺术周】 2019年10月17—24日，首届国家考古遗址公园文化艺术周暨首届良渚文化艺术周、第九届国家考古遗址公园联盟联席会在良渚举行。10月18日，国家考古遗址公园十年杰出贡献人物红毯仪式和首届国家考古遗址公园文化艺术周开幕式举行，103家国家考古遗址公园达成“良渚共识”并发布《关于新时代国家考古遗址公园可持续发展的良渚共识》。本次艺术周以“共谋、共创、共赢、共享”为主题，以遗址公园为载体，举办摄影展、纪录片（宣传片）展映、文创市集、书画艺术展等系列活动。

【“互联网+中华文明”专题展】 2019年10月18—22日，“互联网+中华文明”专题展览亮相乌镇第六届世界互联网大会“互联网三光”博览会。本次展览以良渚文明为主题，整合浙江省博物馆、上海博物馆、南京博物院、杭州博物馆、温州博物馆、良渚博物院、浙大艺术与考古博物馆的文物资源，运用体感交互、AR、5G等技术，提供一套良渚文明沉浸式体验装置，重建五千年前的良渚面貌。

【“长三角”高校对接会】 2019年10月24日，召开“长三角”高校对接会，邀请复旦大学、南京大学、浙江大学等高校调研团队调研良渚遗址，并召开“古城先锋论坛”，共话“后申遗时代”，探讨打造“文化文明桥头堡”。

【2019良渚文化推广特使】 2019年10月27日，2019良渚文化推广特使征集活动路演在良渚古城遗址公园举行。经专家评委评选，推出“良渚文化推广特使”5名和“良渚文化守护者”6名。

【《国宝·发现》聚焦良渚遗址】 2019年9月19日，中央广播电视总台央视中文国际频道《国宝·发现》栏目组进驻良渚古城遗址，开展为期5天的拍摄，制作《五千年良渚》系列节目——《水利建国》《三重古城》《食物之谜》《文明圣地》《王者之器》，10月28日起陆续播出。

【与中国移动杭州分公司签订战略合作协议】 2019年10月31日，良管委与中国移动杭州分公司签订战略合作协议，发布“双5计划”，运用当代5G技术保护、展示古代中国五千年文明圣地。《人民日报》、新华社等对5G覆盖良渚古城遗址公园进行报道。

【与中国工商银行杭州分行签订战略合作协议】 2019年11月6日，杭州良渚遗址管理区管理委员会与中国工商银行杭州分行举行战略合作签约仪式，双方将在品牌文化、商业产品、主题网点、客户引流等方面进行合作。

【“中国作家走进良渚”采风活动】 2019年12月1—4日，中国作协副主席张抗抗等国内著名作家20余人到良渚博物院和良渚古城遗址采风，召开座谈会，举办访谈沙龙，共话良渚历史之美、文化之美。

【“丹青颂良渚”活动】 2019年12月6日，“丹青颂良渚——浙江画院走进良渚古城遗址活动”举行，书画艺术家到良渚遗址遗产监测管理中心进行现场创作。

【文化名人走进良渚】 2019年12月22日，“韩美林艺术大篷车”来到余杭，著名艺术家韩美林携文学界、美术界、新闻界等数十位文化名人齐聚良渚，感受良渚文化。冯骥才、姜昆、白岩松、敬一丹、王铁成、陈履生等先后考察良渚博物院和良渚古城南城墙遗址、反山王陵遗址。

【良渚古城遗址公园上海文化旅游推介会】 2019年12月26日，良渚古城遗址申遗成功后的首场专场文化旅游推介会在上海举行，会上推介良渚古城遗址公园和研学产品。

【媒体合作宣传】 2019年，配合新华社、中央广播电视总台、《浙江日报》、浙江卫视、浙江在线、《杭州日报》、杭州电视台、《余杭晨报》、余杭电视台等各级主流媒体开展申遗成功专题报道，配合中央广播电视总台央视《国宝·发现》及《瞭望周刊》《半月谈》《中国报道》《人民画报》《环球人文地理》《中华遗产》《杭州》等开展申遗前后的主题宣传。

【良渚文化教育普及】 2019年，与浙江省委党校、杭州市委党校建立常态联系，设立干部教育教学基地，常态化开展干部现场教学活动。成立良渚文化讲师团，推动领导干部带头开展良渚文化宣讲。深化馆校合作和志愿服务，举办北大考古夏令营、国际博物馆月等系列社会教育活动。

【良渚主题文创】 2019年，与浙江省文化产业投资集团达成战略合作，合资组建杭州良渚文化创意有限公司，围绕良渚文化大IP利用，牵头成立长三角良渚研学联盟，联合开发研学课程，打造“良渚国家级文化高地”。加强与杭州臻元（JUSTRE-AL）休闲用品有限公司、杭州曼文艺术设计有限公司、杭州西泠文化创意有限公司、杭州万事利丝绸文化有限公司、杭州长相知家纺科技有限公司、杭州隐青阁艺术品有限公司、宁波今生瓷业有限公司、浙江楠宋瓷业有限公司、杭州特美刻实业有限公司等文创企业的合作，开发涵盖工艺类仿制品、玉器、服饰家居、箱包、首饰、茶具、文具、日用品等的良渚主题文创产品400余款，跟进杭州网易妙得科技有限公司（网易严选）、网易杭州网络有限公司（网易游戏）、济南市腾讯计算机系统有限公司（腾讯游戏）、浦发银行杭州分行等企业的文创项目。

（魏艳苹）

编辑：吕晓英

体　育

Sports

·综　　述·

【概况】　2019年，余杭区亚运场馆改建项目完成主体结构的80%，完成建设省级体育休闲公园2处、社区多功能运动场7个、足球场2个、小康体育升级工程10处，新建余杭区全民健身工程100余个。开展全国第四次经济普查余杭区体育场地调查工作。举办“宋庆龄杯”中国—东盟青少年足球邀请赛、“一带一路”国际乒乓球邀请赛、2018—2019中国乒乓球俱乐部超级联赛（余杭站）、2019年“中国足球发展基金会杯”首届全国体育新闻工作者足球联赛总决赛暨2019中国（余杭）体育产业与社会足球发展论坛等体育赛事和活动。举办2019年“百村（社区）千场”、2019奔跑吧杭州城市定向挑战赛（余杭赛区）、浙江省第三届冰雪运动嘉年华（余杭站）、2019梦想小镇半程马拉松、“迎新年”冬季越野赛、杭州市桥牌联赛、余杭区足协杯等群众体育活动。围棋世界冠军檀啸落户余杭，被聘为区围棋协会总教练。全区5个镇（街道）、51个村（社区）举办综合运动会。全区参加体育锻炼的人数（不含学生）比例为29.5%。全年培训、认定三级社会体育指导员462人。开展杭州市国民体质监测工作，完成监测样本4932例，合格率96.3%。

【全国第四次经济普查余杭区体育场地调查】
2019年4月，根据国家体育总局要求，启动全国第四次经济普查余杭区体育场地调查工作。普查显示，截至2019年底，各类体育设施：健身苑（点）1531个、公共篮球场约260个、公共乒乓球场地约180个、社会足球场39块，全区村（社区）体育健身点覆盖率为100%。各类健身步道40条，总长227.8千米，全区体育场地总面积245.4万平方米。

（张舒婷）

·群众体育·

【中国乒乓球俱乐部超级联赛（余杭站）比赛】
2019年1月23日，由中国乒乓球协会与中央广播电视总台央视体育频道联合主办，余杭区人民政府承办的2018—2019中国乒超联赛北京首钢乒乓球俱乐部余杭赛区的比赛在理想体育中心举行，对决双方为北京首钢俱乐部（女队）和鸿安京阳俱乐部（女队）。北京首钢俱乐部运动员丁宁、武杨、李佳原、郭雨涵，鸿安京阳俱乐部运动员刘诗雯、冯亚兰、钱天一、何卓佳。体育频道对比赛进行直播。鸿安京阳俱乐部以3∶2的比分战胜北京首钢俱乐部。

【“宋庆龄杯”中国—东盟青少年足球邀请赛】
2019年8月3—6日，2019年“宋庆龄杯”中国—东盟青少年足球友谊赛在浙江绿城足球俱乐部举行。来自中国、柬埔寨、印度尼西亚、老挝、马来西亚、缅甸、菲律宾、新加坡、泰国、越南的10支U12梯队、近200名小球员参加比赛。中国足协代表队鲁能足校U12梯队在决赛中0∶1不敌泰国代表队蒙通联U12队获亚军。

【2019“百村（社区）千场”系列活动——跳绳大赛】 2019年9月，余杭区“百村（社区）千场”跳绳比赛落幕。比赛从7月中旬开始，历时两个月，全区360余个行政村（社区）近8000人次参与。比赛设置团队单人跳绳、男女混合跳绳、集体跳长绳、“8”字集体跳长绳4个项目。分两个阶段进行。第一阶段：各镇（街道）选拔赛20场。第二阶段：余杭区总决赛。中泰街道、南苑街道、星桥街道分别获2019年余杭区“百村（社区）千场”跳绳比赛前三名。

2019杭州梦想小镇半程马拉松开跑　　（区文广旅体局　供稿）

【浙江省第三届冰雪运动嘉年华（余杭站）】 2019年9月20日，由浙江省体育局、浙江省体育总会主办，体坛报社、民生资讯广播FM99.6等共同承办的浙江省第三届冰雪运动嘉年华在余之城生活广场举行，北京奥运会武术比赛散打冠军张帅到场表演冰上“武”蹈。活动延续“游戏+自由体验”的模式，推出冰上拔河、冰上保龄球、海豚接力、冰球接力等四大挑战。

【“一带一路”国际乒乓球邀请赛】 2019年10月13日，迎亚运“一带一路·梦想小镇杯”2019国际乒乓球友谊赛在理想体育中心举行。外方代表队由来自亚洲、非洲、北美洲的15个发展中国家的57名教练员和运动员组成，中方代表队由未来科技城代表队、余杭区内乒乓球爱好者组成。

【2019杭州梦想小镇半程马拉松】 于2019年10月20日举行。前游泳世界冠军吴鹏、前110米栏世界冠军史冬鹏、前中国女排副攻手薛明等参加。比赛分为21.0975千米的半程马拉松和5千米的梦想跑。来自埃塞俄比亚的选手Mehari Tesfaalem Gebrearegawi以1小时03分18秒的成绩获得半程马拉松男子组冠军，中国选手唐小芳以1小时20分56秒的成绩获得女子组冠军，两人均打破赛会纪录。大数据指挥中心统领整场赛事的医疗安保工作，首次启用无人机AR可视化指挥调度。

2019中国（余杭）体育产业与社会足球发展论坛
（区文广旅体局　供稿）

【首届全国体育新闻工作者足球联赛总决赛】 2019年12月14—15日，2019年“中国足球发展基金会杯”首届全国体育新闻工作者足球联赛总决赛在余杭区举行，来自全国13个赛区的16支球队参加比赛。央视体育队以3∶0的成绩战胜山东媒体联队，获全国总冠军。山东媒体联队、银川传媒、内蒙古日报分获第二、三、四名。

【2019中国（余杭）体育产业与社会足球发展高峰论坛】 于

2019年12月15日在余杭区举行。论坛以“融合发展　聚力杭行”为主题，来自余杭区各镇（街道）相关职能部门，媒体联赛赞助商代表，专家学者、媒体代表等200余人参加。论坛分致辞演讲和圆桌讨论两个环节，其中圆桌讨论环节，以“媒体如何做好体育产业的催化剂”和“城市体育发展人才战略探讨”为主题展开。

【2020年余杭区“迎新年”冬季越野赛暨余杭区半马接力赛】 于2019年12月30日在良渚古城遗址公园举行。赛事由区全民健身领导小组、健康余杭建设领导小组主办，区委直属机关工作委员会、区文广旅体局承办，主题为“迎亚运　迎新年”。余杭区免报名费向社会增设公开组项目，46支代表队、200多名运动员参赛。区公安分局、南苑街道和临平跑吧分获机关企事业组、镇（街道）组和社会团体组冠军。

（张舒婷）

·竞技体育·

【余杭籍运动员参加2019年杭州市阳光体育中小学生运动会】 2019年4—12月，杭州市阳光体育中小学生运动会举行，余杭籍运动员获金牌41枚、银牌21枚、铜牌22枚。

【胡佳芳获全国第二届青年运动会场地自行车金牌3枚】 2019年8月，余杭运动员胡佳芳在山西太原参加全国第二届青年运动会场地自行车项目，获女子团体竞速赛、女子250米、女子500米金牌。

【吕杰获全国第二届青年运动会场地自行车1金1铜】 2019年8月，余杭运动员吕杰在山西太原参加全国第二届青年运动会场地自行车项目，获男子团体竞速赛金牌、男子争先赛铜牌。

【陈灵龙获世界跆拳道团体世界杯锦标赛金牌】 2019年8月，余杭运动员陈灵龙在无锡参加世界跆拳道团体世界杯锦标赛，获男子87公斤级别冠军。

【潘旋旋获拳击全国第二届青年运动会金牌】 2019年8月，余杭运动员潘旋旋在山西忻州参加全国第二届青年运动会，获拳击男子乙组70公斤级别冠军。

【楼高翔、龚泽琦获全国U18射击锦标赛奖牌】 2019年10月，余杭运动员楼高翔在江苏南京参加全国U18射击锦标赛暨全国重点射击学校锦标赛，获男子25米手枪速射团体金牌、个人铜牌。余杭区运动员龚泽琦获10米气手枪混合团体铜牌。

（张舒婷）

·体育产业·

【3家企业入选2019浙江省体育产业发展资金项目库】 经单位申报、市级审核推荐、省级专家评审，余杭区杭州吉客体育文化有限公司、杭州水豚科技有限公司、杭州郑武智体产业运营管理有限公司申报项目入选2019浙江省体育产业发展资金项目库。根据《关于下达2019年省扶持体育发展资金（第四批）的通知》，奖励金额69万元。

（张舒婷）

编辑：陶贤德

卫　生

Health

·综　　述·

【概况】　2019年，全区有各类医疗卫生机构794家，同比增长17.63%，其中，区属医院7家、卫生单位4家、计划生育指导站1家、老年活动中心1家、社区卫生服务中心20家、社区卫生服务站174家、民营医院27家、门诊部107家、检验所实验室9家、诊所289家、厂矿学校医务室155家。全区医疗机构拥有床位6819张，每千人拥有床位3.61张。全区卫生工作人员13805人，其中卫生技术人员11314人，每千人拥有卫生技术人员5.98人。卫生健康系统所属医疗卫生单位拥有床位4388张，工作人员9088人，其中卫生技术人员7848人，占86.36%。

全年辖区内孕产妇死亡率零，5岁以下儿童死亡率2.46‰，人均期望寿命84.57岁。年末全区户籍人口116.18万人，人口出生率11.61‰，死亡率3.95‰，人口自然增长率7.66‰。

【卫生部门机构职能调整】　2019年1月，按照余杭区机构改革工作总体部署，对区卫生和计划生育局、区深化医药卫生体制改革领导小组办公室、区民政局、区老龄工作委员会办公室以及区安全生产监督管理局职业安全健康监督管理等职责进行整合，重新组建区卫生健康局。局机关内设科室和合署办公的事业单位实施重组，开展中层干部选拔任用及轮岗交流，全年调整中层干部140人，其中提任18人。加大优秀年轻干部选任，提任清华大学、北京大学毕业生党政机关储备人才，卫生健康系统启航班管理人才3人，提任“90后”副科3人、“85后”正科2人。

（高利娜）

·健康余杭·

【“6+1”大健康[①]】　2019年，区委、区政府制定《2019年健康余杭建设考评细则》，健康考核纳入政府综合考评体系并实施考核。开展健康余杭建设六大类27项指标的动态监测，实施居民健康素养监测20个镇（街道）全覆盖，完成慢性病防控社会因素调查，发布《健康余杭建设2018年白皮书》，启动三年10个专项行动评估与镇（街道）健康指数地图制作，首次开展健康期望寿命调查。

①“6+1”大健康指健康环境、健康社会、健康服务、健康人群、健康文化、健康产业六大任务和保障支撑体系平台。

【“一镇一品”建设】　2019年，区卫生健康局选评20余个特色项目，区健康办的“健康达人总动员　传播亚运我当先”获杭州市第12届生活品质健康生活点评“拥抱亚运　健康杭州”最佳现象。

【大健康发展理念普及】　2019年，区卫生健康局开展“健康余杭”宣讲团宣讲，100名专家讲师、204名健康生活方式指导员、3005名体育指导员进社区、进学校、进企业、进机关、进农村开展健康余杭宣讲、指导和出谋划策。举办健康余杭建设专题培训班，邀请省市健康办、省内高校等专家领导授课。《余杭晨报》刊出专栏24期、余杭电视台播出专栏25期，“健康余杭”微信公众号推送每日1期，政务平台健康小贴士短信提醒566514条次，各镇（街道）做到村村有健康宣传栏，每2个月张贴1次健康宣传画，新增健康墙绘77处。实施健康素养进文化礼堂三年行动，全年开展健康素养大讲堂1175场次，其中，进文化礼堂136家498场，健康主题日宣传274场次，受益10.5万余人次。开展心理健康讲座或团体心理辅导967场次，重点人群心理帮扶5493人次，开展应急救护培训472场次，受益2.2万余人次。组织69847名市民参加杭州市第七届健康知识网络大赛，举办第二届“健康家庭”大奖赛，参加杭州市“健康家庭”大奖赛获专业组第四名。2019年，健康素养水平35.1%，同比上升6个百分点。

【全民健身】 2019年，区卫生健康局组织参加全国第四届“万步有约”职业人群健走激励大奖赛，余杭区被评为全国先进赛区。启动亚运场馆改造（余杭体育馆）和新一轮滨水绿道和健身山道工程，新增省级体育休闲公园2处、社区多功能运动场7个、足球场2个、小康体育升级工程10处，新（改、扩）建健身点、社区多功能运动场20处，新建全民健身工程100余个，健康绿道（步道）23条80千米。

2019年4月21日，全国第四届“万步有约”职业人群健走激励大奖赛余杭赛区启动仪式在超山名胜风景区举行　（区卫生健康局　供稿）

【健康细胞建设】 2019年，全区创建区级健康单位144家、无烟单位145家、健康家庭3016家，形成健康细胞建设余杭模式。启动省级健康镇（余杭、瓶窑）和健康村（径山村等5个）试点，径山小古城村健康村接待陕西、山东等地考察团考察。

（高利娜）

·卫生监督执法·

【概况】 2019年，余杭区受理投诉举报案件265件，立案处罚678件，罚没款322.14万元，移送公安机关追究刑事责任2件。

【医疗服务监督】 2019年，区卫生健康局检查各级各类医疗机构1505家次，抽检各类样品510件，立案查处159家，罚没款50.59万元。以民营医院、门诊部为重点，开展非法输液、抗生素滥用专项整治行动，开展登革热专项监督检查，加大新发证民营医疗机构监管力度，加强医疗机构控烟监管。2019年，全区开展医疗服务多元化监管试点工作，社会办医院、综合门诊部和医疗美容机构负责人开展培训。

【打击非法行医】 2019年1月4日起，在全区开展严打非法行医和“两非”（非法胎儿性别鉴别、非法终止妊娠）及非法医疗美容违法行为专项整治行动。全年开展打击非法行医联合整治23场次，处理投诉举报152件，出动监督员712人次，处罚76家，罚没款170.6万元，没收药品800余千克、医疗美容器械44台，移交公安机关案件2件。

【公共场所卫生监督】 2019年，区卫生健康局开展民宿专项监督检查，配合区农业农村局开展民宿登记评定工作，检查各类民宿（农家乐）167家；开展高档宾馆酒店卫生专项检查和检测；开展商场、影剧院空气质量在线监控项目，投入20万元，在余杭大剧院、临平银泰城等8家大型商场和电影院安装公共场所室内空气在线监控，实时监测空气卫生质量。开展生活美容场所卫生监督专项行动，监督检查293家，行政处罚100家，罚没款47.34万元。开展医疗机构、美容美发和兜底场所控烟检查，联合市场监管、公安、交通等部门开展控烟联合检查，监督检查控烟单位333家次，责令整改25家，处罚11家，罚款0.53万元，其中个人处罚6人。对辖区内游泳场所负责人和卫生管理员进行培训，开展游泳场所夏季保健康专项行动，完成游泳场所内游泳池池水抽检101家，立案处罚34家，罚款16.77万元。

【传染病防治监督执法】 2019年，余杭区以医疗废物集中处置、预防接种、消毒隔离、病原微生物实验室生物安全为重点开展传染病防治监督执法和消毒隔离监测工作。通过医疗废弃物监控平台，随时监控医疗机构内医疗废弃物处置情况，规范操作，防止医疗废弃物外流外泄。全年立案查处72家，罚没款13.03万元。

【消毒产品与餐饮具集中消毒企业监管】 2019年，余杭区有餐饮具消毒单位9家，采样37批次370件，合格361件，合格率97.57%；开展食品安全承诺，督促企业落实主体责任。全年立案查处餐饮具集中消毒企业3家，罚款0.50万元。全区取得有效消毒产品卫生许可证的生产企业54家，抽检样品26件，合格25件，合格率96.15%；立案处罚4家，罚款1万元。

【职业健康和放射卫生执法】 2019年，余杭区全面启动职业健康监督执法工作，开展重点行业领域尘毒专项检查，处罚5家，罚款5.50万元。开展放射诊疗单位现场审核，对放射诊疗单位管理人员配备、工作人员资质、工作人员职业健康、工作场所和设备检测、防护用品配备、危害告知等内容开展监督检查，监督检查放射诊疗单位87家，立案处罚29家，罚款6.16万元。完成职业健康体检机构专项检查和区域职业病防治情况分析报告，对职业健康体检机构出具的职业健康检查报告书进行书面质量监测。

【“双随机”抽查】 2019年，余杭区扩大随机抽查比例，提升“双随机”②抽查成效。全年接收国家“双随机”任务465家，执行465家。开展日常执法“双随机”4期328家，公示率100%。审查各类文书920份，纠正不当文书102份。

②“双随机”指从抽查对象数据库和检查人员库中随机抽取，确定抽查对象和检查人员，检查情况及时向社会公开。

【卫生领域“最多跑一次”改革】 2019年，余杭区根据“放管服”改革要求，推进公共场所卫生许可告知承诺制改革工作，做好审批和监管的有效衔接，加强事中事后监管。全年办理各类许可和非许可事项7282件，同比增长27.73%。

【“互联网+监管”】 2019年，余杭区以“互联网+监管”平台为依托，设置“双随机”任务16个（其中跨部门联合“双随机”抽查3期）297家次，专项任务18个82家次；组织开展即时检查462家次，掌上执法检查应用率100%，事项覆盖率100%。

【卫生监督主题宣传】 2019年，区卫生健康局围绕社会热点和各阶段工作重点，加强与媒体的沟通联系，做好卫生监督执法成果宣传。全年向各级报刊、网站投送各类新闻稿件77篇，通过新闻媒体（余杭电视台）报道10次，推送业务工作微信信息120篇，其中被“健康浙江”微信公众号录用4篇、省卫生监督微信公众号录用50篇。

【卫生行政执法机构规范化建设】 2019年，余杭区卫生健康局智慧卫监指挥平台投入使用，应用新型执法手段开展精准执法，配备4G执法记录仪，行政执法全过程记录，规范案卷管理，提升卫生行政执法机构全面建设水平。2019年，余杭区入选浙江省第一批卫生行政执法规范化建设机构，全省卫生行政执法规范化建设现场会在余杭举行，余杭区基层社会治理综合指挥中心和余杭区卫生监督所被选定为现场会参观点。

【医疗服务市场联动执法】 2019年，区卫生健康局与区医疗保障局余杭区分局对接，帮助核查379家次定点医疗机构行政处罚记录。核查民营医疗机构108家次，发现问题32家次，行政处罚28起。对1起当事人提出的信用修复申请，与区发改局共同开展信用修复工作。与区市场监管部门对接餐饮具集中消毒企业信息，移送违反相应法律法规的情形线索。应用“浙政钉·掌上执法系统”，与公安、医保开展跨部门“双随机”联合执法3起。

2019年，全区结案678件，同比增长46.44%，罚没款322.14万元，同比增长105.32%。“杭州余杭丰瑞门诊部未经许可擅自开展计划生育手术案”和“杭州上益优水电器科技有限公司生产销售无卫生许可批准文件的涉及饮用水卫生安全产品案”入选杭州市2019年度卫生行政处罚办案质量十佳案件。

【卫生监督所服务医共体建设】 2019年，余杭区公共卫生指导团队下沉服务医共体建设全面启动。针对在日常“双随机”和依法执业检查中发现的问题，对医共体重点、关键岗位医务人员开展业务培训，结合医疗机构量化分级、医疗机构校验、医疗领域专项整治等阶段工作重点，加强对医共体牵头医院和各分院的现场检查和指导。利用季度例会、定期培训，巡查、抽检、案件查处等日常监督的机会，培训基层卫生监督协管员。选调分所长担任5个医共体的指导团队成员，对基层公共卫生工作实行网格化管理、负责责任片区卫生监督工作的业务指导、技术咨询、质量把关，帮助基层医疗卫生机构解决业务技术问题。细化卫生监督协管考核任务指标，每季度督导考核各个医共体分院，考核结果作为划拨基本公共卫生服务经费和评先评优的依据。

（高利娜）

·疾病预防控制·

【传染病报告】 2019年，全区报告传染病26种37199例，发病率2320.59/10万，同比上升163.19%。其中：甲类传染病报告1例，为霍乱，报告发病率0.06/10万；乙类传染病18种3464例，占总病例数的9.31%，发病率216.10/10万，同比下降6.50%；丙类传染病7种33734例，占总病例数的73.74%，发病率2104.43/10万，同比上升90.69%。报告法定传染病死亡8例，死亡率0.50/10万，同比上升60%。

乙类传染病发病前十位的病种：梅毒1051例、淋病894例、肺结核782例、痢疾327例、猩红热103例、戊肝81例、艾滋病57例、百日咳40例、乙肝38例、登革热29例。丙类传染病前三位的病种：流行性感冒22946例、手足口病5329例、其他感染性腹泻病5326例。

2019年，在突发公共卫生事件管理系统中报告突发公共卫生事件12起，其中，霍乱1起、水痘疫情5起、诺如病毒感染胃肠炎疫情6起。

【传染病管理】 2019年，区疾控中心继续落实艾滋病“铁三角”③、结核病“三位一体”④和血吸虫病联防联控工作机制。全年发现报告艾滋病68例，接受免费抗病毒治疗787人。肺结核发现报告870例，筛查密切接触者2302人，完成治疗率92.72%。

③“铁三角”指“疾控”、NGO（非政府组织）、医院。

④结核病“三位一体”指疾病预防控制中心负责规划协调、定点医院负责病人诊治、社区卫生服务中心负责病人管理。

【免疫规划管理和预防接种服务】 2019年，区疾控中心制定下发疫苗和预防接种管理工作流程，采用PDCA方法循环督导，发送通报16期，整改率逾90%。执行“三查七对”⑤，对全区预防接种人员开展全覆盖培训考试，统一规范流程，确保接种安全。采用信息智慧系统，落实疫苗全冷链管理，定期维保疫苗冷库，确保疫苗质量。预防接种门诊实施全覆盖式管理并开展评比，9家单位创建为全覆盖式预防接种门诊；改善硬件设施及接种点环境。实行疫苗代表定期接待制度，规范疫苗代表销售行为。完成2019年度二类疫苗优选。开展水痘疫苗免费应急接种工作，控制疫情扩散。按照省、市卫健委部署，推进浙江省疫苗和预防接种综合管理信息系统上线工作。组织开展九价人乳头瘤病毒疫苗接种工作，完成免疫规划疫苗接种617941人次，“9苗”⑥单苗接种率均超过99%。

⑤“三查七对”指操作前查、操作中查、操作后查，查对床号、查对姓名、查对药名、查对剂量、查对时间、查对浓度、查对用法。

⑥“9苗”指乙肝疫苗、卡介苗、脊灰疫苗、百白破疫苗（含白破疫苗）、麻风疫苗、麻腮风疫苗、乙脑疫苗、流脑疫苗（含A群和A+C群）、甲肝疫苗9种。

【麻风病防治】 2019年，余杭区加强麻风病可疑症状监测，特别是高发流行区外来人员监测，全年发现麻风病人 1 例。开展“世界麻风病防治日”宣传和慰问工作，做好麻风村驻村病人管理，完成社会治愈存活麻风病人随访工作。11 月 15 日，召开余杭区麻风病、性病防治业务技术培训班，全区 60 余名防保人员、皮肤科医生参加。

【美沙酮维持治疗】 2019 年，区疾控中心健全治疗费抵扣、心理干预、免费护肝药提供等各类激励机制，通过吸毒成瘾者心理帮扶项目、专项培训禁毒社工等措施，提高成瘾者服药依从性。随着新型毒品的出现，国家对吸毒打击力度的不断增强，美沙酮维持治疗脱失严重，2019 年在治人数极大减少，入组患者 109 人。

【健康教育服务】 2019 年，余杭区组织举办全区健康教育能力建设培训班，各医疗单位公共卫生科长及健康教育人员 50 人参加。组织举办余杭区第 10 届健康科普宣讲比赛，28 家医疗卫生单位的 28 名选手参加比赛，95 名健康讲师参会观摩学习。

【万名初中生青春期健康教育工程】 2019 学年，工程涉及 22 所公办学校和 5 所民办学校（育蕾、蒲公英、林苑、良山、未来东方学校）257 个班级 11245 名初二学生。编写配套用书（统一课件）教案；下发配套用书《青春密码》11245 册，实现初二学生人手一册，完成 1028 课时（每班 4 课时）的授课任务。

授课后，学生性健康知识知晓率 81.67%，比授课前提高 31.24 个百分点；性健康正确态度持有率 67.55%，比授课前提高 37.52 个百分点；性相关行为规范率 68.42%，比较授课前提高 8.63 个百分点。艾滋病知识知晓率 81.63%，比授课前提高 46.33 个百分点。学生总体满意度 97.59%，其中，对授课内容满意度 97.42%、授课讲师满意度 97.77%。2016—2019 年，连续开展 4 年，受益初二学生 40906 人。

【健康教育及控烟】 2019 年，全区开展健康素养等健康讲座 1792 场，受益 90769 人；开展结核病宣传日、世界无烟日等卫生宣传活动 329 场，受益 62530 人。全区医疗单位有宣传栏 224 个，刊出 1240 期。全年制作、发放各种传染病、慢性病防治宣传折页和画报等各类资料 10.27 万份。完成 3 所初中、2 所高中、1 所职高 18 个班级 793 名学生的青少年烟草流行问卷调查工作。

通过“余杭疾控微健康”微信公众号，开展自媒体健康知识宣传普及，关注 122524 人，编发微信 78 篇，阅读量 384517 次。

【居民健康素养监测】 2019 年，区疾控中心在 20 个镇（街道）开展居民健康素养监测，其中东湖、瓶窑、良渚 3 个镇（街道）为国家健康素养监测点（国家中医健康素养监测点），星桥街道为省级监测点，其余 16 个镇（街道）为区级监测点，覆盖 40 个社区（村）2240 名居民。全年全区居民具备健康素养总体水平 35.1%，同比提高 6 个百分点。15 岁以上居民吸烟率 19%。不同职业人群健康素养水平不同，其他企业人员（50.3%）、学生（47.1%）、机关事业单位人员（45.1%）为最高的三类人群，农民健康素养水平（10.6%）最低。六类健康问题素养⑦水平中最低的是基本医疗素养 27.1%，其次是传染病防治素养 28.8%。

⑦六类健康问题素养指安全与急救素养、科学健康观素养、基本医疗素养、健康信息素养、传染病防治素养、慢性病防治素养。

【血吸虫病防治】 2019 年，全区检查历史流行村 68 个，查螺面积 103 余万平方米，监测环境 1828 条，查螺设框 11.6 万余框，查螺投入 2362 工，下拨查螺经费 13 余万元，查螺面积完成浙江省“十三五”计划任务指标。20 个镇（街道）开展流动人口查病，完成血样 1343 份，未查出阳性病例。对确认的 4 名晚期血吸虫病病人在区第一人民医院进行免费检查和治疗。

【重点地方病防治】 2019 年，余杭区监测 3 家碘盐批发站碘盐 36 份，合格率 100%。监测仓前、黄湖、仁和、良渚、星桥等 5 个监测点的居民用户碘盐，采集监测盐样品 315 份，合格碘盐食用率 85.07%。开展食盐碘含量调整后的重点人群调查，监测 5 个监测点小学二至四年级的学生和当地孕妇，学生尿碘中位数 171.6 微克 / 升，孕妇尿碘中位数 134.1 微克 / 升。核查和监测径山、塘栖、崇贤 3 个地氟病流行区，采集外环境水样 18 份，未见超标水样。

【疟疾防治】 2019 年，全区区属医疗单位开展“三热”（临床诊断疟疾、疑似疟疾、不明发热病人）病人监测工作。1—6月，全区采血镜检360人，其中外来人口监测占60%。监测发现输入性疟疾病例2例，规范治疗、及时进行流行病学调查和疫情处置，未发生二代病例。

【布鲁氏菌病防治】 2019年，余杭区发生布鲁氏菌病11例，其中仓前街道发病7例，占66.67%，病例按规范进行个案调查和现场处置，经规范治疗基本恢复。10月24日，区疾控中心会同区畜牧兽医局培训仓前羊锅村从业人员。

【慢性病防治】 2019年，余杭区收到各级医疗单位恶性肿瘤报告卡8393张、糖尿病报告卡5269张、心脑血管病报告卡4658张，均及时整理汇总。定期对网络上报的病人进行审核、监测和重卡剔除，督促各社区卫生服务中心将病例下发到辖区卫生服务站进行分级随访管理。督促有关镇（街道）及时完成死因登记、核对、录入及报告。

推进国家慢性病示范区创建，全面梳理政策完善、环境支持、体系整合、健康教育与健康促进、慢性病全程管理、监测评估、创新引领7个方面22个大项62个量化指标，按部门、单位分解落实。督促医疗单位开展慢性病自我管理、自助检测、首诊测血压等工作。11月25日，示范区创建通过现场验收。

【职业卫生】 2019年，全区职业健康检查269家企业6967名劳动者，其中，上岗前体检106家2351人、在岗体检227家4063人、离岗体检52家343人、复查62家210人次。新建职业健康档案6757份，出具在岗期间集体报告书227份、上岗前集体报告书131份。全年审核有毒有害作业工人健康监护卡1639张（其中，外地报至本地1385张、本地上报254张），用人单位信息卡178张，农药中毒卡审核47张。新发矽肺病人10例；疑似职业病8例，其中，噪声聋4例、铝尘肺1例、矽肺3例。完成接触28种重点职业病危害因素劳动者的在岗期间职业健康检查的个案信息网络端口改造工作，上传2018年12月至2019年10月个案卡1777人。完成全区2家木质家具企业风险评估；完成全区尘肺病核心指标的500人主动监测，1家医疗机构作为哨点医院的对接工作，开展尘肺病筛查试点，完成500余人的现存活尘肺病人的基本信息调查。完成30家重点行业企业的职业病危害因素监测、基本情况调查和质控工作。

【学校卫生监测】 2019年，区疾控中心监测2018学年学生饮用水26份，监测指标为菌落总数、总大肠菌群、耐热大肠菌群、游离余氯、浑浊度、色度、pH、肉眼可见物、嗅和味、氨氮、耗氧量、铁、锰、锌等。其中：自来水6份，合格率100%；直饮水20份，合格率100%，总体合格率100%。监测学校餐盘、碗、筷子、勺子等餐具120件，合格率100%。完成3所市级综合监测点学校因病缺课监测，因病缺课2449人/次5161.5天。其中：高中缺课205人/次319.5天；初中缺课811人/次1838.5天；小学缺课1433人/次3003.5天。根据病因追查记录，病因为感冒、胃肠道疾病、意外伤害或其他传染病等。组织“5·20”学生营养日，全区医疗单位爱眼日宣传活动。

2018—2019学年，余杭区165所学校159661名学生参与学生健康体检。检测结果显示：全区中小学生营养不良率7.6%，肥胖率22.6%，身高上等率57.7%，身高下等率1.7%，体重上等率68%，体重下等率1.3%，视力不良率58.8%，沙眼率0%，恒牙龋齿率35.9%。2018学年学生健康体检16万余人，其中，高中学生2.2万人、初中学生3.7万人、小学学生约10万人。16家中小学校开展学生近视调查4678人，其中视力不良3181人，不良率68%。

【环境及水质卫生监测】 2019年，区疾控中心在临平城区设置城市饮水监测点6个，枯水期和丰水期分别监测样品6份，总样品12份，总检测项次396项，水样合格率和总项次合格率均为100%。监测枯水期和丰水期农村饮水水样各61份，其中，水源水20份、出厂水7份、末梢水34份。农村饮水总水样122份，其中，水源水不做卫生学评价40份，出厂水与末梢水共82份。合格样品72份，总合格率87.80%，其中，枯水期合格率92.68%，丰水期合格率82.93%。总检测项次2706项，合格2675项，总项次合格率98.85%，检测不合格指标主要有游离余氯、总大肠菌群、大肠埃希氏菌、肉眼可见物和菌落总数。农村合格饮用水人口覆盖率99.30%，全区自来水覆盖率100%。

【食品安全风险监测与处置】 2019年，区疾控中心开展食品污染及食品有害因素监测，采集市售食品样品1204份。其中：用于微生物指标检测601份，食源性致病菌检出阳性48份，检出率7.99%；用于理化指标检测603份，检测不合格13份，不合格率2.16%。

开展全区食源性疾病监测，区第一人民医院上报病例392例，采集粪便样本392份进行沙门氏菌等4种食源性致病菌检测和诺如病毒检测，检出致泻性大肠埃希氏菌24例，检出率6.12%；检出沙门氏菌18例，检出率4.59%；检出副溶血性弧菌2例，检出率0.51%；未检出志贺氏菌；检出诺如病毒阳性病例20例，检出率5.10%。区第二人民医院、区第三人民医院、区第五人民医院、区中医院和区妇幼保健院通过"浙江省食源性疾病监测报告系统"上报腹泻病例955例。开展疑似食源性异常病例监测，全区7家监测哨点医院监测到误食滴水观音（观赏植物当作野生芋头）中毒病例1例。

组织社区卫生服务中心开展食品安全周宣传活动，开展营养健康知识师资培训1期，参与70余人。开展我最爱的蔬菜/水果征文、绘画活动。营养周活动期间，区疾控中心翻印宣传资料2万份，下发到各医疗卫生单位；全区开展咨询活动20余场，专题知识进学校、进社区20场，受惠5300余人次；悬挂横幅25条；开辟宣传专栏28期；利用微信、广播、报纸等宣传19次。

全年调查处置疑似食源性疾病疫情21起，其中，餐馆8起、学校集体食堂7起、企业集体食堂和小范围家庭聚餐各3起；细菌性食源性疾病疫情10起，其中，副溶血性弧菌引起5起，致泻性大肠杆菌引起2起，其他沙门氏菌、蜡样芽孢杆菌、金黄色葡萄球菌各1起；有毒植物引起3起，其中，未煮熟的豆浆引起的呕吐事件1起，有毒蘑菇引起的腹痛腹泻事件1起，疑似泡发过久的黑木耳引起的米酵菌酸中毒事件1起；诺如病毒引起4起；未查明原因4起。

【精神卫生管理】 2019年，余杭区在册严重精神障碍患者5336人，报告患病率4.18‰，规范管理5266人，规范管理率98.69%，随访规律服药患者5094人，规律服药率95.46%，在册患者面访5248人，面访率98.35%。全年排查到疑似患者656人，复核率100%，诊断复核明确6个大类纳入系统管理144人。强化精神卫生"五位一体"管理工作机制，区委政法委、区卫生健康局、区公安分局、区财政局、区人力社保局、区民政局、区残联等部门联合下发《关于余杭区进一步加强严重精神障碍患者综合管理的实施意见》，明确精神卫生综合管理工作的重点任务和要求，理顺工作机制，强化部门信息互通和共享、重点患者应急处置流程、特殊患者救治救助力度和精防队伍能力提升建设。全面落实监护责任以奖代补工作，全区符合监护责任以奖代补对象1154人，下发奖补资金144.99万元。为患者提供22种免费药品，困难重性患者享受住院减免福利，提供免费药品价值120万元，住院减免费用30万元。实施精神分裂症患者免费使用善思达长效针剂社区管理治疗创新项目，接受治疗15人。区卫生健康局与浙江省立同德医院、杭州市第七人民医院开展精神卫生专业技术合作联盟，探索严重精神障碍患者综合性、全病程、专业化、信息化管理模式。开启社会心理服务体系建设余杭模式，建成社会心理服务研究平台。实现区、镇、村三级社会心理服务平台全覆盖，建设20个镇（街道）级解铃工作站（室）。组建一支由心理学专家、行业专业人员、行政专兼职管理干部和志愿者组成的社会心理服务综合服务团队。各镇（街道）社会心理服务专班通过驻点服务联合走访、疏导、干预，完成重点人员评估3463人。开展"失独家庭心理帮扶"、"乐家"婚姻家庭辅导项目、学校心理健康疏导项目、未来科技城创业人士筑梦踏实EAP项目、残疾人心理健康服务、妇联"亲子教育，构建和谐家庭关系"项目、人武部员工心理健康服务项目、公众心理健康促进项目等，开展个性化心理健康服务，服务对象3000余人。

【卫生应急】 2019年，余杭区调查处理各类聚集性疫情233起。其中：手足口病、疱疹性咽峡炎聚集性疫情62起；急性胃肠炎疫情38起；发热呼吸道感染疫情133起，包括由乙型流感病毒引起61起、甲3型引起35起、腺病毒引起4期、甲型H1N1引起1起、肺炎支原体引起1起、流感甲型及流感混合感染15起、无病原学结果16起。

（高利娜）

·妇幼保健·

【概况】 2019年，全区户籍产妇11668人，活产11802人，孕产妇系统管理11497人，系统管理率

97.42%，住院分娩率100%。各监测医院出生15496人，围产儿死亡33例，死亡率2.13‰；出生缺陷396人，缺陷发生率25.55‰。全区3岁以下儿童47101人，其中系统管理46441人，系统管理率98.60%。7岁以下儿童95683人，其中接受保健儿童94546人，保健覆盖率98.81%。5岁以下儿童死亡29人，死亡率2.46‰，其中婴儿死亡20人，死亡率1.69‰。全年国免（免费婚前医学检查、免费孕前优生健康检查）检测11610对，国免率110.02%。

【妇幼保健融入医共体】 2019年，区妇幼保健院推进区域内医共体建设，组建妇幼健康医共体业务指导团队5个，业务指导联络员若干名，参与医共体内妇幼健康例会、培训和考核。制定医共体妇幼健康工作任务书，妇幼健康任务考核评价细则。建立医共体培训交流机制，开展分层培训和指导。7月开始，区妇幼保健院指导团队成员参与5家医共体单位工作，每家医共体牵头单位均有1名公共卫生专员和妇保、儿保固定业务指导联络员，每月进行专项督导。全年参加医共体公共卫生例会25次，专业帮扶医共体总院16次、医共体分院39次。

【“出生一件事”多证联办】 2019年6月28日，区妇幼保健院在全市率先启动新生儿“出生一件事”多证联办，包括出生医学证明、预防接种、落户、医保参保（城乡居民医保）、市民卡办理。7月17日起，全区各接产医院全面实施。全年全区受理“出生一件事”申办2357件。

【妇幼星级门诊创建】 2019年，区妇幼保健院继续推进妇幼星级门诊创建。仓前街道和鸬鸟镇社区卫生服务中心创建为五星级妇保、儿保门诊。截至年底，全区20家社区卫生服务中心妇保和儿保三星级门诊创建率为100%，其中五星级妇保和儿保门诊18家，五星级门诊创建率90%。

【母婴安全保障】 2019年，余杭区贯彻实施国家、省卫健委下发的《母婴安全行动计划（2018—2020年）》和《健康儿童行动计划（2018—2020年）》，落实母婴安全“五大行动”重点工作任务，高危孕产妇实行首诊负责，妊娠风险评估为“橙色”“红色”和“紫色”的孕产妇作为重点人群纳入高危孕产妇专案管理，保证专人专案、全程管理、动态监管，规范危急重症转诊救治流程。全年组织开展全区孕产妇、新生儿死亡和危重孕产妇评析会议2次。全年全区管理重症高危孕妇1538人，其中，本地614人、流动924人；危重孕妇68人，其中，本地19人、流动49人。危重抢救成功率100%，全年未发生孕产妇死亡。

【消除艾滋病、梅毒、乙肝母婴传播试点项目】 2019年，余杭区参加国家、省、市级业务培训8次，组织区内培训4次。制作消除艾滋病、梅毒、乙肝母婴传播宣传视频，在助产医院和社区卫生服务中心的门诊、病房等公共区域滚动播放。在艾滋病宣传日，走进学校、社区进行宣教讲课。截至年底，全区艾滋病母婴传播率、先天梅毒发病率、乙肝母婴传播率均为零；艾滋病、梅毒和乙肝的检测率100%；艾滋病感染孕产妇抗病毒用药率100%，所生儿童预防性用药100%；梅毒感染孕产妇治疗率100%，所生新生儿预防性治疗率97.30%；乙肝暴露儿童免疫球蛋白接种率99.58%；区妇幼保健院“围产肝病门诊”接诊885人，“儿童母婴阻断门诊”接诊儿童190人。2019年，余杭区被评为浙江省和杭州市消除艾滋病、梅毒和乙肝母婴传播

2019年7月，余杭区各接产医院全面开展“出生一件事”“最多跑一次”工作
（区卫生健康局 供稿）

项目先进集体。

【适龄妇女“两癌”筛查】 2019年，全区开展省级方案宫颈癌筛查14303人次，人乳头瘤病毒检测阳性1598人，液基薄层细胞检测1083人，确诊宫颈癌2人。开展省级方案乳腺癌筛查15834人，乳腺钼靶检查345人，确诊1人。

【产前筛查和无创DNA】 2019年，全区产前筛查26078例，筛出高风险2581例（其中年龄高风险1140例），高风险检出率5.53%。参加产前诊断486例，其中，羊水或脐血穿刺456例、四维B超诊断30例，产前诊断率18.83%。高风险确诊11例，其中，21-三体综合征8例、18-三体综合征2例、神经管缺陷（NTD）1例。高风险确诊中治疗性引产10例，分娩后确诊NTD1例。全年全区参加早孕筛查16638例，早孕筛查率63.80%，参加联合筛查14949例，联合筛查率57.32%。无创DNA检测3020人，检测出21-三体综合征高风险孕妇11人、其他染色体异常25人，通过产前诊断确诊21-三体综合征4人，其他染色体异常5人。

【新生儿先天性心脏病免费早期筛查】 2019年3月28日，区妇幼保健院在全区范围内率先开展新生儿先天性心脏病免费早期筛查。余杭区成立新生儿先天性心脏病诊断中心和母婴胎儿超声会诊中心，实行“两免一补助”政策。4月19日起，全区6家助产医院全面开展筛查。截至年底，全区活产15473人，接受双指标法新生儿11646人，筛查率75.27%，筛查阳性406人，阳性率3.49%，阳性新生儿开展心超诊断402人，诊断率99.01%，发现异常342人，纳入余杭区社区高危儿管理进行随访追踪（含区外出生新生儿）464人。

【新生儿疾病筛查和听力筛查】 2019年，全区助产医院分娩活产15473人，新生儿疾病筛查15394例，筛查率99.49%，筛查出可疑儿童531例，确诊新筛异常儿童31例，其中先天性甲低（CH）9例、苯丙酮尿症（PKU）1例、原发性肾上腺皮质增生症（CAH）1例、葡萄糖六磷酸脱氢酶缺乏症（G6PD）19例、原发性肉碱缺乏症（PCD）1例，31例儿童均在省疾病筛查中心遗传代谢科治疗随访。全年听力筛查儿童15428例，筛查率99.71%，免费新生儿听力筛查服务12091人次，筛查出可疑儿童892例，其中确诊听力异常儿童23例，均跟踪随访。2019年，余杭区被评为2018年度浙江省新生儿疾病筛查先进集体。

【儿童发育监测筛查】 2019年，全区监测0～3岁儿童发育筛查46441人，发育筛查33298人，筛查率90.1%。筛查出可疑、异常1354例，转诊上级医院做进一步评估264例，确诊31例，均随访，其中17例进行干预康复。

【疑似残疾儿童监测】 2019年，余杭区结合浙江省发育筛查工作以及杭州市0～6岁新发疑似残疾儿童信息上报工作，在家长自愿的基础上，进行转介、诊断和康复服务。社区卫生服务中心承担辖区内0～6岁儿童残疾初筛工作，根据儿童发育预警征检查表，标准化发育筛查（DDST），完成转诊工作，初筛未通过转介至复筛机构。区妇幼保健院负责辖区内初筛未通过儿童的复筛，复筛未通过转介至诊断机构进行诊断。全年全区监测儿童61315人，上报疑似残疾儿童（包括不同单位重复上报）167例，确定诊断117例。

（高利娜）

·基层卫生·

【医共体服务下基层】 2019年，全区5家医共体在分院开设23家名医工作室，每周区属医院超过150名专家到社区分院坐诊、带教并加入家庭医生签约团队。区属医院医生入驻签约转诊平台，开通区级医院双向转诊服务，由签约平台转诊（备案）57081人次、大型仪器设备预约检查1150人次、预约住院147人次。

【家庭医生签约服务】 2019年，余杭区修订《家庭医生签约服务绩效考核方案》，推行先挂号后就诊、家庭医生工作室、“圆桌会”等模式。在新版“健康余杭”APP终端嵌入“家庭医生”模块，提供查询、咨询、资讯等服务。鼓励引导医共体区属医院专科医生加入家庭医生签约团队，增强家庭医生诊疗能力。全区签约（含续约）43.41万人，其中重点人群31.09万人，重点人群签约覆盖率84.71%，为签约的15类慢性病患者提供慢性病连续处方服务，全年开具长处方21.81万张。经第三方考核有效签约率84.47%。

【老年人健康体检】 2019年，区卫生健康局为60周岁及以上老年人提供免费体检服务。做好体检机构“体检前中后”全流程管理，对全区老年人健康体检结果进行督查，结合家庭医生签约服务开展体检报告解读，完善居民健康档案，开展个体化健康教育服务和针对性干预，提供优先就诊、优先检查、优先住院等服务。2019年，全区应体检老年人21.7万人，体检16.96万人，体检率78.15%。

【基层医疗机构环境提升】 2019年，全区完成32家服务站的新（改、扩）建，完成区第一人民医院乔司分院一期新建项目和运河分院新建项目图纸设计。编制《基层医疗机构软环境提升标准图册》，18家分院和72家服务站完成内部软环境提升。

【优质服务基层行】 2019年，区卫生健康局落实“优质服务基层行”活动的创建、培训、指导、自查、申报等工作。依据《社区卫生服务中心服务能力标准（2019年版）》，改进医疗卫生服务质量。全区20家社区卫生服务中心均达到服务能力的基本标准，南苑、乔司、崇贤3家分院自评达到推荐标准，其中南苑分院通过省级复评。启动基层卫生人才能力提升培训项目，重点提高基层卫生人员对常见病、多发病的诊疗能力以及实操能力，提高群众对基层医疗卫生服务的利用率和满意度。

【基层补偿机制改革】 2019年，根据《余杭区基层医疗卫生机构补偿机制改革工作实施方案》，将按人头补助转变为按服务的数量和质量补助，政府购买服务的资金与实绩挂钩，引导基层以有效签约服务为基础注重提高服务质量，提供有效、可量化、可考核的基本医疗和公共卫生服务。3月，按基层医疗机构补偿机制改革方案结算并下拨2018年经费。

（高利娜）

·医疗服务·

【概况】 2019年，全区公立医疗机构门急诊1303.47万人次，其中，区级医院604.1万人次、社区卫生服务中心699.46万人次。住院16.13万人次，手术4.93万人次，全区RW大于2的住院患者2906例，同比增长25.2%；三四级手术9592例，占全区手术总数的19.5%，同比增长49.11%。全区民营医疗机构门急诊95.82万人次，住院1.81万人次。

【医疗领域改革】 2019年，余杭区形成以区第一人民医院、区第二人民医院、区第三人民医院、区中医院、区第五人民医院等5家区属医院和20家社区卫生服务中心组成5个医共体。全年全区基层就诊率74.16%，县域就诊率95.03%。区卫生健康局在全省县域医共体建设工作推进会、全国县域医共体培训会上作典型发言，余杭区被评为浙江省政府督查激励对象。围绕“挂号少排队、检查少跑腿”等十方面，实施34条便民惠民举措。实现区内检验检查结果互认，区属医院均完成一站式综合服务中心建设，实现全区用血费用“一站式”减免，区妇幼保健院实现“出生一件事”办理。基层医疗机构门诊号源统一纳入医共体牵头医院号源池，提供诊间预约服务、中药饮片代煎配送到家服务及慢性病长处方配药服务，降低群众跑腿次数。

【医共体同质化管理】 2019年，区卫生健康局编撰整理《医共体医疗质量与安全制度要点汇编》。整理包括质量与安全管理组织框架、核心制度在内的文件和规范，为医共体医疗质量管理及医疗安全管理提供参考和指导。制定医共体统一的医疗、护理、院感等质控检查标准。整理14个质控线上的统一标准，要求各牵头医院对成员单位每月开展质控检查，通过“检查、通报、整改、回头看”PDCA管理方式，提升基层质控质量。

【智慧健康应用】 2019年8月，“健康余杭智慧云共享平台”发布。平台以医疗卫生条件、个人生活方式、社会及自然环境3类健康因素为数据来源，打造1个区域健康大数据中心，面向社会大众、医务人员、管理人员3类人群上线“便捷就医”“健康管理”“共享服务”“智慧监管”四大板块24项数据应用。通过电子病历质检、医疗态势感知、医改绩效监管、舒心就医等实时监测，实现医疗机构的精细化管理；建立居民健康360全息视图，医生诊间可查阅居民的所有就诊记录和报告（含省市检验检查报告）；上线“健康余杭门户”实现无卡就医、云影像、家庭医生、健康管理、出生一件事等掌上办理，全年用户注册量40万人，使用735万次。

【医共体健康体检规范】 2019年，区卫生健康局出台《关于进一步规范医共体健康体检工作的通知》，从规范资源配置、优化体检流程、完善结果管理等方面，对医共体的体检医生资质、体检场地、体检流程、体检质控把关，统一体检报告内容、封套、报告流程，明确报告解读、健康档案管理、签约服务。

【分级诊疗服务模式构建】 2019年，区卫生健康局出台《余杭区双向转诊管理办法（试行）》，制定《余杭区区属医院主要疾病诊治目录（试行）》《余杭区基层医疗卫生机构首诊疾病目录（试行）》，依托区第一人民医院、区第二人民医院组建东、西部两个分级诊疗转诊中心，明确医共体内部、医共体之间和县域向外转诊的标准及流程。医共体单位按照相关要求制定适合医院实际的转诊方案。年底，东部转诊中心开始运作。

【医院感染管控】 2019年，全区开展新生儿相关医院感染专项检查、血透室专项督查及感染控制专项督查。对产科、新生儿科、血液透析中心、内镜室等所有医院感染重点科室展开督查，出动检查人员近300人次，发现问题120余个并开展整改。

【省市医院融合发展】 2019年，全区7家区属医院均与省市医院（浙江大学医学院附属第二医院、浙江大学医学院附属第一医院、杭州市第一人民医院集团、浙江大学医学院附属妇产科医院、市中医院）建立合作关系。其中，区第一人民医院与浙江大学医学院附属第二医院、区第三人民医院与杭州市第一人民医院集团开展第二轮合作签约。2019年，全年省市医院通过“双下沉、两提升”下派专家220人，出诊4829天次，提供诊疗服务5.56万人，开展讲座866次，开展教学或三级查房1971次，开展手术2269次。

【医疗纠纷】 2019年，区医疗纠纷人民调解委员会受理医疗纠纷咨询服务82次，调处40件，申请金额667.8万元，实际赔付251.67万元，赔付率37.69%，重大案件17件，死亡案件14件。

【无偿献血】 2019年，全区开展团体无偿献血33场次，团队无偿献血6466人次，献血量8297.55u，完成2018年团队献血目标数的157.15%，流动献血车献血3952人次，献血量7133.45u，全区献血量15431u，同比增长15.82%，献血量达到100%满足临床用血需求。

【民营医疗机构监管】 2019年，余杭区深化全覆盖的医疗质量监管，通报民营医疗机构10期，督查812家，发现问题367家，移交33家，约谈7家，集体约谈2次，立案处罚34家，整改201家。开展民营诊所抗菌药物静脉输液资质核准3次150家，通过112家，达标率74.67%。

【院前急救能力建设】 2019年，余杭区完善急救网络，增设星桥急救点，新增4辆急救车，实现“1个分中心—3个急救站—12个急救点”三级急救网络建设。改建余杭急救站、余杭经济技术开发区急救点和鸬鸟急救点，完善功能布局、缩短急救反应时间。实行“党建＋网格”的形式，按医共体区域划分相应网格，在区急救中心领导下实行统筹管理，对网格内站点人员实行统一标准和考核体系，提升院前急救管理能力和救治能力。2019年，区急救中心获第七届浙江省院前急救职业技能竞赛团体三等奖，杭州市院前急救技能竞赛团体二等奖。

【中医药特色服务】 2019年，全区公立医疗机构中医诊疗91.1万人次，非药物治疗31.2万人次，其中社区卫生服务中心及服务站的中医诊疗44.6万人次，非药物治疗19.8万人次。建立23个名医工作室，其中名中医工作室7个，实现全区20个镇（街道）全覆盖，涵盖中医妇科、中医内科、中医骨伤科等多个专科，全年出诊1200余次，诊治3万余人次。区中西医结合医院主任中医师吴晋兰担任项目传承负责人的“陈莲舫中医内科”入选区级非物质文化遗产代表性项目。

（高利娜）

·人才队伍与医学科研·

【概况】 2019年，全区卫生健康系统完成人才招引506人，同比增长22%，其中，择优签约196

人、公开招聘158人、带编引进中高级人才61人、聘用定向培养农村社区医生28人。截至年底，卫生健康系统有高级职称824人，其中，卫技专业正高职称218人、副高职称576人。分类人才649人，其中，D类人才37人、E类人才183人、F类人才429人。

【医疗人才体系建设】 2019年，余杭区抓实院士工作站建设，廖万清和李兆申院士团队定期到余杭诊治病人、带教本地医生。核定增加备案编制2878人。加强中高级人才和硕士及以上高学历人才招引力度，同比分别增长110%和52%。加强与浙江大学、南方医科大学等高校合作，强化与高校的“双向对接”。全年E类及以上人才分类认定57人；“名医名护名科”培育行动首次评出名医60人；选派20名专业技术人才赴贵州、湖北、西藏、新疆参与医疗援助；选派200余名骨干赴美国、英国及国内三甲医院进修深造；与杭州师范大学合作培养55人，模块化培训8406人次。

【科研立项】 2019年，区卫生健康系统入选省、市级科研项目立项31项，其中，省医药卫生科研项目5项、省中医药科研项目2项、市科技局科研项目4项、省药学会科研资助项目1项、浙江大学生殖遗传教育部重点实验室开放基金资助项目1项。国家实用新型专利26项，外观设计专利15项。开展高质量新技术新项目291项，其中区第二人民医院获实用新型专利3项，良渚医院和区第三人民医院瓶窑分院分别获实用新型专利1项，实现专利授权零突破。全年发表论文300余篇，其中，收录在美国科学信息研究所出版的引文数据库（SCI）11篇、国家级杂志论文5篇、其他Ⅰ级杂志论文27篇。

【区域诊疗中心建设】 2019年，全区在建的11个区域诊疗中心实行资源整合、引进与开展核心技术、优化人才梯队等举措。全年门诊49.42万人次，平均同比增长18.9%，出（入）院2.54万人次，平均同比增长23.41%，柔性引进专家21人，选派医疗业务骨干进修15人，开展核心技术63项。区疑难病诊疗中心45名国内知名医学专家及3个专家团队加入专家库，诊治患者2000余人次；呼吸病诊疗中心成立区域内COPD诊疗中心；心脑血管疾病诊疗中心启用瓶窑分院心脏康复综合病区，并通过全国第二批心脏康复中心评审认证；口腔诊疗中心形成规模效应，达到全市领先水平；康复诊疗中心团队参与编写国家卫健委基层卫生培训“十三五”规划教材；泌尿外科诊疗中心新增两项自主研发的国家实用新型专利。

【医疗人才培养】 2019年，区卫生健康局继续实施基层医疗业务骨干培养，完成基层业务骨干培养55人。实施余杭区“名医名护名科”培育三年行动计划，制定《关于实施余杭区“名医名护名科”培育三年行动计划的通知》和《余杭区名医名护评选及名科考核认定办法（试行）》；组织开展名医评选活动，评选余杭区名医60人，其中，新评选名医20人、复核名医40人。开展医共体成员单位模块化培训，对全区医共体成员单位临床一线医生实施全覆盖模块化培训。各医共体医院组织开展规范化诊疗、实践技能等培训182期，培训8406人次，完成跟师学习184人。全年邀请国家和省内医学专家、管理专家开展学术活动70余场，培训1.5万余人次。选派区第一人民医院医师吴生华赴英国圣乔治大学医院进行骨科专业方向进修学习3个月，选派

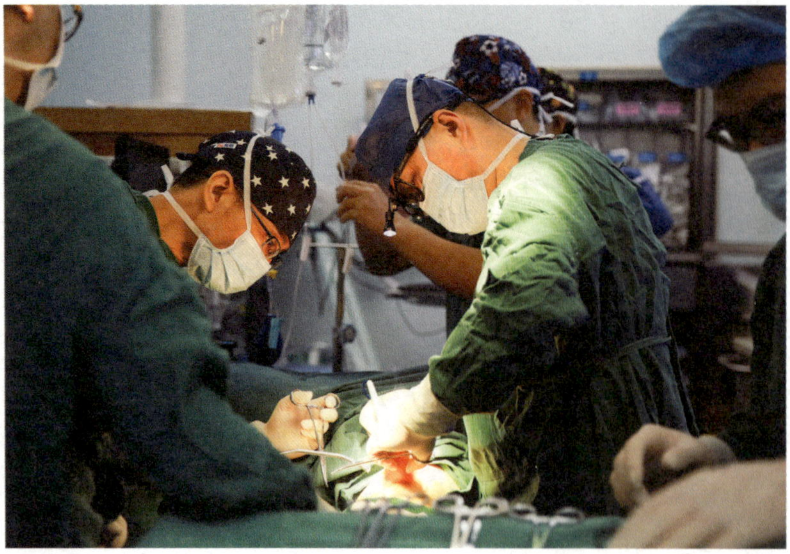

复旦大学附属肿瘤医院胸外科主任、区疑难病诊疗中心专家成员陈海泉在区第一人民医院开展手术 （区卫生健康局 供稿）

区中医院医师方建庆赴英国帝国理工医疗集团进修呼吸内科3个月。接受浙江大学医学院15名博士生为期一个月的暑期实践。选送170余名业务骨干到上海、杭州等三甲医院进修学习。廖万清院士工作站创建为杭州市院士工作站；举办第二届廖万清院士工作站沪杭学术高峰论坛、李兆申院士工作站余杭区消化道早癌筛查项目启动会、“一带一路”沿线国家严重真菌病防控国际会议、侵袭性真菌病感染的诊断思路与防治原则培训等院士工作站学术活动4项，培训750余人次。全年区内单位学员新报名参加住院医师规范化培训179人，其中，西医150人、中医29人。区第一人民医院基地招录29人（全日制研究生2人），区中医院基地招录23人（区外单位5人）；区内派出学员参加2019年结业考核，通过率96.3%。

（高利娜）

·爱国卫生运动·

【卫生镇（村）创建成果巩固】 2019年，余杭区深化落实《关于贯彻〈杭州市爱国卫生条例〉进一步加强爱国卫生工作的通知》，对各镇（街道）开展督查指导，加大对城中村、城郊接合部、建筑工地、农贸市场、居民区、医疗单位、窗口单位等重点区域和场所的督查，全年发出抄告单27张，督促落实问题341个。鸬鸟镇通过国家卫生镇复审，33个省级卫生村通过复查，中泰街道、黄湖镇、百丈镇、仁和街道通过国家卫生镇创建省级暗访，列全市第一，百丈镇以91.7分的总分列全省第一。截至年底，全区有国家卫生镇占比33%，省级卫生镇（村）全覆盖。

【病媒生物防制】 2019年，全区开展以清除“四害”孳生地为重点的爱国卫生运动，完成国际动漫节、“双创”活动周、阿里巴巴20周年庆典、第五届中国“互联网+”大学生创新创业大赛等病媒生物防制保障任务。组织服务全区的PCO（有害生物防治）公司进行技术比武，完成中泰街道、仁和街道、黄湖镇、百丈镇病媒生物控制水平评估，将鼠、蚊、蝇、蟑螂等病媒生物密度控制在国家C级及以上标准。全年全区新增毒鼠屋3800座。组织全区以民兵为主的应急消杀人员进行消杀技能培训，督促各镇（街道）及时配备热烟雾机和静电常量喷雾器。

【生活垃圾分类和“厕所革命”】 2019年，区卫生健康局围绕全域推进生活垃圾分类任务，以局机关、医疗卫生单位生活垃圾分类覆盖工作为重点，以创建生活垃圾分类示范点为抓手，推进生活垃圾分类，全区27家医疗卫生机构创建为生活垃圾分类示范单位。结合日常督查、卫生创建等工作，加大对各镇（街道）农村户厕改造、“清露拆棚”和各级医疗卫生单位公厕的检查和指导，确保全区无露天粪缸和棚厕、旱厕，医疗卫生单位公厕有纸、无味。

（高利娜）

编辑：陈素琴

新闻传媒

News Media

·广播和电视·

【概况】　2019年，余杭广电传媒集团（广电台）全年播出自办节目电视2775小时，广播5110小时，承办各类活动180余场。围绕中华人民共和国成立70周年及区委、区政府中心工作，聚焦“三个全域”建设和“三大比拼”等工作，电视新闻推出重大主题报道37组，其中围绕庆祝中华人民共和国成立70周年主题推出“壮丽70年　奋斗新时代”“70年70人”等报道120余篇。《共同关注》节目播出188期，内容涉及“三改一拆”、环境提升、民生实事推进等问题，职能部门和镇（街道）属地有效处置率为95%。电视问政节目《面对面》围绕“三个全域”主题展开，对17个管理部门、12个属地镇（街道）的主要负责人开展问政互动。完成融媒体指挥中心建设，举行启用仪式。截至年底，新媒体平台总用户数超69万人，其中“天天看余杭”微信公众号用户数为38.3万人，在全国县级广电新媒体指数影响力排名中位居前三。全年，电视在中央广播电视总台央视播出新闻61条，其中《新闻联播》播出11条，在浙江卫视播出新闻597条；广播在中央广播电视总台中国之声《全国新闻联播》《新闻和报纸摘要》等节目播出新闻45条，浙江之声播出新闻332条；新媒体全年有191条报道被“蓝媒头条”录用，56条报道被“蓝媒视频”录用，策划并执行22场“蓝媒直播”，广播、电视、新媒体分别获得全省新闻协作特等奖。全年实现广告经营创收8900万元。实现55天重点安全播出期播出事故零报告。

【垃圾分类宣传】　2019年，余杭广电传媒集团先后派记者蹲点乔司、中泰等镇（街道）进行采访报道，发掘全区在垃圾分类工作中的创新做法和特色亮点。在《余杭新闻》节目中推出“做好垃圾分类　共建美丽家园”主题报道，播出100余条；摄制完成《临平街道垃圾分类暗访曝光》专题片1部；制作公益广告6条，以每天每条4次的频率播出。丽人广播、“看余杭”网站、“天天看余杭”微信公众号等同步开展宣传。开展垃圾分类宣传活动10余场，举办第三届浙江省少儿故事会余杭赛区比赛，以故事会的形式融入垃圾分类知识。

【区“两会”报道】　2019年1月，余杭区“两会”召开期间，余杭广电传媒集团整合各平台采编资源宣传报道“两会”情况。综合频道、平安频道、丽人广播及两大微信公众号“天天看余杭”和“FM1021余杭丽人广播”同步直播开幕式。《余杭新闻》推出“直通两会”专栏，报道各项议程，解读政府工作报告，特别关注重点议案、提案，播出相关报道60余篇。丽人广播推出“对话局长”“两会特别报道”“两会好声音”等专栏，播出相关稿件20余条，制作宣传音频2条，“两会”期间每天各播出6次。“天天看余杭”微信公众号推送4条人大政协委员代表提案议案，涉及镇（街道）规划发展、缓解交通难、健全法律服务等社会热点问题。

【赴对口帮扶县开展异地采访报道】　2019年4月10日，余杭广电传媒集团组建采访团队赴湖北省恩施州咸丰县进行为期6天的采访，主要围绕帮扶工作进展情况、创新亮点和取得的成效，展现余杭区挂职干部深入扶贫一线，带领当地贫困群众脱贫致富的事迹。在《余杭新闻》节目中开辟“聚焦东西部扶贫协作”专栏，播出相关报道18篇。4月20日，派出团队赴贵州省台江县、天柱县进行为期一周的实地采访报道。

【“美丽乡村浙江行”主题采访活动】 2019年4月22日，由浙江省委宣传部指导，浙江广播电视集团、中国广播电影电视社会组织联合会广播新闻节目工作委员会主办，浙江之声承办的“美丽乡村浙江行——2019全国百家电台融媒体采风活动”在余杭举行，余杭广电传媒集团参与采访活动。来自全国多家电台的40多人到余杭梦想小镇创业大街，径山镇径山村、小古城村，从乡村旅游、现代农业、乡村文化等方面展现余杭美丽乡村建设和实施乡村振兴的路径与成就。

【2019中国大运河国际钢琴艺术节开幕式余杭分会场】 2019年5月5日，2019中国大运河国际钢琴艺术节暨郎朗杯钢琴大赛开幕式余杭分会场在艺尚小镇举行。本次活动由省委宣传部、省文化和旅游厅、省文化产业促进会、余杭区人民政府主办，区委宣传部、区教育局、余杭广电传媒集团和临平新城承办。70名钢琴老师、歌手和朗诵演员合作演绎歌曲《歌唱祖国》、诗朗诵《祖国，您好》以及钢琴合奏《我爱你中国》等节目。开幕式活动围绕庆祝中华人民共和国成立70周年主题，以打造运河活动品牌“国之大运”为宗旨，以歌唱祖国为主旋律，在杭州运河天地主会场和余杭区、江干区以及宁波、绍兴、嘉兴、湖州等6个分会场同步开展现场活动。

2019年5月5日，2019中国大运河国际钢琴艺术节开幕式余杭分会场场景 （区广电传媒集团 供稿）

【“双创”活动周活动宣传】 2019年6月13日，2019年全国大众创业万众创新活动周在未来科技城梦想小镇开幕，余杭广电传媒集团的《余杭新闻》节目推出“‘双创’在余杭”“解码余杭‘双创’基因”两个专栏，播出相关新闻80条，被中央广播电视总台央视、浙江卫视、浙江之声、新蓝网用稿20余条。《共同关注》节目推出3期“双创”专题。新媒体“天天看余杭”发布与余杭相关微信推送13条，阅读量26万次。举办“余杭之夜”活动，拍摄制作《精彩余杭15秒》《未来科技城灯光秀》微视频。

【《面对面》首场录播】 2019年6月15日，大型电视问政节目《面对面》首场在余杭广电大楼演播室录制。市委常委、区委书记张振丰与区四套班子领导，部分镇（街道）、部门负责人、市民代表全程观看。现场播放《部分企业安全隐患整改走过场》《建筑工地巡查不断隐患长存》《微型消防站形同虚设》等5部曝光片，台上相关职能部门和镇（街道）代表面对面接受评议代表质询，当场回复问题。浙江广电集团评论员叶峰、浙江工商大学公共管理学院郑晓东作为媒体评论员和专家评论员，围绕每个主题和回答问题情况进行点评。100名评议代表现场对被问政单位进行满意度测评。首场节目于6月18日晚19:35在余杭电视台综合频道播出。

【余杭区融媒体中心启用】 2019年6月28日，余杭区融媒体中心启用。启动仪式上，省委宣传部副部长琚朝晖，区委副书记、区长陈如根共同揭牌。浙江广电集团新蓝网与区融媒体中心签订深化“蓝媒号”融媒协作框架协议，并进行蓝媒视频研创基地、新媒体人才实训共建基地授牌。余杭区融媒体中心以“主流舆论阵地、

2019 年 6 月 28 日，余杭区融媒体中心启动仪式举行
（区广电传媒集团　供稿）

综合服务平台、社区信息枢纽”为功能定位，整合报、网、台、端渠道及政务发布、《余杭》杂志、“学习强国”供稿中心等功能，采取“一体策划、一次采集、多种生成、多元传播”的策采编发机制，构筑“一核、多端、集群”式的立体传播矩阵，目标是打造成为“媒体＋政务＋服务”深度融合、“全省领先、国内一流”的区级新型主流媒体。全年，区融媒体中心获 2019 年度浙江省电视新闻协作特等奖、广播新闻协作特等奖、新媒体新闻协作特等奖和上送中央人民广播电台十强单位等 4 项先进集体荣誉及年度电视新闻最佳直播协作奖、电视新闻重大项目协作奖、电视新闻年度特别协作奖、最佳“蓝媒活动”奖等单项荣誉。

【良渚古城遗址申遗宣传】　2019 年 7 月 6 日，良渚古城遗址入选“世界遗产名录”。7 月 1 日起，余杭广电传媒集团的《余杭新闻》围绕“良渚文化”主题推出相关系列报道 36 篇，有 20 余篇在中央广播电视总台央视《新闻联播》《新闻直播间》《东方时空》《24 小时》等节目中播出。7 月 3—8 日，集团派出 3 名记者随前方记者团赴阿塞拜疆进行现场采访报道，申遗当天推出《世界良渚　文明圣地》特别节目，整档新闻以阿塞拜疆申遗现场传回的《落锤！良渚古城遗址获准列入“世界遗产名录”》开篇，后续 10 余条新闻分别报道良渚古城遗址的申遗意义，市委常委、区委书记张振丰的专访以及申遗成功后社会各界的庆祝场景等。集团制作的良渚古城遗址专题推介视频在阿塞拜疆推介会上播映，承办良渚申遗成功庆祝活动和良渚古城遗址公园有限开园仪式，广播、电视、微信全程融媒体直播，点击观看量达数万次。

【承办“开学啦”秋季开学主题课活动】　2019 年 9 月 1 日，由区委宣传部、区教育局联合主办，区融媒体中心承办的“开学啦”秋季开学主题课活动在全区各个中小学开展。活动以“爱家乡、创未来”为主题，围绕“良渚文化”和“创新创业”两大关注点，教授“看良渚——走进神秘王国”“爱良渚——灵感点亮生活”“创未来——我们追梦成真”3 节小课。课堂以网络直播形式推送，3.5 万名网友在线收看，获点赞 24 万次。

【第五季“余杭好声音”比赛】　2019 年 9 月 28 日，“我和我的祖国”余杭好声音第五季暨庆祝中华人民共和国成立 70 周年文艺会演在余杭理想体育馆举行。晚会分为“创新助发展　奋进新时代”“诗画江南地　最美在余杭”“中华文明圣地　赓续历史文脉”“讴歌七十载　同心再出发”4 个篇章。本届好声音十强选手，历届好声音冠亚军选手参与演出。歌手金志文到场演唱，为余杭好声音助力。演唱会通过全媒体直播，除现场 3000 名观众外，10 万名观众通过网络直播观看比赛。比赛自 8 月启动，吸引 1000 余人参赛，设个人演唱赛、合唱大赛、村歌大赛、职工才艺大赛等形式。通过海

余杭区“开学啦”秋季开学主题课活动（区广电传媒集团　供稿）

选、初赛、决赛，最终决胜出个人二十强以及合唱十强、村歌十强等奖项。

【庆祝中华人民共和国成立 70 周年主题宣传】 2019 年，为庆祝中华人民共和国成立 70 周年，余杭广电传媒集团加强媒体联动，宣传全区上下开展的主题宣传活动。电视以《余杭新闻》为主播平台，推出“壮丽 70 年　奋斗新时代”“70 年 70 人”等系列报道，通过采访当事人、见证者、亲历者，挖掘中华人民共和国成立 70 年来余杭的变化成就，展示 70 年来有影响力的余杭成就、余杭经验、余杭故事，累计播出 120 余篇。广播推出《用声音向祖国献礼》特别节目，每天早晚时段播出两次。“天天看余杭”微信公众号等融媒体平台同步推送相关内容。对接协调上级媒体重大主题报道和新闻行动，做好“壮丽 70 年　奋斗新时代”“一起翱翔”“70 年 70 秒”等专题和直播活动的执行。拍摄制作快闪短视频 20 余条，先后被“学习强国”、新华网、浙江之声、腾讯大浙网等媒体录用推送，点击观看量超 10 万次。先后联合 10 多个部门、镇（街道）开展“庆祝中华人民共和国成立 70 周年”主题宣讲活动 10 余场，承办文艺会演 12 场，举办“庆祖国华诞　讲中华故事”少儿故事大赛 5 场。

【大型融媒体新闻行动“一起翱翔”余杭站直播】 2019 年 9 月 30 日，为献礼中华人民共和国成立 70 周年，由浙江卫视携手十一市电视台共同策划的大型融媒体新闻行动“一起翱翔”走进余杭梦想小镇，余杭广电传媒集团全程配合执行。该行动以鸟瞰与微观关注相结合的方式，利用 5G 航拍技术，带观众感受从“江南粮仓”到“创业良仓”的变化，解密小镇发展背后的创新动力。“中国蓝新闻”APP、“中国蓝新闻”微信公众号及全省多家广电集团客户端、官方微信公众号、官方微博、新媒体平台同步直播。

（张政委、朱虹）

·余杭报业文化有限公司（余杭晨报社）·

【概况】 2019 年 1 月，余杭报业文化有限公司、余杭晨报社办公地搬迁至临平南苑街道迎宾路 363 号 IFC 大厦，办公面积约 2400 平方米。公司内设办公室、人力资源部、财务部、新闻采访中心、新闻编辑中心、新媒体部、信息技术部、投资发展部、纪检监察室 9 个部（室）机构。核定人员编制 50 人，由原新闻传媒中心编制整体划转；领导班子职数设 5 个，其中，区管正职领导 2 人、区管副职领导 3 人；内设机构正副科长（主任）17 人。12 月 31 日，中共余杭报业文化有限公司委员会撤销；根据区委常委会会议精神，撤销余杭报业文化有限公司。

2019 年，《余杭晨报》有 14 件作品获得杭州新闻奖奖项。其中，《飞跃余杭》获得新媒体类一等奖，《从余杭发端　向全国推广　余杭法院司法实践连续两年写入全国“两会”最高院报告》获得消息二等奖，《一个村庄的四十年变迁　记录着余杭农村改革历程重要瞬间》获得通讯类二等奖，《庆祝改革开放 40 周年“余杭头条”系列报道》获得系列、连续、组合报道类二等奖；《别因任性“丢了”城市文明》获得评论类二等奖。

【“720° 飞跃余杭”特刊】 2019 年年初，余杭晨报社成立“飞跃余杭”专题宣传组，要求摄影记者在 30 个工作日内完成 720° 余杭区全域全景 VR 摄制，覆盖全区 20 个镇（街道）。推出“空中大视野　见证大发展——720° 飞跃余杭”特刊，先后刊出 16 个通版，通过空中俯瞰的视角，呈现余杭改革发展的面貌，记录、见证、讲述改革开放中的余杭故事。

【“创新学南山”“治理学浦东”“美丽学天府”异地采访全媒体大型主题新闻行动】 2019 年 3 月 2—25 日起，余杭晨报社连续推出“创新学南山”“治理学浦东”“美丽学天府”异地采访全媒体大型主题新闻行动，剖析和解构深圳南山的创新原因，揭示“公园城市”首倡地成都天府的嬗变，展现黄浦江边社会治理实践的“浦东高度”。三组报道共集合 3 个头版导读和 12 个整版。

【“垃圾分类进万家　文明余杭新时尚”主题宣传活动】 2019 年 3 月开始，余杭晨报社响应区委号召，开展垃圾分类宣传工作。利用融媒体矩阵，以“纸媒＋网站＋客户端＋微博微信＋手机报＋电子阅报栏”报道模式，宣传报道余杭垃圾分类工作。围绕做好生活垃圾分类、助推“全域美丽”建设开展“大比武”，刊出相关新闻百余篇，公益广告宣传20余个。

【“壮丽70年　奋斗新时代”系列报道】 2019年，余杭晨报社在“壮丽70年　奋斗新时代”总栏目的统领下，策划推出六大系列报道，刊出相关新闻176篇，在新媒体设置网络专题，同步推出庆祝活动直播，梳理中华人民共和国成立70年来余杭的发展路径以及余杭人的拼搏奋进事迹。4月11日起，推出“壮丽70年　奋斗新时代”系列报道，4月11日至5月22日，推出10篇“壮丽70年　奋斗新时代——余杭高质量发展纪实”新闻综述。5月23日起，推出“壮丽70年　奋斗新时代——爱国情　奋斗者”系列报道。8月26日起，推出“我和我的祖国——幸福都是奋斗出来的”特别报道。9月24日起，推出“十一，我与祖国同庆生”系列报道。10月1日，推出12个国庆特刊版面，展示余杭70年的变化。

【“争做余杭铁军先锋　争当新时代发展排头兵”栏目】 2019年4月18日起，《余杭晨报》推出“争做余杭铁军先锋　争当新时代发展排头兵”系列报道，聚焦先锋模范的先进事迹，表现余杭铁军争当新时代发展排头兵的“弄潮”精神。

【“双创”活动周电子号外】 2019年6月13日，2019年全国“双创”活动周启动当天，《余杭晨报》推出“双创周电子号外”，通过音频、视频以及图文，报道活动现场。6月13—18日，刊出新闻报道60篇，专版14个。

【《余杭晨报》推出良渚古城遗址特别报道】 2019年7月3日，世界遗产大会召开前，余杭晨报社派采访队伍赴阿塞拜疆巴库进行采访报道。7月6日14点47分，利用新媒体平台播报良渚古城遗址申遗成功的新闻，并推出“梦回良渚　探寻中华5000年文明史”动画H5。截至7月8日，微信公众号头条阅读率超过6.3万次，H5作品分享人员126252人，《余杭晨报》刊出16个版面。

【余杭晨报百姓热线“86185186”设立】 2019年10月9日，“我要帮您”余杭晨报百姓热线“86185186”设立，通过“一条百姓热线、一个帮忙平台、一支记者帮忙团”民情民意常态化收集机制，全天候受理群众的咨询、反映、帮忙求助信息。全年帮助解决高龄老人出门看病难题、小区公交车开通等问题。

(吴菲、王斐倩)

编辑：陶贤德

社会生活

Social Life

·人口和计划生育·

【概况】　2019年，全区上报户籍出生人口13122人，比上年增加251人，其中，一孩6407人，二（多）孩6715人，二孩及以上占51.17%。全区人口出生率11.61‰，同比下降0.42个千分点；人口自然增长率7.66‰，同比上升1个千分点。2019年，全区总出生人口（含流动人口）21224人，其中，男孩11033人、女孩10191人，出生性别比为108.3（其中余杭区户籍出生人口性别比107.3）。

【生育服务“最多跑一次”改革】　2019年，余杭区改革生育服务管理制度，通过“浙里办”APP受理生育登记12354件（其中，一孩6202件、二孩6152件），完成再婚家庭再生育审批342件。开展“婚育户一件事”改革，指导镇（街道）实施“一窗受理”工作。开展计划生育“涉法审查”3970人，反馈情况32人。

【计划生育奖励扶助】　2019年，余杭区发放生育补助15266例，补助金额1831.92万元。审核通过计划生育家庭奖励扶助对象8051人，发放奖励扶助金707.82万元。审核通过计划生育家庭特别扶助对象1341人，发放特别扶助金1168.37万元。审核通过独生子女家庭参加城乡居民医疗保险奖励对象54868人，发放奖励金988.95万元。审核通过独生子女父母奖励对象32569人，发放奖励金49.30万元。审核发放区级公益金23人，发放金额12万元，审核通过市级公益金50人，金额13.75万元（资金由市卫健委发放）。审核9191名农村独生子女父母参加城乡居民养老保险每人1000元补贴，共919.1万元。完成镇（街道）计划生育四项手术及一次性手术报销工作，全年下拨镇（街道）专项资金300万元，区卫生健康局报销一次性手术经费15.54万元。落实计划生育特殊家庭双岗联系人、家庭医生签约服务和失独家庭就医绿色通道工作，三项制度落实率为100%。

【公共场所母婴设施建设】　2019年，区卫生健康局根据《余杭区卫生和计划生育局等部门关于加强母婴设施建设的实施方案》，实地走访、督查、指导医疗机构、景区、商场等公共场所开展母婴设施建设，年内完成26个新改建母婴设施建设项目并投入使用。对已建母婴室开展“回头看”检查，确保运行正常。截至年底，全区建成并投入使用母婴室64个。

【计划生育依法行政】　2019年，余杭区未发生违规收费现象、因违法行政引发恶性事件、行政复议和行政诉讼败诉案件。依法立案征收社会抚养费1例，全年征收社会抚养费53.81万元（含2019年新增及历年对象）。做好政策咨询、信访维稳工作，反馈率为100%。

【流动人口计划生育服务】　2019年，区卫生健康局以“把健康带回家”为年度主题，指导各镇（街道）开展以健康教育和促进为主要内容的流动人口宣传服务活动，提升流动人口健康意识和健康素养水平。管理流动人口信息，推进婚育证明电子化，指导各镇（街道）做好流动人口信息交换，掌握流动育龄妇女计划生育相关信息，信息管理率超过90%，将流动人口生孕信息反馈给户籍地，信息反馈率超过90%。推行一站式服务和网上办事，做好流动人口在流入地的二孩以下（含二孩）生育登记等服务。

【生育关怀行动】 2019年，余杭区为92388户独生子女家庭、1336名计划生育特殊家庭父母投保，金额184.21万元。全年理赔136人次，金额130.53万元，赔付率70.86%。慰问救助计划生育困难家庭，慰问家庭50户，发放慰问金5万元。全年救助出生缺陷新生儿14例，救助金额12.4万元。开展"生育关怀——圆梦微心愿"活动，兑现100个总价值3万元的计划生育困难家庭微心愿。

【计划生育特殊家庭帮扶】 2019年，余杭区完成新增及历年失独个案评估和心理咨询服务70余人次，完成团体心理辅导14场。做好失独家庭辅助再生育及收养补助，全年对6户办理收养手续的家庭补助30万元，2户辅助再生育补助7.26万元。从2018年下半年至2019年4月，全区对708位失独家庭成员走访慰问，使用资金72.61万元。5月，暖心行动资金补助标准从每人1000元提高至2000元，全区下拨资金150.2万元。通过项目征集，对5个镇（街道）补助资金10万元用于对计划生育特殊家庭日常关爱。帮助解决失独家庭遗赠抚养落户问题，7户家庭办理落户手续。计划生育特殊家庭医疗保险由80元提高到260元。

【青春健康教育】 2019年，余杭区对55位初中生青春健康教育讲师团讲师开展为期两天的培训，选拔优秀师资参加认证。21名师资通过认证被聘为市级师资，1名师资被聘为省级师资。全年各镇（街道）共开展青春健康教育培训50场，培训青少年、家长1.2万余人。

【计划生育协会改革试点】 2019年，余杭区被杭州市计划生育协会列入乡镇计划生育协会改革试点单位，塘栖镇、南苑街道、运河街道为作为试点单位，更名为"人口家庭协会"，并确定各自改革创新特色。塘栖镇建立包括协会办公室、议事协商室、工作培训室和暖心家园的"三室一园"。南苑街道优化会员之家与医疗卫生服务中心、优生优育优教指导中心、工疗站"四位一体"的健康南苑品牌服务阵地。运河街道建立健康宣教团、亲亲育芽团、爱心助困团、法律援助团、医疗服务团等5个志愿者服务队伍，为计划生育家庭提供全方位、多元化、个性化服务。

（高利娜）

·民　　政·

【养老设施】 2019年，余杭区新增镇（街道）级居家养老服务中心10家，村（社区）级居家养老服务照料中心24家。截至年底，全区有居家养老服务（照料）中心205家，其中110家示范型以上照料中心全部实现社会化运营。开展养老机构服务质量大检查，召开全区养老机构负责人安全管理会议，组织消防安全演练。引进社会养老机构，探索开展医养结合服务。全区205家居家养老服务（照料）中心提供康复服务，100%与辖区有医疗资质的卫生服务机构建立医疗合作关系或提供派驻服务。加强养老机构管理，截至年底，全区有养老机构16家，其中，公办6家，民办7家，公建民营3家，床位3142张。全年组织三批次养老护理员培训，培训284人。

【政府购买服务】 2019年，余杭区享受政府购买居家养老服务时间标准为每人每月8小时～48小时，政府购买服务对象24023人，占老年人口的10.4%，购买金额4519万元。组织召开养老服务社会组织评审会，出台《2019年养老服务社会组织推荐目录》。

【老年人生活补贴发放】 2019年，余杭区对年满60周岁及以上享受余杭区城乡居民基本养老保险待遇的余杭户籍老年人，按1000元/人·年的标准发放生活补贴。2019年度，60883人享受老年人生活补贴，发放资金6088.3万元。

【困境儿童扶助】 2019年，余杭区委托第三方开展困境儿童和农村留守儿童普查，维护困境儿童和农村留守儿童的权益；办理孤儿送养、收养业务，办理国内收养35人，新入院1人；承接区公安分局、检察院、法院委托的临时寄养任务。推进适度普惠型儿童福利体系建设，保障困境儿童权益，开展“童梦奇缘　相携成长”主题六一儿童节专题活动、“七彩童心　幸福相伴”困境儿童暑期夏令营活动，组织临平片区8个镇（街道）478名困境儿童进行公益体检。成立“彩虹行动”关爱困境儿童爱心联盟。截至年底，余杭区有孤儿及其他困境儿童1202人（在院48人），累计发放基本生活补贴666万元。

【帮扶救助】　2019年，余杭区新增纳入低保897户1240人、低边123户404人、特困13户13人，注销低保1139户1883人、低边633户2006人、特困31户32人。截至年底，全区低保对象6604户8716人。7月起，低保标准由每人每月955元调整为每人每月1041元。低保边缘户657户2284人，低边定期生活补助标准为每人每月74元。特困人员159户163人。7月起，特困人员基本生活标准由每人每月1591元调整为每人每月1734元。累计发放各类救助金1.53亿元，其中低保资金9031.07万元。区民政局制定《杭州市余杭区低保专项治理工作实施方案》，通过专项检查，督促各镇（街道）、村（社区）开展自查自纠，查找问题，及时整改。开展面向相对困难家庭、医疗费用支出较大家庭和60周岁以上参加城乡居民基本养老保险老年人家庭的“三项倒查”，全年排查家庭24951户，救助370户。制作扶贫暖心卡7240份，告知困难家庭享受的各项救助。试点开展低保低边家庭渐退和困难家庭重病患者单独立户纳入低保机制。落实“村（社区）按月走访”“镇（街道）‘双随机’抽查”和“机关部门‘服务群众’走访”，加大动态管理，应退尽退。完善救助程序，减少申请资料，压缩审批时限，加大审核力度，实现逢进必核、年审和系统复核。

【慈善救助】　2019年，余杭区慈善总会募集善款13381.77万元，发放2310.79万元，救助弱势群体19615人次，其中，“三个不让”救助274人次327.81万元，“大爱余杭”救助302人次251.4万元。临时救助18622人次1688.53万元。节日救助417人次43.05万元。为改善低保、低边家庭学生居住环境，总会联合浙江省理想国际慈善基金会在全区范围开展“理想小屋”项目，针对全区低保、低边家庭中的6～16周岁学生房间进行设计改造。持续开展“大爱余杭”、“三个不让”、节日救助、慈善临时救助、爱心笔记本电脑发放等慈善项目。

残疾人集中就业企业残疾职工风采大赛　　（区民政局　供稿）

【残疾人集中就业企业发展】　2019年，余杭区40家残疾人集中就业企业安置残疾职工1229人，残疾职工月人均工资3404元，残疾职工月人均投保1438.59元，实现退税7825万元，较好地保障全区残疾职工的基本生活。余杭区举办残疾人集中就业政策宣传暨残疾人专场招聘会；印发《关于建立余杭区残疾人集中就业企业服务监管联席会议制度的通知》，全面落实残疾人集中就业企业税收优惠政策；举办“用心助残　与爱同行”余杭区残疾人集中就业企业残疾职工风采大赛；开展全区残疾人集中就业企业残疾职工夏季送清凉、冬季送温暖慰问活动，发放慰问金（物资）18.78万元。

【福利彩票发行】　2019年，余杭区“中福在线”销售6000万元。“福彩暖万家”系列公益活动资助困难人群140人，发放资金40万元。

【基层社会治理】　2019年，余杭区建设辐射镇（街道）的“市民客厅”1家、服务社区或居民小区的“居民驿站”10家。调整5个新建城市社区规模，撤销2个村。截至年底，全区有城市社区190个（其中撤村建居社区71个）、农村社区176

南苑街道临城社区社区居民“微实事”提案日活动

（区民政局　供稿）

个，社工定岗 1981 人、在岗 1838 人。继续推广“两约”（村规民约、社区公约）助推基层治理典型做法，“两约”规范化、实效化建设工作获民政部和省民政厅肯定。开展“民生微实事居民提案日”活动，以南苑街道临城社区为试点，创新社区微治理模式。推进社区减负增能，开展村（社区）“职责、牌子、制度”多专项整治行动，严格落实村（社区）“3+1+8”挂牌规定，清理事项 152 项、下墙制度 427 件，摘除牌子 429 块；优化盖章证明事项，明确准入村（社区）盖章证明 23 项和反向清单 13 项。

【社会工作人才队伍建设】　2019 年，余杭区社会工作职业水平考试报考和通过人数均位列全市第一，获浙江省社会工作者职业水平考试最佳组织奖。持证社区工作者 1114 人，比例为 60.5%，其中农村社区中持证人员 166 人。2019 年，新录用社区工作者 122 人。区、镇（街道）两级开展各类社会工作培训 150 余次，培训 5000 余人次。举办第十届社区工作者节，首次发布余杭区专职社区工作者身份胸徽，评选出 20 名“城乡社区领军人才”，首次将社会工作人才纳入区高层次人才分类认定。

【“96345”便民服务】　2019 年，“百姓通”便民服务热线平台，全年话务量 74843 件，日均话务量 204.48 件。受理主要内容为便民服务、政策咨询、事件爆料、困难救助、家政服务、车管咨询、公共咨询等。

【社会组织培育与管理】　2019 年，余杭区注册登记社会组织 1172 家，其中，社会团体 236 家、民办非企业 927 家、基金会 9 家，备案社区社会组织 4202 家。新登记社会组织 266 家，变更 121 家，注销 14 家。举办“益余杭全域美丽大比武”公益展览会、公益创投活动和公益创新创业争霸赛。开展打击整治非法社会组织专项行动，引导社会组织参与东西部对口帮扶。政府购买服务创投项目 30 个，涉及项目资助金 230 余万元；以“党建引领　全域治理　小匠出马”为主题组织开展公益创新创业争霸赛，16 个初创期社会组织完成签约。围绕“党建 + 公益”“治理 + 公益”“美丽 + 公益”“创新 + 公益”，资助“益余杭全域治理”公益创投项目 28 个，资助资金 104 余万元。

【殡葬管理服务】　2019 年，余杭区推进节地生态型殡葬设施建设，全区所有经营性公墓均开辟生态安葬区。两家殡仪馆提升改造项目按进度推进，一馆完成 55%，二馆完成 65%。乔司、临平、星桥、仓前、余杭 5 个街道大中型城乡公益性骨灰存放室项目进入施工阶段，闲林、良渚街道大中型城乡公益性骨灰存放室项目完成前期报批手续。专项摸排违法违规私建“住宅式”墓地等突出问题，整治完成超面积坟墓 137 座，“四边三化”坟墓 84 座。享受殡葬惠民新政家庭 5033 户。清明、冬至期间，接待扫墓群众 180 万余人次，疏导机动车辆 32 万余辆次。

【移民安置工作】　2019 年，区民政局出台《余杭区大中型水库移民帮困资金管理使用办法》及实施细则，建立帮困联席会议制度，通过联席会议形式帮扶助困首批移民家庭 22 户，发放救助资金 22.6 万元。截至年底，全区大中型水库移民 5029 人，直接补助资金 301.74 万元，安排移民后期扶持项目 12 个，安排补助 507.27 万元。

【婚姻和收养登记】 2019年，余杭区办理结婚登记7154对，离婚登记3204对，补领结婚登记证1651对，补领离婚登记证321对，复婚1290对，收养登记37人次。8月7日，配合杭州市启动婚姻登记业务全市通办。10月16日起，启用省厅“婚育户一件事”系统。开展婚姻家庭志愿者辅导工作，全年服务群众3960人次，其中，新婚辅导1966人次，法律咨询314人次，离婚辅导1056人次，辅导调解后暂缓离婚或不离的624对，劝和率59%，群众满意率100%。

邀请余杭籍在外学子回乡创新创业活动，向在外学子寄送回乡就业创业邀请信

（区人力社保局 供稿）

【地名管理】 2019年，余杭区依法命名（更名）居住区（建筑物）53处、道路（桥梁）64条，办理门牌证30617本。完成杭州市公布的不规范地名清单整治，非标准地名整改完成率为100%。对60条有路无名的道路进行命名及路牌设置，设置（整改）路门牌1838块，整改166块非标准名称交通指示牌、70处居住区大门名称及门楼牌、94条不规范路名路牌、36处透明售房网非标准名称、5处居住区信报箱、14处数字信息平台非标准地名、4处不规范地名广告。推进“最多跑一次”工作，地名核准、编制门牌、地名证明3项事务纳入“浙里办”。

【流浪乞讨人员救助】 2019年，区民政局加强流浪乞讨人员救助管理，做好特殊灾害性天气街面巡查工作，救助各类困难人员590人，跨省护送84人返乡。

（李宁宁）

·人才人事·

【招才引智】 2019年，余杭区引进本科及以上学历毕业生3.37万人。落实新一轮本科及以上学历毕业生生活安家补贴政策，全年向14131名本科及以上学历毕业生发放1.79亿元。向5100余名余杭籍高校学子寄送“一信一册一表”①，鼓励本地学子回余杭建设家乡。

① “一信一册一表”，指一封就业创业邀请信、一份就业创业指南、一张企业见习招聘岗位表。

【高层次人才培养服务】 2019年，余杭区通过人才薪酬、股权估值、专家举荐等方式确定人才层级，推进人才评价方式多元化发展，全年认定各类高层次人才1968名。侯卫锋等2名高层次人才进入省级遴选，推荐1人参加杭州市“钱江特聘专家”选拔，组织91名市“131”培养人选参加中期考核。全年用于人才政策兑现及服务专项资金1262.34万元。新增省级企业博士后工作站1家，14名博士进站开题研究，发放建站资助、科研资助、博士后生活安家补贴146万元。

【人力资源服务产业园建设】 2019年，区人力社保局以“一园多点”的模式，按照余杭的产业发展特点，在未来科技城、余杭经济技术开发区筹建“浙江余杭人力资源服务产业园”，其中开发区园区入驻人力资源中介企业14家，正常开展中介服务活动。鼓励人力资源中介服务机构开展品牌创新活动，组织区内重点企业参加中国（浙江）人力资源服务博览会、中国杭州国际人力资源峰会等活动，推荐企业参加全国人力资源诚信服务示范机构、杭州市人力资源服务和产品创新项目评选。

【大学生创新创业】 2019年，区人力社保局开展2019年大学生创业项目征集和资金资助工作，34

个大学生创业项目获得无偿资助，36家大学生创业企业获得经营场地补贴，拨付资助资金316.3万元。新增大学生创业企业262家。开展大学生创业“导师带徒”活动6次，为300余名创业大学生提供政策解读和实战性辅导。承办第六届中国杭州大学生创业大赛余杭赛区决赛，为参加大赛的400强项目申请市级及区级配套奖励资金204万元。

省级技能大师工作室领衔人、杭州市首席技师陈建国

（区人力社保局　供稿）

【技能人才培养】　2019年，余杭区开展高技能人才直接认定，搭建技能大师工作室平台，提高高技能人才奖励补助标准，新评定为高级工、技师和高级技师的，分别给予2000元、5000元补助以及3年1000元/月的政策补助。全年完成高技能人才培养3013人，发放技能人才奖励补助361.11万元，新增区级技能大师工作室10家。截至年底，全区有2家省级技能大师工作室、6家市级技能大师工作室、1家市级技能工作站、60家区级技能大师工作室。

【人事管理】　2019年，区人力社保局严格规范招考，统一组织2019年全区43家主管部门下属事业单位101个岗位的事业人员招聘工作，招录工作人员137人。指导和协助卫生、教育系统招聘事业人员1134人。阶段性完成机关内部“最多跑一次”改革工作，事业单位人事管理、工资业务管理10个主项44个子项业务纳入跑改事项，材料精简率37.67%，时限提速率60.5%，所有事项实现“最多跑一次”，明确6个子项强制网上办。开展公务员（参公人员）干部人事档案专项整治“回头看”，完成3000余卷科级及以下公务员（参公人员）干部人事档案审核及问题反馈。

（李苏晖）

2019年“春风行动”暨余杭区·咸丰县精准扶贫劳务协作专场招聘会

（区人力社保局　供稿）

·就业创业·

【返还社保费】　2019年，区人力社保局做好区级困难企业社会保险费返还总牵头，全面摸排符合社会保险费返还条件的企业，受理企业的社会保险费返还申请，确保应返尽返。全年受理审核杭州市下发名单困难企业5403家，拨付资金5.7亿元。

【劳务扶贫】　2019年，区人力社保局以家政服务业为突破口，对接湖北咸丰、贵州台江和天柱3

个结对县开展劳务扶贫协作工作，吸引当地群众前往余杭就业。全年协作开设岗前技能培训 32 班次，培训建档立卡人员 658 人，举办东西部劳务协作专场招聘会 6 场，推出 57 家企业 5005 个岗位，达成就业意向 590 人次，帮扶建档立卡贫困人员就业 252 人。

【就业创业市场激活】 2019 年，区人力社保局组织春风行动系列招聘会、创业项目展示会等各类就业创业活动 93 场，推出岗位 116696 个，初步达成就业意向 26323 人次。组织各类校园招聘会 10 场，推出岗位 2756 个，初步达成就业意向 2263 人次。新认定大学生见习基地 13 家。截至年底，全区见习基地 215 家。全年发放创业担保贷款 217 笔，6036 万元。

（李苏晖）

·社会保障·

【社保提质增效】 2019 年，区人力社保局完成 20.84 万名企业退休人员养老金调整工作，补发待遇约 1.97 亿元。城乡居民基础养老金由原 220 元 / 月调整为 240 元 / 月，从 2019 年 1 月 1 日起调整，惠及 6 万余人，涉及金额 1400 余万元。准予视同缴费年限审批 1794 人，认定特殊工种 174 人。

【人力社保业务“最多跑一次”改革】 2019 年，余杭区整合社会保险、人才培训、劳动关系等 77 项人力社保业务，打造“无差别全科受理”综合型窗口。下延三大类 39 项人力社保业务至区内 24 家余杭农村商业银行网点。民生事项实现 100%一证通办，135 个政务服务事项实现网办率、掌办率、跑零次率、即办率、承诺压缩比、电子化率“六率”100%。企业员工招聘、个体劳动者就业创业、个体劳动者（灵活就业人员）参保缴费登记、失业、退休、社会保险关系转移接续 6 个“一件事”事项实现线上线下申请及经办。

【征地安置清理】 2019 年，余杭区做好报批时项目安置人数的核定和批准后被征地人员的参保安置工作，完成东西快速通道、运河二通道、之江实验室、良渚古城遗址申遗瑶山遗址项目等重点项目的征地参保工作。建全包干机制，落实精准服务机制，对重大项目参保安置办理开通绿色通道，重点项目实行专人全程负责，完成征地参保安置 8014 人。

（李苏晖）

·劳动保障·

【欠薪预警平台】 2019 年，余杭区将信访信息、工商处罚、水电欠费、工资专户异常数据、社保欠费等 10 个方面的数据接入欠薪预警平台，通过大数据智能分析，自动将欠薪预警信息交办相应部门处置，提升欠薪防范能力。全年受理各类劳动保障监察投诉、举报 1392 件，涉及人数 3263 人，金额 3830 余万元。

【劳动争议调处】 2019 年，余杭区贯彻“预防为主、调解为先、裁审结合”的方针，以崇贤街道为样板，在全区各镇（街道）落实“1+X”②劳动纠纷多元化解机制，就地就近化解劳动争议。探索建立律师调解工作室，维护劳资双方合法权益。区仲裁委全年受理劳动人事争议案件 1385 件，涉及劳动者人数 1871 人，涉案金额 1.46 亿元，其中集体案件 29 件，涉及劳动者 516 人，涉案金额 2147.43 万元。审结案件 1154 件，调解率为 80.9%。全区各基层劳动争议调解组织调处案件 2785 件，涉及劳动者 10463 人，涉及金额 2.1 亿元。

② “1+X”劳动纠纷多元化解机制，是指以调解、监察、仲裁“三位一体”为基础，多方力量参与的劳动纠纷多元化解机制。其中，“1”指镇（街道）劳动纠纷多元化解中心、劳动保障监察中队及仲裁派出庭（即“三位一体”），“X”指综治、司法、经发、城建、信访、工会、派出所等部门的劳动纠纷调处力量。

【信访及咨询服务】 2019 年，区人力社保局向用人单位、劳动者宣传劳动用工法律法规，开展 2019 年度企业用工诊断测评工作，强化企业用工指导。坚持“三到位一处理”③，强化责任担当，注重综合施策，着力推进信访积案排查梳理和调处化解。全年受理各类群众信访 5345 件，同比减少 44%，化解吉某工龄认定等 4 件信访积案。

③“三到位一处理”，是指诉求合理的解决问题到位，诉求无理的思想教育到位，生活困难的帮扶救助到位，行为违法的依法处理。

（李苏晖）

·医疗保障·

【概况】 2019年，余杭区医保总参保人数139.07万人。全年职工医保基金收入30.09亿元，基金支出22.2亿元，城居医保基金收入3.72亿元，基金支出9.9亿元。杭州市医疗保障局余杭分局（下称“市医保局余杭分局”）于2019年1月17日挂牌成立，有序开展过渡期间各项工作，做到职能交接不乱、医保业务不断，各项工作平稳过渡。

【医疗保险参保率提升】 2019年，市医保局余杭分局强化精准扩面和动态管理，通过开展前期数据核对处理、摸底排查、政策宣传、业务培训，推进参保扩面工作，提升医疗保险参保率，实现应保尽保。截至年底，全区职工医疗保险参保人数94.82万人，城乡居民基本医疗保险参保人数44.25万人，余杭区医保全民参保率99.51%，高于省市考核目标99%。

【医保“两定”机构管理】 2019年，余杭区继续扩大医保定点范围，截至年底，签约开通协议定点医药机构903家，其中，医疗机构395家、零售药店508家，满足参保人员就医购药的需求。实施“两定”（医保定点医疗机构、定点药店）机构日常巡查、异地交叉检查，增加补充协议，规范医疗行为，明确医保支付上限。截至年底，定点药店异地交叉检查403家定点单位，解除、暂停医保协议42家，责令整改54家。

【医保基金管理】 2019年，市医保局余杭分局对内建立内控审核机制，制定风险防范措施，建立相互监督与制约的关系。对外与区财政、卫生健康、市场监管、公安、数据资源管理等部门联合，对医药机构进行协同监管、联合执法，打击欺诈骗保行为。

【长期住院病人专项整治】 2019年，市医保局余杭分局与区卫生健康局联合开展赖床专项行动，对全区27家医疗机构进行集中整治，通过自查自改、专项检查、督促整改3个阶段进行，376名长期住院病人办理出院，维护医保基金安全。

【医保业务“最多跑一次”改革】 2019年，市医保局余杭分局通过流程优化、信息共享、整合部门资源等方式对复杂材料、手续予以简化，借助“网上办”“掌上办”缩减办事时限，实现医保业务办理“零跑腿”，落实出生一件事、身后一件事等各类一件事联办工作。截至年底，办理4765名新生儿的少儿医保参保工作，实现区内6家区级医院规定病种备案办理。

【医疗服务价格改革】 2019年，市医保局余杭分局联合区卫生健康局对区内8家公立医疗机构完成医疗服务价格调整。从8月1日起施行，涉及2797个项目，其中，价格提高项目2191项、价格降低项目606项。通过强化政策解读、宣传和引导，做好风险评估和防范工作，医疗服务价格改革工作实现零投诉。

【长三角异地门诊结算】 2019年，余杭区落实国家长三角区域一体化平台建设，推进长三角异地门诊费用结算工作，实现跨省异地就医业务区域内互办，余杭区第一人民医院开通“长三角地区”门诊联网刷卡，符合条件的参保人可在包括上海交通大学医学院附属瑞金医院、复旦大学附属中山医院等676家开通“长三角地区”门诊统筹的医疗机构联网结算，实现刷卡就医。

（谢燕）

·退役军人事务·

【概况】 根据中央和省市区新一轮机构改革精神，余杭区退役军人事务局于2019年1月17日挂牌组建。一年来，区退役军人事务局围绕“让退役军人成为全社会尊崇的职业”的工作总目标，实现工作有序对接、机关正常运转，退役军人服务工作取得一定成绩。全区1个区级、20个镇（街道）级、367个村（社区）级退役军人服务中心（站）基本建成并投入运作。区退役军人服务中心成为市级示范服务中心，3 个镇（街道）、3 个村（社区）服务站被评为市先进服务站，临平街道星火社区服务站工作做法被央广网、“中国退役军人”微信公众号宣传推广。

2019 年 1 月 17 日，余杭区退役军人事务局挂牌

（区退役军人事务局　供稿）

【退役军人事务体系建设】　2019 年 4 月、10 月、11 月，余杭区分别召开三级服务保障体系推进会、区退役军人工作会议暨业务培训会、社保接续培训会等。2 月，区退役军人事务局完成全体工作人员转隶和区军休所整体划转。3 月，完成单位三定方案起草，5 月，完成区退役军人服务中心组建。6 月，基本完成 1 个区级、20 个镇（街道）级，367 个村（社区）级退役军人服务站组建工作。执行“五联系”“五必访”制度，开展退役军人工作。退役军人工作纳入对镇（街道）的综合考评和分管领导四考合一工作。

【退役军人评比与信息采集】　2019 年，区退役军人事务局开展部分退役士兵社保接续工作，完成申请、受理阶段工作。评选全区首批优秀、最美退役军人 30 人，举办“最美退役军人”表彰大会。推荐参加上级评审，3 人被评为市级最美退役军人，1 人被评为市级“军队为你骄傲”优秀退役军人。开展“军歌嘹亮献给党”合唱比赛，21 支队伍的退役军人参加比赛。实施退役军人和其他优抚对象信息采集，开展退役士兵档案信息化建设。

【拥军优抚】　2019 年，由区领导带头开展家庭光荣牌悬挂工作。区四套班子领导带头走访 30 个驻地部队，上门为老战士赠送中华人民共和国成立 70 周年纪念章。“八一”、国庆期间，走访慰问全区师级以上、二等功及以上等 5 类退（现）役军人家庭和重点优抚对象。全年实施社会化优抚项目 52 个。落实国家和省市有关军人子女教育优待的政策规定，保障军人子女就地就近入学入托接受良好教育。

【烈士褒扬】　2019 年，区退役军人事务局组织退役军人参加伤残评定；组织参加带病回乡退伍军人认定。完成 2019 年清明节、“9·30”烈士纪念日向烈士纪念碑（塔等）敬献花篮仪式，社会各界和退役军人 3200 余人参加纪念活动。对改建扩建余杭革命烈士纪念碑进行立项报批。根据上级文件精神及时调整相关标准，全年发放优抚对象、退役士兵各项补助补贴 8434 万余元。

【移交安置】　2019 年，区退役军人事务局完成 2019 年度营职及以下军官、士官的转业安置，随军、随调家属和退役士兵报到接收、档案审核、业务培训等工作。

【退役军人就业创业】　2019 年，余杭区举行退役士兵返乡欢迎仪式和专场招聘会，50 家企业提供 800 多个就业岗位，现场签订就业意向 53 人。发动 64 名退役士兵参加高职专招。与 3 家银行合作，发行退役军人专属“红卡”，提供专属“三优”金融服务。推进自谋职业转业士官帮扶工作，推出 20 个社工岗位开展定向招聘。

【军休服务】　2019 年，区退役军人事务局完成军休干部活动用房置换、军休干部个人住房信息录入工作。落实军休干部“两个待遇”（政治、生活待遇），全年组织外出活动 8 次，政治理论学习 10 余次。做好无军籍职工工资调标和符合享受军休干部遗属待遇补差工作。

（戴晓英）

·老龄工作·

【老龄工作机构调整】 2019年，由常务副区长陈夏林任区老龄委主任，副区长许玲娣任区老龄委第一副主任，余杭区老龄工作委员会成员单位及其组成人员调整到位，余杭区老龄工作委员会办公室（下称“区老龄委”）设在区卫生健康局，承担日常工作。

【为老服务】 2019年，余杭区完成“浙江省老年优待证”办理“最多跑一次”改革工作并移交民政。出资712余万元为23.8万名余杭户籍的60周岁及以上老年人购买2019年度老年人意外伤害保险（保险起讫时间为2019年7月1日0时至2020年6月30日24时），发放25万份意外保险告知单。截至12月底，半年度理赔案件628起，理赔金额74.93万元。“敬老月”期间，区四套班子领导走访慰问全区78名百岁老人，发放慰问金15.6万元；各镇（街道）、村（社区）走访慰问高龄、困难、空巢老人，慰问金额1000余万元。开展银龄互助行动23场，为失能半失能、困难、失智、高龄老人提供生活照料、医疗保健、文化教育、精神慰藉、心理疏导等方面服务5000余人次。

【文化养老】 2019年，全国第10个“敬老月”、第17届老年文化艺术节开幕式暨健康素养进农村文化礼堂启动仪式在塘栖镇塘栖村文化礼堂举行，活动由区老龄委主办、区卫生健康局承办，塘栖镇人民政府协办。全区各镇（街道）陆续开展30余场文体惠老活动，村（社区）一级开展180余场文体惠老活动。整合社区教育、老年教育，2019年老年电视大学全年招生17328人，开设“共和国历史中的浙江记忆”“岁月静好 做个优雅老人”“煲出健康来”“老年人法律常识”等课程，设立讲师团送课下基层。

【“敬老文明号”和“老年宜居环境”创建】 2019年11月，第三届余杭区“敬老文明号”创建工作全面完成区级考评验收，公安余杭分局南苑派出所等47家单位被命名为区级“敬老文明号”，在此基础上择优推荐市级申报。参与残联无障碍环境建设项目，协助推进对困难老人家庭的适老化改造，建设老年宜居环境。

【老年健康促进活动】 2019年6月10—16日，全国首个老年健康宣传周，区卫生健康局多渠道宣传国家卫健委权威发布的20条老年健康核心信息。开展老年健康知识讲座，全年开展老年健康知识讲座36场，参与人次3000余人次。

【医养结合工作】 2019年，余杭区启用新的医养结合监测系统并录入基础数据，完成医养结合工作监测表、医养结合机构信息表等填报工作。全区80%以上的医疗卫生机构开设为老年人提供优先挂号、优先就医等便捷服务通道；全区86.44%的65周岁及以上余杭户籍老年人完成家庭医生签约并纳入健康管理服务工作。“健康余杭”APP平台开放个人电子健康档案，通过签约医生团队定期回访，及时更新相关信息实现健康档案动态管理，通过个人医疗、体检信息收集等进行健康评估管理，通过为高血压、糖尿病等特殊老年人群开长处方以满足多样化健康医疗服务需求。继续实施“为余杭户籍60周岁及以上老年人提供免费健康体检服务”民生实事项目。截至年底，全区医养结合机构（兼具医疗卫生资质与养老服务能力的医疗卫生机构或养老机构）总数7个，其中，设立医疗卫生机构的养老机构5个，开展养老服务的医疗卫生机构2个，纳入医保定点的医养结合机构数量6个、公建民营2个、民办民营5个，涉及医疗服务人员368人、养老服务人员138人、社工3人，医养结合机构床位总数2418张。

（高利娜）

·住房保障·

【住房保障审批】 2019年，余杭区完成各类城镇住房保障业务48763件。其中：公租房公示4608份，公租房年审16539份，公租房续合同（变更）1921份；廉租房公示108份，廉租房年审834份；高层次人才房公示181份，人才房年审870份，人才房上市证明50份；房改审批及补购公用面积105份；住房补贴申请及调整616份；集资房审批110份；出具房改证明22740份。

【保障房和人才房建设】 2019年，区住建局统筹推进公租房、人才专项租赁住房开工建设及蓝领公寓筹集工作。集中建设公租房开工项目1个、建设项目4个，共2548套；逐宗配建公租房项目13个；人才专项租赁住房项目6个，套数4614套；筹集蓝领公寓2677套。

【征迁清零】 余杭区加大征迁清零工作，2019年全区完成征地面积1052.87公顷，农居户3165户，企业409家，包括完成历史未签约农居户108户、企业95家。加大回迁安置工作指导力度，加快推进回迁安置分房，规范安置程序，开展安置房办证专项行动。累计完成回迁安置31079户。全年完成安置房项目办理产权初始登记42035套，累计完成安置房不动产初始登记98900套。

【安置房建设】 2019年，全区开工安置房项目39个，建筑面积805万平方米，回迁安置3204户；在建公租房新开工项目1个，房源163套；在建公租房逐宗配建项目13个，房源840套（其中2019年新开工项目8个，房源255套）。

（周云）

·公积金管理·

【概况】 2019年，全区净增建制职工3.2万人，完成年度建制任务的161%；归集公积金44.8亿元，同比增长41%；提取公积金26.3亿元，同比增长13%；为5838户家庭发放贷款31.15亿元，金额同比增长78%；贷款逾期率0.001‰；实现住房公积金增值收益1.13亿元，同比增长28%。截至年底，全区有1.91万家单位23.42万名职工正常缴存公积金。

【公积金行政执法】 2019年，公积金余杭分中心采取调查走访、约谈告知、行政调解等处置措施，督促单位建缴补缴，受理职工投诉案件70件，为职工追回欠缴住房公积金29万元。

【二手房合作中介管理】 2019年3月26日，公积金余杭分中心出台《二手房合作中介管理暂行规定》，内容涵盖经纪机构的准入条件、备案管理、行为管理、监督管理等方面。

【业务容缺受理机制】 2019年3月26日起，公积金余杭分中心推进业务容缺受理机制，职工办理公积金业务经审核后，非关键性材料存在缺陷或瑕疵，需补正或撤换借款合同、还款明细、购买材料凭证、有效关系证明等材料，可以申请容缺受理。

【办事材料精简】 2019年4月8日起，职工办理公积金提取业务时，户口簿和结婚证两项材料可通过杭州市公共数据共享平台查询到的，免于提供纸质材料。

【"共享·家"服务】 2019年4月27日，公积金余杭分中心主办"共享·家"第二季活动，活动以现场沙龙和微信同步直播的形式，邀请专业人士通过VCR和现场互动的方式，分享家装小技巧、小窍门，微信同步直播吸引1万多人在线参与。10月27日，公积金余杭分中心联合宜家家居举办"共享·家"第三季主题活动——"爱上厨房，快乐生活"。余杭电台丽人广播与"余杭公积金"微信公众号对活动进行网络直播，在线观看人数近万人，点赞1.3万余个。

【抵押办证服务费取消】 2019年6月1日起，公积金余杭分中心取消商品房住房公积金贷款抵押办证服务费，累计为2716名职工减免近33万元。

【住房补贴提取】 2019年8月12日，公积金余杭分中心上线余杭区住房公积金补贴银联实时提取业务。该业务由公积金余杭分中心自主测试研发完成，旨在缩短职工提取资金流转时间，提升服务效能。

【公积金电子影像系统上线】 2019年9月2日，公积金余杭分中心上线电子影像系统，实现住房公积金电子档案数据共享、柜面业务"刷脸"办、免填单、免收复印件，公积金窗口迈入"一张身份证就能办、不带身份证也能办"的无纸化时代。

【公积金异地互贷】 2019年12月19日起，公积金余杭分中心简化贷款申请材料，在长三角区域（上海市、浙江省、江苏省和安徽省范围）内缴存公积金的职工申请异地贷款的，不需再提供户籍地家庭住房情况证明。

（施慧萍）

·民族与宗教事务·

【民族帮扶】 2019年，余杭区开展与温州市文成县、丽水市景宁畲族自治县结对帮扶工作，落实帮扶资金120万元。落实仁和街道相关少数民族群众水产、种植等项目，帮扶资金3万元。

【宗教场所厨房改建】 2019年5月，在乔司教堂召开全区宗教场所“厨房革命”现场推进会，布置全区宗教场所“厨房革命”规范化工作，创设“50日工作法”，分三批推进。全年78处老旧厨房完成修建，40处土灶改成燃气灶，新增餐具消毒设备229台，195名食品卫生从业人员取得资质，宗教场所累计投入改造资金600余万元。

【“固定消防日”活动】 2019年1月19日，全区宗教场所开展消防安全培训活动，确定每月19日为余杭区宗教活动场所固定消防演练日。全年开展相关培训指导67场次、消防安全演练360场次、安全检查81场次，更新灭火器295只，发放燃气泄漏报警器81只，参与消防安全检查人员5000余人次。

【平安创建】 2019年，全区合法宗教活动场所及民间信仰活动场所纳入全科网格化管理。设置固定橱窗并规范张贴“警钟”墙报，发放反邪教宣传册、依法治邪折页等宣传资料2000多份，提升信教群众对宗教与邪教区别的认知。在宗教活动场所张贴宣传标语，教导信众自觉抵制邪教，倡导正言正行。

【第三届径山禅宗祖庭文化论坛】 2019年12月9日，第三届径山禅宗祖庭文化论坛在径山寺举办。其间，举行纪念虚堂禅师圆寂750周年学术研讨会、径山藏经楼落成庆典、《径山藏》迎请供奉仪式，教界大德、法师代表、文化学者、护法功德主等约300人参加论坛。

（邹晓筱）

·关心下一代工作·

【概况】 2019年，区关工委加强班子建设，原区人大常委会副主任孙炳松任区关工委常务副主任。长乐青少年素质教育基地成为浙江省首批关心下一代教育基地，全年接待学生5万多人次。杭州森禾花卉园艺有限公司成为杭州市首批关心下一代教育基地。发挥区关心下一代基金会作用，发放助学金20余万元，资助100余名贫困学生。区关工委被评为浙江省关心下一代工作先进集体。

【主题教育】 2019年，区关工委、区文明办、区教育局联合开展“腾飞中国，辉煌70年”主题教育活动，帮助青少年厚植爱国主义情怀。各级关工委开展宣讲300余场，受教育青少年10万余人次。

【关爱帮教未成年人】 2019年，全区71名“五老”志愿者对53名未成年人进行关爱。赴杭州市看守所开展帮教4次，省未成年人犯罪管教所帮教3次，省女子监狱帮教2次，赠送生活用品和书籍，与学员进行面对面谈心活动。在南苑街道杭州艾森制衣有限公司建立未成年人关爱基地，维护未

余杭区中小学生“防诈骗”专场话剧演出　　（区关工委　供稿）

成年人合法权益。法治宣讲团开展法治教育课 60 余次，受教育人数 1.5 万余人。

【“零犯罪学校”创建】 2019 年，区关工委、区教育局、区司法局在全区开展第二轮“零犯罪学校”创建。区教育局将“零犯罪学校”创建纳入学校年度发展性目标考核体系，实施目标化管理。普法教育纳入学校课程实施计划，明确课时安排，做到中小学普法教育计划、教材、课时、师资、经费五落实。组织闲林职高学生自导自演话剧《预防诈骗、促进和谐》，提高中小学生法治意识。

乔司街道关工委假日学校文艺会演 （区关工委 供稿）

【青少年科普宣传】 2019 年，9 家区级青少年科技教育基地接待青少年学生 4.4 万人次。在乔司街道良山学校开展“同在蓝天下、携手共成长”系列活动，开设科普讲座。流动科技馆和流动少年宫进民工子弟学校，购买价值 2 万元图书赠送良山学校。

【“一镇树一品”工作】 截至 2019 年底，全区有近 30 个品牌。中泰街道举办第 17 届中国笛子艺术夏令营，省、市关工委领导到会并讲话。南苑街道继续开展“玫瑰义卖”活动，筹得善款赠福利院。黄湖镇开展青少年事务管理，连续多年实现未成年人零犯罪。南苑街道河南埭社区发挥“新心家园”心理咨询室作用，网格化帮教不良行为未成年人。百丈镇开展“竹文化”进校园活动，提升青少年爱祖国、爱家乡情怀。东湖街道关工委建立红丰亲子园，服务外来员工子女。径山镇开展禅茶文化“青苗成长”活动，评选“茶乡小博士”。

【快乐假日学校】 2019 年，全区各级关工委开展“快乐假日学校”，组织青少年参与主题教育、法治讲课、科普宣传急救培训、参观爱国主义教育基地等活动。全区各镇（街道）开设各类“快乐假日学校”230 多所，9600 余名学生参加活动。区关工委下拨 20 万元补助镇（街道）关工委开展“快乐假日学校”工作。

【余杭区中小学生近视现状调研】 2019 年，区关工委、区教育局、老科协等组织开展“余杭区中小学生近视现状调研”。调研全区 18 所初中、小学，通过抽样调查 5000 余名学生，统计分析，发现问题，提出建议，撰写调研报告，为预防中小学生近视提供参考意见。

（朱国良）

·居民生活·

【概况】 2019 年，据国家统计局余杭调查队住户抽样调查资料显示，余杭居民人均可支配收入 58668 元，同比增长 9.6%。其中：城镇常住居民人均可支配收入 68159 元，同比增长 8.5%；农村常住居民人均可支配收入 41347 元，同比增长 9.7%。两项收入增速位居全市四区三县（市）第一位，农民收入绝对值位列全省第一。城乡居民收入之比为 1.65∶1，城乡差距进一步缩小。

【城乡居民收入】 2019 年城乡居民收入增速分别为 8.5%、9.7%，城镇较上年回落 0.3 个百分点，农村与上年持平，城乡居民收入保持稳步增长态势。2019 年余杭农村常住居民人均可支配收入为 41347 元，同比增长 9.7%，增速超过萧山 0.8 个百分点，绝对值超过萧山 215 元，首次位列全省第一。

2019 年，余杭区城乡居民收入比为 1.65∶1，

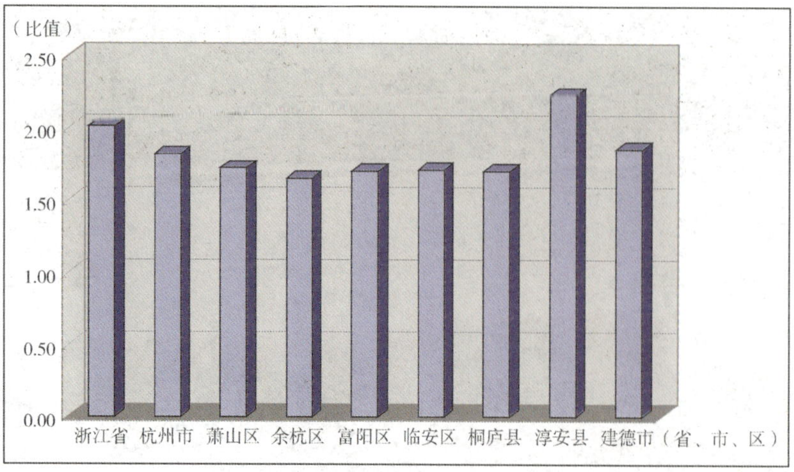

图1 2019年省、市及周边四区三县(市)城乡居民收入对比图

较上年1.67∶1继续缩小，在省、市及四区三县(市)中最低，表明城乡融合发展更为均衡(详见图1)。

从收入构成来看，余杭区城乡居民四大块收入全面增长(详见表9)，结构持续改善。

2019年余杭区城乡居民四大类收入及增长情况表

表9

	全体居民		城镇居民		农村居民	
	人均收入(元)	增长(%)	人均收入(元)	增长(%)	人均收入(元)	增长(%)
居民可支配收入	58668	9.6	68159	8.5	41347	9.7
一、工资性收入	39061	9.1	45630	8.2	27074	8.4
二、经营净收入	8264	9.5	8761	6.8	7357	14.4
三、财产净收入	5285	19.2	6467	18.6	3128	16.0
四、转移净收入	6058	5.6	7301	4.4	3788	5.6

全年全体居民在各类经济单位劳动得到的人均工资性收入39061元，同比增长9.1%，增速较上年同期回落0.1个百分点，绝对额占可支配收入的66.6%。其中：城镇常住居民人均工资性收入45630元，同比增长8.2%，增速较上年同期回落0.5个百分点，绝对额占可支配收入的66.9%；农村常住居民人均工资性收入27074元，同比增长8.4%，增速较上年同期回落1.1个百分点，绝对额占可支配收入的65.5%。

全年全体居民人均经营净收入8264元，同比增长9.5%，增速较上年同期提高1.4个百分点。其中：城镇常住居民人均家庭经营净收入8761元，同比增长6.8%；农村常住居民人均家庭经营净收入7357元，同比增长14.4%，农村增速高出城镇7.6个百分点。

全年全体居民人均财产净收入5285元，同比增长19.2%，增速较上年同期提高4.1个百分点，拉动可支配收入增长1.7个百分点。其中：城镇常住居民人均财产净收入6467元，同比增长18.6%，拉动可支配收入增长1.9个百分点；农村常住居民人均财产净收入3128元，同比增长16.0%，拉动可支配收入增长1.2个百分点。

全年全体居民人均转移净收入6058元，同比增长5.6%，增速较上年同期回落1.9个百分点。其中：城镇常住居民人均转移净收入7301元，同比增长4.4%；农村常住居民人均转移净收入3788元，同比增长5.6%。

(李俊钦)

【居民消费价格指数】 2019年，余杭区居民消费价格同比上涨2.5%，较上年同期扩大0.5个百分点，创下自2012年以来全区CPI涨幅新高。12月CPI同比上涨4.1%，环比下降0.1%。各月运行情况如图2所示。

从环比看，主要受季节变动、部分品种短期供应紧缺等因素影响。如1月、2月受春节因素影响，CPI上涨0.3%和1.1%；7—9月受暑期旅游旺季及鲜菜、猪肉等食品价格结构性上涨影响，分别上涨0.5%、0.8%、1.4%。11月，猪肉供应偏紧局面得到部分缓解，涨幅明显回落，12月份环比下降0.1%。

从同比看，价格上涨势头明显。3月起肉禽蛋等鲜活食品价格上涨，其中4—9月CPI同比涨幅超过2%，11—12月同比涨幅超过4%。

从居民消费八大类商品构成看，全年总体呈“六涨一跌一平”态势，其中，食品烟酒类价格上涨5.1%，衣着类价格上涨2.3%，居住类价格上涨0.6%，教育文化和娱乐类价格上涨6.3%，医疗保健和服务类价格上涨2.7%，其他用品和服务类价

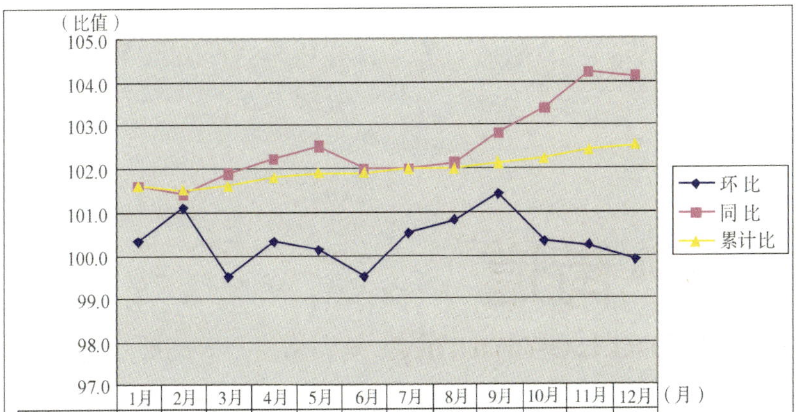

	1月	2月	3月	4月	5月	6月	7月	8月	9月	10月	11月	12月
环比	100.3	101.1	99.5	100.3	100.1	99.5	100.5	100.8	101.4	100.3	100.2	99.9
同比	101.6	101.4	101.9	102.2	102.5	102.0	102.0	102.1	102.8	103.4	104.2	104.1
累计比	101.6	101.5	101.6	101.8	101.9	101.9	102.0	102.0	102.1	102.2	102.4	102.5

图 2　2019 年余杭区居民消费价格指数各月环比、同比走势图

格上涨 2.8%，交通和通信类价格下降 1.3%，生活用品及服务类价格持平。

2019 年食品价格上涨 7%，影响 CPI 上涨约 1.27 年百分点。从月度数据看，1 月同比涨幅最低，为 2.1%；11 月涨幅最高，为 6.6%。从基本分类看，畜肉、禽肉、干鲜瓜果价格是拉动食品价格上涨的主要动力，三者合计影响 CPI 上涨 1.06 个百分点。

2019 年猪肉价格同比上涨 30.3%，影响 CPI 上涨约 0.61 个百分点，主要原因是 2018 年 8 月非洲猪瘟疫情影响，生猪产能持续下降，市场供应紧张。4 月猪肉价格在结束了连续 26 个月的同比下降后首次转正，同比上涨 6.3%。之后涨幅迅速扩大，至 12 月同比上涨 82.6%。随着政府保供稳价政策效应逐步显现，11 月猪肉价格呈现回落态势，但仍处于高位。

受猪肉价格上涨影响，以猪蹄、猪肝等为主的畜肉副产品价格水涨船高，而牛、羊、鸡、鸭等猪肉替代品，需求增加价格上涨，其中，牛肉价格同比上涨 11.1%，羊肉价格同比上涨 23.8%，鸡肉价格同比上涨 7.8%，鸭肉价格同比上涨 13%。其他主要食品价格均有不同程度上涨，食用动物油、鲜菜、鸡蛋、鲜奶价格分别同比上涨 25.4%、4%、4.1%、3.1%。

2019 年鲜瓜果价格同比上涨 8.5%，影响 CPI 上涨约 0.14 个百分点。4 月鲜瓜果价格同比涨幅 16.5%，5 月扩大到 27.3%，此后继续上涨。9 月因苹果、梨的价格出现迅速回落，同比上涨 7.9%，到 10 月同比转为下降 14.4%。

2019 年在外餐饮价格同比上涨 2.9%，其中，正餐价格同比上涨 3.9%，地方小吃价格同比上涨 7.8%。

2019 年，服务价格同比上涨 2.6%，影响 CPI 上涨约 1.03 个百分点。从各主要类别价格变动情况看，家庭服务价格同比上涨 16.9%，其中，家政服务价格同比上涨 20.8%，家庭维修服务价格同比上涨 8.0%。教育服务价格同比上涨 8.9%，其中，学前教育价格同比上涨 14.1%，小学初中教育价格同比上涨 9.4%。旅行社收费价格同比上涨 6.2%，医疗服务价格同比上涨 2.8%，装潢维修价格同比上涨 2.7%。

2019 年，工业消费品价格同比上涨 0.2%，影响 CPI 上涨约 0.08 个百分点，其中，金饰品价格同比上涨 11.5%，服装价格同比上涨 2.9%，中药价格同比上涨 1.3%，西药价格同比上涨 4.5%。洗衣机、电冰箱、空调等大型家用器具价格同比下降 3.4%；小家电价格同比下降 2.5%，汽油价格同比下降 6.0%，柴油价格同比下降 6.3%，小型汽车价格同比下降 0.4%。

（赵红飞）

编辑：吕晓英

镇·街道

Towns and Community

·运河街道·

【概况】 2019 年，运河街道下辖 14 个建制村、2 个农村社区、3 个居民社区。年末总户数 12781户，年末总人口 53138 人。区域面积 40.42 平方千米。

2019 年，完成经常性财政收入 1.04 亿元。农业增加值 3.21 亿元，同比增长 1.9%；规模工业增加值 6.92 亿元，同比增长 0.8%；第三产业增加值 10.92 亿元，同比增长 3.9%。社会消费品零售总额同比增长 2.9%。自营出口 7.27 亿元，同比下降 6.8%。

发展生态高效农业，探索“农业 + 文旅”路径，绿鹰现代农业园落地，草莓君主题农场第一批草莓上市。扶持杭州欣宇农业科技有限公司、杭州佳田农业开放有限公司、杭州莲谊农业开发有限公司、鸿越生态农业科技有限公司等农业企业发展，博溪家庭农场的黄姜获浙江农业博览会金奖。引进莲藕新品种，开展 6.67 公顷集中试点，打造运河果莲新品牌。

制定实施《运河街道“全域创新”三年行动计划（2019—2021 年）》。完成旧厂区改造 0.88 万平方米，企业“小升规”8 家，企业上云 34 家。机器换人项目 2 个，工厂物联网项目 1 个，高新技术企业认定 6 家。

建设“大运河 1986 双创园”，5 家企业已入驻园区，完成农耕文化教育园、草莓君主题农场建设。以 50 万平方米大型商住综合体——“嘉丰万悦城”为中心，打造临平城北一个新的“城市地标性建筑群落”。

推进“1+3+4+1”美丽乡村创建工作，4 个第二批精品村完成验收，1 个第三批精品村正在建设；杭南村被评为省级美丽乡村特色精品村，五杭村创建为 AAA 级景区村庄，新宇村等 8 个村创建为 AA 级景区村庄。启动实施杭州市精品路线（五杭）、双桥村市级精品村建设。开展“厕所革命”，新建、改建公厕 6 座，开放附设公厕 4 座，实现集镇范围内“十分钟如厕圈”全覆盖。宝光路公厕被评定为 AAA 级旅游公厕，杭南村曹家湾公厕被评定为 AA 级旅游公厕。街道 19 个村（社区）全部通过余杭区垃圾分类规范化点位验收，4 个物业小区全部通过市区两级垃圾分类示范化点位验收，全

荷塘小景 （张小建　摄）

域垃圾分类实现全覆盖，年度控量指标任务全部完成。在全区垃圾分类新时尚指数评定中持续保持在第一梯队。余杭区垃圾分类技能大赛在运河街道举行，运河街道总分第一获得冠军。相关做法获市委常委、区委书记张振丰批示肯定。完成 274 户 974 套回迁安置工作，螺蛳桥村历时 10 年的遗留问题一并解决。

博陆运河畔风貌　　（胡丹　摄）

投资 1 亿元的丰稔桥改建项目和总估算 4 亿元的东湖北路跨运河大桥项目开工建设。运河小学主体项目结顶。运河第三幼儿园项目进场施工。围绕“学在运河”目标，与杭州文澜中学、上海打虎山路第一小学、湖州爱山小学等学校合作，提升教育质量。运河中学 2019 年中考被余杭高级中学录取 36 人，位列全区前三，获中考优胜奖，在农村学校中排名第一。

建设社会治理综合服务中心，建立完善信访工作联席会议制度、领导包案化解信访积案责任制，开展矛盾纠纷排查，构建矛盾纠纷源头预防机制和纠纷多元化解体系。全年开展矛盾纠纷排查 32 次，调处各级矛盾纠纷 16 起，调解成功率 100%。

【运河街道“低散乱”整治工作完成】　运河街道是全区“低散乱”整治重点镇（街道）之一。2019 年，完成 23 家低效企业、316 户非块状产业类“低散乱”经营户、1518 户块状行业“低散乱”整治工作，淘汰关停家庭作坊数居全区第一，“低散乱”考核排名全区第一。相关做法获市委常委、区委书记张振丰批示肯定。

【运河街道党建“红色地图”】　2019 年，运河街道在基层党建“一村（社）一品”的打造中挖掘红色历史资源，把党建和红色教育的实体遍布整个街道，形成一张“红色地图”。地图涉及双桥村“新时代新长征”、新宇村“红色小径”、博陆村“新三不”精神化民讲堂、螺蛳桥村“红色基因展馆”、杭信村“春蚕长廊”、浙江华辰新材股份有限公司“红领党性教育基地”等 10 余个党建示范点，统揽全域党建工作，相关做法在《杭州日报》头版刊登。

【运河街道居家养老服务中心提升改造工程完工】

2019 年 3 月，运河街道居家养老服务中心（五保供养中心）提升改造工程完工。该工程是 2019 年省、市、区三级政府民生实事实施项目，是余杭区首个引入 PPP 模式的居家养老提升改造工程，以市场化方式发展养老服务产业，总投入 500 余万元用于养老服务设施建设，打造花园式养老中心。街道探索完善“公建民营”养老模式，加大对政府购买服务的居家养老服务投入，完善养老服务评估体系，分类按需提供多形式服务。

【运河街道设立“信访微服务”】　2019 年 5 月起，街道设立主任公开电话，并在全区首创“信访微服务”。组建由党员、居民代表、退休干部、乡贤为成员的信访代办员队伍，专门跟踪代办信访问题。2019 年，有信访代办员 38 人，代办事项 217 件。

【双桥村欢乐水乡趣味运动会】　2019 年 9 月 18 日，运河街道双桥村“欢乐水乡趣味运动会”成为杭州市唯一一个入选 2019 年“中国农民丰收节”100 个乡村文化活动名单的活动。该活动已连续举办 3 年。由最初开展甲鱼捉迷藏、甲鱼快快跑、甲鱼叠罗汉等趣味比赛，发展到农耕文化稻作节插秧季、鱼羊美食季等系列活动。吸引国内外游客 5.3 万人次，销售的甲鱼、红烧羊肉、生态稻米等农产品金额 361.78 万元，带动村内村外 1.2 万名农民共同致富。

【电视剧《在远方》在运河街道取景】 2019年9月22日，中宣部庆祝中华人民共和国成立70周年推荐剧目《在远方》在浙江卫视、东方卫视、优酷首播。该剧拍摄时在运河街道的主要取景地为原五杭麻纺厂区块（大运河1986双创园）。由于该剧的开播，运河五杭集镇、博陆集镇、运溪路等取景地成为网红打卡点。

【运河街道被评为全省第三批“扫黄打非”进基层示范点】 2019年，运河街道将“扫黄打非”工作列入20项网格准入事项之一，实施网格常态化、动态化管理。通过“运河大姐”、“圆桌话文化”、微信、微博等载体，加大“扫黄打非”进网格宣传。制定《运河街道“扫黄打非”工作制度》等相关制度，成为余杭区唯一入选浙江省第三批“扫黄打非”进基层的示范点。街道19个村（社区）全部设立“扫黄打非”工作联络站。

【2019杭州余杭·运河鱼羊美食节暨“百县千碗”余杭美食展示活动】 2019年11月9日，2019杭州余杭·运河鱼羊美食节暨“百县千碗”余杭美食展示活动在五杭集镇开幕。活动推出百县千碗美食展、跟《在远方》游运河、水乡趣味运动会、非遗民俗大踩街、送戏下乡有看点、走运大会看风情、农文旅融合论坛、百位名家拍运河等八大主题活动。开幕式当天吸引15家媒体报道，包括新华社、中新社、《浙江日报》、杭州电视台等。

【水产养殖尾水处理现场会】 2018年10月，水产养殖尾水处理项目启动，涉及集中治理总面积571.47公顷。运河街道是水产养殖尾水处理项目全区试点单位，也是全市率先实施水产养殖尾水处理项目的街道。2019年12月12日，全区水产养殖尾水处理现场会在运河街道举行，运河经验在全区推广。

（梁淑愫、丁茜）

2019年11月9日，2019杭州余杭·运河鱼羊美食节开幕

（胡丹 摄）

·乔司街道·

【概况】 2019年，乔司街道下辖11个建制村、5个社区。年末总户数15197户，年末总人口59486人。区域面积30.12平方千米。

2019年，完成经常性财政收入3.44亿元。农业增加值2.41亿元，同比增长2.2%；规模工业增加值4.47亿元，同比下降20.0%；第三产业增加值19.62亿元，同比增长3.8%。社会消费品零售总额同比增长9.3%。自营出口3.71亿元，同比下降29.4%。

以现有工业园区、九乔国际数字商贸城为主阵地，实施优化产业布局、数字经济“一号工程”、工业园区提升改造、优化营商环境等专项行动，启动产业提升三年计划。引进1949设计公社，入驻企业40家，打造数字时尚产业基地。意法轻纺城投入运营，良熟生活广场主体完工。完成“小升规”企业3家、专精特新申报企业115家，实施工业互联网应用项目9个、工厂物联网项目2个，推进规模企业上云28家。完成专利申请176件，专利授权58件。企业新产品产值率为51%。规划5G站点166个，占全区建设体量的8.5%。乔司时尚地图发布，涵盖九大产业园区服装生产企业信息。开展“一街一村”试点，乔司时尚服饰街二期改造完成，“时尚云村”通过省级小微工业园申报认定。以葛家车村工业园为试点，引进服装产业创新服务综合体。持续推进“低散乱”整治，关停淘汰落后产能生产线7家，完成旧厂区改造1.63万平方米。

开展小城镇环境综合整治，通过省级考核验收。启动“美丽城镇”创建。推进“一街一站两综二小区”建设，垃圾分类投放正确率为95%，生活垃圾产生量同比区级控量指标下降9.7%。完成5个市、区“污水零直排示范小区”改造工程，46个企业和20个其他类“污水零直排”项目以及21座农村生活污水泵站提升改造。深化基本“无违建街道”创建，累计拆除违法建筑738宗61.4万平方米。完成历次征迁遗留户主48户，新签约企业38家。丰收湖公园主园区基本建成。

乔司街道小城镇环境综合整治后的面貌　　（乔司街道　供稿）

乔司第二中学、胜稼农贸市场等项目开工建设。乔司第二幼儿园世纪园区、乔司第三幼儿园总园被评为省二级幼儿园。街道示范型居家养老服务中心项目完工，新增胜稼、永和两家村级示范型照料中心。实行工资支付保证金制度，开展“无欠薪”建设，街道总体就业率超过97%。启用街道党群服务中心，实现村（社区）党群服务中心挂牌全覆盖。启用街道新社会治理综合服务中心。完成统一地址库建设。

杭嘉一体化、杭海一体化党建联盟成立。启动“热土·新家”主题党日活动，推行流动党员服务管理“322+1”工作法、网格民主协商议事“123+N”工作法及城市小区自治引领“红五步”工作法。发挥“乔司好声音”品牌优势，开展“我和我的祖国”“辉煌70年追梦新时代”等各类主题宣讲700余场次。

【乔司街道党群服务中心启用】　2019年5月25日，乔司街道党群服务中心启用。占地1500平方米，总建筑面积7500平方米，集党建引领、群团服务、志愿服务、退役军人服务、社会组织服务及红色教育、技能培训、品牌展示等20余项功能于一体。

【乔司街道“一站式”社会治理综合服务中心投入使用】　2019年，乔司街道以“数据一体化、服务一站式、联民一张网、办事跑一次”为目标新建社会治理综合服务中心，在全市范围内率先完成“一站式”社会治理综合服务中心建设。6月，投入使用，建筑面积7000余平方米，进驻部门基层站所17个、工作人员130余人。7月16日，近200名来自全国多个省市政法系统的代表走访参观乔司街道及五星村两级社会治理综合服务中心。

【乔司街道小城镇环境综合整治通过省级验收】
2019年，乔司街道围绕“全域美丽”建设，开展小城镇环境综合整治，统筹推进“拆、控、治”各项工作，开展乱占道、僵尸车、出店经营、违规广告牌等乱象整治，推进老街老旧危房改造，拆除违规保笼8.5万平方米，销号问题点位2000余个，改善集镇面貌。8月2日，通过省级考核验收。

【乔司街道7个村村级经营性收入超1000万元】
2019年，五星村以4954万元的成绩再次位居全区村（社区）经济收入第一。从2013年开始，连续7年位居全区村（社区）经济收入榜首。全区6个村级经营性收入超2000万元的村（社区）中，乔司街道占3席，其中，葛家车村2372万元、永西村2045万元。和睦桥、朝阳、永和、方桥等4个村村级经营性收入在1000万元～2000万元。

（吴佳梅）

·塘栖镇·

【概况】　2019年，塘栖镇下辖18个建制村、11个社区。年末总户数28734户，年末总人口105306人。区域面积79平方千米（包含东湖街道托管的9个村）。

2019年，完成经常性财政收入3.36亿元。农业增加值3.58亿元，同比增长1.9%；规模工业增加值16.64亿元，同比增长0.3%；第三产业增加值25.83

亿元，同比增长5.6%。社会消费品零售总额同比增长8.7%。自营出口17.44亿元，同比增长8.1%。

举办2019年中国杭州塘栖枇杷节，实现营业总收入2.01亿元，同比增长32.75%，其中电商销售3942万元，增长54.49%。塘栖枇杷首次出口阿联酋。举办电商培训班15期，培训学员550人次。启动美丽乡村“1510”行动——塘栖水乡风韵线建设，完成方案设计。实施美丽乡村建设提升工程，完成11个美丽乡村精品村建设，7个第二批创建村通过区级验收。加快推进农家乐（民宿）、家庭农场培育提升工作，认定区级合格农家乐9家、规范农家乐7家，新增民宿2家。实现农家乐休闲旅游业直接经营收入1991万元。全年完成土地整理项目11个，新增耕地15.97公顷。丁山湖被评为省级“美丽河湖”。

通过“低散乱”企业淘汰整治，关停39家、完成整治39家。落实“新制造业计划”，推进工业园区时尚产业园和智能制造产业园项目建设，全年新增高新技术企业14家、工厂物联网项目6个、工业机器人项目应用32台、工业互联网应用试点36个，规上企业上云完成全覆盖。

全年接待游客近630万人次，同比增长13%，被评为浙江省首批AAAA级景区镇。塘栖村“动漫产业园”“塘栖水舍”度假村等项目完成签约。出让经营性用地3宗，面积6.576公顷，总成交价12.73亿元，引进合景泰富集团控股有限公司、上海浦东伟业房地产开发有限公司两家地产商入驻。

完成小城镇环境综合整治，打造省级样板。“美丽城镇”“靓城行动”同步启动。启动大运河文化带（塘栖段）节点项目建设，征迁签约码头8家，拆除不雅观、违章建筑5580平方米。完成全镇首部既有住宅加装电梯工程并交付使用。完成全镇20个小区的雨污分流改造工程。启动城镇小区垃圾分类定点定时投放试点工作，完成3个小区2000余户居民的试点推广，垃圾分类正确率超过95%。虎哥回收模式覆盖城市居民2万户，部分村实现虎哥回收定点定时回收。全年清理各类存量违法建筑35.93万平方米。

完成镇级社会治理综合服务中心（信访超市）建设和村级社会治理综合服务中心建设。全年处置各类事件59811起，按时办结率始终超过99.5%。以“两约”建设为切入点，入围“省级社区治理和服务创新实验区”创建名单。发布杭州市首部《社会组织建设工作指导手册》。设立“固定信访接访日”，助推矛盾纠纷“最多跑一地”改革，收集办理信访事项225件。

全年举办大运河文化艺术周、塘栖镇礼堂文化节、文化礼堂走亲、文化礼堂原创节目大赛等文化活动1400余场次。先后承办杭州市文联百场活动下基层、非遗进文化礼堂等市区级大型活动10余场。成立塘栖名人宣讲工作室，推出“乡村故事会”“老古话”宣讲品牌，全年开展基层理论宣讲活动268场，受教育人数21240人次。举办塘栖镇“百位十佳”文明先进人物（集体）颁奖晚会，表彰“最美团队”“十佳工匠”等100人。

全年推进建设类项目30个，其中，政府投资项目24个、产业项目6个，完成有效投资16.27亿元。宏磻中心小学扩建、塘栖第二幼儿园宏磻分园新建、塘栖第一幼儿园塘北园区新建、塘栖第一幼儿园思敬园区新建、社区卫生服务中心改建等项目完成建设并投入使用。完成镇本级和下属28个村（社区）的计划生育协会阵地建设。镇党群服务中心、何思敬纪念馆建成开放，古镇24小时图书馆运转有序。打造丁河村水乡木船技艺展示馆、塘北村蚕桑非遗展示馆等特色场馆。全年征迁农居户190户、企业19家，征地12公顷；完成三文村区块173户农居户征迁。完成回迁安置380户，分配各类安置房源408套。推进水岸名筑二期、锦绣名邸二期、吴家坝安置房项目。完成枇杷湾社区镇级居家养老服务中心建设，建成各类居家养老服务场所14家。出台《塘栖镇政府购买居家养老服务考核办法》；开展495户在册低保家庭、103户低边家庭的扶危帮困相关工作，全年发放各类救助金1804.53万元。

【塘栖镇建立志愿者三级服务架构】 2019年，塘栖镇制定《塘栖镇“美丽志愿”公益培育专项行动实施计划》，建立塘栖镇志愿者服务大队、中队、小队三级服务架构，由分管党群工作的镇班子成员为大队长，各办、中心主任和各村（社区）党组织书记为队员。大队下设办公室，由镇团委书记兼任办公室主任，镇团委副书记为办公室成员，完善招募、培训、注册、激励基本运行机制，组织开展全镇性志愿者活动。

【塘栖镇设立“全民消防日”】 2019年3月起，塘栖镇将每月的19日定为镇全民消防日，并于当天以村（社区）、企业为单位，开展火灾隐患集中排查治理、消防安全宣教培训、消防应急救援和逃生演练等活动。全年全镇开展各类消防教育培训151场，开展各类消防演练169场。

【三星村党群服务中心建成并使用】 2019年4月，全区首个农村标准化、示范化党群服务中心——三星村党群服务中心建成并投入使用。占地面积300平方米，共3层，汇集书吧、茶吧、村民大舞台、心理辅导、健康坐诊、烘焙、健身、书画培训等多种功能为一体。该村结合村内工作实际，总结提炼出“8521”工作法。

【何思敬纪念馆开馆】 2019年7月1日，何思敬纪念馆开馆，该馆位于塘栖镇西横头街27-4号（塘栖古镇景区内），由原何思敬老宅改造而成，展陈面积约200平方米，分三大板块、7个单元，陈列和收藏何思敬生前手稿和影像资料，展示何思敬求学探索、为党奋斗、严谨博学的一生，是集法治教育和爱国主义教育为一体的综合性教育基地，被中国人民大学法学院设为教育实践基地，为“不忘初心、牢记使命”主题教育提供教学场所。

【塘栖镇党群服务中心建成使用】 2019年7月15日，塘栖镇党群服务中心建成使用。占地1400余平方米，主要分为“一堂二弄三厅四馆”。“一堂”为“栖迎堂”，用于接待游客、服务群众；“二弄”为“栖知弄”和“栖行弄”，主要展示塘栖的历史和未来，党建品牌工作；“三厅”为“栖遇客厅”“栖觉会厅”和“栖意展厅”，主要是宣传阵地和支部阵地；“四馆”为“栖趣儿童馆”“栖悦读书馆”“栖运活力馆”和“栖彩办公馆”，主要是党员群众活动和社会组织办公阵地。

【塘栖镇被评为小城镇环境综合整治省级样板】 2019年，塘栖镇根据小城镇环境综合整治目标任务，投资15亿元，完成项目12个（完成率100%），配合整治拆迁农（居）户508户，拆除违章建筑380宗、面积7383平方米。7月，通过省级验收，8月，被评为2019年度小城镇环境综合整治省级样板镇。

【塘栖镇设立固定信访接访日】 2019年，塘栖镇结合“三服务”活动，设立“固定信访接访日”，落实镇村干部以村为单位驻点接访。8月7日，首个“固定日”接访群众81批次103人次，收集问题81件，现场解决答复44件，村（社区）代办37件。截至年底，接待来访群众281人次，收集信访事项225件，其中，现场解决答复116件、村（社区）代办解决109件。实施以来，信访总量和到镇来访量下降，相关做法陆续登上人民网、《杭州日报》等主流媒体，得到区委主要领导批示肯定。

【“百位十佳”文明先进人物（集体）颁奖晚会】 2019年11月27日，塘栖镇结合“不忘初心、牢记使命”主题教育，举行首届“百位十佳”先进人物（团队）表彰大会，集中表彰“十佳最美团队”“十佳最美工匠”“十佳最美书香家庭”“十佳最美乡贤”“十佳最美志愿者”“十佳最美庭院”“十佳最美媳妇”“十佳最美村社干部”“十佳最美学子”“十佳最美党员”等塘栖“十佳人物（团体）”100位。

【塘栖中学改扩建工程基本完工】 项目由区交通集团负责投资建设，用地面积7.04万平方米，总建筑面积8.48万平方米，教学规模36个班，由教学楼、实验楼、行政楼、体艺综合楼、学生宿舍、食堂、地下停车场、400米标准田径场、连片篮球排球场地等组成，项目总投资4.6亿元。2017年12月开工，截至2019年底，基本完工。

【塘栖镇入选浙江省首批AAAA级景区镇】 塘栖镇结合美丽乡村建设、小城镇环境综合整治等工作，推进“全域景区”建设。全年创建AAA级景区村庄2个、AA级景区村庄7个，累计创建AAA级景区村庄4个、AA级景区村庄10个。2019年底，塘栖镇获浙江省首批AAAA级景区镇称号。

（曹晋、陈聪）

·崇贤街道·

【概况】 2019年，崇贤街道下辖11个建制村，4个社区。年末总户数14318户，年末总人口57039人。区域面积38.62平方千米。

2019年，完成经常性财政收入4.57亿元。农业增加值2.77亿元，同比增长1.8%；规模工业增加值18.19亿元，同比增长4.2%；第三产业增加值

15.54亿元，同比增长6.1%。社会消费品零售总额同比增长9.6%。自营出口23.13亿元，同比增长4.9%。

实施企业提质增效专项行动。贯彻“大孵化器”战略，招引“小而美”项目和创新型项目，在“招商引资”大比拼活动中居全区镇（街道）二组第二名；推动占地4万平方米的海茂科创园开园，招引杭州德海新能源科技有限公司等高层次人才项目。鼓励辖区企业实施智能化改造，浙江益海嘉里食品工业有限公司投资1000万元的工厂物联网项目完成，杭州中亚布艺有限公司物联网项目进入实施阶段。培育企业申报国家高新技术企业、省级研发机构等，全年新申报国家高新技术企业27家，审核通过21家，辖区有国家高新技术企业企业47家。开展“低散乱”企业整治，推进旧厂区改造。

推进基础设施建设，四维田园综合体建设完成。区域内主要道路拱康路二期建成通车，崇超路、横十一路、崇锦路完成竣工验收，卧龙浜路等支小路网基本完工。拱康路、宁杭高铁及宣杭铁路两侧绿化项目完工。BRT公交中心首末站建成并投入使用。实施“四好农村路”建设专项行动，开工建设19条总里程17.86千米的农村四好公路。完成崇贤亿荟城酒店招租项目的合同签订工作，引进雷迪森维嘉酒店入驻崇贤新城。开展崇贤新城村级留用地额度换房产处置工作，完成第一批向阳村、陆家桥村、沾桥村的村级留用地处置工作。

全年实现易腐垃圾减量5800吨，日户均0.55千克；干垃圾回收3380吨，日户均1.07千克；秸秆垃圾资源化处置7682吨。建立农村积分溯源机制，全面实行二维码扫码积分定时定点集中投放。完成12个区级规范化小区创建。劣V类河道同比下降86%；加快“五水共治”项目实施，推进农村生活污水治理。实施美丽乡村建设专项行动，第一批中三家村申报创建杭州市精品村项目；第二批村通过区级考核验收；第三批5个村建设项目基本完工，待区级部门验收。

实施征迁清零专项行动，化解征迁历史遗留问题。推进沿山垃圾减量综合体项目、东西向快速路项目、大运河文化带项目等重点项目征迁工作。完成沾桥新苑年度安置考核任务，向阳村、四维村遗留户分房摇号工作，全年安置户数287户，分配房源1699套。

推进“靓城行动”，启动崇贤村绕城以南拆迁区块198户农户拆迁工作并完成签约，完成崇贤新城城区亮灯工程，完成用于农村片垃圾定时定点投放垃圾集置点建设103个，推进5个小区的雨污分流改造项目。

实施城镇管理提升专项行动，以绕城以南城市区域和沾桥集镇为重点开展城镇序化治理。城区主要道路开展垃圾不落地音乐线4条，实现城市主要道路全覆盖。开展流动摊贩集中整治行动，全年开展行动100余次，出动人员5000余人次，劝离流动摊贩2144处，查处流动摊贩400余起。

街道人民来访领导接待中心启用。落实领导干部接访制度。全年受理信访件4539件，同比增长24.4%。实施出租房管理专项行动，做好流动人口服务管理。举办网格大比武活动；深化“一中心四平台”建设，形成多级联动的基层治理格局。2019年，处置事件32117起，办结率100%。接收余杭区“110”社会应急联动平台下派事件、“12345”热线群众举报事件、平安建设信息系统群众爆料事件2000余条，签收率100%，办结率100%。打造安置小区“协商自治”管理模式，提炼“鸭兰薪火”精神。街道党群服务中心全面启用。

新建丁家村幼儿园、周家村幼儿园和沾桥幼儿园等并投入使用；崇贤第二小学独山校区开工建设，改扩建工程主体结顶；投资4.6亿元的沾桥中学和投资6500万元的卧龙浜幼儿园开工建设。完

崇贤新城城区亮灯工程　　（崇贤街道　供稿）

成三家村卫生服务站新建项目和独山新苑卫生服务站改造项目并投入使用。新建崇文、杨家浜两个社区居家养老照料中心，向阳村居家养老照料中心提升改造工程完工并运营，15个村（社区）居家养老照料中心均与街道卫生服务中心签订医养结合协议。

开展2019年“美丽洲”大舞台崇贤专场演出、“传承崇贤好家风”主题系列活动、欢庆中华人民共和国成立70周年文化惠民活动等30余场文化活动。开展“书香崇贤”建设系列活动。街道文体大楼二楼图书分馆投入使用。

【崇贤街道历史遗留户征迁清零工作完成】 2003年以来，崇贤街道因各种原因形成的征迁历史遗留户有拆迁农户16户、企业4家，涉及建设项目11个。2019年5月10日举行全区征迁清零工作推进会后，街道完成历史遗留户征迁清零工作，盘活土地48.67公顷。至此，街道的征迁历史遗留问题得到化解，实现“无一户剩余、无一事遗留、无一人上访”目标。

【丁家村幼儿园工程完工】 工程由区交通集团负责投资建设，项目位于崇贤街道横九路以南，崇文街以西，总用地面积6508平方米，总建筑面积5938平方米，教学规模12个班，建设内容包括普通教室12个、教师办公室7个、音体室1个、专用教室4个、活动乐园及相关配套附属设施等。项目总投资3180万元，2017年12月开工，2019年2月完工。

【崇贤街道劳动纠纷化解中心被评为省级先进基层调解组织】 崇贤街道劳动纠纷化解中心将劳动人事争议协调委员会、劳动人事争议仲裁派出庭及劳动保障监察中队三大劳动纠纷调处职能融入统一平台，吸纳街道综治、工会、司法所、派出所等力量，建立一站式服务劳动关系平台。制定劳动纠纷多元化解调处运行图，明确劳动监察中队、劳动人事争议调解中心、劳动仲裁派出庭、工会维权、心理咨询等工作职责，建立健全劳动纠纷化解中心工作流程，劳动仲裁派出庭庭审纪律，当事人权利义务等规章制度，规范优化调解工作程序。通过用人单位信息采集，借力“110”报警平台，联动司法所、综治、工会、法院等部门或单位，建立应急处置联动等举措，打造服务体系。2019年9月，中心在全省和谐劳动关系创建活动中，被浙江省人力资源和社会保障厅、浙江省总工会、浙江省企业联合会/企业家协会、浙江省工商业联合会授予省级先进基层调解组织。

【四维公园工程完工】 工程由区交通集团负责投资建设，范围南至绕城高速，西至京杭大运河，北至城市规划道路，东至沾桥港。建设内容为保留房屋庭院改造、高压线下绿地、滨水、高铁及绕城绿地等，包含防护绿地、农田及旱地改造、部分民居改造和绿化景观建设等，总建设面积59.73公顷，总投资5390万元。2018年9月开工，2019年12月完工，是余杭大运河文化带建设首个完工项目。

（王传湖、陈聪）

·临平街道·

【概况】 2019年，临平街道下辖15个社区，其中，13个城市社区、2个撤村建居社区。年末总户数25343户，年末总人口80109人。区域面积6.4平方千米。

2019年，完成经常性财政收入1.93亿元。农业增加值0.03亿元，同比下降10.2%；规模工业增加值0.62亿元，同比增长47.3%；第三产业增加值40.69亿元，同比增长5.3%。社会消费品零售总额同比增长7.4%。自营出口4.09亿元，同比增长24.1%。

2019年，培育申报国家级高新企业4家，区外引进1家。从辖区内企业中挖掘F类以上人才24人，其中C类2人。完成全国第四次经济普查正式登记工作，排摸辖区内2226家经济单位。丁山社区大田托管、丁塘社区新增集体资产等项目实施。开展“走亲连心，服务企业”活动，实现辖区企业走访全覆盖，全年走访3552次。

推进征迁清零工作，完成山水慢行环北段、口袋公园二期两个项目历史征迁任务，成为全区首批完成历史遗留户征迁清零任务的4个镇（街道）之一。完成涉及迎宾路北延隧道、运河二通道等省、市、区重点项目范围内的企业征迁签约任务。完成遗留10年的钱江超市老旧房屋以及遗留17年的水车河弄两幢房屋征迁。

开展老旧小区提升改造，先行开展水车河弄区块3万余平方米改造工程；罗庄社区文明小区改造项目被评为2019年度浙江省老旧住宅区改造样板工程。投入2.2亿元，针对14个社区的125个生活类小区以及近1300家商铺进行雨污水管网改造，实现雨污废水分离排放。

深化“最多跑一次”改革，打造便民服务、社会治理于一体的一站式服务平台。在星火社区成立全区首个社区信访代办点，相关工作经验在杭州市现场会上交流。建立健全安全监管责任体系和工作流程，全年签订安全责任书4000余份。提升“平安三率”，开展电动车佩戴头盔、沿街店铺“三合一”专项整治75次，发放安全宣传资料7.5万余份。深化“四联”工作机制，推进企业、学校、沿街餐饮店等安装燃气防泄漏装置、智慧用电安全隐患监管服务系统、智慧烟感设备4400余套。街道成为全省矛盾纠纷化解现场会现场参观点，在全省建设平安浙江工作会议上作典型发言。

强化垃圾分类“四色”宣传、撤桶并点推进、定时定点投放、溯源巡查督导，落实垃圾分类“杭州模式”，实现居民小区、沿街店铺垃圾分类覆盖率100%、参与率超过90%、正确率超过85%。

着重抓好河道水质监测、建筑工地扬尘治理。推进既有住宅加装电梯项目，投入使用电梯11台。提升改造街道居家养老服务中心，星火社区、西大街社区照料中心完成建设并创建为区级示范型照料中心。文化艺术长廊与7个口袋公园建成投入使用。

米夏幼儿园成为全区首家签约的小区配套幼儿园。推进健康余杭工作，家庭医生签约11901人，完成80.1%；60周岁以上人员体检7459人，完成率75.17%。婴幼儿42天体检率为100%。创建区级无烟、健康单位18家，市级健康单位1家。创建3个无障碍社区；慰问各类困难群众160余人次，发放慰问金117.9万元。为特殊群体发放优惠奖励金200余万元；养老保障政策覆盖率100%；城乡居民基本医疗参保率100%；协调处理劳动投诉及劳资纠纷65起，涉及金额192万元。2019年，创建为杭州市语言文字规范化街道。

【临平街道打造“一社一品”】 2019年，临平街道15个社区根据自身特点与定位选定“一社一品”主题，在基层治理、民主协商、居家养老等方面提炼特色做法，开展现场推进、季度晒绩等举措，荷花塘社区“多元融合，精治荷塘”、庙东社区“树城市基层党建一面旗”等品牌吸引各地多批次考察，获得省、市、区领导肯定。

【临平街道创建为杭州市“无违建街道”】 2019年4月3日，临平街道创建为2018年度杭州市“无违建街道”。2019年，街道拆除违法建筑460宗，面积近2.6万平方米，超额完成年度违法建筑拆除任务。重点开展北大街提升改造工程项目及周边小区违法建筑拆除专项行动、邱山小区历史违法建筑整治及拆除专项行动。

【临平商会成立党组织】 2019年8月，临平街道商会赴贵州省天柱县结对帮扶，被评为余杭区2019年度五星级商会。9月，临平街道商会党支部成立，为全区首个镇（街道）商会党组织。

【临平街道创建为浙江省文化强镇】 2019年，临平街道新建工农新村社区文化家园和临平银泰文化企业俱乐部，推进庙东社区文化家园提升。荷花塘社区建设完成全区首个孝心车位示范点，相关做法被省级媒体宣传报道。承办“中国·余杭国乐节”女子十二乐坊专场演出、余杭区“百花争艳”戏曲演唱大赛，举行“美丽洲”大舞台专场演出；组织垃圾分类等专项文艺演出，牵头完成《临平志》编纂。12月17日，以全省第一的成绩通过浙江省文化强镇专家评审答辩会，创建为浙江省文化强镇。

（蒋秀娟）

·南苑街道·

【概况】 2019年，南苑街道下辖26个社区。年末总户数26740，年末总人口88292人。区域面积28.03平方千米。

2019年，完成经常性财政收入6.48亿元。农业增加值1.5亿元，同比增长3.3%；规模工业增加值6.84亿元，同比增长6%；第三产业增加值39.06亿元，同比增长4.6%。社会消费品零售总额同比增长7.0%。自营出口38.47亿元，同比增长8.2%。

推动楼宇经济全域创新试点，开展低效楼宇清楼理税，整治企业906家，引导30处重点楼宇（49幢）通过提档升级，提升智能化服务管理水平。拓展楼宇发展空间，围绕“六个统一”，打造联胜园区工业楼宇空间。全年实现楼宇财政总税收8.69亿元，同比增长42%，财政总税收超亿元楼宇

3 幢、超千万元楼宇 16 幢，新增重点楼宇 3 幢。

协助平台，招引杭州白泽方舟科技有限公司、飞渡（数字）科技（杭州）有限公司两个院士项目，阿里云 supET 工业互联网创新中心、亨石投资等 5 个加速器，拥有专利和软件类的科技型企业 190 余家，形成数字化产业生态雏形。招引数字时尚、工业互联网、电子商务、文化创意等领域的优质企业，阿里云工业互联网有限公司等优质企业入驻。申报总部企业 4 家，新增区级上市培育企业 1 家。完成 2 名国家级、11 名省市区级领军人才及 78 名区级中高级人才初审工作，协助办理人才落户 221 人。

2019 年，街道涉及责任项目 20 个，完成投资额 6.65 亿元，其中区级 12 个产业项目超额完成。完成 2019 年新增征迁任务，完成临平老汽车南站、沪杭高速抬升及余杭互通迁改等征迁任务。

按照城市小区、农民多（高）层公寓、两户一联小区、农村社区等分类施策，全年创建 5 个市级垃圾分类示范小区、55 个区级规范化小区和 15 个区级示范社区，新增 10 条垃圾清运音乐线和 2 条水果生鲜线路，建成 24 个虎哥回收服务站点、3 处易腐垃圾末端处置点，街道产生垃圾较区级控量指标减少 12.56%，超额完成减量任务。

重点整治违法建筑、建筑工地等十方面问题，突出背街小巷、城郊接合部等区域，聚焦环境脏乱差区域，做好批而未供土地复绿及周边环境整治。联合临平新城管委会、区供销联社对批而未供土地进行大田托管覆绿。全年完成 133 余公顷土地复绿工作，打造的红联花海成为网红打卡点，获得区委书记张振丰批示，并被《人民日报》海外版刊登报道。在全区率先落地村级留用地指标换房产模式，为辖区 9 个社区壮大村级集体经济约 3500 万元。

全面启动智慧烟感安装，已安装 4 万余套，安装率为 96%，安装智能门禁 3117 套。实施“雪亮工程”，投入资金 710 万元。全年老旧小区加装电梯 10 台。推进老旧小区二次供水项目，受惠群众 1000 余户。推进医共体建设，完成南苑卫生服务中心与区第五人民医院医共体挂牌，新建河南埭社区服务站，提升联盟、高地、新安 3 个卫生服务站内部环境。增设洋头坝、新梅社区公交教育专线。完成 2 个居民驿站创建，搭建城市社区便民服务平台，打造 15 分钟便民生活圈。

实现社会保险全覆盖。搭建“互联网 + 失能失智老人”居家养老服务平台。完成临城、洋头坝、龙兴 3 个社区示范型居家养老服务照料中心建设，全年为 1191 名老人提供 9.7 万小时服务，并全部实现医养结合。推进家庭医生签约工作，十大重点人群签约覆盖率为 88%。创建为杭州市 30 分钟市民学习圈示范街道，市级国际化社区示范点，区级语言文字规范化街道，2 个社区创建为区级无障碍社区。创建新梅、临城等 10 个社区文化家园，其中新梅社区文化家园被评为杭州市四星级文化家园。

【余杭滚灯获得浙江传统舞蹈展演展评活动“薪传奖”】 2019 年 6 月 28 日，南苑街道滚灯艺术团参加在景宁县举办的“非遗薪传——浙江传统舞蹈展演展评系列活动”，余杭滚灯项目获得“薪传奖”。

【文仪社区社区治理入选浙江省优秀案例】 2019 年 9 月 10 日，文仪社区社区治理入选 2018 年度全省城乡社区治理优秀案例。社区实践“党建引领‘四力’提升，网格治理一格一品”案例立足党建联建、资源联享、事务联抓、稳定联管、文明联创、弱势群体联帮、小区治理联商的“七联”共建，打造社区治理模式。

（徐金燕）

党员、志愿者参与文仪社区环境治理活动　　（文仪社区　供稿）

·星桥街道·

【概况】 2019 年，星桥街道下辖 16 个社区。年末总户数 12957 户，年末总人口 39319 人。区域面积 17.62 平方千米。

2019 年，完成经常性财政收入 2.82 亿元。农业增加值 0.4 亿元，同比下降 16.5%；规模工业增加值 15.94 亿元，同比增长 0.2%；第三产业增加值 9.34 亿元，同比增长 3.8%。社会消费品零售额同比增长 9.8%。自营出口 28.87 亿元，同比增长 11.3%。

2019 年，星桥街道通过城市物业小区“五步法”、自建房区域“四步法”分类模式，整编拾荒队伍、建立沿街商铺音乐线收运等系列做法，在全区率先完成 30 个小区的撤桶定点定时投放，申报创建 1 个省级、14 个市级、28 个区级示范小区，完成新增 10 吨餐厨垃圾处置站建设任务，垃圾分类减量比提升至 15.8%。

2019 年，星桥街道确定和睦港周边美丽田园、居家养老服务中心桐鹤名苑分中心、撤村建居社区儿童活动设施建设、星港路停车场充电桩、星港路公厕等 5 件民生实事项目。截至年底，基本完成建设。以汤家社区锦绣二期为试点，打造出租房“旅馆式＋星级化”3.0 版本，增加旅馆总台就业、信访代办、矛盾化解等服务功能，提升综合效率。

星桥街道居家养老服务照料中心桐鹤名苑分中心　（朱永伟　摄）

【城市管理示范区块建设】 2019 年，星桥街道完成城市管理示范区块创建项目，总投资 1200 万元，改造提升区块内的道路及市政设施。整治区块内道路，对星港路路口进行渠化，增加机动车和非机动车隔离设施，完善沿路绿化，增加坐凳、非机动车停车位、景观小品等设施。统一设置沿线店招，在规范下保留各店个性化设计。增加庭院灯、景观灯、线条灯等照明设施。

【物业基层试点“鹤家欢睦邻中心”】 2019 年，星桥街道在星都社区黄鹤山居小区推行物业基层试点“鹤家欢睦邻中心”，整合部分社区功能，将网格支部党员活动室放在睦邻中心，每月开展主题党日活动。以居民为主体建立社区公益组织，协助社区提供部分邻里互助服务。建立雨花爱心餐厅，为小区老人提供免费素食。提升硬件配套，配备娱乐设施、亲子阅读区、健身区等，组织开展黄鹤山居第七届邻里节、“手拉手、邻帮邻共建幸福大家庭”文艺晚会、企退休人员活动等活动。组建议事协商小组，设置议事协商厅，建立多元民主协商议事机制，举办协商议事会 18 次，提出意见建议 33 个，帮助化解矛盾 10 起。

【安乐社区组建“新居民小组”】 2019 年，星桥街道安乐社区通过“组织推荐＋个人自荐”等方式，联审产生 20 名新居民小组代表，组建“新居民小组”。在社区党组织领导下，4 个网格小组均增设 1 个新居民小组，由优秀流动党员担任组长。以代表收集、小组商议等方式，每季度召开一次新居民小组议事会议。流动党员代表参加“守初心　星学悟”活动争做“研学初心员”；新居民参与护航巡逻争做“平安护航员”；流动党员代表成立“陶姐爱心驿站”争做“公益示范员”，为居民提供志愿服务。

【“星动巴士”开通】 2019 年 2 月 20 日，星桥街道开通产业园区往返余杭高铁站的“星动巴士”，早晚上下班时间各发两班次，连通产业园与地铁、高铁站，方便园区职工出行。具体线路为银都股份站始发，途经星发街、星桥北路、藕花洲大街、迎宾路等站点，终点高铁余杭站，共设10个站点，全程10.9千米。

【星桥街道与余杭农村商业银行开展战略合作】2019年5月14日，星桥街道与余杭农村商业银行星桥支行签署战略合作协议，成为全区首个签署类似协议的镇（街道）。根据协议，支行5年内为辖区企业提供15亿元信贷资金服务，用于企业提升改造、创新创业、乡村振兴等。街道开展“送服务上门、送政策给老总”活动，支行业务骨干加入“组团联企”队伍。通过日常走访，了解中小企业融资需求，为企业提供“订单贷”等产品。全年支持中小型企业经营贷款新增31家，授信21670万元，实际贷款7456万元。

【惠都家园加装电梯】 惠都家园加装电梯项目是全市第一个廉租房加装电梯项目。2019年初获批，项目投资约400万元，11月完成加装。项目惠及144户居民、200余名老年人和行动不便者。

【首届乐购节】 2019年12月28—29日，星桥街道在星桥北路169号（方兴渡街）举办首届乐购节，两天时间共吸引客流量3万人次，销售额300余万元。招引星桥本土企业中8家规上企业、山海协作工程对接单位等47家企业、1000余种产品参展。活动当日，100余名志愿者参与，通过集体舞、快板等形式宣传垃圾分类、“平安余杭”、“最多跑一次”改革满意度等工作。

（陈战）

·余杭街道·

【概况】 2019年，余杭街道下辖13个建制村、10个社区（含2个撤村建居社区）。年末总户数29674户，年末总人口86090人。区域面积93平方千米。

2019年，完成经常性地方财政收入5.9亿元。农业增加值5.18亿元，同比增长8.4%；规模工业增加值19.35亿元，同比增长13.7%；第三产业增加值57.06亿元，同比增长5.3%。社会消费品零售总额同比增长8.5%。自营出口15.07亿元，同比增长1.9%。

做好鲲鹏产业园建设和招引。引进杭州纤纳光电科技有限公司、杭州申昊科技股份有限公司等企业的新制造业项目。关停淘汰落后产能企业（生产线）6家。引进上报“小而美”和产业化项目、创新型项目29家；国家重点支持领域高新技术企业认定11家、复审6家。盘活存量空间22万平方米。组建“亲企优才办”，网格化走访服务821家实体化经营企业。全年新增认定A～F类人才95人。

做好杭州地铁5号线、16号线（杭临轻轨）、东西向快速路等重大交通基础设施建设助推工作，服务保障中国（杭州）5G创新园开园、菜鸟网络总部及智慧产业园开工，历时9小时完成湖杭铁路项目农户征迁签约。义桥未来科技城产业化示范园区承接未来科技城产业化项目10个、税源企业约70家。

专项投入2.5亿元，构建“3+X+11”统分结合指挥体系，开展小城镇环境综合整治三年行动，通过省级验收并被列为样板。苕溪以北8个村完成美丽乡村精品村建设；南湖幼儿园尚艺分园和凤凰小学城南校区改扩建项目投入使用。改造提升施桥河农贸市场和义桥、仙宅农贸市场，新建凤凰园区农产品自产自销点和溪塔农产品批发市场，启用南湖景秀湾家宴中心。余杭街道骨灰存放室项目动工。历时17年的通成房产项目交房，历时14年的通怡花苑车库得到有效处置，历时10余年的竹园村插花山地块失地农民完成参保。翠禹旅馆1700余平方米存量违法建筑被拆除。

处置完成违法建筑1365宗11.7万平方米；征地94.37公顷。新建及提升施桥河西侧等10个停车场，实现城区7条道路单向通行，新增停车泊位1760个。街道98%的城市小区实现垃圾分类定时定点投放。紫辰花园、英特学府、南湖人家、福临花苑、江南雅居等小区完成“污水零直排”改造，凤凰山体公园主园和城区合流管主管等余杭塘河水流域PPP项目建设基本完成。余杭街道被评为2018年度市“五水共治”（河长制）工作先进集体。建设美丽公路和“四好农村路”44千米，完成洪桐集镇改造。建成并启用街道社会治理综合服务中心，组建160人综合管理联动大队和21支全天候义务巡逻队伍。

【余杭街道3个新建社区正式运作】 2019年3月，大禹社区、凤栖社区、文昌社区3个新建社区正式运作。2017年12月4日和2018年2月9日，余杭区人民政府分别批准建立文昌社区、大禹社区，撤销水产村，组建凤栖社区。

【下陡门新建排涝机埠试运行】 2019年7月，下陡门新建排涝机埠试运行。机埠位于下陡门港与中苕溪交汇口，与白龙、枉家、横港、新陡门排涝机埠共同承担永建圩区41.15平方千米的防洪排涝任务，总投资6559万元，涉及新建一处装机容量2400千瓦，总排涝流量30立方米/秒。在2019年"7·13"强降雨防汛应急响应中发挥重要作用。

2019年11月8日，永安·稻香小镇开镰节举行 （许天 摄）

【余杭区首家万达广场开业】 2019年8月9日，余杭区首家万达广场开业。位于金星村文一西路北侧，总投资9.26亿元，总面积12.05万平方米，通过多层次多业态组合打造一站式购物体验。

【永安·稻香小镇开镰节】 2019年11月8日，余杭街道举办永安·稻香小镇开镰节活动。自11月起，永安·稻香小镇举办为期一个月的"稻色新 永安心"丰收月系列活动。项目以"稻"为核心，针对不同群体的特点和需求，提供与稻田、农业相关乡村特色游、稻田认养等个性化定制服务，致力打造"阿里以西10分钟"都市生活后花园。

（章宏昱）

·闲林街道·

【概况】 2019年，闲林街道下辖8个建制村、8个社区，里项村更名为西溪源村。年末总户数21328户，年末总人口61431人。总面积53.61平方千米。

2019年，完成经常性财政收入3.81亿元。农业增加值2.11亿元，同比增长3.2%；规模工业增加值12.21亿元，同比增长0.9%；第三产业增加值30.79亿元，同比增长5.2%。社会消费品零售总额同比增长9.7%。自营出口19.05亿元，同比增长3.8%。

全年新增国家高新技术企业14家，重新评定4家，引进2家，新增省级企业研究院2家、省级研发中心6家、市级研发中心2家，专利申请592件，专利授权374件，完成"机器换人"项目2个（杭州兆华电子有限公司的"新增年产2万套传感器智能化技术改造项目"和杭州盈江机械制造有限公司的"新建钣焊车间及生产线智能化改造暨新增年产30万套千斤顶系列产品项目"）。承接未来科技城和主城区溢出效益，未来科技城孵化企业杭州太朴汽车科技有限公司和主城区高新企业浙江华是科技股份有限公司等产业落户闲林。

全年即查即拆违法建筑18宗，面积786平方米；拆除存量违法建筑256宗，面积5.6万平方米；累计拆除影响工业企业消防安全违法建筑18处，面积2.7万平方米，创建为杭州市"无违建街道"。推动小城镇环境综合整治，拆除违法建筑2807处，合计4.41万平方米；完成主干道两侧350幢建筑6.2万平方米的立面整治；完成多线合一200处，强弱电电力"上改下"13千米；新建公厕1个，提升改造3个，完成口袋公园建设7个，新建停车场6个，规范并新增停车位561个。项目建设中保护闲林历史古迹21处，建立闲林民俗文化展陈馆。闲林街道创建为小城镇环境综合整治省级样板。

西溪源村通过第二批全区美丽乡村精品村创建验收，被评为优秀。第三批云栖村、桦树村重点区块建设初现成效。以"诗画庭院，美丽闲林"为主题，举办美丽庭院创建大赛，邀请浙江工业大学、浙江农林大学等院校园林设计等专业学生设计“美丽细胞”，扮靓庭院，联荣村钱家岭、桦树村里长子坞美丽庭院示范带创建通过区级验收。

白洋畈幼儿园投入使用。杭州仁爱家园余杭区闲林街道工疗站启用，实行日托形式委托第三方管理运营。建成1家街道级示范型居家养老服务中心，老年食堂服务范围覆盖就近10个村（社区）。社区卫生服务中心新增1个医共体“中医康复”专科门诊。建成位于闲林中学的区级避灾点，完成农村生活污水提升改造项目、里项泵房建设工程；完成街道2018年“五水共治”工程，长子坞溪完成整治。2018年“四好农村路”提升改造工程及2019年“四好农村路”建设项目竣工验收。

闲林街道小城镇环境综合整治成果　　（闲林街道　供稿）

开展业委会规范运作、坚持党建引领、推进三治融合、社会组织管理等8个房地产小区治理课题试点工作，提升城市社区治理水平。开展危险化学品综合治理、安全生产等专项整治，督促整改隐患4236处。配合推进智慧安监建设，286家企业完成系统信息录入，推动安装“智慧用电”系统800套。

建筑面积6200平方米的闲林街道党群服务中心工程基本完成，桦树村文化礼堂投入使用。建成5个社区文化家园、1家企业思想文化阵地（浙江瑞邦建设工程检测有限公司企业文化俱乐部）。启动“林下讲堂”理论宣讲“直通车”。结合浙江日报报业集团“天目新闻”客户端上线仪式，将创意短视频《社会主义核心价值观上手入心——非遗项目灶头画》在世界互联网大会上发布。组织开展“水乡婚礼”“鱼汤盛宴”“欢乐年俗节”等系列特色民俗文化活动，出版发行《闲林老街传说》民间故事集及《闲林埠》杂志。

【闲林街道征迁清零工作】 2019年，闲林街道秉承“阳光征迁一口价”模式推进征迁清零工作。完成杭州市饮用水源一级管控区桦树村集体土地全部48户农户的签约、腾空、拆除；闲林老集镇区块214户农居户拆迁；闲林水库“14+2”历史遗留拆迁户问题化解14户；未来科技城良睦路项目交地工作完成。

【闲林街道垃圾分类工作】 2019年，闲林街道开展智能二维码及虎哥回收垃圾分类末端智能化处理的垃圾分类模式，建设生活垃圾分类投放、收集、运输和处理设施体系，进场处置生活垃圾29502.7吨。配备二维码发袋机37台，发放二维码垃圾袋24116卷；开设虎哥回收服务站点16个，回收垃圾5673.7吨。棠梨家园、西溪海、源峰嘉苑等8个小区创建为区级垃圾分类示范小区，街道通过2019年余杭区生活垃圾分类示范单位验收。

【余杭区首次农村集体产权线上交易】 2019年9月28日，闲林街道联荣村两处农村集体产权通过淘宝网阿里拍卖频道的“余杭区互联网产权交易中心”完成网络公开拍租，成为余杭区首次农村集体产权线上交易，开启“互联网+农村产权”模式。

【闲林街道第十四届人民运动会暨第八届文化艺术节】 2019年10月28日，在闲林中学小学里项校区举行，来自村（社区）、企事业单位、机关的38支运动员代表队参加。文艺演出以午潮山青、和睦水秀、古埠城美三大篇章展现闲林特色文化风貌。本届运动会设置田径、拔河、篮球等11项比赛，艺术节设书画、摄影、征文等6个项目。

【余杭区党外知识分子联谊会闲林分会成立】 2019年12月26日，余杭区党外知识分子联谊会（下称“区知联会”）闲林分会挂牌成立，区知联会闲林分会首批会员共21人，其中，中级及以上职

闲林街道第十四届人民运动会暨第八届文化艺术节开幕活动

（闲林街道 供稿）

称的有10人，教授2人，政府科技奖获得者1人。

（李玲）

·仓前街道·

【概况】 2019年，仓前街道下辖6个建制村、7个社区（包括2个新建未成立社区）。年末总户数13802户，年末总人口52296人。区域面积46.29平方千米。

2019年，实现经常性财政收入11.94亿元。农业增加值1.59亿元，同比下降18.3%；规模工业增加值19.76亿元，同比增长13.1%；第三产业增加值29.43亿元，同比增长13.8%。社会消费品零售总额同比增长14.7%。自营出口22.24亿元，同比下降5.5%。

推进“污水零直排”创建，投入2000多万元完成42家企事业单位、7个生活小区、126家商户的雨污管网提升改造。加快“美丽河湖”创建，完成非征迁区域49个小微水体及高桥港2300多米河道综合整治，改造提升全域河道水生植物。加快“美丽城镇”建设，完成21个项目规划编制入库，实施扬尘治理，完成整治10起，面积3.2万平方米。全年整治不雅建筑（含违法建筑）2564宗，面积27.43万平方米，完成区级下达拆除任务量的109.7%。215个村民小组全面完成组级整治验收。8条“四好农村路”、5座民间小桥、2条游步道建设基本完成。仓前、吴山前、高桥、连具塘4个集镇在“美丽城镇·美好生活”杭州美丽城镇建设专题论坛上通过省级考核验收，其中仓前集镇、连具塘集镇被评为省级样板。杭州第二大高铁枢纽——杭州西站枢纽暨湖杭铁路工程在仓前街道开工。

保障省市重点及亚运会配套项目落地，坚持“阳光一口价”签约模式，先后完成高铁新城二期、湖杭铁路及机场快线等项目征迁，全年完成征地259.2公顷，拆迁农户442户，实现高铁新城范围内380余公顷土地流转。完成仓前水泥厂600余名职工处置签约工作。攻坚完成余杭塘河港航管理站、仓前基督教堂等征迁遗留难题，在全区范围内率先完成历史遗留征迁任务清零。

【仓前街道楼宇经济发展】 2019年，仓前街道实施“楼宇十条”、推出“党建+经济+平安”考核办法，辖区内33个园区、220幢楼宇、9680家企业纳入楼宇信息系统管理，实现楼宇数据实时更新

仓前街道楼宇工作站

（钟佳菲 摄）

监测。成立炬华、利尔达、恒生3个楼宇工作站，实施“周三办公日”机制，开展股权融资、知识产权、人力资源等主题活动30场，集中办公26次，服务企业441家，解决企业实际问题81个。累计培育税收超千万元楼宇20幢，其中超亿元楼宇4幢；超千万元税收园区17个，其中超亿元园区4个，排摸楼宇存量空间19.26万平方米。

仓前街道　　（钟佳菲　摄）

【仓前街道完成重大活动属地安保工作】 2019年，仓前街道作为全国“双创”活动周主会场所在地，全面完成“国字号”服务保障重任。活动期间，全体机关、村（社区）干部投入值班值守，300余人参与活动现场安保，村（社区）志愿者、微型消防队伍常态化开展夜间巡查，重点人、重点事全面落实专班稳控，检查企业（场所）1200余家次，消除安全隐患1897条，系统开展区域环境整治，新增绿化6000平方米、停车位310个，整治线乱拉356处，完成街面整治1650平方米。

【仓前街道建立“红黄蓝绿”物业管理模式】 2019年，仓前街道推进“一小区一支部”党组织建设，原则上规定业委会主任必须由党员担任。实施小区分类管理考核模式，设立街道物业企业“不满意单位”，全年评选优秀物业企业6家，全部颁发流动红旗。制定16项住宅小区业委会标准化建设制度，提出“业委会每周六坐班接待日”“物业经营性收益强制审计”等管理举措，完成仓溢东苑业委会样板打造。建立村（社区）、街道两级“物业联席会议”机制，解决市政管道接入、电瓶车充电桩增设、乱停车整治等物业管理问题67个。

【仓前街道设立“网事警情”机制】 2019年，仓前街道深化社会治理综合服务中心“软件”建设，打造“网事警情”联动指挥链。建立网格长（治保主任）必到场机制，每月通报警情到场率，强化“警源”一线处置，实现矛盾不出村（社区）。完善全域对讲系统，建立“两单四线”、“金字塔”联动微信群等信息联动网络，实现楼宇、物业、工地、校园、村（社区）、网格等警情联调联处。全年街道辖区流动人口净增1.8万人，“110”有效警情同比增长5.3%，低于全区35.1%的平均升幅。出警矛盾纠纷联动化解率为78%，高于全区平均水平。

【乾仓党群服务中心启用】 2019年6月1日，仓前街道乾仓党群服务中心（仓前街道社会组织党群服务中心）启用。中心位于仓兴街186号。当年被评为省级示范点。建筑面积2000余平方米，有上下两层，分为红色影院、书画苑、红色讲习所、多功能区、儿童区、红色路演平台等功能区和志愿仓、创意仓、富议仓等独立仓体，场馆配备VR党建学习机、党史学习机、多功能宣传屏幕等设备，可以定时更新党建学习内容，丰富党建宣传素材。

（孙淑萍）

·中泰街道·

【概况】 2019年，中泰街道下辖10个建制村、4个社区。年末总户数10888户，年末总人口34470人。区域面积71.05平方千米。

2019年，完成经常性财政收入2.15亿元。农业增加值2.36亿元，同比下降5.4%；规模工业增加值11.69亿元，同比增长1.7%；第三产业增加值13.95亿元，同比增长5.1%。社会消费品零售总额同比增长7.4%。自营出口6.65亿元，同比增长20.1%。

制定《中泰街道“全域创新”三年行动计划》、厂房租赁管理办法、产业准入监管服务办法等政策，完成国家高新技术企业申报7家、复审5家，引进落地“小而美”项目企业2家，启动打造小微产业园区2例；打造2.5万平方米甲楠智创中心，引进互联网科创企业8家。开展全域企业综合评价工作，年底前完成整治提升企业40家，关停淘汰落后产能生产线2条，关停“低散乱”企业13家。

完成3条“四好农村路”建设。完成第二批美丽乡村精品创建，4个村及1个精品区块通过区级验收。完成集镇第一期靓城工程；协调推进中桥白云慢谷主题风光线，完成方案对接，线路“上改下”开工建设。“污水零直排街道”创建通过市级考核验收。完成直路溪河道综合整治工程，防范台风“利奇马”，完善村级防汛防台形势图。

推进垃圾分类，日均减量近20%，创建区级示范小区和村各4个，探索“厨余垃圾不出村”模式，试点农村溯源和定时定点投放机制。严控新增违法建筑，消化存量，拆除处置违法建筑402宗、13.43万余平方米，完成区下达全年任务数的143%。开展大棚房整治、大体量存量违法建筑整治等专项行动，拆除违法建筑11宗、面积2万平方米。加强城市精细化管理，处理数字城管案卷306件，及时办结率超过99%。

出台集体经济扶持政策，7个薄弱村经营性收入均超50万元，其中南湖、双联、泰峰、枫岭村完成“脱薄”。投资2000余万元开展茶山道路建设，新增茶园20公顷。推进全域旅游行动，创建AAA级景区村庄1个，AA级景区村庄2个，旅游集团卡尔斯庄园项目完成EPC招标，开工建设。启用中泰江南慢村游客服务中心，2019年接待游客人数27.5万人，收入2719.7万元，同比增长超过10%。

中泰路两侧地块完成28户农户签约、23户分房。南湖小镇农居点项目完成EPC招标，紫荆农居点完成设计招标；启用街道便民服务中心、党群服务中心、居家养老服务中心、工疗站。发布推广“智汇中泰”综合管理平台，为群众提供村（社区）“三务”（党务、村务、财务）、工程建设、清廉指数等查询。

推行“一体多翼”教育模式，2019年中考被余杭高级中学及杭州前八所重点高中录取20余人。完成3个卫生服务站、卫生服务中心公共卫生楼的提升改造工程，国家卫生城镇创建通过省级初评和暗访。

完成九峰炉渣处置系统建设并交付使用，保障九峰项目正常运营。中泰街道社会综合治理服务中心及14个村（社区）分中心投入使用。推出六大措施强化“护校安园”行动；推进街道主要领导主动约访制度，开展领导包案化解工作，消除不稳定因素5个；发动平安志愿者5500余人次，发放平安创建培训手册8000余份，组织各类培训5000余人次。

规范便民服务中心运营，实现街道及村（社区）服务点24小时自助办事。出台“营商重点任务分解表”，规范和落实招商引资、企业服务、审批代办等工作，邀请审批部门进企、下村指导，确保企业、村（社区）投资项目开工审批“最多100天”。

推出“泰·精彩”品牌IP，举办元宵踩街、村晚、国庆等大型活动，举办相约周末、送戏下乡等185场次，组织策划惠民活动30余场次。新建的2处健身苑点通过区级验收，完成文化礼堂（家园）建设1家，开工2家。完成“省级民间艺术之乡”复评，“中泰竹笛制作技艺”申报国家级非物质遗产代表性项目。

【中泰街道保障阿里达摩院项目落地】 2019年，中泰街道围绕南湖科学中心建设，保障阿里达摩院一期征地工作推进。该项目共征地75公顷，其中中泰街道征地20.87公顷，涉及5个村17个村民小组。面对涉及村组多、历史遗留问题多等难题，用时7天完成项目征地签约工作，20天完成项目征地工作。

【“我和我的祖国”竹笛乐团音乐会】 2019年7月31日，“我和我的祖国”竹笛乐团音乐会在中泰街道中桥村布鲁克驿站休闲广场举行，这是中国笛子艺术夏令营的系列内容之一，也是在中泰首次举行的竹笛乐团专场音乐会。

【“泰山论建”村（社区）书记大比拼】 2019年9月10日，中泰街道举办2019年“泰山论建”村（社区）工作发展论坛，组织14个村（社区）党组织书记进行业务比拼。书记上台讲解，街道中层以上干部、涉及村（社区）各50名组长、党员、代表现场打分评议。

【“枫岭同心荟”揭牌】 2019年12月1日，余杭区新的社会阶层人士联谊会分会“枫岭同心荟”揭牌仪式在中泰街道枫岭村文化礼堂举行。“枫岭同心荟”统战阵地位于枫岭村村委，村文化礼堂占地面积400平方米，建筑面积1200平方米，设有文化讲堂、农家书屋、书法展陈厅、书法创作厅等。室外有文化小公园、露天舞台、文化长廊、书法长廊文化活动场地。

（常润秋）

·五常街道·

【概况】 2019年，五常街道下辖13个社区。年末总户数12667户，年末人口47880人。区域面积22.71平方千米。

2019年，实现经常性财政收入8.53亿元。农业增加值0.05亿元，同比下降30.9%；规模工业增加值13.26亿元，同比下降7.8%；第三产业增加值1319.71亿元，同比增长13.4%。社会消费品零售总额同比增长21.0%。自营出口35.79亿元，同比增长23.7%。

2019年，在建产业项目15个，完成投资20.86亿元，其中上海泰腾、宝嘉乐项目竣工。开展亩产效益综合评价，淘汰落后产能，开展“低散乱”企业（作坊）淘汰整治，取缔企业5家，整改提升7家，淘汰落后产能企业（生产线）3家，查处“企改租”21家，注销“僵尸企业”93家，推进威仑（杭州）实业有限公司厂区改造项目，全年完成旧厂房改造1.5万余平方米，新增可利用产业空间10万平方米。

全年新增国家高新技术企业112家，省科技型中小企业申报104家，省级研发中心申报26家；完成专利申请1541件，上市培育企业1家，上市公司股权分置改革1家。

对教工宿舍，永福一号、二号农居点启动雨污水改造。完成“乱建筑”“乱堆物”5个点位的整改任务。全年拆除、处置存量违法建筑614宗，拆除建筑面积11.30万平方米。街道74个城市小区开展垃圾分类工作，61个小区实行“定时定点”分类投放。推进物业管理体制改革，开展物业公司、三方办筹建工作；举办首届物业技能大赛。开展高层住宅二次供水改造，完成辖区内的13个高层住宅的调查摸底工作，其中乐淘城小区完成水网割接改造任务。实施阳光征迁工作，开展留下插花地块18户拆迁户征迁工作。通过民主协商，完成杭州波顿塑业有限公司的拆迁工作。

健全三色预警、重大项目社会稳定风险评估等维稳体系，落实应急值班值守制度。打掉各类犯罪团伙2个，涉案39人，抓获涉毒人员15人。健全完善“四个平台”联席会议制度，初步形成“小事不出村（社区）、大事不出街道”的治理体系。健全基层治理数据库，普查核实标准地址127056条；开展企业“一企一档”建设工作，核查企业14912家。

实施领导包案化解，推进信访积案化解清零行动，厘清历史遗留问题。建立完善街道、社区二级信访代办制度，分层设立信访代办服务中心、信访代办点。

五常中心小学扩建项目、耦园幼儿园投入使用。西溪水岸“五九主题公园”、西溪北苑农贸市场、五常街道智慧停车项目等民生项目完工。五常中心小学被评为杭州样板示范学校；五常街道中心幼儿园西溪雅苑园区被评为省一级幼儿园。

建成6个社区文化家园、乐天城五常文化展示馆及八方城公共图书馆、1个健身苑、6个健身点、2个灯光篮球场、景盛社区西溪郡健身苑、荆山社区荆山翠谷健身点。

【五常街道社会治理】 2019年，街道发动平安巡防志愿者4814人次；全年受理信访件3888件，同比增长28.96%，按时回复率为100%，不稳定因素领导包案化解率为100%。

【五常街道撤村建居社区集体经济超千万元】 五常街道发挥未来科技城溢出效应，推进村级工业园区“腾笼换鸟”。2019年，街道8个撤村建居社区集体经济营收全部超过千万元，其中，文一社区2082万元、五常社区1987万元。

【五常街道试点推行“垃圾袋编码制”】 2019年，五常街道在与浙江虎哥环境有限公司合作，开通厨余垃圾收运专线等基础上，在西溪风情社区试点推行“垃圾袋编码制”。在小区居民按月领取的分类垃圾袋上印上编码，由物业建立文档做好记录，社区组织专门的环保监督队分类监督到户，实现垃圾源头可追溯，同时做好督查后续工作。

仁和街道美丽乡村 （仁和街道 供稿）

【“五九”传承主题月活动】 2019年5月，五常街道开展“五九”传承主题月活动，围绕精神传承、凝心聚力、基层服务、创新创新、惠民便民5个焦点，开展包涵主题宣讲、集中攻坚、集中走访、企业人才服务、公益文化活动等5个方面的16项工作。其间，开展“五九”精神巡讲18场2000余人次；化解重点信访人员8人次；走访农户892人、基层70次、企业164家，化解案例29个；围绕垃圾分类开展宣讲、民主协商、培训等活动20场5000余人次；与余杭农村商业银行五常支行签署全面战略合作协议，5年内新增授信总额15亿元。

【五九批示纪念馆开馆】 2019年12月18日开馆。纪念馆位于五常街道西溪湿地邬家湾荆源访古，占地面积0.13公顷，有主体馆1座、东西厢房各1间以及前院。其中，主体馆分序厅、主厅、二楼多功能厅、宣誓墙4个展区，序厅、主厅通过图文、影像资料等实物，再现“五九批示”产生的过程，展示新时代“五九”精神在五常的传承；二楼多功能厅以及宣誓墙是党员“不忘初心、牢记使命”主题教育的学习场所。东西厢房集中展示“五九批示”时代背景下五常人民群众的日常生活。

（边望之）

·仁和街道·

【概况】 2019年，仁和街道下辖18个建制村、2个社区。年末总户数17760户，年末总人口75092人。区域面积75平方千米。

2019年，完成经常性财政收入4.28亿元。农业增加值4.99亿元，同比增长1.9%；规模工业增加值25亿元，同比增长0.1%；第三产业增加值11.75亿元，同比增长4.1%。社会消费品零售总额同比增长8.1%。自营出口34.81亿元，同比增长26%。

2019年，街道涉及征迁项目12个，其中7个为钱江经济开发区项目，完成征地19.78公顷，征迁农户54户、非住宅1家。对接存量厂房二次招商项目6个，引导实施产业链个性化项目13个；打造2个小微产业平台，仁和（东塘）金属科技园初步完成建设并投入试运行，杭州南庄金属制品有限公司等11家金属加工企业入驻。新申报高新技术企业20家，新增省科技型中小企业11家。

推动浙江恒泽生态农业科技有限公司与宁波大学海洋学院建立产学研的校企合作，恒泽公司“AIOT在水产养殖产业升级中的应用”及“蟹客团队——千万间水产”两个项目分别获得杭州首届农创客大赛一等奖、二等奖。杭州余杭益民农业生产服务专业合作社“‘闲田租金’效应强 农户收入‘香喷喷’”案例入选2019年农业农村部推介的首批全国“全程机械化+综合农事”服务中心典型案例。组织132家企业参加春季招聘会，提供1772个招聘岗位。新增顿力集团有限公司、南方中金环境股份有限公司、千年舟新材科技集团有限公司3家企业的校企合作项目，累计开展校企合作企业19家。推进人才引进认定工作，认定人才总数50人，其中，B类人才1人、D类人才1人、E类人才7人、F类人才41人。

完成“低散乱”整治点位1239个，销号率100%，其中块状行业点位销号427个，销号率100%。拆除违章建筑22.5万平方米，完成年度拆违任务的107.6%；完成116家雨污分流整改任务，累计通过区级验收82家。

启动总投资30亿元的老集镇征迁和提升改造项目，完成旧城改造项目征地12.33公顷，331户农（居）户、9家企业签约及房屋拆除工作。南山漾、大世漾等“美丽湖泊”建设基本完工；美丽乡村第二批6个村完成验收，第三批10个村基本完成；新增并投入使用易腐垃圾就地处置点位9个，日处置能力23吨。仁和街道“美丽乡村”建设总体布局规划获杭州市城乡规划协会评选的市级优秀城乡规划设计二等奖。

截至年底，基本完成2018年“四好农村路”共131条、142.58千米建设。2019年，涉及道路40条，总里程31.753千米，全面开工。辖内大部分河道整治工程完工。大运河文化带仁和段完成码头整治，关停企业11家，征迁4家，拆除不雅建筑3000余平方米。

出台街道危房改造补助文件，初步确定100户改造对象。街道居家养老服务中心投入使用。截至年底，全街道村均经营性收入超过75万元，12个经济薄弱村经营性收入均超过50万元，完成区委、区政府年度脱贫考核目标。

作为区政府服务“四级联动”试点镇（街道）之一，街道对本级便民服务中心进行提升改造并投入使用，整合拓展区街两级办事清单100余项，拓展全流程业务42项，月办理事项约3000件。獐山新农贸市场启用。仁和街道第二届农事节举行。

【湖杭高铁项目征迁借地工作完成】 仁和街道涉及湖杭铁路总长度12.6千米，涉及永泰村、东山村、双陈村等8个村，涉及征地27公顷，拆迁农（居）户198户、非住宅15家，另涉及项目施工拌合厂和梁板厂大型临时借地14.27公顷。2019年，全部完成征借地，部分工程进场。

【三白潭青鱼干品质提升】 2019年，仁和街道发展以三白潭青鱼干为核心的休闲农业产业，开发“巨网捕鱼”旅游项目。余杭建光黑鱼专业合作社与浙江大学、杭州市农业科学研究院、浙江省淡水水产研究所建立合作关系。三白潭附近枇杷园，复制“桑基鱼塘”模式，以花叶养鱼，增加天然饵料的比例，提升鱼肉品质。全年，三白潭青鱼干产量40余吨，同比增长23%，农民人均收入4万余元，成为当地农业特色产品和农民重要经济来源。

三白潭为余杭重要淡水鱼产地之一，所产青鱼以“螺狮青”为种。用青鱼制作的青鱼干远近闻名，历史悠久，史称“三白潭青鱼干”。青鱼干选用鱼龄在4年以上，重量超过5千克的青鱼。制作时间为每年的11月底至12月。要求当天完成捕捞、宰杀、腌制，腌制3天后清洗，再晾晒7~10天，置于室内风干。晾晒时让鱼接受霜冻，去除鱼腥；风干时晒出的鱼油被鱼肉重新吸收，增加口感。此法制作的青鱼干，色泽金黄，质地干燥均匀，硬度适中，有风干腊香味。

【仁和街道被评为浙江省2018年度农业“机器换人”示范单位】 2019年1月，仁和街道被浙江省农业农村厅评为2018年度农业“机器换人”示范单位，为余杭区唯一。辖区内的杭州余杭益民农业生产服务专业合作社（水稻）、浙江灯塔种猪有限公司（畜牧）、浙江恒泽生态农业科技有限公司（水产）三家单位被评为农业“机器换人”示范基地。

第15届普宁牡丹花会节 （吴怡倩 摄）

【仁和街道首届冬捕节】 2019年1月12—13日举行。以“庆丰收，购年货，共飨鱼汤饭”为主题，现场捕获各类鱼约50吨，评选出的“鱼王”以11.8万元拍卖售出，邀请厨师现场烧鱼免费给群众品尝。开通微信公众号现场直播，在线观看人数3.3万余人，现场观看人数1200余人。

【《云会红》获得2019亚洲国际艺术节词曲创作金奖】 2019年2月，仁和街道云会村村歌《云会红》在新加坡举行的2019亚洲国际艺术节上获得词曲创作金奖。《云会红》由浙江流行音乐协会理事、杭州市青年联合会常委、原省武警文工团副团长郑俊海创作，歌曲体现了云会村奋发向上的精神以及村民对“富而美、安而康”的期待。

【第15届普宁牡丹花会节】 2019年4月4—10日举行，为期7天。花会分为“牡丹之韵”“牡丹之语”“牡丹之雅”三大篇章，活动包括牡丹园游、骑马体验、礼敬花神、文艺演出、民俗风情展等项目，首日参与游客近2.7万人。

【阿里巴巴浙江云计算数据中心项目选址仁和】 2019年6月，项目选址杭州钱江经济开发区核心区块，仁康路以东，洛阳路以北，奉运路以西，獐湾路以南。购置土地9.47公顷，建设数据中心机房、综合用房、配电房等生产及辅助用房120620平方米，购置标准机架5100个，服务器、网关、均衡负载等机电设备10万台，将阿里云相关的产品值入到相应设备中，满足不同企业需求的云数据中心设计及运营能力。

【老良塘公路桥工程征迁房屋拆除工作完成】 2019年6月，拆除工作完成。京杭运河浙江段三级航道整治工程杭州段（四改三）——老良塘公路桥工程是省市重点项目，项目涉及拆迁农户6户，征地4200平方米。4月开展进场评估，5月中旬完成签约。

【叶根、仁和港渣土码头项目落地】 叶根码头、仁和港码头为保障亚运会部分项目、部分千岛湖引水工程渣土外运码头，项目落地时间紧、任务重，邻避效应明显，落地存在较大的综合治理维稳风险。自接到项目推进任务后，仁和街道分析预估维稳风险点，整合区、街、村、企四级力量，做好综合治理及风险化解工作，推动叶根码头、仁和港渣土码头分别于2019年7月和10月投入试运行。

【余杭区首个涉氨企业应急联盟成立】 2019年11月，仁和街道联合辖区13家涉氨企业、1家安全生产责任保险社会化服务机构，建立余杭区首个涉氨企业应急救援联盟，联盟设理事会机制，审议通过应急联盟工作职责草案、联盟应急救援队及器材库建设方案草案。

【仁和街道居家养老服务中心启用】 2019年11月，中心启用。该中心是2019年度仁和街道为民办实事的重点项目，总投资140余万元，使用面积1000多平方米，设生活服务、托养服务、康复护理服务、社会工作服务等六大服务功能，依托杭州绿康护理院的医疗资源，实现养老服务与护理院相结合。

【獐山集镇项目完成征迁签约】 2019年12月，獐山集镇提升改造项目完成全部签约工作，涉及征迁农（居）户826户、企业（单位）11家，征地64.33公顷。区块内土地房屋类型复杂，含150年历史的石矿开采区，遗留问题多，征迁工作难度大、任务重。2018年8月启动征迁工作，历时1年零4个月完成。

（邓莉）

·瓶窑镇·

【概况】 2019年，瓶窑镇下辖13个建制村、6个社区。年末总户数18456户，年末总人口62085人。区域面积129平方千米。

2019年，完成经常性财政收入4.52亿元。农业增加值5.5亿元，同比增长4.4%；规模工业增加值30.89亿元，同比增长11.6%；第三产业增加值27.15亿元，同比增长5.5%。社会消费品零售总额同比增长14.2%。自营出口31.29亿元，同比增长6.4%。

2019年，全镇种植农作物5415.2公顷，同比增长2.3%。其中：粮食作物播种面积2979.2公顷，同比增长11.5%，全年每公顷产粮7590千克，总产量22598.7吨，同比增长32.5%；蔬菜复种面积1352.67公顷，同比增长1.39%；油菜全年产量149吨，同比下降9.7%；水果全年产量7803.1吨，同比下降21.02%；瓜类面积71.27公顷，同比下降38.28%；茶叶全年产量979吨，同比增加14.8%。生猪饲养量54499头，同比增长0.27%，羊全年饲养量 10729 头，同比增长 0.68%，家禽饲养量 401840 羽，同比增长 1.53%，兔饲养量 70074 只，同比增长 5.6%。

完成固定资产投资 17.47 亿元，同比增长 15.9%，其中工业投资完成 5.03 亿元，同比增长 25%。全镇高新技术产业增加值 14.44 亿元，较上年可比价增幅 4.4%；新产品产值 64.81 亿元，较上年增长 19%；全镇全员劳动生产率 26.6 万元/人，同比增长 9.97%；规模工业万元增加值能耗下降率 5.6%，超额完成 5%的目标。

全镇规上三产单位 40 家，其中，服务业企业 8 家、商贸企业 28 家（包括 26 家批发零售企业和 2 家住宿餐饮企业）、规上个体户 7 家。2019 年，新增申报国家高新技术企业 20 家。深化“亩均论英雄”改革。全年管控“低散乱”点位 291 处，淘汰企业落后产能 6 处。培育“小升规”企业 9 家。建立招商引资管理办法，深化与未来科技城产业对接机制，承接科技型中小企业。盒马鲜生项目、鼎盛创新型产业园、杭州利富豪机电设备有限公司等项目有序推进，恒德东方森林一期完成土地摘牌，德和园一期完成土地摘牌。

通过省级 AAAA 级景区镇创建验收。以良渚古城遗址申遗成功为契机，推动古城联动古镇发展，深化完善遗址公园西门改造提升设计方案。完成瓶窑老街旅游标识标牌统一安装，遗址公园西门至瓶窑老街公交线路正式运行。窑山公园基本竣工。编制完成瓶窑老街文旅地图、瓶窑全域文旅地图。举办“桃王赛”“花朝节”“十味争霸赛”“山乡年货节”等活动。瓶窑老街开街。全年接待游客 182 万余人。

入选省级美丽城镇建设示范名单，推进“大花园”战略。编制完成瓶窑镇美丽城镇创建规划。完成全市“美丽城镇”“美丽乡村”建设比学赶超现场考察活动，“美丽城镇”评比获全市第一。小城市培育试点排名居全省第四、全市第一，2018 年度省级考核被评为优秀等次。完成第一批 6 个村美丽乡村建设项目扫尾和第二批 5 个村美丽乡村及西安寺村市级美丽乡村精品村建设。启动“1510”美丽乡村精品线项目、“最美茶园”绿道周边环境提升项目。加快城乡路网建设，配合实施杭州第二绕城高速、区内东西向快速路等重大基础设施项目，完成南山区块配套道路、羊城路、凤都路改造提升等项目，开工建设蒿山路、长连路、凤都路延伸等道路工程，完成 13 条“四好农村路”的拓宽及路面综合整治任务。建设燃气设施等项目，延伸供气网络。完成老旧小区加装电梯 5 部。完成市级“污水零直排小区”创建项目 3 个，完成农村生活污水治理项目 2 个。全年拆除各类违法建筑 1204 宗，建筑面积 18.99 万平方米。全年生活垃圾实际产生量较控量指标减少 8.7%，易腐垃圾日均处置 11 吨。开展“厕所革命”，新建公厕 5 座，新增附设厕所 5 座。

区第三人民医院瓶窑分院心脏康复综合病区成为全区首个经国家认证的心脏康复中心。发放慰问金、救助金 850 余万元，完成困难群众危房改造 5 户。镇级示范型居家养老服务中心运行，石濑村等 9 个村的老年食堂建成并投入使用。完成中法航空大学征地 100 公顷，拆迁 190 户，按时签约率 100%，完成房屋腾空及房屋拆除。除良渚文化艺术走廊、遗址公园西大门及中法航空大学外，还完成征地 31.27 公顷，拆迁农户 97 户。推进崇化安置房一期、南山农居点、凤都安置房一期、西安寺安置点等项目。瓶窑第一幼儿园通过省一级幼儿园创建验收，瓶窑第二幼儿园通过省二级幼儿园创建验收；实施瓶窑第二小学、西溪幼儿园、许家村幼儿园项目，南山小学、瓶窑第一小学食堂开工建设，长命小学、长命幼儿园、西溪小学完成招投标。镇文化中心完成招投标及场地平整，大观山文化礼堂、南山文化礼堂分堂（盛氏家风馆）投入使用。举办瓶窑镇第八届人民运动会暨第五届老年人运动会。开展健康余杭活动，承办全区健康骑行活动，完成张堰健康步道、花园路健康主题公园建设，创建健康单位 5 家；塘埠卫生服务站改建基本完成，社区卫生服务中心环境提升工程完工并投入使用。镇便民服务大厅实现“一窗式”受理。镇社会治理综合服务中心服务大厅投入使用；全年办结流转事件 36820 起；受理信访电网 2358 多件，办结镇长公开电话 762 件，答复率 100%，回访满意率 95%。开展消防安全三年翻身仗，全年辖区发生火情 55 起，同比下降 29.48%，其中火灾 14 起，同比下降 17.64%。集中开展工程运输车辆整治行动，全年发生死亡事故 5 起，死亡 5 人，比上年少 12 人，死亡率同比下降 70.6%。各级调委会受理各类矛盾纠纷 455 起，调解处理 455 起。

【瓶窑镇获 2018 年度“小城镇环境综合整治省级样板”称号】 2019 年 1 月 17 日，2018 年度全省小城镇环境综合整治工作考核验收结果公布，瓶窑镇通过验收并被评为省级样板。按照全区“一年出成效、两年大变样、三年换新颜”目标，瓶窑镇在小城镇环境综合整治的过程中保护利用山水景观资源，注重保留恢复原有城镇肌理，制定“1234”（一带、两路、三区、四节点）总体空间架构，致力于打造融合地方特色、彰显文化内涵的风情集镇。

【瓶窑镇花朝节】 2019年3月，瓶窑镇围绕本镇桃花、樱花、油菜花、鸢尾花、芦花“五朵金花”资源，推出文化旅游精品线路，打造文化旅游品牌，开启“花漫四季 美丽全域”瓶窑镇“花朝节”系列主题活动。花朝节启动仪式上，发布瓶窑镇文旅地图。活动期间，组织开展花童评选、垂钓招募、非遗手工体验报名、摄影大赛等线上活动，通过“余杭晨报”“瓶窑发布”等微信公众平台展现花卉盛开的景致与活动情况。

【余杭区首个医共体新建的社区心脏康复综合病区启用】 2019年5月，余杭区第三人民医院瓶窑分院心脏康复综合病区启用，是区医共体成立后首个新建的社区病房。区第三人民医院医共体是余杭区5个医共体之一，以余杭区第三人民医院为牵头单位，下辖6家社区卫生服务中心，实行资源整合、配置提升、专业管理。

【瓶窑镇庆祝良渚古城遗址申遗成功】 2019年7月6日，良渚古城遗址被列入“世界遗产名录”。瓶窑群众自发开展庆祝活动。南山村村民在村文化礼堂，完成“千饺宴”。村民共同制作5000只饺子，庆祝实证五千年中华文明的良渚古城遗址申遗成功。良渚古城遗址核心区与古城外围水利系统均位于瓶窑境内。为助推良渚古城遗址申遗，瓶窑镇按期完成良渚文化艺术走廊项目征地43.33公顷及遗址公园西大门拆迁18户，完成良渚古城遗址核心区294.2公顷土地只征不转组件报批并落实同步参保。在世界遗产大会召开及良渚古城遗址公园开园期间，动员志愿者1200余人次参与遗址公园开园秩序引导。

【瓶窑窑山公园及非遗展览馆工程完工】 工程由区交通集团负责投资建设，位于瓶窑老街范围内，主要包含窑山公园和非遗展览馆建设。窑山公园建设内容包括公园景观绿化、道路园路提升改造、配套用房、游憩建筑以及停车场、照明工程等，新增建筑面积7800平方米，总投资8695万元，2017年12月开工，2019年6月完工。非遗展览馆北接渠南街，西靠港渠路，实施内容包括土建、安装、道路、绿化景观、高低配、精装修等，总投资8500万元，2017年12月开工，2019年7月完工。

【瓶窑老街开街】 2019年11月23日，瓶窑老街开街。开街活动设一个主会场、三个分会场，以多项活动串联起保护“古城遗址公园—瓶窑老街—南山造像—北湖草荡”的文旅线路，吸引游客万余人。新华社、中央广播电视总台、《浙江日报》等20余家中央及省市区主流媒体进行全程报道。开街活动发布了镇纪念日——11月23日和镇花——凌霄花。

【中法航空大学项目奠基】 2019年12月28日，奠基活动在瓶窑镇举行。创办中法航空大学是中法两国元首见证签署的项目，也是浙江省实施高等教育强省战略、促进航空产业发展的举措之一。项目占地100公顷，其中办学用地66.67公顷，校、区共建大学科技园（产业园）用地33.33公顷，按“一次总体规划、分期建实施”的原则进行校园建设。

（童春燕、陈聪）

2019年12月28日，中华航空航天大学奠基仪式举行（法鑫 摄）

·径山镇·

【概况】 2019年，径山镇下辖13个建制村、2个社区。年末总户数12062户，年末总人口39092人。区域总面积157.08平方千米。

2019年，实现经常性财政收入1.09亿元。农业增加值8.45亿元，同比增长7%；规模工业增加值5.9亿元，同比下降11.3%；第三产业增加值12.2亿元，同比增长5.2%。社会消费品零售总额同比增长4.8%。自营出口6.54亿元，同比下降3.2%。

大径山产业集聚区建设项目通过验收，国家级现代农业产业园项目启动建设，大径山国家农村产业融合发展示范园成为杭州市唯一被认定为首批国家农村产业融合发展示范园的单位。径山镇创建成为省级农业“机器换人”示范乡镇。落实规模以上农业园区分级分类管理，新增33.33公顷以上现代农业园区1个，培育区级农业示范园3个、规范园3个。举办森禾第二届“玫瑰有约”主题花展、“花海拾花节”等系列活动，发展农耕游、采摘游等新型乡村旅游方式。支持径山书院、五峰山房、化城壹处等农文旅融合基地完善“吃、住、行、游、购、娱”全产业链条，绿景堂示范园入选首批省级农村产业融合发展示范园创建名单。延伸径山茶等农业主导产业链条，禅茶新村茶产业集聚区5家厂房主体结顶，挂牌成立首批径山十大星级喝茶点，成立首家“径山客”品牌产品展示区，被中国国际茶文化研究会授予“中国径山禅茶文化园”“中日韩禅茶文化中心”“中华抹茶之源”称号。成立径山乡创（人才）基地，分类认定F类以上高层次人才24人，推荐10余名青年人才加入市、区级青年农创客联盟组织。

出台《关于进一步规范工业产业准入的实施意见》，落实企业入驻、工商登记等前置管理，倒逼低效能企业转型升级，完成“低散乱”企业（作坊）整治16家，关停淘汰落后产能和污染隐患单位5家。发展数字经济和科技创新，完成杭州骆驼茶业有限公司工厂物联网项目，28家规上企业上云，完成专利授权169件，新增1家省级研发机构。杭州鹤见南方泵业有限公司、杭州雅妍化妆品有限公司等6家单位培育成为国家级高新技术企业。全年完成工业投资8686万元，同比增长233.2%。杭州三晶工艺塑料有限公司旧厂房拆扩建项目开工建设，杭州杭宏电力承装有限公司、杭州星华反光材料股份有限公司厂房建设项目主体完工，杭州翰泽实业有限公司新增年产化妆品瓶盖1000万件、模具500套等9个技改项目竣工。

创建为省旅游风情小镇，被评为“美丽浙江十佳特色体验地”，通过国家AAAA级旅游景区初验。保障径山寺复建，配合举办第三届禅宗祖庭文化论坛活动。13个村全部创建成为AA级及以上景区村庄，平山村创建为省AAA级景区村庄，径山村入选全区首批农文旅融合发展示范村创建名单，小古城村在全区率先招聘职业经理人并实现村庄景区运营。全年游客人数超过394万人次，旅游综合产值超过20亿元，举办第18届中国茶圣节、首届径山培福节、国庆文化旅游周、前溪村“沐禾·前溪”品牌发布暨2019年丰收节等文旅节庆活动20余场，发布茶圣“陆羽”IP形象及大径山旅游品牌线路，完成古建筑文化村落等项目签约。

开展美丽城镇规划方案编制，梳理确定五大类20个大项实施项目。完成双溪集镇小城镇环境综合整治，拆（搬）迁房屋24户，整治沿街房屋197户，实施强弱电杆线整治7.4千米，新增大小停车场10余处，泊位200余个，被评为省级样板。全镇范围内实施截污纳管，完成9个住宅小区雨污分流整治，推进集镇区块天然气通气工程。径山镇被评为2018年度小城镇环境综合整治省级样板，双溪集镇被评为2019年度小城镇环境综合整治省级样板。

完成第二批7个美丽乡村精品村和径山、四岭、小古城精品村二期项目建设并通过区级验收。创建10条区级美丽庭院示范带，打造求是梅秋里、长乐宋村等精品示范区块，求是村获全区创建考核总分第一名，径山镇被评为全市2019年高质量高水平推进农村人居环境提升先进集体。承办中国乡村振兴暨首届“一带一路”农业农村发展论坛现场考察活动。启动大径山美丽乡村核心区项目建设，全域绿道进场施工。禅茶新村景区实现有限开园。落实富村惠农“双十条”政策，全面消除经营性收入70万元以下的集体经济薄弱村。

开展“全域美丽”大比拼，启动破坏生态环境专项整治三年行动。开展“垃圾治理”比拼，总结提炼垃圾分类“三十六计”，12个村（社区）、5个小区等27家单位创建成为区生活垃圾分类示范单位，全年生活垃圾同比减量19%，排名全区第二，径山镇被推荐为市垃圾分类先进单位，前溪村创建为省高标准农村生活垃圾分类示范村。拆除违章（不雅）建筑10.3万平方米。启动大径山污水厂建设，完成三大类创建单元694家排水户整改任务，成为全区首个通过“污水零直排”创建验收的镇（街道），被评为市“五水共治”优秀乡镇（街道）并被推荐为省级优秀，北苕溪（径山段）创建为省级“美丽河湖”。开展扬尘治理专项行动，淘汰处置上道路运输拖拉机144辆。

全覆盖建立民主协商议事会，每月开展村（社区）民主协商大比拼。全域协商工作接受中组部、中央党校、省委组织部调研，以民主协商“十法”助推垃圾分类出成效的做法获得区委书记张振丰批示肯定。全域协商助推乡村振兴工作先后登上《新闻联播》《朝闻天下》，在《人民日报》政治版刊登报道，并得到中共中央政治局常委、全国政协主席汪洋的调研肯定。

建成镇级社会治理综合服务中心，全覆盖完成村（社区）综治中心建设，小古城村被认定为全国乡村治理示范村。全年收集群众诉求信息2463件，办结率99.68%。在小古城村试点搭建智慧农村监控指挥平台。成立全域治理机动队，实行全域综合执法。

完成“智慧安监”签约企业17家（200套），建立小微企业“一企一档”安全隐患等级监管机制，全年未发生安全生产责任事故。完成双后线、长西线限货闯禁抓拍系统建设，落实第三方力量参与建筑工地安全巡查，开展“食品安全百日攻坚”“保健品专项整治”等行动。建成镇级消防安全体验室，在“空巢老人”和分散养老特困人员场所推广安装烟感报警探测器433个。

10项政府民生实事完成。启动综合性文体大楼建设，提升改造径山、四岭、前溪等6个农村文化礼堂，潘板桥村文化礼堂主体结顶，建成启用径山村农村家宴中心。完成8个村山区农民饮用水二级、三级加压管网建设，惠及4100余户1万余名山区居民。实施“一口三线”美丽公路建设。开展农村道路提升改造，完成9条11.136千米“四好农村路”建设，3条7.67千米中期调整新增道路进场施工。

提升改造镇级居家养老服务中心，完成平山村、四岭村2家村级示范型照料中心建设并投入运营。完成8户困难家庭危房改造，实施长乐村三峡移民后续扶持项目，全年实施临时救助、慈善救助等政策性救助2500余人次，发放补助1870余万元。配合推进区第二殡仪馆提升改造，保障麻车头村如意陵园公益性区块建设。全覆盖建立村（社区）退役军人服务站，开展“敬老月”助老慰问活动，规范化提升改造漕桥村老年活动室，完成四岭村无障碍社区和2家“敬老文明号”创建。

建成启用潘板中心幼儿园，完成双溪幼儿园停车场，径山中学、长乐小学暑期提升工程和3所公办小学的空调、新风系统安装任务。改造提升径山、四岭、双溪和绿景4家社区卫生服务站，配合落实医共体改革，挂牌成立余杭区第三人民医院径山分院。建成四岭村社区多功能运动场、双溪村体育休闲公园和潘板桥村A级灯光篮球场。全年举办径山镇第四届人民运动会、第二届武术比赛等文体活动1200余场次，创建为省级非遗主题小镇，被授予“浙江省诗词之乡”称号。《吉祥西山》获得第十届全国村歌大赛全部4个奖项。深化健康余杭建设，完成60岁以上参加新型农村合作医疗的农民、企业退休人员健康体检10065人次，麻车头村、径乐社区创建为区级健康村（社区）。

“沐禾·前溪”品牌发布暨2019年前溪丰收节开幕式

（径山镇　供稿）

【第 18 届中国茶圣节在径山举行】 2019 年 4 月 20 日，第 18 届中国茶圣节开幕式暨 2019“醉美春日”杭州户外休闲促消费活动启动仪式在径山举行。以“天下径山·千年禅茶”为主题，开幕式上，发布“全国首创茶圣陆羽旅游 IP 形象”。通过禅茶特色文创、精品旅游产品介绍等方式，展示大径山的旅游特色和人情风貌。

【小古城村在全区率先实现景区村庄开园】 2019 年 9 月 28 日，由小古城村党委、村委主办，小古城村旅游发展有限公司和华东联盟承办的小古城村歌唱祖国暨景区开园活动举行。该村自 2019 年 4 月成立村旅游发展有限公司起，依托村“党建 +”基层治理以及美丽乡村示范点建设成果，发展乡村旅游。截至年底，接待来自全国 20 多个省 200 多个党政考察团。

【中共中央政治局常委、全国政协主席汪洋到径山镇调研】 2019 年 10 月 25 日，中共中央政治局常委、全国政协主席汪洋到径山镇小古城村调研，对小古城村以基层民主协商推进乡村振兴的做法给予肯定。

【《吉祥西山》获得第 10 届全国村歌大赛总决赛四大奖项金奖】 2019 年 12 月 21 日，2019 年第 10 届全国村歌大赛总决赛在北京海淀区北部文化中心举行。径山镇西山村原创歌曲《吉祥西山》获得本届村歌大赛“十大金曲”奖、村歌好声音金奖、作词金奖、作曲金奖全部四大奖项。

（唐凯明）

·黄湖镇·

【概况】 2019 年，黄湖镇下辖 5 个建制村、1 个社区。年末总户数 4247 户，年末总人口 13514 人。区域面积 58.55 平方千米。

2019 年，经常性财政收入 0.43 亿元。农业增加值 2.39 亿元，同比增长 7.7%；规模工业增加值 3.79 亿元，同比下降 8.5%；第三产业增加值 6.87 亿元，同比增长 4.5%。社会消费品零售总额同比增长 3.8%。自营出口 6.25 亿元，同比下降 8.3%。

优质白壳哺鸡笋种植面积扩大到 233.33 公顷，龙头山生态养殖场年出栏量 18 万余只，被评为“浙江省美丽牧场”。推进现代农业园区建设，通过农文旅融合发展，全镇实现年产业值 3000 余万元。完成 66.67 公顷高标准农田及神木岭、天玺两个现代区级农业园区建设任务。组织成立民宿联盟，打造具有一定知名度的精品民宿。

加大工业园区配套提升改造，腾出工业功能区存量空间 2 万余平方米，通过“腾笼换鸟”新引进企业 3 家。加大 5G 通信网络设备生产链投资力度，全年生产网络通信设备 50 余万台。成立项目办和亲企办，新引进项目 5 个。淘汰关停高污染、高能耗、存在严重消防隐患的企业（生产线）7 家。投资 5 亿元的六善杭州青山酒店项目开工。引进浙江金顶飞行体育旅游发展有限公司投资的王位山滑翔伞基地、溪嶺研学基地等项目。青山村泥地跑项目运营，石扶梯农文旅示范点项目基本完成。2019 年全镇各村经营性收入超 390 万元，同比增长 54%。虎山村创建为省级 AA 景区村庄。

投资 600 余万元完成垃圾中转站提升改造，新增垃圾压缩设备 1 套，湿垃圾处理设备 2 套，全年生活垃圾产生量较区级控量指标减少 706.99 吨，减量 13.4%。在青山村率先实施“自然好邻居”计划。

按照“六个基本无”的目标，推进环境整治，全年处置违法建筑 4.25 万平方米，完成任务数的 176.9%。创建为浙江省森林城镇。第二批 3 个美丽乡村精品村建设完成，通过区级验收，清波村在全区 50 个创建村中排名第二，青山村被评为省级美丽精品村、美育村。深化“五水共治”，“污水零直排镇”创建三大单元建设和整改任务全部完成，石扶梯“美丽河湖”提升工程全面完工。建立健全“低散乱”防控五级巡查、联动整治等机制，新发现点位和反弹点位整治率都为 100%。投资 1500 万元的“四好农村路”一期项目完工。投资 3500 万元完成 4 个村的供水管网建设。

2019 年，全镇重新调整为 35 个网格，配齐网格长和网格指导员，整合“四个平台”下沉 12 个部门 29 人。将基础环境整治和垃圾分类确定为网格重点工作。建立镇、村（社区）和网格三级议事协商组织架构。设立“老街议事厅”。投入 30 万元提升镇（街道）级养老服务中心设施建设，每季度投入 30 余万元委托第三方开展政府购买养老服务。实施各村文化礼堂提升项目，完成镇文化综合服务站和镇非遗陈列馆建设。启用便民服务中心和社会治理综合服务中心。

开展核心价值观践行、“情暖黄湖”人物选树、我们的节日、新风汇余杭等活动。完成2019年度“情暖黄湖”人物选树，2人被评为区级“美丽余杭人”。以清波村为试点，开展文明网格评比。全年围绕庆祝中华人民共和国成立70周年，举办非遗传承、相约周末、文化走亲各类活动近百余场。培育黄母山酒厂、杭州圣禾竹制品厂为第三、四、五批余杭区非遗代表性项目保护单位。青山村被评为市级民俗文化村。举办“听见·未来——给稻田唱歌音乐节”、“月宴重阳 情浓粽香”望月邻里节暨琥珀粽发布会、“奔向·未来——王位山古道公益挑战赛”，打造黄湖未来乡村文旅品牌。新增青山自然学校、王位山古道和望月岭乡风文明等农文旅融合点。

【未来乡村建设】 2019年，黄湖镇组织召开青年代表、党员、户主参加的座谈会5场，征求未来乡村建设意见建议30余条。整合以“大自然保护协会”为代表的民间公益组织，以“融”设计图书馆、中国美术学院为代表的文化建设者，以印力集团为代表的商业力量，本土村民以及政府这五股力量，形成“政府主导、社会协同、市场运营、全民参与”的发展模式，搭建未来乡村建设框架。框定未来乡村建设实施范围，制定未来乡村实验区行动计划，并依据未来乡村场景要素开展总体规划设计。举办“山外青山、溪上黄湖”未来乡村建设分享会，会上签约引进有关项目5个。

【陶长夫被授予“杭州市道德模范”称号】 2019年1月17日，第十四届杭州市道德模范（平民英雄）、第六届“最美杭州人”举行颁奖仪式。黄湖镇中学教师陶长夫被授予第十四届“杭州市道德模范（平民英雄）”称号。陶长夫是黄湖镇中学老师，他的家庭是再婚重组家庭，有自己的父母、岳父岳母和妻子前夫的父亲5位老人需要赡养和照顾。陶长夫对其关心照顾无微不至，为其养老送终。照料身患疾病的妻子，培养妻子带来的儿子。同时在农村中学任教42年，坚持在教育一线。

【黄湖镇获2018年度“小城镇环境综合整治省级样板”称号】 2019年1月17日，2018年度全省小城镇环境综合整治工作考核验收结果公布，黄湖镇被评为2018年度小城镇环境综合整治省级样板。黄湖镇按照“高起点、高标准”的规划编制要求，以“生态小镇、乐活黄湖”为定位打造小镇。改善乡镇秩序、环境面貌，完善基础设施和公共服务配套，提升产业集聚，传承保护历史文化，提升居民群众获得感。

【全国首次乡村小水源保护大会】 2019年6月1—2日，在黄湖镇青山村举行。来自全国各地20多家公益机构负责人现场交流探讨，分享水源保护技术与经验，助推水源保护和乡村绿色发展。

【青山自然学校开学】 2019年6月22日，位于黄湖镇青山村的青山自然学校开学。青山自然学校被授予“阿里巴巴公共自然教育基地”“万向信托慈善信托实践基地”“两山青年公社”等称号，并成为“青山同心荟”活动场地。自然学校的前身是青山村东坞小学。2018年，黄湖镇与大自然保护协会、阿里巴巴公益基金会、万向信托股份公司等社会公益组织合作，新建校舍两座。青山自然学校可为150多名青少年开展分时段自然教育培训。

【王位山古道修复工程完工】 2019年6月，黄湖青山村—王位山村森林古道修复提升项目完工。王位山森林古道全长8.98千米，其中，森林古道修复段长6.48千米，骑行道修复段长2.5千米。项目建设内容包括森林古道贯通及修复提升，配套景观打造、绿化修复、消防、指引、照明及保洁设施完

黄湖青山龙坞水库 （朱关城 摄）

善优化。经过1年多建设，起点位于王位山村的王位山古道和起始于青山村的石扶梯古道贯通，组成一条环形的王位山森林古道，加上骑行游步道，是杭城西北部最长的森林古道。新增凌顶远眺台等景观节点13个、休憩廊亭9座、公共厕所3座、出入口2处。

【首个“自然好邻居”计划启动】 2019年9月9日，在青山自然学校发布。“自然好邻居”计划指通过一系列举措，鼓励村民采用环境友好型的生活和经营方式，降低对自然环境的影响，构建环境友好型村落。青山村村委、“青山同心荟”不定期评估加入计划的村民的生活、经营方式，收集访客对“好邻居”的经营反馈，建立绿色积分档案。评级高的村民得到相应奖励。

【浙江首家六善酒店落户黄湖】 2019年9月30日，青山田园综合体暨六善杭州青山酒店开工仪式在黄湖镇青山村举行，标志洲际酒店集团旗下最顶尖酒店品牌“SIX SENSES（六善）”正式落户余杭。项目总占地面积近76.67公顷，包含湖泊、丘陵、稻田、竹林、湿地、生态林等自然景观。项目一期六善杭州青山酒店建筑面积逾2万平方米，由杭州印力商业管理有限公司负责项目的开发建设，由六善养生度假酒店集团负责运营和管理。

【琥珀粽发布会】 2019年10月7日，“月宴重阳，情浓粽香——望月邻里节暨琥珀粽发布会”在黄湖镇清波村望月岭举行，发布黄湖粽子品牌——“琥珀粽”。琥珀粽又名灰汤粽，是望月岭传统美食。制作粽子的糯米，需浸泡在由稻草烧成的灰泡制过滤而成的水中，经过“灰水”浸泡的糯米呈浅咖啡色，带有碱味，吃起来比普通的粽子更有韧性，香味更浓。

【黄湖镇便民服务中心启用】 2019年12月5日，黄湖镇便民服务中心启用，中心位于黄湖老街与清波路交叉处，总面积1850平方米。内设10个办事窗口，劳动保障、民政、城管及渣土审批、社会组织服务等69个服务事项均可在此办理，还可通过24小时自助终端服务机实现自主服务。综合办公楼内进驻城建管理办、区域发展办、公共服务办、区域发展与治理中心等职能科室。

（李智）

·鸬鸟镇·

【概况】 2019年，鸬鸟镇下辖6个建制村、1个社区。年末总户数3687户，年末总人口11995人。总面积72平方千米。森林总面积7533.33公顷，耕地面积800公顷，森林覆盖率88%。

2019年，实现经常性财政收入0.13亿元。农业增加值3.37亿元，同比增长2.1%；规模工业增加值0.19亿元，同比增长10.7%；第三产业增加值1.95亿元，同比增长3.7%。社会消费品零售总额同比增长3.2%。自营出口0.05亿元，同比下降18.6%。

实施集体经济发展项目，完成6个村经营性房产购置，支持仙佰坑、前庄、山沟沟村改建村集体用房，获得稳定租金收益，村均年经营收入超过100万元。新增山沟沟、太公堂2个区级民宿重点培育村，培育特色、精品民宿13家，健康民宿4家。在山沟沟村开展民宿“六统一”和景区村庄运营，实现村集体、经营主体、第三方运营平台等多方获益。完成80公顷高标准农田建设，农村宅基地及住房确权登记发证入库率超过95%。

新湖温泉度假酒店文旅综合项目签约，山沟沟玻璃吊桥和七彩滑道项目对外营业，“野爸爸”社群启动，野天堂、菩提谷酒店民宿项目完成土地出让等前期工作。加快“腾笼换鸟”，关停淘汰2家落后产能企业，利用“低散乱”整治空间，变“高污染纸制品加工厂”为“家宴服务中心”。培育杭州达丰机械制造有限公司、杭州芙林工贸有限公司、杭州飞乐印刷材料有限公司3家国家高新科技企业，完成专利授权17件、专利申请67件、企业上云92家。

拓宽与中国美术学院在富美乡村建设、农文旅融合发展等方面的战略合作，浙江大学“文旅产业发展硕博教研实践基地”、浙江外国语学院“青年学子学青年习近平”学习教育实践基地落户鸬鸟。打造“蜜梨小镇”农文旅融合发展示范区。发布《遇见鸬鸟2》中英文宣传片，推出“梨小六”“小梨君”旅游IP，全年接待游客140万人次，同比增长12.5%，被评为省级旅游产业集聚区。培育老水杉现代农业园区为区级示范园区，杭州余杭三水果业有限公司、仙佰源生态农场为规范园区。加强蜜梨产业扶持，针对品种改良、品牌提升、农文旅融合发展等方面给予政策激励。山沟沟村被评为浙江省休闲旅游示范村。鸬鸟镇被评为第三批省级乡村旅游产业集聚区。

抚育健康森林67.67公顷，提升林道5.6千米，支持珍贵树种发展2公顷、竹产业提升示范12公顷，创建为省级森林康养小镇。完成黄泥坎溪、锡康溪、老虎山溪堤防加固，施家边山塘除险加固工程，实施鸬鸟集镇雨污分流改造和7个农村生活污水终端提升，省级“污水零直排区”建设通过验收。落实河道长效保洁，全域水质保持在Ⅱ类以上，鸬鸟溪创建为区级美丽河道。

完成第二批美丽乡村精品村建设，实施太平山村、山沟沟村财政奖补项目，实现美丽乡村精品村全域覆盖。建成鸬鸟片沿溪绿道，完成鸬鸟山森林古道、陡岭—锡径森林古道修复及陡岭隧道至太平集镇入镇口两侧绿化景观提升，打造8条美丽庭院示范带。实施6条共10千米“四好农村路”建设，创建为市级“四好农村路”示范镇，完成双后线（前庄—仙佰坑）路灯亮化。推进“厕所革命”，提升改造公厕2座，新增对外开放附属公厕3座。

引入余杭农林集团和杭州可俐物业管理有限公司，一体化运作垃圾分类、环卫保洁和运输处置，太平山村、山沟沟村创建为垃圾分类区级示范村。提升改造垃圾中转站易腐垃圾处置设备，实现全镇易腐垃圾就地处置，全年垃圾减量9.1%。分类处置存量违法建筑2万余平方米。完成集镇数字城管扩面，依托数字城管指挥平台，及时处理市容环境、街面秩序、道路破损、户外广告等案件180余件，案件办结率100%。

成立由镇主要领导挂帅的项目领导小组，促进项目招引、前期报批、后期推进等环节。组建专业化“亲清”服务队，走访150余次，助力企业转型升级、科技创新、文旅融合、人才落户。完成政务服务“四级联动”区级试点，完善镇办事大厅硬件设施、功能区规划布局，实现镇村24小时自助服务机全覆盖。丰富窗口代办事项，发布“一窗受理”106项，可“跑腿”代办46项。

推进农家乐全域治理，安装人脸识别系统、智能烟感、高清监控等技防设施，完成市级统一地址库试点工作。建立镇村两级社会治理综合服务中心，成立山理调解室，发挥老同志余热，当好“和事佬”。建成“慢城公益园”，招募15家社会组织签约入驻，优先支持成员单位承接政府购买服务。成立“慢城红盟”，开展“红盟银行”积分兑换，“五员”队伍示范引领群众参与志愿服务活动。组建镇村两级道德评判团，参与先进典型评选、矛盾纠纷调解、文明行为监督等。“台江县民宿人才实训基地”挂牌，鸬鸟镇与台江县正式形成合作关系。

优化教育资源配置，完成镇中心小学迁建项目主体工程及幼儿园、小学教室加装空调、新风系统项目。小学鳌鱼灯体艺操、“慢城少年”红色研学之旅被“学习强国”、浙江卫视等媒体报道。实施鸬鸟中心幼儿园园品提升项目，创建为浙江省一级幼儿园，“我爱木工”课程入选全国幼儿园优秀游戏活动案例。通过国家卫生镇复评，完成区第三人民医院与镇社区卫生服务中心医共体组建及区级“120”急救服务点建设，启用山沟沟卫生服务站。新增仙佰坑村镇级居家养老服务中心，完成前庄村、太平山村照料中心及太平山村、仙佰坑村家宴中心提升改造，承办区级照料中心建设工作现场会。60周岁以上老年人健康体检率为86.63%，10类重点人群签约服务率为100%，发放社会救助资金26.32万元、失业人员失业金92.62万元、灵活就业补贴29.03万元。建成鸬鸟镇残疾人之家，

富美乡村建设、农文旅融合发展杭州市余杭区鸬鸟镇校地战略合作签约仪式 （鸬鸟镇 供稿）

太公堂村完成区级无障碍社区创建。超额完成年度征兵工作任务。开展普法禁毒、交警进校园活动，创建房车露营青少年科普基地、三水果业科普示范园区。

完成文体大楼主体工程、汤氏宗祠修缮、新四军被服厂及5个文化礼堂提升改造。围绕庆祝中华人民共和国成立70周年，开展“我与祖国同庆生”升国旗仪式、《歌唱祖国》快闪、国乐节民族管弦乐表演等系列庆典活动。山沟沟村被评为第五批浙江省民俗文化村、第二批杭州市民俗文化村，山乡婚俗馆开馆，举办“我为爸妈办婚礼”、“我们的村晚”、农耕运动会等活动。创作完成仙佰坑、山沟沟村村歌，鳌鱼灯纪录片、连环画，出版《凌统故事》《鸬鸟记忆之山沟沟》《七秩放歌》。

鸬鸟镇中心小学学生手举鳌鱼灯，拼出“70”，庆祝中华人民共和国成立70周年 （鸬鸟镇 供稿）

【鸬鸟镇开展民宿（农家乐）“六统一”改革试点】 2019年，鸬鸟镇将民宿（农家乐）“六统一”（标识、风格、管理、运营、揽客、分配统一）改革试点工作作为“一把手”项目，成立“六统一”改革试点工作领导小组，由镇党委书记、镇长担任双组长，分管副镇长担任副组长，相关职能科办、基层站所、景区、农家乐协会负责人为成员，推进该项工作，重点围绕“六统一”攻坚破难“四大难题”（管理难题、运营难题、品牌竞争力低难题、低价恶行竞争）。山沟沟村110家民宿（农家乐）全部实现“六统一”，村民收房租、挣工资、卖特产，在家门口挣上了钱。

【鸬鸟镇探索惠老服务模式】 2019年，鸬鸟镇根据“为民服务解难题”的目标，探索惠老服务模式，实现照料中心覆盖到村，助餐服务覆盖到人，健康管护覆盖到点，实现三个“全覆盖”。配合居家养老上门服务，全镇享受政府购买服务的老人285人，累计3258人次享受37466小时政府购买服务。

【第13届山沟沟年货节开幕暨“遇见鸬鸟”品牌发布】 2019年1月12日，由余杭区人民政府主办、鸬鸟镇人民政府承办的余杭区第13届山沟沟年货节开幕式暨“遇见鸬鸟”品牌发布会在鸬鸟镇举行。发布“遇见鸬鸟”品牌logo，推介四季精品旅游线路，并向3名乡贤授予“遇见鸬鸟”品牌顾问聘书。活动现场，鸬鸟镇与中国美术学院风景建筑研究总院签署战略合作协议，开展文旅校地合作。

【菩提谷民宿被评为省“白金级”民宿】 2019年3月6日，鸬鸟菩提谷民宿被浙江省文化和旅游厅评定为2018年度浙江省“白金级”民宿，该等级为全省民宿标准最高等级，全区仅此一家入榜。该民宿融合乡村文化、禅茶文化、自然文化，按照五星级酒店标准管理，创造“菩提家宴”主题式餐饮，拥有菩提谷微信公众号、微博等自媒体，年营收超500万元。

【社区“流动办公”】 2019年3月7日，鸬鸟镇创立社区“流动办公”模式，推出“流动办公室”，由社区班子成员、联社干部、党员志愿者联合组成14个小组进行轮值，实行“一周一次”流动办公，服务群体覆盖全社区1315人并进行回访，主要开展咨询、宣传、救助、就业社保、计划生育、办证等服务，同时采集居民诉求，帮助对接镇级职能部门，3日内给予答复，为群众“一次都不跑”提供便利。

【余杭区庆祝“建国七十载、五四一百年”百人爱国主义教育活动】 2019年4月3日，团区委与鸬鸟镇人民政府合作，举办“青春心向党·建功新时代”特别主题团日活动暨祭奠革命英烈爱国主义教育活动。来自区青联、区青商会、志愿者、少先队员、20个镇（街道）等6个界别的代表共100人来到余杭抗日战争纪念馆，开展重温入团誓词、老一辈口述历史、纪念馆参观学习等活动。

【首届余杭民宿节】 2019年5月11—12日，由区农业农村局和鸬鸟镇人民政府主办、浙江广播电视集团音乐调频96.8承办的“宿在余杭、梦寐以求”首届余杭民宿节专场活动在杭州鸬鸟房车露营公园举行。举行“音乐开启光明世界”公益活动。200名青少年参加浙江少儿广播合唱团公益音乐演出和公益集市义卖。所得收入通过浙江省妇女儿童基金会全部捐献给贵州省台江县的贫困儿童。

【“慢城红盟”成立仪式】 2019年5月20日，鸬鸟镇举行“聚焦三个全域、共建富美鸬鸟”暨鸬鸟镇“慢城红盟”成立仪式。鸬鸟镇“慢城红盟”由“红话筒”宣传员、“红先锋”示范员、“红袖章”监督员、“红管家”服务员、“红智汇”观察员5支队伍组成，汇聚党员、村（居）民代表、群团志愿者以及热心鸬鸟发展的群众等基层力量。

【鸬鸟镇开设“红盟银行”】 2019年6月18日，鸬鸟镇推出“红盟银行”，适用对象包括党员、鸬鸟镇户籍的村（居）民、在鸬鸟镇工作生活一年及以上的非本镇户籍的非党人员等3类人员。采用模拟存款的方式，通过发放积分存折，建立一人一档，记录文明行为和不良行为，与兑换实物服务、享受信贷政策、评先评优等挂钩。

【第16届蜜梨节】 2019年7月20日，鸬鸟镇第16届蜜梨节开幕式暨蜜梨小镇旅游IP发布会在蜜梨园区举行。活动现场发布蜜梨小镇“梨小六”“小梨君”动漫IP和吉祥物，推介网红、亲子、养生健康3类主题活动和蜜梨民宿风情夜市。鸬鸟镇人民政府、百世集团有限公司进行鸬鸟蜜梨战略签约。

【山沟沟景区入选浙江省避暑气候胜地】 2019年7月21日，浙江省公布省内100个避暑气候胜地，杭州山沟沟景区成为余杭区唯一入选地域。入选避暑气候胜地要求7—8月日平均气温高于30℃的天数不超过7天，空气优良天数不少于55天，植被覆盖度高于60%。

【省级非遗鳌鱼灯纪录片发布会】 为庆祝中华人民共和国成立70周年，2019年11月26日，鸬鸟镇组织开展省级非遗鳌鱼灯纪录片发布会暨拜师礼活动。是年，鸬鸟镇的“放排号子”“凌统传说”“观花马灯”3项镇级非遗项目申报成为第六批余杭区非物质文化遗产。

（李杭远）

·百丈镇·

【概况】 2019年，百丈镇下辖6个建制村、1个社区。年末总户数3283户，年末总人口10694人。总面积60.4平方千米。

2019年，实现经常性财政收入0.36亿元。农业增加值1.43亿元，同比增长3.3%；规模工业增加值1.99亿元，同比增长8.8%；第三产业增加值3.33亿元，同比增长3.8%。社会消费品零售总额同比增长10.7%。自营出口2.3亿元，同比下降1.6%。

对接浙江农林大学等高校，举办林下经济种植培训班4期，培训农村技术型人才120余人次，试种竹荪、三叶青等林下经济作物20余公顷，培育毛竹笋用林66.67公顷。

抓好“小升规、规改股、股上市”工作，新增规模工业企业2家。新增国家高新技术企业4家、省科技型中小企业1家、省级研发中心5家、省级企业研究院1家、省级著名商标2个，新增专利授权42件。实施“机器换人”项目2个，完成投资750万元。实施工厂互联网改造企业3家，相关企业生产效率及全员劳动生产率提升超过30%。

结合“美丽河湖”项目，投入500万元提升改造“好竹意小镇”核心区域基础设施。招引溪口文创街区业态，新引进杭州探庐乡宿规划设计有限公司、金旸学堂等文旅机构5家。以“三服务”活动为抓手，组织召开文创发展座谈会3次，解决问题11个。与国家林业和草原局、中国林业科学研究院等单位合作，助推百丈竹产业转型，创建中国圆竹产业创新示范镇、竹产业创新示范基地，国际竹藤中心“一带一路”竹产业国际培训基地等项目落户百丈，培训喀麦隆、厄瓜多尔等国的政府工作人员200余人次。引进杭州大穿越漂流及溪口山地车户外运动项目，实现百丈旅游项目零的突破。成立百丈镇农文旅联盟及余杭区民宿协会百丈分会，新验收规范民宿（农家乐）72家，特色13家，精品4家。强化特色旅游项目招商引资，九东山星空露营基地项目签约，全球首个梭博物馆落户文创街区。

实现全镇村集体经济收入突破50万元的“消薄”目标。百丈镇创建为国家级全域AAA旅游景区，制定全域旅游规划，完成镇旅游集散中心建设并投入运营，制作完善“竹意百丈”景区全景图、导览图、民宿推介册、招商手册等，推出“百丈百味”形象店。石竹园村、泗溪村创建为AAA级景区村庄，建成平天堂森林古道、百丈滨溪骑行道等景观绿道主轴线，初步完成以“两核三线”为框架的全域旅游景区打造。

完成石竹园村、百丈村、泗溪村第二批美丽乡村精品村创建任务，推进半山村、溪口村、仙岩村省级“一事一议”美丽乡村项目和溪口村市级特色精品村项目建设。开展基础环境卫生整治专项行动，全年清理环境卫生问题点位500余处，建立垃圾分类闭环体系，年度生活垃圾减量超过14%，全镇六村一社区全部创建为余杭区垃圾分类示范单位。

投入100万元建立百丈数字城管系统。健全畜禽禁养长效管理机制，废弃农药包装物回收率超过90%，秸秆综合利用率超过98%，基本解决面源污染问题。落实河长制，投入600余万元实施“雨污分流”改造和农村生活污水终端处理设备提升项目，“污水零直排镇”创建通过市级验收。“美丽庭院”创建全覆盖，评选区级美丽庭院示范户11户、镇级美丽庭院样板户20户。拆除各类不雅建筑、违法建筑120宗，面积3.2万平方米。国家卫生镇创建排名全省第一。山区农民饮用水工程基本竣工并正式供水。完成3条“四好农村路”建设。按期推进201省道综合整治、百丈溪美丽河道项目建设，新建抬头坞山塘、农贸市场、百丈集镇安置区块基础设施配套等项目。

明确20项专职网格员工作任务，建立企业兼职网格员制度，实现网格管理全覆盖。全年全镇受理公开电话同比下降23%；发生治安案件15起，同比下降31%，破案率同比增长13%。各级调解委员会调解案件135件，调解成功率100%。完成一体化社会治理综合服务平台建设，推行信访代办、领导坐班、律师顾问、矛盾调解等4项服务制度，六村一社区代办信访件81件，解决矛盾纠纷52起。完成退役军人服务站建设，对全镇退役军人建档摸底。开展安全生产月宣传“七进”活动、安全生产示范村创建、“智慧安监”数字化管理等工作，成立长效监管巡查队伍。开展“平安余杭”食品安全“百日攻坚”行动及保健品市场整治，出动检查人员72人次，开展食安知识、保健品、放心厨房相关宣传12场，仙岩村、石竹园村完成2个农村家宴放心厨房建设，创建为杭州市A级放心厨房。

完成百丈中心小学地质灾害点整治、校园门口道路拓宽改造和交通标识完善工程。投入400余万元，改造提升全镇各校园用电，完成校园新风、空调系统安装和监控体系改造。健康档案建档率99.89%。新建文化礼堂2座、文化公园1处、健康步道1.1千米，按期推进镇文体（成校）大楼、独松至鱼石岭水库游步道、竹艺文化展示馆等项目建设。组织开展2019年元宵灯会、首届杜鹃花节暨中华人民共和国成立70周年文艺会演、理论宣讲走亲等大型文娱活动10余场。全年发放慰问金近120万元，慰问700余人次。全镇256名老年人享受养老上门服务。完成百丈居家养老服务中心建设。结合溪口卫生服务站，探索建立医养结合居家养老模式，服务站创建为杭州市示范型居家养老服务中心。组织开展残疾人竹刻培训和电子商务实用技术培训2期，参加人数60余人次。主动监察和书面审查120家企业劳动用工。

【百丈镇完成“大棚房”专项清理整治工作】 截至2019年2月24日，百丈镇完成“大棚房”专项清理整治工作，实现复耕。自工作启动以来，百丈镇通过网格化管理、拉网式清查，排摸农业园区6家、家庭农场4个、农业企业4家，排查大棚42个，附属配套设施13处，发现问题点位3处，涉及面积780平方米。

【百丈镇首届杜鹃花节】 2019年4月20日至5月4日，以“探高山杜鹃　寻百丈百味”为主题的百丈镇首届杜鹃花节举行。其间，溪口特色文创街区于4月23日举办首届杜鹃花节文艺会演，4月27日举办“百味百绣”手工织绣亲子体验活动。各村文化礼堂在活动期间举办做青团、非遗展等民俗活动。此次活动通过各级媒体宣传30余次，各类宣传通稿阅读量5万余次，吸引游客3.3万余人次，客源分布以杭州、上海、江苏部分地区为主。民宿、农家乐接待游客1.8万余人次，带动消费

110余万元，其中“五一”小长假期间百丈民宿入住率接近100%。

【云驰山地车项目落地百丈】
2019年5月，云驰（杭州）户外运动有限公司与溪口村签订合作协议。溪口村采取场地资源让利，村集体入股20%的形式引入该项目。该项目是百丈镇引进的第一个小型户外运动项目，第一期投资120万元，2019年吸引游客10万人次，营收约300万元，促进民宿及农家乐创收约700万元。

百丈镇庆祝中华人民共和国成立70周年文艺会演“我和我的祖国”红歌合唱大赛 （百丈镇 供稿）

【百丈镇开展超强台风“利奇马”防汛抗灾工作】 2019年9月5日晚至9月6日凌晨，百丈镇受第9号超强台风“利奇马”影响，短时强降雨（最大的仙岩村，降雨量174毫米），河道水位迅速上涨，漫过河堤。凌晨2点，镇政府指挥抗灾，全体机关、村（社区）干部连夜开展重点区域群众转移工作。迅速启动应急预案，确保各类应急物资和装备到点到位。至凌晨5点，转移安置群众193人，无人员伤亡。抗灾期间，全镇出动镇村干部、党员代表应急队500余人参加抗洪抢险工作。半山村被授予“杭州市防台救灾先进集体”称号。台风导致受灾人口1029人，农作物受灾面积32.53公顷，经济作物损失7.53公顷，冲毁桥梁1座，损坏水利工程39处，发生地质灾害9处。

【百丈镇庆祝中华人民共和国成立70周年文艺会演“我和我的祖国”红歌合唱大赛】 2019年9月27日举行。百丈中心小学的《保卫黄河》获一等奖；镇社区卫生服务中心的《走向复兴》、半山村的《保卫黄河》获二等奖；溪口村的《在灿烂的阳光下》、镇机关的《不忘初心》、双枪科技股份有限公司的《走进新时代》获三等奖。

【溪口红色文化公园启用暨“中国解放日”纪念碑揭幕仪式】 2019年9月28日，百丈镇溪口红色文化公园启用暨“中国解放日”纪念碑揭幕仪式在百丈镇溪口村举行。《人民日报》海外版、央广网、中国网、浙江经视、凤凰网、今日头条视频、腾讯新闻等30余家媒体开展现场报道。

2019年9月28日，百丈镇溪口红色文化公园启用暨“中国解放日”纪念碑揭幕仪式在百丈镇溪口村举行。图为嘉宾和领导揭幕 （百丈镇 供稿）

【百丈镇居家养老服务中心启用】
2019年10月28日，百丈镇举行居家养老服务中心启动暨“健康余杭”我们在行动启动仪式。该中心是杭州市政府“十大民生实事项目”建设内容之一，是医养结合养老服务中心，投资400余万元，使用面积1100平方米。启动仪式结束后，开展为老年人义诊、健康知识讲座、书法创作送书画等免费服务。

【百丈镇滨溪骑行道启用】 2019 年 12 月 22 日，百丈镇人民政府和余杭农村商业银行百丈支行联合开展百丈镇亲子欢乐毅行活动暨滨溪骑行道启用仪式。滨溪骑行道从鸬鸟大道开始，沿百丈溪，途径溪口、泗溪、百丈、半山 4 个村，把百丈镇精品旅游点位串联起来，全长 12.1 千米，是百丈镇 2019 年重点打造的民生实事项目之一。

【中国梭博物馆落户百丈镇文创街区】 2019 年 12 月 30 日，杭州小巷三寻手织布开发有限公司与百丈镇人民政府、百丈镇溪口村股份经济合作社签订合作协议，中国首个梭博物馆落户百丈文创街区。该项目将打造全球第一个梭博物馆，成为省内了解棉麻桑葛等自然植物从种植到成品全过程的体验点和全球业内设计师创作交流平台。

（洪兰）

编辑：范雅君

延伸阅读▶▶

杭州高地社区构建居民协商体系
板凳评议团有事大家谈

不久前，浙江省杭州市南苑街道高地社区居民代表大会刚刚通过了对《居民公约》的修订，完善了垃圾分类相关条款，进一步对从事房屋出租的居民管理义务进行了细化，受到了各方称赞。

高地社区本地居民 2800 多人，而外来人口却有 1.3 万多人，推行垃圾分类过程中，提高他们的参与积极性是一大难点。对此，在新修订的《居民公约》中，高地社区确立了管租户先管好房东的模式，要求房东带头落实，并做好对租户的宣传指导和监督作用，对多次劝导后仍未采取有效作为的房东处以限制从事房屋出租等处罚。

规矩立下了，如何确保所有人都照此执行。“取得共识不难，难的是执行。”高地社区党委书记施雪龙说，大家不仅要对社区内重大事项进行协商议事，更要对妨碍议事成果的行为进行评判。眼下，社区正在筹备新一次板凳评议团会议，针对垃圾分类工作开展协商评议。

板凳评议团团长由社区党委书记担任，负责协商议事评议的代表主要由社区退休老干部、老教师等德高望重的老者、有好口碑的企业家等乡贤及聘请的法官、片警、司法干部、律师组成。

（《人民日报》2019 年 10 月 8 日　方敏　余晓华）

产业平台

Industrial Platform

·浙江杭州未来科技城（海创园）·

【概况】　2019 年，浙江杭州未来科技城（海创园）围绕“三个全域”战略，攻坚“新五场硬仗”，开展“三大比拼”，推进“一城三地三中心”建设，优化完善创新创业生态，举办全国“双创”活动周主会场主场馆活动。全年，重点建设区实现企业营收 6242 亿元，同比增长 24.9%；完成税收 303.2 亿元，同比增长 6.5%；实际利用外资 3.1 亿美元。累计引进培育海外高层次人才 3530 人，两院院士 13 人、海外院士 5 人，国家级海外高层次人才 148人，浙江省领军型创新创业团队 11 支。累计引进股权投资机构 1421 家，管理资本规模 3050 亿元。新增企业 6829 家，累计 20404 家。

【中国（杭州）5G 创新园在未来科技城启动】　2019 年 1 月 20 日，中国（杭州）5G 创新园在未来科技城启动。该园是国内首个 5G 全覆盖、提供完整 5G 产研条件的创新园，为全球 5G 产业链企业提供全生命周期产业服务，共同打造 5G 创新创业生态。

【中国信息通信研究院人工智能（杭州）研究中心在未来科技城揭牌】　2019 年 4 月 3 日，中国信息通信研究院人工智能（杭州）研究中心在未来科技城揭牌。余杭区将与该中心在人工智能、5G 领域开展合作，打造具备国际及区域产业合作和竞争能力的高端人工智能产业发展阵地。

【2019 年全国大众创业万众创新活动周主会场主场馆活动在梦想小镇举行】　2019 年 6 月 13—19 日，第五届全国“双创”活动周——2019 年全国大众创业万众创新活动周主会场主场馆活动在梦想小镇举行。中共中央政治局常委、国务院总理李克强出席主会场活动，并发表讲话。活动期间，约 22 万人次参与梦想小镇主场馆核心区的各项重点活动、主题展示和调研参观。

2019 年全国大众创业万众创新活动周在未来科技城梦想小镇开幕

（未来科技城　供稿）

【杭州未来科技城国际创客港开园】 2019年9月6日，杭州未来科技城国际创客港开园。国际创客港面向在中国创业的外籍非华裔人才，提供开展业务所需的签证、工商注册、落地信息、法律法规、知识产权、财务税务、人才招聘、国家政策等咨询，帮助与投资机构、目标客户、科研机构、关联企业等建立联系，为项目落地提供一站式、全方位的对接和服务。

【浙江人才大厦先导区块投入使用】 2019年9月10日，由省、市、区共同规划建设的浙江人才大厦先导区块投入使用。浙江人才大厦旨在创新山海协作模式，强化区域间双向对接、优势互补，打造全省“创新共同体”，引领带动全省范围内的创新要素共享、产业对接协作、资源优化配置。

【杭州西站枢纽暨湖杭铁路工程开工活动】 2019年9月17日，杭州西站枢纽暨湖杭铁路工程开工活动在位于未来科技城的施工现场举行，标志杭州铁路枢纽西翼核心项目进入开工建设阶段。

【梦想小镇沪杭创新中心在上海揭牌】 2019年11月4日，梦想小镇沪杭创新中心在上海揭牌。该中心旨在发挥异地研发、资本互动、协同聚才、国际合作的纽带作用，推动项目“上海孵化，杭州加速与产业化”，打造在沪大学生创新创业的新平台、杭企在沪研发的新基地。

【超重力离心模拟与实验装置项目开工】 2019年11月18日，超重力离心模拟与实验装置项目开工启动仪式在未来科技城举行，建成后将成为超重力多学科开放共享实验平台。

【余杭“人才创业险”保单在未来科技城生效】 2019年12月9日，余杭区设立的“人才创业险”首份保单在未来科技城生效。11月10日，在“国际人才月”启动仪式上，余杭在全省率先试点设立“人才创业险”。“人才创业险”是余杭区委、区政府打造未来科技城“人才特区”试点的举措，是降低创业者风险的尝试。

（闫国祺）

·余杭经济技术开发区（含东湖街道）·

【概况】 2019年，余杭经济技术开发区下辖街道1个（东湖街道），托管村（社区）38个、公共服务站1个，总人口逾30万人。区域面积约77平方千米。

2019年，开发区实现规上工业增加值188.47亿元，同比增长13.5%；高新技术产业产值150.59亿元，同比增长7.4%。高新技术产业增加值占规模工业比重为80%，实现新产品产值率57.8%。完成财政总收入65.36亿元，地方财政收入33.57亿元，分别同比增长26.54%和26.07%。实到外资3.1亿美元，同比增长0.6%。

招引总投资超100亿元的康纳直升机项目以及优必选机器人等高端装备制造“大好高”项目。引进总投资68亿元的信达生物科技（苏州）有限公司项目以及成都倍特药业有限公司、四川新绿色药业科技发展股份有限公司、杭州百诚医药科技股份有限公司、神州医疗设备有限公司等一批生物经济头部企业。引进工信部服务型制造研究院、浙江大学（余杭）基础医学创新研究院、中国（浙江）卫生健康科技研发与转化平台等重大公共平台。全年41个项目参加全区集中签约。

实施“新制造业计划”，高端装备制造业实现工业总产值426.28亿元，同比增长7.2%；生物经济产业实现工业总产值58.87亿元，同比增长27.0%；家纺布艺产业实现产值79.62亿元。浙江运达风电股份有限公司登陆创业板，杭州微光电子股份有限公司被评为工信部“单打冠军”，杭州中翰盛泰生物技术有限公司等6家企业的产品被认定为“浙江制造精品”，杭州海的动力机械股份有限公司入选浙江省“隐形冠军”。开发区有亿元以上企业100家，其中，10亿元企业11家、50亿元企业4家、百亿企业1家。建立规上工业企业首席数字官制度，实现规上工业企业数字化应用全覆盖，浙江春风动力股份有限公司、杭州老板电器股份有限公司、杭州西奥电梯有限公司等企业项目被评为浙江省数字化车间/智能工厂示范项目，浙江春风动力股份有限公司完成余杭区首个“黑灯车间”改造。成立开发区企业行政服务中心和“亲企办”，推进“最多跑一次”“办事不出园”“最多90天”

等改革。向重点企业派驻政府事务代表。

实施“大孵化器战略”，完善创业创新生态体系。编制开发区大孵化器建设规划和三年行动计划。出台“创新论英雄”评价办法，提升园区管理水平和运营效益。全年新增创新空间51.3万平方米，新认定省级以上园区11家，重点打造的“茧·space”“In park”两大园区投入运营。引进培育海内外高层次人才创新创业项目40个，新增海外领军型人才9人、市级以上领军型人才61人，新增海外高层次人才50人，引进特色人才127人，新增技能人才近1000人。举办中国科技成果创新创业大赛等双创活动100余场次，打造“开发区虚拟商学院”等双创活动品牌。全年新增国家高新技术企业67家，累计220家，全年专利申请量4223件，新授权专利2808件，其中发明专利授权190件。

实施“靓城行动”，围绕打造9平方千米中心城区，编制完成中心区控制性详细规划和城市设计方案。实施老城区有机更新，启动禾丰港改造提升工程，完成风荷路等11条道路施工，开工建设顺风路等19个市政项目。浙江理工大学余杭校区（时尚学院）奠基。全年新增精装人才公寓101套，开工建设人才房850套。启动建设总投资超10亿元的东湖天域田园综合体项目，长虹社区被列入区级“农居革命”试点。

【余杭经济技术开发区生物经济产业集群入选浙江省首批现代服务业与先进制造业深度融合试点名单】 2019年7月，余杭经济技术开发区生物经济产业集群入选省发改委公布的首批现代服务业与先进制造业深度融合试点名单，成为全省9个产业集群类试点之一。本次试点拟以2019—2022年为期限，以生物经济提质增效和转型升级为导向，聚焦高端研发链，着力生产智造链，做大创新孵化链，强化公共服务链，联动健康服务链，形成“生物医药＋健康服务”为核心生物经济产业集群，构建开发区生物经济“一区两基地三中心”①的创新发展格局。

①“一区两基地三中心”：一区即以余杭经济技术开发区本部为核心，两基地指良渚工业功能区、仁和崇贤工业功能区，三中心指打造全国生物经济创新孵化中心、全省生物经济国际流通服务中心、全省生物经济检验审批中心。

【“新制造业计划”推进千人大会】 2019年10月11日，余杭经济技术开发区召开“新制造业计划”推进千人大会。会议指出，开发区要以“抓四大提四度强三力”为抓手，推进开发区制造业高质量可持续快发展，打造千亿级产业集群。通过建设大平台、培育大产业、紧盯大项目、引育大企业，加强企业科技创新、品牌建设、智能制造等方面能力，提升开发区制造业核心竞争力；着力提升产业集聚度、资源集约度、“两化”融合度和产城融合度，打造接轨大上海桥头堡中的“桥头堡”；着力强化开放力、协同力和营商力，打造开发区营商环境和“亲清”政商关系。

【余杭经济技术开发区获得“国家级绿色园区”称号】 2019年10月18日，余杭经济技术开发区召开绿色制造示范名单授牌仪式暨工业绿色发展政策宣贯会。根据《工业和信息化部办公厅关于公布第四批绿色制造名单的通知》，开发区获得“国家级绿色园区”称号，辖区内的杭州诺贝尔陶瓷有限公司和浙江春风动力股份有限公司获得“国家级绿色工厂”称号。

【西奥电梯“超级扶梯”发运】 2019年10月19日，杭州西奥电梯有限公司举行“中国智造　筑梦冬奥”八达岭长城站超级扶梯发运仪式，标志着由

2019年10月19日，八达岭长城站12米大提升高度“超级扶梯”发运仪式举行

（余杭经济技术开发区　供稿）

西奥电梯自主设计制造的国内轨道交通领域提升高度扶梯发往北京2022年冬奥会交通重点配套项目八达岭长城站。12月30日，京张高铁运营，超级扶梯组群随着八达岭长城站的开通投入使用。

【余杭经济技术开发区首届人民运动会】 2019年10月20日，余杭经济技术开发区举行“凝心聚力共奋进，东部崛起勇担当”庆祝中华人民共和国成立70周年暨首届人民运动会开幕式。此次人民运动会是开发区举办的首个大型综合性运动会，设企事业组、村（社区）组两大组别，包含中国象棋、篮球、足球、排舞、田径等10个竞赛大项。吸引73个代表队参加，3000余人参赛。

【“首席数据官”上岗】 2019年11月，余杭经济技术开发区设立“首席数据官”岗位，该岗位是开发区为推进产业数字化发展，在规上工业企业内设置的数字化改造管理专岗，主要由企业内管理层人员担任，要对外学习了解数字化发展新趋势，统筹协调数字化改造方案的具体落地，为企业高质量发展提供相应建议。

【第五届浙江大学校友创业大赛浙江赛区决赛落幕】 2019年12月3日，第五届浙江大学校友创业大赛浙江赛区决赛在余杭经济技术开发区内的“茧·Space”落幕。本届大赛以“科技·创新”为主题，自4月20日启动以来，浙江赛区先后举办行业类专场、特邀群体专场、政府专场路演11场。项目涵盖人工智能、5G、大数据、新能源、新材料等领域，吸引超过200余个项目参赛。决赛现场的项目路演中，上海闪马智能科技有限公司、杭州魔点科技有限公司、杭州木链物联网科技有限公司等10支创业团队相继亮相。最终杭州木链物联网科技有限公司获浙江赛区一等奖。颁奖结束后，举行校地发展合作论坛，邀请企业及开发区代表就如何进一步深化校地合作展开讨论。

【2019中国科技成果创新创业大赛决赛】 2019年12月4日，“余您携手　杭向未来”2019中国科技成果创新创业大赛决赛在余杭经济技术开发区举行。新型工业环保解决方案、纳米乳药产业化项目、3D打印钛合金骨植入等8个项目现场签约，落户开发区。本次大赛是开发区重点打造的双创品牌，面向海内外高层次人才和创新创业团队，以项目招商、人才引进为重点，围绕人工智能、区块链应用技术、医疗器械、智能制造等未来产业领域，筛选和孵化一批优秀人才和优质项目。自6月17日大赛启动以来，吸引300余个创新创业团队参加。决赛设成长组、初创组，进入决赛的项目20个。“新型工业环保解决方案”“运用抗体从头测序技术高效开发体外诊断试剂”项目分获成长组、初创组一等奖。当天，还举行“长三角一体化下的大孵化器战略”主题论坛。

【春风动力完成余杭区首个“黑灯车间”改造】 2019年12月，春风动力有限公司围绕“管理精益化+设备智能化+数据集成化”建设路径，完成余杭区首个“黑灯车间”改造。通过引进高精度自动化产线、智能检测、工业机器人、智能仓储物流等装备，升级开发MES、ERP、PLM、工业云平台等系统及集成平台，运用制造技术、测控技术和信息技术，实现大功率发动机“一件流”的自动化生产、生产物流的精准调度与智能运输以及市场需求的精准分析与高效应对。

【浙江理工大学余杭校区（时尚学院）奠基】 2019年12月29日，浙江理工大学余杭校区（时尚学院）在余杭经济技术开发区奠基，是开发区内第一所大学。项目总投资约20.4亿元，用地面积34.47公顷，建筑面积约30万平方米，南至规划康泰路，北至规划丰润路，东至东湖北路，西至规划华宁路。

（徐越）

·临平新城·

【概况】 2019年，临平新城完成有效投资104.8亿元。其中，高新技术产业投资11.1亿元，同比增长369.3%；工业投资13.7亿元，完成年度目标的137.6%。签约重大项目36个、引进10亿元以上项目2个、产业链项目12个、小而美项目20个。新增国家级海外高层次人才2人、海外高层次人才51人、高校毕业生5000余人，认定区级及以上高层次人才117人。重点建设区新增企业4503家、累计17228家。实现税收39.4亿元、产业税收24.1亿元，分别同比增长19%和26%。

2019年，临平新城实施大孵化器战略，全年出让产业用地11宗21.73公顷，新建产业空间53.3万平方米，新增返租空间17万平方米、孵化载体10个。中国工业互联网研究院浙江分院及国家工业互联网大数据浙江分中心签约落户。艺尚小镇参加全国“双创”活动周主题展，联合中国轻工业联合会启动建设瑞丽街区，共建中国轻奢品牌孵化总部基地。新增时尚企业389家、累计1169家，实现税收4.3亿元。举办中国时尚行业双创大会、中意时尚峰会暨中国服装杭州峰会、中国时尚大会全球峰会、艺尚生活节暨2020SS杭州国际时尚周，获得2019年度时尚产业推动大奖、浙江省数字化示范园区称号，入选杭州美丽生活行业十大榜单、杭州最具品质体验点。中国（杭州）工业互联网小镇启动首期30万平方米，落地阿里云supET工业互联网创新中心、中国工业互联网研究院浙江分院“两大引擎”，带动集聚杭州极维度智能科技有限公司、秒优大数据科技（杭州）有限公司等37家服务商，举办中国工业互联网大会、首届中国工业互联网大赛。

2019年，临平新城谋定“南融、中提、西优、东拓”总体战略，构筑开发建设蓝图。启动九乔国际数字商贸城开发建设，开工长三角数字产业园，基本拉通主干路网，建成丰收湖公园。完工迎宾路南段提升、星发街、永玄路等22个道路项目，全线开工沪杭高速临平段改建工程。开工城市地标项目，建成开放高速入城口迎宾公园，美化亮化迎宾路、临丁路入城口。推进亚运场馆改扩建、余杭博物馆、临平第一小学将军殿校区改扩建、良渚医院等重大民生项目建设，建成星桥、太平等4个23万平方米安置房，开工建设三角、吴家、民乐等6个126万平方米安置房，建成临平新城第二中学，开工建设华东师范大学第二附属中学杭州信达学校等3所学校。

【艺尚女神节】 2019年3月7日，为期3天的首届艺尚女神节在艺尚小镇开启，活动由临平新城管委会主办，区妇联、瑞丽杂志社支持，涵盖“行、购、游、学、食”五大方面内容，策划举办女神时尚行、瑞丽之星海选、滚叔街拍、草坪音乐趴、美院文化市集等十大主题活动和100场女性沙龙，3000余人次参加。

【临平新城与韩国釜山设计中心签订战略合作协议】
2019年3月13日，临平新城与韩国财团法人釜山设计中心签订战略合作协议，共同推进艺尚小镇国际化进程，标志艺尚小镇与韩国时尚产业正式合作。根据协议内容，釜山设计中心将在平台搭建、渠道打通、引进韩国时尚企业、设计人才等方面与临平新城合作，支持开展国际化时尚活动，促进产学融合。

【中国时尚学堂启用】 2019年4月13日，中国时尚学堂（中国服装设计师协会杭州培训中心）启用。学堂位于艺尚小镇时尚文化街区二期，总面积560平方米，内设服装工艺教室、多功能会议室、多媒体教室等，是中国服装设计师协会在长三角地区设立的唯一时尚产业培训机构。

【余杭大剧院公开首演】 2019年5月18日，余杭大剧院以“CNN全球十大交响乐团——捷克爱乐乐团音乐会”作为公开首演。剧院总面积约8.2万平方米，包含1200座大剧院、500座小剧院、展览中心等，能够满足歌舞剧、音乐剧、交响乐、话剧等各类大型演出和中大型会议的使用要求，是余杭区迄今规模最大、功能最全、功能最完善的标志性文化场馆。

【中国时尚行业双创大会】 2019年6月6日，由中国服装设计师协会、余杭区人民政府联合主办，临平新城管委会等单位共同承办的中国时尚行业双创大会在艺尚小镇举行。来自高校、企业、小镇的300余名代表参加会议，14名业界专家围绕“双创大时代、前瞻新未来”进行对话，27所院校学生时尚服装设计作品集中展出。

【艺尚小镇入选全国“双创”活动周主题展】
2019年6月13日，全国“双创”活动周举行，“艺尚小镇创新创业新蓝海”入选杭州主会场“创业带动就业成效明显”主题展区。展示区内，小镇以推动“高端人才”“大学生人才”“专业技术人才”创业就业三方面，展示小镇以人才创业、科技创新为切入点，在园区创新、创优上的做法和成效。

【瑞丽轻奢商街奠基】 2019年6月19日，瑞丽轻奢品牌孵化体系发布会暨瑞丽轻奢商街奠基仪式举行。该街区是艺尚小镇四大时尚街区之一，也是余杭区人民政府与中国轻工业联合会合作、临平新城与瑞丽杂志社共同打造的全国首条轻奢主题街区。街区建筑面积15.5万平方米，总投资15.3亿元。以“建筑无处不轻奢、消费无处不智慧”为理念，设定时尚消费、个性消费、高端消费、特色消费等八大板块。

【2019中意时尚峰会暨中国服装杭州峰会】 2019年6月24日，在艺尚小镇举行。以“创新联动、共享未来”为主题，来自中国、意大利的时尚行业领袖、时尚品牌、专家学者、企业代表等400余人参加，18名中意时尚专家围绕“数字时代：变革与创新”“全球视野：开放与联动”“中国市场：机会与挑战”等主题作演讲。

【2019中国工业互联网大会】 2019年8月14日在临平新城举行。大会以“聚焦工业互联网新生态”为主题，围绕智能制造、物联网、工业互联网技术等，开展主题研讨和技术对接。大会期间，还举行中国工业互联网小镇发布仪式、阿里云supET工业互联网平台创新中心启动仪式。

【中国（杭州）工业互联网小镇开镇】 2019年8月14日，中国（杭州）工业互联网小镇开镇。规划建筑面积约80万平方米，首期启动约30万平方米，以阿里云supET工业互联网创新中心为引擎，集聚5G、工业APP、人工智能、云计算、大数据等领域服务商，打造面向长三角地区的工业互联网产业聚集区。

2019年8月14日，中国（杭州）工业互联网小镇开镇

（王杭涛　摄）

【2019中国时尚大会全球峰会】 2019年9月5日在艺尚小镇举行。大会以“数字经济赋能可持续时尚”为主题，来自中国、英国、美国、意大利、西班牙等国家的12名时尚、数字产业界嘉宾，围绕“5G时代时尚消费的机遇与布局”“AI时代，时尚产业拥有怎样的未来”两大议题进行交流，国内设计师、品牌企业家、时尚教育专家学者等500余人参会。

【迎宾大道（沪杭高速以南段）提升改造完工】 2019年9月，迎宾大道（沪杭高速以南段）提升改造完工。工程全长7.18千米，总投资8.9亿元。主要建设内容包括道路、桥梁、雨污管道、路灯、绿化、人工湖、建筑立面整治、交通设施及其他附属设施工程等。2018年3月开工建设。

【迎宾公园建成开放】 2019年9月，迎宾公园建成开放。公园位于沪杭甬高速余杭收费站北侧、浙商开元名都酒店南侧，总面积约8.5万平方米，通过地形改造、植物景观提升、沪杭高速余杭入城口标识打造，增加铺装、小品、景观照明等措施，打造余杭城市形象入城口景观风貌。

【艺尚生活节暨2020SS杭州国际时尚周】 2019年11月1—10日在艺尚小镇举行。本季时尚周有46个品牌发布作品，观展人数70万人次，时尚品牌ILOVECHOC、MLNew Level等亮相，决出年度时尚造型师、年度时尚艺人、年度时尚创新力人物、年度新锐设计师品牌等奖项。其间，还举办淘创客集市、达人潮购节、天空音乐节等活动。

【临平新城长三角企业创新研发总部基地方案发布】 2019年11月4日，在杭州余杭（上海）产业合作恳谈会上，临平新城长三角企业创新研发总部基地方案发布。基地以供楼供地相结合模式，规划“一轴两翼”空间布局，以迎宾路创新走廊为主轴，规划南北一主一副两个中心，布局东西两翼承载空间，主轴规划空间200万平方米，两翼储备土地100公顷。

【2019首届中国工业互联网大赛决赛】 2019年12月2—3日，在临平新城举行。大赛聚焦工业互联网可解决、能解决、应解决的关键短板问题，旨在加快突破工业互联网规模化发展公认的痛点和难点。自9月开赛以来，参赛团队近900个，提交方案数量逾千，涵盖工业互联网网络、平台、安全、工业APP、新模式等应用场景。入围决赛的20个项目决出一等奖2个、二等奖6个、三等奖12个。

（厉晓媛）

·良渚新城（良渚街道）·

【概况】 2019年，良渚新城（良渚街道）下辖20个建制村、22个社区。区域面积110.2平方千米。

2019年，实现税收58.63亿元，完成财政总收入44.23亿元，完成固定资产投资95.73亿元。

截至年底，辖区有规模以上企业105家，产值超亿元企业23家。全年规模工业经济实现利润7.18亿元。辖区有三产服务业规模（限额）以上企业263家，其中，批发零售企业141家、住宿餐饮企业7家、服务业企业77家、房地产业38家。

2019年，围绕“大文化、大数字、大健康+总部经济”的“3+1”产业定位，服务特色小镇、数字文化社区建设。集中签约杭州金证引擎科技有限公司、日立电梯（中国）有限公司浙江总部等重大项目34个。新引进海外高层次人才45人，新增市级领军型创新创业团队1个。改革企业税源服务，构建“亩产效益”排查联动协作与评价机制，摸清131家企业、12座楼宇与十大市场“亩产效益”底数，推进“零土地”招商与租税联动。实施“大孵化器”战略，引进热浪熊众创空间等7个孵化器，新增双创空间30.4万平方米。研究制定城市有机更新（产业空间）管理办法，推动“新制造业计划”落实落地。梦栖小镇被评为2018年度省级特色小镇“亩均效益”领跑者、第三批省级双创示范基地、浙江省数字化试点园区。

成立“亲企办”，常态化开展“一对一”走访服务，走访企业3300余次，解决问题300余个。强化“低散乱”企业（作坊）长效监管，“回头看”巡查点位5000余个，整治183个，取缔82个。

完成良渚遗址区块、东西快速路高架和地面道路、大运河文化带等重点区域企业签约和拆除工作及湖杭铁路工程交地任务。完成征迁历史遗留问题，保障华润城北副中心CBD、树兰国际医学中心、华润国际医疗中心、博多森谷产业园等重点项目开工建设。

全域开展“大美良渚”建设，小城镇环境综合整治通过省级验收并被评为省级样板。玉鸟路、良业路东段、康良路、良祥路北段等道路工程完工，杭行路北延下穿宣杭铁路、杭行路绿化提升、好运路绿化提升等工程开工，新建柏庙线、阿里线110千伏线路，开工白洋港泵站工程。开工良渚门户公园工程。新港村、港南村创建成为省级“一村万树”示范村，新港村被评为省级生态文化基地和市级美丽乡村精品村，石桥村、良渚村创建为区级美丽乡村精品村。完成第二次全国污染源普查、三大单位和市政管网排查，63家企业及市场完成雨污分流整改。5个住宅小区雨污分流改造工程和良渚村、石桥村、南庄兜村生活污水处理改造提升工程以及薛家坝港、歌罗桥港、荷叶斗港河道整治工程完工，康红新港创建为区级美丽河道，良渚污水厂四期建设完成，街道日污水处理能力提升至10万吨。完成市级垃圾分类示范创建单位5家、区级示范创建60家，良港村垃圾分类工作做法获住建部认可。

良渚古城遗址区周边3个矿山生态环境治理工程完成。启动《施昕更：在良渚的田野上》话剧创作。“传承文明　守护圣地”主题彩稻田，被中央及省、市、区媒体报道。承办“余您携手　杭向未来”余杭高层次人才社会各界庆祝中华人民共和国成立70周年主题晚会，“从良渚文化到良渚文创”报道、“我和我的祖国”良渚快闪分别登上“学习强国”全国平台和省平台，郭运来等7名新老良渚人入选“美丽余杭人”，康宏果家庭入选区十佳“最美家庭”。完成谢村村文化礼堂、北秀社区等6个社区文化家园建设。良渚街道获得浙江省“书香城镇”称号。

建成街道、村（社区）两级社会治理综合服务中心。化解被列入区级防范化解重大风险项目5年的正易国际项目涉稳问题，领导包案件化解率为93.3%。创设“警保联防联勤”模式，超3倍完成老年人居住房智慧烟感安装任务，“智慧安监”生产性企业信息录入率、工伤事故查处率均为100%。开展道路交通安全十大专项整治，道路交通死亡事故数同比下降40.7%。开展农副物流专项整改行动，探索食品安全追溯机制与智慧物流建设，参与全省家宴中心地方标准起草。

勾庄佳苑一期回迁安置房 （良渚新城 供稿）

29个安置房项目全部开工建设，勾庄佳苑一期安置分房完成。良渚第一小学北秀校区等6所学校建成投入使用，良渚第二小学、安溪幼儿园等学校创建为省级示范学校、特色学校，良渚第一中学教师戴文炎被评为全国优秀教师。推进医共体建设，实行“区第三人民医院—良渚分院—服务站”的三级卫生服务体系和同质化医疗卫生服务管理。纤石村、石桥村卫生服务站改造提升完成，街道红十字会被评为全市红十字系统先进集体。

完成新建社区服务中心建设、村（社区）“两约”修订以及吴家厍、谢村和长桥撤村建居工作。建立街道、村（社区）两级退役军人服务站。设立“3+X”扶贫结对帮扶机制，救助贫困户268户、1112人；落实惠民政策补助资金2486万元；新建5家社区级示范型居家养老服务照料中心、23家老年食堂（助餐点）。

【“中国学派重建与动漫品牌打造”产学研合作论坛】 2019年6月8日，余杭区大众创业万众创新系列活动——“中国学派重建与动漫品牌打造”产学研合作论坛在良渚新城梦栖小镇设计中心开幕。论坛邀请国内外专家学者、学术机构、动漫企业、文创企业及政府相关部门探讨在新的时代背景下，“中国动画学派”的重建相关问题。

【第三届世界生命科技大会】 2019年11月15—17日，以“探索、融合、创新”为主题的“2019第三届世界生命科技大会”在良渚梦栖小镇举行。陈竺、黄洁夫、王辰、任少波、Fabio Scano等20余名院士以及1200余名国内外医学界、科技界、产业界人士参加。大会通过“学术、指南、产业”相结合模式，组织有关生命科技和医学前沿领域的主论坛——SATOL（中国）论坛，并设国际肝胆胰峰会、国际感染病高峰论坛、人体微生态高峰论坛和智慧医疗与管理论坛等4个专业特色分论坛，业内专家学者围绕相关议题进行交流。

（祝燕飞）

·杭州钱江经济开发区·

【概况】 省级杭州钱江经济开发区是余杭区五大产业平台之一，位于杭州城北，运河之畔。自2012年核心区全面启动建设以来，经过8年的发展，成为最靠近杭州主城的智能制造集聚空间。开发区实施环境立区、科技兴区、智造强区战略，发展以智能制造业为核心的新装备、新能源、新材料三大产业，形成“一智三新”新型产业体系，打造长三角智能制造产业示范区、长三角创新发展总部基地引领区、杭州产城人文融合发展样板区。形成“一轴两带双心，北智中居南创”的产城融合发展格局。

2019年，完成规上工业产值127.92亿元，同比增长4.24%，规上工业销售产值125.35亿元，同比增长3.22%，规上新产品产值率53.23%，高新技术产值87.76亿元，同比增长1.4%。实现有效投资13.09亿元，其中，生态环境与公共设施投资3.28亿元，高新技术投资2.87亿元，民间投资3.46亿元，工业投资8亿元。

与浙江大学电气工程学院签订协议，共建先进电气装备创新中心。与西北工业大学、西安电子科技大学签订协议，共建杭州创新中心，推进与中国科学技术大学合作成立创新研究中心的进程。依托科技型企业、创新平台、招商项目开展招才活动，申报海外高层次人才10人，完成市A～E类人才认定数6人。

与浙江大学电气工程学院、超威集团有限公司、北京中创为量子通信技术有限公司、通号万全信号设备有限公司、慧博云通科技股份有限公司拟上市企业总部、西安思丹德信息技术有限公司、艾赛斯（杭州）复合材料有限公司等企业的22个项目进行重大项目集中签约，总投资约65亿元。截至年底，钱江经济开发区在建产业项目12个，项目总投资114.18亿元，其中“152”项目2个，全年完成投资10亿元；已签约拟落地项目9个，总用地面积23公顷。

【杭州钱江经济开发区调整区位】 2019年5月15日，钱江经济开发区党工委、管委会挂牌成立。2018年12月经省人民政府批复，杭州钱江经济开发区区位调整至仁和先进制造业基地，总体规划面积56.94平方千米，其中核心区块面积18.37平方千米。

【智能制造创新创业产业园开园】 2019年6月19日，杭州钱江经济开发区智能制造创新创业产业园开园，产业园坐落于开发区核心区内，规划面积近2万平方米。首批签约入驻的有浙江大品智能科技有限公司、芯创基石（杭州）科技有限公司、杭州知愚科技有限公司、杭州加一智能技术有限公司、杭州德睿达电气有限公司、杭州纽格润工程技术有限公司6家企业。被评为市级科技企业孵化器。截至年底，入孵初创企业30余家，海内外高层次人才10余人；4家企业申报余杭区科创企业，2家企业申报高新技术企业，杭州市“521”人才项目申报2人；双创园各项知识产权数量20余件。

【双创园大讲堂】 是由杭州钱江经济开发区管委会主办，根据开发区企业发展的实际需求，为企业提供高新技术企业规划、知识产权项目辅导、财税法务咨询等专业辅导服务而召开的系列讲座。2019年8月8日，第一期大讲堂活动举行。以“知产赋能，协同创新”为主题，由浙江唯觅特科技有限公司知识产权导师朱玲、浙江励恒律师事务所导师黄悦波讲述企业发展中知识产权项目的部署与规划以及商标维权战略等知识。全年举办5期。

【华光焊接新材料被认定为第四批国家制造业“单项冠军”示范企业】 2019年11月27日，杭州钱江经济开发区内企业杭州华光焊接新材料股份有限公司被国家工业和信息化部和中国工业经济联合会认定为第四批国家制造业“单项冠军”示范企业。华光新材料股份有限公司牵头修订《银钎料》国家标准，参与起草《铜基钎料》等4项国家标准和7项行业标准，拥有24件发明专利和39件实用新型专利授权。

（徐璐晨）

·超山风景名胜区·

【概况】 2019年，超山风景名胜区入园人数176万人次，其中第11届梅花节期间接待游客114.97万人次。景区经营收入1008万元。浙江省曲艺家协会超山艺术创作基地落户。名胜区被评为新华网2019年文旅融合发展优秀景区、2019年杭州市民体验日最具品质体验点、2019年杭州市中小学生研学旅行基地。

【主题活动】 2019年，超山风景名胜区完成第11届超山梅花节、“悦动超山·春季文旅艺术节”、第2届超山发呆节、超山10月文旅节、“精彩70年——我和我的祖国”超山摄影大赛、“悦动超山·冬季艺术节”等活动，引进斯巴达勇士赛·杭州站、2019杭州城市定向挑战赛超山站、“9·18”郁金香阳光之夜、“勇敢者之夜”亲子露营节等项目。围绕各类主题活动，通过线上、线下相结合的宣传方式，开拓旅游市场。其中:“悦动超山·春季文旅艺术节”期间，开展青梅音乐节、超山首届少儿艺术大赛、爱在超山相亲会、汽车图书馆开进超山等活动，参与人数2万人次；“斯巴达勇士赛”当日参赛人数超8000人次，包括外籍选手500多人，接待观众及游客超2万人次。

【景区规划建设】 2019年，超山风景名胜区完成勘界立桩工作，标定6.01平方千米风景名胜区范

超山国学大讲堂　　（超山风景名胜区管委会　供稿）

围和3.05平方千米核心景区范围。实际完成投资470万元，实施年度景区提升工程，主要包括东园大草坪公厕提升改造、景区指示牌提升改造、智慧景区提升、别院和三公馆补漏修缮、南园区块照明通水通信保障及零星维护工程等。

【第11届中国杭州·超山梅花节】　2019年1月16日，在超山风景名胜区举行。本届梅花节延续“香约梅海　悦动超山”主题，围绕“品梅花文化”“品古韵历史”“品超山活力”3个篇章，组织举办梅开六瓣·“六瓣梅”自拍节、吴昌硕精品书画展、梅林戏曲大舞台、何为超山·超山情景剧、超山人瘦计划之益行捐步等10余项活动。活动信息被中新网、人民网、新华网等国家级主流媒体报道。

【超山研学品牌建设】　2019年8月25日，超山风景名胜区举办首届开蒙礼，上百位家长与其即将升入小学的子女参礼。9月28日，超山研学产品发布会在超山风景名胜区举行，标志超山研学项目面向市场。超山研学产品以梅花文化、吴昌硕文化为核心主题，推出“走进超山　品诗识梅”研学主题线路，包含诗书画印、自然课堂、定向越野等课程。与杭州市中小学合作，开展“国学超山·梅逸江南”中小学研学旅行项目，不定期开展超山国学大讲堂课程，选拔培养“超山梅花节特约讲解员”，定期到超山开展讲解。

【杭州超然旅行社成立】　2019年11月25日，杭州超然旅行社成立。超然旅行社主要借助超山梅花文化资源优势，整合周边塘栖古镇、良渚古城遗址、安吉吴昌硕纪念馆等旅游资源，重点向长三角客源市场推出特色旅游服务，带动本地乡村旅游发展。

（杨莉）

·西溪湿地·洪园·

【概况】　2019年，西溪湿地·洪园接待游客80余万人次，旅游综合收入首次超过1亿元。2019年，西溪湿地·洪园获得“首批全国文化旅游胜地”称号，被新华网评为“2019文化旅游优选景区”；西溪洪氏家训家风纪念馆被评为浙江省社会科学普及基地。在杭州市第三届景区景点讲解员服务技能大赛中，各有一名讲解员获得“杭州市金牌讲解

2019年11月25日，超然旅行社成立

（超山风景名胜区管委会　供稿）

“龙行洪园·潮动杭城”夏季龙舟文化节

（西溪湿地管委会　供稿）

员”“杭州市青年岗位能手”“杭州市优秀讲解员”称号。

【家风之旅】　2019年，西溪湿地·洪园开展家风之旅。在各渠道挖掘客户群，接待体验家风之旅清风专线的党员干部300余批次，人数近万人。在清风线的基础上，提升内涵，开发亲子研学线路，接待家风研学线游客137批次1万余人。

【洪园文创产业】　2019年，西溪湿地·洪园合作引进自助售卖文创系列产品和文创公司，开设洪园第一家文创产品特许专营店。推进洪园演艺项目，确定主创团队，完成创作剧本。

【洪园特色主题活动】　2019年，西溪湿地·洪园举办特色主题活动，推广洪园品牌。举办“中国味·洪园年”春节活动、“恋恋国风·春盛洪园”春季游园会、“龙行洪园·潮动杭城”夏季龙舟文化节、“盛柿当歌·国乐洪园”火柿音乐节、“鱼跃洪园·畅享干塘”冬季干塘节等主题活动。2019年第八届杭州中国名校龙舟竞渡邀请到香港中文大学与澳门大学龙舟队参与。

【洪园景区推广宣传】　2019年，西溪湿地·洪园分别在广州、西安和重庆大型商场举办3场洪园旅游展，活动涉及对象数十万人。微信公众号15次进入“浙江旅游微信影响力排行榜”前20名，其中6次进入排行榜前十，最高排名第六。春季和夏季的主题活动增加朋友圈广告宣传，总曝光量160万次。通过抖音官方账号发布相关活动宣传视频，获赞10万次，粉丝量6000余人。

活动推广除在中央广播电视总台央视体育频道、新华网、央视网以及省、市、区旅游主管部门官方微博账号、微信公众号上宣传外，还通过今日头条、搜狐新闻、大浙网，机场大屏、地铁站、公交站牌广告等渠道宣传。11月，新华网第七届文化和旅游融合与创新论坛在杭州西溪湿地·洪园举行。

（王影恬）

编辑：范雅君

全区组织机构及负责人名录
Organizations and Principals

·中国共产党余杭区第十四届委员会·

书　　记　张振丰
副 书 记　陈如根　李忠誉
常　　委　祝振伟　王　姝(女)　朱红丹(女)
　　　　　邵伟斌　王建平　袁水良
　　　　　李新芳(女,至6月)
　　　　　王志强(至11月)　皇甫伟华
　　　　　陈夏林　顾国煜(11月始)

区纪律检查委员会

书　　记　邵伟斌
副 书 记　范国权　胡乃女(女)
常　　委　丁银华　章伟胜(至4月)　张晓军
　　　　　赵一峰(至4月)　樊志彪(4月始)
　　　　　潘　颖(女,4月始)

区委巡察工作领导小组(办公室、巡察组)

办公室
主　　任　丁银华
副 主 任　何建福(1月始)　钱　俊

第一巡察组
组　　长　蔡国洪
副 组 长　卫国金

第二巡察组
组　　长　章伟胜
副 组 长　朱慧臣(至12月)

第三巡察组
组　　长　沈伟功(1月始)
副 组 长　祝泽忠(10月始)

第四巡察组
组　　长　沈有松(至12月)　朱法水(12月始)
副 组 长　韩学标

区委办公室

主　　任　梅建胜(至1月)　杨文闯(1月始)
副 主 任　朱丁伟(至1月)　胡一来(至7月)
　　　　　孙　路(10月始)　陶　奇　任　宇
　　　　　王晓平　斯建刚(兼,至7月)
　　　　　沈超乔(女,兼,1月至12月)
　　　　　徐义峰(兼,12月始)

政策研究室
主　　任　梅建胜(至1月)　朱丁伟(1月始)

保密局
局　　长　梅建胜(至1月)　杨文闯(1月始)
副 局 长　杨金良(至1月)

全面深化改革委员会办公室(1月始)

主　　任　朱丁伟(1月始)
副 主 任　姚杭平(1月至12月)

组织部

部　　长　朱红丹(女)
副 部 长　杨文闯(至2月)　计子法
　　　　　沈友忠(至1月)　徐　坚
　　　　　叶　敏(女,12月始)
　　　　　李万民(兼)　陈　勇(兼,2月始)

直属机关工作委员会
书　　记　王　铮(女,至1月)
　　　　　徐　坚(兼,3月至12月)
　　　　　朱红丹(女,12月始)
常务副书记　徐　坚(12月始)
副　书　记　何建福(至1月)　唐鹏飞(至1月)

闫伟光(兼,3月始)

专职副书记　卢勤荣(11月始)

宣传部

部　　长　王　姝(女)

副部长　厉息安　姜　伟　陈　坚

文化创意产业办公室

主　　任　陈　坚

新闻办公室

主　　任　厉息安

精神文明建设委员会办公室

主　　任　姜　伟

副主任　陈树春(至7月)　陈道亮(7月始)

统战部

部　　长　袁水良

副部长　劳晓萍(女)　余洪兴(至1月)
钟月华(至7月)　沈华强(12月始)
常秀兰(女,兼,1月始)　朱学猛
卢松岳(至1月)

台办主任　卢松岳

台办副主任　胡建斌(至1月)

侨办主任　钟月华(至1月)
劳晓萍(女,1月至12月)
沈华强(12月始)

归国华侨联合会

主　　席　钟月华(至1月)
劳晓萍(女,1月至12月)
沈华强(12月始)

政法委员会

书　　记　王　进

副书记　王建平　王艳勤(女)
杨士宏(7月起)　斯建刚(至7月)
陈富强　朱晓燕(女)
吴伯进(10月始)

综治办(至1月)

主　　任　斯建刚(至1月)

区委机构编制委员会办公室(机构编制委员会办公室1月更名)

主　　任　徐礼强(1月始)

副主任　林中鹂(1月始)　吴　俊(1月始)

信访局

党组书记、局长　沈超乔(女,1月至12月)
徐义峰(12月始)

副书记、副局长　方春明

副局长　陈　霞(女)　张世霄(至1月)

老干部局

局　　长　李万民

副局长　唐鹏飞(1月始)　姚冬琴(女)
丁培林(至1月)

·余杭区第十五届人民代表大会常务委员会·

主　　任　汪宏儿(至1月)
阮文静(女,1月始)

副主任　孙炳松(至2月)　白美玉(女)
屠冬冬(至12月)　杜坚强　李敏华
施建华

党组书记　汪宏儿(至1月)
阮文静(女,1月始)

党组副书记　孙炳松(至2月)
李敏华(2月始)

人大常委会办公室

主　　任　林加忠

副主任　徐　兵(女,至1月)
倪满芬(女,1月至12月)

法制内务司法工作委员会(至10月)

主　　任　方晨尔(至10月)

副主任　陈建勇(至10月)

监察和法制司法工作委员会(10月始)

主　　任　方晨尔(10月至12月)

副主任　陈建勇(10月始)

财政经济工作委员会

主　　任　胡永林(至12月)　沈有松(12月始)

副主任　龚玉根(1月始)

教育科技文化卫生(民族宗教侨务)工作委员会

主　　任　孙树荣(至12月)　沈文洪(12月始)

副主任　徐　兵(女,1月始)

代表工作委员会

主　　任　陈文琴(女,至1月)
王利群(女,1月至12月)
倪满芬(女,12月始)

副主任　王序华(女)

城建环保工作委员会

主　　任　王建强(至1月)
郑建芬(女,1月始)

副主任　马依群(女,1月始)

农业和农村工作委员会

主　　任　葛云莲(女)

副 主 任　俞来宝

·余杭区人民政府·

党组书记、区长　陈如根

党组副书记　祝振伟(至1月)　陈夏林(1月始)

副 区 长　陈夏林　许玲娣(女)
　黄宏瞻(至12月)　於卫国(至9月)
　葛建伟　王艳勤(女)
　王志强(至11月)　刘卫华(至2月)
　李新芳(至6月)　周建华
　顾国煜(11月始)　楼秀华(11月始)
　杨金水(12月始)

区政府办公室

党组书记、主任　卞吉坤(至10月)
　沈国峰(10月始)

副 主 任　姚杭平(至1月)
　邵素萍(女,至7月)
　董　静(女)　叶　诚　胡卫建
　冯月娟(女,7月始)　许正良
　刘俊峰　周敏娟(女)　钱祖华(兼)

法制办公室(至1月)

主　　任　卞吉坤(至1月)

副 主 任　沈伟功(至1月)

外事办公室

主　　任　卞吉坤(至10月)　沈国峰(10月始)

副 主 任　邵素萍(女,至7月)
　冯月娟(女,7月始)

发展和改革局

党委书记、局长　杨金水

党委副书记、副局长　卢君飞(女,至12月)

副 局 长　俞评忠(至1月)　田梅咏　黄　欣
　钟祖良(至1月)　王永刚　杨春龙

对口支援和区域合作局(1月始)

局　长　杨金水(1月始)

粮食局

局　　长　杨金水(至1月)

物价局(至1月)

局　　长　杨金水(至1月)

副 局 长　俞评忠(至1月)

区政府金融工作办公室

主　　任　杨金水

副 主 任　卢君飞(女,至12月)

专职副主任　陈旭平(11月始)

经济和信息化局

党委书记、局长　郭云伟

党委副书记、副局长　张　锋(至1月)

副 局 长　杨建芳(女)　邬晓鸣(4月始)
　龚玉根(至1月)　鲍永华

总经济师　吴熠东(11月始)

教育局

党委书记、局长　沈洪相

党委副书记、副局长　余海根(至7月)
　邵素萍(女,7月始)

副 局 长　鲍志法　周建忠　周宝阳　罗永明

科技局

党组书记、局长　周　坚

副 局 长　郑　红(女)　沈高祥　莫虓威
　高志永　陈　斌

民族宗教事务局

局　　长　朱学猛

副 局 长　姚国民(至1月)　吴敏华(女)

公安分局

党委书记、局长　王建平

政治委员　王忠敏(至7月)　赖炳权(7月始)

党委副书记　王忠敏(至7月)　赖炳权
　叶利杰(7月始)

常务副局长　赖炳权(至7月)　叶利杰(7月始)

副 局 长　高建宏　赵林康　刘立翔　郎国锋
　徐义峰(至12月)

交通警察大队

大队长　徐义峰(至12月)

教导员　王　秋

刑侦大队

大队长　周立峰

教导员　于国伟

经侦大队

大队长　许华良

教导员　费建国

治安大队

大队长　洪　康

教导员　胡国祥

巡(特)警大队

大队长　王文巧

教导员　胡少成

国保大队

大队长　陈国华(至4月)　陈建荣(4月始)

教导员　马晓萍(女,至1月)

陈国华(4月始)

看守所

所　　长　郑彦强

教 导 员　沈大庆

禁毒大队

大队长　计建国

教导员　龚金弟(至4月)

陆建伟(4月至10月)

民政局

党委书记、局长　尤金福

党委副书记、副局长　汤宝荣

副 局 长　钱慈祥　施加浩(至1月)

费文桥　马晓萍(女,1月始)

司法局

党委书记、局长　郑建芬(女,至1月)

俞丽月(女,1月始)

党委副书记、副局长　贾国平

副 局 长　陈国良　程江峰

财政局

党委书记、局长　沈世杰

党委副书记、副局长　施成华　姜根军

楼志燕(女)

袁俊军(至11月)

朱　方(6月始)

于　俊(6月始)

国家税务总局杭州市余杭区税务局

党委书记、局长　罗振勇

党委副书记、副局长　姜卫平

副 局 长　陈　伟　吕　伟　杨闻海(至4月)

周林强　史新国

总会计师　吴　凡

人力社保局

党委书记、局长　计子法(至1月)

陈　勇(1月始)

党委副书记、副局长　吴文星(至1月)

副 局 长　李聚忠(至1月)

陆娜萍(女,至1月)　曾　慧

张　蓓(女)　刘卫芳(女,11月始)

国土余杭分局(至1月)

党委书记、局长　陈　勇(至1月)

党委副书记、副局长　丁迎九(至1月)

副 局 长　郑春良(至1月)

钟　奇(至1月)

土地储备发展中心

主　　任　　杨晓艳(至1月)

规划分局(至1月)

局　　长　宋建勇(至1月)

副 局 长　张长永(至1月)　张忠德(至1月)

朱　彩(女,至1月)

市规划和自然资源局余杭分局(1月始)

党委书记、局长　宋建勇(1月始)

党委副书记、副局长　丁迎九(1月至7月)

副 局 长　张长永(1月始)

郑春良(1月始)

总规划师　朱　彩(女,1月始)

住房和城乡建设局

党委书记、局长　宋建勇(至1月)

冯德伟(1月始)

党委副书记、副局长　赵　兵

副 局 长　陈晓强(1月始)　陈　勇

郑　云(10月始)　杨跃蒸

何建刚

住房保障办公室(至1月)

党组书记、主任　冯德伟(至1月)

副 主 任　陈晓强(至1月)　尤初阳(至1月)

交通运输局

党委书记、局长　朱红耀

党委副书记、副局长　叶　茂(12月始)

副 局 长　朱松根　俞根田　沈　川

交通运输管理处

处　　长　张　萍(12月始)

公路管理处

处　　长　徐　科

农业农村局(农业局1月更名)

党委书记、局长　叶维军(1月始)

党委副书记、副局长　孙立英(女,1月始)

副 局 长　章雪梅(女,1月始)　孙金星(1月始)

吴春仙(女,至1月)

郑　浩(12月始)

寿志军(12月始)

农业和农村工作办公室(至1月)

主　　任　叶维军(至1月)

副 主 任　孙立英(女,至1月)

胡惠生(至1月) 施金昌(至1月)
孙金星(至1月)

林业水利局

党委书记、局长 蒋伟琦
副 局 长 胡志刚 舒贤龙 沈勤忠 戴岳军

商务局

党委书记、局长 赵杏文(女)
党委副书记 毛坚勇(7月始)
副 局 长 王 强(至1月) 毛坚勇
周林伟(1月始) 沈秋霞(女)
楼凯华(至1月)
总经济师 潘峰锋(9月始)

粮食和物资储备局(1月始)

局 长 赵杏文(女,1月始)

招商局

局 长 赵杏文(女)

旅游局(至1月)

党组书记、局长 常秀兰(女,至1月)
副 局 长 张建强(至1月)
朱 礼(女,至1月)
方羽公(至1月)

文广新闻出版局(至1月)

党委书记、局长 何军芳(女,至1月)
党委副书记、副局长 张立广(至1月)
副 局 长 朱延风(至1月) 钟 山(至1月)
戴园丽(女,至1月)
李育刚(至1月)

体育局(至1月)

局 长 何军芳(女,至1月)
副 局 长 丁培林(至1月)

文化和广电旅游体育局(1月始)

党委书记、局长 何军芳(女,1月始)
党委副书记、副局长 张立广(1月始)
副 局 长 朱 礼(女,1月始) 钟 山(1月始)
戴园丽(女,1月始) 李育刚(1月始)
方羽公(1月始)

文化市场行政执法大队

大 队 长 朱延风(至1月) 李育刚(1月始)

卫生健康局(卫生和计划生育局1月更名)

党委书记、局长 陆永林
党委副书记、副局长 张剑峰(至1月)
杭建飞(7月始)
副 局 长 杭建飞 庞蔚燕(女) 沈勇敏
黄韶毅(6月始)

审计局

党组书记、局长 陈建荣
党组副书记 陈立良(至1月)
副 局 长 范海坚 何洪明
总审计师 朱建华

统计局

党组书记 蔡志祥
局 长 张 瑾(女)
副 局 长 张余成 沈 炜(4月始)
吴忠良

国家统计局余杭调查队

党组书记、队 长 储小华
党组成员、副队长 赵萧清

环境保护局(至1月)

党委书记、局长 钱 军(至1月)
副 局 长 马依群(女,至1月)
张丽莉(女,至1月)
徐东升(至1月) 徐永伟(至1月)

市生态环境局余杭分局(1月始)

党委书记、局长 钱 军(1月始)
副 局 长 张丽莉(女,1月始) 徐东升(1月始)
徐永伟(1月始)
总工程师 阮建军(1月始)

市场监督管理局

党委书记、局长 胡 昕
党委副书记、副局长 陈亦良
副 局 长 费 勤(至1月)
蒋红燕(女,至1月) 徐全伟
冯啸涛 钟祖良 李杭川(6月始)
总工程师 汤惠英(女,7月始)

城管局

党委书记、局长 高宜生
党委副书记、副局长 俞红杰(至1月)
副 局 长 李广华 钱卫忠(至7月)
童笑田 杨海云(至1月)
吕云丽(女) 王洪强(12月始)

综合执法局

局 长 高宜生
副 局 长 俞红杰(至1月) 李广华
钱卫忠(至7月) 童笑田
杨海云(至1月) 吕云丽(女)
王洪强(12月始)

安全生产监督管理局(至1月)

党组书记、局长 谢德庆(至1月)

副 局 长　方忠明(至1月)　裘　望(至1月)
王群珍(女,至1月)

应急管理局(1月始)

党组书记、局长　谢德庆(1月始)
党委副书记　裘　望(7月始)
副 局 长　裘　望(1月始)　杨海云(1月始)
王群珍(女,1月始)

机关事务服务中心

主　　任　徐　静(女)

退役军人事务局(1月始)

党组书记、局长　朱宏强(1月始)
副 局 长　穆建忠(1月始)
戴群超(女,1月始)

市医疗保障局余杭分局(1月始)

党组书记、副局长　陈时忠(1月至12月)
俞建新(12月始)
局　　长　江　筠(女,1月始)
副 局 长　陆娜萍(女,1月始)

数据资源管理局(1月始)

党组书记、局长　李　瑛(女,1月始)
副 局 长　蔡军兵(1月始)　姜凤华(1月始)

·中国人民政治协商会议第十一届杭州市余杭区委员会·

主　　席　沈　昱
副 主 席　黄　莉(女,至12月)　陈云水(女)
戴桂香(女,至12月)　吴立炜
黄德伟
秘 书 长　吴忠云
党组书记　阮文静(女,至1月)
沈　昱(1月始)
党组副书记　黄　莉(女)

区政协办公室

主　　任　吴忠云
副 主 任　葛连福　罗伟强(12月始)

区政协文史和教文卫体委员会

主　　任　金国强(至1月)　王伟明(1月始)
副 主 任　曹炳和

区政协提案委员会

主　　任　陆春良(至7月)　丁迎九(7月始)
副 主 任　朱延风(1月始)

区政协社会法制和港澳台侨委员会

主　　任　朱根祥
副 主 任　卢培良(12月始)

区政协经济科技委员会

主　　任　江　筠(女,至1月)
夏雪芬(女,1月始)
副 主 任　吴春仙(1月始)

区政协城建和人口资源环境委员会

主　　任　夏雪芬(女,至1月)
金国强(1月始)
副 主 任　俞红杰(1月始)

区政协委员工作委员会

主　　任　胡晓秋(女)

·监察委员会·

主　　任　邵伟斌
副 主 任　范国权　胡乃女(女)
委　　员　张晓军　赵一峰(至4月)
朱法水(至12月)　樊志彪(4月始)
潘　颖(女,4月始)　张　雷
傅丹妮(女,12月始)

·杭州良渚遗址管理区·

党工委书记　张俊杰
党工委副书记　陈寿田
党工委委员　金国平　李新芳(女,至6月)
蒋卫东　李　华　黄德伟(兼)
吕复春(兼)
管委会主任　张俊杰
管委会副主任　陈寿田　金国平
李新芳(女,至6月)

办公室

主　　任　李　华(至7月)　陈小平(12月始)
副 主 任　谢国旗　富程鹏(6月始)

国土与规划建设局

局　　长　王　辉
副 局 长　陈　强　于　蕾(女)

文物管理局
局　　长　陶　豫
副 局 长　施德平(至 7 月)
文化产业局
局　　长　马东峰
副 局 长　楼凯华(1 月始)
遗产管理局
局　　长　陶　豫
副 局 长　沈红华　孙海波
财政局
局　　长　姜根军
杭州良渚遗址遗产监测管理中心
主　　任　郭青岭(女)
浙江省杭州良渚遗址管理局
局　　长　张俊杰
副 局 长　陈寿田　金国平
李新芳(女,至 6 月)　蒋卫东
良渚博物院
院　　长　周黎明
副 院 长　梁慧娟(女,6 月始)

·余杭经济技术开发区[余杭经济技术开发区(钱江经济开发区)5 月更名]·

党工委书记　祝振伟
党工委委员　吴立炜(至 1 月)　金海平(至 2 月)
方新增(至 2 月)　陈叶根　姚文华
蒋叶华(女)
蔡　萌(1 月至 12 月)
施科琦(12 月始)
管委会主任　沈　昱(至 1 月)　祝振伟(1 月始)
管委会副主任　吴立炜(至 1 月)
金海平(至 2 月)　陈叶根
姚文华　蒋叶华(女)
蔡　萌(1 月至 12 月)
施科琦(12 月始)
党政办公室
主　　任　赵琪峰(12 月始)
副 主 任　张　苑(女,至 7 月)
王　超(7 月始)
党群工作部
部　　长　吴明强
副 部 长　张　苑(女,7 月始)
产业发展局
局　　长　王永忠
副 局 长　尤建浩　黄　亮
产业招商局
局　　长　沈华强(至 12 月)
卢君飞(女,12 月始)
副 局 长　冯敏敏(女,至 7 月)
郑　晖(7 月始)
规划建设局
局　　长　赵建锋
副 局 长　张晓文(至 7 月)　赵建锋(至 6 月)
沈文水(7 月始)
创业创新局
局　　长　李　瑛(女,至 1 月)
罗建强(7 月始)
副 局 长　王　超(至 7 月)
产业监督管理局
局　　长　郑妙元
副 局 长　潘贤军
财政局
局　　长　叶立新
副 局 长　胡小多(女,至 7 月)
王新龙(7 月始)
执法大队
大 队 长　姚跃明(1 月始)
副大队长　叶　啸
综合服务中心(建设管理中心)
副 主 任　王君耀　沈文水(至 7 月)
黄强炜　刘　红(女)

·钱江经济开发区(5 月始)·

党工委书记　姚文华(5 月始)
党工委副书记　孟志刚(5 月始)
钟秀龙(兼,5 月始)
管委会主任　孟志刚(5 月始)
管委会副主任　徐建林(6 月始)
肖　军(6 月始)
杨　峰(6 月始)

·浙江杭州未来科技城(海创园)·

党工委书记　梅建胜
党工委副书记　沈友忠(1月始)
党工委委员　柴顺良(至12月)　李文泉
　　朱曙峰　李树平(12月始)
　　徐　进　陆建友　徐　钦　李冰石
管委会主任　陈夏林(至1月)
　　赵喜凯(1月始)
管委会常务副主任　赵喜凯(至1月)
管委会副主任　沈友忠(1月始)　李文泉
　　朱曙峰　徐　进

办公室
主　　任　汪仁娣(女)
副 主 任　沈顺豪(至7月)　宓鹏远(7月始)

财政局
局　　长　李冰石
副 局 长　支小红(女)

招商局
局　　长　李　洁(女,至7月)
　　傅　蓉(女,7月始)
副 局 长　屈永辉(7月始)
　　唐　桥(女,兼,12月始)

创新经济促进局
局　　长　陆建友
副 局 长　傅　蓉(女,至7月)
　　冯敏敏(女,7月始)
　　沈顺豪(7月始)

规划建设局
局　　长　徐　钦
副 局 长　徐建林(至6月)　沈　清(至12月)
　　王利挺(7月始)

城市发展局
局　　长　李文泉(兼)
副 局 长　王晓晟

人才和金融服务中心
主　　任　徐来莹(女)
副 主 任　周林伟(至1月)　屈永辉(至7月)
　　沈　慧(女,7月始)
　　唐　桥(女,12月始)

创新发展服务中心
主　　任　沈芳明

余杭组团(至5月)
管委会主任　陈夏林(至5月)

·法院、检察院·

区人民法院
党组书记、院长　罗　鑫
党组副书记、常务副院长　孔　政
副 院 长　庄根财　王学东　李如兴

执行局
局　　长　魏建民
教 导 员　祝新明

区人民检察院
党组书记、检察长　陈　娟(女)
党组副书记、常务副检察长　王　东
副检察长　肖　清　胡　军　陈利明

临平地区检察院
检 察 长　陈　娟(女)
副检察长　陈玉莲(女)　郁　勇

·群众团体·

总工会
主　　席　杜坚强
常务副主席　施宪法(至8月)　陈　弘(8月始)
党组书记　施宪法(至7月)　陈　弘(7月始)
党组副书记、副主席　梁松英(女)
副 主 席　卢培良(至12月)
　　戴银春(女,挂职,至12月)
　　戴银春(女,12月始)
　　朱国良(挂职,12月始)
　　张金宝(兼)　宋锡强(兼)

共青团余杭区委
书　　记　褚　潇(至1月)
　　郭　健(1月至12月)
　　张哲明(12月始)
副 书 记　周汝琴(女,至12月)
　　张哲明(至12月)　朱佳凌(11月始)

杨　晨（12 月始）
王　哲（挂职，至 7 月）
董佳莉（女，挂职，12 月始）
庞晓涛（兼）　邹　华（兼）

妇女联合会

党组书记　王利群（女，至 1 月）
叶　敏（1 月至 12 月）
仲　昕（12 月始）
主　　席　王利群（女，至 2 月）
叶　敏（2 月始）
副 主 席　姚克萍（女，至 7 月）　莫少骅（女）
方　琼（女）
喻　婷（女，挂职，12 月始）
吴菊萍（女，兼）　沈慧霞（女，兼）

科学技术协会

党组书记、主席　吴　健（至 1 月）
王　铮（女，1 月始）
副 主 席　沈生泉　杨　帆（女）　李旭东
高祥荣（挂职，12 月始）

工商业联合会（总商会）

党组书记　余洪兴（至 1 月）
常秀兰（女，1 月始）
主席（会长）　余洪兴（至 2 月）
常秀兰（女，2 月始）
副主席（副会长）　徐林娟（女）　丁庆伟

文学艺术界联合会

党组书记　冯玉宝（至 1 月）
陈文琴（女，1 月始）
主　　席　冯玉宝（至 2 月）
陈文琴（女，2 月始）
副 主 席　陈　弋　梁红俊
罗云丽（女，挂职，5 月始）

残疾人联合会

党组书记　王伟明（至 1 月）　余海根（1 月始）
理 事 长　王伟明（至 3 月）　余海根（3 月始）
副理事长　凌明高（至 7 月）　韩世忠
唐　琳（女，7 月始）
吴国炎（挂职，至 7 月）
陆　霞（女，挂职）
沈　策（挂职，12 月始）　陈国兴（兼）

红十字会

会　　长　许玲娣（女，兼）
常务副会长　吴芳华（女，至 4 月）
张　瑗（女，4 月始）
副 会 长　林少芳（女，挂职，12 月始）
汤宝荣（兼）　袁俊军（兼）

·其他区直属单位·

效能监督综合考评领导小组办公室（至 1 月）

党组书记、主任　朱宏强（至 1 月）
副 主 任　朱　勤（女，至 1 月）
黄禄权（至 1 月）

党史研究室、地方志编委办公室

党组书记、主任　吴莹岗（至 1 月）
张剑峰（1 月始）
副 主 任　胡健敏（至 1 月）　张　嫣（女）

市委党校余杭区分校

校　　长　朱红丹（女）
常务副校长　占张明
副 校 长　赵丽萍（女）　徐立红（至 7 月）
石翼飞　王　峰（10 月始）

行政学校

校　　长　祝振伟（至 1 月）　陈夏林（1 月始）
常务副校长　占张明
副　校　长　吴文星（兼）

社会主义学院

校　　长　袁水良（兼）
常务副校长　占张明
副 校 长　劳晓萍（女，兼）

余杭报业文化公司（至 12 月）

党委书记、董事长、总经理　俞建新（至 12 月）
党委委员、纪委书记、监事会主席
钱　宇（女，至 12 月）
党委委员、董事、副总经理　贾国勇（至 12 月）

区融媒体中心（余杭广电台）（12 月始）

党委书记、主任（台长）　戚金海（12 月始）
党委副书记、副主任、总编辑　冯旭东（12 月始）
党委副书记、副主任　朱海东（12 月始）
副 主 任　周康明（12 月始）
钱　宇（女，12 月始）
周金火（12 月始）　贾国勇（12 月始）
吴巍峰（12 月始）

杭州临平新城开发建设管理委员会

党工委书记　李敏华（至 10 月）
党工委副书记　华　东（至 7 月）

王耀平(7月始)
马劲询(女,至7月)
党工委委员　沈旭东　沈丽月(女,至7月)
汪全平(7月始)　张志伟(7月始)
钟　奇(1月始)　沈建富(至1月)
张春根(至4月)　杨如芬(女)
管委会主任　华　东(至7月)　王耀平(7月始)
管委会副主任　沈旭东　汪全平(7月始)
张志伟(7月始)
钟　奇(1月始)
沈丽月(女,至7月)
沈建富(至1月)　杨如芬(女)

乔司国际商贸城建设指挥部
总指挥　华　东(至7月)　王耀平(7月始)
副指挥　沈建富(至1月)

良渚新城

党工委书记　黄德伟(至1月)　曾　宏(1月始)
党工委副书记　陈　弘(至7月)
孟志刚(至5月)
费跃建(12月始)　吴宏伟
盛　洁(女,兼,7月始)
俞天寅(7月始)
管委会主任　吴宏伟
管委会副主任　陈伟锋(至7月)　江　旻(女)
邵建富　蒋旭东
叶　欣(7月始)

杭州西溪湿地公园(余杭)管理委员会办公室

党组书记、主任　郭迎辉(女)
副主任　唐　桥(女,至12月)　徐伟林

超山风景名胜区管委会

党工委副书记　杭建卫　李　宾(女)
管委会主任　杭建卫
管委会副主任　金永水(至7月)　金本申
唐　琳(女,至7月)

广电传媒集团(至12月)

党委书记、管委会总裁　戚金海(至12月)
党委副书记　朱海东(至12月)
管委会副总裁　朱海东(至12月)
周康明(至12月)
周金火(至12月)

编委会(至12月)
总编　冯旭东(至12月)
副总编　吴巍峰(至12月)

广电台(至12月)
台长　戚金海(至12月)
副台长　冯旭东(至12月)　朱海东(至12月)
周康明(至12月)　周金火(至12月)
吴巍峰(至12月)

行政服务中心、公共资源交易管理办公室

党组书记　祝振伟(至1月)　陈夏林(1月始)
党组副书记、主任　钱祖华
副主任　叶李华　陶　晨

供销合作社联合社

党委书记、主任　高卫中
党委副书记、副主任　楼建琴(女)
副主任　蒋瑞雪　金云平

余杭供销控股集团有限公司

党委书记、董事长　曹如法(至4月)
高卫中(4月始)
董事、总经理　楼建琴(女)
董事、副总经理　蒋瑞雪

档案局

党组书记、局长　俞丽月(女,至1月)
吴文星(1月始)
副局长　张　迎(女,至1月)
詹应顺(至1月)　姜凤华(至1月)

住房公积金管理分中心

主任　张红雨(女)

信息化管理中心(至1月)

主任　蔡军兵(至1月)

杭州余杭农林资产经营集团有限公司

党委书记、董事长　曹如法
党委副书记、总经理　谈震鸿
董事、副总经理　冯鸿法(至12月)　张理华
杨嘉宾(11月始)
监事会主席　叶晓福

杭州余杭交通集团有限公司

党委书记、董事长　黄洪奎
副董事长、总经理　胡水元
董事、副总经理　徐文国　韩建荣　李飞翔
徐明华(6月始)
监事会主席　张朝才(至12月)
冯鸿法(12月始)

杭州余杭金融控股集团有限公司

书记、董事长　陈炳鑫
副董事长、总经理　陈国建
董事、副总经理　高　磊　王　艳(女,11月始)
监事会主席　陈建忠

杭州余杭旅游集团有限公司

书记、董事长　蒋　敏
党委副书记、副董事长、总经理　金业成(至7月)
陈伟锋(11月始)
董事、副总经理　陈　潜(6月始)
庞卫华(6月始)
监事会主席　许小明

杭州余杭水务控股集团有限公司

党委书记、董事长　高伟兴
党委副书记、副董事长、总经理　江伟峰
董事、副总经理　陈　潜(至7月)
陈　国(7月始)
胡华龙(7月始)
楼继锋(11月始)
监事会主席　沈国春

杭州余杭环境控股集团有限公司(7月始)

党委书记、董事长　高伟兴(7月始)
党委副书记、副董事长、总经理　江伟峰(7月始)
董事、副总经理　陈　国(7月始)
胡华龙(7月始)
楼继锋(11月始)
监事会主席　沈国春(7月始)

杭州余杭运河综合保护开发建设有限公司

副董事长、总经理　甘敏彪

·镇、街道·

运河街道

党工委书记　柴燕萍(女)
党工委副书记　冯　毅(至10月)
陈　杭(10月始)　王康权
办事处主任　冯　毅(至10月)
陈　杭(10月始)
办事处副主任　李龙宝(至7月)
董大兴(7月始)　周文泉
谢　炜　楼　莉(女,至7月)
王哲鸣(6月始)
人大工委主任　戚明强
人大工委副主任　吴兴华　王建强

乔司街道

党工委书记　杨士宏(至7月)
吕复春(7月始)
党工委副书记　曹永佳　郎　毅
办事处主任　曹永佳
办事处副主任　李　旺　高国华(至7月)
周卫列(至12月)　谢巨波
俞建伟(7月始)
孙　璐(女,12月始)
人大工委主任　梅云水
人大工委副主任　张毛根　沈良根(至12月)

塘栖镇

党委书记　郎一舟
党委副书记　王耀平(至7月)
郑志锋(至12月)
郭欣玮(10月始)
周汝琴(女,12月始)
张建东(12月始)
人大主席　黄国连
人大副主席　高水娣(女,至7月)
周黎翔(7月始)　郭铁芳
镇　　长　王耀平(至7月)　郭欣玮(10月始)
副 镇 长　莫小英(女,7月始)
张　伟(至7月)　周黎翔(至7月)
张建东(至12月)　徐建明

崇贤街道

党工委书记　吴建中
党工委副书记　宋　刚　段南京(至12月)
办事处主任　宋　刚
办事处副主任　王海琛(至12月)
戴银春(女,至12月)　王晓良
郭　健(至1月)
人大工委主任　方忠伟
人大工委副主任　王洪顺　戴金芳

临平街道

党工委书记　胡国伟
党工委副书记　仲　昕(女,至12月)
郑志锋(12月始)
邱惠良(至7月)
办事处主任　仲　昕(女,至12月)
郑志锋(12月始)
办事处副主任　张红江(女)　陈菊美(女)
王林峰
人大工委主任　姚子兴(至7月)
金根火(7月始)
人大工委副主任　罗生标(至12月)　包尚利

东湖街道

党工委书记　徐礼强(至7月)　华　东(7月始)
党工委副书记　王　栋(至12月)
姚建华(12月始)
姚跃明(至7月)
高国华(7月始)
办事处主任　王　栋(至12月)
姚建华(12月始)
办事处副主任　陈　鹏　陈治平　毕惠忠
董　峰(12月始)　徐　春
人大工委主任　毛新利
人大工委副主任　甘士明(至12月)
王金莲(女)
喻爱彬(女,12月始)

南苑街道

党工委书记　应世明
党工委副书记　张　静(女)　汪全平(至4月)
杨文杰(7月始)
办事处主任　张　静(女)
办事处副主任　沈丽月(女,7月始)
张晓文(7月始)
林星荣(至7月)
邱永年(至7月)　於　娜(女)
张利春　金明华(至7月)
人大工委主任　姚云良
人大工委副主任　张　伟(7月始)　周文杰
胡锡良(至1月)

星桥街道

党工委书记　沈国峰(至10月)
王　栋(12月始)
党工委副书记　赵琪峰(至6月)
胡一来(7月始)
韩云燕(女)
办事处主任　赵琪峰(至6月)
胡一来(7月始)
办事处副主任　盛富根　余成通　田　峰
沈露霞(女)　林丹琴(女)
人大工委主任　王洪元(至1月)
冯玉宝(1月始)
人大工委副主任　吴佩翔　李龙宝(7月始)

余杭街道

党工委书记　洪建良
党工委副书记　李晓琦　冯鹏飞
办事处主任　李晓琦
办事处副主任　严建武　陈晓芳(女,至7月)
罗建强(至7月)
孙　卫(6月始)
陈　杰(7月始)
人大工委主任　胡建春(至12月)
段南京(12月始)
人大工委副主任　裘凤英(女)　魏元法

闲林街道

党工委书记　於　忠
党工委副书记　姚国华　盛胜峰
办事处主任　姚国华
办事处副主任　顾剑方(至7月)
董国琴(女)　洪雪峰
戴飞飞　沈胜华
夏群升(7月始)
人大工委主任　陈锦秋(女)
人大工委副主任　黄福顺　张晓东(7月始)

仓前街道

党工委书记　施甜甜(女,至6月)
李　洁(女,7月始)
党工委副书记　王洪银(4月始)
穆建忠(至1月)
徐　锋(7月始)
办事处主任　王洪银(4月始)
办事处副主任　董淑娟(女)　陈　波
张云超　张宇晓
人大工委主任　鲍顺国
人大工委副主任　倪金土(至12月)
方溢科

中泰街道

党工委书记　华建林
党工委副书记　赵晓军　姚志华
办事处主任　赵晓军
办事处副主任　马峻峰　蒋月华(至7月)
任文远　胡　边
人大工委主任　刘玉明
人大工委副主任　李元宵　陈建农

良渚街道

党工委书记　黄德伟(至1月)
曾　宏(1月至12月)
费跃建(12月始)
党工委副书记　陈　弘(至7月)　俞天寅
办事处主任　陈　弘(至7月)
邱惠良(7月始)

办事处副主任　张　玮(至7月)　沈国兴
张　娟(女)　沈国兴
王贤铭(7月始)
王　哲(7月始)
人大工委主任　马伟忠
人大工委副主任　徐晓恩(至1月)
张　玮(7月始)

五常街道

党工委书记　金根火(至7月)
斯建刚(7月始)
党工委副书记　陈小平(至12月)
沈　清(12月始)
办事处主任　陈小平(至12月)
沈　清(12月始)
办事处副主任　郭连娣(女)　郎情樱(女)
周　骐　董　峰(至12月)
邢　斌　徐连华(12月始)
人大工委主任　马　峰
人大工委副主任　殷国忠

仁和街道

党工委书记　钟秀龙
党工委副书记　费跃建(至1月)
褚　潇(1月始)
沈汉平(至7月)
宋国平(7月始)
办事处主任　费跃建(至1月)　褚　潇(1月始)
办事处副主任　王　翔　宋国平(女,至7月)
蒋小为　石笑峰
郎佳宁(12月始)
人大工委主任　张正明
人大工委副主任　徐奎龙　钟水泉
赵云江(7月始)

仁和先进制造业基地指挥部(至5月)

总 指 挥　姚文华(至5月)
常务副总指挥　孟志刚(至5月)
副总指挥　钟秀龙(兼,至5月)

瓶窑镇

党委书记　吕复春(至7月)　李　华(7月始)
党委副书记　江新渊　姚建华(至12月)
沈汉平(7月始)
陈时忠(至12月)
沈海涌(12月始)
人大主席　俞卫强(至1月)　沈标华(1月始)
人大副主席　马旭亮　邱国强(至7月)
顾剑方(7月始)
镇　　长　江新渊
副 镇 长　楼红兵　沈海涌(至12月)
陈源杰(至7月)　章吕君(女)
徐　盛(12月始)

径山镇

党委书记　徐伟龙
党委副书记　沈　萍(女)　李国强　石　磊
人大主席　何建民
人大副主席　徐　凯　吴建永
镇　　长　沈　萍(女)
副 镇 长　徐　锋(至6月)　吴文虎　徐建华
陈晓芳(女,7月始)　章志宏

黄湖镇

党委书记　沈标华(至1月)
费跃建(1月至12月)
陈国强(12月始)
党委副书记　陈国强(至12月)
张中文(至12月)
陈时忠(12月始)
李　琴(女,12月始)
人大主席　范海荣
人大副主席　吴焕君
镇　　长　陈国强(至12月)　陈时忠(12月始)
副 镇 长　俞婷婷(女)　盛忠明　白洪森

鸬鸟镇

党委书记　廖洪星
党委副书记　郭欣玮(至10月)
郭　健(12月始)　曹海英
人大主席　沈文洪(至12月)　张中文(12月始)
人大副主席　毛传坤
镇　　长　郭欣玮(至10月)　郭　健(12月始)
副 镇 长　姚渊淇　邹昃宁　董学海

百丈镇

党委书记　卜利斌
党委副书记　叶　敏(女,至1月)　宋　亮
陈源杰(7月始)
人大主席　姜有松
人大副主席　王天翔
镇　　长　叶　敏(女,至1月)
宋　亮(1月始)
副 镇 长　金　弋　王再良　金　杰

(区委组织部干部科)

编辑：范雅君

人物·先进集体

Figures and Advanced Units

·先进人物·

【杜文高】 中共党员，杭州径山妙高茶叶有限公司董事长。2019年浙江省劳动模范。

2008年开始，做好茶叶有机工作，坚持使用传统方式炒制，保证茶叶品质。公司出产的径山茶，2009年获得第八届“中茶杯”全国名优茶评比一等奖，2010年成为上海世博会礼品茶。每年应邀参加大型茶叶博览会，宣传径山茶。作为杭州杭宏电力承装有限公司的总经理，每年台风、洪水季都参与温州、宁波、台州、衢州等地电力抢修。2016年，配合径山镇人民政府在公司抽调技术骨干力量成立径山镇表后服务中心，为径山镇2万户居民提供抢修服务和用电安全宣传等。还援助贵州和浙江的20多名贫困小学生。

【方文英】 中共党员，高级农艺师，区农业技术推广中心粮油站站长。2019年浙江省劳动模范。

2011年，在全区首次引进籼粳杂交稻新品种“甬优12”，促进全区水稻产量提升。每年不定期为全区种粮大户开展扶粮助农优惠政策、粮油作物优新品种、水稻高产栽培技术等培训。2004—2018年，推广水稻直播、免耕直播等水稻轻简化栽培技术。2018年，在全区范围内首次引进示范再生稻栽培模式。推广“三新”技术，促进全区粮油作物大面积均衡增产，为余杭区粮油生产连年稳定发展，实现粮食面积和总产量“五连增”（2014—2018年）和获得浙江省第二届“河姆渡杯”粮食生产先进市（县、区）打下基础。主持实施的“籼粳杂交稻绿色高产栽培技术集成与示范推广”获2016年浙江省农业丰收奖二等奖。参与编写《新型农作制度50例》《余杭种植业品种技术大全》等技术推广书籍。参与制定杭州市级标准2项。

【赖国贵】 浙江春风动力股份有限公司董事长。2019年浙江省劳动模范。

在摩托车行业工作30多年。1992年，带领团队研发成功中排量摩托车125CC发动机核心部件汽缸头。1999年，带领团队攻破技术壁垒，制成中国第一台自主研发的水冷发动机。2012年，春风动力完全自主研发的CF650G系列公务车入选国宾护卫车；2016年G20杭州峰会上，作为国宾摩托车护卫队坐骑亮相。

【邱长法】 杭州东华链条集团有限公司能源维保组组长。2019年浙江省劳动模范。

1992年10月，进入公司。保持严谨认真的工作态度和一丝不苟的工作作风。2011—2013年，负责和参与公司10多项科技创新项目，其中2项被评为集团公司科技进步二等奖和三等奖。革新428H四方铆滚铆装置、20A露铆头自动送料装置、空心销轴链自动铆头等装置及08B内片实现宽料冲裁等技术项目。作为公司的专职培训师，所带的近20名学徒成为分厂、车间、班组中的骨干。

【孙晓安】 浙江诺尔康神经刺激科学研究院院长、浙江诺尔康神经电子科技股份有限公司副总裁、省领军型创新团队负责人、市突出贡献奖获得者。2019年浙江省劳动模范。

2006年，带领研发团队开始研发具有自主知识产权的人工耳蜗。2011年，诺尔康人工耳蜗拿到上市许可证，技术参数与进口耳蜗相当，价格是进口耳蜗的三分之一。诺尔康成为世界上第四家可以规模化生产销售人工耳蜗的公司。产品获得欧盟CE认证，相关成果获得2015年国家科技进步二等奖。发明提出的人工耳蜗系统自时钟信号和能量传输编码方案，高精度灵活分辨率神经刺激电流源设计，神经组织电刺激安全防护措施及人工耳蜗系统难点的无线能量传输方案，为人工耳蜗的研发成功做出关键性贡献。还带领研发团队开发出诺尔康人工视觉系统。

部分2019年浙江省劳动模范（模范集体）合影（左起分别为贝达药业股份有限公司代表、邱长法、杜文高、方文英、余亮）

（区总工会　供稿）

【余亮】　阿里巴巴（中国）有限公司计算机软件工程师。2019年浙江省劳动模范。

主要负责阿里云计算平台下的“城市大脑”IP运作。具有7年多的海外研究工作经验，在大数据、互联网、智慧城市等方面具有丰富的经验和成果。2016年，由其为首的研发队伍开始运营“城市大脑”，领导开发城市大脑中交通信号灯、数字规划、仿真等核心算法，并将阿里巴巴的城市大脑项目推广到马来西亚，实现中国人工智能技术的对外输出。

（区总工会）

【第三届“余杭工匠”名单】

毛建波	杭州手表有限公司
方森鑫	杭州市余杭区百丈镇竹刻工作室
冯宇杰	杭州天扬机械有限公司
任含生	杭州市余杭区鸬鸟果农专业合作社
邱建忠	杭州华惠阀门有限公司
余建伟	浙江永创机械有限公司
张银锋	杭州老板电器股份有限公司
陈建国	南方中金环境股份有限公司
陈隆坤	浙江星月生物科技股份有限公司
周　楠	杭州微光电子股份有限公司
郑美玲（女）	杭州市余杭区乔司职业高级中学
姜骏骏	杭州华能工程安全科技股份有限公司
姚方华	杭州费庄华发织造厂
袁　红（女）	杭州市余杭区第一人民医院
夏　雷	杭州东华链条集团有限公司
徐　伟	杭州西奥电梯有限公司
龚　庆（女）	中翰盛泰生物技术股份有限公司
程迪申	杭州市工艺美术博物馆大师工作室
谭治平	浙江诺尔康神经电子科技股份有限公司
谭　斌	杭州上拓环境科技股份有限公司

（区政府办公室）

·先进集体·

2019年度余杭区获得的部级荣誉一览表

表10

荣誉名称	颁奖单位	确认依据
全国绿化模范县（市、区、旗）	全国绿化委员会	《关于表彰全国绿化模范单位和颁发全国绿化奖章的决定》（全绿字〔2019〕11号）
全国县域数字农业农村发展水平评价先进县	农业农村部	《农业农村部信息中心关于2018年度全国县域数字农业发展水平评价先进县及创新项目和优秀组织奖单位的通报》（农信息〔2019〕25号）
第二批节水型社会建设达标县（区）	水利部	中华人民共和国水利部公告2019年第14号

2019年度余杭区获得的省级荣誉一览表

表11

荣誉名称	颁奖单位	确认依据
平安金鼎	省委、省政府	《关于对2018年度平安市县和平安建设工作突出单位予以表扬的通报》（浙委发〔2019〕4号）
浙江省农业绿色发展先行县	省农业农村厅	《浙江省农业农村厅关于公布农业绿色发展先行县与示范区认定名单的通知》（浙农科发〔2019〕29号）
2018年度全省农村生活垃圾分类处理工作优胜县	省“千村示范万村整治”工作协调小组办公室	《浙江省“千村示范万村整治”工作协调小组办公室关于2018年度全省农村生活垃圾分类处理工作优胜县（市、区）名单的通报》（浙村整建办〔2019〕5号）
浙江省2018年农业“机器换人”示范县	省农业农村厅	《浙江省农业农村厅关于公布2018年农业“机器换人”示范单位名单的通知》（浙农专发〔2019〕161号）
浙江省第六批基本实现教育现代化县（市、区）	省教育厅、省人民政府教育督导委员会办公室	《浙江省教育厅 浙江省人民政府教育督导委员会办公室关于公布第六批基本实现教育现代化县（市、区）名单的通知》（浙政教督办〔2019〕9号）
2018年度“小微企业三年成长计划”工作优秀县（市、区）	省“小微企业三年成长计划”工作领导小组	《浙江省“小微企业三年成长计划”工作领导小组关于2018年各市工作考核情况的通报》
2018年度全省小城镇环境综合整治工作先进单位	省小城镇环境综合整治行动领导小组办公室	《关于2018年度全省小城镇环境综合整治工作考核验收结果的通报》（浙城乡环治〔2019〕1号）
2019年“安全生产月”活动省级优秀单位	省安全生产委员会办公室	《关于公布2019年“安全生产月”活动优秀单位和获奖名单的通知》（浙安委办〔2019〕32号）
2016—2018年全省无偿献血县（市、区）	省政府	《浙江省人民政府关于表彰无偿献血先进集体和先进个人的通报》
人才工作目标责任制考核优秀县（市、区）	省委、省政府	《中共浙江省委办公厅 浙江省人民政府办公厅关于2018年度市县党政领导科技进步与人才工作目标责任制考核优秀单位的通报》
科技进步目标责任制考核优秀县（市、区）	省委、省政府	《中共浙江省委办公厅 浙江省人民政府办公厅关于2018年度市县党政领导科技进步与人才工作目标责任制考核优秀单位的通报》
浙江省区域推进语言文字规范化县（市、区）	省语言文字工作委员会办公室、省教育厅办公室	《浙江省语委办公室 浙江省教育厅办公室关于公布2019年浙江省区域推进语言文字规范化县（市、区）名单的通知》（浙教办函〔2020〕5号）

2019年度区直单位所获先进荣誉（表彰）一览表

表12

受表彰单位	荣誉名称	层级	颁奖单位
区委办	2018—2019年度全省党委系统信息报送优秀单位	省级	省委办公厅
	2019年度《今日浙江》发行工作成绩突出集体和个人	省级	
	全省党政系统机要密码工作先进集体	省级	
区委组织部	2018年度市县党政领导人才工作目标责任制考核优秀单位	省级	省委人才工作领导小组办公室
区委宣传部（区社科联）	2019年度全省县（市、区）社科联测评工作优秀单位	省级	省社科联
区委政法委	全省政法系统先进集体	省级	省委政法委
区委老干部局（区关工委）	全省关心下一代工作先进集体	省级	省关心下一代工作委员会、省精神文明建设委员会办公室
区档案馆	通过国家综合档案馆档案业务建设评价	省级	省档案局
市委党校余杭分校	2018—2019年度全省党校（行政学院）系统科研工作进步奖	省级	省委党校（浙江行政学院）
	全省市县党校行政学校办学质量评估考核优秀	省级	省委党校
余杭广电集团	全省广播电视新闻协作先进集体特等奖（电视）	省级	浙江广播电视集团
	全省广播电视新闻协作先进集体一等奖（广播）	省级	
	全省广播电视新闻协作先进集体一等奖（新媒体）	省级	
区公安分局	全省扫黑除恶专项斗争先进集体	省级	省委、省政府
区司法局	全国“七五”普法中期先进集体	部级	全国普法办
	全省打造“最佳营商法律服务环境”活动通报表扬	省级	省司法厅
区财政局	2017年度中央财政水利发展资金绩效评价优秀	省级	省财政厅、省水利厅
区人力社保局	2019年度全省劳动人事争议案件处理成绩突出单位	省级	省人力资源和社会保障厅
	2019年仲裁工作成绩突出的人力社保局	省级	
	全省人力社保系统绩效考评优胜单位	省级	
区住建局	全省小城镇环境综合整治行动突出贡献集体	省级	省委、省政府（省委办公厅）
区农业农村局	全国农业农村系统先进集体	部级	农业农村部
区商务局	首批产业集群跨境电商发展试点2018年度绩效考核A级	省级	省商务厅
区应急管理局	2019年全省应急管理系统先进集体	省级	省应急管理厅、省人力资源和社会保障厅
区城管局	浙江省生活垃圾分类工作成绩突出集体	省级	省生活垃圾分类工作领导小组办公室
区统计局	第四次全国经济普查先进集体	部级	国务院第四次全国经济普查领导小组
区供销联社	全国百强县级社	部级	中华全国供销合作总社
区检察院	第四届全省“人民满意的公务员集体”	省级	省委组织部、省委宣传部、省人力资源和社会保障厅
	2018年度检察工作成绩突出基层检察院	省级	省人民检察院
区工商联	2019年度全省工商联系统先进单位	省级	省工商联
	2019年度全省工商联系统专项工作先进单位	省级	
区残联	塘栖国家盲人门球训练基地获浙江省集体一等功	省级	省政府

表 13

2019 年度镇（街道）所获先进荣誉（表彰）一览表

受表彰单位	荣誉名称	层级	颁奖单位
运河街道	第三批浙江省“扫黄打非”进基层示范点	省级	省“扫黄打非”工作领导小组办公室
崇贤街道劳动人事争议调解中心	浙江省创建和谐劳动关系暨双爱活动先进组织	省级	省人力资源社会保障厅
仁和街道	2018 年度浙江省农业“机器换人”示范乡镇	省级	省农业农村厅
瓶窑镇	2018 年度浙江省小城市培育试点考核优秀单位	省级	省中心镇发展改革和小城市培育试点领导小组
	浙江省小城镇环境综合整治行动突出贡献集体	省级	省委办公厅、省人民政府办公厅
	浙江省 AAAA 级景区镇（乡、街道）	省级	省文化和旅游厅核定，市文广旅体局发文
闲林街道	浙江省 2019 年度小城镇环境综合整治省级样板	省级	省城乡综合整治工作领导小组
百丈镇	中国竹产业创新示范基地	部级	国家林业和草原局
余杭街道	浙江省 2019 年度小城镇环境综合整治行动省级样板	省级	省城乡环境综合整治工作领导小组
余杭市场监督管理所	全国市场监管系统先进集体	部级	人力资源社会保障部、市场监管总局
乔司街道“乔司好声音”宣讲团	基层理论宣讲先进集体	部级	中共中央宣传部办公厅
仓前街道	第四次经济普查省级成绩突出集体	省级	省人民政府第四次经济普查领导小组
	美丽浙江魅力示范点	省级	省美丽浙江建设领导小组生态文明示范创建办公室、浙江日报社
	2019 年浙江省商标品牌示范乡镇（街道）	省级	省市场监督管理局
	2018 年浙江省慈善基地	省级	省民政厅
仓前街道劳动人事争议调解中心	2019 年度全省劳动人事争议案件处理成绩突出基层调解组织	省级	省人力资源和社会保障厅
仓前街道社会组织党群服务中心	省社会组织党群服务中心示范点	省级	省社会组织综合委员会
径山镇	浙江省 2019 年农业“机器换人”示范乡镇	省级	省农业农村厅
	美丽浙江十佳特色体验地	省级	省美丽浙江建设领导小组生态文明示范创建办公室、浙江日报社
良渚街道	浙江省 2019 年度小城镇环境综合整治行动省级样板	省级	省城乡环境综合整治工作领导小组
良渚司法所	全国模范司法所	部级	司法部
黄湖镇	浙江省森林城镇	省级	省关注森林组织委员会
黄湖镇青少年事务管理委员会	全国“青少年维权岗”（2016—2018）	部级	全国创建“青少年维权岗”活动领导小组办公室
塘栖镇	浙江省 2019 年度小城镇环境综合整治省级样板	省级	省城乡环境综合整治工作领导小组
	浙江省 AAAA 级景区镇（乡、街道）	省级	省文化和旅游厅核定，市文广旅体局发文
	浙江省小城镇环境综合整治行动突出贡献集体	省级	省委办公厅、省人民政府办公厅

表 14

2019 年度平台所获先进荣誉（表彰）一览表

受表彰单位	荣誉名称	层级	颁奖单位
良渚遗址管理区管理委员会	第四届全省“人民满意的公务员集体”	省级	省委组织部、省委宣传部、省人力资源和社会保障厅
余杭经济技术开发区	2018 年度浙江省先进经济开发区	省级	省商务厅
	2018 年度浙江省利用外资十强经济开发区	省级	
	浙江省美丽园区示范名单	省级	

（区委办公室）

【贝达药业股份有限公司】 由海归团队创办的以自主知识产权创新药物研究和开发为核心，集研发、生产、营销于一体的国家级高新制药企业，2003 年成立。2019 年浙江省模范集体。

公司生产基地占地 13.33 公顷，员工 1000 余人，有 GMP 认证的片剂和膏剂生产车间；有原料药、肿瘤口服制剂等 11 个国药准字号药品生产批文。有近 300 名新药研发人员，涉及医学、化学、药学、化学合成、药理学等专业，能完成新药研发的核心工作。截至 2019 年底，公司正在研发的创新药项目 30 多个，8 个进入临床研究。获国内外发明专利授权 161 件，发表论文 422 篇；获国家重大新药创制专项 10 项、创新基金 2 项、“863”高科技计划 1 项、火炬计划 1 项。公司被评为国家高新技术企业、国家火炬计划重点高新技术企业、国家知识产权优势企业、国家示范院士专家工作站、国家博士后工作站等。

公司自主研发的非小细胞肺癌靶向药——盐酸埃克替尼，是国家“十一五”“十二五”重大新药创制专项标志性成果，是全国首个拥有自主知识产权的小分子靶向抗癌药，2011 年，获国家药监局新药证书。2013 年，埃克替尼Ⅲ期临床研究结果在医学杂志《柳叶刀·肿瘤》全文发表。埃克替尼开发研究、产业化和推广应用项目获得 2015 年度国家科学技术进步一等奖，成为中国化学制药领域首个获此荣誉的产品。2016 年 12 月，埃克替尼获得第四届中国工业大奖。其化合物和晶型专利分别获得第十四届和第十六届中国专利金奖，是中国唯一两次获专利金奖的创新产品。公司与中国医药创新促进会合作，开展后续免费用药项目。

（区总工会）

【2019 年度“经济发展特别贡献奖”等优秀单位】

一、经济发展特别贡献奖

阿里巴巴集团

老板集团

二、财政贡献奖

杭州西奥电梯有限公司

杭州意丰歌服饰有限公司

浙江春风动力股份有限公司

百威（中国）销售有限公司浙江分公司

银都餐饮设备股份有限公司

南方中金环境股份有限公司

浙江运达风电股份有限公司

浙江核新同花顺网络信息股份有限公司

维沃移动通信（杭州）有限公司

浙江博多控股集团有限公司

三、科技创新领军奖

淘宝（中国）软件有限公司

杭州康德权饲料有限公司

杭州新希望双峰乳业有限公司

阿里巴巴达摩院（杭州）科技有限公司（阿里巴巴达摩院量子计算创新团队）

浙江大学医学中心（余杭）（肿瘤精准医学创新团队）

杭州安道药业有限公司（贫血药物研发创业团队）

杭州纤纳光电科技有限公司（纤纳光电钙钛矿薄膜光伏创业团队）

贝达药业股份有限公司

中电海康集团有限公司

中移（杭州）信息技术有限公司

四、制造业高质量发展奖

杭州华光焊接新材料股份有限公司

杭州微光电子股份有限公司
杭州先导医药科技有限责任公司
杭州安费诺嘉力讯连接技术有限公司
杭州炬华科技股份有限公司
杭州申昊科技股份有限公司
浙江恒强科技股份有限公司
杭州海的动力机械股份有限公司
浙江海牛环境科技股份有限公司
浙江联池水务设备股份有限公司

五、开放型经济高质量发展奖

华立集团股份有限公司
杭州鼎胜实业集团有限公司
杭州中艺实业股份有限公司
杭州天元宠物用品有限公司
杭州嘉溢制衣有限公司
浙江森马电子商务有限公司
浙江子不语电子商务有限公司
杭州益利素勒精线有限公司
浙江益海嘉里食品工业有限公司
杭州青奇科技有限公司

六、服务业高质量发展奖

医智汇创新工场（杭州中翰盛泰投资管理有限公司）

创鑫时代广场孵化器［奕玄通（杭州）信息科技有限公司］

浙江余杭先进碳材料产业创新服务综合体（杭州云墨智谷新材料科技发展有限公司）

西溪印象城（杭州润衡置业有限公司）
杭州宜家家居有限公司
浙江佳禾影视传媒有限公司
杭州绝地科技股份有限公司

七、支持实体经济发展优秀金融机构

余杭农村商业银行

农业银行（农业银行余杭支行、农业银行西溪支行、农业银行良渚支行）

浦发银行余杭支行

（区委、区政府）

编辑：范雅君

文件辑录

Documents Selection

中共杭州市余杭区委办公室　杭州市余杭区人民政府办公室关于印发《“全域治理”工作方案的通知》

区委办〔2019〕6号

各镇党委、政府，街道党工委、办事处，区直各单位：

关于“全域治理”的社会共治体系建设三年行动计划实施方案和福祉共享为民惠民三年行动实施方案，已经十四届区委常委会第67次会议讨论通过，现予印发，请认真贯彻执行。

中共杭州市余杭区委办公室
杭州市余杭区人民政府办公室
2019年2月19日

余杭区推进社会共治体系建设三年行动计划实施方案（2019—2021）

按照中央、省、市关于国家治理体系、治理能力现代化的总体要求，根据区委“三个全域”建设的战略部署，制定余杭区推进社会共治体系建设三年行动计划实施方案如下。

一、总体要求

（一）指导思想。以习近平新时代中国特色社会主义政法思想为引领，以中央政法工作会议、“枫桥经验”55周年纪念大会、全省政法工作会议精神、“一体两翼”和市委市域社会治理工作体系为指导，以人民为中心，以全面深化改革、现代科技运用为动力，坚持问题导向、民意导向、效果导向，加强区级层面顶层设计，加快社会治理创新，健全社会治理体系，提高社会治理社会化、专业化、法治化、智能化水平，为打造高水平的“平安余杭”创造良好环境，为成为全省基层治理体系和治理能力现代化先行区打下扎实基础。

（二）工作目标。力争用三年时间，以宽广的视野、改革的举措，推进自治、法治、德治“三治融合”，线上治理与线下治理相结合，末端处理与前端治理相结合，专项治理与系统治理、综合治理、依法治理、源头治理相结合，防住风险、堵严漏洞、补齐短板，进一步夯实社会治理根基。全面提升统筹谋划、群众工作、风险防范、舆论导控、应急处置、智慧治理能力，解决一批全区社会治理中存在的突出问题，信访总量明显下降，努力实现人民群众获得感、幸福感、安全感处于全省前列，反映社会平安状态的系列指标走在全省前列，社会治理体系和治理能力建设水平走在全省前列，平安创建县（市、区）排名“保前30、争前20”，努力建成高水平的平安余杭，打造一流善治之区。

二、主要任务

（一）加强党建统领“一个核心”。发挥党建在社会治理工作中的核心和引领作用，加快构建党建统领、分工明确、运行高效的组织领导体系，健全完善“党委统一领导、条块齐抓共管”的基层治理运行机制，实现党建工作与社会治理融合。将党建统领贯穿于“375”（三级架构＋七大体系＋五大工程）社会共治体系始终，全面打造“党委领导、政府负责、社会协同、公众参与、法治保障”基层治理体制。深化“党建＋治理”工作方式，以网格党建夯实基层社会治理基础，发挥基层党组织的战斗堡垒与党员先锋模范作用，强化基层党组织在推进中心工作、矛盾预防化解和培育乡风文明等职责担当，激发党员群众广泛参与基层社会治理。树立大抓基层的鲜明导向，发挥基层党组织抓基层治理的领导作用，深化党建带动群团（社会）组织、志愿者多元力量、各类资源参与基层社会治理，以党建统领推动“全域治理”落实落地。

（二）完善三级联动治理架构。健全完善以区级为中枢，以镇、街道为主体，以村、社区（网格）为基石的三级联动治理架构。

1. 健全区级指挥中枢。积极贯彻上级精神，发挥好区一级在社会治理体系中事件分流交办、力量指挥调度、工作检查督办、考核奖惩建议、数据分析研判等功能，构建权责清晰、智慧集成、扁平立体、运行高效的基层运行管理体系。一是加强统筹协调力度。建设区社会治理综合服务中心，在区委、区政府统一领导下开展工作，主要负责协助区委、区政府组织、协调、督促、指导镇（街道）、部门和广大群众开展基层治理、维护社会稳定和深化平安建设工作。区委、区政府赋予中心对社会稳定形势研判、重大信访维稳案件指挥、事件流转派单、矛盾纠纷调处、为民办事服务、督查考评等职能。二是加强条块资源融合。整合原本分散设置的各类与社会治理和矛盾纠纷化解密切相关的机构，实行集中办公。整合力量、协同业务、共享数据，建设线上线下相结合的区、镇（街道）、村（社区）三级社会治理综合服务中心。优化“基层治理四平台”下沉部门和人员力量，完善网格准入，理顺网格化管理体制。对力量下沉的区级部门和网格事务准入部门开展考核。三是加强预测预警预防。以“城市大脑·社会治理”项目为牵引，以基层治理综合信息系统为主干，以雪亮工程和各类前端采集设备为触角，推进信息数据系统归集、融合共享、智能应用。对信息系统采集的人、地、事、物、企业、组织全量档案开展分析研判，把握风险走向，做好预测预警预防，最大限度把各类风险防范在源头、化解在基层，实现基层治理的“经验数字化”。

2. 做强镇（街道）运行主体。强化条块联动、上下联动、资源融合，提升镇（街道）统筹能力。一是加强党（工）委书记社会治理第一责任。镇（街道）党（工）委书记不仅是党建工作“第一责任人”，也是社会治理“第一责任人”。要坚持统揽全局、抓人促事，对社会治理重要工作做到亲自部署、重大问题亲自过问、重点环节亲自协调、重要案件亲自督办。二是加强“基层治理四平台”工作机制。镇（街道）加强对下沉部门和人员的日常管理和考核，确保人员真下沉。严格落实镇（街道）分管负责人周例会、主要负责人月会商、突发情况应急会商工作机制，加大事件分流交办力度，牵头开展镇（街道）层面联合执法，确保“四平台”真融合、真管用。三是加强“一体两翼”格局构建。总结提升推广新时代“枫桥经验”和G20维稳安保工作经验，夯实镇（街道）主体责任，完善网格信息发现、上报、研判机制，建立健全“一三五”维稳应急工作机制，构建“防火”“灭火”两翼并举的基层维稳工作新格局。

3. 做实村、社区（网格）自治基石。村、社区（网格）是推进完善基层群众自治机制的关键，要健全网格发现机制，提升网格服务管理，打通社会治理最后一米。一是深化村（社区）党组织对网格工作领导。接受镇（街道）网格化服务管理领导，承担网格工作日常管理任务。村（社区）书记任总网格长，村（社区）主任任副总网格长，对本辖区社会治理负总责。网格长原则上由村（社区）班子成员担任，发挥网格员日常管理作用，延伸社会治理触角，使问题隐患在第一时间发现、第一时间解决，实现“小矛盾早化解、小事不出村”目标。二是加强网格化运行管理。健全完善执行网格化服务管理工作的运行机制，压实网格长责任，加强对网格“一长三员”队伍的管理、培训、考核、激励。三是深化群众参与村（社区）自治机制。广泛发动各类高层次人才、退休干部、退休医生、退休教师、乡绅乡贤等基层骨干参与社会治理，探索社会组织参与村（社区）治理机制，引导、培育、支持各类社会组织积极参与平安宣传、心理健康、矫治安帮、法律援助、纠纷调处等社会治理活动，提高群众自治能力和水平。

（三）建立七大体系。建立基层民主协商、矛盾预防化解、公共安全防范、社会心理服务、和谐文化、社会协和、法治保障“七大体系”，并将智慧治理贯穿其中。

1. 基层民主协商体系。深化党领导下的基层民主协商组织体系建设，不断丰富协商内容形式，提高基层民主协商制度化、规范化和程序化水平。一是分层完善协商组织架构。建立完善镇（街道）级民主协商议事会（设在党群科）、村（社区）级民主协商议事会和网格级议事小组三级协商组织架构，广泛吸收群团组织、社会组织参与，不断强化区域联动，分层分类搭建对话渠道，扩大协商共治参与面。二是健全民主协商议事机制。完善镇党代会、人代会和街道民主协商议事机制，重点做好决策性协商；建立村（社区）党组织与村（社区）民主协商议事会的联席会议机制，完善议题交办、跟踪反馈链条机制，有效助推中心工作；深化网格协商制度，优化村（居）民微自治机制，解决网格各项事务。强化民主协商议事会过程把控、每月例会、学习培训和工作保障等机制，确保工作常态长效。三是持续规范协商程序。优化六步协商议事法，围绕广泛收集意见、研究确定议题、制定协商方案、发布协商公告、开展议事协商、通报协商情况等步骤，进一步完善基层民主协商规范流程。在确保规范化的基础上，结合实际多形式开展协商活动，打造基层民主协商“余杭样本”。四是强化工作落地与成果运用。实施基层民主协商“一村（社）一品”推动中心工作项目，着力破解项目推进、信访维稳和村级集体经济壮大等重难点工作，全面推动中心工作落实落地。健全基层民主协商工作的目标责任考核体系，强化责任落实，推动协商成果转化实施。

2. 社会矛盾预防化解体系。按照事前预防、事中排查处置、事后化解稳控的工作思路，深化矛盾风险排查预防、分流交办、重大矛盾调处等工作，实现小事不出村、大事不出镇、疑难事件不出区，有效遏制重大群体性事件、非正常访，坚决杜绝极端恶性案件，各类矛盾和信访总量明显下降，确保实现“无信访积案区”的创建目标。一是构建维护稳定“一体两翼”工作机制。强化镇街（街道）党委政府基层社会稳定主体责任，筑牢“防火”防线，守住“灭火”底线，确保涉稳事件发现在早、扑灭在小。二是开展“无信访积案区”创建。努力实现国家、省信访局交办的信访积案100%办结，70%以上的人员息诉罢访；市、区两级交办的化解类信访积案“清零”，矛盾纠纷调解成功率达93%以上；本地当年新增积案下降50%以上目标。三是健全社会矛盾多元化解机制。巩固完善区矛调中心功能定位，建立健全以人民调解为基础、覆盖各级各部门各行业的“金字塔型”大调解体系，继续推进网络交易纠纷、道交事故纠纷、欠薪纠纷等领域“互联网+”一站式纠纷化解平台建设。四是构建重点风险领域社会矛盾防范化解长效机制。加强互联网金融、房地产市场两大矛盾易发多发领域的源头治理，探索建立风险防范化解长效机制。

3. 公共安全防范体系。提升安全源头治理能力、防控能力、监管能力、应急救援能力，有效防范一般事故、重点遏制较大事故、坚决杜绝重特大事故。一是加快构建党政领导安全责任体系。以《地方党政领导干部安全生产责任制规定》和《浙江省地方党政领导干部安全生产责任制实施细则》为依据，研究制定余杭区实施办法，加强区级双“1+X”建设。充分发挥7个专委会的专业支撑能力，理顺部门职责，压实属地责任，形成高效完善的安全监管体系。二是加快创建国家安全发展示范城市。强化城市安全运行，构建符合余杭实际的综合性、全方位、系统化、现代化的城市安全保障体系，大力实施城市安全发展战略，积极开展安全发展示范区、示范镇（街道）和示范村（社区）创建活动，建设六大基础工程，聚焦十三大重点领域治理，努力提升全区城市安全管理水平。三是加快建立公共安全应急救援体系。健全安全生产应急储备体系，完善应急资源共享、统一调度机制，探索建立统一的安全应急救援指挥平台，加强各行业领域应急救援队伍建设，完善安全应急救援预案。到

2021年，各类生产安全事故死亡人数、亿元GDP生产安全事故死亡率比2018年明显下降，工伤事故起数下降50%。

4. 社会心理服务体系。将社会心理服务融入社会全域治理体系，构建起“以心理知识宣传普及为前端、心理问题检测预警为中端、高危人群精准干预为末端”的社会心理健康全程服务链，培育自尊自信、理性平和、积极向上的社会心态。一是建立健康支持性环境，提高公众心理健康素养。社会心理健康纳入健康城区评价指标体系，加大社会心理健康宣传力度，完善心理咨询服务热线功能，提供多维度社会心理服务平台，20家镇（街道）解铃工作站（室）运行顺畅，面向公众提供专业的心理健康教育、心理测评、心理咨询等心理健康服务，在全区社会层面营造浓厚的心理健康文化氛围。二是对重点人员开展社会心理监测预警和干预。建立健全社会心理服务运行机制，依托基层治理综合信息平台，建立社会心理服务信息库，动态梳理重点对象的基本情况和信息，开展专业心理评估，实施个性化心理干预和疏导，努力实现高危对象无自伤自残、肇事肇祸，关注对象无恶意闹访、随意缠访，一般对象无消极冲动行为的目标。三是培养5支队伍，提升社会心理服务团队能力。建立全区社会心理服务人才库，培养专家、专业、专兼职、志愿者和心理危机干预5支队伍，与高校联盟，依托专家，搭建互联网学习平台，定期组织专业团队开展技术研讨、学术交流，案例讨论、专班沙龙、小组成长和专家督导等学习活动，开展社会心理服务学术研究和阶段性成果评价，为社会心理服务持续深入开展提供科学依据，不断提升团队的专业服务和科研能力。

5. 和谐文化体系。提高人民群众思想觉悟、道德水准、文明素养，改善网络生态，营造平安文化，引导城乡群众崇德向善、见贤思齐，全社会正气充盈。一是注重思想教育引领。积极培育和践行社会主义核心价值观，深化“我们的价值观”主题实践活动，将核心价值观融入文明公约、村规民约，纳入文明创建、评先树优、群众教育范畴，有效推动社会主义核心价值观到基层、到户、到人，形成和谐文化的价值认同。二是注重“好家风”培育。以“注重家庭、注重家教、注重家风”为重点，深化开展“传家训、立家规、扬家风、爱家乡”主题系列活动，“廉洁好家风”主题教育活动，寻找“最美家庭”系列活动等，运用生活化的场景、日常化的活动、具象化的载体，引导广大居民、家庭大力弘扬中华优秀传统文化和社会主义家庭文明新风尚。三是注重典型示范带动。建立健全弘扬“最美精神”在平安创建中的工作机制，打造“我们余杭人”精神文化品牌，开展“道德模范”“美丽余杭人”“最美人物”和“身边好人”评选，在全社会形成崇德向善、见贤思齐的浓厚氛围。四是注重文明行为养成。做好城市文明指数测评迎检工作，加强指导、督查、通报、整改工作。建成一批农村文化礼堂、社区文化家园、公共阅读空间，充分发挥基层文化阵地作用。加强余杭市民“十不”行为规范宣传教育，开展不文明行为典型曝光。五是注重文明新风倡树。加强推进市民文明积分管理工作，充分调动广大市民参加文明创建活动积极性，形成争做“文明有礼余杭人”的良好氛围。深入推进“新风汇余杭”等主题活动，倡导文明、和谐、喜庆、节俭过节日的理念，推动移风易俗，促进乡风文明。六是注重网络综合治理。通过网络社会组织建设加强网络内容规范化指导服务，推动行业自律，督促企业履责，共建自净化网络生态。深化省级青少年网络素养教育基地建设，拓展网络素养教育研究，提升全民网络素养教育水平。七是注重社会正能量传播。通过余杭本级媒体的新闻报道、专栏节目、公益广告、新媒体推送等多种途径，宣传平安余杭、文明新风、先进典型等社会正能量，引领带动群众积极投身“全域治理”建设。充分利用省市上级媒体平台，进一步扩大传播覆盖面和影响力。

6. 社会协同体系。融合社会资源，动员全社会力量广泛参与社会治理，建立纵向衔接、横向贯通、科学运行、务实高效的基层治理社会化网络。一是发挥群团组织桥梁纽带作用。发挥群团组织桥梁纽带、聚合引领、组织动员的作用，将其在政治资源、群众基础、组织网络等方面具有的独特优势与现代基层治理体系充分融合，有效激发社会活力。二是发挥社会组织中坚骨干作用。建立区、镇（街道）和村（社区）三两级社会组织培育孵化基地，为社会组织发展提供服务平台。通过政府购买服务，积极引导社会组织参与社区治理。充分发挥社区、社会组织、社会工作者“三社联动”的社会治理协调优势。三是发挥群众志愿者群防群治作用。培育志愿服务文化，以“群防群治”为抓手，以提升“平安三率”为目标，以“志愿汇”为平台，持续发动党员、楼道长、志愿者参与到社会治理中来，进一步增强平安建设合力，筑牢和谐稳定根基。四是发挥企业平安创建主体责任。以省平安创建暗访检查清单为抓手，将检查清单变为企业责任清单，通过培训、检查、执法等形式，督促企业切实履行主体责任。

7. 法治保障体系。以法治思维与法治方式推动和保障“全域治理”，在全区形成依法治理的良好态势。一是强化依法执政。落实法治责任制，通过法治国情调研基地专题调研破解法治难题。开展“法务前置”工作，在重大决策行为之前进行合法性审查、风险评估，防范化解法律风险。完善领导干部和国家公务员学法用法制度，打造“革命化、正规化、专业化、职业化”的高素质政法铁军。二是推进依法行政。完善政府信息公开制度，加强互联网政务信息数据服务平台和便民服务平台建设。推进综合行政执法改革，合理配置执法力量，充实基层执法力量。落实行政执法全过程记录、重大行政执法决定法制审核、行政执法公示“三项制度”，促进严格规范公正文明执法，全区执法人员浙江省行政执法证持证率达到95%。落实年度府院联席会议制度、行政审判与行政复议联席机制，加大对行政案件审理中热点难点问题的分析研判力度。探索建立滥诉缠诉规制机制，多元化解行政争议。到2021年，行政首长出庭应诉率不低于80%。三是深化司法保障。严厉打击黑恶势力、非法集资、金融诈骗等破坏市场秩序、影响发展稳定的行为。抓好公平公正法治环境十条的落实，加大“执转破”力度，全面实施破产案件简易审。加强“征迁清零”、拆违、“低散乱”整治等重点工作的司法保障。严格落实司法责任制，深化司法体制配套机制改革，发挥公益损害与诉讼违法举报中心作用，完善一体化办案机制，加强“两法衔接”信息平台建设。四是促进全民守法。落实普法责任制，实现执法部门普法常态化，突出外来人口等重点人群，实施精准普法。推进区域法治文化建设，实现全区镇（街道）法治文化景观带覆盖率100%。完善公共法律服务体系建设，加快建成覆盖全业务、全时空的法律服务网络，提供普惠均等、便捷高效、智能精准的公共服务。

（四）开展五大工程。开展三级社会治理综合服务中心建设工程、乡村治理工程、社区治理工程、园区治理工程、智慧治理工程“五大工程”，有效承接“三级架构”“七大体系”建设。

1. 三级社会治理综合服务中心建设工程。以“实战导向、实体运行、实效为先”为原则，建设区、镇（街道）、村（社区）三级社会治理综合服务中心，进一步完善社会治理三级联动治理架构，提升基层治理统筹协调和指挥调度能力。一是推进区社会治理综合服务中心实体化运行。整合区基层治理综合信息指挥中心、综治中心、网格化服务管理中心、人民来访联合接待中心、矛盾纠纷排查调处中心、公共法律服务中心、社会心理服务指导中心、社会组织培育孵化中心、舆情导控中心、专业性行业性调委会、“百姓通”便民服务平台等原本分散设置的各类与社会治理和矛盾纠纷化解密切相关的机构，整合人员力量，实行集中办公，设置接待大厅，设立功能区块，建设信访超市、矛盾纠纷化解平台、综合信息指挥平台、社会心理研究平台、社会组织培育孵化平台、城市大脑应用平台等“一超市五平台”，为人民群众提供信访接待、司法行政、法律咨询、法律援助、心理疏导、专业帮困等服务。二是推进镇（街道）社会治理综合服务中心建设。按照区社会治理综合服务中心建设内容，结合本地实际情况，建设镇（街道）社会治理综合服务中心。通过集中办公、集约管理、集成服务等方式，统筹整合综治、信访、司法、民政、劳动监察、规划和自然资源、卫生健康、住建等基层单位资源力量，设立无差别受理窗口，健全矛盾纠纷调解室、心理咨询室、法律服务室、社会组织孵化室等功能设施，提高镇（街道）社会治理综合服务中心服务人民群众、维护社会稳定的能力水平。三是推进村（社区）社会治理综合服务中心建设。依托村（社区）综治中心、人民调解委员会建立村（社区）社会治理服务中心，整合乡贤、党员、人民调解员、网格员、志愿者等社会治理资源，尽早发现、及时调解矛盾纠纷，反映和协调人民群众利益诉求，将大量矛盾纠纷解决在村社，提升基层社会治理能力。

2. 乡村治理工程。健全以党组织为领导、村委会为主导、人民群众为主体的新型基层社会治理框架，较好发挥群众自治能力。一是加强村党组织领导。强化村党组织的领导核心作用，以网格党建提升支部组织力，持续开展“建最强支部、做最美党员”创建活动，激发网格支部和党员在基层治理中的攻坚作用。大力实施“红色联盟”行动，推动区域联盟、乡村振兴联盟、基层治理联盟等各类联盟协同发力，形成党建统领、多元参与的基层治理格局。二是加强党建引领“三治融合”。强化示范引领，实施“三治融合”村善治计划，健全完善“3+X”公共法律服务模式，健全弘扬“最美系列”评选，加大道德评判力度，以现有省级民主法治村为基础，2019年重点优化升级30个“三治融合”示范村。2020年，总结创建经验，加大全区推广，推动“三治融合”示范村提质扩面。2021年，巩固工作成果，深化完善提高，全面提升“三治融合”水平。三是加强综合治理能力。深化党员联户“五上门”机制，广泛发动村民参与平安巡防、消防安全、矛盾调解等工作，群防群治筑牢公共安全“底线”。深化党建带动群团（社会）组织力量，推进村级群团组织改革创新，促进村级社会组织服务基层治理作用发挥，凝聚多元力量提升基层治理实效。四是加强公共服务水平。加强村级公共服务设施规范建设，健全基层综合服务管理平台，推进村级基本公共服务均等化。加快党员先锋指数与志愿者积分管理系统整合，村级党群服务中心体系和全区党员志愿服务一体建设，开通民情直通车，完善村级社会心理服务机制，加快推进解铃工作室建设，寓治理于服务。

3. 社区治理工程。建立健全以社区党组织为领导核心，居委会为主导，居民为主体，居务监督委员会、群团组织、驻社区单位、业委会、物业公司、社会组织等共同参与的社区治理架构。一是提升社区党建引领居民自治水平。充分发挥社区党组织推动发展、服务群众、凝聚人心、促进和谐作用，积极推动将社区公约作为指导居民群众言行最具自发性和先导性的规范，开展社区公约主题活动、村（居）民自治类公益项目，引导居民积极参与。建强社区自治组织，激发社区治理活力，引导全社会力量广泛参与社区治理，促进社区参与、培育社会组织、发展社会工作，实现小社区撬动大治理模式。二是提升物、居、业、网融合共治水平。理顺政府、开发商、居委会、业委会、物业公司在新小区建设和管理方面的职责和分工机制，深化网格化治理体系，探索由网格长兼任小区业委会主任，发挥网格长、专兼职网格员、楼道长、业委会、物业公司作用，激发、鼓励“新余杭人”参与小区治理，推进社区融合。三是提升社区综合治理水平。推进文明社区和法治社区建设，深入开展文明、法治宣传进社区活动。完善公共安全隐患及矛盾纠纷发现、处置机制，加强社区警务力量、网格队伍和群防群治队伍有机协同，引导人民调解员、基层法律服务工作者、社会工作者、心理咨询师等专业队伍，在物业纠纷、家事纠纷、邻里纠纷等领域发挥积极作用。

4. 园区治理工程。在全区符合条件的各园区、商圈市场、商业楼宇、学校、林场、医疗卫生机构及大型企事业单位等开展园区治理工程，由单位会同属地镇（街道）探索建立专属网格，统一编码管理，开展专项工作，实施专项治理，提升园区治理精准化、规范化、精细化水平，实现基层社会治理全覆盖。一是强化园区党建引领。推进园区“两新”组织“固沙型”党建模式，健全完善企业党群协商、党企联系会等制度，发挥党群服务中心或园区综合党组织统筹协调作用，积极引导园区主体参与区域治理，引导党员群众加强自我管理，助力园区和谐健康发展。二是强化园区“三治融合”。充分发挥工会组织、行业协会等组织机构在提升园区“三治融合”水平上的积极作用，加强园区主体自治建设，明确企业平安创建主体责任，加强园区企业普法守法的法治建设，加强园区崇德向善的德治建设，构建符合新时代要求的园区治理新模式。三是强化园区网格治理。根据园区单位性质，整合单位负责人、安全分管领导、职工、物业管理人员、安保人员及单位所在属地镇（街道）、平台、单位主管部门等人员力量，组建“专职＋专业”的园区社会治理队伍，科学配置网格力量，确保每个专属网格有1名以上专职网格员。细化明确并单独制定专属网格任务清单，规范专属网格发现事件的采集建档、分流交办、检查督促、结果反馈等流程。

5. 智慧治理工程。以“城市大脑·社会治理”项目为牵引，以基层治理综合信息平台为基础，以雪亮工程和各类前端采集设备为触角，推进信息数据融合共享、智能应用，进一步发动群众参与智慧治理，为发展稳定大局和提升公共服务提供智能保障。一是完善社会治理大数据库。动态建设“一标三实”（标准地址、实有人口、实有房屋、实有企业或组织）社会治理基础信息数据库，形成人、地、事、物、企业、组织全量档案，做到社会治理底数清、情况明。二是完善城市大脑平台建设。完善“总平台＋应用模块”的“1+N”基本架构，提升智慧综治、智慧消防、智慧城管、智慧公安、智慧住建、智慧安监、矛调在线、欠薪预警一体化、社会心理服务等模块应用，提高“城市大脑”发现问题、联动处置质效，增强对规律性、经验性、关联性问题的分析预警能力。三是完善重点领域智能应用。建设“人防部署到位、物防设施完善、技术手段先进、应急处置高效”的智慧安防小区，提高居民小区安全防范能力、火灾防控水平，不断提升人民群众的获得感、幸福感和安全感。四是推进社会治理指数发布。构建一套科学合理、客观有效的社会治理指标体系，每季度对各镇（街道）社会治理情况进行动态监测，客观反映社会治理的现实状况，实现社会风险的预警预测，提供科学有效的决策支持，推动问题隐患及时发现和整改。

三、推进步骤

（一）示范引领阶段（2019 年）。制定行动方案，区级层面动员部署，全面启动实施社会共治体系建设行动。以项目化、清单化、规范化方式推进实施，抓好典型项目的示范引领，同时加强工作的考核验收和典型推广，确保各项工作落地见效。

（二）全面推进阶段（2020 年）。在示范引领基础上，全面推动社会共治体系建设行动深入开展。梳理重大问题清单，对尚未解决的突出问题，集中研究，重点攻坚，确保一批社会治理难点热点问题得到有效解决。

（三）完善提升阶段（2021 年）。在深化完善的基础上，注意总结提升，提炼可复制、可推广、可借鉴的基层社会治理经验，进一步建立健全长效机制，固化优化，确保社会治理长效化治理、持续性推进。

四、保障措施

（一）加强组织领导。在区“全域治理”领导小组下成立社会共治体系建设领导小组，由区委副书记、政法委书记李忠誉任组长，王姝、朱红丹、王建平、陈夏林、许玲娣、王艳勤、戴桂香、罗鑫、陈娟任副组长。领导小组下设办公室在区委政法委，由斯建刚任办公室主任，区委组织部徐坚、区委宣传部姜伟、区民政局尤金福、区卫生健康局陆永林、区应急管理局谢德庆、区司法局俞丽月任办公室副主任，并抽调相关职能部门人员集中办公，实体运作。同时，建立十三个工作组，分别推进三级架构、七大体系、五大工程（详见附件）。

（二）压实工作责任。七大体系建设和五大工程实施分别由牵头部门组织开展。相关部门要加强阵地、资源、力量整合，各司其职、狠抓落实，按照工作目标、任务，制定年度具体实施方案和项目清单，强化对镇（街道）的指导服务，形成上下联动、齐抓共管的良好局面。各镇街要切实履行属地主体责任，认真组织实施并全面完成辖区内各项行动任务，合力推进社会共治体系建设。

（三）建立工作机制。建立任务清单机制，细化目标任务，强化时间节点，推动工作落实落地。建立例会、通报工作机制，营造“比、学、赶、超”浓厚氛围。建立督查问责机制，加强督促指导，有效激发主体责任。科学设置考核评价制度，将社会共治体系建设行动推进情况纳入区年度综合考评。

（四）营造良好氛围。建立常态宣传工作机制，筑牢基层社会治理的共同价值基础。深入开展形式多样、生动有效的宣传活动，大力宣传社会治理工作的重大意义、政策方针、目标任务、工作成效和典型经验。凝聚社会力量，充分调动基层干部和居民群众的积极性、主动性和创造性，加快形成全民共建、全民共享的良好氛围。

附件

余杭区社会共治体系建设工作组

一、加强党建统领工作组

1. 推进内容：发挥党建在社会治理中的核心和引领作用

2. 牵头领导：朱红丹

3. 牵头部门：区委组织部

4. 配合部门：区委宣传部、区委统战部、区委政法委、区农业农村局、区民政局、区司法局、区总工会、团区委、区妇联

二、基层民主协商体系工作组

1. 推进内容：建立基层民主协商体系

2. 牵头领导：朱红丹

3. 牵头部门：区委组织部

4. 配合部门：区委统战部、区委政法委、区人大常委会代表工委、区民政局、区财政局、区农

业农村局、区总工会、团区委、区妇联

三、矛盾预防化解体系工作组

1. 推进内容：建立社会矛盾预防化解体系

2. 牵头领导：李忠誉

3. 牵头部门：区委政法委

4. 配合部门：区信访局、区法院、区司法局、区公安分局、区检察院、区发改局、区住建局、区市场监管局、区城管局、区网贷风险处置专班、区城市大脑专班

四、公共安全防范体系工作组

1. 推进内容：建立公共安全防范体系

2. 牵头领导：陈夏林

3. 牵头部门：区应急管理局

4. 配合部门：区安全生产责任制签约单位

五、社会心理服务体系工作组

1. 推进内容：建立社会心理服务体系

2. 牵头领导：许玲娣

3. 牵头部门：区卫生健康局

4. 配合部门：区委宣传部、区信访局、区法院、区司法局、区公安分局、区检察院、区民政局、区总工会、团区委、区妇联、区残联

六、和谐文化体系工作组

1. 推进内容：建立和谐文化体系

2. 牵头领导：王姝

3. 牵头部门：区委宣传部

4. 配合部门：区精神文明建设领导小组成员单位

七、社会协同体系工作组

1. 推进内容：建立社会协同体系

2. 牵头领导：王艳勤

3. 牵头部门：区民政局

4. 配合部门：区总工会、团区委、区妇联

八、法治保障体系工作组

1. 推进内容：建立法治保障体系

2. 牵头领导：李忠誉

3. 牵头部门：区司法局

4. 配合部门：区法院、区检察院等区法建成员单位

九、三级社会治理综合服务中心建设工程工作组

1. 推进内容：开展三级社会治理综合服务中心建设

2. 牵头领导：李忠誉

3. 牵头部门：区委政法委

4. 配合部门：区社会治理综合服务中心入驻部门、区基层治理四平台建设领导小组成员单位、涉及力量下沉的区级部门、网格准入事项牵头部门

十、乡村治理工程工作组

1. 推进内容：开展乡村治理工程

2. 牵头领导：朱红丹

3. 牵头部门：区委组织部

4. 配合部门：区委宣传部、区委政法委、区农业农村局、区民政局、区司法局、区总工会、团区委、区妇联

十一、社区治理工程工作组

1. 推进内容：开展社区治理工程

2. 牵头领导：王艳勤

3. 牵头部门：区民政局

4. 配合部门：区委组织部、区委政法委、区司法局、区公安分局、区住建局、团区委

十二、园区治理工程工作组

1. 推进内容：开展园区治理工程

2. 牵头领导：李忠誉

3. 牵头部门：区委政法委

4. 配合部门：区总工会、区基层治理四平台建设领导小组成员单位、涉及力量下沉的区级部门、网格准入事项牵头部门

十三、智慧治理工程工作组

1. 推进内容：开展智慧治理工程

2. 牵头领导：李忠誉

3. 牵头部门：区城市大脑工作专班

4. 配合部门：区民政局、区市场监管局、区住建局、区数据资源管理局、区公安分局、城市大脑模块承建单位

余杭区推进福祉共享为民惠民三年行动实施方案（2019—2021）

为深入贯彻党的十九大“增进民生福祉是发展的根本目的”理念和中央关于国家治理体系治理能力现代化的总体要求，认真落实区委“三个全域”战略部署，全面推进“全域治理”和基本公共服务均等化建设，特制定本实施方案。

一、指导思想

以习近平新时代中国特色社会主义思想为指导，以“八八战略”为统领，全面落实党的十九大、省委十四届三次全会、市委十二届六次全会、区委十四届六次全会精神和区“十三五”规划相关民生福祉目标任务，紧紧围绕“两个高水平”建设先行区的总目标，坚持以人民为中心的发展思想，把推进福祉共享作为发展的根本目的，在发展中补齐民生短板、促进社会公平正义，在幼有所育、学有所教、劳有所得、病有所医、老有所养、弱有所扶等方面不断取得新进展，不断创新为民惠民举措，提升公共服务水平，保证全区人民在共建共治共享中有更多安全感、获得感和幸福感，为建设“五大余杭”打下更加坚实的民生福祉基础。

二、主要目标

到 2021 年，余杭区民生保障和公共服务水平再上新台阶，人民群众获得感、幸福感显著提升。一是构建美好教育格局。坚持高起点规划、高水平均衡、高品质服务、高质量育人，实现区域教育现代化、学校发展优质化、学生发展个性化，在“学有优教”上取得新进展。二是深化健康余杭建设。群众健康水平明显提升，医疗服务新需求得到有效满足，健康余杭各项指标保持省市前列。三是健全“宜业”服务体系。就业规模持续扩大，就业结构更加合理，覆盖城乡、全民共享公共就业服务体系更加健全。四是实现全“益”余杭目标。实现养老服务、社会救助和村社便民服务的全覆盖，让余杭人民群众共享新发展的成果。五是推进公共交通建设。确立公共交通在市民出行中的主体地位，为群众提供安全、高效、便捷、环保、舒适的公共交通服务。

三、主要任务

（一）着力提升教育软硬件水平，建设更加公平、更高质量的现代教育服务体系

1. 加快学校项目建设，强化教育资源供给。调整优化《余杭区中小学、幼儿园布点规划（2017—2035）》。2019—2021 年，实施良熟九年一贯制学校、乔司第二中学、良渚杜甫中学等 94 个学校项目。至 2021 年，全区义务教育标准化学校比例达到 96%以上。出台《余杭区民办幼儿园规范管理指导意见》，公办幼儿园及普惠性民办幼儿园在园幼儿数占比达 90%以上，省一二级幼儿园覆盖率达 93%以上。义务教育完成率继续保持 100%，优质教育覆盖率达 98%以上。

2. 实施质量提升计划，促进教育优质均衡。扩大优质高中办学规模，推进高中特色化办学。完善特殊教育发展格局，办好汀州特殊教育学校，推进特殊教育向学前和高中段延伸。着力推进“教育西进”行动，实施人才招聘、职称评聘、待遇倾斜等优惠政策。以城市国际化为导向，加大教育开放力度。至 2021 年，增设国际化学校 1 所。每年海外交流教师数不少于 90 名，其中，赴海外培训研修达 2 周的教师不少于 60 名。引进外教总数不少于 200 人，全区聘有外教高中学校比例达到 100%。深化平安校园建设，实施青少年“美好成长”计划，培育区级体育、艺术特色品牌学校 60 所。全面实施小学早上推迟上学改革和有效推进放学后“托管”服务。

3. 强化教育改革创新，满足新时期教育需求。支持和规范社会力量兴办教育。培育一批有品质、有特色、有规模的民办学校。深化中职课程改革和现代学徒制试点。创新校企合作机制，着力打造余杭职教品牌。统筹全区社区教育资源，积极创建全国社区教育实验区、示范区。推进新名校集团化办学，充分发挥名校集团的辐射引领功能。至 2021

年，全区培育区级及以上名校35所，名校集团化率达50%以上，农村义务教育段学校、幼儿园参与城乡互助共同体学校比例保持在98%以上。实施智慧教育，推进基于“有效教学、精准教学”的智慧教育应用模式。优化“教育资源公共服务平台”建设，丰富拓展“名师公开课”“网上优课”“微课学习资源包”等在线优质教育资源库建设，至2021年创建省市区智慧校园80所。

4. 提升队伍整体素质，加大教育人才保障。创新教师招聘方式，吸引更多双一流高校、师范类院校的优秀毕业生充实到余杭区教师队伍。打破地域和户籍等限制，放宽西部乡镇学校教师的招聘条件。实行校长、教师交流工作长效机制，促进教师、校长资源合理配置。出台《关于建立健全余杭区教育系统师德师风建设长效机制的实施意见》，构建师德师风长效机制。提升教师专业水平，重点加大对新入职教师、农村教师、西部教师的培养培育力度。加大名师名校长培育力度，构建“教坛新秀—骨干教师—学科带头人—名教师”四级培养梯队。

（二）全面开展五大专项行动，有效提升医疗卫生服务水平

1. 开展县域医共体建设专项行动。全面启动余杭区医疗卫生服务共同体建设，组建5家以区级医院为牵头单位，若干镇（街道）社区卫生服务中心为成员单位的医共体。至2021年，医共体牵头医院基本达到县级强院建设标准，医共体成员单位的基本医疗、公共卫生和健康管理服务能力有较大提升。全区100%的镇（街道）社区卫生服务站达到或超过省级规范化标准。基层就诊率达到65%以上，县域就诊率达到70%以上。

2. 开展医疗服务能力提升专项行动。着力引进高端医疗资源，持续推进“双下沉、两提升”工作，积极引进北京、上海等优质医疗资源。推进医院项目建设进度，到2019年，区三院整体迁建项目、区妇保院病房大楼项目及门诊病房楼装修改造项目、区一院外墙改造工程、区二院急诊区块综合改造工程5个项目竣工；至2021年底良渚医院项目竣工并投入使用。加大卫生服务站建设力度，计划2019、2020年各新改建至少20家。完善院前急救体系建设。进一步扩大院前急救网络站点的布点工作。

3. 开展“互联网+”智慧医疗服务提升专项行动。运用新一代信息技术，打造“互联网+”智慧医疗服务。至2020年，形成一朵实用、共享、安全的余杭区“智慧健康云”，建成一张卫生计生协同服务的“健康信息应用网”，打造一个全方位、一站式的“健康服务门户”。2021年进一步延伸“互联网+”智慧医疗服务的内容和范围，打造推动健康医疗大数据在行业治理、临床科研、公共卫生和健康信息服务等领域的创新应用。

4. 开展精准健康管理治理专项行动。立足“全人群、全生命周期”两个着力点，在普遍开展的全民健康促进和健康干预的基础上，对孕产妇、婴幼儿、老年人和慢性病、传染病、精神病人等重点人群实施点对点精准风险预警、干预管理。由家庭医生开展健康指导和健康管理，控制疾病发展、促进疾病康复，提升群众健康水平。强化突发公共卫生事件及重大传染病疫情应急处置能力，推进卫生计生执法机构规范化建设，实施积极生育政策，推进计划生育简政便民服务。

5. 开展医疗人才引进培养专项行动。实施“人才兴医”战略，打造医疗卫生领域人才新高地，为建设“健康余杭”“美丽卫健”提供坚实的智力支撑和人才保障。2019年至2021年，计划新招引人才1500名左右；建设2个院士工作站，引进高端医疗卫生人才30名左右，人才引领示范作用进一步发挥；培育80名在省市区具有一定知名度的名医（护），打造至少20个在区内能发挥引领带动作用且跻身省市的名科，建成至少3家在市内领先且具有一定影响力的名院（中心）。

（三）落实积极就业和全民参保政策，完善就业创业服务保障体系

1. 推进全民参保扩面。户籍居民养老保险参保率均不低于95%，各类医疗保险参保率不低于98%，基本实现城乡居民参保全覆盖。按照省市统一部署，落实社保降费减负政策。全面执行省基本医保药品目录、诊疗项目目录及异地就医实施细则，稳步扩大大病保险特殊用药范围，积极落实“慢病长处方”等各类惠民便民举措。妥善完成被征地人员参保安置工作。支持帮助困难群体参加社会保险，加快实现贫困人员城乡居民基本养老保险应保尽保。

2. 实施更加积极的就业创业政策。进一步丰富各类招聘活动。完善三级联动的实名制就业跟踪服务机制。加大“45、55”、稳岗补贴、创业担保贷款等惠民政策宣传力度。加强创业培训，办好

SYB网络创业培训班。壮大大学生创业园、小微创业园和各类创业特色小镇等创业平台，支持农村电子商务创业和农民工返乡创业。开展重点群体就业援助，确保零就业家庭和困难家庭中法定劳动年龄段内有劳动能力和就业愿望的人员至少有1人就业。进一步完善以企业用工、失业动态基础的就业失业监测体系，积极引入第三方机构为样本企业提供系列化服务，提高被监测企业上报数据完整性科学性。

3. 多措并举保障劳动者基本权益。严格落实实名制管理、按月足额支付工资、分账管理、银行代发工资、信息维权公示、工资保证金等六项制度，形成全流程常态化工作机制。加强日常网格化管理，全面推广"一长两员"在建项目管理模式。加快城市大脑欠薪预警系统建设。扩容预警数据库，将未办理施工许可证的项目纳入欠薪预警源。构建欠薪预警、动态监管、跟踪处置、信用惩戒等多功能的信息平台。完善劳动纠纷多元化解机制建设。全区劳动人事争议案件年结案率不低于92%，调解率保持在70%以上。

4. 完善人才引培政策体系。调整区高层次人才申报、认定模式，探索实行"举荐制"。深化区校战略合作，深入构建政产学研紧密结合的新模式。搭建学生在校期间提前对接平台，探索实施见习实训一体化模式。构建一站式人才服务平台。加快建成未来科技城、余杭经济技术开发区两个人力资源服务产业园，构建"区市民之家＋人力资源服务产业园""一心多园""一站式"人才服务专窗格局。对重点企业、重点人才实行"一对一"专人上门服务。加快推进人才网上办事服务系统开发。完善技能人才培养政策，深入推进以"企业自主评价体系建设、技能大师工作室建设、高技能人才直接认定""三位一体"的技能人才培养模式。

5. 提升民生事项办理便利度。以"最多跑一次"改革为载体，持续深化"网上办、移动办、就近办、简化办"。积极推动部门数据资源共享，大力推广CA数字认证，确保企业网上业务经办量占所有企业业务量的98%以上，65%以上民生事项实现"一证通办"。建设人力社保一体化经办平台，加快实现无差别受理、同城通办、业务经办标准化目标。推广移动办事新应用。继续深化与相关部门、支付宝的合作，全面推广应用"刷脸就医""扫码就医"等便民服务新功能。群众办事满意率和改革实现率分别达到98%和95%以上。

（四）加强基本民生保障，实现养老服务、社会救助和民政相关便民服务再提升

1. 实施精准化扶贫。坚持精准识别、精准帮扶的基本方略，坚持应保尽保、应兜尽兜、应救尽救。探索开展多维度救助，与社会组织联合开展"1+N"活动，即1个社会组织结对N户困难家庭，引导社会力量参与救助。至2021年，基本实现资金救助与综合性救助相结合，使救助需求与救助措施有效衔接。进一步加强和规范民政专项资金使用管理工作。深化"互联网＋民政"信息技术应用，至2021年，构建全覆盖、无漏洞、闭合式、无缝隙、管全程的资金审核发放体系。

2. 实施健康养老服务优化工程。全面推进养老服务综合改革，完善"以居家养老为基础、社区助老服务为依托、机构养老服务为补充、医养相结合"的普惠型、多元化社会养老服务体系建设。加大对政府购买服务的居家养老服务投入，确保10%以上老人享受政府购买的居家养老服务。支持社会力量增加养老服务供给，定期公布养老服务社会组织推荐目录。完善公建民营激励政策，培育一批专业化、连锁化的养老服务品牌企业和组织。全区提供康复服务的居家养老服务照料中心达150家以上，100%以上的村（社区）居家养老服务照料中心与辖区有医疗资质的卫生服务机构建立医疗合作关系或提供派驻服务。

3. 进一步发挥慈善补充作用。积极拓宽募捐渠道，丰富"慈善留本冠名基金"、在线捐赠和银行转账等筹募方式。通过采取"慈善组织＋基地＋贫困农户"的帮扶模式，每年为贫困农户提供帮扶金50万元，实现从"输血型"向"造血型"帮扶转变。实施"温馨小屋"慈善公益项目，联合浙江八方电信有限公司等企业，至2021年，帮助不少于100户低保、低边、残疾人等困难家庭改善居住环境。探索"互联网＋慈善"基地项目。把落户在未来科技城的浙江省互联网＋慈善基地项目打造成省级慈善项目品牌。联合"阿里巴巴"，不断深化互联网与慈善深度融合。以"慈善超市"为载体，向各慈善组织、品牌商开放入驻。

4. 实施殡葬基础设施改造提升工程。加快推进殡葬设施建设。提升区内两家殡仪馆硬件设施，解决场地、设备、服务等瓶颈性问题。在全区推广改"入土"为"入室"的骨灰安葬方式。加快推进大中型城乡公益性骨灰存放室建设，建成一批大中型城乡公益性骨灰存放设施。至2021年，完成乔

司、临平、仓前、星桥、余杭、闲林、良渚等7个镇（街道）的大中型城乡公益性骨灰存放室项目。

（五）深化公交优先发展战略，完善公共交通服务体系

1. 加快城市公交基础设施建设。严格按照公共交通规划，分区域、分步骤、分重点推进落实公交场站设施。加快推进公交中心站、枢纽站及公交停保基地建设。至2021年新增公交场站不少于3个。加快农村道路建设，保持行政村公交通达率100%。新建、改建道路有条件的同步建设港湾式公交停靠站。加快公交专用道建设。信息化水平不断提高，公交车辆移动支付及车载监控设置安装率100%。同时，加快车辆提档升级。加大新能源车辆在公交中的推广应用，新能源及清洁能源车辆比例达到85%以上。万人公交汽车拥有量达到12标台以上。

2. 构建结构合理的公交网络。完善公交架构，构建主城区与各片区间以轨道交通互通、区内以公共汽车系统为主体的格局。区内片区与片区间以公交快线互通；片区内以干线公交为基础，支线公交及出租车、慢行系统为补充的“主、干、支”三级公交架构。在地铁、高铁和城际铁建设中，同步规划落实公交接驳设施方案。完善公交运营管理机制，加大杭州公交手机APP推广力度。力争公交运营车辆安装卫星定位智能调度系统和车载监控系统达到100%，移动支付达到100%。

四、保障措施

（一）强化组织领导　成立余杭区推进福祉共享为民惠民行动领导小组及办公室，由常务副区长担任组长，区发改局、区教育局、区民政局、区人力社保局、区交通运输局和区卫生健康局主要负责人为成员，领导小组办公室设在区发改局。领导小组及办公室要统筹推进全区民生工作协调发展，及时研究、解决有关重大事项和问题。将民生福祉各项任务纳入各镇（街道）、平台和区级各有关部门的考核内容，强化激励和问责，充分调动各方工作的积极性、创造性。

（二）强化责任落实　进一步完善资金保障、组织实施、考核验收等责任体系，强化区级牵头部门牵头抓总作用，进一步明确责任主体的工作责任，严格按照职责分工，抓好行动实施方案和年度目标任务落实。

（三）强化要素保障　土地指标、财政资金等资源要素向民生领域倾斜。鼓励社会力量投资民生领域，加强金融机构信贷、债券等融资支持，充分发挥财政资金的引导和杠杆作用，推进政府与社会力量合作，拓宽融资渠道，形成多元化的民生工程筹资机制。

中共杭州市余杭区委办公室　杭州市余杭区人民政府办公室关于印发《余杭区深化镇街职能调整和体制改革的实施方案》的通知

区委办〔2019〕9号

各镇党委、政府，街道党工委、办事处，区直各单位：

《余杭区深化镇街职能调整和体制改革的实施方案》已经区委、区政府同意，现印发给你们，请结合实际认真贯彻落实。

中共杭州市余杭区委办公室
杭州市余杭区人民政府办公室
2019年3月10日

余杭区深化镇街职能调整和体制改革的实施方案

根据《中共浙江省委办公厅浙江省人民政府办公厅关于加强乡镇（街道）“四个平台”建设完善基层治理体系的指导意见》《中共浙江省委办公厅浙江省人民政府办公厅关于深化街道体制改革完善城市基层治理体系的意见》《中共浙江省委办公厅浙江省人民政府办公厅关于深化经济发达镇管理体制改革加快服务型乡镇政府建设的实施意见》和《中共杭州市委关于加强新时代城市基层党建工作的意见》《市委办公厅市政府办公厅关于城区街道职能调整和体制改革的意见》等文件精神，以及中央、省市关于深化党政机构改革的有关要求，现就深化余杭区镇街职能调整和体制改革，提出如下实施方案。

一、总体要求

以习近平新时代中国特色社会主义思想为指导，全面贯彻党的十九大和十九届二中、三中全会精神，牢固树立政治意识、大局意识、核心意识、看齐意识。坚持加强党的全面领导，坚持以人民为中心的发展思想，坚持社会主义市场经济改革方向，坚持优化协同高效，坚持法治思维和法治方式，坚持因地制宜。

深化镇街职能调整和体制改革，要从机构职能上把加强党的领导落实到各领域、各方面、各环节；深化“最多跑一次”改革和“基层治理四平台”建设，加快政府职能转变，使市场在资源配置中起决定性作用，更好发挥政府作用，强化公共管理、公共安全和公共服务职能，切实解决人民群众最关心、最直接、最现实的利益问题；结合镇街实际，因地制宜，整合相关职能，大胆探索机构设置和职能配置，构建系统完备、科学规范、运行高效的机构职能体系和简约高效的基层管理体制运行机制，不断增强人民群众的获得感、幸福感、安全感，努力实现基层治理体系和治理能力现代化，为余杭勇当“八八战略”再深化、改革开放再出发排头兵提供坚强有力的体制机制保障。

二、推进职能转变

（一）加强党的建设。坚持和完善党的全面领导，充分发挥镇街党（工）委在基层的领导核心作用，加强党的组织体系建设，确保党的路线方针政策在基层得到全面贯彻落实，不断增强党的政治领导力、思想引领力、群众组织力、社会号召力。推进村社党建与单位党建、行业系统党建、区域化党建互联互动，统筹抓好辖区内新领域新业态新群体党建工作，强化党的政治建设、思想建设、组织建设、作风建设、纪律建设，把制度建设贯穿其中。深入推进反腐败斗争，加强基层意识形态工作。

（二）转变经济发展职能。适应新旧动能转换和全域城市化、区域一体化、城区国际化发展需要，合理确定镇街经济发展职能。把镇经济工作重心转到推进产业升级、营造良好营商环境和人居环境上来，促进错位发展、乡村振兴。逐渐淡化街道的经济发展职能，逐步取消街道招商引资考核，把街道工作重心转到加强党的建设和公共服务、公共管理、公共安全上来，把街道抓经济工作的重点转到公共服务上，为经济社会发展和企业提供良好的环境、氛围和服务。

（三）强化公共服务职能。推进镇街职能由“管理型”向“公共服务型”转变，积极推进基本公共服务均等化。推动城市优质公共服务资源向农村延伸。创新公共服务供给方式，加快建立政府主导、社会参与、公办民办并举的公共服务供给模式；加大政府购买服务力度，着力推动由花钱养人向花钱办事转变。

（四）优化综合管理职能。落实辖区内城市管理、集镇管理、人口管理、社会管理等地区性、综合性工作，承担组织领导、推进实施、综合协调和监督检查职能；统筹协调派驻镇街部门的日常管理。按照现代城镇的特点和发展规律，突出基层治理职责，着力解决工业化和城镇化发展进程中的各种问题。加强和完善经济发展、综合执法、市场监管、生态环境保护等方面职能；负责对辖区内物业管理的监督指导，对辖区住宅小区开展综合管理。

（五）动员社会参与。坚持以基层党建引领基层治理，动员指导辖区内各类单位、社会组织和村（社区）居民等社会力量参与社会治理，引导辖区单位履行社会责任，整合区域内各种社会力量为镇街村（社区）发展服务。做实做强由党建引领的基层共治基本单元。构建党组织统一领导、各类组织积极协同、广大群众广泛参与的基层治理体系。

（六）领导基层自治。发挥村（社区）党组织在村（居）委会、业委会等自治组织建设中的领导核心作用，完善党领导下的基层社会治理体系，推进社会主义基层协商民主建设，做好组织群众、宣传群众、凝聚群众、服务群众工作，发挥村（居）民在基层社会治理中的主体作用，提高自治整体水平。

（七）维护安全稳定。落实安全稳定工作部署。负责辖区平安建设、综合治理、安全生产管理等有关工作，处理群众来信来访，有效化解各类矛盾纠纷。抓好意识形态、网络安全和数据安全工作，加强安全生产和食品药品安全监管，做好自然灾害防范，强化重点区域和人流密集场所安全风险防控。坚持重心下移、力量下沉、保障下倾，实现区域安全监管执法和综合治理网格化、一体化，提高公共安全体系精细化水平。

（八）深化“最多跑一次”改革。做实镇街便民服务平台，推进镇街审批服务事项向便民服务中心集中，保障便民服务中心的审批服务事项到位、权限到位。深化“最多跑一次”改革，推进办事服务中心“无差别全科受理窗口”向镇街、村（社区）延伸，建立前台全科受理、后台分类办理、统一窗口出件的受办分离政务服务新模式，加快实现政务服务就近能办、同城通办、异地可办。推进镇街便民服务平台标准化建设，进一步改进办公秩序、工作规范、服务形象，提升政务服务质量。充分发挥统一政务咨询投诉举报平台作用，畅通群众与政府沟通渠道。

三、优化镇街机构设置

根据镇街工作实际需要，整合审批、服务、执法等方面的力量和职能，统筹机构编制资源，优化镇街党政机构和事业机构设置。

（一）党政机构设置

镇街设置党政综合办公室、党建工作办公室、综合信息指挥室、公共服务办公室、平安建设办公室、区域发展办公室等6个综合性办事机构。

结合各地经济、社会发展需要，黄湖、鸬鸟、百丈三个镇可因地制宜增加设置1个综合性办事机构；省级小城市培育试点镇的综合性办公室根据实际需要适当增加，总数不超过9个；其余镇街可因地制宜增加设置2个综合性办事机构。经过5年左右的过渡期，镇街按照6个综合性办事机构的设置模式调整到位。

1. 党政综合办公室。主要承担党委（党工委）、政府（办事处）日常机关党务、行政事务管理等工作职能。

2. 党建工作办公室（群团工作办公室）。主要承担党的政治建设、组织建设、宣传、统战、党风廉政建设和反腐败、党建带群团建设等工作职能。

3. 综合信息指挥室（公共管理办公室）。主要承担统筹协调指挥“基层治理四平台”及区域内各条块的管理服务力量，实施辖区内城市管理、人口管理、社会管理等综合管理职能；承担基层治理综合信息平台运行的管理保障、平台接收事项的交办跟踪和督办、行政执法统筹协调指挥日常事务以及各类应急管理等职能。

4. 公共服务办公室。主要承担社会事务和公共服务等工作职能。

5. 平安建设办公室。主要承担退役军人事务服务、平安建设、综合治理、维护稳定，以及来信来访、调处纠纷等工作职能。

6. 区域发展办公室。主要承担统筹推动区域经济发展、城市有机更新、农业农村发展等工作。

（二）事业机构设置

镇街综合设置党群服务中心、公共服务中心、区域发展与治理中心。

1. 党群服务中心。主要承担服务党组织和党员群众的功能，使其成为区域党建群建的开放式、集约化、共享性服务平台。

2. 公共服务中心。主要承担公共服务事务性职能，使其成为政务综合服务管理的具体事务性工作平台，构建和谐有序文明的基层思想文化环境。

3. 区域发展与治理中心（社会治安综合治理中心）。主要承担区域发展与基层社会治理的事务性职能，使其成为统筹区域发展、服务两新组织、指导物业公司和业委会建设、推进基层自治的平台。

区级机关要优化对镇街的领导、指导方式，既允许“一对多”，由一个镇街机构承接多个区级机构的任务；也允许“多对一”，由镇街的不同机构向一个区级机构请示汇报。

镇街人大、纪检、人武、工会、共青团、妇联等组织按有关规定设置并开展工作。镇街按照相关规定建立的议事协调机构的日常工作由镇街综合性办事机构承担。严格限制挂牌机构个数，确因工作需要增挂牌子的，从严从紧把握。

四、合理核定人员编制

全区镇街机关行政编制和事业编制实行总量管理。加强镇街编外用工规范管理，提高使用效率，严格把编外用工数量控制在合理范围内，降低行政运行成本。

镇街领导班子职数按照《中共杭州市余杭区委关于做好2016年镇换届工作的实施意见》（区委〔2016〕27号）、《关于同意余杭区镇（街道）领导班子职数的批复》（杭组批〔2016〕25号）等文件执行。

五、完善政策保障制度

（一）建立权责统一下沉制度。结合综治工作、市场监管、综合执法、便民服务“基层治理四平台”建设，加快部门派驻机构和人员下沉，健全统筹协调、综合指挥、监督管理、考核评估等工作机制。进一步加强“一岗多责”“一专多能”的专兼职网格员队伍建设。全面落实镇街党（工）委对部门派驻机构干部管理考核权和负责人任免征得同意权、规划参与权和综合管理权、对区域内事关群众利益重大决策和重大项目建议权等五项权力，实现镇街权责一致、统筹有力。

（二）健全条块职责分工制度。全面梳理镇街实际承担的工作事项，按照依法、高效原则，分类划定条块职责、理顺条块关系。对责任主体明确的执法管理问题，由相关职能部门及其派驻机构负责管理处置，镇街负责配合和监督；对部门职责交叉、需要多部门协同解决的综合管理难点问题，由镇街对相关职能部门及其派驻机构进行统筹协调、考核督办，镇街不取代执法主体；对公共服务类事务，由相关职能部门负责制定具体政策、明确工作要求和业务培训，并提供相应的服务资源，由镇街负责整合安排；社区自治类事务，由镇街领导社区党组织、村（居）委会等各类组织开展自治工作，相关职能部门及其派驻机构负责配合支持。

（三）实行职能部门职责准入制度。在进一步明确细化镇街工作职责的基础上，职能部门不得随意将工作职责下放到镇街。确需镇街承担的新增事项，经区委、区政府研究同意后，由区委机构编制委员会行文下放，并做到权随事转、人随事转、费随事转，确保权责对等，未经同意的事项不得列入对下考核评价内容。区级部门不得干预镇街机构设置，不得要求上下对应设置机构。

（四）推进权责和运行标准化。全面推进镇街权责清单制度，规范和约束履职行为，让权力在阳光下运行。构建全区统一的镇街办事事项、办事指南体系和便民服务标准化体系。推进考核评价标准化，建立“清单+台账+考核”机制，形成事前、事中、事后的全过程跟踪管理体系。

（五）完善基层考核评价制度。建立由镇街党（工）委牵头，自下而上、分类考评村社、镇街党政机关、区职能部门及其派驻机构的评价制度，扩大群众的参与权、评价权，把群众满意度作为重要的评价指标。取消职能部门直接考核镇街的做法，由区委、区政府统筹各方对镇街的考核工作，把自下而上与自上而下考核有机结合起来。加强考评结果运用，做到公开透明、考用结合、导向鲜明，引导各级干部进一步改进作风，把对上负责与对基层群众负责有机统一起来。

（六）完善镇街财政保障制度。按照有利于财权和事权相匹配的原则，有利于以城带街、加快推进城市化的原则，有利于适应区域一体化发展的原则，有利于提高镇街财力、减轻镇街负担的原则，分类推进镇街财政体制改革，不断完善镇街财政体制和结算办法，逐步建立起与履行公共服务、公共管理、公共安全职能相适应的镇街预算管理制度。

（七）加强基层队伍组织保障。加强对基层干部关心关爱，完善选人用人和考核激励机制。镇街及区职能部门派驻机构的干部按规定将年度考核优秀等次比例提高到20%，其经济待遇一般高于区级机关同职级干部20%以上。实施各类评比表彰和行政奖励时，推荐人选和奖励名额向镇街及派驻机构干部倾斜；完善公务员职务职级并行制度，及时兑现职级晋升和工资福利。

六、确保改革落地见效

要充分认识做好镇街职能调整和体制改革工作的重要性，切实加强组织领导，提升政治站位，增强“四个意识”，不折不扣抓好各项改革的落实。

要加强调查研究，细化工作进度，统筹安排时间表、路线图，严格按照区委的要求扎实稳妥有序推进改革。镇街职能调整和体制改革工作于2019年3月底前完成。

要高度重视思想政治工作，教育和引导广大党员干部坚持党性原则和全局观念，自觉服从改革大局，确保思想不乱、工作不断、队伍不散、干劲不减，确保机构改革和日常工作两不误。

要严明纪律规矩，严格执行各项纪律规定，确保各项改革及时落实到位。要将改革情况纳入巡察范围，强化监督和执纪问责，保障改革顺利推进。各部门、镇街推进改革情况和遇到的重大问题要及时向区委汇报。

杭州市余杭区人民政府关于印发《关于加快全域创新策源地建设 推动经济高质量可持续快发展的若干政策意见》的通知

余政发〔2019〕17号

各镇人民政府、街道办事处，区直各单位：

《关于加快全域创新策源地建设 推动经济高质量可持续快发展的若干政策意见》已经区政府研究同意，现予以印发，请认真贯彻执行。

杭州市余杭区人民政府办公室

2019年6月24日

关于加快全域创新策源地建设 推动经济高质量可持续快发展的若干政策意见

为深入贯彻党的十九大以及中央、省委经济工作会议精神，全面落实区委十四届六次全会部署，坚持发展第一要务，加快全域创新策源地建设，推动经济高质量、可持续、快发展，特提出如下政策意见：

一、实施大孵化器战略

（一）支持各类创新空间建设

1．支持社会力量参与孵化器建设。根据孵化器认定级别、运营面积等情况，对孵化器创建主体给予补助并纳入区让利性股权投资引导基金支持范围。

2．提升孵化器创建水平。根据孵化器入驻企业地方贡献，对孵化器创建主体给予奖励。对运营商推荐孵化器内毕业企业在余杭区产业化或购置商务办公楼宇给予奖励。

3．加快推进特色小镇、产业创新服务综合体建设。对通过省级、市级验收命名的特色小镇及省级产业创新服务综合体给予奖励。对特色小镇属地镇（街道）、平台在财政体制上予以适当倾斜。

（二）支持孵化项目加快发展

4．支持顶尖人才项目孵化落地。对引进诺贝尔奖、院士及同等待遇者领衔的项目可享受研发补助、让利性股权投资引导基金支持等，国内外顶尖人才团队项目按“一事一议”给予资助。

5．支持海内外人才项目孵化落地。对通过区级评审的海内外人才项目，分阶段给予研发、租金、设备补助和基金支持。

6．加大鲲鹏企业培育力度。对于经市场估值认定的鲲鹏企业、准鲲鹏企业及鲲鹏计划培育企业，根据其研发人才、设备购置等研发投入给予补助，并在产品应用推广等方面予以支持。

7．支持各类入孵企业加快发展。根据实际运营的入孵企业规模、行业类别、发展质量等情况，对商务楼宇入驻企业（孵化毕业并产业化的企业）或运营商予以房租补助。

（三）大力发展楼宇经济

8．支持区外企业入驻楼宇。对于重点楼宇新入驻企业，按照其地方贡献给予奖励。重点楼宇新入驻企业符合相关条件的，可享受区内新认定总部企业政策。

9．鼓励企业购买商务楼宇。对购买商务楼宇的重点楼宇新入驻企业，在现行政策基础上提高补助上限。

10．大力培育特色楼宇。对根据特色产业集聚占比、入驻率等评定的特色楼宇给予楼宇招商中介（楼宇运营商）一次性奖励。

11. 完善楼宇配套设施。根据楼宇运营和服务、楼宇设施、楼宇招商等情况，对星级商务楼宇进行评定并给予奖励。

（四）加大科技金融支持力度

12. 以政府产业基金助推产业孵化。逐步扩大政府产业基金规模，根据企业成长周期（种子、天使、VC、PE、并购）打造完整基金链条，助力企业发展。

13. 扩大应急周转金规模。扩大政府还贷周转资金规模，创新转贷模式，缓解企业续贷困难。

14. 建立健全政策性担保体系。设立区政策性融资担保公司并逐步增加注册资本金，对区内企业提供低费率融资担保服务。

15. 强化风险池基金保障。由产业平台、区政策性担保公司、合作银行三方组成风险池基金，切实加大“政、银、保、企”合作，破解中小微科技型企业融资难题。

（五）完善公共服务平台体系

16. 支持公共服务平台建设。鼓励各产业平台参与、支持公共服务平台建设，给予相应资助。

17. 支持中介机构服务平台建设。打造中介机构集聚平台，对入驻中介予以租金补助，对先进中介机构给予奖励和表彰。

18. 推广使用创新券和服务券。降低企业购买技术开发等服务成本，提高企业享受创新创业中介服务效率。

19. 支持创办各类重大活动。支持举办各类创新创业活动，并按照活动的规模、等级给予补助。

二、增强科技创新能力

（一）激发企业创新主体活力

20. 大力引培高新技术企业。对新认定、新引进国家重点支持领域高新技术企业和新认定省级科技型中小企业给予奖励。

21. 支持企业加大研发投入。对企业上年度研发投入增量予以补助。对经认定的新型研发机构，国家级企业技术（工业设计）中心，国家级、省级技术创新示范企业给予一次性奖励。

22. 推动企业科技进步。对获得相关科技进步奖并在余杭区产业化的研发成果给予奖励。

（二）促进科技成果转化与产业化

23. 支持重点产学研合作项目。探索“技术经纪人”“揭榜挂帅”制度，对与高校院所开展产学研合作的企业、技术转移机构、技术中介服务机构、科技特派员予以补助。

24. 鼓励国际科技合作。对于开展先进技术成果转化、国际创新人才团队培育、产业前瞻性技术交流合作等项目给予支持。

25. 倡导企业研发新产品（新技术）。对工业新产品（工法）、重大技术装备国内和省内首台（套）等给予奖励。

（三）加强知识产权保护与运用

26. 鼓励知识产权申请、实施与保护。对企事业单位按其专利属性给予奖励。对知识产权维权成功企业给予维权费用补助。

27. 强化知识产权引领示范作用。对发明专利产业化项目，择优给予补助。对获得相关知识产权荣誉的企业给予奖励。

28. 支持知识产权服务机构发展。对重点知识产权服务机构给予奖励。

三、构建现代产业体系

（一）深化实施数字经济“一号工程”

29. 做强高端软件和集成电路等基础产业。对首次采购软件产品（软件服务）及解决方案的给予风险补偿资金补助。对掩膜版制作费用给予补助，提高新建或技术改造项目资助上限。

30. 壮大信息服务业等优势产业。加快5G技术、信息软件、工业APP、人工智能、云计算、大数据、物联网等优势产业发展，对重点信息服务业研发项目和企业给予资助。

31. 推动数字经济与实体经济融合发展。对智能制造等级二级以上智能制造企业、工业互联网应用示范企业、重点服务平台给予奖励，对智能化改造费用、智能制造核心技术与软件项目研发投入、企业上云费用、5G通信服务费等予以资助。

（二）推动工业经济高质量发展

32. 提升制造业竞争力。对重点技术改造（含新建）投资项目给予资助。对购置相关工业机器人的企业给予资助。

33. 支持生物医药产业加快发展。对重点生物医药企业研发投入、获得荣誉、新药和创新型医疗器械、市场开拓、取得上市持有人资格、开展药品一致性评价等给予奖励。对重点研发服务机构给予奖励。

34. 推动时尚产业提升发展。对时尚企业申报大企业大集团认定降低销售额要求，加大投资余杭奖励力度。对新引进总部和重点楼宇给予奖励并降低认定标准。对购买小单化柔性定制费用、产业协会宣传推广费用、重大活动费用予以补助。

35. 加快淘汰落后产能。对于淘汰企业拆除机器设备等按评估净值进行补助并对支付职工经济补偿的企业给予适度奖励。

36. 鼓励企业绿色发展。对新认定的绿色园区、绿色工厂等企业给予奖励。对资源节约、综合利用项目按设备实际投资额予以资助。对通过清洁生产和水平衡测试验收给予奖励。

(三) 大力发展现代服务业

37. 推进文化创意及设计产业创新发展。对重点文创企业提高财政贡献奖励标准，对获得各级荣誉的企业、影视动漫等原创内容作品给予奖励。对工业设计企业原创产品销售等给予补助。

38. 加快推进文旅融合和全域旅游发展。对文旅产业规划、策划等给予补助。对旅行社输送团队、旅游企业获得评级或荣誉给予奖励。加大对各类博物馆等主题藏馆群建设支持力度。

39. 提升商贸物流业发展水平。区产业发展引导基金对重点物流园区予以重点支持。对符合条件的限额以上批零企业和住餐企业、新零售实体店铺给予奖励。

40. 支持电子商务产业做大做强。对电子商务企业按其地方贡献给予奖励，对获得国际性、全国性奖项的企业给予相应奖励；对重点电商企业给予研发推广、仓储物流、专业培训机构培育费给予补助，对金银牌店铺给予奖励。

(四) 加快现代金融产业发展

41. 鼓励股权投资业发展。对股权投资企业落户余杭给予奖励。对股权投资企业投资符合余杭区现代主导产业的企业给予奖励。对股权投资企业、股权投资管理企业，按其地方贡献给予奖励。对企业高管给予奖励。

42. 支持融资担保机构发展。对服务本地小微企业和“三农”融资担保的担保机构给予风险补偿，对提供较低综合担保费率的担保机构给予保费补助。

43. 支持小额贷款公司发展。对小额贷款公司投放的涉农贷款、创业贷款和其他领域的小额贷款，进行贷款风险补偿。对新设立的小额贷款公司租赁办公用房的，给予租金补助。

44. 鼓励企业多渠道融资，支持个人股东再投资。对中小企业股权融资、企业并购重组、开展债券融资、个人股东再投资，给予分类奖励。

(五) 加快军民融合产业发展

45. 支持军民融合产业发展壮大。对重点企业给予研发补助、资质奖励、标准制定奖励、认证奖励等。对获得国家国防技术发明奖、军民融合产业示范基地等奖项或称号的企业予以奖励。

(六) 促进建筑业持续健康发展

46. 推进建筑产业现代化发展。鼓励发展装配式建筑，支持建筑数字化领域技术发展应用，支持企业晋升资质，对符合税收条件的企业给予一次性奖励。对企业获得“鲁班奖”等荣誉给予奖励。对整体搬迁至余杭区的特级、一级建筑业企业给予奖励。

四、培育壮大市场主体

47. 培育上市企业。推进企业境内外上市，对拟上市企业分阶段、按进度（股改、中介、备案、上市）给予奖励。对上市企业实施再融资、重大资产重组、盘活存量用地等给予奖励。对区外上市企业、新三板挂牌企业迁入余杭区的给予一次性奖励。

48. 集聚总部企业。对于区内新认定总部企业给予奖励。对新引进总部企业，按其地方贡献给予奖励。对在余杭区新设或从区外迁入的总部金融机构，符合条件的，根据其实收资本规模、总部功能等情况，给予奖励。

49. 支持“双百”企业。从销售额在5亿元以上（含）的重点工业企业、行业龙头（标杆）企业等确定100家重点培育对象，从销售收入1亿元（含）~5亿元的国家重点支持领域高新技术企业评定100家重点培育对象，按最高不超过其地方贡献超基数增量部分的80%给予奖励。

50. 扶持小微企业。对首次上规模的工业企业给予奖励；对上规后主营业务收入达到标准的工业企业，追加奖励。对行业龙头骨干企业带动区内中小微企业进入产业链或配套体系，给予相应奖励。

51. 打造优质企业。鼓励企业争创品牌、参与标准化工作、争创政府质量奖，并表彰奖励优秀企业（企业家）。

五、全面扩大对外开放

52. 支持企业提升国际化经营能力。对企业参加境内外国际性展会，按展会类型给予分类补助。对企业参加出口类保险给予保费补助。对海外租赁费用、宣传费等给予补助，按照企业年进口额给予分类奖励。加大出口贡献奖励和出口新主体培育力度。进一步加大外贸配套服务力度，扩大外贸体量。

53．进一步加强对外投资和经济合作。对重点境外投资项目，按照实际出资情况进行补助。

54．大力发展服务贸易（服务外包）。对服务贸易（服务外包）企业承接离岸服务贸易（服务外包）业务给予分类奖励。

55．积极引进和利用外资。对新引进符合余杭区产业发展导向外资产业的项目给予奖励。

六、打造国际人才高地

（一）加大各类人才引进培育力度

56．健全国内外高层次人才补助管理机制。对符合条件的国内外高层次人才，给予配套奖励及购房补贴或安家费补助。对被认定的省、市领军型创新创业团队，根据上级要求予以全额配套。

57．鼓励柔性引进国外智力。对柔性引进市“115”引智计划的人才项目、省“海外工程师”以及外国专家的给予分类奖励。

58．加大中青年人才引进力度。实施省市区中青年人才培养计划，对各类中青年人才给予分类奖励。

59．加大技能人才支持力度。对各类技能人才给予分类奖励。

60．鼓励中介引才。对“千里马驿站”、聘请“余杭伯乐”、推荐顶尖人才入驻我区的个人或单位等给予引才奖励。

61．加大院士、博士后工作站建设力度。对符合条件的院士（专家）工作站、博士后工作站及出站博士给予奖励和补助。

（二）完善人才服务保障体系

62．加大人才安居保障。建立生活安家补贴、租赁补贴、购房补贴、人才公寓四位一体住房保障体系，给予分类奖励。创造条件为人才落户提供帮助。

63．服务人才子女就学。创造条件为高层次人才子女入学提供帮助。

64．提供就医体检服务。为高层次人才提供就医保障、国际医疗保险结算、健康体检、国内学术休假活动和“旅游券”等服务。

65．提供交通出行便利。为有需要的人才提供小客车竞价摇号代办服务，并对符合条件的人才给予补助。

66．营造尊才爱才浓厚氛围。对评定的杰出人才、突出贡献人才、优秀中青年人才以及领军型人才团队，给予分类奖励。

七、附则

本政策意见自2019年7月25日起施行。具体条款由区财政局另行发文规定，并由相关职能部门、产业平台会同区财政局负责组织实施。此前我区有关产业扶持和奖励政策文件停止执行。在本政策意见有效期内，全区各职能部门、产业平台原则上不得另行出台新的产业扶持政策。

中共杭州市余杭区委关于开展“不忘初心、牢记使命”主题教育的实施意见

（2019年9月17日）

区委〔2019〕40号

不忘初心、牢记使命，是加强党的建设的永恒课题，是全体党员干部的终身课题。根据习近平总书记在“不忘初心、牢记使命”主题教育工作会议上的重要讲话和指示批示精神，按照中央和省市委的统一部署要求，区委决定，以区管以上领导干部为重点，在全区党员中开展“不忘初心、牢记使命”主题教育。现提出如下实施意见。

一、重大意义

为中国人民谋幸福，为中华民族谋复兴，是中国共产党人的初心和使命。今年是中华人民共和国成立70周年，开展“不忘初心、牢记使命”主题教育，是以习近平同志为核心的党中央统揽伟大斗争、伟大工程、伟大事业、伟大梦想作出的重大部署，是用新时代中国特色社会主义思想武装全党、

推进新时代党的建设、保持党同人民群众血肉联系、实现十九大确定的目标任务的迫切需要，对我们党不断进行自我革命，团结带领人民在新时代把坚持和发展中国特色社会主义这场伟大社会革命推向前进，对统筹推进“五位一体”总体布局、协调推进“四个全面”战略布局，实现“两个一百年”奋斗目标、实现中华民族伟大复兴的中国梦，具有十分重大的意义。

党的十八大以来，全区各级党组织认真贯彻落实中央决策部署和省市区委要求，推动全面从严治党向纵深推进，领导班子和干部队伍建设全面加强。但要清醒看到，思想不纯、政治不纯、组织不纯、作风不纯等问题尚未得到根本解决，需要进行一次直抵灵魂的革命性锻造。余杭作为“中华文明圣地、创新活力之区”，扛起省委赋予的“展现更大格局、更大担当、更大贡献”和市委要求的“走前列、作示范”使命担当，全区各级党组织必须以更高的政治站位，充分认识这次主题教育的重大意义，紧密结合实际，高标准高质量开展好主题教育，引导广大党员干部坚定不移落实习近平总书记的重要指示精神，全面推进“三个全域”建设，全力打造杭州接轨大上海融入长三角桥头堡，争当新时代发展排头兵，为推动余杭高质量可持续快发展作出更大贡献。

二、目标要求

开展“不忘初心、牢记使命”主题教育，根本任务是深入学习贯彻习近平新时代中国特色社会主义思想，锤炼忠诚干净担当的政治品格，团结带领全区人民为实现伟大梦想共同奋斗。各级领导干部必须在学懂弄通做实习近平新时代中国特色社会主义思想上下功夫、作表率，确保在思想上政治上行动上同以习近平同志为核心的党中央保持高度一致。要将力戒形式主义、官僚主义作为主题教育重要内容，教育引导党员干部牢记党的宗旨，坚持实事求是的思想路线，树立正确政绩观，真抓实干，转变作风。要坚决贯彻“守初心、担使命，找差距、抓落实”的总要求，按照中央提出的“理论学习有收获、思想政治受洗礼、干事创业敢担当、为民服务解难题、清正廉洁作表率”五个方面目标和省委“六个新”、市委“五个走在前”要求，结合余杭实际，努力争当六个方面“排头兵”：

一是争当理论学习排头兵。深刻体悟习近平新时代中国特色社会主义思想重大意义、科学体系、丰富内涵，全面学、系统学、贯通学、深入学、跟进学，进一步增强贯彻落实的自觉性坚定性，提高运用党的创新理论指导实践、推动工作的能力。

二是争当政治建设排头兵。始终把政治建设摆在首位，不折不扣贯彻落实习近平总书记重要指示批示精神，坚定政治信仰，强化政治领导，提高政治能力，净化政治生态，进一步增强“四个意识”，坚定“四个自信”，真正把“两个维护”落细落实、见诸行动。

三是争当创新发展排头兵。把主题教育与落实中央、省市委各项决策部署结合起来，与全面推进“三个全域”建设结合起来，与落实长三角一体化发展战略结合起来，拉高标杆、对标先进，突出重点、精准发力，不断夯实发展基础、放大发展优势、增强发展后劲，加快构筑新时代余杭发展的战略优势。

四是争当担当作为排头兵。勇于直面矛盾，增强斗争本领，不断强化应对挑战把握机遇的战略担当、攻坚克难守正出新的改革担当、防范风险消除隐患的底线担当、一贯到底狠抓落实的执行担当，进一步激发干事创业热情和开拓进取精神，在奋进新时代中创业创新、建功立业。

五是争当为民服务排头兵。坚持人民立场，把新时代群众路线植根于思想中、落实到行动上，持续深化“服务企业服务群众服务基层”活动，深入改作风、转作风、优作风，切实解决好群众的操心事、烦心事、揪心事，不断提升人民群众获得感、幸福感、安全感。

六是争当清正廉洁排头兵。全面落实清廉余杭建设要求，正确处理公私、义利、是非、情法、亲清、俭奢、苦乐、得失的关系，始终保持为民务实清廉的政治本色，清清白白为官、干干净净做事、老老实实做人，努力营造风清气正的政治生态。

三、工作安排

全区主题教育从2019年9月开始，11月底基本结束，开展集中教育时间不少于3个月，不划阶段、不分环节，把学习教育、调查研究、检视问题、整改落实贯穿全过程。

（一）突出抓好区管以上领导班子和领导干部主题教育。区委、人大、政府、政协领导班子要按照中央主题教育领导小组《关于抓好第一批主题教育学习教育、调查研究、检视问题、整改落实工作的通知》（教组发〔2019〕4号）要求，抓好四项重点措施落实，确保取得实效。良渚遗址管理区、余杭经济技术开发区，区直机关，镇街等领导班子参照实施。

要聚焦主题主线，开展学习教育、调查研究、检视问题、整改落实。学习教育要在学懂弄通做实习近平新时代中国特色社会主义思想上下功夫。调查研究、检视问题、整改落实要聚焦贯彻落实习近平新时代中国特色社会主义思想、习近平总书记重要指示批示精神和党中央决策部署，边学边查，立查立改。要统筹安排、合理摆布，把学和做结合起来，把查和改贯通起来，确保四项重点措施有机融合、一体推进。

1. 把学习教育贯穿始终。认认真真读原著、学原文、悟原理，采取个人自学和集中自学的办法，推动学习贯彻习近平新时代中国特色社会主义思想往深里走、往心里走、往实里走，努力在原有基础上取得新进步、达到新高度。一是原原本本学。党员领导干部要以自学为主，通读《习近平关于“不忘初心、牢记使命”重要论述选编》，认真学习党章、《习近平新时代中国特色社会主义思想学习纲要》，深入学习习近平总书记在“不忘初心、牢记使命”主题教育工作会议、中央政治局第十五次集体学习、中央和国家机关党的建设工作会议和在内蒙古考察并指导开展主题教育时的重要讲话，学习《殷切的期望——习近平同志对杭州工作指示摘编》，以及本领域工作的重要讲话和指示精神，及时跟进学习习近平总书记最新重要讲话文章。要把学习党史、新中国史作为主题教育重要内容，在学习党史、新中国史中增强守初心、担使命的思想和行动自觉。二是集中研讨学。各级领导班子要集中安排不少于5天的时间，采取党委（党组）理论学习中心组学习、举办读书班等形式，列出专题，组织学习，交流研讨。区委举办“初心?担当?奋进”主题学习会。对区管干部、村社书记主任进行集中轮训。三是创新形式学。结合庆祝新中国成立70周年，采取参观红色旧址、组织专题讨论、邀请老党员忆初心等多种形式，大力开展革命传统教育、形势政策教育。各地各单位要依托区内中共鸭兰村支部旧址等红色资源，开展形式多样的红色教育。在认真学习中央和省市委选树的各类先进典型事迹基础上，各地各单位要进一步弘扬服务保障双创“86天精神”、攻坚良渚古城申遗的“申遗精神”，大力宣传我区“模范集体”“铁军先锋”“党建双强”等先进典型，深入挖掘身边攻坚克难的典型案例，形成学习先进、争当先进的良好风尚，推动党员干部见贤思齐。同时，深刻剖析反面典型，加强警示教育，引导党员干部对照自省。

2. 把调查研究贯穿始终。围绕贯彻落实习近平总书记重要指示批示精神和党中央决策部署，围绕解决党的建设面临的紧迫问题，围绕事关余杭未来发展的重大课题，围绕解决本地本单位存在的突出问题和群众反映强烈的热点难点问题，大兴调查研究之风，推动领导干部深入基层、调查研究、破解难题。一是深入开展“三服务”活动。用好“亲清直通车”“民情直通车”，发挥“亲橙办”“亲企办”“亲禾办”作用，持续深化“三服务”活动，深入农村、社区、企业基层一线开展调研，对走访收集问题进行梳理，带着答案进行回访问效。领导干部要带头接访、带头包案化解，深入推进信访积案化解。每名领导干部确定1至2项重点课题领衔破难，各单位要列出3至5个群众最关心最直接最现实的利益问题，抓紧谋划整改解决举措，在主题教育期间解决，切实增强群众获得感。二是大力开展“顽疾整饬”。全面整饬闭门施策、推诿扯皮、政令空转、留痕管理、督考过多、文山会海等“六大顽疾”，列出本地本单位本系统的具体表现，把症结分析透，提出解决问题、改进工作的办法措施。三是讲好专题党课。在学习调研基础上，10月底前，各单位党委（党组）书记要带头为基层讲一次专题党课，党员领导班子成员要到分管领域或基层联系点讲一次专题党课，重点讲学习收获体会，讲运用党的创新理论指导实践、推动工作存在的差距和改进工作的思路举措。领导班子要召开专题会议，交流调研成果，把调研中查找的问题和形成的对策建议作为整改的内容和措施。

3. 把检视问题贯穿始终。按照习近平总书记关于“四个对照”“四个找一找”的要求，通过自己找、群众提、集体议、上级点等方式，查摆差距不足，一条一条列出具体问题。一是广泛听取意见。通过谈心谈话、座谈访谈、书面征求等形式，充分听取服务对象、基层党员群众的意见建议。上级党组织要结合政治巡察、干部考察、党建督察、工作考核等，对下级单位领导班子和班子成员提出改进意见建议，领导干部还要同分管部门负责同志谈心谈话，征求他们对自己的意见。区委发放书面征求意见表，向各地各单位党组织实名征求对区委常委会和常委个人的意见建议，向不同层面党员干部不署名征求意见建议。二是深刻检视反思。领导干部要结合对照党章党规查找的、巡视巡察和专项督查反馈的、长期信访积案中存在的、群众反映强烈的，以及谈心谈话指出的问题，从思想、政治、作风、能力、廉政方面特别是从主观上、思想上进行深入剖析。领导班子要聚焦政治建设、思想建设、作风建设存在的突出问题进行检视反思。检视剖析要一条一条列出问题，不搞官样文章，不硬性规定字数。各地各单位领导班子要安排专门时间，召开对照党章党规找差距专题会议。三是召开专题民主生活会。主题教育结束前，各地各单位领导班子要高质量召开专题民主生活会，针对检视反思问题，联系整改落实情况，红脸出汗，认真开展批评和自我批评。党委（党组）主要负责同志要示范带头，巡回指导组要严格把关，对自我批评不严肃不深刻、相互批评缺乏战斗性、成员之间搞无原则纷争的，坚决予以叫停和纠正。

4. 把整改落实贯穿始终。坚持边学边查边改，对专题调研发现的问题、群众反映强烈的问题，巡视巡察和督导反馈的问题、民主生活会查摆的问题等，及时列出清单，区分班子问题和个人问题、当下能改的问题和需要长期整改的问题，逐项进行整改，加强督促检查。按照中央和省市委部署安排，要围绕全年目标任务，聚焦发展堵点民生痛点治理难点，查找存在的短板和问题，借势借力推动整改。结合我区实际，重点开展10个专项整治：一是重点整治贯彻落实习近平新时代中国特色社会主义思想和党中央决策部署置若罔闻、应付了事、弄虚作假、阳奉阴违的问题；二是重点整治干事创业精气神不够，患得患失，不敢担当、不思进取的问题；三是重点整治违反中央八项规定及其实施细则精神和省、市有关办法的问题；四是重点整治形式主义、官僚主义，层层加重基层负担，文山会海突出，涉村涉企“七多”的问题；五是重点整治领导干部配偶、子女及其配偶违规经商办企业，甚至利用职权或者职务影响为其经商办企业谋取非法利益的问题；六是重点整治基层选人用人违规违纪和领导干部违规因私出国（境）的问题；七是重点整治基层党组织软弱涣散，党员教育管理宽松软特别是党员失管漏管，党内基本制度落实不到位，基层党建主体责任缺失的问题；八是重点整治对群众关心的利益问题漠然处之，空头承诺，推诿扯皮，以及办事不公、侵害群众利益的问题；九是重点整治对黄赌毒和黑恶势力听之任之、失职失责，甚至包庇纵容、充当保护伞的问题；十是重点整治编外用工（人员）管理不规范问题，重点解决擅自使用编外人员、招聘流程不规范、违规发放工资福利或超标准开支公用经费、未纳入机构编制实名制管理等问题。同时，各地各单位各行业系统要结合实际，有针对性地列出需要整治的突出问题，进行集中治理。专项整治情况要以适当方式向党员干部群众进行通报。对专项整治中发现的违纪违法问题，要严肃查处。

（二）抓实基层党支部学习教育和检视整改。区管以上领导干部以外的党员参加主题教育，要以党支部为单位，结合“两学一做”常态化制度化，依托“三会一课”、主题党日等进行。

1. 抓好学习教育。组织党员以个人自学为主，原原本本通读《习近平关于“不忘初心、牢记使命”论述摘编》等，领悟初心使命，增强党的意识，坚定理想信念。依托各级党校、党员干部教育培训基地等，对党支部书记进行1次轮训，重点学习习近平新时代中国特色社会主义思想和党中央关于开展主题教育的部署要求。通过召开党员大会、支委会、党小组会，交流学习体会，相互启发提高。党支部书记要讲1次专题党课，或者向所在支部党员报告一次个人学习体会。要通过学习教育，使党员不断有新进步新领悟，不断增强党性、提高素质。

2. 认真检视整改。对照党章规定的党员条件和义务权利，对照《中国共产党廉洁自律准则》《关于新形势下党内政治生活的若干准则》《中国共产党纪律处分条例》，对照群众提出的意见建议等，查找党员意识、担当作为、服务群众、遵守纪律、作用发挥等方面的差距和不足，一条一条列出问题，一项一项整改到位。通过党员先锋岗、党员责任区，设岗定责、承诺践诺等，组织党员立足岗位，履职尽责。以机关事业单位的在职党员为主，开展党员进社区、认领微心愿等活动，每名党员至少参加1次志愿服务，为身边群众办1件实事好事，以实际行动践行初心和使命。结合专项整治，大力推进基层党组织软弱落后、村干部管理宽松软、党员失联失管、党内基本制度落实不到位、党建主体责任缺失等基层党建突出问题的整治，深化开展“整镇（街）推进、整区提升”，全面建强党的基层组织。

3. 创新方式方法。在运用“学习强国”学习平台等已有的党员教育管理载体平台的基础上，针对不同群体党员的实际，采取生动鲜活、喜闻乐见的方式，用好案例教育，运用微信公众号、微视频等新媒体和新时代讲习所组织学习教育，增强主题教育的吸引力和感染力。灵活采取书记领学、支部研学、班前班后学等方式，丰富学习形式，增强学习效果。通过送学上门、网络学习、返乡“补课”等形式，抓好在职党员、流动党员、年老体弱党员的主题教育。用好本地区红色资源，组织开展革命传统教育，原则上不出市。主题教育结束前，党支部要以“不忘初心、牢记使命”为主题召开专题组织生活会，开展“党性体检、民主评议”。

（三）开展新时代解放思想大讨论。根据市委部署要求，以领导干部为重点，面向全区干部群众开展新时代解放思想大讨论。

1. 把握讨论重点。按照市委明确的“10个如何”，就更好发挥余杭作用、展现余杭担当开展讨论。即如何在服务借力大上海、深度融入长三角中全面提升杭州的城市能级和核心竞争力；如何抢抓5G商用和产业化的新机遇，努力打造全国数字经济第一城；如何制定实施“新制造业计划”，打赢杭州制造的翻身仗；如何更好借势亚运会筹办，加快城市国际化进程；如何持续放大良渚古城遗址成功申遗效应，全面提升杭州的人文优势和文化影响力；如何满足人民对美好生活的向往，促进公共服务优质均衡；如何做强做优城市大脑，提高城市治理精细化现代化水平；如何持续优化生态环境，走出一条具有特大城市特点的“两山”发展新路子；如何强化全市一盘棋，破解发展、工作和政策碎片化问题；如何全面提高干部能力素质，充分激发干部干事创业的精气神。

2. 广泛开展讨论。区领导牵头相关责任部门组成课题组，分别围绕“10个如何”中的1个课题，通过开展问卷调查、组织专题研讨、召开座谈会等形式，深入进行讨论交流，综合形成讨论成果，结合区委务虚会进行交流。各地各单位要把大讨论作为主题教育的重要抓手，采取多种形式广泛开展讨论，进一步把广大党员干部的思想认识从不合时宜的观念、做法和体制的束缚中解放出来，在解放思想中统一思想，在提高认识中凝聚共识。相关职能部门要分专题邀请专家学者、两代表一委员以及热心市民代表等各界人士召开恳谈会，努力把问题讲深讲透。区级媒体要开辟专题专栏专刊，引导全社会广泛参与，在全区掀起一场头脑风暴。

3. 全面对标对表。全区各级党组织要自觉在本地区先进、本行业典型、全省领先、全国一流“四个坐标体系”中寻标对标。要坚持边讨论边梳理边整改，深刻剖析影响本地本单位发展的症结所在，把大讨论查摆的问题和收集的意见建议及时纳入主题教育整改落实中，提出比学赶超计划，把“走在前列”作为推动各项工作的精神动力、目标追求、路径选择，着力营造“单项争冠军、整体争一流”的浓厚氛围，以大讨论凝聚高质量发展的强大动力。

四、组织领导

全区“不忘初心、牢记使命”主题教育在区委领导下开展。区委成立主题教育领导小组，领导小组下设办公室，负责日常工作。充分发挥领导小组成员单位职能作用，形成齐抓共管合力。

一是落实领导责任。各地各单位要把开展主题教育作为重要政治任务，切实履行职责，强化组织领导，成立主题教育领导小组及其办公室，由党委（党组）书记担任领导机构主要负责人，认真抓好组织实施。坚持“书记抓、抓书记”，书记要带头学习、带头调研、带头检视、带头整改，作好表率、当好示范，以排头兵的标准，推动主题教育走深走实。要切实履行第一责任人职责，把主题教育紧紧抓在手上，逐级压实责任、传导压力，形成一级做给一级看，一级带着一级干，一级领着一级改的良好局面。要把开展主题教育情况，作为领导班子和领导干部年度考核、党组织书记抓基层党建工作述职评议考核的重要内容。

二是分类把握要求。坚持从实际出发，针对不同层级、不同领域、不同对象特点，科学合理作出安排，保证学习教育全覆盖，增强主题教育效果。区直单位要聚焦党员干部精气神上的反差等问题，着力破解机关党建“灯下黑”；镇街要重点解决贯彻落实中央、省市区委决策部署和服务群众“最后一公里”问题；国有企业要进一步贯彻新发展理念，加强党的建设，推动转型升级；村（社区）要聚焦乡村振兴、基层治理、服务群众等找差距、抓落实；非公有制经济组织和社会组织要围绕健康持续发展，下大力气把党员组织起来、把职工群众凝聚起来，推动“党建强、发展强”。行业系统主管部门要履行好对本行业本系统主管责任，加强对下属单位和分支机构的指导，抓住主题主线，紧贴行业实际，发挥好引领作用，形成条块联动、齐抓共管、全面推进的良好局面。

三是从严督促指导。区委组建主题教育巡回指导组，采取巡回指导、随机抽查、调研访谈等形式对各地各单位进行督促指导。巡回指导组要坚持原则，从严从实加强督促指导，及时发现和解决问题，推动中央精神和省市区委要求落地见效。指导工作要注意听取群众评价，坚持过程评估与结果评估相结合，开展定量定性评估，以发展成绩和群众口碑检验主题教育成效。镇街要发挥联村（社区、企业）干部和党建工作指导员等作用，加强对所辖基层党组织的指导。

四是做好宣传引导。要加强正面宣传和舆论引导，充分运用主流媒体和新兴媒体，深入宣传习近平总书记关于主题教育的重要讲话和重要指示批示精神，深入宣传中央和省市委部署要求，及时反映主题教育进展情况和实际成效。注意总结推广主题教育中形成的好经验好做法好典型，选树推广秉持理想信念、保持崇高境界、坚守初心使命、敢于担当作为的先进典型。及时发现和表扬一批群众身边的党员先进事迹，用身边事教育身边人。

五是力戒形式主义。坚持以好的作风开展主题教育，学习教育不对读书笔记、心得体会等提出硬性要求；调查研究要加强统筹，防止扎堆调研、增加基层负担；检视问题不能大而化之、隔靴搔痒，不避重就轻、避实就虚，不以工作业务问题代替思想政治问题；整改落实要防止搞纸上整改、虚假整改、数字整改，防止以简单问责代替整改责任落实，不能在整改中产生新的问题。对主题教育中可能出现的各种问题，要提前预判、有效防范，坚决防止各类“低级红”“高级黑”。对搞形式、走过场的，要严肃批评，通报曝光，促其改正。

六是注重统筹兼顾。把开展主题教育与树立正确用人导向结合起来、与加强领导班子和领导干部政治建设结合起来，与推进“两学一做”学习教育常态化制度化结合起来，与有效推动中心工作结合起来，注重以领导干部自身素质提升、解决问题成效、群众评价反映等客观评估主题教育效果，确保两手抓两促进。

编辑：张嫣

统计资料与分析

Statistics and Analysis

·杭州市余杭区2019年国民经济和社会发展统计公报·

杭州市余杭区统计局

2019年，余杭区高举习近平新时代中国特色社会主义思想伟大旗帜，紧紧围绕“干好一一六、当好排头兵”，坚持以“五大余杭”为引领，统筹推进“三个全域”建设，全力攻坚“新五场硬仗”，良渚古城申遗成功，全国“双创”活动周成功举办，经济总体平稳运行，保持高质量发展的良好态势。

一、综　合

经济总量。据初步核算，2019年全区实现生产总值（GDP）2824.02亿元，按可比价格计算，同比增长8.6%，增幅高于全国6.1%、全省6.8%、全市6.8%平均水平。按户籍人口计算，全区人均GDP为24.99万元，增长15.6%。按当年平均汇率计算，户籍人均GDP为3.62万美元。

从GDP构成看，第一产业增加值53.31亿元，增长2.6%；第二产业增加值652.25亿元，增长5.0%；第三产业增加值2118.46亿元，增长10.0%。全区三次产业结构由上年的2.2：27.2：70.6调整为2019年的1.9：23.1：75.0。第三产业占比较上年提高4.4个百分点。

全区数字经济核心产业实现增加值1648.54亿元，增长15.2%，占GDP比重为58.4%，其中，信息软件、数字内容、电子商务、机器人等主导产业增加值增速均超10%。

财政收支。全年完成财政总收入726.47亿元、地方一般公共预算收入391.45亿元，分别增长16.5%、16.4%。从收入结构看，税收收入占地方财政收入比重为95.5%，保持较高占比；从主要税种看，个人所得税、企业所得税、国内增值税分别增长77.4%、7.9%、10.4%，改征增值税下降13.1%。

全年完成财政预算支出376.73亿元，增长10.0%，预算内用于民生支出293.68亿元，占全区财政预算支出的78.0%，增长17.0%。在支出结构中，城乡社区、科学技术、保障就业、教育、公共安全分别增长13.9%、45.4%、36.1%、18.4%、22.1%。

市场价格。2019年居民消费价格累计上涨2.5%。八大类商品和服务价格呈现“六涨一跌一平”的态势。其中，食品烟酒类价格上涨5.1%，衣着类价格上涨2.3%，居住类价格上涨0.6%，教育文化和娱乐类价格上涨6.3%，医疗保健和服务类价格上涨2.7%，其他用品和服务类价格上涨2.8%，交通和通信类价格下降1.3%，生活用品用服务类价格持平。

人口就业。截至年末，全区户籍人口116.18万人，比上年末增加6.32万人。年末总户数33.71万户，比上年末增加2.19万户。2019年全年，出生人口13122人，人口出生率11.61‰，人口自然增长率7.66‰，户籍出生婴儿性别比为108.3。全年城镇新增就业人员43195人，引导和帮助8778名城镇失业人员再就业。城镇登记失业率为1.7%。全区累计引进海外高层次人才4900余名，其中国家级海外高层次人才149名，新增本科及以上高校毕业生3.37万名。

二、农业和农村

2019年，全区实现农业增加值55.44亿元，增长2.8%。其中：种植业32.82亿元，增长1.1%；林业6.36亿元，增长5.6%；畜牧业2.21亿元，增长9.1%；渔业11.92亿元，增长6.2%；农业服务业2.13亿元，增长7.6%。启动美丽乡村“1510”行动，完成121个精品村、6个精品区块建设，被评为省新时代美丽乡村示范区。积极发展农村经济新业态，累计申报民宿重点培育村6个、评定区级特色和精品民宿68户。全年实现农产品网络销售额10.50亿元，增长25%。

三、工业和建筑业

工业。2019年，全区实现规模工业增加值454.71亿元，增长5.3%。全年工业用电量49.98亿千瓦时，下降4.0%。规模工业实现高新技术产业增加值309.98亿元，增长7.3%，占规模工业比重为68.2%，占比较上年提升3.7个百分点；规模工业新产品产值率49.3%，较上年提升3.6个百分点。装备制造业实现增加值240.01亿元，增长6.3%；战略性新兴产业增加值139.45亿元，增长3.3%。全年实现营业收入1965.77亿元，同比增长5.2%；利润总额127.92亿元，增长16.8%。企业成本费用利润率为7.29%，较上年同期增长0.79个百分点。

建筑业。全区建筑业实现增加值48.51亿元，占GDP总量的1.7%。截至2019年末，全区共有建筑业企业567家。全年共核发施工许可证536项，办理建设工程安全监督注册手续536项、质量监督注册手续536项、竣工验收备案318项。

四、交通和旅游

交通运输。2019年余杭区全年营运客车客运量154万人次，余杭辖区内河港口货物吞吐量（不含内河处监管码头）2804.4万吨，水运货运量525.8万吨。加快轨道交通建设，16号线建成试运行，5号线首通段开通运营。世纪大道快速路建成通车，东西向快速路、望梅路互通等工程扎实推进。高标准建设完成“四好农村路”，2019年新建项目226.285千米。组织实施美丽公路“八口八线”项目建设，共实施道路提升74.9千米，打通“断头路”，实施绿道、驿站、口袋公园建设，提升和新建绿道37.6千米，提升和新建绿化224.46万平方米。全年新增、优化调整公交线路41条，加强绿色出行宣传，新增、更新新能源公交车208辆。

旅游经济。2019年，全区共接待国内外游客2535.66万人次，增长18.8%；实现旅游总收入283.47亿元，增长20.8%。截至2019年末，全区共有A级景区14家，其中AAAA级以上景区7家；A级景区村庄107个，其中AAA级景区村庄25个；星级饭店6家，其中四星级以上饭店5家，特色文化主题饭店2家；星级旅行社6家。

五、金融

2019年，全区金融业实现增加值118.59亿元，增长14.9%。截至年末，全区本外币存款余额3799.79亿元，增长22.2%，本外币贷款余额2629.24亿元，增长27.2%。“凤凰行动”持续推进，2019年，全区新增上市企业3家，累计达到25家，新三板挂牌企业累计达到65家，浙江股权交易中心挂牌企业累计达到1403家。同时有上市培育企业69家。

六、固定资产投资和房地产业

固定资产投资。2019年，全区固定资产投资增长7.4%。其中，项目投资增长8.4%，房地产开发投资增长6.7%。高新技术产业投资增长9.5%；生态环境和公共设施投资下降4.4%；民间投资下降7.9%；交通投资下降14.2%。崇贤至东湖连接线工程一期综合整治、仁和大道提升工程、红树林配套道路、长径线工程等项目完成建设。“152”省市县书记、县长项目工程中，5个已开工，开工率达83.33%。12个省重点、12个省“4＋1”、28个省“五个千亿”、48个市重点等省市级实施类重大项目均超额完成年度投资计划。全区完成国有投资435.24亿元，增长48.2%；新开工项目404个，完成投资205.68亿元，增长33.5%。

房地产业。2019年，房地产开发投资增长6.7%。全年新建商品房成交392.8万平方米，同比下降14.4%，成交金额922.2亿元，下降5.9%，成交均价23477元/平方米，上涨10.0%。其中：住宅成交29631套，下降15.3%，成交面积344.5万平方米，下降13.6%，成交均价24180元/平方米，上涨9.3%；非住宅成交48.3万平方米，下降20.3%，成交均价18465元/平方米，上涨13.1%。

七、国内贸易

2019年，全区社会消费品零售额增长9.4%。网上销售增势强劲，限上批发零售业单位实现实物商品网上零售额161.89亿元，增长22.5%，增速快于社会消费品零售总额13.1个百分点。全年电子商务产业实现增加值1458.12亿元，增长11.0%。消费升级类相关商品增势较好，化妆品类增长35.7%，烟酒类增长78.4%，电子出版物及音像制品类增长350%，日用品类增长32.1%。

八、对外经济

外贸出口。全年实现进出口总额478.56亿元，增长3.4%。其中：进口额37.33亿元，下降22.8%；出口额441.23亿元，增长6.4%。从出口产品看，机电产品、高新技术产品出口增长较快，分别增长10.1%、11.0%。从出口地区看，对欧盟、金砖国家、中东地区、“一带一路”沿线国家出口分别增长12.9%、2.7%、0.9%和7.9%。

招商引资。2019年，全区实到外资10.52亿美元。聚焦引擎性项目招引，有效承接先进地区产业溢出，助力百度杭州总部、软通动力信息技术（集团）有限公司等企业项目落地。深圳市优必选科技股份有限公司华东总部、OPPO广东移动通信有限公司全球移动终端研发总部等170个重大产业项目集中签约，总投资超900亿元，签约项目数接近2018年的3倍。

境外投资。全区共办理境外投资备案（新设、变更）70个，新增中方境外投资额2.36亿美元，完成全年任务的157.3%，完成率位列全市前列。完成“一带一路”投资项目22个，涉及境外投资额1.4亿美元；完成并购项目9个，涉及境外投资额0.67亿美元。

九、教育和科技

教育。2019年，全区幼儿园144所，比上年新增15所，共有2298个班；招生21155人，较上年增加1071人，在园幼儿64830人，较上年增加2960人，3～5周岁幼儿入园率99.99%；幼儿园专任教师5265人，较上年增加308人。全区小学59所，比上年新增1所；招生23143人，较上年增加978人；在校学生114476人，较上年增加9044人；小学适龄儿童入学率达到100%，女童入学率达到100%；小学巩固率达到100%，女童巩固率达100%；小学专任教师6306人，较上年增加439人；专任教师学历高标率为99.71%，较上年提高0.29%。全区初中37所，比上年新增1所；招生13974人，较上年增加689人；在校学生40625人，较上年增加1701人；初中阶段入学率100%，初中巩固率100%，初中毕业生升学率99.97%；初中专任教师3262人，较上年增加135人。全区普通高中15所，全年招生5174人，较上年增加314人；在校学生14679人，较上年增加548人；普通高中专任教师1355人，较上年增加41人。全区职业高中5所，全年招生3761人，较上年增加431人；在校学生10533人，较上年增加143人；毕业生3486人，较上年增加109人；职业高中专任教师755人，较上年增加17人。

科技。2019年，全区新认定国家高新技术企业444家，全区国高企总数首次突破1000家。新增杭州市“雏鹰计划”企业230家、杭州市高新技术企业207家、省级科技型中小企业357家。助力浙大超重力国家重大科技基础设施、中国（杭州）5G创新园等项目实施，先进碳材料、知识产权2家产业创新服务综合体入选市级及以上产业创新服务综合体建设名单。新增市级研发中心93家，推荐申报省级企业研究院26家、省级研发中心93家。新增孵化载体45个、物理空间184.3万平方米，引进培育科技型中小微企业1322家。20个项目入选2020年度浙江省重点研发计划项目，淘宝（中国）软件有限公司等三家企业获国家科技进步奖二等奖。

十、文化、卫生和体育

文化。良渚古城遗址列入“世界遗产名录”，余杭区成为全省首批完成浙江省基本公共服务标准的地区，全省首个文旅融合作品文旅新韵《余杭》首演。浙江省曲艺家协会艺术创作基地落户超山风景名胜区并推出省曲艺家协会专场演出；新投入运营的余杭大剧院持续推出儿童剧、话剧、音乐会等演出活动170余场；越剧大戏《光明吟》入选省舞台艺术创作重点题材扶持项目。截至年末，累计举办“相约”系列、“美丽洲”系列、“电影三进”、“非遗四在”、特色线路免费游等文旅活动11000余场（次），惠及群众190余万人次。

卫生。截至年末，全区共有各类医疗卫生机构798家，其中，区属医院7家、社区卫生服务中心20家。全区各医疗机构实际开放床位5222张，其中区属医院3505张。区属医院、社区卫生服务中心共有卫生技术人员7368人，其中，执业医师3002人、注册护士3225人，分别增长8.9%、2.73%和6.4%。全年家庭医生累计签约服务43.41万人。

体育。高标准推进亚运场馆改扩建项目，建设完成省级基层体育设施体育休闲公园、多功能运动场等21处，区级民生实事项目20处，新建全民健身工程100余处。创新全民健身日活动，融入冬奥项目、网红游戏，实现传统品牌活动升级蝶变。顺利完成少体校机构改革，余杭籍运动员陈灵龙等10位参加跆拳道世界杯、全国青年运动会等大赛斩获奖牌15枚，其中金牌10枚。胡梦云入选跳台滑雪国青队。

十一、人民生活和社会保障

人民生活。2019年，城乡常住居民人均可支配收入为68159元和41347元，分别增长8.5%、9.7%，城乡居民收入差距继续缩小，差距倍数缩小至1.65。全年城镇常住居民人均生活消费性支出为45012元，增长8.2%；农村常住居民人均生活消费支出为32687元，增长8.7%。

社会保障。截至年末，全区基本养老保险参保人数95.6万人，基本医疗保险参保人数82.3万人，工伤保险参保人数86.9万人，生育保险参保人数67.9万人，失业保险参保人数68.7万人，分别比上年末净增9.6万人、1.8万人、12.4万人、11.6万人、8.3万人。

社会福利。2019年，区一般公共预算民生支出增长17%，年度十大民生实事顺利完成。新增居家养老服务中心12家、示范型照料中心30家，10.4%的老年人享受政府购买居家养老服务。加大困难家庭兜底保障力度，累计发放各类救助金1.52亿元。创建无障碍社区25个。“最多跑一次”改革纵深推进，截至年末，民生事项已实现100%一证通办。

十二、公共事业、环境保护和安全生产

供电供水。2019年，完成销售水量1.90亿吨，出厂水水质合格率100%，完成污水处理量1.28亿吨。全年全社会用电量112.19亿千瓦时，增长6.3%。其中：工业用电量49.98亿千瓦时，下降4.0%；城乡居民生活用电27.18亿千瓦时，增长13.2%。

生态环境。全力打好污染防治攻坚战，助推余杭“全域美丽”建设。关停全区最后一台燃煤锅炉，淘汰国III柴油车2888辆；13个区控以上断面中水质达到III类及以上10个，水质功能区达标率92.3%，水质总体趋好；被评为国家级节水型社会建设达标区。城区生活垃圾分类覆盖面达100%，

全年进场垃圾总量 85.27 万吨，同比减量 7.71%。小城镇环境综合整治被评为省级优秀，首批 6 个美丽城镇试点启动建设。

安全生产。2019 年，全区各类事故起数、死亡人数分别下降 17%、33.8%，未发生滑坡、泥石流、地震等自然灾害。全区安全生产形势总体平稳，实现了较大事故的“零发生”。

公报注释：

1. 本公报数据为初步统计数；
2. 人口数为公安部门统计的户籍人口数；
3. 本文使用的增长速度，除“生产总值”、一、二、三产业“增加值”以及涉及增加值相关指标按可比价计算外，其余均按现价计算。

（区统计局）

编辑：范雅君

·2019 年统计资料·

省、市、区主要指标完成情况表（一）

表 15

指标名称		2019年	
		实绩（亿元）	增幅（%）
地区生产总值	全省	62352	6.8
	杭州	15373	6.8
	余杭	2824.02	8.6
第三产业增加值	全省	33688	7.8
	杭州	10172	8.0
	余杭	2118.46	10.0
规模工业增加值	全省	16157	6.6
	杭州	3531	5.1
	余杭	454.71	5.3
财政总收入	全省	12268	4.8
	杭州	3650	5.6
	余杭	726.47	16.5
地方公共财政预算收入	全省	7048	6.8
	杭州	1966	7.7
	余杭	391.45	16.4
固定资产投资	全省	—	10.1
	杭州	—	11.6
	余杭	—	7.4

省、市、区主要指标完成情况表（二）

表 16

指标名称		2019年	
		实绩	增幅（%）
工业投资（亿元）	全省	—	9.7
	杭州	—	5.6
	余杭	—	3.4
社会消费品零售总额（亿元）	全省	27176	8.7
	杭州	6215	8.8
	余杭	—	9.4
自营出口（亿元）	全省	23070	9.0
	杭州	3613	5.7
	余杭	441.23	6.4
到账外资（亿美元）	全省	135.6	8.7
	杭州	69.41	1.7
	余杭	10.52	-0.3
城镇常住居民人均可支配收入（元）	全省	60182	8.3
	杭州	66068	8.0
	余杭	68159	8.5
农村常住居民人均可支配收入（元）	全省	29876	9.4
	杭州	36255	9.2
	余杭	41347	9.7

规模工业分行业增加值情况表

表 17

单位：亿元

行业名称	累计	增长%
农副食品加工业	4.85	11.7
食品制造业	13.83	6.7
酒、饮料和精制茶制造业	3.68	1.0
纺织业	28.15	-5.5
纺织服装、服饰业	26.10	-4.3
皮革、毛皮、羽毛及其制品和制鞋业	3.63	-20.3
木材加工和木、竹、藤、棕、草制品业	2.78	14.3
家具制造业	3.28	-6.0
造纸和纸制品业	7.21	14.6
印刷和记录媒介复制业	4.84	0.9
文教、工美、体育和娱乐用品制造业	3.35	-24.4
石油加工、炼焦和核燃料加工业	0.56	-35.1
化学原料和化学制品制造业	8.44	-6.9
医药制造业	21.41	23.3
化学纤维制造业	1.32	1.9
橡胶和塑料制品业	9.64	-7.7
非金属矿物制品业	30.88	16.7
黑色金属冶炼和压延加工业	1.47	5.5
有色金属冶炼和压延加工业	8.08	2.4
金属制品业	23.42	2.7
通用设备制造业	70.36	8.9
专用设备制造业	18.86	10.1
汽车制造业	12.37	0.6
铁路、船舶、航空航天和其他运输设备制造业	6.66	17.8
电气机械和器材制造业	75.70	12.9
计算机、通信和其他电子设备制造业	14.23	-18.5
仪器仪表制造业	18.41	4.6
其他制造业	3.91	18.8
废弃资源综合利用业	0.72	191.0
电力、热力生产和供应业	18.37	3.8
燃气生产和供应业	3.75	4.2
水的生产和供应业	4.46	36.0

规模以上工业企业效益情况表

表 18

主要指标	计量单位	累计	增长%
企业家数	家	1151	—
营业收入	亿元	1965.77	5.2
利税总额	亿元	196.59	7.9
利润总额	亿元	127.92	16.8
亏损企业家数	家	238	18.4
亏损企业亏损额	亿元	15.67	32.9
应收票据及应收账款	亿元	543.64	7.1
产成品	亿元	126.27	5.2
			±百分点
总资产贡献率	%	10.24	0.06
资本保值增值率	%	115.89	6.77
资产负债率	%	53.36	-0.40
工业成本费用利润率	%	7.29	0.79
流动资产周转次数	次	1.42	-0.04
企业亏损面	%	20.68	3.22

规模以上服务业企业效益情况表（一）

表 19

主要指标	累计	增长%
一、企业单位数（个）		
批发和零售业	708	—
住宿和餐饮业	67	—
交通运输业	93	—
信息传输、计算机服务和软件业	105	—
租赁和商务服务业	65	—
科学研究和技术服务业	51	—
其他	90	—
二、营业收入（亿元）		
批发和零售业	1730.92	34.3
住宿和餐饮业	11.93	15.1
交通运输业	42.14	9.5
信息传输、计算机服务和软件业	4879.79	22.9
租赁和商务服务业	134.93	54.4
科学研究和技术服务业	72.08	14.2
其他	46.81	4.3

说明：1. 以上数据为各单位 1—12 月财务结算数据
2. 以上数据不含房地产开发经营类单位数据
3. 以上数据不含省标规上服务业单位数据

规模以上服务业企业效益情况表（二）

表 20

主要指标	累计	增长%
三、营业利润（亿元）		
批发和零售业	36.67	169.4
住宿和餐饮业	-0.55	(-0.71)
交通运输业	0.79	7.9
信息传输、计算机服务和软件业	1183.63	14.2
租赁和商务服务业	-3.70	75.0
科学研究和技术服务业	2.96	42.2
其他	8.73	140.1
四、经营税金（亿元）		
批发和零售业	10.53	1.5
住宿和餐饮业	0.19	187.7
交通运输业	0.95	9.2
信息传输、计算机服务和软件业	98.56	31.1
租赁和商务服务业	8.24	465.9
科学研究和技术服务业	1.86	-2.5
其他	3.20	12.1

说明：1. 以上数据为各单位 1—12 月财务结算数据，括号内数据为上年同期数
2. 以上数据不含房地产开发经营类单位数据
3. 以上数据不含省标规上服务业单位数据
4. 经营税金为税金及附加＋应交增值税

固定资产投资情况表

表 21

主要指标	单位	累计	增长%
一、固定资产投资	亿元	—	7.4
其中：项目投资	亿元	—	8.4
房地产开发投资	亿元	—	6.7
二、五大结构			
其中：交通投资	亿元	—	-14.2
生态环境和公共设施投资	亿元	—	-4.4
高新技术产业投资	亿元	—	9.5
民间投资	亿元	—	-7.9
工业投资	亿元	—	3.4
三、省市县长 152 项目			
项目个数	个	6	—
项目开工率	%	83.3	—

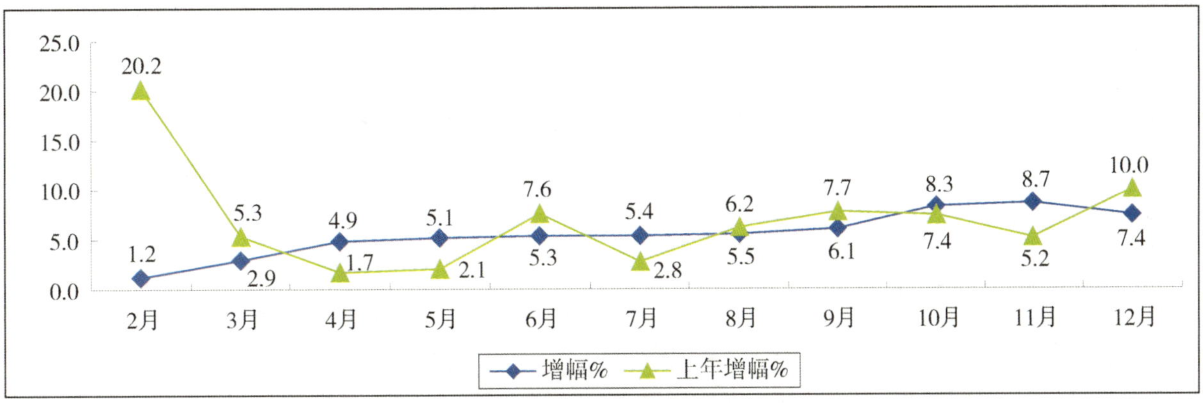

图 3 固定资产投资月度累计完成趋势图

国内贸易情况表

表 22　　　　单位：亿元

主要指标	累计	增长（%）
社会消费品零售总额	757.82	9.4
其中：商品零售	—	—
餐饮收入	—	—
限额以上社会消费品零售总额	—	11.9
其中：通过公共网络实现的商品零售额	161.89	22.5
其中：汽车类	126.25	7.1
服装、鞋帽、针纺织品类	78.75	5.3

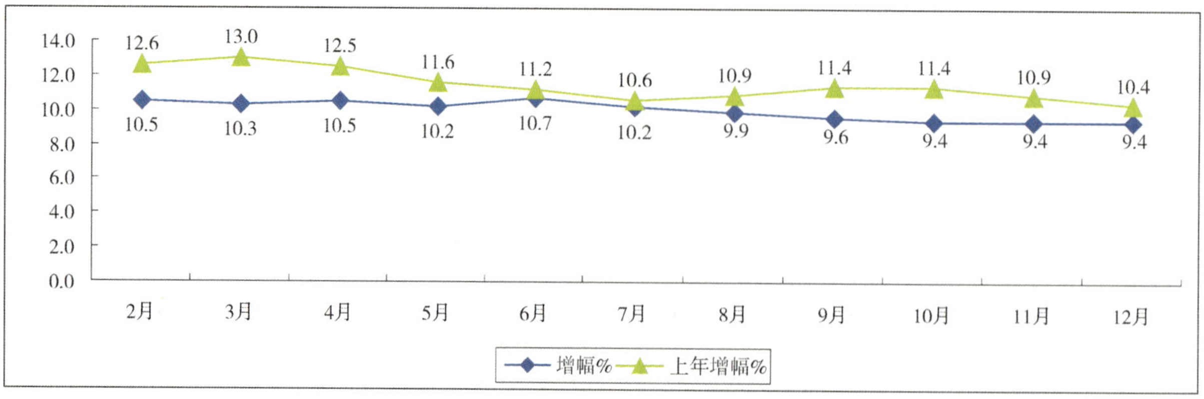

图 4　社会消费品零售总额月度累计完成趋势图

对外贸易情况表

表 23　　单位：亿美元

主要指标	累计	增长%
进出口总额	478.56	3.4
其中：进口额	37.33	-22.8
出口额	441.23	6.4
出口分企业性质：		
外贸流通企业	102.33	3.0
民营生产企业	284.07	8.8
外商投资企业	54.84	1.2
主要出口产品：		
纺织品	153.48	1.1
其中：家纺面料及成品	75.67	5.5
服装及服饰	49.75	2.4
涂层面料及箱包	28.05	-11.1
机电产品	192.96	10.1
高新产品	42.79	11.0
日用品及休闲用品	38.40	7.2
主要出口经济体：		
美国	91.59	-3.9
欧盟 27 国	126.90	12.9
金砖国家	37.64	2.7
中东地区 16 国	32.44	0.9
独联体 12 国	12.29	-4.7
一带一路国家	147.24	7.9
其中：东盟 10 国	50.52	16.4

财政、金融情况表

表 24

单位：亿元

主要指标	累计	增长%
一、财政总收入	726.47	16.5
其中：国内增值税	94.67	10.4
改征增值税	115.74	-13.1
企业所得税	220.20	7.9
个人所得税	160.52	77.4
二、地方一般公共预算收入	391.45	16.4
三、地方一般公共预算支出	376.73	10.0
其中：一般公共服务	30.90	18.3
公共安全	13.29	22.1
教育	69.64	18.4
科学技术	28.31	45.4
社会保障和就业	31.33	36.1
卫生健康	22.84	-14.2
节能环保	10.65	43.0
城乡社区	94.29	13.9
四、本外币存款余额	3799.79	22.2
五、本外币贷款余额	2629.24	27.2

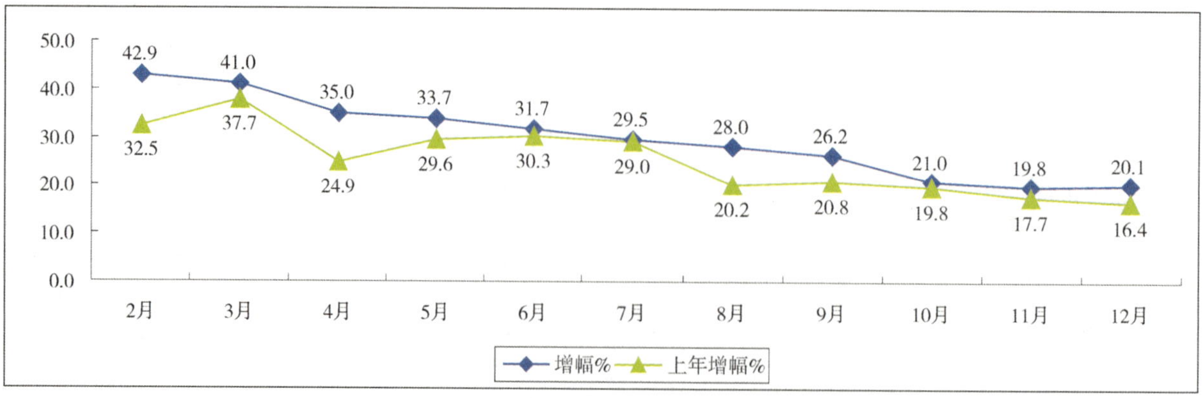

图 5　地方一般公共预算收入月度累计完成趋势图

人民生活情况表

表 26

主要指标	累计	增长%
一、居民收入（元）	58668	9.6
城镇常住居民人均可支配收入	68159	8.5
城镇常住居民人均消费支出	45012	8.2
农村常住居民人均可支配收入	41347	9.7
农村常住居民人均消费支出	32687	8.7
二、居民消费价格指数（CPI）	102.5	-
三、劳保就业（万人）	累计	人数增减
城镇登记失业人员数	0.97	0.04
城镇新增就业人数	4.32	0.50
帮助失业人员再就业人数	0.88	-0.22
基本养老保险参保人数	95.56	9.56
基本医疗保险参保人数	82.29	1.82
失业保险参保人数	68.66	8.22
参加工伤保险人数	86.88	12.39
参加生育保险人数	67.87	11.61

说明：居民收入按季度发布

房地产、旅游情况表

表 26

主要指标	累计	增长（%）
一、商品房供应情况		
商品房可售面积（万平方米）	19600	12.1
商品房可售套数（套）	222.11	9.0
二、商品房成交情况		
商品房成交量（套）	35640	–29.4
成交面积（万平方米）	399.19	–28.3
成交金额（亿元）	934.65	–5.9
商品房成交均价（元/平方米）	23414	31.3
三、旅游总收入（亿元）	283.47	20.8
其中：国内收入（亿元）	280.55	21.0
外汇收入（万美元）	4225.28	–1.1
总游客（万人次）	2535.66	18.8
其中：国内游客（万人次）	2520.22	19.0
入境游客（万人次）	154443	–1.5

各镇（街道）、产业平台主要经济指标情况表

表 27

单位：亿元

单位名称	三产增加值		商贸增加值		社会消费品零售额	
	累计	增长（%）	累计	增长（%）	累计	增长（%）
临平街道	40.69	5.3	8.92	8.0	—	7.4
南苑街道	39.06	4.6	13.31	10.8	—	7.0
星桥街道	9.34	3.8	1.19	10.3	—	9.8
五常街道	1319.71	13.4	13.08	4.8	—	21.0
乔司街道	19.62	3.8	3.36	3.8	—	9.3
运河街道	10.92	3.9	1.67	9.8	—	2.9
崇贤街道	15.54	6.1	1.95	9.7	—	9.6
仁和街道	11.75	4.1	1.73	8.6	—	8.1
闲林街道	30.79	5.2	1.90	7.5	—	9.7
仓前街道	29.43	13.8	10.04	11.9	—	14.7
余杭街道	57.06	5.3	7.12	10.7	—	8.5
中泰街道	13.95	5.1	0.70	8.1	—	7.4
塘栖镇	25.83	5.6	1.02	5.6	—	8.7
径山镇	12.20	5.2	1.08	7.2	—	4.8
瓶窑镇	27.15	5.5	3.09	30.7	—	14.2
鸬鸟镇	1.95	3.7	0.37	12.5	—	3.2
百丈镇	3.33	3.8	0.30	16.8	—	10.7
黄湖镇	6.87	4.5	0.74	10.8	—	3.8
余杭经济技术开发区	55.32	5.7	12.59	9.6	—	9.0
良渚新城	68.09	5.8	11.63	9.9	—	4.0

说明：增加值项增长按可比价计算

杭州地区交流资料表（一）

表 28

县（市、区）	社会消费品零售总额（亿元）		实际利用外资（亿美元）		一般公共预算收入（亿元）		规上工业增加值增长（%）
	实绩	增长（%）	实绩	增长（%）	实绩	增长（%）	
全市	6215	8.8	69.41	1.7	1965.97	7.7	5.1
上城区	—	8.5	3.86	70.0	85.13	5.6	3.0
下城区	—	8.5	6.70	24.0	96.59	8.0	-8.5
江干区	—	8.7	4.66	32.1	103.68	9.0	-8.1
拱墅区	—	8.3	3.81	-13.3	91.19	8.1	17.7
西湖区	—	8.6	7.02	6.9	150.64	8.1	14.4
滨江区	—	10.0	7.70	-9.7	175.59	6.5	10.7
萧山区	—	10.0	9.10	-9.8	267.66	16.4	5.1
余杭区	757.82	9.4	10.52	-0.3	391.45	16.4	5.3
富阳区	—	8.8	2.97	2.9	80.00	10.0	1.1
临安区	—	9.0	2.01	-7.4	61.16	15.0	8.8
桐庐县	—	9.0	1.70	-4.9	33.77	10.1	11.1
淳安县	—	8.2	0.20	-6.5	21.09	8.2	3.5
建德市	—	8.6	1.49	2.3	31.10	10.0	8.6
钱塘新区	—	8.7	7.66	-9.0	105.76	-8.1	-0.3
西湖名胜风景区	—	8.5	—	—	8.42	6.7	—

杭州地区交流资料表（二）

表 29　　单位：亿元

县（市、区）	财政总收入		战略性新兴产业增加值增长（%）	装备制造业增加值增长（%）	高新技术产业增加值增长（%）
	累计	增长（%）			
全市	3650.04	5.6	13.1	7.8	8.5
上城区	165.93	3.6	22.2	17.8	15.7
下城区	175.12	6.7	-7.3	-6.7	-5.2
江干区	190.97	9.8	7.2	-9.3	-8.6
拱墅区	162.00	3.2	27.3	-0.4	21.7
西湖区	294.41	9.0	23.9	24.5	20.1
滨江区	341.94	5.9	13.0	11.4	11.5
萧山区	430.44	9.3	11.5	-0.7	0.1
余杭区	726.47	16.4	3.3	6.3	7.3
富阳区	131.26	6.6	11.7	8.9	11.2
临安区	101.93	15.2	7.8	12.4	10.2
桐庐县	58.09	10.1	27.0	21.7	20.8
淳安县	37.22	8.3	5.9	0.4	10.8
建德市	54.12	7.3	0.2	3.6	7.4
钱塘新区	201.20	-9.2	11.3	1.1	1.9
西湖名胜风景区	16.27	12.2	—	—	—

省内十七强县（市、区）交流资料一览表（一）

表 30

单位：亿元

县（市、区）	地区生产总值累计	位次	增长%	位次
柯桥区	1504.27	5	7.6	4
萧山区	1847.66	4	6.4	14
余杭区	2824.02	1	8.6	2
慈溪市	1898.64	3	6.2	15
余姚市	1166.26	9	7.9	3
海宁市	1026.57	11	7.1	10
桐乡市	968.17	14	7.0	11
上虞区	978.11	13	7.4	8
温岭市	1105.13	10	6.5	13
鄞州区	2211.02	2	7.0	11
诸暨市	1312.36	7	7.5	7
瑞安市	1003.96	12	7.6	4
义乌市	1421.14	6	7.4	8
乐清市	1209.93	8	8.7	1
平湖市	765.77	16	7.6	4
富阳区	820.50	15	6.0	17
永康市	629.60	17	6.2	15

省内十七强县（市、区）交流资料一览表（二）

表 31

单位：亿元

县（市、区）	第三产业增加值累计	位次	增长%	位次
柯桥区	711.67	5	7.6	11
萧山区	1022.70	3	7.3	14
余杭区	2118.46	1	10.0	2
慈溪市	696.52	6	8.8	6
余姚市	454.44	11	6.6	16
海宁市	427.23	13	7.7	10
桐乡市	434.15	12	7.3	14
上虞区	423.45	14	8.7	7
温岭市	523.87	9	8.3	8
鄞州区	1554.42	2	7.5	12
诸暨市	617.81	8	8.2	9
瑞安市	518.75	10	9.2	3
义乌市	980.53	4	7.5	12
乐清市	632.16	7	10.1	1
平湖市	284.70	16	8.9	5
富阳区	397.24	15	9.1	4
永康市	279.40	17	5.5	17

省内十七强县（市、区）交流资料一览表（三）

表 32

单位：亿元

县（市、区）	财政总收入累计	位次	增长%	位次
柯桥区	197.82	5	-0.4	15
萧山区	430.44	3	9.3	2
余杭区	726.47	1	16.5	1
慈溪市	352.53	4	6.3	5
余姚市	178.13	6	5.2	8
海宁市	157.36	8	2.8	13
桐乡市	135.26	13	4.5	9
上虞区	147.61	10	4.5	9
温岭市	126.69	15	-3.1	17
鄞州区	453.38	2	4.0	11
诸暨市	142.03	12	3.1	12
瑞安市	125.20	16	6.3	5
义乌市	152.40	9	-0.7	16
乐清市	167.02	7	8.5	3
平湖市	144.14	11	6.2	7
富阳区	131.30	14	6.6	4
永康市	94.53	17	0.6	14

省内十七强县（市、区）交流资料一览表（四）

表 33　　　　单位：亿元

县（市、区）	地方一般公共预算收入累计	位次	增长%	位次
柯桥区	131.41	5	4.0	15
萧山区	267.66	3	16.4	2
余杭区	391.45	1	16.4	1
慈溪市	201.69	4	12.0	4
余姚市	107.23	6	6.6	11
海宁市	97.02	9	9.0	8
桐乡市	79.65	14	10.0	6
上虞区	89.52	11	8.3	9
温岭市	78.27	16	1.3	17
鄞州区	269.33	2	6.5	12
诸暨市	89.81	10	2.8	16
瑞安市	79.64	15	12.0	4
义乌市	101.20	7	6.3	13
乐清市	99.69	8	13.3	3
平湖市	88.45	12	8.0	10
富阳区	80.00	13	10.0	6
永康市	59.93	17	6.3	13

省内十七强县（市、区）交流资料一览表（五）

表 34

单位：亿元

县（市、区）	规模工业增加值累计	位次	增长%	位次
柯桥区	424.69	4	10.0	1
萧山区	559.58	2	5.1	13
余杭区	454.71	3	5.3	12
慈溪市	751.36	1	3.7	16
余姚市	382.66	7	10.0	1
海宁市	385.44	6	7.9	7
桐乡市	323.54	9	7.3	9
上虞区	321.01	10	8.1	5
温岭市	171.95	15	4.7	14
鄞州区	358.90	8	6.4	10
诸暨市	236.94	13	9.5	3
瑞安市	179.59	14	4.0	15
义乌市	137.00	17	8.1	5
乐清市	296.49	11	7.9	7
平湖市	390.41	5	9.1	4
富阳区	255.50	12	1.1	17
永康市	152.20	16	6.0	11

全区营业收入前百强工业企业一览表（一）

表 35

序号	企业名称
1	杭州老板电器股份有限公司
2	国网浙江杭州市余杭区供电公司
3	浙江运达风电股份有限公司
4	杭州西奥电梯有限公司
5	杭州诺贝尔陶瓷有限公司
6	浙江飞碟汽车制造有限公司
7	杭州五星铝业有限公司
8	浙江春风动力股份有限公司
9	杭州鼎福铝业有限公司
10	浙江元通线缆制造有限公司
11	浙江益海嘉里食品工业有限公司
12	杭州尚金缘珠宝首饰有限公司
13	杭州钱江压缩机集团有限公司
14	华立科技股份有限公司
15	南方泵业股份有限公司
16	杭州比亚迪汽车有限公司
17	杭州豪悦护理用品股份有限公司
18	浙江华正新材料股份有限公司
19	杭州民生药业有限公司
20	贝达药业股份有限公司
21	浙江中大元通特种电缆有限公司
22	银都餐饮设备股份有限公司
23	杭州大东南高科包装有限公司
24	杭州港华燃气有限公司
25	欧文斯科宁复合材料（中国）有限公司

全区营业收入前百强工业企业一览表（二）

表 36

序号	企业名称
26	杭州益利素勒精线有限公司
27	杭州东华链条集团有限公司
28	南方中金环境股份有限公司
29	杭州西子智能停车股份有限公司
30	杭州余杭恒力混凝土有限公司
31	杭州南都动力科技有限公司
32	杭州天元宠物用品股份有限公司
33	杭州诺贝尔科技有限公司
34	杭州贝因美母婴营养品有限公司
35	浙江铁流离合器股份有限公司
36	杭州自强链传动有限公司
37	杭州菲氏浴厨用品有限公司
38	杭州华光焊接新材料股份有限公司
39	杭州炬华科技股份有限公司
40	杭州福斯达深冷装备股份有限公司
41	杭州纳美科技有限公司
42	杭州余杭水务有限公司
43	杭州申华混凝土有限公司
44	杭州微光电子股份有限公司
45	杭州西联物流有限公司
46	杭州恒立制造科技有限公司
47	杭州钱潮商品混凝土有限公司
48	杭州杭丝时装集团有限公司
49	杭州鸿雁工贸有限公司
50	杭州华味亨食品有限公司

全区营业收入前百强工业企业一览表（三）

表 37

序号	企业名称
51	杭州建工建材有限公司
52	杭州永耀科技有限公司
53	华润雪花啤酒（杭州）有限公司
54	申江集团有限公司
55	杭州盈江机械制造有限公司
56	浙江亿邦通信科技有限公司
57	杭州申江新型材料科技有限公司
58	杭州瑞鼎建材有限公司
59	杭州瀚真电器制造有限公司
60	杭州国能汽轮工程有限公司
61	浙江八方电信有限公司
62	杭州诺邦无纺股份有限公司
63	杭州三中新型建材科技有限公司
64	杭州本松新材料技术股份有限公司
65	杭州仓前钱潮商品混凝土有限公司
66	杭州星华反光材料股份有限公司
67	杭州杭锅工业锅炉有限公司
68	杭州安费诺嘉力讯连接技术有限公司
69	杭州斯沃德电梯有限公司
70	杭州西子混凝土有限公司
71	杭州明云混凝土有限公司
72	杭州胡庆余堂药业有限公司
73	杭州鸿星电子有限公司
74	杭州西湖比亚迪新能源汽车有限公司
75	杭州兴源环保设备有限公司

全区营业收入前百强工业企业一览表（四）

表 38

序号	企业名称
76	杭州新恒裕不锈钢制品有限公司
77	杭州长江汽车有限公司
78	杭州高新橡塑材料股份有限公司
79	杭州海得龙塑胶新材料有限公司
80	浙江达峰科技有限公司
81	浙江威尔达化工有限公司
82	众望布艺股份有限公司
83	杭州杰丰服装有限公司
84	杭州汽轮铸锻有限公司
85	杭州新希望双峰乳业有限公司
86	杭州国瑞混凝土有限公司
87	杭州嘉溢制衣有限公司
88	杭州钱神商品混凝土有限公司
89	千年舟新材科技集团有限公司
90	浙江永创机械有限公司
91	杭州国光旅游用品有限公司
92	浙江四通新材料科技股份有限公司
93	杭州宝晶生物股份有限公司
94	杭州汉特建材有限公司
95	杭州知味观食品有限公司
96	光大环保能源（杭州）有限公司
97	杭州舟桥建材有限公司
98	杭州五友建材有限公司
99	杭州纳雅服饰有限公司
100	杭州沃尔夫链条有限公司

说明：该排名只针对单个法人企业的营业收入前 100 位企业进行排序，不包括中央直属企业

·统计分析·

工业增速由稳回升　骨干企业贡献明显
——2019 年余杭区规模工业经济运行分析

2019 年，全区上下落实“三个全域”“新五场硬仗”决策部署，全面启动“新制造业计划”，进一步深化改革创新、提振企业信心、激发企业活力、培育新生动能，加快推进余杭制造业高质量可持续快发展。虽然受到全球经济减速、传统产业转型升级阵痛期及其他不利因素影响，但全区规模工业经济仍整体呈现逐月回升态势。

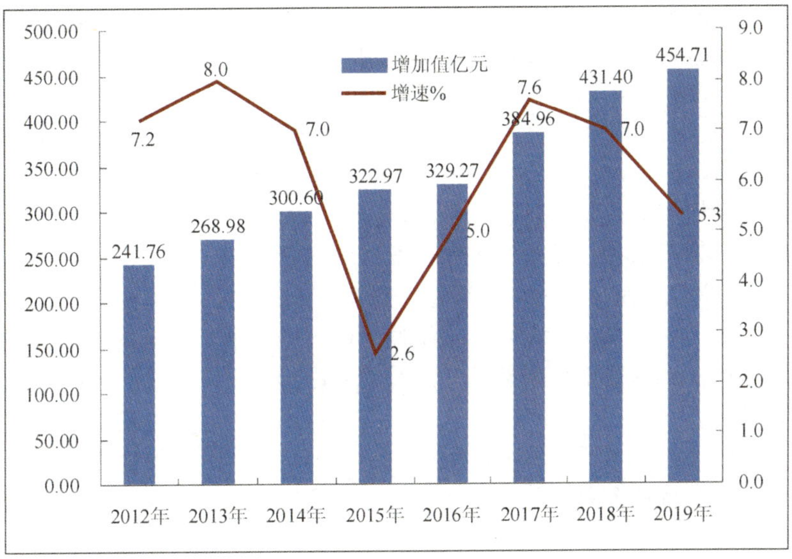

图 6　2012—2019 年余杭区规模工业增加值总量及趋势对比图

一、全年主要指标完成情况

2019 年，全区实现规模工业增加值 454.71 亿元，可比价增速 5.3%；实现高新技术产业增加值 309.98 亿元，可比价增速 7.3%；实现出口交货值 297.64 亿元，同比增长 5%，增幅较上半年提升 0.3 个百分点，较上年同期下降 1.3 个百分点。

二、总体运行特点

（一）规模工业增速稳步回升

从整体趋势来看，全区规模工业实现增加值

2019 年全区规模工业主要指标完成情况表

表 39

指标名称	2019 年累计实绩	占规模工业比重（%）	2019 年增速（%）	同期增速（%）
一、规模工业增加值（亿元）	454.71	—	5.3	7.0
其中：高新技术产业（亿元）	309.98	68.2	7.3	9.0
装备制造业（亿元）	240.01	52.8	6.3	8.2
战略性新兴产业（亿元）	139.45	30.7	3.3	7.6
生物医药产业（亿元）	28.79	6.3	22.8	8.8
二、新产品产值率（%）	49.3	—	—	—
三、全部工业用电量（亿千瓦时）	49.98	—	-4.0	3.7

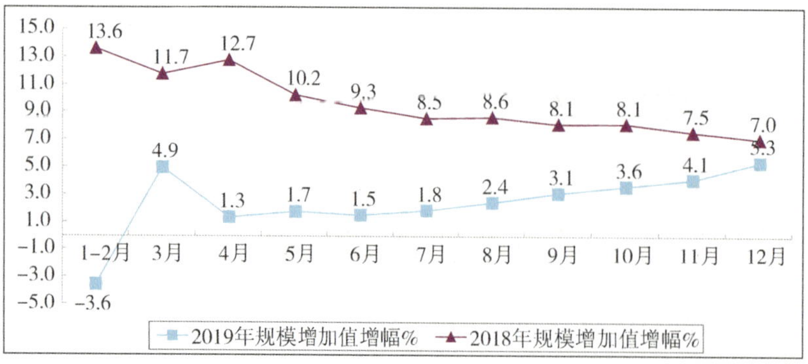

图7　2018年及2019年余杭区规模工业增加值增速对比图

454.71亿元，增加值可比价增速5.3%。在2018年高同期数的影响下，2019年2月规模工业增加值增速-3.6%，为2013年以来最低。因新一轮国家减税降费利好因素带动，3月业务提前冲刺增加值增速飙升至4.9%，随后回归正常水平。从4月到7月，增加值增速呈现平稳微升态势，逐步从1.3%缓慢上升至1.8%。从8月开始，增加值增速平均以每月0.7个百分点的增量提速上升，在12月达到5.3%。从走势来看，增加值增速呈现一季度触底反弹，二季度平稳调整，三、四季度逐步回升态势。

（二）重点骨干企业贡献较大

一是百强企业拉动明显。2019年，全区产值排名前百强企业支撑拉动作用十分显著，其中浙江运达风电股份有限公司、杭州西奥电梯有限公司、浙江春风动力股份有限公司、浙江益海嘉里食品工业有限公司、杭州豪悦护理用品股份有限公司等重点企业发挥龙头效应。百强企业累计实现增加值246.15亿元，较上年增加10.42亿元；可比价增速15.3%，较上年提升3.1个百分点，高于规模工业平均10个百分点，占规模工业比重54.1%。二是上市企业整体稳健发展。2019年，全区规模工业18家上市企业（杭州老板电器股份有限公司、浙江运达风电股份有限公司、浙江春风动力股份有限公司等）实现增加值79.2亿元，可比价增速11.7%，增幅高于规模工业平均6.4个百分点，占规模工业比重17.4%，占比较上年提升2.7个百分点，拉动全区规模工业增加值增长1.8个百分点。

（三）新兴经济占比稳步提升

一是先进装备制造业稳中有进。全区实现装备制造业增加值240.01亿元，可比价增速6.3%，高于规模工业平均1个百分点，装备制造业增加值占规模工业比重达到52.8%，较上年提升0.5个百分点。二是高新技术产业快速发展。全区有高新技术产业企业606家，较上年年底增加75家。实现高新技术产业增加值309.98亿元，较上年增加31.58亿元，可比价增速7.3%，高于规模工业平均2个百分点，高新技术产业增加值占规模工业比重达到68.2%，占比较上年同期提升3.7个百分点。三是生物医药产业发展迅猛。2019年，全区有生物医药产业企业39家，实现增加值28.79亿元，可比价增速22.8%，高于规模工业平均17.5个百分点。四是新产品产值率逐年提高。2019年，全区规模工业新产品产值率达到49.3%，较上年同期提升3.6个百分点，再创历年新高。

（四）八成行业实现正向增长

一是大部分行业增长较快。全区32个行业大类中，有23个行业增加值增速正增长。具体来看，废弃资源综合利用业、水的生产和供应业、医药制造业、其他制造业、铁路船舶航空航天和其他运输设备制造业、非金属矿物制品业等11个行业的增加值增速大于10%；通用设备制造业、食品制造业、黑色金属冶炼和压延加工业3个行业的增加值增速介于5%～10%。二是主要行业引领作用明显。占全区增加值比重较大的电气机械和器材制造业因浙江运达风电股份有限公司受惠国家政策，出现产品安装抢装潮，行业累计增加值达75.7亿元，增速12.9%；通用设备制造业因杭州西奥电梯有限公司受益于城市地铁和长城扶梯建设项目，行业累计增加值达70.36亿元，增速8.9%；非金属矿物制品业因水泥、混凝土等建材涨价因素，行业累计增加值达30.88亿元，增速16.7%；医药制造业因贝达药业股份有限公司医保覆盖面扩大，行业累计增加值达21.41亿元，增速23.3%；专用设备制造业因菱日（杭州）环保设备有限公司生产大量在手美国订单等原因，行业累计增加值达18.86亿元，增速10.1%。

（五）横向竞争量速略显优势

从高质量发展指标完成情况来看，经初步测算，全区规模工业相关经济指标排名位次较前三季度有所提升。其中，规模工业增加值综合得分排名第七，较前三季度提升3个位次，规模工业增加值总量454.71亿元，仅次于钱塘新区、滨江和萧山

2019 年规模工业高质量发展指标数据对比表

表 40

指标名称	规上工业增加值			高端装备制造业增加值			时尚制造业增加值		
内容	绝对值(亿元)	增速(%)	综合排名	绝对值(亿元)	增速(%)	综合排名	绝对值(亿元)	增速(%)	综合排名
上城	363.55	3.0	9	13.17	25.6	3	0.24	-2.4	12
下城	9.83	-8.5	12	8.72	-7.6	13	0.26	-5.8	13
江干	39.73	-8.1	12	18.92	-7.5	12	1.43	-5.7	11
拱墅	103.74	17.7	1	12.13	1.8	11	0.60	48.3	3
西湖	70.59	14.4	3	21.94	49.5	1	7.43	41.9	2
滨江	642.19	10.7	2	61.81	6.6	4	6.80	12.7	4
萧山	559.58	5.1	6	120.38	-3.3	8	42.70	-2.2	8
余杭	454.71	5.3	7	108.43	5.7	5	31.23	-1.8	6
富阳	255.54	1.1	11	52.94	4.8	7	14.37	49.2	1
临安	158.20	8.8	5	68.37	16.5	2	3.52	10.9	7
桐庐	91.37	11.1	4	13.18	5.0	8	1.61	8.1	9
建德	116.06	8.6	8	5.71	11.9	6	11.54	11.1	5
钱塘新区	658.42	-0.3	10	146.27	-7.9	10	89.69	-8.9	10

本级；可比价增幅 5.3%，超过萧山 0.2 个百分点。高端装备制造业增加值综合得分排名第五，增加值总量 108.43 亿元，仅次于钱塘新区和萧山本级；可比价增幅 5.7%，分别超过钱塘新区和萧山 13.6 个和 9 个百分点。时尚制造业增加值综合得分排名第六，高于萧山两个位次。

三、当前存在主要问题

（一）贸易摩擦影响有所显现

上半年，贸易摩擦对余杭区工业经济的影响尚不明显，但在三季度，随着中美贸易摩擦的升温，产品出口急剧回落，规模工业出口交货值同比增长 0.6%，增幅较上半年回落 4.1 个百分点。四季度出口交货值同比增长 5.0%，较三季度有较大提升，但仍低于去年同期 1.3 个百分点。

（二）部分新兴产业动能减弱

一是战略性新兴产业增速下降。2019 年，全区规模工业战略性新兴产业企业 310 家，较上年减少 28 家，实现战略性新兴产业增加值 139.45 亿元，增加值占规模工业比重为 30.7%，占比较上年同期下降 1.2 个百分点；增加值可比价增速 3.3%，低于规模工业平均 2 个百分点，增速较上年同期减少 4.3 个百分点。二是数字经济产业增速全市排名靠后。全区数字经济制造业企业 111 家，实现增加值 47.1 亿元，增加值增速下降 5.4%，低于全市平均 20.2 个百分点，增速全市排名第十六位，仅高于江干区。

（三）行业经济发展分化加剧

32 个行业大类中，其中，11 个行业工业增加值增速呈现两位数以上增长，12 个行业工业增加值增速呈现个位数增长，9 个行业工业增加值增速负增长。负增长行业中石油加工炼焦和核燃料加工业、文教美工体育和娱乐用品制造业、皮革毛皮羽毛及其制品和制鞋业增加值降幅分别为 35.1%、24.4%、20.3%。

（郭伟）

2019年余杭区数字经济产业分析

2019年以来，余杭区深入实施数字经济“一号工程”，数字产业化、产业数字化双向发力，核心产业的质量效益不断提升，产业数字化推进力度持续升级。

一、总量全市首位，增速快于全市

2019年，余杭区数字经济核心产业增加值总量为1648.54亿元，位居全市各区县首位；增加值占全区GDP比重为58.4%，占全市比重为43.4%。产业增加值增长15.2%，快于全市平均增速0.1个百分点。

2019年全市分区（县）数字经济核心产业增加值情况表

表41

地区	增加值（亿元）	位次	增幅（%）	位次	占比（%）	位次
杭州市	3795	—	15.1	—	24.7	—
上城区	26.28	11	6.0	13	2.2	13
下城区	24.28	12	15.3	7	2.3	12
江干区	39.00	9	3.0	14	4.1	10
拱墅区	31.89	10	10.0	10	4.8	8
西湖区	309.25	3	20.4	3	21.8	3
滨江区	1201.57	2	16.5	6	75.5	1
萧山区	75.93	6	21.5	1	4.1	9
余杭区	1648.54	1	15.2	8	58.4	2
富阳区	77.71	5	20.3	4	9.5	7
临安区	58.68	7	10.1	9	10.2	5
桐庐县	48.78	8	21.3	2	12.6	4
淳安县	8.30	14	7.8	11	3.3	11
建德市	8.41	13	6.0	12	2.2	14
钱塘新区	110.67	4	17.5	5	10.1	6

二、服务业主导发展，制造业有所回升

2019年，全区243家规上数字经济核心产业单位中，服务业单位132家，实现营业收入4729.17亿元，占总量的95.5%，其中信息软件业有100家，占全部家数的41.2%。全区规上数字经济制造业企业111家，实现增加值47.10亿元，占全区规模工业增加值比重为10.4%，较前三季度提高0.8个百分点；增加值总量位居全市第五，较前

三季度提升1位；增加值增速下降5.4%，较前三季度回升12.3个百分点。

三、重点产业发展较快，信息软件拉动明显

2019年，全区243家规上数字经济核心产业单位共实现营业收入4949亿元，同比增长21.5%，高于全市2.1个百分点。信息软件、数字内容、电子商务、云计算与大数据等四大主导产业引领余杭区数字经济产业增长，规上企业分别实现营业收入4758.14亿元、4726.56亿元、2194.50亿元、1085.51亿元，分别同比增长22.9%、23.3%、21.3%、11%。

虽然，余杭区数字经济规模居全市首位，但是受复杂多变的国内外宏观环境影响，产业增速下行压力明显，新增动能略显不足。

（杨振威）

2019年数字经济子产业规上企业营业收入情况表

表42

产业名称	营业收入（亿元）	增幅（%）
数字经济核心产业剔重合计	4949	21.5
电子商务	2194.50	21.3
云计算与大数据	1085.51	11.0
物联网	50.68	13.4
数字内容	4726.56	23.3
信息软件	4758.14	22.9
电子信息制造	264.62	-4.6
集成电路	20.04	-1.8
机器人	7.43	22.5

2019年余杭区房地产投资平稳增长，销售量跌价升

稳地价、稳房价、稳预期仍是2019年楼市调控的主基调，在此大环境下，6月杭州推出土地拍卖“双限”政策，土地市场宏观调控再度升级。纵观2019年余杭区房地产市场总体运行平稳，在项目投资方面，投资额依然稳步提升；在商品房销售方面，成交量跌至近五年最低，成交均价同比有所上涨。

一、房地产投资基本情况

2019年，全区完成房地产开发投资690.75亿元，同比增长6.7%，其中住宅投资468.44亿元，同比增长5.0%，住宅投资占房地产开发投资的比重为67.8%。2019年余杭区房地产投资主要呈现以下几个特点：

（一）土地款占比仍居高位。从构成看，全年房地产建安工程投资完成236.98亿元，同比下降1.6%，与上年相比降幅收窄12.4个百分点；设备工具购置费5.79亿元，同比下降36.3%；其他费用447.97亿元，同比增长12.6%，其他费用中的土地购置费完成投资403.07亿元，同比增长14.4%，占全区房地产开发投资总额的58.4%，其中新开工项目土地购置费189.23亿元，占全区房地产开发项目土地购置费的46.9%。

（二）办公楼、商业营业房投资增速较快，住宅投资增幅平稳。从投资用途看，2019年全区住宅投资完成468.44亿元，同比增长5.0%，增幅与上年相比下降7个百分点。办公楼完成投资51.68亿元，同比增长40.2%；商业营业用房完成投资35.74亿元，同比下降5.6%；其他完成投资134.90亿元，同比增长6.5%。

（三）中等及以上户型住宅投资占比不断提升。住宅投资按户型投资分类看，90平方米以下户型投资额为93.78亿元，同比下降26.2%；90平方米~144平方米的中等户型住宅投资额为261.09亿元，同比增长13.1%；144平方米以上大户型投资额为113.57亿元，同比增长28.4%。中等及以上户型住宅投资在总量上占比不断提升，其中，中等户型占比为55.7%，大户型占比为24.2%，占比与上年相比分别提高4.0个和4.4个百分点。

（四）房地产企业到位资金同比下降。2019年，全区房地产企业到位资金为1393.92亿元，同比下降1.1%，降幅与上年相比收窄10.6个百分点。按资金构成来看，上年末结余资金为572.97亿元，同比增长40.9%，本年实际到位资金为82.09亿元，同比下降18.1%。其中，国内贷款同比增长7.5%，

个人按揭贷款同比下降 28.6%。

（五）施工面积、新开工面积双下降。2019 年，全区房屋施工面积为 2844.26 万平方米，同比下降 6.4%，其中住宅同比下降 7.2%。2019 年，新开工面积为 389 万平方米，同比下降 42.9%，其中住宅同比下降 45.6%。

二、商品房销售情况

（一）商品房交量下降至近五年最低，住宅成交价格增幅放缓。在限价、摇号等房地产政策的影响下，全区新建商品房成交量总体下降。从成交量看：2019 年，全区新建商品房成交 392.8 万平方米，同比下降 28.3%。其中：新建商品住宅成交 29631 套，同比下降 15.3%，成交面积 344.5 万平方米，同比下降 13.6%；非住宅成交 48.3 万平方米，同比下降 20.3%。从成交价格看：2019 年，新建商品房成交均价 23477 元 / 平方米，同比上涨 10.0%，增幅与上半年相比回落 2.8 个百分点，其中商品住宅成交均价 24180 元 / 平方米，同比上涨 9.3%，增幅与上半年相比回落 3.5 个百分点。

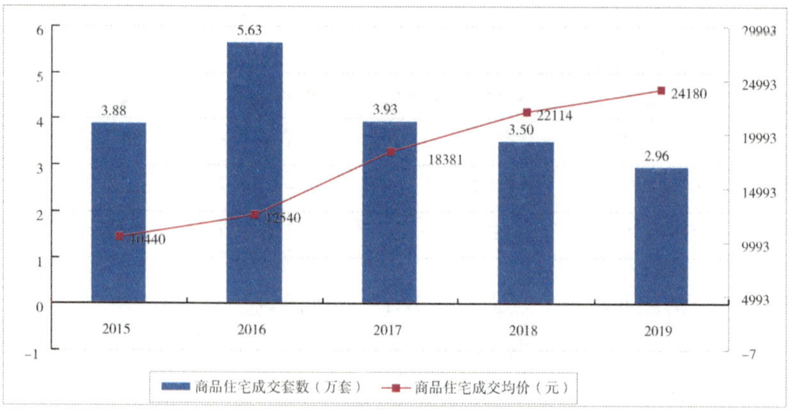

图 8　2015—2019 年全区新建商品住宅成交情况图

（二）改善型商品成交持续上升

从新建商品住宅成交面积结构看，2019 年，90 平方米以下刚需户型占全区成交套数的 26.7%，占比与上年相比回落 17.7 个百分点，与半年度相比回落 1.7 个百分点；90 平方米 ~ 140 平方米改善户型成交套数占比 61.7%，占比与上年相比提高 16.5 个百分点，与半年相比提高 2.7 个百分点；140 平方米以上大户型成交套数占比为 11.6%，占比与上年相比提高 1.2 个百分点。

（三）土地出让量升价跌。

2019 年 6 月，杭州土拍出让条件中首次设置了“限房价、限装修”，土地市场宏观调控再度升级。2019 年全区经营性土地成交 63 宗，出让面积 210.3 万平方米，同比增长 21.4%，出让金额 431.3 亿元，同比下降 0.5%。2019 年全区土地楼面价 9197 元 / 平方米，同比下降 27.4%，涉宅土地楼面均价 11865 元 / 平方米，同比下降 12.7%。

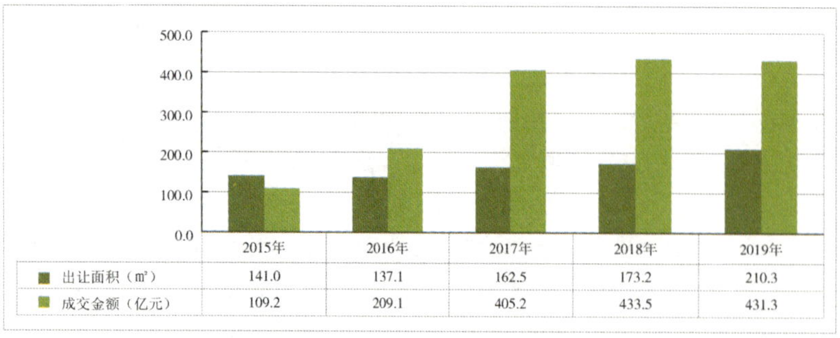

图 9　2015—2019 年全区土地出让面积和成交金额情况图

（区统计局调查二科）

重点企业量质同升　细分产业各显优势

——2019年生物医药、先进装备、时尚产业70家重点企业分析

2019年以来，全区上下落实“三个全域”“新五场硬仗”决策部署，并于9月全面启动“新制造业计划”，加快推进余杭新制造业高质量可持续快发展。但在全球经济减速大环境下，受传统产业转型升级阵痛期及其他不利因素影响，全年全区工业经济整体呈现逐步缓升态势。全区全年实现规模工业增加值454.71亿元，可比价增速5.3%；实现高新技术产业增加值309.98亿元，可比价增速7.3%；规模工业新产品产值率达到49.3%，较上年同期提升3.6个百分点，再创历年新高。实现营业收入1965.77亿元，同比增长5.2%，利润总额127.92亿元，同比增长16.8%。企业亏损额15.67亿元，同比增长32.9%，亏损面为20.68%，较上年同期扩大3.22个百分点。其中70家重点企业收入及利润均高幅增长。具体情况如下：

一、重点企业量质双行优势突出

1.营业收入增幅高于平均。全年纳入监测的70家重点企业实现营业收入641.83亿元，占规模工业营业收入总量的32.7%，同比增长12.6%，其中主营业务收入627.09亿元，同比增长12.5%。营业收入与主营业务收入同比分别高于全区规模工业7.4个、7.2个百分点。

2.利润绝对量大增幅高。70家重点企业全年实现利润总额65.59亿元，占全区规模工业利润总额的51.3%，同比增长19.3%，高于全区规模工业平均水平2.5个百分点。70家企业中仅4家企业出现亏损，亏损面为5.7%，低于全区规模工业亏损面14.98个百分点。重点企业新产品产值率72.4%，高于全区规模工业平均水平23.1个百分点。

二、细分产业发展各显优势

1.30家先进装备制业营收利润双增长。30家先进装备制业企业实现营业收入477.01亿元，同比增长14.7%，同比增幅高于全区规模工业平均水平9.5个百分点，总量占全区规模工业比重达到24.3%，其中主营业务收入463.95亿元，同比增长14.4%，同比增幅高于全区规模工业平均水平9.1个百分点。利润总额46.90亿元，占全区规模工业、70家重点企业利润总额比重分别达到36.7%、71.5%，同比增长9.4%，因利润总额绝对量大、同期基数也大，同比增幅低于规模工业平均7.4个百

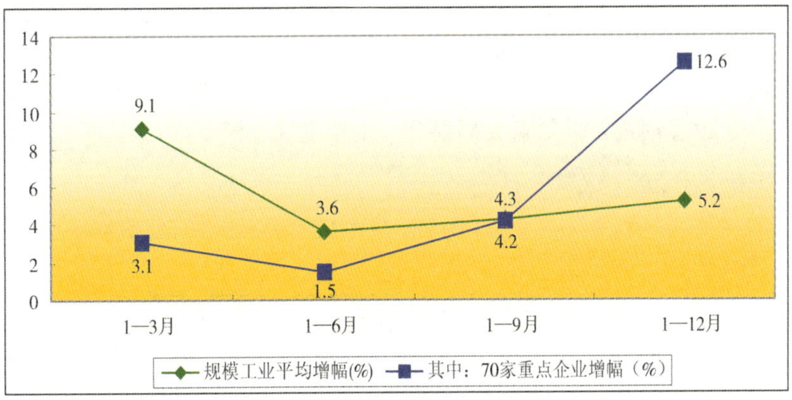

图10　2019年70家重点企业与规模工业营业务收入趋势对比图

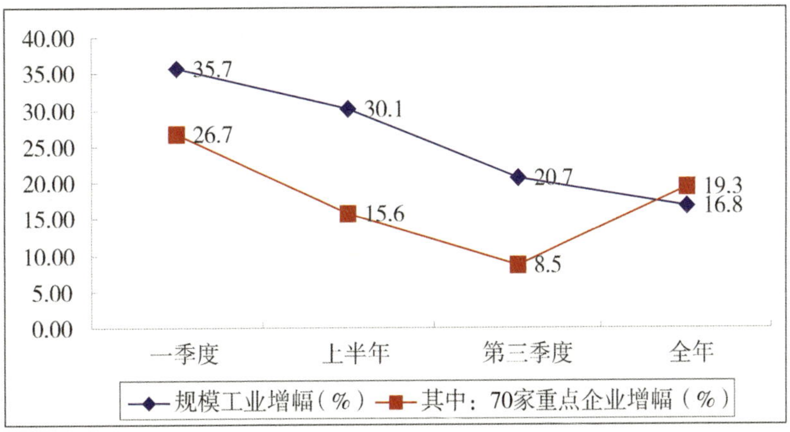

图11　2019年70家重点企业与规模工业利润总额增幅对比图

分点。30家重点企业中，杭州西奥电梯有限公司继2019年杭州地铁9号线中标后继续拓展长春、北京等高铁业务，企业全年营业收入和利润均大幅增长。浙江运达风电股份有限公司处于利好政策激发的产品抢装期以及上市以后发展迅猛。浙江春风动力股份有限公司虽受到中美贸易摩擦的一定影响，但通过企业自主申诉到2020年9月26日前低于5000万美元的产品免征25%的关税，加上增加较多泰国和法国订单，内销也增加，营业收入增幅超过30%。杭州老板电器股份有限公司受厨电行业回暖影响，营业收入及利润总额均实现增长。浙江亿邦通信科技股份有限公司虽然比特币四季度有一定回暖，但全年营业收入仍同比下降。

2.20家生物医药质效持续向好。全年20家生物医药产业效益稳健增长，持续向好，营业收入及利润总额增幅均高于规模工业平均水平。20家企业实现营业收入71.25亿元，同比增长21.3%，其中主营业务收入70.42亿元，同比增长23.9%；利润总额10.38亿元，同比增长64.6%。其中贝达药业股份有限公司、杭州贝因美母婴营养品有限公司、杭州胡庆余堂药业有限公司、杭州宝晶生物股份有限公司等8家企业利润总额同比涨幅均超过50%。

3.20家时尚产业效益大幅提升。全年全区规模工业中纺织业大类、纺织服装服饰业大类营业务收入分别同比下降4.8%、3.8%；纺织业大类利润总额同比增长58.8%、纺织服装服饰业大类利润总额同比下降27.9%。其中20家时尚产业重点企业营业收入93.58亿元、主营业务收入92.72亿元，均同比下降2.2%，同比增幅低于规模工业平均7.4、7.5个百分点；利润总额8.31亿元，同比增长42.6%，增幅高于规模工业平均25.8个百分点。受贸易摩擦影响，杭州彩诗纺织有限公司出口额减少明显，营业收入大幅下降；杭州尚金缘珠宝首饰有限公司黄金原材料上涨，企业外来加工业务比重增加，全年营业收入下降28.5%，但保有利润空间，全年利润总额增长24.1%。时尚产业虽然全年营业收入同比下降，但盈利趋势走高，其中，杭州杭丝时装集团有限公司、众望布艺股份有限公司、杭州杰丰服装有限公司全年利润总额均在1亿元以上，杭州星华反光材料股份有限公司、杭州中亚布艺纺织有限公司、杭州润娴服饰有限公司等4家企业利润总额超5000万元。杭州杭丝时装集团有限公司、浙江纳雅服饰有限公司、杭州润娴服饰有限公司、杭州诚品实业有限公司等5家企业利润总额同比增幅均超100%，带动作用尤为明显。

（方兴芝）

2019年度余杭区70家分行业重点企业数据一览表

表43

项目名称	营业收入			其中：主营业务收入			利润总额		
	累计值(亿元)	本季同比增长(%)	占规模工业比重(%)	累计值(亿元)	本季同比增长(%)	占规模工业比重(%)	累计值(亿元)	本季同比增长(%)	占规模工业比重(%)
全区规模工业合计	1965.77	5.2	100.0	1912.92	5.3	100.0	127.92	16.8	100.0
70家重点企业合计	641.83	12.6	32.7	627.09	12.5	32.8	65.59	19.3	51.3
其中：30家先进装备制造业	477.01	14.7	24.3	463.95	14.4	24.3	46.9	9.4	36.7
20家生物医药产业	71.25	21.3	3.6	70.42	23.9	3.7	10.38	64.6	8.1
20家时尚产业	93.58	−2.2	4.8	92.72	−2.2	4.8	8.31	42.6	6.5

2019年余杭区农业生产形势分析

2019年，余杭区认真贯彻落实“中央一号文件”精神，全面实施乡村振兴战略，不断深化农业供给侧结构性改革，以高效生态高质为导向，落实各项惠农扶农政策，完善现代农业体系，农业生产总体保持平稳发展。

一、农业生产总体运行情况

2019年，全区实现农业总产值85.00亿元，同比增长6.3%；增加值55.44亿元，同比增长2.8%。

分季度看，一季度农业增加值同比增长0.8%，上半年同比增长2.1%，前三季度同比增长2.5%，全年同比增长2.8%。分产业看，种植业32.82亿元，同比增长1.1%；林业6.36亿元，同比增长5.6%；畜牧业2.21亿元，同比增长9.1%；渔业11.92亿元，同比增长6.2%；农业服务业2.13亿元，同比增长7.6%。

二、农业经济发展主要特点

（一）种植业发展总体平稳，效益稳中有升。

1. 粮食生产稳定增长。由于余杭区土地整理面积增加，并且区级扶持粮食生产力度加大，水稻与大、小麦生产补贴一致，进一步促进了粮食生产适度规模经营。根据杭州市调查队反馈的粮食种植面积数据显示，2019年全区粮食播种面积17046.67公顷，同比增长2.4%。

2. 蔬菜生产出现回升。自2017年以来，全区蔬菜种植面积连续下降，但从2019年下半年开始出现回升。据统计，全年蔬菜种植面积为17846.67公顷，同比增长3.2%。蔬菜种植面积回升主要原因，一是政策推动，为了有效保障蔬菜，特别是叶菜本地供给，余杭区出台种菜直补政策，对区内3.33公顷以上蔬菜生产基地进行规范管理，并按照蔬菜基地级别（主要按市级和区级划分）及主导产品不同（按常规蔬菜和叶菜区分），分别给予1500元~4500元/公顷的补助，调动菜农积极性，有效保证了蔬菜生产形势的稳定。二是对以蔬菜大棚名义搭建用于餐饮（农庄）、采摘配套等经营活动的建筑进行大力整治，恢复正常蔬菜生产。三是外地蔬菜种植户回流，促进蔬菜面积小幅回升。

3. 水果生产基本平稳。据统计，全年果园面积为3673.33公顷，同比增长6.4%，水果总产值4.39亿元，同比增长0.3%。其中：枇杷种植面积1040公顷，同比增长19.6%，产量7403吨，同比增长8.8%；梨种植面积880公顷，同比下降2.1%，产量14282吨，同比增长1.9%。

4.其他经济作物有增有减。全年茶叶总产量8647吨，同比增长3.9%，产值8.44亿元，同比增长0.7%。中草药材种植面积313.33公顷，同比增长17.5%；果用瓜种植面积733.33公顷，同比下降22.3%。

（二）林业生产稳步发展，效益不断提升

余杭区林业生产主要品种是竹、木和鲜笋，2019年受森林改造政策、毛竹价格、鲜笋价格上涨影响，全年竹、木采伐量上升，鲜笋产量增加，林业生产稳步发展。

1. 木材产量累计14635立方米，较上年同期增长19.2%，主要原因，一是余杭区启动实施了径山镇松木林向全域推进试点工作，全年木材采伐量预计较2018年有较大增长；二是加快了健康森林、林下改造、彩色森林等涉及采伐的项目推进，木材采伐量明显增加。

2. 笋干产量11756吨，同比增长8.2%。由于2017年起区林业“十三五”政策正式启动实施，加大了对毛竹、早竹笋用林方面的扶持，引导农户发展毛竹笋用林、早竹林高效覆盖等，新建多个笋用林基地，笋竹面积增加，产量同步增长。

3. 毛竹产量832.62万根，同比增长3.2%，主要由于2018年毛竹价格持续低位运行，农户经营积极性受影响，2019年竹材价格略有回升，全年竹材产量和产值保持平稳增长。

（三）畜牧生产结构调整，效益提升明显

近年来，受政策性禁养、市场价格、疫病等因素影响，全区畜牧业生产饲养量有所下降，但由于2019年生猪、家禽、羊价格上涨较快，牧业生产有所回升。

一是生猪饲养量继续调减。生猪存栏2.9万头，同比下降18.3%。其中：能繁母猪存栏0.25万头，同比下降13.8%，降幅明显；生猪出栏6.52万

头，同比下降17.4%。全区生猪存栏减少主要是2018年下半年关闭了一家生猪养殖场。受大市场、大流通的价格以及非洲猪瘟疫情防控的影响，供给持续偏紧，生猪价格在高价位运行。

二是家禽养殖效益向好。据统计，2019年全区家禽总存栏137.34万羽，同比增长14.4%；家禽总出栏488.28万羽，同比增长11.4%。家禽饲养量增加明显，主要是鸡养殖量大幅增长。由于鸡的规模养殖不受禁养限制，并且2019年家禽和禽蛋价格都有所上涨，疫情少，养殖场增加饲养量，养殖效益提高。

三是草食动物饲养量继续下降，养殖效益稳中有升。2019年羊存栏2.46万只，同比下降24.8%；羊出栏4.68万只，同比下降6.8%。兔存栏1.94万只，同比下降14.9%；出栏9.03万只，同比增长10.7%。羊存栏、出栏量减少，主要是受全区美丽乡村建设的影响，2018年部分镇（街道）开展拆除违法建筑行动，部分镇（街道）的规模养殖场、养殖户都被拆除关停。

（四）渔业生产平稳增长，收益持续向好

2019年全区水产品产量62939吨，同比增长3.6%，继续保持稳定增长态势，其中，常规鱼产量31836吨、虾蟹类2139吨、贝类2104吨、龟鳖类26860吨。水产品产量增长的主要原因，一是养殖条件进一步改善，产量显著提高。2018年，全区完成高标准鱼塘改造166.27公顷，新建池塘循环流水养殖槽31条7750立方米水体，随着新建设施的投入生产，全区池塘集约化养殖水平显著提升，水产品生产能力进一步提升。二是随着“五水共治”工作的持续深入，内塘基本没有受到污染，没有出现养殖淡水鱼死亡现象，并且外荡水质继续向好发展，捕捞产量显著增加。三是水产品价格刺激产能提升，养殖面积及放养密度均有增长，带动了农户养殖热情。全区虾类（青虾、克氏螯虾和南美白对虾）养殖面积增加90公顷，加州鲈鱼养殖面积增加24公顷，生态甲鱼投苗量同比增长36.8%，名特水产品产量进一步增加。四是全年天气条件总体较好，高温天气时间短，养殖鱼类病害少，同时通过水产养殖新模式新技术推广应用，常规鱼和其他品种水产品长势良好，养殖成活率普遍高于上年，产量均有不同程度增长。

三、存在的主要问题

一是土地制约突出。随着城市化建设的不断推进，近年来全区被征迁的耕地不断增加，农业生产发展空间减小，实用耕地面积持续下降；并且部分适宜耕种的土地，也由于地块较为分散、种植效益偏低等因素，存在抛荒现象。实际耕种土地面积的减少，一定程度上制约了农业规模化、产业化发展进程。

二是农业生产成本逐年上涨。近年来，农资价格、土地流转价格、人工工资等种植成本日益高涨，种植户收益收窄，积极性有所降低，影响农业增产、农民增收。

（徐晓菲）

编辑：范雅君

附　录

Appendix

市委办公厅 市政府办公厅
关于印发《杭州市余杭区机构改革方案》的通知

市委办发〔2018〕59号

中共余杭区委、余杭区人民政府：

《杭州市余杭区机构改革方案》已经省委、省政府批准，现予印发，请认真组织实施。

中共杭州市委办公厅
杭州市人民政府办公厅
2018年12月27日

杭州市余杭区机构改革方案

根据《中共中央关于深化党和国家机构改革的决定》《深化党和国家机构改革方案》《关于地方机构改革有关问题的指导意见》和《中共浙江省委关于深化机构改革的实施意见》《浙江省机构改革方案》《中共浙江省委关于市县机构改革的总体意见》及杭州市机构改革工作部署，结合实际，制定杭州市余杭区机构改革方案。

一、机构改革的总体部署

深化机构改革，要以习近平新时代中国特色社会主义思想为指导，全面贯彻党的十九大和十九届二中、三中全会精神，贯彻落实习近平总书记关于深化党和国家机构改革的重要论述，牢固树立政治意识、大局意识、核心意识、看齐意识，坚持加强党的全面领导、坚持以人民为中心的发展思想、坚持社会主义市场经济改革方向、坚持优化协同高效、坚持以法治方式推进改革、坚持在中央统一领导下充分发挥地方积极性。

深化机构改革，要认真贯彻落实习近平总书记对浙江工作的重要指示精神，深入践行“干在实处永无止境，走在前列要谋新篇，勇立潮头方显担当”的新期望，按照省委、市委要求，从机构职能上把加强党的领导落实到各领域各方面各环节，主要机构设置同中央保持基本对应，与省市机构改革有效衔接；以深化“最多跑一次”改革为牵引，加快政府职能转变，使市场在资源配置中起决定性作用、更好发挥政府作用，强化社会管理和公共服务职能，切实解决人民群众最关心最直接最现实的利益问题；统筹区和镇街各层级、党政群各领域改革，优化机构设置和职能配置，提高效率效能；充分发挥法治规范和保障改革作用，在改革中完善和强化法治，坚决维护国家法制统一、政令统一、市场统一；结合余杭区实际，因地制宜，积极探索机构设置和职能配置，构建系统完备、科学规范、运行高效的机构职能体系，再创体制机制新优势，为推进“八八战略”再深化、改革开放再出发，贯彻落实杭州市委加快杭州建设独特韵味别样精彩世界名城、打造展示新时代中国特色社会主义重要窗口的决策部署，加快建设“五大余杭”、打造全省“两个高水平”建设先行区提供强有力的体制机制保障。

深化机构改革，要在党中央集中统一领导和省委、市委具体部署下，由区委负总责，不折不扣落实好各项改革任务。

二、调整优化区级党政机构和职能

（一）对应省市机构改革，调整优化相应机构和职能

1. 建立健全和优化区委对重要工作的领导体制机制

（1）组建区监察委员会。将区监察局的职责，区人民检察院查处贪污贿赂、失职渎职以及预防职务犯罪等反腐败相关职责整合，组建区监察委员会，同区纪律检查委员会合署办公，履行纪检、监察两项职责，实行一套工作机构、两个机关名称。

不再保留区监察局。

（2）组建区委审计委员会，作为区委议事协调机构。区委审计委员会办公室设在区审计局。

（3）将区委全面深化改革领导小组改为区委全面深化改革委员会，作为区委议事协调机构。将区委全面深化改革领导小组办公室改为区委全面深化改革委员会办公室，作为区委工作机关，划入区委政策研究室的职责、区发展和改革局的城乡和社会体制改革相关职责、相关单位承担的审批制度改革工作职责，保留区委政策研究室牌子，对外加挂区最多跑一次改革办公室牌子。

（4）将区法治余杭建设（依法治区、普法教育工作）领导小组改为区委全面依法治区委员会，作为区委议事协调机构。区委全面依法治区委员会办公室设在司法局。

（5）组建区委网络安全和信息化委员会，作为区委议事协调机构。区委网络安全和信息化委员会办公室设在区委宣传部，对外加挂互联网信息办公室牌子。将区委经济和信息化局的网络和信息安全相关职责划入区委网络安全和信息化委员会办公室。

（6）将区委财经工作领导小组改为区委财经委员会，作为区委议事协调机构。区委财经委员会办公室设在区委全面深化改革委员会办公室。

（7）组建区委国家安全委员会，作为区委议事协调机构。区委国家安全委员会办公室设在区委办公室。

（8）将区委外事工作领导小组改为区委外事工作委员会，作为区委议事协调机构。区委外事工作委员会办公室设在区政府办公室（区政府外事办公室）。

（9）组建区委教育工作领导小组，作为区委议事协调机构。区委教育工作领导小组秘书组设在区教育局。

2. 加强区委职能部门的统一归口协调管理职能

（1）区委组织部统一管理区委机构编制委员会办公室。调整优化区委机构编制委员会领导机制。区委机构编制委员会办公室作为区委机构编制委员会的办事机构，承担区委机构编制委员会日常工作，作为区委工作机关，归口区委组织部管理。

（2）区委组织部统一管理公务员工作。将区人力资源和社会保障局的公务员录用调配、考核奖惩、培训和工资福利等职责划入区委组织部，对外加挂区公务员局牌子。

（3）区委宣传部统一管理新闻出版和电影工作。将区文化广电新闻出版局的新闻出版和电影管理职责划入区委宣传部，对外加挂区新闻出版局牌子。

（4）区委统战部统一管理民族宗教工作。将区民族宗教事务局的职责划入区委统战部，对外保留区民族宗教事务局牌子。

（5）区委统战部统一管理侨务工作。将区政府侨务办公室的职责划入区委统战部，对外保留区政府侨务办公室牌子。

将区政府侨务办公室的指导、开展对华人华侨及其社团的联谊和服务工作职责划归区侨联行使。

3. 新组建和优化职责的机构

（1）组建区农业农村局。将区农业局的职责，区委区政府农业和农村办公室的职责，以及区林业水利局的农田水利建设项目、区发展和改革局的农

业投资项目、区财政局的农业综合开发项目、市国土资源局余杭分局的农田整治项目等管理职责整合，组建区农业农村局，作为区政府工作部门。组建区委区政府农业和农村工作领导小组，作为区委议事协调机构，区委区政府农业和农村工作领导小组办公室设在区农业农村局。区农业农村局承担扶贫开发相关工作。

将区农业局的渔船检验和监督管理职责划入区交通运输局。

不再保留区农业局（区委区政府农业和农村工作办公室）。

(2) 组建区文化和广电旅游体育局。将区文化广电新闻出版局的文化和广播电视管理职责，区体育局的职责，以及区旅游局的职责整合，组建区文化和广电旅游体育局，作为区政府工作部门。

不再保留区文化广电新闻出版局（区体育局）、区旅游局。

(3) 组建区卫生健康局。将区卫生和计划生育局的职责，区深化医药卫生体制改革领导小组办公室的职责，区老龄工作委员会办公室的职责，以及区安全生产监督管理局的职业安全健康监督管理等职责整合，组建区卫生健康局，作为区政府工作部门。

保留区老龄工作委员会，日常工作由区卫生健康局承担。

不再保留区卫生和计划生育局、区深化医药卫生体制改革领导小组办公室。

(4) 组建区退役军人事务局。将区民政局的退役军人优抚安置职责、区人力资源和社会保障局的军官转业安置职责等整合，组建区退役军人事务局，作为区政府工作部门，按中央有关改革部署实施。

(5) 组建区应急管理局。将区安全生产监督管理局的职责，区政府办公室的应急管理职责，区委政法委员会的日常值守职责，市公安局余杭区分局的消防管理职责，区民政局的救灾减灾职责，市国土资源局余杭分局的地质灾害防治相关职责，区林业水利局的水旱灾害防治、森林防火相关职责，以及区政府防汛抗旱指挥部、区政府森林消防指挥部、区防震减灾领导小组等相关职责整合，组建区应急管理局，作为区政府工作部门，按中央有关改革部署实施。

不再保留区安全生产监督管理局。

(6) 重新组建区司法局。将区司法局、区政府法制办公室的职责整合，重新组建区司法局，作为区政府工作部门，加挂区行政复议局牌子。

不再保留区政府法制办公室。

(7) 优化区审计局职责。将区发展和改革局的重大项目稽察职责，区财政局的预算执行情况和其他财政收支情况的监督检查、区属国有企业领导干部经济责任审计和区属国有企业监事会等职责划入区审计局。

(8) 优化区市场监督管理局职责。将区发展和改革局（区物价局）的价格监督检查与反垄断相关职责，区科学技术局（区知识产权办公室）的知识产权保护协调职责划入区市场监督管理局，加挂区知识产权局牌子。

保留区食品安全委员会，具体工作由区市场监督管理局承担。

不再保留区物价局、区工商行政管理局、区食品药品监督管理局、区质量技术监督局、区食品安全委员会办公室、区知识产权办公室牌子。

(9) 优化区科学技术局职责。将区人力资源和社会保障局的引进国外智力和外国专家管理职责划入区科学技术局。

4. 其他不再设立的机构

(1) 不再设立区社会治安综合治理委员会及其办公室、区委维护稳定工作领导小组及其办公室，有关职责交由区委政法委员会承担。

(2) 将区委防范和处理邪教问题领导小组及其办公室职责交由区委政法委员会、市公安局余杭区分局承担。

（二）与省市级机关机构基本对应的其他机构和因地制宜设置的机构

1. 与省市机关机构基本对应的其他机构

区委办公室、区委巡察工作领导小组办公室、区委区政府信访局作为区委工作机关；区政府办公室、区发展和改革局、区经济和信息化局、区教育局、市公安局余杭区分局、区民政局、区财政局、区人力资源和社会保障局、区住房和城乡建设局、区交通运输局、区林业水利局、区商务局、区统计局作为区政府工作部门。其中：

(1) 组建区委巡察工作领导办公室。区委巡察工作领导小组办公室设在区纪律检查委员会机关，作为区委工作机关。

(2) 优化区委办公室职责。将区档案局（区档案馆）的行政职能划转给区委办公室，同时划入相关部门的综合考评、绩效管理职责，对外保留区档案局牌子，并加挂区委保密委员会办公室（区国家保密局)、区委机要局(区密码管理局)牌子。

区档案馆继续作为区委直属事业单位设置。

区委台湾工作办公室(区政府台湾事务办公室)与区委办公室合署办公。

不再保留单设的区委台湾工作办公室(区政府台湾事务办公室)。

(3)优化区发展和改革局职责。将区经济和信息化局的能源管理相关职责,区商务局(区政府国内经济合作办公室)的区域合作、对口支援、对口帮扶等职责,以及区政府办公室(区机关事务管理局)的公共机构节能监督管理职责划入区发展和改革局,加挂对口支援和区域合作局牌子。

不再保留区政府国内经济合作办公室、区机关事务管理局牌子。

(4)优化区住房和城乡建设局职责。将区人民防空办公室(区民防局)的职责,相关部门的住房保障职责划入区住房和城乡建设局,对外保留区人民防空办公室(区民防局)牌子。

(5)优化区林业水利局职责。将区环境保护局、市国土资源局余杭分局等相关部门的风景名胜区、自然保护区、地质公园、自然遗产等管理职责划入区林业水利局。区林业水利局的林业管理工作由市规划和自然资源局余杭分局统一领导和管理。

(6)优化区商务局职责。将区发展和改革局(区粮食局)的粮食管理职责,区发展和改革局、区民政局的重要商品和应急储备物资管理相应职责划入区商务局,加挂区粮食和物资储备局牌子。

不再保留区粮食局牌子。

2. 因地制宜设置的机构

区委老干部局作为区委工作机关;区城市管理局、区数据资源管理局作为区政府工作部门。其中:

(1)组建区数据资源管理局。将区经济和信息化局的电子政府发展、政务和社会公共服务信息资源开发利用等相关职责,相关部门的公共数据和电子政务及政府门户网站建设管理职责整合,组建区数据资源管理局,作为区政府工作部门。

(2)调整区委老干部局管理体制。将区委老干部局由区委组织部管理的机构调整为区委工作机关,归口区委组织部管理。

(3)优化区委组织部职责。将区委直属机关工作委员会的职责划入区委组织部,对外保留区委直属机关工作委员会牌子,并加挂区委新经济和新社会组织工作委员会牌子。

不再保留单设的区委直属机关工作委员会。

(4)优化区城市管理局职责。将区综合行政执法局的职责划入区城市管理局,对外保留区综合行政执法局牌子。区城市管理局(区综合行政执法局)要统筹协调和指导监督全区综合行政执法,以更大力度深化行政执法体制改革和推进跨部门跨领域综合行政执法。

(5)区委宣传部对外加挂区精神文明建设委员会办公室牌子。

(6)区政府办公室加挂区政府研究室牌子。

(7)区财政局加挂区政府国有资产监督管理办公室牌子。

(三)优化市级部门派出机构设置

1. 市生态环境局在余杭区设立生态环境分局,作为市生态环境局的派出机构。将区环境保护局的职责,区发展和改革局的应对气候变化和协调推进低碳城市发展职责,市国土资源局余杭分局的监督防止地下水污染职责,区林业水利局的编制水功能区划、排污口设置管理、流域水环境保护职责,以及区农业局的监督指导农业面源污染治理职责划入市生态环境局余杭分局。

不再保留区环境保护局。

2. 市规划和自然资源局在余杭区设立规划和自然资源分局,作为市规划和自然资源局的派出机构。将市国土资源局余杭分局、市规划局(市测绘与地理信息局)余杭分局的职责,区发展和改革局的组织编制并实施主体功能区规划职责,以及区林业水利局的水资源、森林、湿地等资源调查和确权登记管理职责划入市规划和自然资源局余杭分局。

不再保留市国土资源局余杭分局、市规划局(市测绘与地理信息局)余杭分局。

3. 市医疗保障局在余杭区设立医疗保障分局,作为市医疗保障局的派出机构。将区人力资源和社会保障局的城镇职工和城乡居民基本医疗保险、生育保险、医疗救助职责,区卫生和计划生育局的药械集中采购和监督管理职责,以及区发展和改革局(区物价局)的药品和医疗服务价格管理职责划入市医疗保障局余杭分局。

机构改革后,共设置党政机构37个。党委机构1个,其中,纪检监察机关1个,工作机关10个。政府机构26个,其中,办公室和工作部门24个;市级部门派出机构3个,其中市规划和自然资源局余杭分局、市医疗保障局余杭分局计入机构限额,市生态环境局余杭分局不计机构限额。(详见附件)

三、统筹推进其他各项改革

（一）深化区人大、政协机构改革和群团组织改革

1. 深化区人大机构改革

加强区人大对社会建设、司法、预算决算、国有资产管理等的监督职责，完善区人大专门委员会设置，更好发挥其职能作用。

2. 深化区政协机构改革

推进人民政协履职能力建设，加强人民政协民主监督，优化区政协专门委员会设置，更好发挥其作为专门协商机构的作用。

3. 深化群团组织改革

认真落实党中央和省委、市委关于群团组织改革的决策部署，健全党委统一领导群团工作的制度，紧紧围绕保持和增强政治性、先进性、群众性这条主线，强化问题意识，以更大力度、更实举措推进改革，着力解决机关化、行政化、贵族化、娱乐化等问题，把群团组织建设得更加充满活力，更加坚强有力。

牢牢把握改革正确方向，始终坚持党对群团组织的领导，群团组织设立的党组，接受批准其成立的党委统一领导，定期汇报工作，确保党的方针政策和决策部署得到贯彻落实。进一步抓好各群团改革方案落实，改革机关设置、优化管理模式、创新运行机制。坚持眼睛向下、面向基层，将力量配备、服务资源向基层倾斜，更好适应基层和群众需要。

群团组织改革与机构改革相结合，促进党政机构同群团组织功能有机衔接，支持和鼓励群团组织承接适合其承担的公共服务职能，增强群团组织团结教育、维护权益、服务群众功能，充分发挥党和政府联系人民群众的桥梁纽带作用。

（二）深化区级党委政府直属事业单位改革和承担行政职能的事业单位改革

按照精干高效原则设置区委区政府直属事业单位。将完全、主要和部分承担行政职能的事业单位全部纳入改革范围，全面清理事业单位承担的行政职能，将行政职能划归行政机构。按照能转职能的不转机构、确需转机构的实行综合设置的原则，区分情况推进改革，理顺政事关系，实现政事分开。确需转机构并实行综合设置的，结合部门“三定”规定，根据工作内在联系，在部门内设机构设置和职能配置中统筹研究。改革后保留设置的事业单位，名称不再称“委、办、局”。除行政执法机构按照中央部署推进改革外，不再保留或新设承担行政职能的事业单位。

结合党政机构调整，撤并整合职责相近、设置重复分散、规模过小的事业单位，同步划转涉改部门所属相关事业单位，并按一定比例精简编制。面向社会提供公益服务的事业单位，理顺同主管部门的关系，逐步推进管办分离，强化公益属性，破除逐利机制；主要为机关提供支持保障的事业单位，优化职责和人员机构，同机关统筹管理。

（三）深化“最多跑一次”改革，推进审批服务便民化

落实中央关于推进审批服务便民化和省委、市委深化“最多跑一次”改革要求，打造“移动办事之城”，积极推进“数字政府”建设。聚焦发展所需、基础所盼、民心所向，突出重点领域和关键环节，更大力度深化简政放权、放管结合、优化服务改革，统筹推进机构改革和政府职能转变，最大限度激发市场活力和社会创造力，增强人民群众获得感和幸福感。

进一步深化“一窗受理、集成服务”改革，构建“一窗通办、就近能办、移动可办”线上线下一体的政务服务体系。依托“互联网＋政务服务”，打破信息孤岛，持续推进移动办事服务端建设，着力覆盖医疗、教育和水电气等公共服务领域；科学配置服务能级，推动量大、面广、直接服务群众的事项向基层便民服务网点延伸。

进一步简化投资审批和商事登记流程，全面优化营商环境。创新完善事中事后监管，积极推进“双随机”抽查监管机制，完善信用约束机制，推动执法监管“一次到位”。加快政府管理理念转变，探索“事前管标准、事中管达标、事后管信用”新型政府管理模式，持续推进政府治理机制现代化。

（四）深化综合行政执法改革

按照减少层次、整合队伍、提高效率的原则，深化行政执法体制改革，统筹配置行政处罚职责和执法资源，完善“部门专业执法＋综合行政执法＋联合执法”的行政执法体系，进一步加强和创新执法监管。

大力推进科学执法。全面梳理和精简行政处罚、行政强制事项，实行清单化管理，建立动态调整机制，规范执法职责。改进执法方式，更多应用新科技手段，提高执法效能。

大幅减少多头执法。结合部门职责和机构整合，做好部门所属执法队伍和执法职责的整合，实

现一个部门原则上设置一支执法队伍。认真落实中央关于加强市场监管、生态环境保护、文化市场、交通运输、农业等5个领域综合执法工作的部署要求。加大跨部门跨领域综合行政执法力度，优化执法事项，切实解决执法扰民、执法真空等问题。5个领域内现已纳入综合行政执法的具体执法事项，由部门专业执法更加有效的，应回归相应领域的执法队伍承担。强化行政执法属地监管责任，承接好上级下放的执法事项，实行局队合一体制。健全完善区、镇街行政执法统筹指挥机制，更大范围整合基层执法力量，在镇街逐步实现一支队伍管执法。

加强执法队伍建设。强化执法队伍编制管理，锁定执法人员编制底数，暂保持现状不变，待中央统一明确政策后逐步规范。严控总量规模，统筹资源配置，探索建立体现综合行政执法特点的编制及人员管理办法。综合行政执法改革涉及的机构编制事项按有关规定办理。加强人员招录、使用和考核管理，全面清理规范临聘人员，严禁使用辅助人员执法，严把人员入口关。建立健全行政执法可追溯、可问责机制和执法人员不作为、乱作为的退出机制，完善执法程序，严格执法责任，加强执法监督，做到严格规范公正文明执法。

（五）深化镇街机构改革

根据《中共浙江省委办公厅浙江省人民政府办公厅关于加强乡镇（街道）“四个平台”建设完善基层治理体系的指导意见》《中共浙江省委办公厅浙江省人民政府办公厅关于深化街道体制改革完善城市基层治理体系的意见》《中共浙江省委办公厅浙江省人民政府办公厅关于深化经济发达镇管理体制改革加快服务型乡镇政府建设的实施意见》有关精神，按照构建简约高效的基层管理体制要求推进镇街改革，整合基层审批、服务、执法等方面的力量和职能，统筹机构编制资源，不照搬上级机关设置模式，综合设置镇街机构，实行扁平化和网格化管理，一般镇街设置9个综合性办公室和中心，经济较发达，人口规模大，基层治理任务重的可适当增设1~2个。镇街相关改革要与区级机构改革统筹谋划，同步推进，使各类机构、组织在服务保障群众需求上有更大作为。深化“基层治理四平台”建设，推动问题在一线发现，矛盾在一线解决，着力构建覆盖区和镇街，功能集成、运行协同的基层治理新体系。

（六）强化机构编制管理刚性约束

强化区委对机构编制工作的统一领导，统筹使用各类编制资源，严格执行机构编制管理法律法规和党内法规，严格机构编制管理权限和程序，严禁越权审批。

坚持总量控制和限额管理。严格执行中央和省规定的机构限额。改革后党政机构总数原则上不突破改革前党政机构总数。加强和规范机构编制管理。不得突破区级党政机构编制总量，严禁超编进人、超限额设置机构，超职数配备领导干部。严格管理编外聘用人员。清理不规范设置的机构和配备的职数，规范管理合署办公机构，精简整合规范管委会等各类派出机构，根除挂牌机构实体化、“事业局”。清理规范议事协调机构，职能相近的予以整合，临时性、阶段性的任务完成后及时撤销，严控新设议事协调机构。议事协调机构一般不单设办事机构，具体工作由有关部门承担，部门承担联席会议日常工作的内设机构不加挂牌子，不刻制印章。

认真做好部门“三定”工作。重新制定或修订，区委工作机关，区政府工作部门“三定”规定，坚持优化协同高效，科学配置机构职能编制，强化部门内部职责和业务整合，推动组织架构重建和流程再造，切实把加强党的全面领导和职能转变要求落实到位，规范履职行为，确保权责一致。统一规范内设机构规格和名称，加大内设机构综合设置力度，综合性内设机构不超过内设机构总数的三分之一。整合归并的党政机构，综合性内设机构合并为一套，业务机构要根据工作的内在联系进行重新设计和整合，该精简的精简，该加强的加强。按照严控总量、盘活存量、优化结构、增减平衡的要求，实行“瘦身”与“强身”相结合，统筹使用编制资源。严格执行部门领导职数有关规定，区级部门一般不超过3名领导职数，任务重，规模大的部门可以适当增加。

坚决查处各类机构编制违纪违法行为。及时公开机构编制有关信息，接受各方监督。坚决整治区级部门通过项目资金分配、考核督查、评比表彰等方式干预镇街机构设置，职能配置和编制配备的行为。完善机构编制实名制管理，健全机构编制管理同组织人事、财政预算管理共享的信息平台，强化机构编制同纪检监察机关和组织人事、巡察、审计等部门的协作联动，形成监督检查合力。

四、组织实施

（一）加强组织领导。各级各部门要充分认识做好机构改革工作的重要性，提升政治站位，增强

“四个意识”，坚决维护习近平总书记核心地位，坚决维护党中央权威和集中统一领导，切实把思想和行动统一到党中央关于地方机构改革的决策部署上来。在省委、市委的具体部署下，区委加强统筹，区深化机构改革协调小组负责全区机构改革的组织实施，具体工作由协调小组办公室承担。各级党委主要负责同志要当好第一责任人，牵头挂帅，靠前指挥，抓好机构改革组织实施工作。

（二）细化工作进度。机构改革工作部署、组织实施要上下协同、有机衔接、紧凑有序，统筹安排时间表、路线图，严格按照中央和省委、市委规定的时间进度要求压茬推进。省委、省政府批准区机构改革方案后，区委召开动员部署大会，组织开展新部门组建和“三定”规定制定等工作，2019年3月底前基本调整落实到位。

（三）稳妥有序推进。全面贯彻“先立后破，不立不破”原则，有序做好人员转隶、新机构挂牌、集中办公等工作。特别是涉及安全生产、应急救援、维护社会稳定等工作的新老机构要确保工作有序衔接。各级各部门要紧紧抓住职能转变这个关键，在改职责上出实招硬招，在职能整合、业务融合上真正发生化学反应，做到脱胎换骨。要高度重视思想政治工作，教育广大党员干部特别是领导干部坚持党性原则和全局观念，自觉服从改革大局，确保思想不乱、工作不断、队伍不散、干劲不减，保证机构改革和日常工作两不误。要加强改革正面宣传，做好舆论引导和政策解读工作，为改革顺利开展营造良好氛围和环境。

（四）严明纪律规矩。严格执行机构改革政治纪律、组织纪律、机构编制纪律、干部人事纪律、财经纪律、保密纪律，严防国有资产流失，不讲条件、不打折扣、不搞变通、不开口子，确保机构、职责、队伍按照改革要求及时调整到位。要将机构改革实施情况纳入区委、区政府督查任务和巡察范围，强化监督和执纪问责，确保改革顺利推进。各级各部门推进机构改革情况和遇到的重要问题，要及时向区委报告请示。

附件：1. 中共杭州市余杭区委机构设置表
　　　2. 杭州市余杭区人民政府机构设置表

附件 1：

中共杭州市余杭区委机构设置表

老干部局

区委区政府信访局

巡察工作领导小组办公室

区委区政府农业和农村工作领导小组办公室（设在农业农村局）

教育工作领导小组秘书组（设在区教育局）

审计委员会办公室（设在区审计局）

机构编制委员会办公室

外事工作委员会办公室（设在区政府办公室）

财经委员会办公室（设在全面深化改革委员会办公室）

网络安全和信息化委员会办公室（设在宣传部）

国家安全委员会办公室（设在办公室）

全面依法治区委员会办公室（设在区司法局）

全面深化改革委员会办公室

政法委员会

统一战线工作部

宣传部

组织部

办公室

纪律检查委员会监察委员会机关

注：

区委设置纪检监察机关 1 个，计入机构限额的工作机关 10 个（设在相关部门的区委议事协调机构的办事机构不计机构限额）。其中，纪律检查委员会与监察委员会合署办公，实行一套机构、两个机关名称；台湾工作办公室（区政府台湾事务办公室）与办公室合署办公，办公室挂保密委员会办公室（区国家保密局）、机要局（区密码管理局）、区档案局牌子；组织部挂直属机关工作委员会、新经济与新社会组织工作委员会、区公务员局牌子；宣传部挂区政府新闻办公室、区精神文明建设委员会办公室、区新闻出版局牌子；统一战线工作部挂区民族宗教事务局、区政府侨务办公室牌子；全面深化改革委员会办公室挂政策研究室、区最多跑一次改革办公室牌子；网络安全和信息化委员会办公室挂互联网信息办公室牌子。

附件 2：

杭州市余杭区人民政府机构设置表

工作部门

- 办公室
- 发展和改革局
- 经济和信息化局
- 教育局
- 科学技术局
- 公安分局
- 民政局
- 司法局
- 财政局
- 人力资源和社会保障局
- 住房和城乡建设局
- 交通运输局
- 农业农村局
- 林业水利局
- 商务局
- 文化和广电旅游体育局
- 卫生健康局
- 退役军人事务局
- 应急管理局
- 审计局
- 市场监督管理局
- 统计局
- 城市管理局
- 数据资源管理局

市级部门派出机构

- 市规划和自然资源局余杭分局
- 市医疗保障局余杭分局
- 市生态环境余杭分局

注：

区政府设置工作机构 26 个。其中，办公室和工作部门 24 个。办公室挂区政府外事办公室、区政府研究室牌子；发展和改革局挂区政府金融工作办公室、对口支援和区域合作局牌子；市公安局余杭分局既是市公安局的派出机构，又是区政府工作部门，列入政府工作部门序列，计入机构限额；司法局挂行政复议局牌子；财政局挂区政府国有资产管理办公室牌子；住房和城乡建设局挂人民防空办公室（民防局）牌子；商务局挂粮食和物资储备局、招商局牌子；市场监督管理局挂知识产权局牌子；城市管理局挂综合行政执法局牌子。市级部门派出机构 3 个，其中市规划和自然资源局余杭分局、市医疗保障局余杭分局计入机构限额，市生态环境局余杭分局不计机构限额。

编辑：范雅君

索　引

Index

说明：

一、本索引采用分析索引法，按索引条目第一字汉语拼音（同音字按声调）顺序排列，第一字相同，按第二字音序排列，依次类推。

二、类目、分目用黑体字标明。标引词后的阿拉伯数字表示内容所在的页码。

三、本年鉴的“特载”“特辑”“大事纪要”“全区组织机构及负责人名录”“人物·先进集体”“文件辑录”“统计资料与分析”“附录”以及“综述”“概况”“延伸阅读”均未作索引。

C

D

E

F

G

H

J

K

L

M

N

P

Q

R

S

T

W

X

Y

Z

0–9